Was war
wann
das erste
Mal?

Was war wann das erste Mal?

Erfindungen ■ *Entdeckungen* ■ *Entwicklungen*

EIN
ADAC
BUCH

Impressum

Dieses Buch entstand in Zusammenarbeit zwischen dem ADAC Verlag, München,
und dem Chronik Verlag im Wissen Media Verlag, Gütersloh/München

© 2002 ADAC Verlag GmbH, München
© 2002 Chronik Verlag im Wissen Media Verlag GmbH, Gütersloh/München

Idee und Konzeption: TARGET DATA, Dortmund
Autoren: Henning Aubel, Beate Blaha, Marit Borcherding, Dr. Andreas Braun,
Manfred Brocks, Petra Frese, Dr. Bernd Graff, Dr. Hans H. Hanke, Sebastian Loskant,
Brigitte Lotz, Christine Nagel, Michael Neumann, Felix R. Paturi, Dr. Roland Peter,
Dr. Edo Reents, Ingrid Reuter, Alex Rühle
Projektleitung: Dr. Hans Joachim Völse, Detlef Wienecke
Projektkoordination: Annette Grunwald
Redaktionsleitung: Dr. Annette Zehnter, Mariele Radmacher-Martens
Redaktion: TARGET DATA, Dortmund; Dr. Annette Zehnter,
Mariele Radmacher-Martens, Mareike Windel
Bildredaktion: Ursula Thorbrügge, Monika Flocke, Stephanie Grote, Dr. Annette Zehnter
Medienbereitstellung: Daniela Wuttke
Design und Layout: Böcking & Sander, Kommunikationsdesign, Bochum
Titelgestaltung: Kraxenberger KommunikationsHaus GmbH, München
Produktionskoordination: John C. Bergener
Druck und Bindung: Partenaires-Livres, Malesherbes

ISBN 3-89905-094-0

Printed in France

INHALT

VORWORT

Hätten Sie gewusst, dass Menschen schon seit etwa 30 000 Jahren Zahlen verwenden oder dass die Antike schon Zentralheizungen kannte? Ist Ihnen bekannt, dass die alten Chinesen nicht nur das Schießpulver, sondern auch die Nudeln erfunden haben, und wussten Sie, dass das Internet seine Anfänge in den 1960er Jahren beim Militär hatte?

»Was war wann das erste Mal? – Erfindungen ▪ Entdeckungen ▪ Entwicklungen« ist ein neuartiges und unterhaltsames Buch, das durch seine reichhaltige, attraktive und authentische Bebilderung und die kurzweilige, informative Präsentation zum Schmökern und Nachschlagen einlädt: ein anschauliches Werk zu den kleinen und großen »Sternstunden« unserer Kulturgeschichte, zum Staunen und Schmunzeln für Jung und Alt.

Chronologisch geordnet beleuchtet »Was war wann das erste Mal?« die spannenden Pionierleistungen und Innovationen, die Entstehungsgeschichten der »ersten Male«: Errungenschaften wie Kalender, Kompass, Sternwarte, Druckerpresse, Mikroskop, Dampfmaschine, Schreibmaschine und Automobil, Genüsse wie Tee, Eis, Hamburger und Coca-Cola, Betörendes wie Schönheitswettbewerbe und Parfüm ...

Jedes Thema wird auf einer Doppelseite auf anschauliche Art und Weise behandelt. Der Haupttext zeichnet die maßgeblichen Entwicklungen nach, und Zusatzartikel erläutern bzw. vertiefen weiterführende Aspekte oder Teilgebiete des jeweiligen Themas. Eine Zeitleiste verdeutlicht noch einmal kurz und knapp die historische Dimension des Themas oder geht auf entscheidende Fortschritte ein. Die Hauptbilder zeigen in der Regel das bahnbrechende Ereignis. Eine Reihe weiterer Illustrationen sowie Hintergrundbilder lassen das Thema in seinen historischen Zusammenhängen und Entwicklungen lebendig werden.

Jedes Thema ist einer der Kolumnen Technik, Naturwissenschaften, Gesellschaft, Kultur oder Sport zugeordnet – leicht nachvollziehbar durch spezielle, aussagekräftige Symbole und die unterschiedliche Farbgebung. Natürlich ist die Einordnung wichtiger Erfindungen zu solchen Oberbegriffen immer auch eine subjektive Entscheidung. So lässt sich beispielsweise die Erfindung des Fernsehens unter technischen, gesellschaftlichen oder kulturellen Aspekten beleuchten und entsprechend einordnen. Ausschlaggebend für die vorliegende Kategorisierung war im Allgemeinen die zum Zeitpunkt der Erfindung maßgebliche Sichtweise: Das Fernsehen z. B. war zunächst eine technische Neuerung, gesellschaftliche und kulturelle Bedeutung erhielt es erst später.

Auch über die Entscheidung, wie eine Erfindung zu datieren ist, lässt sich in einigen Fällen streiten: Gilt eine Glühlampe schon als erfunden, obwohl sie sich als unbrauchbar erweist? Ist ein Fahrrad schon ein Fahrrad, obwohl es nur als Konstruktionsskizze existiert? Zudem gibt es oft auch nur Annahmen statt gesicherter Beweise für das Datum einer Erfindung. Darüber hinaus kommt es vor, dass die wissenschaftlichen Auffassungen über menschliche Errungenschaften je nach Kulturkreis und dortiger Sichtweise eines Themas variieren. So wird die Frage nach dem Erfinder des Telefons in den USA von vielen Experten mit Alexander G. Bell beantwortet, der Name des eigentlichen Pioniers, des Deutschen Philipp Reis, fällt vergleichsweise selten. Trotz dieser unterschiedlichen Positionen in Wissenschaft und Geschichte ist die Datierung in »Was war wann das erste Mal?« immer nachvollziehbar und historisch begründet.

EINS, ZWEI, DREI ...

Der früheste Nachweis dafür, dass Menschen ein Zahlensystem benutzten, reicht rund 30 000 Jahre weit in die Altsteinzeit zurück. Auf bearbeiteten Knochen aus dieser Ära fanden sich Kerbzeichen, die teilweise in Fünfergruppen zusammengefasst sind und auf den Gebrauch von Zahlen hinweisen. Möglicherweise kannte der Mensch aber schon weitaus früher Zahlen.

▲ Buchführung und das Berechnen von Maßen und Gewichten gehören schon im Mittelalter zu den wichtigen Tätigkeiten beim Handel.

W ann sich jedoch der Übergang vom intuitiven Erfassen von Mengen zum Verständnis der Zahl als abstrakter Größe vollzog, ist ungewiss. Die Zahlenkerben auf den altsteinzeitlichen Knochen belegen, dass er zu dieser Zeit bereits stattgefunden hatte. Im weiteren Verlauf entwickelten verschiedene Kulturkreise unterschiedliche Zahlensysteme. Die ersten waren wohl die Sumerer, die Elamiten aus dem Südwesten des heutigen Iran und die Ägypter, die um 3000 v. Chr. Hieroglyphenziffern einführten. Um 2550 v. Chr. passten die Semiten in Mesopotamien sumerische Keilschriftzeichen an ein dezimales Zahlensystem an, und im 18. Jahrhundert v. Chr. entwickelten babylonische Mathematiker das bis jetzt erste bekannte so genannte Positionssystem für mehrstellige Zahlen. Im alten Rom verwandte man römische Zahlen, doch schon im ▸▸

▲ Ägyptischer Schreiber beim Zählen von Getreide. Die Figur aus gebranntem Ton stammt aus der Zeit um 2040 – 1785 v. Chr.

Berühmte mathematische Beweise

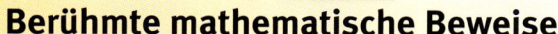

Viele schwierige Aufgaben haben Mathematiker im Lauf der Jahrhunderte gelöst. Schon die alten Griechen versuchten, einen Kreis nur mit Zirkel und Lineal in ein flächengleiches Quadrat umzuwandeln. Erst im Jahr 1882 gelang Carl Louis Ferdinand von Lindemann der Beweis, dass die Quadratur des Kreises unmöglich ist. In Fachkreisen nicht minder berühmt ist der Fermat'sche Satz. Er behauptet, dass die Gleichung $x^n + y^n = z^n$ keine ganzzahlige Lösung für x, y und z zulässt, wenn die ganze positive Zahl n den Wert 2 übersteigt. Nach jahrhundertelangem Bemühen gelang 1993 dem Mathematiker Andrew Wiles der Beweis des Satzes. Für ambitionierte Mathematiker gibt es aber noch genug Meriten zu verdienen. Nach der Goldbach'schen Vermutung lässt sich jede gerade Zahl als Summe zweier Primzahlen darstellen. Der Satz ist noch unbewiesen.

◄ Der griechische Philosoph und Mathematiker Pythagoras; dargestellt im Buch »Arithmetica« aus dem 15. Jahrhundert.

2. Jahrhundert v. Chr. fanden sich in buddhistischen Inschriften Indiens die so genannten Brahmi-Ziffern, die Urform der modernen Ziffern, jedoch noch ohne Stellenwertsystem. Unsere Zahlen mit den Ziffern 1 bis 9 und der Null nach dem Positionsprinzip lassen sich in einer Urform erstmals 598 in Kambodscha nachweisen. Zwar kannten bereits die alten Griechen eine verfeinerte Zahlentheorie, doch dienten die Zahlen bis ins Mittelalter in erster Linie als Zähl- und Maßeinheiten, z. B. zur Buchführung und Angabe von Längen und Gewichten. Das schriftliche Zahlenrechnen auf Papier entwickelte sich in Westeuropa erst ab dem 13. Jahrhundert. ■

Praktische Rechenhilfen

Um Hilfe bei langwierigen algebraischen Berechnungen zu haben, suchten Mathematiker seit eh und je nach entsprechenden Maschinen. Schon um 2700 v. Chr. erfand ein Minister des chinesischen Kaisers Huang Ti das erste Rechenbrett, dessen Nachfolger noch heute in Asien verwendet werden. 82 bauten griechische Mathematiker »Antikythera«, ein mechanisches Rechenwerk für astronomische Berechnungen. Von dort bis zur ersten einfachen Rechenmaschine, die alle vier Grundrechenarten beherrschte, dauerte es jedoch noch lange: 1623 ersann sie der deutsche Mathematiker Wilhelm Schickard. 1822 ebnete der Brite Charles Babbage mit seinem Rechenautomaten den Weg zum Computer.

◄ Traditioneller chinesischer Abakus; in vielen Regionen des Landes wird er noch heute verwendet.

▲ Frühe Rechenmaschine: Sie hilft den Mathematikern bereits Ende des 18. Jahrhunderts.

◄ Knochenfunde aus der Altsteinzeit; Wissenschaftler sehen in den Strichen und Kerben Zahlendarstellungen.

Die Computerlogik

Im Jahr 1847 entwickelte der britische Mathematiker George Boole das binäre Zahlensystem, das nicht – wie das im Alltag gebräuchliche dezimale Zahlensystem – zehn, sondern nur zwei Ziffern, nämlich Null und Eins, benötigt. Der Vorteil von Booles Erkenntnissen: Die hierauf aufbauende Binäralgebra erwies sich als ideal für die Funktionsweise von Computern, denn Null und Eins lassen sich in der Computertechnik durch Schaltzustände erreichen: Wenn Strom vorhanden ist, entspricht das Signal einer Eins, fließt kein Strom, »erkennt« der Rechner eine Null. Beide Ziffern reichen aus, um jedwede Zahl darzustellen. Boole fand auch heraus, dass sich in der Binäralgebra nicht nur die vier Grundrechenarten einfach bewältigen lassen, sondern auch fundamentale logische Verknüpfungen wie z. B. »oder«, »nicht gleich«, »größer als«.

Einführung bedeutender Zahlen und Ziffern

Rationale Zahlen
2. Jahrtausend v. Chr. Ägyptische Mathematiker kennen nachweislich positive Brüche. Ganze Zahlen und Brüche bilden zusammen die rationalen Zahlen.

Irrationale Zahlen
520 v. Chr. Griechische Mathematiker entdecken beim Ziehen von Quadratwurzeln die irrationalen Zahlen. Diese lassen sich nicht durch Brüche darstellen.

Ziffer Null
Um 500. Indische Mathematiker führen die Zahl Null ein. 1000 Jahre später verwendet der italienische Mathematiker Geronimo Cardano erstmals negative Zahlen.

Imaginäre Zahlen
1685. Der Brite John Wallis führt die imaginären Zahlen ein, die er als Vielfache von i bezeichnet. Die Kombination reeller und imaginärer Zahlen ergibt sog. komplexe Zahlen.

FRÜCHTE DER ERDE

*Als der Mensch der jüngeren Steinzeit auf die Idee kam, Acker-
bau und Viehzucht zu betreiben, schuf er die Voraussetzungen
dafür, sesshaft zu werden und das Nomadendasein als Jäger
und Sammler aufzugeben. Dörfer entstanden, es kam zu Arbeitsteilung, der Handel erwachte, und nach und nach bildeten
sich hierarchische Gesellschaftsstrukturen heraus.*

▲ Dreschen mit Hilfe einer Dampfmaschine:
Um 1920 können sich in Deutschland nur
große Gutshöfe solche Maschinen leisten.

▲ Mähen und Dreschen werden
heute in einem Arbeitsgang von
selbstfahrenden Mähdreschern
erledigt. Die ersten Modelle – Ende
des 19. Jahrhunderts in den USA,
Mitte der 1930er Jahre in Europa –
mussten noch gezogen werden.

G etreide und andere Feldfrüchte hatte der Mensch in China und im Bereich
des vorderasiatischen »Fruchtbaren Halbmondes« schon zwischen 9500 und
8500 v. Chr. geerntet, zunächst noch von wilden, ab dem 8. Jahrtausend v. Chr.
dann von gezüchteten Pflanzen. Der Boden wurde oberflächlich mit Spaten, Hacke und
Grabstock aus Holz und Knochen beackert. Um 3500 v. Chr. wurde die Hacke von zwei
ins Joch eingespannten Ochsen gezogen: Der Pflug, ein Ackergerät, mit dem sich der
Mensch nicht nur die Arbeit erleichterte, sondern auch die Ernteerträge steigerte, war
erfunden. Die zuerst von den Griechen verwendete Pflugschar aus Eisen (erstmals um
500 v. Chr.) erlaubte auch die Bearbeitung schwerer mitteleuropäischer Böden.
Arbeitskräftemangel oder große Felder ließen den findigen Bauern und innovativen
Grundherrn mitunter schon in vorchristlicher Zeit allerlei Maschinen ausdenken: zum
Säen, Aufreißen, Pflügen, Umgraben und Eggen des Bodens oder zum Mähen und
Dreschen des Getreides.
Im Hochmittelalter hielt der Wendepflug mit abgewinkeltem Streichblech hinter der
Schar Einzug: Er riss nicht nur Rinnen, sondern warf die Erde auch zur Seite. ▸▸

▸ Mit dem Ackerbau werden die
Menschen vor vielen Jahrtausenden sesshaft. Diese griechische
Terrakotta-Plastik aus der 1. Hälfte
des 6. Jahrhunderts v. Chr. zeigt
einen pflügenden Bauern.

Vom großen Bruder lernen

Die Landwirtschaftliche Produktionsge-
nossenschaft (LPG) der DDR war ein
Kind der Oktoberrevolution, kopierte sie
doch die Kolchoswirtschaft der UdSSR.
Die LPG wurde zum vorherrschenden
Betriebstyp, in den ab 1952 alle Privat-
bauern einzutreten hatten. Als Angestellte bewirtschafteten die Bauern »volksei-
genen« Grund und Boden. Die zuletzt
mehr als 4000 LPGs führte der »sozialistische Mensch« im Kollektiv. Fatale Aus-
wirkungen für den Boden hatte die seit
den 1970er Jahren praktizierte Trennung
von Tier- und Pflanzenproduktion. Nach
der Wiedervereinigung wurden viele Betriebe als eingetragene Genossenschaften
oder Kapitalgesellschaften weitergeführt.

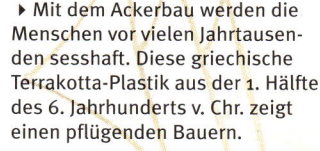

Pferde wurden mit dem Kummet vor den Pflug gespannt, und man betrieb nun Dreifelderwirtschaft, z. B. mit Winter- und Sommergerste sowie Brache. Einschneidende technische Veränderungen brachte dann erst wieder das 19. Jahrhundert mit sich. Mit der beginnenden Industrialisierung hielt die Maschine auch Einzug in die Landwirtschaft: Stahlpflüge zwischen »Lokomobilen« eingespannt, Saat-, Pflanz- und Mähmaschinen und nicht zuletzt der Traktor, der die Ackergeräte zog, machten einen Großteil der Handarbeit bald überflüssig. Kunstdünger und Pflanzenschutzmittel sowie die wissenschaftlich betriebene Zucht von Kulturpflanzen holten möglichst viel Ertrag aus den Anbauflächen heraus.

Heute versorgen wenige Tausend Agrarfachleute ganze Staaten, unterstützt durch Maschinen, die selbst auf mehreren Hundert Hektar großen Gütern nur zwei bis drei Leute notwendig machen – welch ein Kontrast zu den Wanderbauern in der Dritten Welt, die brandrodend von Feld zu Feld ziehen, mit ihren primitiven Hacken dem Boden aber weniger Gewalt antun als die PS-gewaltigen Ackerschlepper. ■

▾ Wie in den Industriestaaten vor langer Zeit bedeutet Landwirtschaft in vielen Ländern Afrikas und Asiens auch heute noch Schwerstarbeit. Diese Landarbeiter in Äthiopien müssen das Feld mühsam mit der Hacke bearbeiten.

▲ Vor der Mechanisierung der Landwirtschaft sind bei der Ernte viele helfende Hände gefragt; französische Landarbeiter bei der Mahlzeit; 18. Jahrhundert.

▾ Beim Ganzstahlpflug des Amerikaners John Deere (1870) sind die waagerechte eiserne Pflugschar und das Streichblech aus einem Stück.

THE GENUINE MOLINE PLOW.

◀ Hintergrund: Landwirtschaft im alten Ägypten, diese Bauern trennen die Spreu vom Weizen; Wandmalerei in einem Grab in Theben.

Die sanfte Methode

Durch die Nahrungsmittelskandale der letzten Jahrzehnte – hormonverseuchtes Kalbfleisch, antibiotikagespritzte Schweine, »Rinderwahnsinn« (BSE) und Pestizidrückstände in pflanzlichen Produkten – erlebte der ökologische Landbau in Europa einen großen Aufschwung. Schonende Bearbeitung des Bodens, Fruchtwechsel, die Vermeidung von Monokulturen, artgerechte Tierhaltung und der Verzicht auf die chemische Keule sind die Markenzeichen der nach gemeinsamen Öko-Standards geführten Betriebe. Sie machten 2001 allerdings nur knapp 3 % aller Höfe in Deutschland aus. Dabei ist »Öko« alles andere als neu: Bereits 1924 wurde die schonende, den Nährwert steigernde biologisch-dynamische Anbaumethode ersonnen. Biologischen Pflanzenschutz praktizierten die Chinesen schon im 3. Jahrhundert, indem sie nützliche Insekten einsetzten, um Schädlinge zu bekämpfen.

Entwicklung wichtiger Ackerbaugeräte

Egge
Um 800. Die noch heute gebräuchliche Form der Egge mit drei- oder viereckigen Federn stammt aus der Karolingerzeit. Frühformen gibt es aber schon in Ägypten und China.

Sämaschine
1800. In England wird eine Maschine mit Furchenöffner entwickelt. Mechanische Hilfen, um Saatgut in den Boden zu bringen, haben schon die Sumerer (3. Jahrtausend v. Chr.).

Mähdrescher
1818. In den USA wird die kombinierte Mäh- und Dreschmaschine erfunden. Mähhilfen gibt es aber schon in römischer Zeit: Kästen auf Rädern mit Zähnen und Klingen.

Traktor
1889. In Chicago wird ein Ackerschlepper mit Verbrennungsmotor gebaut. Der »Bulldog« mit Rohölantrieb von Lanz in Mannheim ist 1921 der erste moderne Traktor.

6000 v. Chr.

EDLER REBENSAFT

Wann der Mensch das erste Mal Trauben presste und zu Wein vergor, ist nicht genau bekannt. Der älteste wirklich nachweisbare Hinweis führt in die Hauptstadt Syriens, Damaskus – eine der frühesten ständig bewohnten Siedlungen der Erde. Hier wurde eine Weinpresse gefunden, die etwa 8000 Jahre alt ist.

B ereits vor Millionen von Jahren gab es wilde Rebengewächse. Dass der Mensch diese viel später derart für sich zu nutzen lernte, ist wohl einem Zufall zu verdanken. Vermutlich hatte man Traubensaft getrunken, der bei Wärme angefangen hatte zu gären.

Neben Syrien galten als weitere Wiegen des Weins Mesopotamien und der Transkaukasus. Von da aus gelangte die Rebe zunächst nach Ägypten und Phönizien. Etwa eineinhalb Jahrtausende v. Chr. erreichte der Wein dann Griechenland und wurde dort bald zu dem, was er heute noch sein kann: ein göttliches Getränk. Dionysos, den Gott des edlen Tropfens, verehrten und priesen die Menschen damals mindestens ebenso wie den berühmten Apoll, einen der griechischen Hauptgötter. Dionysos versprach seinen Anhängern die ewige Glückseligkeit, und so war er über Jahrhunderte der Inbegriff für Weinseligkeit, Feiern und berauschenden Spaß. ▸▸

▲ Weinlese im Amselfeld; der Wein wird vorsichtig und sorgfältig mit der Hand geerntet.

»Christi Blut«

»Ich bin der wahre Weinstock«, sagte Christus, und Wein spielt noch heute in den christlichen Kirchen eine wichtige Rolle. Der Messwein und die Hostie stehen für die Verwandlung in Christi Fleisch und Blut in Anlehnung an das letzte Abendmahl. Und so waren es auch Mönche, besonders Benediktiner und Zisterzienser, die sich über die Jahrhunderte sehr um den Weinanbau und die Veredelung der Rebsorten kümmerten. Als das Römische Reich mitsamt seiner Kultur zusammenbrach, waren vor allem sie diejenigen, die die Rebstöcke pflegten und die Weinherstellung weiterentwickelten.

◂ Martin Luther und Jan Hus bei der Austeilung des Abendmahls mit Messwein und Hostie.

Gründung namhafter Weinkellereien

Schloss Vollrads
13. Jahrhundert. Im Rheingau wird das Weingut Schloss Vollrads gegründet. Es bleibt Jahrhunderte in der Hand der Grafen Greiffenclau und bringt bedeutende Rieslinge hervor.

Romanée-Conti
18. Jahrhundert. Fürst de Conti baut das Weingut Romanée-Conti im Burgund auf. Das Gut kreiert Weine der absoluten Spitzenklasse – und das auch preislich.

Marchesi di Barolo
1861. Das Piemonteser Weingut Marchesi di Barolo wird gegründet. Es geht zurück auf das Geschlecht der Falletti, die den berühmten Barolo-Wein schufen.

Château Pétrus
1945. Das Gut Château Pétrus in Bordeaux hat die unbestrittene Spitzenstellung im Gebiet Pomerol, auch wenn es niemals einen offiziellen Rang erhielt.

»Die Macht der Götter reicht kaum an die Macht der Nützlichkeit des Weines«, philosophierte Asklepios, der Gott der Heilkunst. Als Medizin galt der Wein auch den Römern, aber ebenso als Genuss- oder Zahlungsmittel. Während die Griechen dem berauschenden Getränk noch Honig, Kräuter oder anderes beimischten, waren es die Römer, die die Rebe so kultivierten, dass der Wein ohne würzende Beimischungen zu einem Hochgenuss wurde. Sie gaben dem Gott des Weines den Namen Bacchus.

Die Griechen hatten den Wein ein gutes halbes Jahrtausend v. Chr. nicht nur nach Italien, sondern auch nach Frankreich mitgenommen, und die Römer hatten wohl einige Rebstöcke im Gepäck, als sie in kriegerischer Absicht gen Norden marschierten. So wurde der Wein von den Ahnen unserer italienischen Nachbarn in die von ihnen besetzten Teile Germaniens, hauptsächlich ins Rhein-, Mosel- und Maintal gebracht. Seit dem Mittelalter pflegten und kultivierten dann vor allem Klöster und Güter dieses Erbe mit viel Geschick weiter. ■

◀ »Weinlese am Rhein«; Radierung aus dem 19. Jahrhundert.

Natürlicher Prozess

Für die Weinherstellung sind die auf der Beerenhaut sitzenden Hefezellen unentbehrlich, denn sie lassen die zerkleinerten, gepressten Trauben vergären – ein natürliches Verfahren, bei dem die Hefe in den Saft eindringt und den Zucker in Alkohol und Kohlendioxid umwandelt. Letzteres verflüchtigt sich während der Gärung, der Alkohol bleibt uns erhalten. Heute schwören Winzer wieder darauf, den Wein so einfach wie möglich herzustellen, damit nicht etwa durch Filtration wichtige Geschmacksstoffe verloren gehen. Viele Weine brauchen Zeit zum Reifen und gewinnen dabei an Qualität.

◀ Hintergund: Der Wein beflügelt die Sinne – Jan Massys malt die »Lustige Gesellschaft« im Jahr 1564.

▲ Aus dem andalusischen Sanlúcar de Barrameda kommen hervorragende Sherries und Manzanillaweine. Sie werden in Eichenfässern gelagert.

▲ Weinernte im alten Ägypten; Relief im Grabtempel des Oberpriesters Petosiris in der Nekropole von Hermopolis.

Vive la France

Frankreich gilt als das Mutterland des Weines, als großes Vorbild weltweit, denn das Land hat Maßstäbe gesetzt. Ausdrucksvoll und kräftig sind z. B. die Weine aus Bordeaux, Médoc oder Burgund. Sie werden aus den Rebsorten Cabernet Sauvignon oder Pinot Noir gekeltert, traditionellen Trauben, die auch schon lange in Amerika, Südafrika oder am Schwarzen Meer heimisch geworden sind. Bordeaux ist mit Namen verbunden, die Weinkenner in aller Welt aufhorchen lassen: Mouton-Rothschild, Lafite-Rothschild oder auch Latour. Die teuersten und wertvollsten Weine der Welt kommen aber aus dem Burgund. Einmal jährlich trifft sich dort alles, was in der Welt des Weines Rang und Namen hat.

◀ Edle Tropfen zu festlichem Anlass: Der Wein, ob rot oder weiß, darf bei großen Empfängen nicht fehlen.

DAS GESCHRIEBENE WORT

Kommunikation in modernen Staaten ist ohne Schrift kaum noch vorstellbar. Doch die Menschheit hat die Schrift nicht immer gekannt, und so unterscheiden die Historiker auch zwischen der schriftlosen Vorgeschichte und der durch Schrift tradierten Geschichte. Die Anfänge der Schriftverwendung werden auf das Ende des 6. Jahrtausends v. Chr. datiert: In der Vinča-Kultur, die auf dem Balkan nahe des heutigen Belgrad beheimatet war, versah man kleine Tonstatuetten für den sakralen Gebrauch mit Schriftzeichen.

▲ Sarkophag von Pharao Ramses III.; mit Hieroglyphen und einem Bild der Göttin Isis verziert.

D iese Schrift diente also vermutlich religiösen Zwecken. Um 3500 führte das Vordringen indogermanischer Stämme auf dem Balkan zum Ende dieser Sakralschrift. Etwa aus derselben Zeit stammen erste Schriftfunde aus Uruk in Mesopotamien, wo eine Bilderschrift mit rund 2000 Zeichen benutzt wurde, aus der sich die Keilschrift mit 500 stilisierten Zeichen entwickelte. Aus dem 18. Jahrhundert v. Chr. datieren die frühesten Funde der Linear-A-Schrift auf Kreta. Daneben wurden dort Hieroglyphen und andere bisher noch nicht entzifferte Zeichen verwendet.

Völlig eigenständig verlief die Entstehung der Schrift in China, deren erste Zeugnisse auf etwa 1200 v. Chr. zu datieren sind. In anderen Kulturkreisen entwickelte sich die Schrift zur Lautschrift weiter, bei der die Zeichen unabhängig von ihrer Form einen phonetischen Wert erhielten. Während die ägyptischen Hieroglyphen aus dem späten 4. Jahrtausend v. Chr. oder die Keilschrift Mischformen aus Wort- und Silbenschrift darstellen, entwickelten die Griechen im 9. Jahrhundert v. Chr. das erste vollständige Alphabet mit Vokalen und Konsonanten, das weitgehend dem phönizischen Alphabet entsprach. Auf das griechische »Mutteralphabet« gehen letztlich alle modernen europäischen Schriften zurück. ■

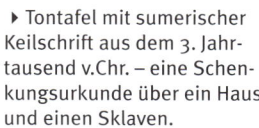

▲ Skulptur eines ägyptischen Schreibers um 450 v. Chr.; in der Antike ist der Beruf der Schreiber sehr angesehen. Sie stehen vor allen Dingen in den Diensten von Herrschern und Priestern.

▸ Tontafel mit sumerischer Keilschrift aus dem 3. Jahrtausend v.Chr. – eine Schenkungsurkunde über ein Haus und einen Sklaven.

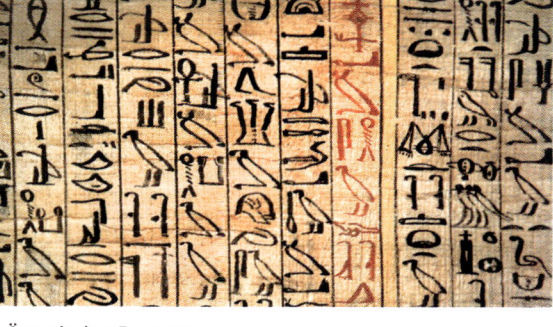

▲ Kalligraphie – die Fähigkeit des Schönschreibens – gilt in Japan von jeher als hohe Kunst.

▲ Ägyptischer Papyrus aus der Zeit um 1240 v. Chr. Als Schreibmaterial dient Papyrus später auch den Griechen und Römern.

Geheimnisvolle Zeichen

François Champollion mit Hilfe des berühmten Steins von Rosette. Darauf war derselbe Text in Hieroglyphen, demotischen Schriftzeichen und in Griechisch eingemeißelt. Champollion verglich die ägyptischen Zeichen mit der griechischen Übersetzung und fand dadurch deren Bedeutung heraus.

Auch die babylonische Keilschrift wurde mit Hilfe eines mehrsprachigen Textes enträtselt. An der Entschlüsselung der Inschrift von Bisutun in altpersischer, elamischer und babylonischer Keilschrift waren der Deutsche Georg Friedrich Grotefend und der Brite Sir Henry C. Rawlinson beteiligt.

Die Schriften der antiken Hochkulturen in Ägypten und Mesopotamien konnten erst im 19. Jahrhundert entziffert werden. Im Falle der ägyptischen Hieroglyphen gelang das 1822 dem Franzosen Jean-

◄ Hintergrund: Späthethitisches Relief: Dialog zwischen König und Schreiber.

Sprachenvielfalt mit wenigen Zeichen

Mit der Ausbildung des ersten Alphabets leisteten die Griechen einen ganz entscheidenden Beitrag zur europäischen Schriftentwicklung. Sie übernahmen das phönizische Schriftsystem und passten es der griechischen Sprache an, indem sie Zeichen für die Vokale hinzufügten.

Bereits der griechische Historiker Herodot verwies im 4. Jahrhundert v. Chr. auf den phönizischen Ursprung des Alphabets und bezeichnete die griechischen Buchstaben so als »phoinikéia grammata«.

Älteste phönizische Schriftfunde in Buchstabenschrift – noch ohne Konsonanten –

werden auf etwa 1000 v. Chr. datiert. Mit der Buchstabenschrift stand im Prinzip ein für sämtliche Sprachen verwendbares, eindeutiges und leicht erlernbares Zeichensystem mit nur etwas mehr als 20 Zeichen zur Verfügung, und die Verbreitung der Schrift wurde beschleunigt.

▲ Phönizische Inschriften und Reliefs an einem königlichen Sarkophag.

▲ Dieses Aushängeschild eines Schulmeisters zu Beginn des 16. Jahrhunderts ermahnt dazu, das Schreiben zu lernen.

Grundlage der Bildung

Die Verbreitung der Schrift ist eng mit der Entwicklung des Schulwesens verbunden. Zwar führte Preußen bereits 1717 die allgemeine Schulpflicht für fünf- bis zwölfjährige Kinder ein, doch die Durchsetzung kam erst nach der Verstaatlichung des Schulwesens durch das Allgemeine Landrecht von 1794 in Gang. Als Preußen 1839 die Arbeit von Kindern unter neun Jahren verbot, nahm der Schulbesuch rapide zu. Aus volkswirtschaftlichen Gründen förderte der Staat die Verbesserung der Allgemeinbildung – Lesen und Schreiben entwickelten sich zu Grundqualifikationen der Industriegesellschaft.

Bedeutende Schriften in der Geschichte

Hieroglyphen
Um 3100 v. Chr. Die ägyptischen Hieroglyphen entstehen als Zeremonialschrift, aus der sich später das sog. Hieratische als eine Art Schreibschrift entwickelt.

Rätselhafte Schrift
Um 2500 v. Chr. Die Indus-Kultur entwickelt eine eigene Schrift. Trotz vieler Versuche ist es bislang nicht gelungen, diese Schriftzeichen zu entschlüsseln.

Maya-Schrift
600 v. Chr. In Mittelamerika entstehen die den Maya zugerechneten ersten Glyphen-Inschriften. Gut 700 Jahre später wird dann in Nordeuropa die Runenschrift entwickelt.

Arabische Schrift
7. Jahrhundert. Die arabische Schrift ist erstmals nachweisbar. Seit dem 9. Jahrhundert verbreitet sich mit dem Christentum das kyrillische Alphabet im slawischen Raum.

EINE ABGEWOGENE SACHE

Schon vor 7000 Jahren musste im Handel mit Roh- und Werkstoffen die Warenmenge bestimmt werden. Nur so konnte der Preis ermittelt werden. Während sich z. B. die Masse von Getreide oder Öl mit Hohlmaßen feststellen lässt, ist man bei Metallen wie Gold auf das Wiegen angewiesen. Dem Goldhandel entsprang vermutlich auch die Erfindung der Waage.

▲ Steinerne Gewichte um 7000 v. Chr. und Teil eines Eichmaßstabes von 2500 v. Chr. aus Ägypten.

U nsere Sprache hat viele Wörter und Wortbestandteile, die sich auf »Waage« und »Gewicht« beziehen. Ein Hinweis darauf, dass beide Gegenstände von unseren Vorfahren häufig benutzt wurden. Oft fanden sie ihren Weg auch in andere Daseinsbereiche. Im alten Ägypten etwa wurde das Herz des Verstorbenen auf seiner Reise ins Totenreich gegen die Feder, das Symbol der Weisheit, »abgewogen«. Dort oder im Zweistromland stand auch die Wiege der Waage; der älteste Fund datiert um 5000 v. Chr. Die Urform der Waage war der um eine waagerechte Achse drehbare – für schwere Lasten auch an senkrechten Ständern aufgehängte – Balken. An dessen Enden hingen Schalen, auf der einen Seite mit dem zu wiegenden Gut, auf der anderen Seite mit den von der Obrigkeit vorgegebenen und kontrollierten Normgewichten in vielerlei Gestalt. Nach 2000 v. Chr. erlaubten Laufgewichte, die auf dem längeren Teil des asymmetrischen Balkens verschoben wurden, schnelles Wiegen. Das Maß lieferte das Gran Weizen, mit dem nicht nur der Sack Mehl ▸▸

▲ Unerlässlich für den frühen Handel: Marktwaagen aus dem 17. Jahrhundert.

▾ In der Antike werden vor allem Metalle gewogen; diesem Ägypter dienen Tierfiguren als Gewichte.

▲ König Arkesilas von Kyrene überwacht das Abwiegen der begehrten – als Arznei und Gewürz gehandelten – Droge Silphion; lakonische Trinkschale um 560 v. Chr.

gewogen, sondern auch das spezifische Gewicht von Goldkörnern bestimmt wurde.

Die Präzision der Waagen des 2. Jahrtausends v. Chr. wurde erst wieder im späten Mittelalter mit dem Aufschwung der Wissenschaft erreicht. Im 18. Jahrhundert wurden die Naturgesetze systematisch zur Verbesserung der Technik genutzt. Schließlich wurden Atomgewichte und elektrische Ladungsveränderungen in Quarzkristallen zum Maß der Dinge, die auch unseren Alltag »revolutionierten«: Statt Gehirnzellen und Dreisatzkenntnisse zu aktivieren, kann ein Verkäufer mit einer »intelligenten« Waage auf Knopfdruck den Preis für 523 g Tomaten oder für ein Viertelpfund Hackfleisch bestimmen. ∎

▲ Diese moderne Elektroniksystemwaage kann Gewichte bis auf ein Millionstel Gramm genau ermitteln.

▲ Apothekenwaagen aus frühen Jahrhunderten; auch heute werden Heilmittel zum Teil noch ausgewogen.

▲ Das Kampfgewicht muss stimmen; hier die Boxer Max Schmeling (r.) und Jack Sharkey beim Wiegen im Jahr 1932.

▶ Hintergrund: Schematische Zeichnung von so genannten Laufgewichtswaagen des 18. Jahrhunderts.

Reine Kraftübertragung

Das Konstruktionsprinzip der Waage gehorcht einfachen mechanischen Gesetzen, bei deren Ergründung und praktischer Anwendung sich die Griechen als Meister erwiesen. Über Arabien kamen die Kenntnisse wieder nach Europa zurück. Die parallele Führung der Waagschalen auf der von François Gilles Personier de Roberval 1669 erfundenen Tafelwaage erlaubte eine genaue Messung, ohne dass die Platzierung von Gewicht oder Last beachtet werden musste. Für die verschiedensten Zwecke perfektioniert wurden diese auf der Wirkung von Kraftübertragung durch Hebel beruhenden Messungen noch durch die Kombination mit Tara- und Laufgewichten. Genauigkeit, Zuverlässigkeit und Robustheit beweisen mechanische Waagen heute immer noch, ganz gleich, ob in Arztpraxen – bis auf 100 g –, als Küchenwaagen – bis auf 2 g – oder als Briefwaagen – bis auf 1 g.

▲ Der Sohn ist Gold wert; ein Herrscher der Moguln wiegt seinen Sohn in Gold auf; Miniatur aus dem 17. Jahrhundert.

Jeder nach seinem Maß

Wenn der griechische Fernhändler Lysander um das Jahr 400 v. Chr. in Tyrus Purpur kaufte, später Getreide aus Sizilien nach Massilia verschiffte, dort Wein in der Ladebucht seines Schiffes verstaute und dann nach Hispanien segelte, um Silberbarren nach Karthago zu bringen, hatte er Waage und Gewichte immer dabei. Denn in jedem Mittelmeerhafen wurde anders gerechnet und gewogen. Und nur, wer die Arithmetik beherrschte, war erfolgreich. Vermutlich hätte Lysander darüber ungläubig den Kopf geschüttelt, dass seine Nachfahren nur mehr mit Gramm und Kilogramm zu rechnen imstande sein würden.

Wichtige Typen von Waagen

Laufgewichtswaage	Federwaage	Neigungswaage	Brückenwaage
2. Jahrtausend v. Chr. Bei der Balkenwaage mit unterschiedlich langen Waagarmen dient ein auf dem langen Arm verschiebbares Laufgewicht als Gegengewicht.	**1709.** Bei dieser Waage wird die Kraft des Lastgewichts über die jeweilige Dehnung der Feder proportional auf eine genormte Messwertskala übertragen.	**1765.** Zum ersten Mal wird eine Waage konstruiert, bei der die Kraft des Wägeguts über einen geneigten Hebelarm mit einem festen Hubgewicht gelenkt wird (z. B. Briefwaage).	**1822.** Die beiden Straßburger Alois Quintenz und Johann B. Schwilgué entwickeln für schwere Lasten eine ungleicharmige Dezimalwaage mit sog. Unterflurhebelwerk.

5000
v. Chr.

STERNE WEISEN DIE ZUKUNFT

Die ersten wirklichen Zeugnisse der Astrologie – die seinerzeit noch nicht von der Astronomie zu trennen war – finden sich in Mesopotamien. Hier wurden ab etwa 5000 v. Chr. die ersten Horoskope erstellt, allerdings zunächst nur für König und Staat, sozusagen als Rat für politische Entscheidungen. Eine ausschlaggebende Rolle spielte dabei bereits die Konstellation der Gestirne in der Geburtsminute eines Menschen. Auch Tierkreiszeichen waren damals schon bekannt.

▲ Sternbildkarte aus dem 16. Jahrhundert; Fresko im Saal der Weltkarten im Farnese-Palast in Caprarola, Italien.

Unabhängig von den Mesopotamiern deuteten auch die Chinesen und Ägypter in vorchristlichen Jahrtausenden die Sterne. In Indien tauchten zwischen 2000 und 1000 v. Chr. bedeutende astrologische Texte in den Veden auf. Am konsequentesten wurde aber die Astrologie von der mesopotamischen Priesterschaft weiterentwickelt. Dort entstand z. B. um 1000 v. Chr. eine Tontafelsammlung mit Vorhersagen aus Himmelsbeobachtungen. Ab dem 6. Jahrhundert v. Chr. gelangte die mesopotamische Astrologie, die auch schon auf – allerdings 18 – Tierkreiszeichen fußte, nach Persien, Indien, China und Griechenland. Mesopotamische und griechische Astrologen entwickelten dann im 5. Jahrhundert v. Chr. die zwölf Tierkreiszeichen, so wie wir sie noch heute kennen.

Seinerzeit bedienten sich u. a. Ärzte der Horoskope, um die Heilungschancen für Patienten abzuschätzen. Für das Jahr 409 v. Chr. lässt sich das erste Individualhoroskop nachweisen. Schon im 4. vorchristlichen Jahrhundert entstanden in Babylon regelrechte Astrologieschulen. In Rom verließen sich vor allem die Machthaber auf astrologische Vorhersagen und Ratschläge. Der Einfluss der Horoskope auf die Politik blieb auch in späteren Jahrhunderten bedeutend.

Eine Renaissance erlebte die Astrologie um 800 unter Karl dem Großen. Im 13. Jahrhundert begann unter arabischem Einfluss die Wiederaufnahme ▸▸

Dunkle Vorhersagen

In der Geschichte gab es immer wieder berühmte Astrologen. Eine besonders schillernde Gestalt war der 1503 als Michel de Nostre-Dame in Avignon geborene Nostradamus, Mediziner und Leibarzt Karls IX. und astrologischer Berater Heinrichs II. Bekannt wurde Nostradamus insbesondere durch zahlreiche dunkle Prophezeiungen, die bis in das Jahr 3000 hineinreichen. Dabei soll er auch so einschneidende historische Ereignisse wie die Enthauptung der französischen Königin Marie-Antoinette 1793, den amerikanischen Bürgerkrieg oder den Nationalsozialismus vorhergesagt haben. Die Interpretation seiner Prophezeiungen ist jedoch höchst strittig.

▸ Die Vorhersagen des Nostradamus geben den Astrologen bis heute Rätsel auf.

▸ Der berühmte Tierkreis aus dem in vorchristlichen Zeiten bedeutenden ägyptischen Kultort Dendera; Rekonstruktion von 1837.

Astrologie im Lauf der Zeit

Erste Schule
315 v. Chr. Der babylonische Astronom Kidinnu gründet in Babylon die erste Schule für Astrologie und Astronomie und bestimmt den Mondmonat bis auf 0,6 Sekunden genau.

◄ Die zwölf Tierkreiszeichen nach dem »Hortus deliciarum« (Wonne- garten) der Äbtissin des Klosters Hohenburg, Herrad von Lands- berg, 12. Jahrhundert.

systematischer astrologischer Studien in Byzanz. Im 14. Jahr- hundert gab es dann an den Universitäten in ganz Europa In- stitute für Astrologie. Auch im 16./17. Jahrhundert blieb trotz des nun allgemein anerkannten heliozentrischen Weltbildes die Astrolo- gie von großer Bedeutung. Selbst Wissenschaftler wie Kopernikus, Tycho Brahe und Johannes Kepler waren Anhänger der Sterndeu- tung. Erst nach dieser Ära verwiesen die erstarkenden Naturwissen- schaften Horoskope in den Be- reich des okkult-spekulativen Aberglaubens. Dennoch bil- deten sich seit Ende des 19. Jahrhunderts zahlreiche pseudowissenschaftliche astrologische Gesellschaften. Heute dominiert der kom- merzielle Aspekt: Keineswegs ernst zu nehmende Zeitungs-, Telefon- oder Internet- und Computerhoroskope zielen oft auf das schnelle Geld Gut- gläubiger ab. ∎

▲ Französische Tierkreisdarstellung aus dem 15. Jahrhundert; Stunden- buch des Herzogs von Berry.

Das chinesische Horoskop

Anders als in der alten mesopota- mischen Astrologie ist für das chinesische Horoskop nicht die Geburtsstunde maßgebend, son- dern das Geburtsjahr. Auch hier gibt es zwölf Tierkreiszeichen (Ratte, Büffel, Tiger, Hase, Dra- che, Schlange, Pferd, Ziege, Affe, Hahn, Hund und Schwein), doch decken sie Zeiträume von der Länge eines chinesischen Jahres ab. So ist z. B. die Zeit vom 12.2.2002 bis zum 31.1.2003 ein Jahr des Pferdes. Ihm ist das Element Wasser zugeordnet. Das letzte Jahr des Pferdes war 1990/ 91, diesmal aber in Kombination mit dem Element Metall. So erge- ben die zwölf Tierkreiszeichen zusammen mit den fünf Elemen- ten, nämlich Holz, Feuer, Erde, Metall und Wasser, insgesamt 60 astrologische Grundtypen des Menschen.

Lehrstühle
14. Jahrhundert. An zahlrei- chen abendländischen Univer- sitäten (wie beispielsweise in Paris, Padua, Bologna, Florenz und Oxford) entstehen Lehr- stühle für Astrologie.

Ende als Wissenschaft
1817. Nachdem die Astrologie in Konflikt mit den erstarken- den Naturwissenschaften ge- raten ist, wird schließlich an der Universität Würzburg der letzte Lehrstuhl geschlossen.

Neue Popularität
Um 1900. Der Astrologe Alan Leo macht in Großbritannien die von der Wissenschaft ab- gelehnte Sterndeutung wieder populär und verfasst mehrere Werke über die Astrologie.

5. Jt.
v. Chr.

VOM BROT ALLEIN

*»Unser täglich Brot« essen wir seit Urzeiten: Irgend-
wann im 5. Jahrtausend v. Chr. kam mit dem Fladen
die Frühform des Brotes auf den menschlichen Speiseplan. Die eigentliche Kunst des Brotbackens entwickelten daraus die Babylonier und alten Ägypter, die bereits den Sauerteig kannten.*

▲ Mittagspause im ausgehenden Mittelalter: Von
großen Brotlaiben schneiden sich die rastenden Schnit-
ter Brot ab; Gemälde von Pieter Brueghel dem Jüngeren.

Ursprung allen Brotes ist ein Brei
aus zerkleinertem Getreide, Wasser, Milch und Fett, so wie er auch
heute noch als Grundnahrungsmittel in
vielen Teilen der Welt verbreitet ist. Eine
Mischung aus Zufall, Unachtsamkeit und
Pfiffigkeit brachte einen unserer Vorfahren
zu der Erkenntnis: Wenn ich meinen Brei verschütte und er in der Sonne trocknet,
wird er hart. Dann ist er lange haltbar und lässt sich zudem gut transportieren. So
lag der Gedanke nicht mehr fern, den Brei in der Asche des Feuers oder auf einem
heißen Lehmziegel zu backen. Der Fladen war erfunden. Zum richtigen Brotteig
aber fehlte noch ein Schritt. Dazu

▲ Knetmaschine in einer
Bäckerei 1884; Mechani-
sierung und Industriali-
sierung machen auch
vor dem Brot nicht Halt.

kam die Menschheit wohl ebenfalls durch
ihre Beobachtungs- und Kombinations-
gabe: Als man herausfand, dass der Getreidebrei nach einer gewissen Zeit zu
gären beginnt und locker wird, war der
Sauerteig entdeckt.

Die Ägypter backten ihr Brot aus Weizen, Gerste oder Hirse zuerst in offenen Pfannen, bevor ab 2000 v. Chr.
Backöfen zum Einsatz kamen.
Am Hof der Pharaonen arbeiteten professionelle Bäcker,
die 30 Brotsorten kannten.
Das einfache Volk ernähr-
te sich jedoch weiter von
Brei und Fladen. ▸▸

▾ Die alten Ägypter gehören zu
den Pionieren der Brotbackkunst.
Dieses Tonmodell einer Bäckerei
stammt aus einem altägyptischen
Grab; ca. 19. Jahrhundert v. Chr.

**Bemerkens-
wertes rund
ums Brot**

Brot und Spiele
312. Im alten Rom gibt es nicht
weniger als 254 selbstständige Bäckereien – darunter sogar Großbetriebe, die bis zu
30 t Getreide täglich mahlen
und verbacken.

Europa wird sauer
4. Jahrhundert. Die Westgo-
ten kennen bereits den Sauerteig. Bei den Angelsachsen,
Alemannen, Bayern und Franken dagegen wird er erst rund
400 Jahre später verbreitet.

Förderer der Bäcker
9. Jahrhundert. Karl der Große
ordnet an, dass jeder Amt-
mann in seinem Sprengel auch
Bäcker haben soll. Für den
Landmann sei jedoch Hafer-
brei die beste Morgenkost.

Patronin der Bäcker
1226. Elisabeth von Thüringen
zieht in dem Hungerjahr übers
Land und verteilt an Leidende
Brot und Wein. Sie gilt als
Schutzheilige der Bäcker und
Hungernden.

So blieb es über all die Jahrhunderte, in denen sich ab dem 8. Jahrhundert v. Chr. das Handwerk des Brotbackens allmählich über Griechenland und Rom bis nach Mitteleuropa verbreitete. Hier verdrängte das Brot erst gut 1500 Jahre später den Fladen. Je niedriger der Stand, desto gröber und härter das Brot. Gebäck aus feinem Weizenmehl blieb lange ein Privileg der Herrschenden. Für die Ärmsten gab es ohnehin nur Grütze aus Hafer, Gerste oder Buchweizen. ■

◄ Hintergrund: Weizenbrot aßen früher nur reiche Leute, heute kann es sich in der westlichen Welt jeder schmecken lassen.

▲ Bauernfamilie beim Essen in den 1950er Jahren; Brei oder Suppe bleiben für viele lange die Hauptmahlzeit. Als feste Nahrung kommt Brot dazu.

▲ Eine Bäckerei im frühen 19. Jahrhundert: Der Bäcker schiebt Brote in den Ofen, die Meisterin gibt Hilfestellung, der Lehrling fegt, der Sohn jagt den Hund, die Tochter hilft der Mutter; Xylographie von 1833.

Auch flüssig' Brot macht Wangen rot

Mit dem vergorenen Getreidebrei nimmt nicht nur die Herstellung des würzig-lockeren Sauerteigbrotes ihren Anfang, sondern auch die des Bieres. Kein Wunder also, dass das nahrhafte Bier früher oft als »flüssiges Brot« betrachtet wurde.

Im alten Ägypten erhielten arbeitsfähige Sklaven täglich zwei Kannen Bier. Die Klosterbrüder des Mittelalters überstanden die vielen Fastentage unbeschadet durch den Genuss ihres selbst gebrauten Bieres, denn es galt die Regel: »Flüssigkeit bricht das Fasten nicht.«

Die Mystikerin Hildegard von Bingen empfahl Bier sogar als Heilmittel. In ihren Schriften heißt es häufig: »Cerevisam bibat.« – »Man trinke Bier.«

◄ »Der Pater bei der Vesper« lässt es sich mit Brot und Bier doppelt gut gehen; Gemälde von Eduard Ritter vor Grützner (1846–1925).

Mit Füßen getreten

Heute ist er eine Delikatesse, der Pumpernickel. Früher hingegen haben viele feinere Menschen über das Schwarzbrot der Westfalen die Nase gerümpft. Es galt als grobes Brot, was es sicher auch oft war, als die westfälischen Bauern ihr Pumpernickel noch selbst gebacken haben. Der Teig wurde am Tag vor dem Backen angesetzt. Ein Teil Roggenschrot mit mehr oder weniger viel Kleie – und bei mangelnder Sorgfalt allerhand Strohstoppeln und Unkrautsamen – wurde mit Wasser vermischt und zum Gären stehen gelassen. Am Backtag kam das restliche Mehl hinzu. Meist stieg dann der Knecht in den Trog und knetete den schweren Teig mit den Füßen durch. Die oft 10 bis 15 kg schweren Brotlaibe kamen bis zu 24 Stunden bei etwa 10 °C in den Backofen.

▸ Pumpernickel-Werbung; heute wird das lange haltbare Brot nur noch von wenigen Spezialbetrieben hergestellt.

Gesund und schlank, Niemals krank

Denn: Verdauung wichtig, richtig!

Prünte's

Außerordentliche Artenvielfalt

Vom Brei- und Fladenesser hat sich der Deutsche seit dem Dreißigjährigen Krieg (1618–1648) allmählich zum Brotesser gewandelt – und zwar so gründlich, dass er heute die meisten Brotsorten backt. Das Bäckerhandwerk bietet hierzulande nicht weniger als 300 verschiedene Brotsorten zum Kauf. Im Pro-Kopf-Verbrauch sind die Deutschen in der Europäischen Union führend. Durchschnittlich isst jeder Deutsche täglich ein Brötchen und vier Scheiben Brot. Am beliebtesten ist mit über 50 % Anteil das Mischbrot aus Weizen und Roggen.

◄ 300 Brotarten gibt es heute in Deutschland und neue kommen jährlich hinzu. Die Phantasie der Bäcker scheint keine Grenzen zu kennen.

4000
v. Chr.

WEGWEISER DURCH DAS JAHR

Am Anfang der Kalenderentwicklung stand das Wasser des Nil. Der riesige Fluss lieferte den Bauern im alten Ägypten durch seine regelmäßigen Überschwemmungen einmal pro Jahr fruchtbare Erde. Genau 365 Tage später erfolgte die nächste Überflutung. Diese Tatsache gab etwa 4 000 v. Chr. Anlass für den ersten Kalender. Der ägyptische gilt nicht nur als der erste zuverlässige, sondern auch als der älteste reine Sonnenkalender der Menschheitsgeschichte.

▲ »Monatsbild März«: französische Buchmalerei zu Beginn des 15. Jahrhunderts.

MESSIDOR

▲ Neue Zeitrechnung nach der französischen Revolution 1789: Der christliche Kalender wird durch den republikanischen Revolutionskalender ersetzt. Der abgebildete Monat Messidor geht vom 19./20. Juni bis zum 18./19. Juli.

U m etwa die gleiche Zeit orientierten sich die Sumerer zwischen Euphrat und Tigris am Mond. Das Land in Vorderasien war auf eine Bewässerung seiner Felder angewiesen, weshalb schon früh mit einem Zeitplan gearbeitet werden musste. Die Menschen nahmen den Mondmonat zu Hilfe, der als erste unveränderliche Zeitgröße mit 29,53 Tagen berechnet wurde. Zwölf Mondumläufe oder zwölfmal 30 Tage galten als ein Jahr. Als die Babylonier das Reich der Sumerer um 2000 v. Chr. eroberten, versuchten sie, das gewohnte Mond- mit dem längeren Sonnenjahr in Übereinstimmung zu bringen. Zwölf Mondmonate mit abwechselnd 20 und 30 Tagen bildeten ein Jahr von 354 Tagen. Schaltmonate sollten die elf fehlenden Tage zum vollständigen Sonnenjahr mit 365 Tagen ausgleichen. Die Babylonier führten auch die Woche mit sieben Tagen ein und gaben diese Zeiteinteilung an Ägypter, Griechen und Römer weiter. Dass der jeweils siebte Tag als Ruhetag dienen sollte, ist eine alte babylonische Tradition. ▶▶

▶ Kalender der babylonischen Hochkultur: Die Tontafel zeigt die Intervalle zwischen den Neumonden.

▶ Immerwährender Mondkalender aus dem 19. Jahrhundert.

Die Römer suchten zunächst Kompromisse zwischen Mond- und Sonnenjahr, die Anzahl der Tage pro Monat schwankte zwischen 31, 29 und 28 Tagen im Februar. Das Jahr umfasste also 355 Tage. Als Julius Cäsar 46 v. Chr. eine entscheidende Reform verwirklichte, wies der Kalender bereits eine Abweichung von 90 Tagen zum Sonnenjahr auf. Den endgültigen Schritt zur Einführung des noch heute gültigen Kalenders vollzog 1582 Papst Gregor XIII. – nach ihm ist der gregorianische Kalender benannt, den die protestantischen Staaten zunächst nur zögerlich akzeptierten. ■

◀ ▾ Azteken-Kultkalender (l.) mit 260 Tagen – der Kopf des Sonnengottes ist umgeben von 20 Symbolen; aztekische Sonnenscheibe (u.) mit Tages- und Monatsangaben.

Die große Reform

▲ Papst Gregor XIII. korrigiert die römische Zeitrechnung.

Ein Fehler im nach Julius Cäsar benannten julianischen Kalender führte dazu, dass bis zum 16. Jahrhundert zehn Tage gegenüber dem Sonnenjahr fehlten. Die Folge: Das für die folgenden Feiertage entscheidende Osterfest musste immer früher gefeiert werden. Papst Gregor XIII. ließ deshalb bei seiner Kalenderreform 1582 zehn Tage streichen: Auf Donnerstag, den 4. Oktober, folgte Freitag, der 15. Oktober. Das Jahr wurde auf eine Dauer von 365,2425 Tagen festgelegt.

Die Tage des Jahres schwarz auf weiß

Erste Spielarten des gedruckten Kalenders entstanden nach der Erfindung des Buchdrucks Mitte des 15. Jahrhunderts. Ob Astronomische Kalender für Horoskope im Jahr 1458, Einblattkalender 1462 oder Taschenkalender – zunächst noch »Teutsche Kalender« genannt –, der Vielfalt waren keine Grenzen gesetzt. Seit dem 16. Jahrhundert sind Schreibkalender mit Raum für eigene Notizen die meist verbreitete Art. Etwa 300 Jahre später entdeckten die Leser über den Kalender die Lyrik. Sogar Friedrich Schiller verbreitete seine »Geschichte des Dreißigjährigen Krieges« über einen »Historischen Calender für Damen«. Ende der 1860er Jahre erfand ein Heidelberger Unternehmer den Abreißkalender. Heutzutage werden allein in Deutschland jährlich mehr als 1000 verschiedene Kalender angeboten.

Bedeutende Zeitrechnungen in der Geschichte

China
2397 v. Chr. Das Jahr besteht aus Mondmonaten und wird durch einen Schaltmonat an das Sonnenjahr angeglichen. Die Monate tragen keine Namen, sondern Ziffern.

Babylonien
Um 2000 v. Chr. Die Babylonier bringen den mesopotamischen Kalender mit dem Sonnenjahr in Einklang Ein zusätzlicher Monat von 30 Tagen hebt dabei die Differenz auf.

Maya
300–900. In ihrer klassischen Periode entwickeln die Maya einen Kalender – wohl ohne Einfluss anderer Kulturen. Ihr Hauptkalender gilt als einer der genauesten überhaupt.

Islam
622. Der islamische Kalender, dessen Zeitrechnung 622 beginnt, basiert auf den Zyklen des Mondes. Das Jahr umfasst zwölf Monate mit 30 und 29 Tagen, insgesamt 354.

25

4. Jt.
v. C h r.

WIE MAN SICH BETTET ...

In einem Bett zu schlafen hat den Vorteil, vor Kälte, Zugluft und Ungeziefer weitgehend geschützt zu sein. Und so findet man das Bett auch schon sehr früh in der Geschichte. Urformen gab es wahrscheinlich um 5000 v. Chr. in Vorderasien. Sicher ist, dass bei den Sumerern um 3500 v. Chr. hölzerne Bettgestelle in Gebrauch waren. Heute ist das Bett in großen Teilen der Welt üblicher Schlafkomfort.

▲ »Türkisches Bett« des österreichischen Prinzen Eugen zu Savoyen um 1707.

▲ Schlafkomfort im 18. Jahrhundert am russischen Hof; Paradebett im Großen Palast des Zaren Paul I. bei St. Petersburg.

Genau wie die Ägypter waren auch die Sumerer gewohnt, den Kopf beim Schlafen auf eine Stütze zu legen, um vor allem die aufwendigen Frisuren über die Nacht zu retten. In Ägypten waren die Betten zudem durch Vorhänge, in ärmeren Haushalten durch Netze vor Mücken geschützt. Im antiken Griechenland – vor allem in Sparta – benutzte man im 1. Jahrtausend v. Chr. zwar Bettgestelle, doch waren diese ganz im Gegensatz zu den ägyptischen und sumerischen Vorläufern vorerst wenig luxuriös. Erst um die Zeitenwende kam dem Bett bei Griechen, Etruskern und Römern Bedeutung als Ort der Muße auch bei Tag zu. Die Römer aßen beispielsweise gern im Liegen.

Im Mittelalter waren feste Bettstellen eher die Ausnahme. Allabendlich wurden daher Säcke mit Stroh gestopft und zumeist in der Küche ausgelegt. Man schlief auf Bänken, Tischen, Fußböden oder in Schlafkoben. Häufig teilten sich mehrere Personen ein Bett – der Wärme wegen. Noch bis ins 18. Jahrhundert war es üblich, auf Reisen in Gasthöfen mit anderen – auch unbekannten – Gästen in einem Bett zu schlafen. Der Nachteil war, dass sich auch Ungeziefer in diesen Gemeinschaftslagern wohl fühlte. Im Lauf der Jahrhunderte wurde das Schlafen bequemer. Dafür sorgten Matratzen mit Gras-, Feder- oder Rosshaarfüllung und schließlich Federbetten. Zudem wurden die Betten als Folge veränderter Moralvorstellungen immer seltener von mehreren Personen geteilt. ■

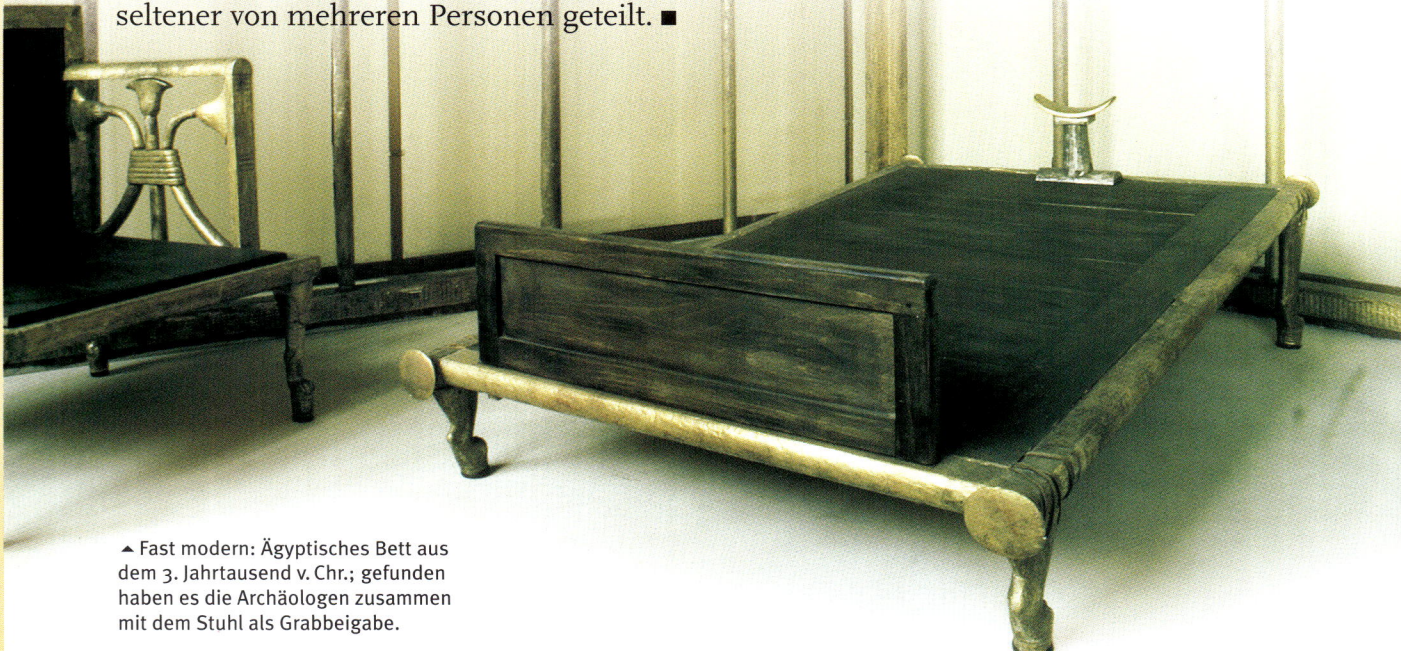

▲ Fast modern: Ägyptisches Bett aus dem 3. Jahrtausend v. Chr.; gefunden haben es die Archäologen zusammen mit dem Stuhl als Grabbeigabe.

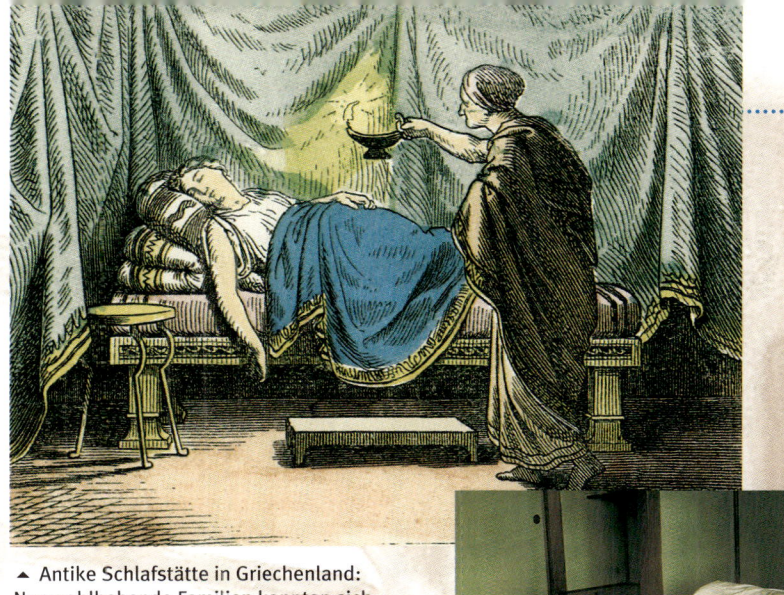

▲ Antike Schlafstätte in Griechenland: Nur wohlhabende Familien konnten sich den Luxus eines Bettes leisten.

▲ Bett eines japanischen Gasthofs um 1900; traditionell wird hier die Matratze direkt auf den Fußboden gelegt.

Jeder nach seiner Façon

Spätestens seit Mitte des 20. Jahrhunderts kann sich jeder so betten, wie er mag: Ob Doppel- oder Einzelbett, Wasserbett oder Futon, Hochbett oder französisches Bett – kein Wunsch bleibt offen. In den 60er Jahren kam in den USA das bequeme und beheizbare Wasserbett auf den Markt. Sehr beliebt ist das Platz sparende Hochbett. Trends der 70er Jahre verhalfen dem französischen Bett, das eine durchgehende Matratze hat, zum Durchbruch. Seit den 80er Jahren wird gern auf Futons genächtigt, die u. a. aus zahlreichen Lagen von Baumwolle bestehen und zusammengerollt werden können.

▲ Das Bett ist nicht mehr nur zum Schlafen da: Luxus-Schlafzimmer Ende der 1960er Jahre.

Auf die Füllung kommt es an

Das richtige Füllmaterial für Matratzen zu finden war nicht einfach. Weit verbreitet waren Stroh oder Laub, in denen sich aber Ungeziefer und Feuchtigkeit bestens hielten und die zudem unbequem waren. Im 16. Jahrhundert gab es Windbetten, eine Art Luftmatratze, die zwar bequem und hygienisch war, aber schnell platzte. Im 18. Jahrhundert polsterte man Sessel und Kutschensitze mit elastischen Metallspiralen. Für das Bett erwiesen sich diese Federkerne aber erst als tauglich, nachdem 1855 die konische Sprungfeder erfunden worden war, die bei Belastung ineinander statt zur Seite gestaucht wird.

Der gefederte Schlaf war ein teures Vergnügen, und erst in den 30er Jahren des 20. Jahrhunderts verdrängte der Federkern die Rosshaarmatratzen. Heute hat die Federkernmatratze Konkurrenz von Produkten aus Latex, Schaum- und Kunststoffen.

◄ Carl Spitzwegs armer Poet; auch im 19. Jahrhundert ist ein Bett noch Luxus.

▲ Hintergrund: Schlafzimmer eines Landhauses in Deutschland Mitte des 19. Jahrhunderts; Gemälde aus Deutschland.

Flexibles Nachtlager

In den Jahrtausenden, bevor die Menschen sesshaft wurden, gab es keine festen Betten. Vielmehr mussten sich die Menschen am jeweiligen Übernachtungsort einen möglichst bequemen Schlafplatz im Gras oder Moos suchen. Später wurden Felle als Unterlage und Decke benutzt. Erst als in der Steinzeit Zelte und Höhlen als dauerhaftere Unterkünfte benutzt wurden, gab es auch spezielle Schlafstätten innerhalb der Behausungen, häufig ausgepolsterte Mulden im Boden. Vermutlich schliefen die Menschen so nah wie möglich an der Feuerstelle, um sich zu wärmen. Ein Bettgestell wäre in dieser Zeit unpraktisch gewesen, denn es war zu sperrig, um es bei den Wanderungen mitzunehmen. Deshalb kamen Betten aus Holz erst auf, als sich die Menschen in Dörfern und Städten niederließen. Doch selbst dann blieb ein Bettgestell vorerst nur einigen wenigen vorbehalten.

Schlafstätten im Wandel der Zeit

Himmelbett
13. Jahrhundert. In Europa bekommt das einfache Bettgestell einen »Himmel«. Auf diese Weise soll Ungeziefer abgehalten werden, das sich von der Decke fallen lässt.

Hängematte
16. Jahrhundert. Aus Lateinamerika bringen die Spanier die Hängematte nach Europa. Das Prinzip des hängenden Betts wird für Schlafstätten auf Schiffen übernommen.

Alkoven
18. Jahrhundert. Von Spanien aus verbreitet sich in Europa die Sitte, Betten als Einbaumöbel in Nischen unterzubringen – vorzugsweise im wärmsten Raum, der Küche.

Schlafen auf Reisen
1836. In den USA werden die ersten Eisenbahnwaggons mit Schlafgelegenheit in Betrieb genommen. Im Jahr 1864 folgen die luxuriösen Pullman-Schlafwagen.

3500 v. Chr.

VOM PAPYRUS ZUM PAPIER

Die Schrift ist älter als das Papier. Aber ihr Gebrauch verlangte nach einem leichten und einfach herzustellenden Schreibmaterial. Felswände und Steinbrocken waren auf Dauer ebenso unzureichend wie Knochen, Blätter und Rindenstücke oder Tontafeln, die man nach dem Einritzen von Schriftzeichen brennen musste. Schon um 3500 v. Chr. fertigten die Ägypter aus dem Mark des Papyrusgrases ein Material, das sie in Streifen schnitten, in zwei Schichten kreuzweise übereinander legten und festhämmerten: Sie stellten das erste Papier her.

Noch heute hat das Papier seinen Namen nach dem uralten Rohstoff Papyrus. Darüber hinaus erfanden die Ägypter im 13. Jahrhundert v. Chr. das Pergament, ein Schreibmaterial aus gereinigten, enthaarten und geglätteten Häuten von Rindern, Ziegen oder Kälbern. Es wurde nicht wie Leder gegerbt, sondern mit Kalk behandelt und einfach getrocknet. Pergament war haltbarer als Papyrus, ließ sich aber schwerer herstellen. Dass es später im Römischen Reich dennoch das Papyrus-Papier verdrängte, erklärt sich wohl daraus, dass die Papyrusstaude in den meisten Gebieten Europas nicht gedieh. Weitab vom Römischen Reich soll schon im Jahr 105 n. Chr. Tsai Lun, ein kaiserlicher Hofbeamter, ein Verfahren zur Herstellung ganz ähnlichen Papiers erfunden haben, wie es noch heute verwendet wird. Bis ins 7. Jahrhundert hielt China dieses Verfahren streng geheim. Dann sickerten Informationen nach Japan und in die arabische Welt durch. ▸▸

▲ Diese arabische Schrift auf Pergament beschreibt das Duell zweier Krieger; Miniatur aus dem 10. bis 12. Jahrhundert.

▾ Papierherstellung im 17. Jahrhundert: Mit Sieben wird aus dem breiigen Rohmaterial jedes einzelne Blatt Papier geschöpft.

Von Hand geschöpft

Frühe Papiermühlen wurden in Europa per Wasserkraft angetrieben. Eine der ersten ihrer Art arbeitete 1276 im italienischen Montefano. Die alten Mühlen zerkleinerten das Rohmaterial, also die Lumpen, und rührten sie zu einem wässrigen Brei an. Die Masse wurde dann mit großen flachen Sieben handgeschöpft. Das Wasser sickert durch das Sieb, zurück bleibt ein dünnes Blatt aus leimiger Fasermasse, das in der Luft zu Papier trocknet. Die moderne industrielle Produktion folgt demselben Schema, ist aber mit ihren Maschinenanlagen natürlich weit komplexer.

▲ Papyrusfragment der so genannten Qumran-Schriftrollen. Die Papyrusrollen sind etwa 2000 Jahre alt und stammen aus jüdischen Siedlungen in der Nähe des Toten Meeres.

◄ »Buch von dem, was in der Unterwelt ist« lautet der Titel des ägyptischen Papyrus aus dem 11. Jahrhundert v. Chr.

Die Araber trugen ihre Kenntnisse im 8. Jahrhundert auch nach Europa. Eine erste deutsche Papiermühle arbeitete aber erst ab 1389 bei Nürnberg. Dort entstand Feinpapier aus zerkleinerten, aufgeschwemmten Lumpen. Auftrieb erhielt die Papiererzeugung, nachdem Johannes Gutenberg im 15. Jahrhundert sein Buchdruckverfahren entwickelt hatte. Der Papierbedarf stieg, bald wurden Maschinen für die Produktion erfunden. Großen Fortschritt brachten um 1800 die mechanischen Papiersiebmaschinen. Statt Lumpen als Rohstoff verwendete man seit Mitte des 19. Jahrhunderts Holz. Auch für das »holzfreie« Papier ist es der primäre Rohstoff – allerdings chemisch umgewandelt. Als sekundärer Rohstoff spielt im späten 20. Jahrhundert Altpapier eine große Rolle. ■

▲ Prachthandschrift auf Pergament mit farbigem und vergoldetem Buchschmuck; Deutschordensbibel aus dem 14. Jahrhundert.

Holz – das Maß aller Dinge

Als Mitte der 1970er Jahre in der westlichen Welt die Angst vor einem baldigen Ende der Rohstoffreserven ausbrach, besann man sich zunächst darauf, Papier nicht mehr aus Holz, sondern aus anderen Rohstoffen herzustellen. Die Experimente zielten in Richtung Synthetikpapier auf der Grundlage der Kunststoffchemie. Allerdings setzte sich die Entwicklung nicht durch, da Erdöl als Fundament der Petrochemie ein wesentlich begrenzterer Rohstoff ist als Holz. Der Bedarf der Papierindustrie lässt sich vor allen Dingen durch schnell wachsende Holzarten decken.

◄ Enormer Papierbedarf herrscht in der modernen Verpackungsindustrie.

Haltbar durch Chemikalien

Der 1841 erfundene Holzschliff, bei dem Holzscheite mit einem Schleifstein unter Wasserzugabe so fein zerschliffen werden, dass ein neuartiger Faserstoff – der Zellstoff – entsteht, lieferte das holzhaltige Papier, aus dem noch heute z. B. Zeitungen hergestellt werden. Es lässt sich nicht lange aufbewahren – nach einigen Jahren vergilbt es und wird brüchig. Deshalb wird der Holzbrei heute vielfältigen chemischen Prozeduren unterzogen, bevor er zu Papier verarbeitet wird. Zugaben sind u. a. Bleichmittel und Konservierungsstoffe, aber auch feinkörnige Füllstoffe wie beispielsweise Kaolin, Glasstaub, Polyäthylen, Kunstharze als Bindemittel und synthetische Farbstoffe. Zur Veredlung kann Papier zusätzlich mit einer Dispersion beschichtet werden.

▲ Die Papierrestaurierung bewahrt alte Handschriften wie diese von Johann Sebastian Bach vor dem Verfall.

Bedeutende Entwicklungen in der Papierherstellung

Papiermaschine
1798. Der Franzose Nicolas L. Robert erfindet die Papiermaschine mit mechanischem Schüttelsieb. 1805 folgt die erste Maschine mit rotierendem, trommelförmigem Sieb.

Chemischer Aufschluss
1854. In Europa werden erste Versuche unternommen, Holz chemisch statt mechanisch zu Papierbrei zu verarbeiten. Die Vorteile sind Zeitersparnis und bessere Papierqualität

Stetigschleifer
1902. Wurden bisher einzelne Holzstücke auf Schleifrädern zu Zellstoff verarbeitet, übernehmen nun so genannte Stetigschleifmaschinen die Arbeit im kontinuierlichen Betrieb.

Verfeinerte Aufschwemmung
1930. »Pulper« sorgen für eine gleichmäßige Suspension der Schwemmteilchen im Papierbrei. »Refiner« kürzen die Fasern und zerlegen sie in Feinstrukturen.

3400 v. Chr.

ZERBRECHLICHE KUNST

Schon in der Steinzeit sammelte und nutzte der Mensch das vulkanische Naturglas Obsidian, um daraus u. a. Pfeilspitzen, Messer und Schmuckstücke anzufertigen. Um 3400 v. Chr. entdeckten Ägypter wahrscheinlich zufällig beim Brennen von Keramik, dass sandhaltiger Ton, mit Ofenasche vermischt, stellenweise schmolz und die herunterfallenden Tropfen zu Glaskörnern erstarrten.

▲ Dieser ägyptische Glasbecher ist bereits mit farbigem Muster versehen; er stammt aus der Zeit um 1450 v. Chr.

Zwei Jahrtausende mussten sich die Ägypter auf farbige Glasperlen und glasierten Schmuck beschränken, denn größere Mengen Glasschmelze konnten sie für längere Zeit nicht flüssig halten. Erst ab etwa 1550 v. Chr. entfaltete die Glasmacherkunst eine erste Blüte, die Mitte des 14. Jahrhunderts v. Chr. ihren Höhepunkt erreichte. Hergestellt wurden u. a. prächtige Schalen und Becher, alle aber noch undurchsichtig und um einen Lehm-Sand-Kern geformt. Man verstand es auch, Glas zu gießen. Um 650 v. Chr. lernte man, Glas mit Arsen zu reinigen, also Klarglas herzustellen. Zu Beginn des 1. Jahrhunderts v. Chr. entdeckten die Phönizier in Sidon das Prinzip der Glasmacherpfeife und damit die Möglichkeit, Glas durch Blasen zu formen. ▸▸

▲ Weltberühmt ist das Murano-Glas; die Kunst der venezianischen Glasindustrie hat eine lange Tradition. Dieser Pokal aus emailliertem Glas wurde im 15. Jahrhundert angefertigt.

▸ Filigrane Glasarbeiten aus der Antike; römische Vasen des 3.–4. Jahrhunderts.

▸ Glashütte im 14. Jahrhundert: Zunächst werden die Rohmaterialien wie Quarzsand gewonnen, dann wird das Glas in Öfen geschmolzen und u. a. durch Mundblasen in die gewünschte Form gebracht.

▲ Glashütte im 16. Jahrhundert – zu dieser Zeit ist Venedig in der Glasherstellung führend; allegorisches Gemälde.

Im 1. Jahrhundert breitete sich die Glasmacherkunst im Römischen Reich und ab dem 7. Jahrhundert in der islamischen Welt aus, und es kam zu kunstvollen Bearbeitungsformen, z. B. Glasschnitt und -schliff, Glasmalerei, Mosaiken, Hinterglasmalerei. Im 12. Jahrhundert hielten – von England ausgehend – Glasfenster Einzug in reiche Privathäuser. Zur selben Zeit erfand ein deutscher Uhrmacher das Spiegelglas. Danach stagnierte die Glasmacherkunst, ehe im 16. Jahrhundert erste Glasschmelzöfen höhere Temperaturen und neue Glasarten ermöglichten: Bleikristallglas, Flintglas, Goldrubinglas. Heute behaupten Experten, der Aufbruch ins Glaszeitalter habe gerade erst begonnen, denn es lässt sich schon jetzt absehen, dass uns die nahe Zukunft Spezialgläser – z. B. Metallgläser – mit ganz besonderen Eigenschaften bescheren wird. ■

◀ Frühes Kunsthandwerk: Kette aus etruskischen Goldperlen und phönizischen Glasperlen; 6. Jahrhundert v. Chr.

Geschmolzener Sand

Glas entsteht, wenn feste Materialien – meist Gemenge verschiedener Stoffe – geschmolzen und dann so rasch abgekühlt werden, dass sie keine Zeit haben, eine Kristallstruktur auszubilden. Die moderne Glasindustrie verwendet über 50 verschiedene chemische Elemente zur Herstellung Tausender verschiedener Glasarten; das sind 60 % aller in der Natur überhaupt vorkommenden chemischen Grundsubstanzen. Die meisten industriell hergestellten Gläser bestehen jedoch aus Quarzsand, Natron und Kalk; bis ins 18. Jahrhundert waren andere Glasarten unbekannt.

▲ Bevor das Glas verarbeitet werden kann, wird es bei Temperaturen von etwa 1500 °C geschmolzen.

Zum Schutz vor Verletzungen

Das große Sicherheitsdenken des 20. Jahrhunderts verlangt nach diversen Schutzgläsern, vor allem im Fahrzeug- und Hochbau. So sollen brechende Scheiben keine Schnittverletzungen verursachen. Es entstanden Verbundgläser mit einer zähen Klarsichtfolie zwischen zwei Scheiben, um ein Zersplittern zu verhindern. Ein anderes Sicherheitsglas steht unter so hoher Spannung, dass es beim Bruch sofort in winzige Teilchen zerfällt. Spezialgläser schützen auch vor anderen Gefahren: Es gibt Brandschutzgläser, die auch bei stundenlangem Feuer nicht schmelzen, und schussfeste Verbundgläser. Sonnen- und Wärmeschutzgläser lassen zwar den Großteil des sichtbaren Lichts passieren, absorbieren oder reflektieren aber UV- bzw. Infrarotstrahlung.

Häuser bekommen Fensterscheiben

Bereits die Römer kannten im 1. Jahrhundert Fensterscheiben – kleine, undurchsichtige Platten aus mattem Gussglas. Im Mittelalter wurden dann zunehmend durchsichtige Glasscheiben hergestellt. Der Ausgangskörper war eine mit der Glasmacherpfeife erzeugte längliche Blase, die man über der Flamme öffnete, sodass ein weites Rohr entstand. Das im Ofen etwas erweichte Rohr drückte man zunächst flach, schnitt es längs auf und klappte es auseinander. Mit der Zange wurde es gestreckt und geglättet. Das Mittelalter kannte eine weitere Art von Flachglas: die runde, bleigefasste Butzenscheibe, erzeugt aus einer platt gedrückten oder geschleuderten Glasblase.

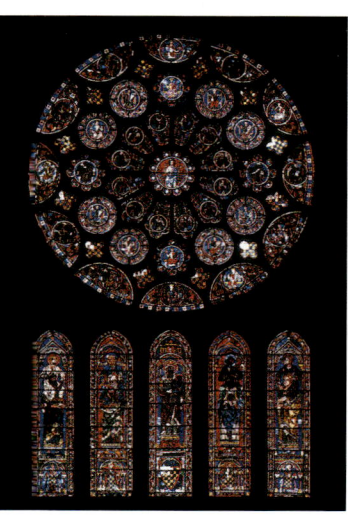

◀ Kostbares Kirchenfenster in der Kathedrale von Chartres; der gotische Dom wurde von der UNESCO zum Weltkulturerbe erklärt.

Entwicklung bedeutender Glasarten

Bleikristallglas
1668. Englische Glasmacher erfinden das schwere – weil bleihaltige – Glas. Es lässt sich gut schleifen, die entstehenden Facetten erzeugen besondere Lichteffekte.

Flintglas
1675. Der Brite George Ravenscroft erfindet das aus Feuerstein hergestellte bleihaltige Flintglas, das sich wegen seiner hohen Lichtbrechung gut als optisches Glas eignet.

Gold- und Kupferrubinglas
Um 1680. Johann Kunckel in Potsdam erfindet farbige Gebrauchsgläser, die durch Beimischungen von Gold- und Kupferchloridteilchen hergestellt werden.

Borosilicatglas
1882. Die deutschen Glasforscher Ernst Abbe und Otto Schott entwickeln das »Jenaer Glas«. Es etabliert sich als hochwertiges Spezialglas für optische Instrumente.

3200
v. Chr.

BEWEGTEN ZEITEN ENTGEGEN

Heute ist das Wagenrad auf Straßen und Schienen allgegenwärtig. Eine Gesellschaft ohne Räder ist kaum noch vorstellbar. Aber was wäre das Rad ohne Straße oder Schiene? Nur wenige natürliche Geländeformen lassen sich einfach mit Räderfahrzeugen befahren. So wird verständlich, warum der Mensch das Wagenrad erst relativ spät, ab etwa 3200 v. Chr., in Mesopotamien nutzte.

▲ Kultwagen aus der Bronzezeit: der Sonnenwagen von Trundholm; ein Pferd auf Rädern zieht die vergoldete Sonnenscheibe; gefunden wurde der Wagen auf der dänischen Insel Seeland.

Schwere Lasten wurden zuvor direkt oder auf primitiven Schlitten gezogen, manchmal auch über Walzen – untergelegte Baumstämme – transportiert. Die Erfindung des Rades an sich ist wahrscheinlich älter als jene des Wagenrades. Schon mindestens 300 Jahre bevor erste Karren über harte Böden rollten, drehte sich das Rad in Mesopotamien als Töpferscheibe. Um 2000 v. Chr. kamen die Bewohner des Zweistromlands auf die Idee, leichtere Räder zu bauen, indem sie statt hölzerner Vollscheiben erstmals Speichenräder verwendeten.

Lange dauerte es, bis das Rad – in veränderter Form – andere technische Aufgaben übernahm. So waren etwa im 4. Jahrhundert v. Chr. in Ägypten und Griechenland Zahnräder bei Wasserschöpfwerken in Gebrauch, etwa 100 Jahre später dienten derartige Räder schon in Übersetzungsgetrieben zur Kraftverstärkung. ▸▸

▾ Ein »rollender Sessel«; den Anfang machen Scheibenräder: Wagenmodell aus dem 3. Jahrtausend v. Chr.; in Syrien gefertigte Tonskulptur.

▲ Eisenbahnräder müssen enormen Belastungen standhalten; Stahlräder aus den 1950er Jahren.

Fortschritte in der Räder- und Reifentechnik

Drahtspeichen
1800. Nicht für einen Wagen, sondern für das Fahrwerk eines – von ihm entwickelten – Flugzeugs erfindet der Engländer George Cayley die ersten Drahtspeichenräder.

Luftreifen
1846. Robert Thomsen erfindet den luftgefüllten Gummischlauch für Wagenräder. Die Idee gerät aber in Vergessenheit. 1888 erfindet John B. Dunlop den Luftreifen neu.

Fahrradspeichen
1870. Das erste Laufrad mit wirklich zuverlässigen Drahtspeichen baut James Starley. Der Brite stattet das damals verbreitete Hochrad mit seiner Erfindung aus.

Schlauchlose Autoreifen
1950er Jahre. Erstmals kommen schlauchlose Autoreifen auf den Markt. Der Vorteil gegenüber Schlauchreifen ist ihre geringere Anfälligkeit für Reifenpannen.

▲ Die sog. Standarte aus den Königsgräbern von Ur (um 2650 v. Chr.) zählt zu den frühesten Raddarstellungen in der Geschichte. Die Streitwagen werden von Halbeseln gezogen, die Räder sind aus Holz.

Ungefähr zur gleichen Zeit – 260 v. Chr. – drehten sich in Byzanz erste Wasserräder. Damit waren die bis heute wichtigsten Einsatzgebiete des Rades – für Fahrzeuge und zur Kraftübertragung in Antriebs- und Arbeitsmaschinen – schon vor der Zeitwende bekannt.

Was folgte, waren im Grunde nur technische Verbesserungen: Hochleistungsachslager, Einzelradaufhängungen, in Räder integrierte Brems- und Antiblockiersysteme, hoch belastbare Leichtmetallfelgen und schlauchlose Reifen sind nur einige von Hunderten Verbesserungen im modernen Räderbau. Aber es gab auch grundsätzliche Neuerungen: Physiker entdeckten Ende des 20. Jahrhunderts beispielsweise, dass das runde Rad nicht immer das beste ist. Sie statteten Fahrräder mit einem ovalen Kettenrad aus, weil damit die Beinkraft des Fahrers gleichmäßiger ausgenutzt werden kann. ■

Prunkkarossen

Vom Volk bewundert im Prunkwagen durch die Straßen zu fahren, das genossen schon die römischen Kaiser. Der Geldadel unserer Tage verschafft sich dieses Hochgefühl im Rolls Royce. Die große Zeit der Prunkkarossen lag im 16.– 19. Jahrhundert. Am 13. 2. 1747 z. B. fuhr zur Vermählung des Dauphins mit Marie Josepha von Sachsen ein Konvoi mit achtspännigen Prachtkarossen durch Paris. Im 17./18. Jahrhundert waren es die Krönungskutschen und Hofgala-Wagen der Fürsten und Könige, die mit ihrem Pomp beeindruckten.

▲ Triumphzug für Kaiser Maximilian I.: Der Hoforganist sorgt fahrend für Musik; um 1493.

Einfache Baumscheiben

Glaubt man der griechischen Mythologie, so hat Bacchus mit Hilfe der Ceres zuerst den Ochsen die Dienstbarkeit gelehrt und dem Bauernwagen ein Rad untergesetzt. In der Tat rollten wohl die ersten Räder in der Landwirtschaft, sehr stabil waren die alten Karren allerdings nicht. Selbst das römische Plaustrum, der von Pferden oder Ochsen gezogene ländliche Alltagskarren, besaß nur Räder ohne Naben und Felgen. Die von Baumstämmen abgeschnittenen runden Scheiben waren nur mit Leisten und hölzernen Zapfen verbunden. Spätere römische Karren, besonders aber die leichten Rennwägelchen wie z. B. das Poledrum oder die militärischen Streitwagen, waren schon deutlich solider gebaut. Ihre Räder hatten beispielsweise hölzerne Achslager und schmiedeeiserne Laufreifen.

▲ Prähistorischer Planwagen: Das kleine Wagenmodell mit Votivfigur stammt aus Syrien; 3./2. Jahrtausend v. Chr.

▲ Hintergrund: frühes Speichenrad am Streitwagen des assyrischen Königs Assurbanipal; um 650 v. Chr.

Der Krieg als treibende Kraft

Neben der Landwirtschaft war schon früh der Krieg wichtigster Einsatzbereich der Wagenräder. Hier kam es nicht so sehr auf die Transportkapazität an als auf Schnelligkeit und Beweglichkeit. So ging denn auch die Erfindung der leichten Speichenräder um 2000 v. Chr. nicht von ungefähr auf den Streitwagenbau zurück. Dennoch kannte auch das Altertum schon wuchtige militärische Räderfahrzeuge: die Helepolen – bis zu 50 m hohe Kriegsmaschinen, die durch die Muskelkraft ihrer Insassen über Triebräder, Haspeln und Flaschenzüge fortbewegt wurden. Schwere Militärtransporte auf Rädern sind allerdings eher ein Kind der gigantischen Materialschlachten des 20. Jahrhunderts.

◄ Heimkehr aus dem Krieg: assyrischer König auf einem Streitwagen an der Spitze seines Heeres; Wagen gehören ab dem 2. Jahrtausend v. Chr. zur militärischen Ausrüstung.

GESCHÄFT MIT DEM GELD

Bereits für die Zeit um 4000 v. Chr. gibt es im Orient zahlreiche Indizien, die auf die Existenz eines ausgefeilten Kreditwesens – und zwar in der Hand professioneller Verleiher – hinweisen. Statt mit Geld wurde allerdings mit Naturalien bezahlt. Die ersten schriftlichen Zeugnisse dieses frühen Bankenwesens – belegt durch Keilschrifttontafeln – datieren aus der Zeit um 3100 v. Chr. in der Stadt Uruk in Mesopotamien.

▲ Ausdruck von Finanzkraft und Macht: modernes Bankhochhaus.

Auch Ägypten kannte den bargeldlosen Zahlungsverkehr in Form von Naturalien und sonstigen Tauschobjekten. Hier konnten Kaufleute z. B. über einen Staatsspeicher ihre Geschäfte per Last- und Gutschriften abwickeln.
Im 7. Jahrhundert v. Chr. waren in Lydien und Griechenland bereits geprägte Münzen als Zahlungsmittel entstanden, und im Römischen Reich gab es schon regelrechte Bankiers. Mit dem Übergang vom Tauschhandel zum Münzwesen entstand das erste größere Problem in der Geschichte der Geldwirtschaft: die Inflation. Kaiser Diokletian versuchte, mit dem Instrumentarium der Staatsbank Preiskontrollen durchzusetzen. Mit dem Fall Roms fand dieses zentralistische Bankwesen aber rasch sein Ende. Im Mittelalter beherrschten dann zunächst Geldwechsler und später auch Privatbanken die europäische Finanzszene. Sie betrieben ihr Geschäft bevorzugt an Knotenpunkten der Fernhandelswege. ▸▸

Automatischer Geldschalter

Warteschlangen an der Kasse brachten 1965 den Amerikaner Don Wetzel auf die Idee, einen Geldausgabeautomaten zu entwickeln. Doch in den USA wollte niemand eine derartige Maschine bauen. Diesen Mut bewies erst zwei Jahre später die britische Barclay Bank, die in London den ersten Geldautomaten der Welt aufstellte. Er arbeitete mit Lochkarten und bediente ausschließlich kreditwürdige Kunden der Filiale. 1972 installierte die britische Lloyds Bank den Urahn aller modernen Bankautomaten, der bereits Plastikkarten mit Magnetstreifen las.

▲ »Money Machine«; einer der ersten Geldautomaten, Los Angeles 1970.

▾ Die Bank of England gilt als erste moderne Kreditbank; Farb-Aquatinta der großen Schalterhalle von 1808.

34

Ausgehend von der oberitalienischen Lombardei, einem besonders regen Handelszentrum, setzte sich das Italienische als Bankfachsprache durch. Auch das Wort Bank selbst stammt vom italienischen banca, den Tischen der Geldwechsler an den Handelswegen. Im 14. und 15. Jahrhundert traten zum Geldwechsel das Girogeschäft und der Depositenhandel mit Geldeinlagen hinzu. Nicht nur die Königs- und Fürstenhäuser, sondern auch die Kurie nahmen die Dienste großer Bankiers wie der Medici und Fugger in Anspruch. Durch die staatliche Legitimierung der Bank of England entstand 1694 die erste öffentliche Zentralbank. Viele europäische Staaten folgten dem englischen Beispiel und verhalfen damit den international operierenden Banken zu einer politischen Machtfülle, die jene vieler Staatsregierungen übertraf. Im 19. Jahrhundert entwickelten sich auf spezielle Funktionen beschränkte Bankgruppen wie Hypothekenbanken, Kreditgenossenschaften und Sparkassen.

▲ Das Fuggerhaus in Augsburg; die Fugger gehören bis Ende des 16. Jahrhunderts zu den großen Privatbankiers.

▲ Währungsreform in den westlichen Besatzungszonen; die Menschen stehen Schlange, um die alte Reichsmark gegen die Deutsche Mark zu tauschen.

Mit der zunehmenden Liberalisierung und Globalisierung der Finanzmärkte wandelte sich das Bankwesen ab der zweiten Hälfte des 20. Jahrhunderts gravierend: Der bargeldlose Zahlungsverkehr sowie das wachsende Engagement der Banken u. a. an der Börse oder in der Versicherungs- und Immobilienbranche erlangten über Ländergrenzen hinweg zunehmend finanzpolitische Bedeutung. ■

▲ Geldverleiher mit seinem Rechenbrett, in früheren Zeiten geben vor allem Privatleute Kredite; Holzschnitt aus dem 16. Jahrhundert.

▲ Szene aus dem Klassiker »Bonnie und Clyde« von 1967 mit Faye Dunaway als Gangsterbraut.

Nicht nur für bare Münze

Eng mit der Entwicklung der Banken hängt der bargeldlose Geschäftsverkehr zusammen. Recht schnell fanden Schecks und Überweisungsträger Eingang in die Bankgeschäfte. Eine neue Dimension erhielt der bargeldlose Zahlungsverkehr 1950, als der amerikanische Geschäftsmann Frank McNamara zusammen mit seinen Freunden Alfred S. Bloomingdale und Ralph E. Schnei- der mit 18 000 Dollar Startkapital den Diners Club gründete und damit die erste Universalkreditkarte der Welt ins Leben rief. In wenigen Jahrzehnten folgten ihr weltweit Dutzende renommierter Kreditkarten großer Bankenpools. Der jüngste, aber unausgereifte Spross des bargeldlosen Zahlungsverkehrs ist seit der Jahrtausendwende Electronic Cash per Internet.

Entstehung berühmter Bankhäuser

Medici
1397. Die vermögende Händlerfamilie der Medici, seit dem 12. Jahrhundert in Florenz ansässig, gründet das Bankhaus Medici, das sich u. a. durch Mäzenatentum hervortut.

Fugger
1534. Der Augsburger Kaufmann Anton Fugger erhält das Privileg der eigenen Goldprägung und beginnt mit internationalen Währungs- und Wechselgeschäften.

Rothschild
1766. Der Antiquitätenhändler Meyer Amschel Rothschild gründet in Frankfurt am Main das Stammhaus der Rothschild Bank, die seine fünf Söhne später übernehmen.

Oppenheimer
1801. Salomon Oppenheimer verlegt sein 1790 in Bonn gegründetes Kommissions- und Wechselhaus nach Köln. Sein Sohn Abraham baut es zur bedeutenden Privatbank aus.

3000 v. Chr.

SPIEGLEIN, SPIEGLEIN...

Zum ersten Mal hat der Mensch sein eigenes Spiegelbild wohl ganz durch Zufall auf einer glatten Wasseroberfläche entdeckt. In den frühen Hochkulturen betrachteten sich die Menschen zumeist in Kupferplatten. Die ersten hergestellten Spiegel aus poliertem Kupfer fanden sich in ägyptischen Gräbern aus der Zeit zwischen 3000 und 2800 v. Chr. – ein alltäglicher Gegenstand mit langer Tradition also.

▲ Diener der Eitelkeit: der Spiegler; sein Handwerk ist im 16. Jahrhundert hoch angesehen.

Auch anderenorts gab es Spiegel schon in vorgeschichtlicher Zeit: So entdeckten Archäologen Metallspiegel aus der Ära um 2000 v. Chr. in der Pfahlbausiedlung Port-Alban am Neuenburger See. Zu einer ersten Blüte gelangte die Spiegelindustrie im sechsten vorchristlichen Jahrhundert bei den Etruskern. Um 300 v. Chr. erreichte sie dort ihren Höhepunkt. Zentren dieser frühen Spiegelwerkstätten waren Palestrina und Vulci. Die etruskischen Spiegel waren runde Handspiegel aus polierter Bronze, auf deren Rückseiten Szenen aus der Mythologie oder aus dem Alltag dargestellt wurden.

Im alten Rom führten die Spiegelmacher neue Techniken ein: Sie schliffen und polierten das schwarze vulkanische Glas Obsidian oder belegten die reflektierende Seite polierter Bronzescheiben mit Silber. Zwar soll schon der griechische Physiker Archimedes 214 v. Chr. metallene Hohlspiegel benutzt haben, um römische Schiffe in Brand zu setzen, wissenschaftlich gesichert ist jedoch nur, dass um 1010 der arabische Physiker Abu Ali Al Hasan Ibn Al Haithan Hohlspiegel kannte und exakte Parabolspiegel herstellte, wie sie heute z. B. aus Autoscheinwerfern bekannt sind.

Im 13. Jahrhundert kamen – ausgehend von der Glasmacherstadt Venedig – neben den zumeist verwendeten Metallspiegeln mit Zinnblech und Quecksilber hinterlegte flache Glasspiegel auf den Markt. Sie waren die Vorläufer der modernen Spiegel, deren geistiger Vater 1835 der deutsche Chemiker Justus von Liebig wurde, als er erstmals eine Silberschicht auf eine Klarglasfläche auftrug und diese danach mit einer Schicht aus Schutzlack überzog. ■

▼ »Mythologische Spiegeldarstellung um 1500; das Einhorn betrachtet sich selbst.

▲ Zufrieden betrachtet sich diese Frau in ihrer Abendgarderobe; Gemälde mit dem Titel »Bewundernde Blicke«.

◄ Der Griff dieses ägyptischen Handspiegels hat die Form eines Mädchens, das eine Papyrusblüte auf dem Kopf balanciert.

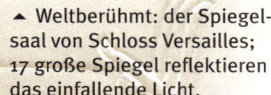

▲ Römerin mit Handspiegel; rekonstruiertes Fresko aus dem 4. Jahrhundert.

▲ Weltberühmt: der Spiegelsaal von Schloss Versailles; 17 große Spiegel reflektieren das einfallende Licht.

▲ Frühes Kunsthandwerk: peruanischer Goldspiegel in Form eines Gesichts, 13.–15. Jahrhundert.

▶ Hintergrund: Morgentoilette einer ägyptischen Königin, Sarkophagrelief, um 1500 v. Chr.

Aufstieg zum Kunstobjekt

Die Glaskunst hat den Spiegel selbst erst relativ spät entdeckt. Bis zum Ende des 19. Jahrhunderts blieb er als solcher eher unverändert, auch wenn er nicht nur ein reiner Gebrauchsgegenstand war, der in Bädern oder in Schlafräumen hing, sondern ebenso als Einrichtungsobjekt diente. Vor allem im Barock und während des gesamten 19. Jahrhunderts wurden Spiegel häufig in prunkvolle Rahmen gefasst. Auch wurden königliche Spiegelkabinette geschaffen, in denen alle Wände mit Spiegeln versehen waren, die für einen ganz besonderen Raumeindruck sorgten. Erst die Jugendstilkünstler gegen Ende des 19. Jahrhunderts verfielen auf die Idee, Spiegel zu bemalen und dadurch zu Kunstwerken zu machen. Auf diesen Gedanken greifen heutige Hersteller zurück, die ihre Spiegel mit Bildern bedrucken. Oft werden die Produkte zusätzlich »gealtert«, etwa durch rückseitiges Verspiegeln mit einer so genannten Schrumpfbeschichtung, die feine Rissmuster bildet.

Mit Silber beschichtet

▲ Der Chemiker Justus von Liebig; seine Erfindungen bringen die Spiegelproduktion erheblich voran.

Auf Justus von Liebig geht die im 19. Jahrhundert beginnende industrielle Fertigung von Glasspiegeln zurück, die auf ihrer Rückseite silberbeschichtet sind. Auf der Glasoberfläche wird ein chemischer Silberniederschlag erzeugt, eine abschließende Lackschicht schützt vor Beschädigung und Feuchtigkeit. Heute ist der grundsätzliche Aufbau der Beschichtung noch derselbe, allerdings wird der Silber- oder neuerdings auch Aluminiumüberzug meist im Hochvakuum aufgedampft. Das geht schneller und liefert bessere Ergebnisse. Oberflächenspiegel für hochwertige optische Geräte tragen die Beschichtung auf der reflektierenden Seite.

Höchste Qualität für die Astronomie

Die moderne Astronomie arbeitet mit Spiegelteleskopen, deren konkave Reflektoren 8 m und mehr Durchmesser haben. In Südafrika soll 2003 ein Großteleskop mit 11 m Spiegeldurchmesser den Betrieb aufnehmen. Damit die Teleskope die fernen kosmischen Objekte immer völlig scharf abbilden, dürfen sie auch bei Temperaturänderungen von 10 oder 20 °C keine Wärmedehnung aufweisen, die ihren Aufbau verändern würde. Derartige oberflächenbeschichtete Spiegel können selbst aus hochwertigstem und reinstem Glas nicht hergestellt werden. Verwendet wird dafür so genannte Glaskeramik, ein feines Gemenge winziger glasiger und keramischer Partikel. Dehnt sich das Glas bei Erwärmung aus, so zieht sich die Spezialkeramik ebenso stark zusammen. Diese Spiegel von 15 t und mehr Gewicht bleiben sogar im Hundertstelmillimeterbereich absolut formstabil.

Einsatz von Spiegeln in der Technik

Parabolspiegel
Mittelalter. Der Längsschnitt dieses Hohlspiegels hat Parabelgestalt. Die Spiegel strahlen das von einer Lichtquelle in ihrem Brennpunkt ausgehende Licht längs ihrer Achse.

Teleskopspiegel
1668. Der englische Astronom Isaac Newton baut ein Spiegelteleskop, indem er in einem Fernrohr einen Spiegel installiert, der Farbfehler bei der Abbildung vermeidet.

Spiegelgalvanometer
1731. Unabhängig voneinander entwickeln John Hadley und Thomas Godfrey das astronomische Navigationsinstrument zum Anpeilen von Gestirnen über einen Spiegel.

Spiegelreflexkamera
1960er Jahre. Diese Kamera zeigt im Sucher dasselbe Bild, das ihre Optik erzeugt – allerdings auf dem Kopf. Ein eingebauter Spiegel sorgt dafür, dass es umgekehrt wird.

2700 v. Chr.

IT'S TEA-TIME

Seit etwa 2700 v. Chr., also seit fast 5000 Jahren, ist der grüne und wenig später auch der schwarze Tee in Asien schon bekannt, seit rund drei Jahrtausenden als Kult- und Kulturgetränk. Wo der Teestrauch ursprünglich zu Hause war, ist bis heute höchst umstritten. Er könnte ebenso gut aus den Hochländern Südwestchinas wie aus Nordbirma oder Indonesien stammen.

▼ Chinesische Teemanufaktur im 18. Jahrhundert: Der Tee wird gepresst und anschließend für die Verschiffung nach Europa verpackt.

▲ Jahrhundertealtes Ritual in Russland: Hier wird der Tee mit dem Samowar, einem dekorativen Wasserkocher aus Metall, zubereitet.

▼ Der schnelle Teeaufguss wird immer wichtiger: Werbung für die erste Verpackungsmaschine für Doppelkammerbeutel von 1949.

Laut einer chinesischen Legende soll Kaiser Shên Nung 2737 v. Chr. in der Provinz Honan den Tee entdeckt haben, als er auf einer seiner Reisen frisch abgekochtes Wasser genießen wollte und ihm von einem Teebaum einige Blätter in das Gefäß mit der sprudelnden Flüssigkeit fielen. Seitdem wollte der Kaiser angeblich nichts anderes mehr trinken. Diese Erzählung gehört wohl eher ins Reich der Mythologie als in das Gebiet der Historie, denn 2737 v. Chr. gab es in China weder ein Kaiserreich, noch war die Schrift erfunden, mit der Shên Nung ein Medizinbuch verfasst haben soll. Andere Legenden datieren die fernöstliche Entdeckung des Tees auf spätere Jahrhunderte. Gesichert scheint indes, dass das anregende Getränk 221 v. Chr. in China bekannt war, denn in diesem Jahr soll Kaiser Tsching-schi-huang-ti eine Teesteuer eingeführt haben.

Tee galt in China zunächst mehr als Heilmittel denn als Getränk. Das änderte sich schlagartig, als 780 der chinesische Dichter und Philosoph Lu Yu ein dreibändiges Standardwerk über den Tee verfasste, das die ▸▸

Der Siegeszug des Tees in aller Welt

Japan
8. Jahrhundert. Während der Narazeit (709–784) wird von buddhistischen Priestern in Japan erstmals aus China importierter Tee als Heilmittel erwähnt.

Niederlande
1610. Zum ersten Mal bringt ein Schiff eine Teeladung in die Niederlande – hier findet das Getränk rasch Zuspruch, und 20 Jahre darauf gelangt es nach Frankreich.

Russland
1638. Auf dem Landweg werden größere Teemengen importiert. Der »Karawanentee« erweist sich als weitaus besser als der auf feuchten Segelschiffen importierte Tee.

Deutschland
1657. Erstmals wird Tee in einer Apothekerschrift aus Nordhausen erwähnt. Zum Durchbruch als Genussmittel verhilft ihm 1679 der niederländische Arzt Cornelius Dekker.

▲ Teegenuss auch in der Wüste: Grüner Tee mit frischer Minze und viel Zucker ist in den nordafrikanischen Staaten eine Art Nationalgetränk.

◄ Feiner englischer Stil: Das Londoner Kaufhaus Harrod's bietet im klassischen Ambiente eine vielfältige Auswahl an Tees an.

Teezeremonien Ostasiens begründete. In Persien war der Tee im 13. Jahrhundert bekannt und gelangte wenig später durch arabische Händler und Seefahrer nach Europa, wo er eine teure Rarität blieb. Erst nachdem die Niederländer ihre Ost Indische Compagnie gegründet hatten, brachten holländische Segler 1610 die erste größere Teeladung nach Europa. Ärzte verordneten das Getränk als Medizin zur Blutverdünnung, Verbesserung des Gedächtnisses und Steigerung der Lebenskraft. Die Briten machten dann als erste Europäer den Tee zum Volksgetränk, auch wenn sie im 17. Jahrhundert zunächst noch den Kaffee favorisierten. Doch um 1785 gab es auf den britischen Inseln bereits rund 30 000 Teehändler. ■

»Wie Heu und Mist«

Gegen Mitte des 17. Jahrhunderts wurde der Tee in England salonfähig. Die große Zeit des Tees begann ein Jahrhundert später. Brachten die Schiffe der 1600 gegründeten Britisch-Ostindischen Handelskompanie noch um 1690 gerade mal 10 t Tee in die Heimat, stieg die Menge in den folgenden 100 Jahren um das 400fache. Doch waren es nicht die Engländer, die Tee in Kontinentaleuropa bekannt machten. Der Weg führte von den Niederlanden über Frankreich. In Deutschland gab

man sich reserviert. Als Liselotte von der Pfalz, Schwägerin des französischen Königs, den Tee kennen lernte, kommentierte sie: »Thee kommt mir vor wie Heu und Mist, mon Dieu, wie kann so was Bitteres und Stinkendes erfreuen?«

► Die für Briten obligatorische Tasse Tee darf auch im Film nicht fehlen: Meisterdetektiv Sherlock Holmes beim Tee.

Weltberühmte Sorten

Das bedeutendste Teeanbaugebiet ist Indien mit den Plantagengebieten Assam und Darjeeling im Norden des Landes sowie Nilgiri im Südwesten. Bekannt sind auch die Hoch- und Tieflandtees der Insel Sri Lanka, ehemals Ceylon, weshalb die dort angebauten Teesorten nach wie vor als »Ceylon« bezeichnet werden. Seit dem Jahr 1826 wird auch in Indonesien Tee angebaut: Niederländer brachten ihn auf die Insel Java. Ebenfalls seit dem 19. Jahrhundert gibt es Teeplantagen in Afrika, mit Kenia an der Spitze, gefolgt von Malawi und Mosambik. Die übrigen Teeanbaugebiete der Welt sind weniger bedeutend, denn entweder exportieren sie kaum – wie die Türkei und der Iran – oder sie produzieren in erster Linie grüne Tees wie Taiwan und Vietnam. Zu den Exoten unter den Teeanbauern gehören Guatemala und Mauritius.

▲ Handgepflückt: Teeernte auf einer Plantage in Sri Lanka.

◄ Hintergrund: Ein früher Teetrinker war der chinesische Dichter Li Bai, der im 8. Jahrhundert lebte.

Der schnelle Genuss

▲ Praktisch und preisgünstig: Reklame für Teebeutel, 1953.

Der Teebeutel ist die Erfindung eines New Yorker Teeimporteurs, der zu Beginn des 20. Jahrhunderts Ernteproben in Seidentüten anbot. Kurz darauf verpackte die Dresdner Firma Teekanne Teeportionen für das Militär in kleine Mullsäckchen. Ende der 1920er Jahre entwickelte dann eine US-Firma aus Spezialpergamentpapier zusammengeklebte Teebeutel. Allerdings schmeckte der Aufguss unangenehm nach Klebstoff. Dieses Problem beseitigte 1949 wieder die deutsche Firma Teekanne mit der Einführung klebstofffreier Doppelkammerbeutel.

DIE STÄDTISCHE »KLOAKE«

Das Wort »Kanal« geht auf das lateinische Wort »canna« zurück, das so viel wie kleines Rohr bedeutet. Mit Sicherheit nachweisen lassen sich Kanalisationssysteme mit offenen Abwasserleitungen in Mohendscho-Daro, der Metropole einer Hochkultur, die um 2500 v. Chr. im Industal ihre Blütezeit hatte.

▲ Bootsfahrt im Abwasser; die Kanalisation muss regelmäßig überprüft und gewartet werden.

▲ Ein Filmklassiker ist »Der dritte Mann« aus dem Jahr 1950. Schauplatz des spannenden Thrillers ist Wien, dessen Kanalisaton die ideale Szenerie für packende Verfolgungsjagden bietet.

D as Schmutzwasser aus Haushalt und Gewerbe wurde durch Tonrohre in gedeckte Gossen neben den Straßen geleitet. Sie mündeten in offene Kanäle, die ihre schmutzige Fracht schließlich in Gewässer, meistens aber einfach auf die Felder vor den Städten entließen. In früheren Zeiten besaßen Weltstädte wie Rom sehr eindrucksvolle Kanalbauten. Die römische Cloaca maxima wurde um 578 v. Chr. als 3,4 m breite offene Rinne angelegt, die sich übel riechend durch die Metropole zog, dann aber 184 v. Chr. aufwendig mit einem Ziegelgewölbe abgedeckt wurde. Das Tiefbauwerk war für seine Zeit sogar so herausragend, dass man es einer eigenen Schutzpatronin anvertraute, der Göttin Cloaquina.

Auch die Andenkulturen verfügten im 9. bis 12. Jahrhundert über großzügige Kanalnetze in ihren Städten. In Europa leiteten bis ins 19. Jahrhundert vor allem die Wohlhabenden ihre Abwässer in eigens gebaute Gruben. 1842 erhielt Hamburg als erste deutsche Stadt ein unterirdisches Kanalsystem. Gereinigt wurden die Abwässer allerdings noch nicht. ■

▶ Die Cloaca maxima; diesen Beispiel gebenden Abwasserkanal legten die Römer im 6. Jahrhundert v. Chr. an; hier der Kanalabschnitt zur Entwässerung des Forums.

Meilensteine des Wasserschutzes

Chemische Kläranlage 1874. In England entstehen die ersten Abwasserkläranlagen. Sie sind wegweisend und arbeiten mit chemischen Ausfällstoffen sowie keimtötenden Chemikalien.

Hilfe von Mikroorganismen 1914. In Manchester arbeitet nach einem Konzept des Chemikers William Dibdon die erste biologische Kläranlage, in der Mikroorganismen die Verunreinigungen zersetzen.

Bio-Hochreaktoren 1980. Die deutschen Chemiekonzerne Bayer und BASF bauen voll biologische Kläranlagen. Belüftungssysteme verbessern den Schmutzstoffabbau durch Mikroorganismen.

Biologische Wasserprüfung Um 1985. Fische und andere Wasserbewohner werden neben chemischen Verfahren zur Untersuchung des Restschadstoffgehalts biologisch geklärter Abwässer eingesetzt.

▲ Antike Toiletten: römische Latrinenanlage mit zwölf »Sitzen« und umlaufender Abflussrinne.

▲ Hintergrund: Berlin in der ersten Hälfte des 19. Jahrhunderts – das verunreinigte Wasser fließt im Rinnstein offen durch die Straßen; Farblithographie um 1825.

Üble Gerüche

Zwar fiel im Mittelalter wenig Abwasser an, dafür war es jedoch sehr stark verschmutzt. Die Frage »Wohin damit« wurde viele Jahrhunderte ebenso einfach wie rigoros gelöst: Man entleerte den mehr oder weniger flüssigen Inhalt von Waschschüsseln und »Töpfchen« ungeniert durch Fenster und Ablaufrohre auf die Straße. Vornehme Damen gingen deshalb noch in der Renaissancezeit kaum ohne einen Schirm spazieren. Nur die Landbevölkerung besaß Jauchegruben – allerdings nicht aus hygienischen Gründen, sondern um die Fäkalien für die Felderdüngung zu sammeln und in den Gruben verrotten zu lassen.

◄ Abwasserbeseitigung in früheren Zeiten; die Geruchsbelästigung ist enorm.

◄ Kniehoch im stark verschmutzten Wasser: Kanalarbeit findet auch heute noch unter schwierigsten Bedingungen statt.

Ungeklärte Verhältnisse

In den hoch technisierten Industrienationen ist die Wasserverschmutzung dank guter Klärtechniken rückläufig. So haben auch in Deutschland nicht wenige Bäche und Flüsse wieder Bade- und teilweise sogar Trinkwasserqualität. Extrem schmutzempfindliche Kleintiere wie Flusskrebse und Flussmuscheln finden wieder neue Lebensräume. In den meisten Entwicklungsländern sieht es dagegen nicht so gut aus: Neben der Fäkalienkanalisation führen noch immer zahlreiche Abflussrohre der Industrie direkt in die Umwelt. Ein Problem der Industrienationen ist die Ausschwemmung der mit Kunstdünger behandelten Felder. Ihre Nitratlast führt zu einer Überdüngung der Gewässer; es bilden sich Algenteppiche, die den Lebensraum von Tieren und Mikroorganismen bedrohen.

▲ Moderne Kläranlage: Vor der Einleitung des Abwassers in die Flüsse wird es hier gründlich gereinigt.

Gefährliche Krankheitsherde

Unerträglich wurde die Abwassersituation, als in England nach 1850 riesige urbane Arbeitersiedlungen entstanden. Die steigenden Abwassermengen, die ungeklärt auf die »Rieselfelder« vor den Städten flossen, konnten nicht mehr versickern und wurden zum ständigen Krankheitsherd. 1874 entstand deshalb bei Windsor eine erste Kläranlage. Mit Chemikalien trennte man Feststoffe von einer klaren, keimfreien Flüssigkeit. Der Bodensatz wurde auf hoher See verklappt oder getrocknet und als Dünger verkauft. Damals war das ein gewaltiger Fortschritt, heute würde man diese Abwasserbehandlung als Chemieskandal bezeichnen. Zu Beginn des 20. Jahrhunderts entstand in England die erste voll biologische Kläranlage. Heute reicht die Kapazität solcher Anlagen nicht mehr. Deshalb wurden Bio-Turmkläranlagen mit hohem Schmutzwasserdurchsatz konstruiert.

2500 v. Chr.

DEM SCHMUTZ AUF DER SPUR

Wer sich in grauer Vorzeit reinigen wollte, der benutzte klares Wasser und – wenn der Schmutz hartnäckig anhaftete – Sand. Kleidung brauchte jedoch eine andere Behandlung – wie schon die Sumerer um 2500 v. Chr. herausfanden. Eine Keilschrift-Tontafel aus dieser Zeit gibt Anweisungen zum Waschen von Wolle mit Seife.

▲ Seifenwerbung aus Belgien zu Beginn des 20. Jahrhunderts.

▲ Diese sumerische Tontafel aus dem 3. Jahrtausend v. Chr. erwähnt erstmals die Möglichkeit, mit Seife aus Pottasche zu waschen.

E ine weitere Tafel lieferte ein einfaches Rezept: »Zur Seifenherstellung nehme man einen Liter Öl und fünfeinhalb Liter Pottasche.« Bis zur allgemeinen Nutzung der Seife sollte allerdings noch einige Zeit vergehen. Die alten Römer jedenfalls kannten sie nicht, und als sie deren Gebrauch um 200 v. Chr. bei den Galliern und den Germanen beobachteten, beschrieben sie die Seife keineswegs als Waschmittel, sondern eher als eine Art Pomade. »Sapo« nannten sie das Gemisch aus Fett und Aschenlauge. Ihre Textilien wuschen die Römer mit heißem Wasser, das mit einem guten Schuss gefaultem Urin versetzt war. »Fullones« hießen die römischen Walker und Wäscher. Sie rochen streng, verdienten aber gutes Geld. Kaiser Vespasians berühmtes Wort »Pecunia non olet«, Geld stinkt nicht, nahm darauf Bezug. ▸▸

▲ Bakterienkulturen – Seife hilft, sich vor ihnen zu schützen.

Schutz vor Seuchen

Erst im 19. Jahrhundert begannen die Europäer, sich Gedanken über Hygiene zu machen. In den rasch wachsenden Großstädten grassierten Seuchen wie beispielsweise Fleckfieber und Typhus und rafften Zehntausende Menschen dahin. Wissenschaftler wurden sich erstmals der Zusammenhänge zwischen Seuchen und mangelhaften hygienischen Verhältnissen bewusst. In der zweiten Hälfte des 19. Jahrhunderts wiesen der Franzose Louis Pasteur und der Deutsche Robert Koch mit der wissenschaftlichen Bakteriologie erstmals die Existenz von Krankheitserregern nach. Spätestens zu dieser Zeit wurde der Ruf nach verbesserter Hygiene in Europa unüberhörbar. Bald darauf wurde die Seife als Körperreinigungsmittel zum Allgemeingut.

▲ Der Seifensieder – ein traditionsreiches Handwerk; um 1840.

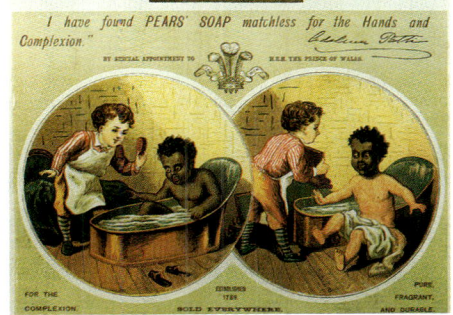

▲ Mit Pears' Soap wird jede Haut weiß, so diese britische Seifenwerbung von 1880 – weiße Haut war damals nicht nur sehr modern, sie galt auch als besonders vornehm.

Im Mittelalter stellten die Seifensieder vor allem in Spanien aus Olivenöl und der Asche von Meeresalgen feste Seife her. Im 16. Jahrhundert verfeinerten die Franzosen ihre Seifen mit Essenzen duftender Pflanzen. Beliefert wurden vor allem die Königshöfe und der Hochadel. Für die Masse der Bevölkerung blieben kosmetische Seifen unerschwinglich. Man benutzte Schmierseife, die aus Rübenöl, Hanföl, Leinöl oder Tran mit Kalilauge hergestellt wurde, oder auch Kernseife auf der Basis von minderwertigem Talg. Erst seit dem 19. Jahrhundert verdrängten chemische Produkte nach und nach Schmier- und Kernseifen: Chlor diente als Bleichmittel, synthetisches Soda ersetzte die Pottasche, die nicht genügend vorhanden war. Schließlich tauchte 1876 der Deutsche Fritz Henkel mit seiner Waschmittelfabrik als Revolutionär des Wäschewaschens auf. ■

▸ Wasser und Seife gehören auch schon bei den Kleinsten zur richtigen Körperpflege; Werbung Ende des 19. Jahrhunderts.

◂ Baden bei Hofe im frühen 18. Jahrhundert; edle Öle und Seifen sind großer Luxus.

Schonend für Haut und Gewebe

Wer heute ein Stück Seife kauft, erwirbt streng genommen keine Seife, sondern »moderne Waschsubstanzen«. Seifen im klassischen Sinn haben einen pH-Wert von über 7, sodass sie basisch bzw. alkalisch sind. Alkalische Reaktionen wirken sich aber negativ beim Waschen aus. Bei der Körperreinigung zerstören Alkalien den natürlichen Säureschutzmantel der Haut und können so zum Verlust der Elastizität und zu Allergien führen. Beim Säubern von Textilien bilden sich mit sauren Verunreinigungen wie Schweiß in den Geweben Fettsäuremoleküle, die einen Grauschleier erzeugen und die Stoffe hart werden lassen. Moderne Waschsubstanzen sind entweder pH-neutral oder leicht sauer.

◂ Wohl duftende Seifen mit ihren Ingredienzien, u. a. Öl und Lavendel.

Seifenherstellung im Wandel der Zeit

Kaliseife
2. Jahrhundert v. Chr. Die Germanen stellen Seife aus Ziegentalg und Asche her. Sie wird aber vor allen Dingen als Pomade für das Haar verwendet.

Natronseife
2. Jahrhundert v. Chr. Die Gallier produzieren aus der Asche von natriumhaltigem Seetang feste Seife. Sie ist bei den Römern ein sehr begehrter Handelsartikel.

Toilettenseife
16. Jahrhundert. Aus Olivenöl, Soda-Asche und Pflanzenduftstoffen wird in Frankreich eine neue Seife gekocht. Charakteristisch ist nicht nur ihr Duft, sondern auch ihre Kugelform.

Schmierseife
19. Jahrhundert. Die Produktion synthetischen Sodas sowie der Import preiswerter Fettrohstoffe aus Übersee machen die Schmierseife zur industriellen Massenware.

2150 v. Chr.

GERADEN WEGS DURCHS WASSER

*Die alten Ägypter, erfahren im Bau von Bewässerungs-
kanälen, schufen mit dem um 2150 v. Chr. gebauten
»Seitenkanal« des Nils den ersten bekannten Schifffahrts-
kanal der Welt, er führte in das fruchtbare Gebiet südlich
des ersten Katarakts.*

▲ Der Regent's Canal vor dem Islington
Tunnel in England; Gemälde aus dem
19. Jahrhundert.

Pharao Necho II. hatte noch Größeres vor. Er tat um
600 v. Chr. den ersten Spatenstich für einen Kanal
vom Ostufer des Nildeltas zum Roten Meer. Vollendet wurde die Wasserstraße allerdings erst 490 v. Chr. vom
Perserkönig Dareios I. Im 8. Jahrhundert n. Chr. sollte sie
wieder im Wüstensand verschwinden.

Kanäle zu bauen blieb ein gigantisches Unternehmen, das sich nur hoch entwickelte Zivilisationen leisten konnten. China verband durch den Kaiserkanal seine großen von Ost nach West fließenden Ströme. Baubeginn war im 5. Jahrhundert v. Chr., der erste Teilabschnitt wurde 610 n. Chr. fertig gestellt. Um 1300 erreichte er Peking, seine Endstation. Während der Kaiserkanal mit 1782 km zum
längsten Kanal der Welt wurde, blieb Karl der Große um 800 mit seinem Graben
zwischen Rhein und Donau schon nach wenigen Kilometern stecken. ▸▸

▲ Eines der größten
Schiffshebewerke
der Welt befindet
sich in Deutschland.
Im Elbe-Seitenkanal
überwindet es ei-
nen Höhenunter-
schied von 61 m.

▲ Die Chinesen gehören zu
den Pionieren des Kanalbaus;
noch im 19. Jahrhundert ist es
jedoch harte körperliche
Arbeit, die Schiffe über die
Schleusenrutsche zu ziehen.

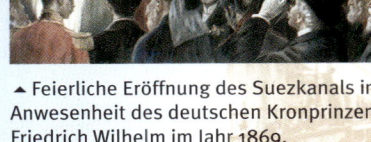

▲ Entlastung für die Arbeiter am Panamakanal: Schienenfahrzeuge schleppen die Schiffe durch die Schleusen, 1914.

Politischer Zankapfel

Vom Sultan von Konstantinopel genehmigt (1866), vom Franzosen Ferdinand de Lesseps gebaut (1859–1869), von Großbritannien besetzt (1882–1954), von Israel begehrt (1967) – von jeher war der heute 195 km lange Suezkanal ein politisches Streitobjekt. Frankreich wollte Einfluss über die Finanzierung, England den Seeweg nach Indien sichern. Wegen der Verstaatlichung der Kanalgesellschaft 1956 durch den ägyptischen Staatspräsidenten Gamal Abd el-Nasser riskierten beide Staaten ein militärisches Abenteuer – der Kanal blieb aber unter Kairos Hoheit.

▲ Feierliche Eröffnung des Suezkanals in Anwesenheit des deutschen Kronprinzen Friedrich Wilhelm im Jahr 1869.

Der Kanalbau in Europa lebte erst wieder auf, als es im 13. Jahrhundert gelang, die Wasserzufuhr zu steuern und die Niveauunterschiede mit Kammerschleusen auszugleichen – die Chinesen hatten dieses Problem schon 300 Jahre früher gelöst. So kam der Ausbau künstlicher Schifffahrtswege endlich in Schwung, wie etwa 1667–1681 mit dem Canal du Midi in Frankreich. Schleusentreppen, Zwillingsschleusen, Trogschleusen, Hebewerke und Schiffseisenbahnen ließen die großen Binnen- und Seeschifffahrtskanäle der Neuzeit Wirklichkeit werden – nur der Suezkanal kam ohne diese »Hilfen« aus. ■

Leben mit den Kanälen

Die venezianischen und holländischen Seefahrer blieben auch in der Heimat dem feuchten Element verbunden. Während die Gründung Venedigs dem Kalkül entsprang, die Inseln in der Lagune würden von durchziehenden Barbaren links liegen gelassen, stellten sich die Holländer dem Kampf mit dem Meer: Sie bändigten die Nordsee mit Deichen, Wehren, Schleusen und Kanälen. Letztere dienten praktischerweise auch als Verbindung zwischen Handelskontoren und Häfen, von wo aus die Kapitäne ihre Schiffe bis nach Amerika und Asi-

en dirigierten. Weitere Wasserstraßen erschlossen auch das Hinterland von Rhein, Maas und Schelde; holländische Wasserbauer waren bald weltweit gefragt.

▲ Die norditalienische Lagunenstadt Venedig ist berühmt für ihre Kanäle. Die Gebäude sind zumeist auf Pfählen errichtet.

Ozeane rücken näher zusammen

Die Idee, Meere miteinander zu verbinden, versprach in erster Linie Zeitgewinn; Mit 6,3 km ist der 1893 eröffnete Kanal von Korinth zwischen Ägäischem Meer und dem Golf von Korinth einer der kürzesten Seeschifffahrtskanäle. Der 1880 von Frankreich begonnene und 1914 von den USA vollendete Panamakanal erspart die Reise um Kap Hoorn. Der 1959 eingeweihte Sankt-Lorenz-Seeweg zwischen den Großen Seen und dem Atlantik ist der

wichtigste Transportweg für Kohle, Erz und Getreide sowie außerdem ein Projekt der Superlative: 3770 km lang, sieben Großschleusen und 183 m Höhenunterschied – für Hochseeschiffe bis zu 8 m Tiefgang geeignet.

▶ Durchstechung der Landenge von Panama für den Bau des Kanals; Holzstich von 1889.

▲ Hintergrund: Schleusenbau am Panamakanal, 1913.

Fertigstellung bedeutender Schifffahrtskanäle	Nord-Ostsee-Kanal 1895. Mit dem Kanal zwischen Brunsbüttel an der Unterelbe und Kiel-Holtenau wird der beschwerliche Weg über die Jammerbucht und das Skagerrak überflüssig.	Dortmund-Ems-Kanal 1899. Die 269 km lange Verbindung zwischen dem östlichen Ruhrgebiet und Emden wird lange Jahre vor allem durch die Montanindustrie genutzt.	Mittellandkanal 1938. Der damals längste Binnenschifffahrtskanal in Europa zwischen Hörstel am Dortmund-Ems-Kanal und Magdeburg-Rothensee an der Elbe misst 321 km.	Rhein-Main-Donau-Kanal 1992. Der rund 3500 km lange internationale Schifffahrtsweg verbindet das Schwarze Meer mit der Nordsee. Der Kanal ist für Schiffe bis zu 110 m Länge zugelassen.

2000 v. Chr.

EXOTIK VOR DER HAUSTÜR

Schon lange vor unserer Zeitrechnung ließen sich die Menschen von wilden Tieren faszinieren, was die prähistorischen Felsmalereien in den Höhlen von Lascaux und Altamira beweisen. Im ersten zoologischen Garten der Geschichte, dem um 2000 v. Chr. in China eingerichteten »Park der Intelligenz«, müssen wahrhaft paradiesische Zustände geherrscht haben.

▲ Das moderne Aquarium von Barcelona bietet hautnahe Einblicke in die Unterwasserwelt.

Neben vielen Säugetieren sollen sich in dem von Kaiser Wu-Wang, einem Vertreter der Xia-Dynastie, angelegten, 400 ha großen Garten auch Vögel, Reptilien und Fische in ausgedehnten Freianlagen und Gewässern getummelt haben. Allem Anschein nach gab es weder Zäune noch Käfige oder Zwinger. Im Gegensatz zu den Tiersammlungen der frühen Hochkulturen bestand der Zoo des Wu-Wang bis in die Neuzeit fort, bevor er im Verlauf des Boxeraufstands (1899–1901) durch europäische Truppen zerstört wurde.

Die Anfänge der wissenschaftlichen Zoologie liegen im klassischen Griechenland: Aristoteles war im 4. Jahrhundert v. Chr. der Erste, der neben der Kategorisierung der Tierwelt auch vergleichende Beobachtungen anstellte und sein Wissen in einer Enzyklopädie zusammenfasste. In Europas Herrscherhäusern erwachte das Interesse an der exotischen Tierwelt im Zeitalter der Renaissance und des Barock. Von ihren Entdeckungsreisen in die neuen Erdregionen brachten die Gesandten nicht nur leblose Raritäten mit, sondern eben auch bisher unbekannte, oftmals gefährliche Tiere. Sie wurden in Menagerien gesperrt, wo sie den Besitzerstolz der Kaiser, Könige und Fürsten befriedigten und ▸▸

▲ Spektakulärer Vorfall im Pariser Zoo im Jahr 1911: Die Feuerwehr muss eine Frau aus dem Bärenzwinger retten.

▾ Bei einer Tierschau wird dem staunenden Wiener Publikum schon 1552 zum ersten Mal ein Elefant gezeigt.

Tradition und Sensation

Heute besitzt fast jede größere Stadt einen Wildpark, einen Tiergarten oder einen Zoo. Einige von ihnen sind weit über die Landesgrenzen hinweg bekannt geworden. Den ältesten Zoo Europas besitzt Wien: Er geht auf die 1752 vom Kaiserpaar Franz I. Stephan und Maria Theresia im Park von Schönbrunn angelegte Menagerie zurück. In dem 1844 in Antwerpen eröffneten Zoo konnte man 1919 – keine 20 Jahre nach seiner Entdeckung – das erste Okapi der Zoowelt bewundern, außerdem die ersten Breitmaulnashörner und Berggorillas. Unter den europäischen Zoos nahm Frankfurt am Main, 1858 zur Erholung der Bürger gegründet, mit seinen Menschenaffen einen Spitzenplatz ein. Der 1828 entstandene zoologische Garten in London, ein berühmtes Zentrum der Tierkunde, zeigte bereits 1938 den ersten Großen Panda, und in Philadelphia wurde 1858 der erste Zoo der Vereinigten Staaten gegründet.

▸ Fast wie zu Hause fühlen sich offenbar diese schlafenden Eisbären auf ihren künstlichen Felsen. Artgerechte Haltung wird heutzutage in den Zoos groß geschrieben.

Entstehung bedeutender deutscher Zoos

Dresden
1861. Als einer der ersten deutschen Tierparks entsteht der Dresdner Zoo. Neben einer beachtlichen Sammlung von Affen präsentiert er den Besuchern Kängurus und Bären.

Halle
1901. Auf dem zuvor als Weinberg und Schafweide genutzten 130 m hohen Porphyrhügel eröffnet der Zoo Halle seine Pforten und zeigt 196 einheimische und exotische Tiere.

München
1911. Mitten im Landschaftsschutzgebiet der Isarauen legt der Tierpark Hellabrunn als erster deutscher Geo-Zoo für seine Tiere naturnahe großzügige Lebensräume an.

Stuttgart
1949. Auf den Trümmern des im Krieg zerstörten botanischen Gartens entsteht im Stuttgarter Stadtteil Cannstatt die Wilhelma, ein zoologisch-botanischer Garten.

◄ Londoner Zoo um 1915: Ein Tierpfleger kümmert sich liebevoll um ein junges Walross.

▼ Der erste deutsche Zoo entsteht 1844 in Berlin, bereits sein Hauptportal vermittelt exotisches Flair; Zeichnung von 1902.

zugleich zu deren Unterhaltung beitrugen. Nach der Französischen Revolution wurde die Tierhaltung als Privileg der Adligen in Europa allmählich abgeschafft. Die königliche Menagerie in Versailles z. B. wurde aufgelöst und machte 1793 dem Jardin des Plantes Platz. Dieser von Wissenschaftlern geleitete botanische Tiergarten stand von Anfang an im Dienst der Nation und wurde im 19. Jahrhundert zum Modell für Anlagen in ganz Europa. Der erste, noch heute sehr bekannte deutsche zoologische Garten wurde 1844 in Berlin eröffnet. 1907 gründete Carl Hagenbeck aus Hamburg einen eigenen Tierpark, der die weitere Entwicklung bis hin zu den heutigen modernen Zoos maßgeblich beeinflusste. Erstmals wurden Tiere auf gitterlosen Freianlagen gezeigt, die den jeweiligen natürlichen Lebensräumen nachgebildet waren.

Heute dient der Zoo mit seinem Tropenhaus, Delphinarium und Aquarium nicht nur als Erholungsraum für Besucher, sondern auch der Wissenschaft zur Erforschung der Tierarten. ■

◄ Zoobesuch in den 1890er Jahren: Zwei junge Damen bestaunen ein Flusspferd.

Die große Streitfrage

Von den vier Funktionen des Zoos – Erholung, Erziehung, Forschung und Erhaltung – erlangten der pädagogische Aspekt und die Arterhaltung seit den 1960er Jahren immer größere Bedeutung. Mittlerweile bietet fast jeder Tierpark einen Kinder- oder »Streichelzoo«, in dem vor allem junge Menschen an die Zoobewohner herangeführt werden. Über den zweiten Aspekt, die Erhaltung vom Aussterben bedrohter Arten, wurde und wird von Fachleuten kontrovers diskutiert. Tier- und Naturschützer werfen den zoologischen Gärten u. a. vor, nichts für den aktiven Naturschutz zu tun und stattdessen den wenigen wild lebenden Exemplaren einer Tierart die Freiheit zu nehmen, um sie dann wie in einem Museum auszustellen. Befürworter verweisen auf eine ganze Reihe von Tierarten, die ihre heutige Existenz ausschließlich Zuchterfolgen in Zoos verdanken, sowie auf gelungene Auswilderungsmaßnahmen gezüchteter Tiere.

Abschied vom Zwinger

Von seinem Vater hatte Carl Hagenbeck nicht nur die große Tierliebe, sondern auch eine erfolgreiche zoologische Handlung übernommen, in die er als Vierzehnjähriger 1858 einstieg. Nachdem er zunächst vorwiegend Tiere von Schaustellern und Menagerien aufgekauft und an Tierparks weitervermittelt hatte, engagierte er später Lorenzo Casanova, den größten Tierfänger seiner Zeit, und belieferte Zoos in aller Welt. Daneben beschäftigte sich Hagenbeck auch mit der Dressur. Seine Gedanken kreisten immer wieder um revolutionäre Ansätze zur Tierhaltung, die Mensch und Tier zu einer neuen Einheit führen sollten. In seinem 1907 eröffneten Tierpark in Hamburg-Stellingen verschaffte er den Tieren mit seinen patentierten Panoramabauten eine artgerechte Haltung und die größtmögliche »Freiheit«.

2000
v. Chr.

PASTA, PASTA ÜBER ALLES

Die Ursprünge der Nudeln liegen im Dunkeln. Wahrscheinlich wurden sie erstmals um 2000 v. Chr. in China zubereitet und gelangten auf Handelswegen in den Orient und nach Europa. Heute erscheint als wahre Heimat der Teigwaren unbestritten Italien: Pasta steht für italienische Kultur und Lebensart. Einst Speise der Armen, sind Nudeln heute ein überaus beliebter Genuss.

▲ Top-Design für ein Volksgericht: »Mami« heißt dieses rundbauchige Pasta-Kochset, das Stefano Giovannoni für Alessi entwarf.

Im jahrtausendealten Reich China waren Nudeln, die aus Weizen-, aber auch aus Kartoffel-, Bohnen-, Buchweizen-, Reis- und Sojamehl zubereitet werden, wohl nur eine gewöhnliche Speise. Auch im Land der Etrusker kannte man Pastagerichte vermutlich seit etwa 400 v. Chr. Wahrscheinlich aßen auch Griechen und Römer mit laganon bzw. laganum, einer Art Fladen, die Vorform der Lasagne. Im Mittelalter dann wurde die Nudelkunst in Europa durch den Kontakt mit der arabischen Kultur bekannt. Hier spielten vor allem der Seehandel mit Venedig und die Eroberung Siziliens durch die Araber im 9. Jahrhundert eine große Rolle. Mit Sicherheit ist daher nicht Marco Polo, der im ausgehenden 13. Jahrhundert aus China zurückkehrte, Europas Teigwarenpionier. Zu dieser Zeit war die Pasta längst ein geschätztes Gericht in Italien. Wohlhabende Häuser in Venedig, Genua und Florenz besaßen mongolische Sklaven, die im chinesischen Kulturkreis aufgewachsen und vielseitige Nudelköche waren.

Seit der Renaissance widmete man der Pasta wissenschaftliche Exkurse und beschrieb in Kochbüchern ihre Zubereitung. Im 18. Jahrhundert waren Spaghetti sogar ein beliebtes Thema der Commedia dell´Arte, und Nudelesser wurden zum bevorzugten Motiv der Genremaler. ▸▸

▲ Wein, Nudeln und Gesang: Lebensfreude und heile Welt der 1950er Jahre in dem deutschen Film »Südliche Nächte« mit Walter Müller (r.) und Walter Giller (l.).

▸ Der Phantasie sind keine Grenzen gesetzt: Nudelarten und -formen gibt es in Hülle und Fülle.

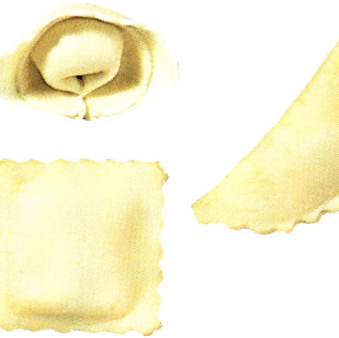

Geschichten rund um die Nudel

Etruskisches Nudelholz 400 v. Chr. Die Etrusker stellen bereits Pasta her. Das belegen anschaulich Reliefs an den Wänden einer Grabstätte, die nötiges Zubehör wie Teigrad und Nudelbrett zeigen.

Auch schwärmten junge englische Adlige auf ihren Reisen vom Makkaroni-Zauber Italiens.

Als Zentrum der Pastaproduktion hatte sich inzwischen Neapel etabliert. In seinem Hafen legten im 18. Jahrhundert Schiffe mit Tausenden von Auswanderern ab, die Lagerräume gefüllt mit Spaghettikisten. Selbst auf ihrer Reise in die USA verzichteten die pastaversessenen Neapolitaner also nicht auf ihre geliebte Speise, und das obwohl sie auf der Überfahrt nur kostbares Hab und Gut mitnehmen konnten. Nach 1900 sagten die gesellschaftskritischen Futuristen der uritalienischen Speise den Kampf an. Pasta mache den Italiener u.a. weichlich, lähme das Denken und schade der Potenz. Das tat jedoch der Liebe zur Nationalspeise keinerlei Abbruch – ganz im Gegenteil, ihr Siegeszug rund um die Welt war nicht mehr aufzuhalten. Nicht umsonst heißt es in einem italienischen Sprichwort auch: »Gott gab uns die Pasta ...«. Selbst die Diva Sophia Loren schwört auf Spaghetti, »weil die meine Kurven da lassen, wo sie sein sollen.« ∎

◀ Die italienische Schauspielerin Giulietta Masina hat bei ihren Kochkünsten sprichwörtlich alle Fäden in der Hand, denn die Spaghetti verdanken ihren Namen dem Wort »spago«, also Faden, Schnur; 1950er Jahre.

▼ Hintergrund: Ob Vor- oder Hauptspeise, mittags oder abends, für Jung oder Alt – Nudeln sind von unseren Speiseplänen nicht mehr wegzudenken.

Bemerkenswerte Vielfalt

In Sachen Nudeln unterscheidet man drei Grundsorten: Pasta corta, die kurzen Nudeln, Pasta lunga, alle, die mehr als 10 cm lang sind, sowie Pasta ripiena, gefüllte Teigtaschen wie Tortellini und Ravioli. Insgesamt soll es mehr als 400 Variationen geben, und jedes Jahr kommen neue hinzu. Italienische Designer, die sich eigentlich nur mit Autos und Reifenprofilen befassen, entwickeln nebenbei neue Nudelkreationen. Kaum irgendwo ist die Formenvielfalt so groß wie im Reich der Spaghetti, Fettuccine, Pappardelle, Pici und Cannelloni.

Handwerk mit Tradition

Wie in früheren Zeiten wird in vielen kleinen Familienbetrieben der Apenninhalbinsel die Pasta noch heute traditionell in Handarbeit hergestellt. Der maschinell geknetete Teig wird gewalzt, in Form gebracht und auf Holzsieben oder Bambusstangen zum Trocknen ausgelegt bzw. aufgehängt. In Dunkelkammern dünstet die Masse mindestens einen Tag lang aus, dann ist sie für zwei bis drei Jahre haltbar. Die Tagesproduktion beträgt etwa 15 Doppelzentner – kein Vergleich mit der Leistung vollautomatisierter Fabriken, die in wenigen Stunden mehr als 10 000 Doppelzentner ausspucken.

▲ Hausgemachte Nudeln sind auch heute noch der Stolz mancher italienischer Restaurants.

Euphorisierende Wirkung

Die Wissenschaft vermutet, dass Pasta leicht euphorisierende Wirkung hat. Grund dafür sei das Zusammenwirken gleich dreier »berauschender« Komponenten: Die aus der Stärke der Teigware gebildete Glukose führt im Gehirn zur Bildung von Serotonin, das die Stimmung hebt. Hinzu kommen Tomatensauce, die Opiate enthält, sowie ein im Weizenkorn vorhandener Stoff, der wesentlich stärker wirkt als Opium. Mediziner bestätigen, dass Pasta Stress abbaut und sich als idealer Fitmacher erweist: Nudeln füllen unsere Energiedepots – die Glykogenspeicher in Muskeln und Leber – auf und verleihen damit Kraft und Ausdauer.

▲ Liebe geht durch den Magen; ein homosexuelles Paar wirbt für ein Tiefkühlnudelgericht.

Römische Pasta
1. Jahrhundert. Der Römer Apicius stellt in seinem Kochbuch Pastagerichte vor, u.a. eine Lasagne in scharf gewürzter Brühe oder Teigscheiben, die in Milch gegart werden.

In der Dichtkunst
1327. Der Florentiner Dichter Giovanni Boccaccio isst in Neapel erstmals Makkaroni und widmet ihnen später in seinem weltberühmten Werk »Il decamerone« eine Episode.

Neuer Name: Nudeln
16. Jahrhundert. In deutschen Landen kommt die Bezeichnung Nudeln für Teigwaren auf und findet Einzug ins Liedgut: »Spannenlanger Hansel, nudeldicke Dirn«.

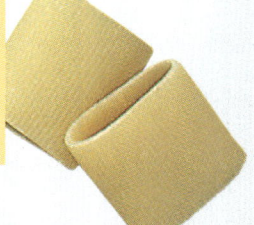

2000
v. Chr.

BRETTER, DIE DIE WELT BEWEGEN

Schon vor rund 4000 Jahren lief man in Norwegen Ski: Eine 1927 auf der Insel Rødøy entdeckte Felszeichnung und zahlreiche prähistorische Skifunde bezeugen die lange Skitradition des Landes. Die Heldenepen der altnordischen Mythologie erzählen sogar von eigenen Ski- und Jagdgöttern. Sportliche Aspekte waren den Pionieren des Skilaufens natürlich noch fremd. Die gewannen erst um die Mitte des 19. Jahrhunderts allmählich an Bedeutung.

▲ Skistöcke als Symbol für die Olympischen Winterspiele 1952 in Oslo.

I n den langen und schneereichen Wintern Skandinaviens waren in frühen Zeiten Skier praktisch das einzige Fortbewegungsmittel. Ohne sie wären Jagd und Fischfang, bis heute die Lebensgrundlage vieler norwegischer Landgemeinden, nicht möglich gewesen. Seit dem Mittelalter benutzte man an einem Fuß einen Langski von ca. 3 m und am anderen einen kürzeren, der mit Fell überzogen war. Der lange Ski diente zum Gleiten, der kurze zum Abstoßen. Im 18. Jahrhundert ging man zu gleich langen Skiern über. Ansonsten änderte sich aber nicht viel an der Ausrüstung. Der Hauptzweck des Skilaufens bestand ja auch weiterhin darin, im Schnee voranzukommen. Erst in den 1860er Jahren kam es zu entscheidenden Neuerungen. Genau genommen ist es dem Webstuhlmacher und Tüftler Sondre Norheim aus der norwegischen Provinz Telemark zu verdanken, dass sich das Skifahren allmählich zu einer weltweit beliebten Sportart entwickeln konnte. Norheim schwebte ein Ski vor, der sich besser als die herkömmlichen Modelle für die steilen Hänge seiner Heimat eignete. Nach vielen Experimenten gelang ihm mit der Erfindung der Fersenbindung der Durchbruch. Diese feste Konstruktion erlaubte es, mit den Skiern zu schwingen und zu springen, ▸▸

▲ Riskanter Sprung; mit den heutigen Schanzenspringen hat dieser Wettbewerb Ende des 19. Jahrhunderts aber noch nicht viel gemein.

▸ Skilaufen vor rund 4000 Jahren; für die steinzeitlichen Menschen in Nordeuropa waren Ski und Schneeschuhe ein unerlässliches Fortbewegungsmittel, Felszeichnung auf der Insel Rødøy.

Schlaglichter aus dem Skisport

Stemmtechnik
1896. Mathias Zdarskys Buch »Alpine Lilienfelder Skifahrtechnik« erscheint. Der österreichische Skipionier erläutert darin die Stemmtechnik mit den Skistöcken.

Slalom
1922. Der begeisterte Skifahrer Sir Arnold Lunn richtet im schweizerischen Mürren das erste offizielle Slalomrennen aus. Der Ort wird damit zur Wiege des alpinen Skisports.

Skiverband
1924. Der internationale Skiverband, die Fédération Internationale de Ski (FIS), wird anlässlich des achten Skikongresses im französischen Chamonix ins Leben gerufen.

Super-G
1981. Die FIS einigt sich auf die Einführung eines neuen Wettkampfs im Skisport, des so genannten Super-G. Die neue Disziplin ist eine Kombination aus Abfahrt und Riesenslalom.

ohne befürchten zu müssen, den Ski zu verlieren. Fersenbindung und eine neue Fahrtechnik, der so genannte Telemarkschwung, machten schnelle und sichere Abfahrten auch in schwierigem Gelände möglich. Kurze Zeit später setzte sich eine weitere Neuerung durch: War jahrhundertelang nur ein Skistock verwendet worden, so kamen ab 1887 zwei Stöcke in Gebrauch. Damit waren die Grundlagen für den modernen Skisport geschaffen, und bis zum Ende des 19. Jahrhunderts verbreitete sich die neue Sportart in ganz Mitteleuropa. In Österreich und der Schweiz dienten die Skier zunächst als Aufstiegshilfen, doch schon bald erfreute man sich auch am Abfahrtslauf. Mit der Gründung des Schweizerischen (1904), des Österreichischen und des Deutschen Skiverbands (beide 1905) wurden erste Organisationsstrukturen geschaffen. In den USA fand der Skisport ebenfalls früh Anhänger: Norwegische Emigranten hatten ihre Skier mit in die Neue Welt gebracht und als »Botschafter« für ihre Lieblingssportart gewirkt. ∎

▲ Diese Reklame für warme Unterwäsche wirbt bereits Ende des 19. Jahrhunderts mit dem Skisport als Freizeitvergnügen für die ganze Familie.

▲ Hintergrund: Der österreichische Spitzenläufer Hermann Maier beim Super-G der Olympischen Winterspiele in Nagano 1998.

Auf den Spuren alter Krieger

Die Geschichte von den »Birkebeinern« ist in Norwegen so etwas wie der Gründungsmythos des Skilanglaufs: Während des Bürgerkrieges im 13. Jahrhundert retteten zwei so genannte Birkebeiner-Krieger – ihr Name leitete sich von ihrem Schuhwerk aus Tierhaut und Birkenwurzeln ab – den zweijährigen Königssohn Haakon Haakonsson durch eine dramatische Skitour, die von Lillehammer über das Gebirge in das Tal Østerdalen führte. Zur Erinnerung an diese Flucht wird jedes Jahr ein Volkslauf von Rena nach Lillehammer – der »Birkebeinerlauf« – ausgerichtet. Dürfen bei solchen Wettkämpfen sowohl Hobby- als auch Leistungssportler nebeneinander antreten, so sind die großen internationalen Wettkämpfe natürlich den Profis vorbehalten.

Durchquerung der Schneewüste

Populär wurde das Skifahren auch durch die Polarforscher, allen voran Fridtjof Nansen. Auf Skiern durchquerte der Norweger 1888 in 46 Tagen das grönländische Binneneis. Sein Reisebericht »Auf Schneeschuhen durch Grönland«, der in mehreren Sprachen erschien, wurde zu einem wahren Bestseller und trug viel zu der neuen, internationalen Begeisterung für den Skisport bei. In seinen Schilderungen hatte Nansen beispielsweise betont: »Die Expedition, welche wir hier zu schildern gedenken, hat ihre Entstehung einzig und allein dem norwegischen Schneeschuhlaufen zu verdanken... Und die Ausführung der ganzen Expedition war auf die Überlegenheit der Schneeschuhe über jedes andere auf Schneeflächen in Anwendung kommende Beförderungsmittel begründet.«

◄ Der Polarforscher Fridtjof Nansen unterwegs auf Skiern.

2. Jt.
v. C h r.

BAD ZUR ERQUICKUNG

»Tag und Nacht tanze und belustige Dich/Deine Kleider sollen sauber sein/wasche Deinen Kopf und bade!« lautet eine Aufforderung aus dem im 2. Jahrtausend v. Chr. in Mesopotamien verfassten Heldenepos des Gilgamesch. Wie der erste Vers ahnen lässt, wandte sich die Empfehlung nicht ans gemeine Volk. Das eigene Bad war der Herrscherschicht vorbehalten. Im Palast von Mari in Babylonien gab es um 1800 v. Chr. bereits Bäder.

▲ Das historische Gellért-Bad in Budapest zählt zu den schönsten Europas.

▲ Ein Stadtbad in den 1930er Jahren; die Umkleidekabinen befinden sich direkt am Beckenrand.

Erste öffentliche Badeanstalten, auch für Ärmere, existierten aber erst im 4. Jahrhundert v. Chr. in Griechenland, wo das Heilbad in hohem Ansehen stand. Der medizinische Nutzen der Bäderlehre und deren mythologische Anbindung an die Heilkräfte der Natur waren untrennbar verbunden. Das Bad war gleichermaßen heilig wie heilend. Ähnlich betonen viele Religionen den Wert des Badens: Das mosaische Gesetz schreibt Badezeremonien vor, im Islam sind rituelle Waschungen Teil des Gebets, die Hindus reinigen sich beim Bad in heiligen Flüssen von ihren Sünden. Im alten Rom wurde das Baden in Gesellschaft zum luxuriösen sinnlichen Erlebnis. Daneben gab es Heilbadeorte, meist mit Thermalquellen, für medizinische Indikationen. Der Zusammenbruch des Weströmischen Reichs verschüttete diese Badetradition nicht nur, die christliche Kirche bekämpfte sie sogar als sündhaft, denn mittelalterliche Badestuben dienten nicht nur der Reinigung, sondern auch als Freudenhaus. Mit der Reformation gewann der Klerus im 16. Jahrhundert die Oberhand über die zügellosen Badefreuden. Erst infolge der Industrialisierung und des Anwachsens der Städte entstanden wieder Bade- und Waschanstalten: Sauberkeit wurde zur absoluten Notwendigkeit, wollte man der Seuchen Herr werden. Männer und Frauen badeten durch Bretter getrennt und nach fester Kleiderordnung »hochgeschlossen«. So trennte die Badeanstalt im Zürichsee die Geschlechter noch in den 1960er Jahren. ■

▶ Römische Bäder im englischen Bath: Blick auf das Große Becken; die frühesten Thermen der damaligen Stadt Aquae Sulis entstanden ab dem Jahr 54.

▲ Alhambra: maurischer Palast oberhalb Granadas; zu seiner prachtvollen Ausstattung gehören auch große Bäder.

◀ Hintergrund: Eine Badeanstalt nur für das weibliche Geschlecht; Berlin um 1890.

◀ Das Bad als »Jungbrunnen«; Ölgemälde von Lucas Cranach dem Älteren, 1546.

Schwimmen wird zum Sport

Mit der Besinnung auf die Gesundheit gewann im 19. Jahrhundert auch der Sport an Bedeutung. 1810 gab es in Schulpforta erstmals in Deutschland Schwimmunterricht. An geeigneten Sportstätten fehlte es freilich noch. Also fanden Wettbewerbe zunächst in Flüssen und Seen und sogar im Meer statt. Noch bei den Olympischen Spielen von 1896 musste das offene Meer, und vier Jahre später die Seine als Austragungsstätte für Schwimmwettbewerbe herhalten. Erst 1904 entstand in St. Louis das erste olympische Schwimmbecken.

▶ Wiener Schülerinnen beim Schwimmunterricht, 1925; das Tragen einer Badekappe ist Pflicht.

Der große Wasserspaß

Seit Ende der 1960er Jahre erwiesen sich zahlreiche Hallenbäder – alle unter der wenig effektiven Ägide städtischer Verwaltungsbürokratien – als unwirtschaftliche oder sogar untragbare Zuschussbetriebe. Viele wurden geschlossen, und in ganz Europa witterten Privatunternehmer ihre Chance.

Diese entwickelten erfolgreiche neue Konzepte, die sich an Zielgruppen – und nicht mehr länger an Körperertüchtigungsidealen – orientierten. Der Freizeitwert sollte durch ein vielseitiges Angebot verbessert werden – vom Wasserspaß über das Solarium bis hin zu Gastronomie und Badeanimation, so beispielsweise durch Beachpartys, Badefeste und andere Freizeitaktionen unter der Leitung eines qualifizierten Freizeitmanagements.

▲ Heute sehr beliebt: modernes Spaß- und Erlebnisbad mit Spiralrutsche.

Lange ein Luxus: das Hallenbad

Überdachte Schwimmhallen hatte es zuletzt im alten Rom und in seinen zahlreichen Provinzen gegeben. Rund 13 Jahrhunderte lang mussten die Europäer dann auf diesen lieb gewordenen Luxus verzichten: Die wenigen mittelalterlichen »Badestuben« beschränkten sich zumeist auf hölzerne Sitzbottiche und Wannen und allenfalls auf das gemeinsame Tauchbad. Von Vergnügen, Entspannung oder gar sinnlichen Badefreuden konnte keine Rede mehr sein.

Die Wildbäder in Thermalquellbecken, die um 1500 entstanden, lagen unter freiem Himmel. Ein erstes überdachtes Schwimmbad bauten im Jahr 1742 die Londoner – und das sogar ein Jahr bevor sie ein städtisches Freibad einrichteten. Die weitere Entwicklung verlief dann langsam. Erst 32 Jahre später konnten beispielsweise die Bürger in Frankfurt am Main auf ihr eigenes Hallenschwimmbad stolz sein, es war das erste seiner Art in Deutschland.

Berühmte Bade- und Kurorte in Europa	Karlsbad	Leukerbad	Spa	Bad Wörishofen
	14. Jahrhundert. Das böhmische Bad wird als Warmbad mit heilkräftigen Quellen bekannt und entwickelt sich im 18. Jahrhundert zum Kurort mit Weltgeltung.	**16. Jahrhundert.** Der Schweizer Badeort ist zunächst eines der bekanntesten Wildbäder mit offenen »Pisciner«. Im Mittelpunkt steht geselliges, kurzweiliges Badevergnügen.	**18. Jahrhundert.** Mit seinen Mineralquellen wird der belgische Bade- und Luftkurort im 18./19. Jahrhundert zu einem der bedeutendsten europäischen Luxusbäder.	**1848.** Der später berühmt gewordene Wörishofener Pfarrer Sebastian Kneipp entwickelt neue Formen der Wasser- und Badetherapie und macht damit den Ort weltbekannt.

1800 v. Chr.

BETÖRENDE DÜFTE

Nahe der syrisch-irakischen Grenze liegt die ehemalige altbabylonische Residenzstadt Mari. Ausgrabungen förderten 25 000 Keilschrifttafeln zutage, darunter Texte aus der Zeit um 1800 v. Chr. über die königliche »Drogerie«: Dort wurden erstmals ätherische Öle aus Zedern, Zypressen, Oliven, Ingwer, Myrrhe und Weihrauch destilliert und zu Parfüms gemischt.

▲ Arbeiterinnen bei der Herstellung einer Pomade aus Rosen und Fetten, aus der später der Duft gewonnen wird; Illustration aus den 1920er Jahren.

Waren die Wohlgerüche in Mesopotamien weitgehend auf religiöse Zeremonien beschränkt, so entwickelten etwa zur gleichen Zeit die alten Ägypter Freude daran, selbst gut zu duften. Das Parfümieren wurde zum Statussymbol: Mit Duftstoffen angereicherte Salbenkegel durchtränkten die Perücken mit schwerem Aroma. In der Antike gehörten Parfüms zum Alltag. Im alten Rom steigerte sich ihr Gebrauch zu regelrechten Duftexzessen. Exotische Hölzer, Kräuter, Harze oder tierische Produkte von betörendem Duft galten als begehrte und kostbare Handelsware. In Europa fand die hohe Zeit des Duftes mit dem Untergang des Römischen Reichs ein Ende; das Christentum verbot die heidnischen Verführungsmittel. Durch die Hintertür führten die Mediziner im 14. Jahrhundert die Duftwässer wieder ein, jetzt mit Alkohol als Lösungsmittel. Im 15. Jahrhundert wurden Düfte, ausgehend von Venedig, wieder zum Allgemeingut, und im Barock besaßen besonders schwere Parfüms hohen Stellenwert, weil die Kleiderfülle des Adels weitgehend den Gebrauch von Wasser und Seife verhinderte. Die Französische Revolution setzte dem barocken Prunk und damit dem Überfluss an Düften ein jähes Ende, doch Napoleon ließ die Duftwässer wieder aufleben: Er war Wegbereiter des leichteren Eau de Cologne. ■

▲ »Shalimar« von Guerlain; Werbung Ende der 1930er Jahre.

▶ Duftende Öle für das Leben im Jenseits: Dieses kunstvoll gearbeitete Alabastergefäß befand sich im Grab des ägyptischen Königs Tutanchamun. Es enthielt Duft- und Salböle.

Entwicklung bedeutender Parfümkreationen

»Elizabeth Arden« 1915. Die Kanadierin Florence Nightingale Graham nimmt den Namen »Elizabeth Arden« an und stellt ihr erstes gleichnamiges Parfüm im Rahmen einer Kosmetikserie vor.

◄ Werbung von Mouson für die fernöstliche Duftvariante »Tai Tai«, um 1925.

▲ Kräftiger Duft für starke Männer – so das Werbekalkül des Hauses Davidoff in den 1980er Jahren.

▲ »Immer erfrischend, stets zur Hand«: 4711 Kölnisch Wasser; Werbung von 1941.

▲ Hintergrund: Terrakotta-Gefäße aus dem 1. Jahrhundert – Behälter für duftende Salben.

Geheime Kompositionen

Lexikalisch betrachtet sind Parfüms Riechstoffe, die unter Zusatz von Haftstoffen (Balsam, Harz) in Alkohol gelöst sind. Doch die Komposition eines Parfüms ist schwierig. Manche Duftwässer vereinen etliche Grundsubstanzen in sich, und oft liefert ein Tropfen eines an sich übel riechenden Stoffes das berühmte Tüpfelchen auf dem i.

Chemischen Analysen sind derartige Kompositionen unzugänglich. So sind die Chefparfümeure mit ihren hoch versicherten Nasen auch unbezahlbare Experten.

▶ Parfümherstellung im frühen 20. Jahrhundert: In Kesseln werden Extrakte aus Blüten und Pflanzen destilliert.

Kostbare Parfümfläschchen

Edle Duftwässer verlangen nach edlen Verpackungen, allerdings schränkt die ätherische Beschaffenheit der Parfüms die Materialwahl ein: Denn die Gefäße müssen so dicht sein, dass die flüchtigen Aromastoffe nicht durch die Wände diffundieren, und sie dürfen ihrerseits keine Geruchsstoffe an die Lösungsmittel abgeben. So verwendeten die Mesopotamier neben glasierten keramischen Gefäßen meist solche aus harten Werkstoffen wie Granit und Basalt und später auch Alabaster. Im 2. Jahrhundert v. Chr. kamen die »Tränenfläschchen« aus Glas in Mode. Golddurchwirkte Glasflakons besaßen die Etrusker. Im alten Rom bewahrte man die billigen Duftöle in Lederschläuchen auf. Für die teuren Parfüms gab es Spritzflaschen mit speziell verengtem Hals.

▶ Fayenceflasche aus der Bronzezeit und moderner Flakon von Gaultier aus den 1990er Jahren.

Passend zur Mode

Parfüm und Mode sind untrennbar miteinander verbunden. Zarter Veilchen- oder Fliederduft passt eben besser zu einem himmelblauen Hauch von Organza als zur Ausgehuniform eines Offiziers. Das wissen natürlich auch die Modedesigner. Alle großen Modehäuser unterstreichen ihre Kollektionen inzwischen mit mehr oder minder passenden Duftkompositionen: Cardin mit »Pasha« und »Ophélie«, Cartier mit »So Pretty«, Chanel mit »Allure«, Dior mit »Eau Sauvage« und »Dolce Vita«, Joop! mit »Femme«, Lagerfeld mit »Chloé« und »KL«, Ricci mit »L'Air du Temps«, Versace mit »Uomo« und »Blonde« ... »Geld stinkt nicht«, sagten sich auch Tennisstars wie Gabriela Sabatini und Models wie Naomi Campbell und standen Pate für eigene Duftnoten.

»Chanel Nº 5«
1921. Als erste Modeschöpferin präsentiert Coco Chanel einen Duft zu ihren Kollektionen. »Chanel Nº 5«, das erste aldehydhaltige Parfüm, eröffnet eine neue Duftdimension.

»Le Roi Soleil«
1946. Die große italienische Modeschöpferin Elsa Schiaparelli kreiert den Duft »Le Roi Soleil«, für die der spanische Künstler Salvador Dalí den Flakon entwirft.

»Egoïste«
1990. Der Regisseur Jean Paul Goude lässt in Brasilien das berühmte französische Hotel Carlton nachbauen, um mit einem Werbespot Chanels Herrenduft »Egoïste« einzuführen.

ÜBERALL WOHLIG WARM

Um den etwa 1900 v. Chr. auf der Insel Kreta fertig gestellten Monumentalpalast von Knossos ranken sich viele Mythen und Sagen. Tatsache ist, dass dort um 1500 v. Chr. so etwas wie die erste Zentralheizungsanlage der Welt gearbeitet hat: Durch Feuer erzeugte Wärme wurde in ausgedehnte Gänge unter den Hallen geleitet.

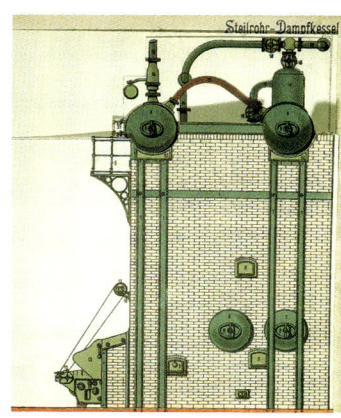

▲ Dampfkessel-Anlage einer Zentralheizung aus der Wende vom 19. zum 20. Jahrhundert.

G laubt man hingegen der Mythologie, hat das Ganglabyrinth unter dem Palast dem Minotaurus als Behausung gedient. Die Nutzung der Gänge als Heizung war so revolutionär, dass es fast anderthalb Jahrtausende dauerte, bis die nächste Anlage dieser Art bekannt wurde: Der Römer C. Sergius Orata beheizte um 100 v. Chr. Bassins für seine Fisch- und Austernzucht. Hypokausten nannte man diese Fußbodenheizungen, die sich bald auch in öffentlichen Bädern und privaten Villen in Rom bewährten. Mit dem Untergang des Römischen Reiches gerieten auch die Warmluftheizungen in Vergessenheit und fanden sich erst um 1713 in Frankreich und den Niederlanden wieder. 1716 arbeitete in England die erste Warmwasserheizung. Räume wurden von Rohren durchzogen, durch die zentral erhitztes Wasser strömte. Ab 1830 verdrängten Rippenheizkörper mit ihren wesentlich größeren Oberflächen die alten Heizrohre. Hatte man bisher nur einzelne Gebäude von einer zentralen Feuerungsanlage aus versorgt, so belieferte 1880 erstmals ein Fernheizwerk in Lockport in den USA einen ganzen Stadtteil mit Wärme. Bis zu den Fernheizkraftwerken unserer Zeit war es nicht mehr weit. ■

▲ Zu Beginn des 20. Jahrhunderts noch ein Luxus: heißes Wasser zum Baden aus einem Gasofen, der auch an eine Zentralheizung angeschlossen werden konnte; Vaillant-Werbung von 1908.

▾ Ein öffentliches Bad im alten Rom: Die einzelnen Räume werden über eine Fußbodenheizung – das Hypokaustum – erwärmt.

▲ Blick in den Palast von Knossos; es ist das erste Gebäude der Welt, das zentral beheizt worden ist.

▲ Reste einer antiken Heizungsanlage: Die zu beheizenden Räume werden von Säulen getragen. Die Hohlräume unter ihnen dienen der Zirkulation der warmen Luft.

▲ Schloss Sanssouci in Potsdam: Es verfügt im 18. Jahrhundert über eine zentrale Warmluftheizung.

Antike Fußbodenheizung

Die Hypokausten im alten Rom waren Flächenheizungen, die sich im Prinzip mit modernen Fußbodenheizungen vergleichen lassen. Während aber heute Warmwasser durch ein im Boden verlegtes Rohrschlangensystem strömt, befanden sich in den römischen Bädern und Villen unter den Zimmern durchgehende Hohlräume. Außerhalb der Gebäude lag die Heizkammer, von der Heißluftkanäle zu den Hohlräumen führten. Die Hohlziegelwände des zu beheizenden Raumes schlossen sich nahtlos an den Unterflurhohlraum des Hauses an und leiteten die Wärme weiter. Ausgestattet mit so viel Wärmekomfort, erfreuten sich vor allem die römischen Bäder großer Beliebtheit.

▸ Hintergrund: Zentralheizung aus dem späten 19. Jahrhundert. Geheizt wird mit Kohle.

Stets auf Wunschtemperatur

Die heutigen modernen Zentralheizungsanlagen sind technisch insofern ausgereift, als sie – ausgestattet mit Außentemperaturfühlern, Raumthermostaten in jedem Zimmer, Zeitreglern für die nächtliche Temperaturabsenkung und meist mehreren Pumpen – die Wunschtemperatur an jedem Ort eines Gebäudes präzise einhalten. Noch immer aber lässt ihr Wirkungsgrad zu wünschen übrig, Grund sind die physikalischen Grenzen: Kein Gas- oder Ölbrenner kann die von ihm erzeugte Wärme zu 100 Prozent an das Heizungswasser abgeben, da ein Teil der freigesetzten Energie als Licht- und als Wärmestrahlung entweicht.

Neue technische Verfahren sollen die ungenutzte Strahlungsenergie in elektrische Energie umsetzen und damit – als Abfallprodukt des Zentralheizungsbrenners – den Haushalt mit Strom versorgen.

▸ Heizungs- und Warmwasserbetrieb in einem: fortschrittliche Technik in den 1960er Jahren.

Heizöfen im Wandel der Zeit

Geschlossene Öfen
8. Jahrhundert. In Europa tauchen erste geschlossene Öfen zur Wohnraumbeheizung auf. Der im 9. Jahrhundert eingesetzte Kachelofen ist vermutlich eine Schweizer Erfindung.

Gusseiserne Öfen
13. Jahrhundert. In Deutschland werden zum ersten Mal Heizöfen aus Gusseisen hergestellt. Vorteil gegenüber anderen Materialien ist die längere Wärmespeicherung.

»Kanonenofen«
17. Jahrhundert. Die bis weit ins 20. Jahrhundert verwendeten eisernen Öfen kommen in Mode. Wegen ihrer kleinen, runden Form erhalten sie den Namen »Kanonenofen«.

Ölofen
20. Jahrhundert. In der zweiten Hälfte des 20. Jahrhunderts lösen die zum Teil zentral versorgten Ölöfen die mit Holz oder mit Kohle befeuerten Öfen weitgehend ab.

1200
v. C h r.

AUF FESTEM GRUND UND BODEN

Straßenpflaster ist heute fast nur noch in Fußgängerzonen, Wohnstraßen und anderen verkehrsberuhigten Zonen zu finden, denn schwere Kraftfahrzeuge können auf Dauer nur Deckschichten aus speziellen Beton- und Asphaltmischungen mit einem Untergrund aus Kies, Sand, Schotter und Schlacke aushalten. Die ersten gepflasterten Wege schufen um 1200 v. Chr. die Hethiter nahe ihrer Hauptstadt Hattuša in Zentralanatolien, allerdings nicht für Karren voller Waren, sondern für Pilger und Prozessionen.

▲ Das Sonntagsfahrverbot während der Ölkrise im Jahr 1973 macht die Radfahrer zu Königen auf dem Asphalt.

Beim ersten Pflaster bestand der Unterbau aus Ziegelsteinen; darüber verlegte man in einem Bett aus Kalk, Zement und Asphalt dicke Kalksteinplatten. So hielt es auch den Transport tonnenschwerer Götterstatuen aus. Um dieselbe Zeit entstanden auch im Süden Skandinaviens – vor allem im heutigen Dänemark – gepflasterte Straßen: Mit großen Feldsteinen wurden dort sandige oder morastige Böden befestigt. Als wahre Meister im Straßenbau gelten die Römer. Sie bauten zunächst Holzkonstruktionen über sumpfigem Untergrund und legten im 4. Jahrhundert v. Chr. in Italien die ersten gepflasterten Fernstraßen an. Hauptnutzer der schnurgeraden Römerstraßen waren die Legionäre. Eine der ersten bedeutenden und noch heute streckenweise gut erhaltenen Landstraßen ist die 312 v. Chr. begonnene Via Appia zwischen Rom und Capua. Später bis Brundisium (Brindisi) verlängert, maß sie 540 km bei einer Breite von 8 m. Ihr Unterbau besteht aus grobem, verfestigtem Kies, der Oberbau aus einer Lage glatter Quadersteine. Im Jahr 110 verband ein dichtes Netz von rund 75 000 km gepflasterten und geschotterten Fernstraßen das Römische Reich von der Nordsee bis Nordafrika und Vorderasien. Mit dem Niedergang des Imperiums verfiel das Fernstraßennetz nicht nur, die vom römischen Joch befreiten Völker zerstörten die Straßen gezielt, um ein erneutes Erstarken Roms zu verhindern. In Europa legte erst wieder Napoleon 1806 gepflasterte Überlandstraßen, die Chausseen, an, wiederum aus militärischen ▸▸

▲ Prozessionszug im alten Babylon am berühmten Ischtartor; auch die Babylonier bauen schon gepflasterte Straßen.

◀ Die Via Appia, die erste von den Römern erbaute gepflasterte Fernstraße, führt zunächst von Rom nach Capua. Ihren Namen erhielt sie von Appius Claudius Caecus, dem Zensor im Jahre 312 v. Chr.

Wichtige Stationen im Straßenbau

Straßen aus Holz
Um 1500 v. Chr. In Nordeuropa entstehen Überlandwege mit einem Untergrund aus Baumstämmen, über die in zwei weiteren Schichten Stämme und Zweige quer verlegt werden.

▸ Hintergrund: Spuren antiker Wagenräder auf den Pflastersteinen der Via Traiana in der Ruinenstadt Egnazia in der süditalienischen Region Apulien.

◂ Notdürftige Straßenreinigungsarbeiten inmitten des Londoner Verkehrsgewühls im Jahr 1861.

Gründen. Die nächste durchgreifende Innovation war einem Schweizer zu verdanken: 1854 belegte der Ingenieur Albert Merian erstmals eine Chaussee mit einer Asphaltdecke. Dazu ließ er pulverisierten Asphalt auf den Oberbau der Landstraße aufbringen und anschließend festwalzen. Seither hat sich der Straßenbau vor allem durch verbesserte fertigungstechnische Methoden und die Verwendung stabiler und frostfester Belagmischungen verbessert. Heutige Tragschichten bestehen aus verschleißfestem Zementbeton oder griffigem Gussasphalt, der als »Flüsterasphalt« sogar verspricht, die Abrollgeräusche von Autoreifen zu dämpfen. ∎

▸ Über Stock und Stein geht die Reise in die Stadt im 19. Jahrhundert; Xylographie nach einer Zeichnung von Alfred Wiemsz-Kowalsky, 1884.

▲ Dreiradrennen auf regennassem Straßenpflaster: Pariser »Fahrradkuriere« auf der »Tour de tricyclettes« in Paris Ende 1928.

Ausgeklügelte Technik

Zum Bau ihrer Fahrbahnen hoben die Römer zunächst zwei parallele Gräben aus, die einerseits die Straße begrenzten, andererseits das Regenwasser ableiter sollten. Danach trugen sie zwischen den Gräben das Erdreich ab, um so Platz für den Straßenunterbau zu schaffen. Große Steine trennten die Fahrbahn von den Gräben. Zwischen diesen Randsteinen wurden zumeist mehrere Steinschichten aufgeschüttet. Dabei achtete man auf eine konvex gewölbte Straßendecke, damit das Wasser zum Rand hin – zu den Gräben – ablaufen konnte. Den obersten Belag bildete festgestampfter Sand oder Kies. In den Städten war die Fahrbahndecke mit Quadersteinen oder schweren Fliesen aufgepflastert. Als den Römern im Straßenbau ebenbürtig erwiesen sich die Inka in Südamerika, die ihr Reich im 15. Jahrhundert über ein 10 000 km langes Straßennetz und gewagte Hängebrücken bis auf eine Höhe von 5000 m erschlossen.

Heilsalbe, Mörtel und Belag

Asphalt kommt als dunkelbraunes bis schwarzes zähes Gemisch aus Bitumen und sandigen Minerals offen in der Natur vor. Der Name ist vom griechischen Wort »asphaltos« abgeleitet, das »Erdpech« bedeutet. Asphalt wurde hauptsächlich aus Palästina bezogen. Schon die Erbauer der Tempelanlagen von Mohenjo-Daro aus der Harappa-Kultur im heutigen Pakistan benutzten um 2510 v. Chr. Naturasphalt zum Verkleben und zum Abdichten ihrer Steinbauten. Asphalt wurde darüber hinaus auch Heilkraft zugeschrieben.
Der französische Graf de Sassenay begann ab 1832, die 1797 entdeckten Naturasphalt-Lagerstätten von Seyssel an der Rhône in großem Stil auszubeuten und industriell zu nutzen. Er verwendete das Material zunächst als Fußbodenbelag, bevor es Eingang in den Straßenbau fand.

▸ Während einer extremen Hitzewelle im Mittleren Westen der USA wird 1936 die Feuerwehr eingesetzt, um das Schmelzen des Straßenteers zu verhindern.

Feste Wege
9. Jh. v. Chr. Im assyrischen Großreich werden Militärstraßen, die über instabile Böden verlaufen, befestigt. China hat die ersten öffentlichen, d. h. für alle zugänglichen Straßen.

Makadam
1819/20. Der britische Wegebaubeamte John Loudon McAdam führt das »Makadamisieren«, das Abdecken grober Steinpacklagen mit Kies, im Landstraßenbau ein.

Betonstraßen
1865. Bei Edinburgh dient erstmals Beton als Deckschicht für eine Straße. Betonmischungen haben die Römer schon im Haus- und Brückenbau verwendet.

1030 v. Chr.

STETS AUF KURS

Der chinesische Herzog Chou war ein umsichtiger Mann. Er wünschte den an seinen Hof kommenden Gesandten aus fernen Regionen nicht nur einen guten Heimweg, sondern erleichterte ihnen, wohl schon um 1030 v. Chr., mit einem technischen Hilfsmittel die Orientierung auf der Rückreise: Figuren aus magnetischem Erz, entweder frei drehbar gelagert, auf einer Holzunterlage im Wasser schwimmend oder auf einen Wagen montiert, zeigten mit ihren Armen, wo Süden war. Der Kompass war erfunden.

H inweise, dass die Chinesen Eisen zu magnetisieren wussten und dieses Material auch zur Navigation auf See benutzten, finden sich seit vorchristlicher Zeit, gesichert ist der Kompass aber erst um 1100 – damals scheint der »Magnetstein« auch den Wikingern den Weg zu lohnenden Plünderungszielen gewiesen zu haben.

Dass der Steuermann einen Kurs wie beispielsweise 340° Nordnordwest auch exakt halten konnte, war italienischen Seefahrern zu verdanken, die die Magnetnadel mit der 32-teiligen Windrose kombinierten. Damit erleichterten sie Portugiesen und Spaniern im 15. und 16. Jahrhundert auch die Erkundung der anderen Erdhälfte.

Das größte Problem war jedoch, dass der Kompass immer wieder durch das auf den Wellen tanzende und schaukelnde Schiff in Unruhe versetzt wurde. Findige Seeleute und Physiker fanden schließlich die Lösung: Sie lagerten den Kompass auf verschiedenen sich gegeneinander bewegenden Achsen oder in mit Flüssigkeit gefüllten »Kesseln«, um die Erschütterungen zu minimieren. ▸▸

▲ »Andeuter des Südens« – chinesischer Kompass aus dem 12. Jahrhundert.

▲ Nur wenige Zentimeter ist dieser Taschenkompass aus dem 18./19. Jahrhundert groß. Das Messinginstrument stammt aus Persien.

▲ Hintergrund: die Windrose, mit ihrer Hilfe lassen sich die Himmelsrichtungen ablesen.

▸ Die Entwicklung des Kompass war für die Schifffahrt ein wichtiger Schritt: Diese Illustration aus dem 16. Jahrhundert zeigt einen Mann der die Himmelrichtungen ausmisst und auf Papier überträgt.

Turbulenzen im Erdmagnetfeld und Störungen durch die Verwendung von Motoren wurden – wie auch die ständige Beeinflussung der magnetischen Kompassnadel durch das Eisen in der Schiffskonstruktion selbst – durch andere

Fluid-Kompasse sind vor Erschütterungen geschützt; die Windrose »schwimmt« im Innern des Instruments.

Magneten ausgeglichen. Ab Mitte des 19. Jahrhunderts bot der Kreiselkompass eine Alternative zum Magnetkompass: Der französische Physiker Léon Foucault stellte fest, dass die Achse eines schnell rotierenden Kreisels immer exakt in Nord-Süd-Richtung weist. Diese Ausrichtung behält der Kreiselkompass – der Fachwelt als Gyroskop bekannt – auch auf stark schlingernden Schiffen bei. Nur noch als Sicherheitsreserve dient der Kompass dem Kapitän von heute, der sein Schiff mit Hilfe von Funk- und Satellitennavigation in den Zielhafen dirigiert. ■

▼ Kompass aus der Jahrhundertwende – mit einer Tischsonnenuhr kombiniert.

Keine Irrfahrten auf See

▲ »Der Navigator« – Gemälde aus dem 17. Jahrhundert; in früheren Jahrhunderten ist der Kompass für eine sichere Schifffahrt unerlässlich.

Während die Chinesen die Magnetnadel auch in ihre philosophische Symbolik einbezogen, etwa zur Ausrichtung von Häusern oder Gräbern, diente sie Europäern und Arabern vor allem dazu, ihre Schiffe sicher nach Asien, Afrika und Amerika zu bringen – während die Polynesier ihre Vorstöße in den Pazifik vermutlich »nur« durch genaue Kenntnis von Meeresströmung und Astronomie sicherten.
Doch erst Karte, Kompass und Instrumente zur Bestimmung von Position und Geschwindigkeit wie z. B. Winkelmessgeräte machten Schiffsreisen wirklich berechenbar.

▸ Der große Weltensegler – Christoph Kolumbus; allegorische Darstellung von 1594.

Kolumbus entdeckt Magnetabweichung

»Wüsste ich nicht, dass der Allmächtige schützend die Hand über mich hält, müsste nun auch ich den Mut verlieren. Ich stehe einem Rätsel gegenüber. Ich glaubte zu träumen. Die Magnetnadel wies, anstatt auf den Nordpol zu zeigen, ungefähr einen halben Strich nordwestlich. Je weiter wir nach Westen fahren, desto mehr weicht die Nadel ab. Wie nicht anders zu erwarten, haben alle diesen unerklärlichen Vorfall bemerkt, und er erfüllte sie mehr mit Schrecken als die Unendlichkeit des Ozeans«, vertraute Christoph Kolumbus am 13. und 14. 9. 1492 seinem Logbuch an. Er konnte noch nicht wissen, dass die magnetischen Pole nicht mit den geografischen übereinstimmen – des Rätsels Lösung wurde erst im 19. Jahrhundert gefunden.

Pioniere der Kompass-Entwicklung

Wang Chung
83. Der Chinese vollendet sein Basiswerk »Lun Hêng« über den Kompass. Er beschreibt u. a. »nach Süden gerichtete Löffel« – Magnetsteine auf Bronzeplatten.

Pierre de Maricourt
1269. Der Franzose verfasst mit »Epistola de magnete« die erste europäische Abhandlung über den Magnetismus und den um 1200 erstmals in Europa erwähnten Kompass.

Flavio de Gioia
1302. Der Italiener gilt als Vater der Windrose, die mit dem Kompass wahrscheinlich zuerst von Seefahrern aus Gioias Heimatstadt Amalfi zur Navigation benutzt wird.

Carl Bamberg
1875. Der Berliner Optiker und Mechaniker erfindet den sog. Fluid- oder Schwimmkompass. Hier liegt die Windrose als Schwimmkörper drehbar auf dem Kompassstift auf.

1000 v. Chr.

SÜSSE VERSUCHUNG

Zartschmelzende Schokolade ist keineswegs eine Gaumenfreude der Neuzeit. Schokolade hat eine vielfältige und spannende Geschichte, die bereits um 1000 v. Chr. begann. Vermutlich war es das Volk der Olmeken aus Mittelamerika, das zu dieser Zeit zum ersten Mal Kakaobäume züchtete. Auf dem Handelsweg gelangten die Kakaobohnen zu den Maya, die daraus einen nahrhaften Trunk bereiteten, und mit den Eroberern der Neuen Welt machte sich die Schokolade schließlich auf ihren Weg nach Europa.

▲ Kakaobäume mit Früchten – aus ihnen werden die Kakaobohnen gewonnen.

Die Maya-Schokolade unterschied sich allerdings stark von der heute üblichen Form. Sie wurde nur flüssig und ungesüßt kredenzt und außerdem mit verschiedensten Gewürzen wie Chilipfeffer abgeschmeckt. Die große Bedeutung der Kakaofrucht lässt sich daran ablesen, dass die Bohnen sogar als Zahlungsmittel dienten. Auch bei den Azteken stand der Kakao hoch im Kurs – nicht nur als Genussmittel und Währung, sondern ebenso als Kultobjekt bei religiösen Ritualen. Christoph Kolumbus, der Entdecker der Neuen Welt, war der erste Europäer, der 1502 mit der Kakaobohne Bekanntschaft machte, als er auf einer seiner Reisen ein Handelskanu der Maya enterte, das Kakaobohnen geladen hatte. Er erkannte aber nicht den Wert des kostbaren Rohstoffs. Dies blieb dem Eroberer Hernán Cortés vorbehalten. Angeblich war er derjenige, der die Kakaobohne in das spanische Königreich einführte, möglicherweise sind es aber auch Mönche oder Missionare gewesen. Fest steht, dass die erste Schiffsladung mit Kakao aus Veracruz 1585 in Sevilla eintraf. ▸▸

▲ Zubereitung von flüssiger Schokolade bei den Maya und Azteken. Das Getränk wird von einem Gefäß in ein anderes gegossen; so entsteht der besonders geschätzte Schaum.

▸ Lebensretter Schokolade; Werbeplakat der Schweizer Firma Suchard.

SUCHARD

Große Namen der Schokoladenherstellung

Van Houten
1828. Der niederländische Fabrikant Johannes van Houten stellt Kakaopulver mit geringem Fettanteil her. Dadurch lässt sich das Pulver besser mit Wasser verbinden.

Nestlé
1879. Der Schweizer Daniel Peter kreiert die erste Milchschokolade. Dies wäre nicht möglich gewesen ohne die Erfindung der Kondensmilch durch Henri Nestlé 1867.

◢ Schokoladengenuss im 18. Jahrhundert: »Das Schokoladenmädchen« von Jean Etienne Liotard serviert einen Becher köstlichen Kakaos.

Schon bald erfreute sich die flüssige Schokolade größter Beliebtheit am spanischen Hof, inzwischen verfeinert mit Honig oder Rohrzucker. In der ersten Hälfte des 17. Jahrhunderts begann die süße Versuchung ihren Siegeszug durch Europa und gewann immer mehr Liebhaber in Königs- und Adelshäusern sowie in Klöstern. Im Zuge der industriellen Revolution wurde die Schokolade schließlich vom Luxusgut zum Produkt für jedermann. Dazu beigetragen hat u. a. die englische Firma Fry & Sons. Sie entdeckte, wie man Kakaopulver und Zucker mit geschmolzener Kakaobutter zu einem zähflüssigen Teig vermischen und anschließend in Formen gießen kann. Das war die Geburtsstunde der Tafelschokolade. Die Ersten kamen 1849 in Birmingham auf den Markt. Heute ist die Angebotspalette von Schokoartikeln schier unerschöpflich: Von der Zartbitterschokolade über die bunte Pralinenmischung bis zum Schokoriegel bleibt kein Wunsch nach süßem Genuss mehr offen. ■

Gestärkt für die Liebe

Mit Montezuma fing alles an. Angeblich trank der Aztekenherrscher 50 Becher Schokolade, um solcherart gestärkt seinen Harem aufzusuchen. Seitdem gilt Schokolade als Stoff, der Leidenschaft entfachen kann. Liegt diese angeblich erotisierende Wirkung an der Substanz Phenylethylamin, die sich als eine Art »Liebeschemikalie« auch im Körper von Verliebten nachweisen lässt und u. a. für das Lustempfinden verantwortlich ist? Wissenschaftler winken ab, die in der Schokolade enthaltenen Mengen seien viel zu gering, um Wirkung zu zeigen. Auf jeden Fall aber schafft Schokolade mit ihrer Kombination aus Fett und Zucker etwas anderes: Sie hebt den Endorphingehalt im Körper, und dieser Stoff macht bekanntlich gute Laune.

◢ Als wahre Verführungskünstler stellen sich im Film Chocolat aus dem Jahr 2000 Pralinen heraus.

◢ Der Sarotti-Mohr – wer denkt bei ihm nicht an Schokolade? Seit 1918 ist er erfolgreiches eingetragenes Warenzeichen.

»Speise der Götter«

Warm muss es sein, damit der Kakaobaum gut gedeiht, außerdem schätzt er eine hohe Boden- und Luftfeuchtigkeit – Bedingungen, wie sie im heutigen Hauptanbaugebiet Westafrika gegeben sind. Auch in der ursprünglichen Heimat Süd- und Mittelamerika sowie in Indonesien und der Karibik wird die zu den Sterkuliengewächsen gehörende Pflanze gezüchtet. Von den über 20 Arten der Gattung ist *Theobroma cacao* die wichtigste. Der lange, dünne Kakaobaum hat große, immergrüne Blätter und blüht etwa viermal im Jahr. Aus diesen Blüten wachsen jährlich pro Baum etwa 30 kürbisförmige, gelbrote oder rotbraune Früchte, in denen die Kakaosamen schlummern. Bevor man diese Samen zur Weiterverarbeitung exportiert, werden sie fermentiert und getrocknet. Dabei färben sich die Kerne dunkel. Den botanischen Namen *Theobroma cacao* verdankt der Kakaobaum dem schwedischen Naturforscher Carl von Linné. Übersetzt bedeutet er »Speise der Götter« – Linné war als großer Schokoladenliebhaber bekannt.

◢ In der geöffneten Frucht des Kakaobaums sind die kleinen Bohnen zu erkennen; Lithographie aus dem frühen 19. Jahrhundert.

Suchard
1901. Die Schweizer Firma Suchard lässt den Markennamen Milka registrieren, er bedeutet Milch + Kakao. Seit dieser Zeit trägt die Milka-Tafel einen Umschlag aus lila Papier.

Ritter
1932. Die Marke Ritter Sport, hergestellt in der Schokoladenfabrik Alfred Ritter in Bad Cannstatt, kommt auf den Markt. Das Besondere ist ihre quadratische Form.

KLINGENDE MÜNZEN

Klumpen aus silberhaltigem Gold sind die ersten bekannten Münzen. Sie stammen aus dem 7. Jahrhundert v. Chr. und wurden beim Tempel der Artemis in der griechischen Stadt Ephesos gefunden. Antike Staaten, die schon eine Geldwirtschaft hatten, waren in dieser Zeit modern, denn lange herrschte der Naturalienhandel. Heute regiert das Geld, in welcher Form auch immer, die Welt.

▲ In Fort Knox lagern die Goldreserven der Vereinigten Staaten.

▲ Währungsreform in Deutschland 1923: Das alte Geld hat ausgedient; für die Kinder ist es ein schönes Spielzeug.

▾ Illustration einer Bank des 18. Jahrhunderts. Der Kassierer bewahrt das Geld noch in Säcken auf.

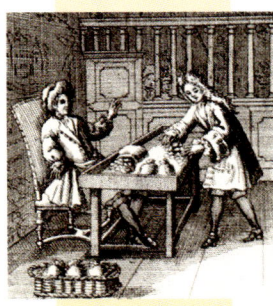

Der Weg bis zur Entstehung der Münze war lang. Wollten zuvor Menschen miteinander handeln, hieß es: Ware gegen Ware. Getauscht wurden allgemein geschätzte Gegenstände, das sog. Naturalgeld. Bei der Wahl der Tauschmittel richtete sich die Aufmerksamkeit aber schon früh auf die beständigen Metalle. Die Prägung, die ein Metallstück zur Münze machte, garantierte Gewicht und Reinheit. Als Wertmesser dienten auch die Verarbeitung des Stückes sowie Art und Menge. Die Geldwirtschaft breitete sich in der griechischen Welt schnell aus. Bekannt sind fast 1400 Städte, die Münzen in vielfältigen Variationen prägten. Ihre Gültigkeit beschränkte sich aber auf diesen begrenzten Raum. Rom dagegen bestimmte die Münzeinheit für das ganze Reich. Im Mittelalter verloren Münzen zunächst an Bedeutung, bis sich das Prägerecht im 14. Jahrhundert erneut in den Händen der Herrscher konzentrierte. Edelmetalle hatten die übrigen Metalle inzwischen verdrängt. Geprägtes Gold wurde zum wichtigsten Zahlungsmittel in allen Kulturstaaten. Erst als durch den wachsenden Handel die Münzen nicht mehr ausreichten, musste Ersatz her. ▸▸

▸ Diese lydische Silbermünze stammt aus dem 7. Jahrhundert v. Chr. und ist damit eine der ältesten erhaltenen Münzen der Welt.

Einführung bedeutender Währungen

Pfund in England
796. Der angelsächsische König Offa von Mercia schließt einen Handelsvertrag mit Karl dem Großen und übernimmt dessen Münzsystem, das Pfund Silber oder Pound Sterling.

Mark in Deutschland
1623. 16 Schilling werden in Norddeutschland erstmals als Mark bezeichnet. Das Markgesetz führt nach der Reichsgründung 1871 die Mark als einheitliche Währung ein.

Dollar in den USA
1792. Ein Währungsgesetz regelt die Prägung von Gold- und Silber-Dollar. 1900 entsteht die reine Goldwährung, 1944 wird der Dollar internationale Leitwährung.

Franc in Frankreich
1796. Die erstmals um 1360 geprägte Goldmünze wird in Frankreich einheitliche Währung. Francs dienen heute auch in Belgien, Luxemburg und Monaco als Zahlungsmittel.

▲ »Der Geldwechsler und seine Frau«; Ölgemälde aus dem 16. Jahrhundert.

▼ Hintergrund: der amerikanische Dollar; maßgebliche Währung im Welthandel.

Reger Tauschhandel

Eine Art Naturalgeld war die früheste Form einer Währung. Als Tausch- und Zahlungsmittel dienten etwa Waffen, Ackergeräte und Haushaltsutensilien, darunter Eisenspitzen oder Kessel im frühen Griechenland; Kleider und Decken bei Indianern oder Haarnadeln in China. Auch Wertgegenstände wurden zum Zahlungsmittel: Perlen und Schmuck oder Kaurischnecken in China. Nahrungsmittel waren eine besonders wichtige Tauschware, vor allem das Vieh – Schafe bei den Hethitern, Rinder in Griechenland, Rentiere in Asien oder Pferde in der Mongolei. Getreide diente ebenfalls immer wieder zum Handel, bei den Babyloniern etwa die Gerste.

▲ Persische Goldmünze; sie stammt aus dem 5. Jahrhundert v. Chr.

Als Vorform des Papiergeldes gelten Depositenscheine, die in China im 7. Jahrhundert verbreitet waren. Sie gaben den Kaufleuten das Recht, ihr Geld an bestimmten Orten zu erhalten. Das erste wirkliche Papiergeld entstand zwei Jahrhunderte später in Sichuan in China als Ersatz für Eisengeld. In Europa gab die Bank von Stockholm 1656 die ersten Banknoten heraus, England folgte vier Jahre später.
Im 20. Jahrhundert wurde es zunehmend üblich, den Zahlungsverkehr bargeldlos abzuwickeln. Eine große Rolle spielte in Europa dabei die Einführung des Eurocheque-Systems. ■

▶ Ehemals bedeutendes Naturalgeld in Afrika und Asien: die Kaurischnecke.

▲ Geldtransport in den 1930er Jahren: Schwer bewaffnete Sicherheitskräfte überwachen die Übergabe der Geldkoffer.

Euro – gemeinsame Währung für Europa

Seit dem 1. 1. 1999 gilt für zwölf der 15 Staaten der Europäischen Union (EU) erstmals eine einheitliche Währung: der Euro. Lediglich Großbritannien, Schweden und Dänemark lehnten dessen Einführung ab. Der Euro galt zunächst nur für den bargeldlosen Zahlungsverkehr. Seit 2002 haben D-Mark, Franc, Peseta und Lira endgültig ausgedient. Ausgegeben werden Ein- und Zwei-Euro-Münzen, Scheine von fünf bis 500 Euro und sechs verschiedene Cent-Stücke. Die Vorderseiten der Euro-Münzen sind einheitlich, die Rückseiten können die Mitgliedsstaaten beliebig gestalten.

Fortan entfällt in der Regel nicht nur der Umtausch bei Urlaubsfahrten. Noch wichtiger für den Verbraucher ist, dass er die Preise besser vergleichen und auf preiswertere Waren auch jenseits der Grenzen ausweichen kann. Der Handel über die Grenzen floriert ohne Behinderungen – es entsteht der größte Währungsverbund der Welt.

▶ Der Euro — seit 2002 offizielle Währung in den meisten Staaten der EU.

Vom Lederbeutel zum Portemonnaie

Die ersten Geldbörsen, beispielsweise Schnürbeutel aus Tierhaut, entstanden bald nach der Entwicklung der Münzen. Wegen des Gewichts der Geldstücke war aber die Aufbewahrung in Tongefäßen, Kisten, Beuteln oder Körben ebenso wichtig. Nur so konnten etwa Kaufleute größere Summen Bargeld über eine längere Strecke transportieren und besser vor Überfällen schützen. Archäologen fanden etwa in Oberbayern eine Tonschüssel mit fast 800 Silbermünzen. Sie war im 3. Jahrhundert von Römern vor den Germanen versteckt worden. Im Mittelalter kamen Beutel aus Stoff oder Leder in Mode, die an den Gürtel gehängt wurden. Verzierte Beutel dienten auch als Almosentasche für das Geldopfer bei der Messe. Im 19. Jahrhundert ersetzte das Portemonnaie den Geldbeutel. Es soll von einem 1842 von Dresden nach New York ausgewanderten Buchbinder erfunden worden sein.

MINERAL DES LEBENS

Salz bedeutet Leben. Ohne Salz könnte der Mensch nicht existieren, denn zur Erhaltung seiner Körperfunktionen benötigt er jeden Tag eine gewisse Menge dieses Minerals. Nur Völker, die viel Fleisch essen, nehmen direkt mit der Nahrung ausreichend Salz auf. Andere dagegen müssen es sich auf anderem Wege zuführen. So wundert es auch nicht, dass Steinsalz ein kostbares Gut war, das bereits um 1000 v. Chr. im alpenländischen Raum in Hallstatt bergmännisch – also unter Tage – abgebaut wurde.

▲ Schwere Handarbeit: Mit der Schaufel füllen Arbeiter das gewonnene Salz in Säcke, Aufnahme von 1908.

Das weiße Mineral wird heute beinahe überall auf der Welt produziert und verbraucht. Dabei spielte es bis etwa 1800 in den Handelsbeziehungen eine maßgebliche Rolle. Es war so bedeutend wie heute das Erdöl. Unser Wort »Salär« für Gehalt erinnert noch an den Sold römischer Krieger in Form von Salzrationen. Wie Brot und Wein schrieb man auch dem Salz eine Gottheit zu. Lange blieb es ein teures und knappes Handelsgut, das man mit Gold aufwog; denn seine Gewinnung war schwierig, obwohl es im Meerwasser und in den unterirdischen Salzlagerstätten so reichlich vorhanden ist. Doch für Jahrhunderte konnte man das weiße Gold zunächst nur dort gewinnen, wo es zutage trat. Der bronzezeitliche Bergbau in Hallstatt war daher eine große Ausnahme.

▲ Relikt des vorgeschichtlichen Salzbergbaus in Hallstatt: Tragesack aus Rindsfell.

Ab etwa 800 kamen in Europa geistliche und weltliche Lehnsherren in den Besitz ertragreicher Salzquellen und -bergwerke, und vom 12. bis 18. Jahrhundert schließlich bestimmten die Gesetze des Salzmarktes wie Monopole und Steuern die Geschichte Europas entscheidend mit. Verstädterung und wachsende Bevölkerung ließen auch den Salzverbrauch steigen. ▸▸

▸ Schöner Kristall: das Steinsalz; ohne dieses Mineral könnte der menschliche Organismus seine Funktionen nicht aufrechterhalten.

Gut gesalzen und konserviert

In Ländern mit ausgeprägter Viehzucht wurde und wird ein Großteil des Salzes für die Konservierung von leicht verderblichen Lebensmitteln verbraucht. Durch Einsalzen (Pökeln) machte man Fisch, Rind- und Schweinefleisch, aber auch Butter und Käse über längere Zeit lager- und transportfähig. Ebenso wurden Gurken und Sauerkraut unter Zugabe von Salz in Fässern eingelegt. Mit Hilfe dieser Konservierungsmethode konnte man harte Winter und Hungerperioden überstehen. So standen Pökelfässer einst auch in jedem Herrensitz und auf jedem Bauernhof.

Der Handel florierte, Salz machte wohlhabend und einflussreich. Die Zentren kontinentaler Salzförderung – Europas Salzexporteure – waren Burgund, Lothringen, der österreichische Alpenraum, die Lüneburger Heide sowie die polnischen und rumänischen Karpaten. Während Venedig den Salzhandel im Mittelmeerraum kontrollierte, waren Nord- und Ostsee Domäne der Hanse. Als man im 19. Jahrhundert begann, im großen Maßstab Salzbergbau zu betreiben, blieb das lebenswichtige Mineral nicht mehr länger ein Luxus. Salz war und ist ein bedeutendes Handels- und Kulturgut, ein fester Bestandteil von Sprache, Religion, Brauchtum und Esskultur. Im Mittelalter zählte man es sogar zu den Elementen, gleichberechtigt neben Erde, Wasser, Luft und Feuer sowie Quecksilber und Schwefel. Nicht zuletzt hat seine wirtschaftliche Bedeutung immer wieder auch zu Konflikten und Machtkämpfen geführt. ■

▲ Salzbergbau im österreichischen Hallein, 19. Jahrhundert; über Rutschen gelangen die Bergleute immer tiefer ins Bergwerk.

▶ Der Führer der indischen Unabhängigkeitsbewegung Mahatma Gandhi auf seinem berühmten Salzmarsch im Jahr 1930, mit dem er gegen das britische Salzmonopol protestiert.

Aus »Gärten« und Bergwerken

Etwa 30 % des Salzes werden in Salinen, sog. Salzgärten, gewonnen, indem Meerwasser in Flachbecken unter Sonneneinwirkung zu einem kristallinen Salzkonzentrat verdampft.

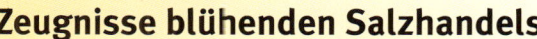

◀ Ein simples, aber effizientes Verfahren der Salzgewinnung ist seit Urzeiten die Anlage von Salinen.

Rund 70 % stammen dagegen aus kontinentalen Lagerstätten in Salzbergwerken. Hier wird Steinsalz in unterirdischen Hallen geschürft und in trockenem Zustand abtransportiert. Eine andere Technik löst das Salz aus dem Gestein, indem Süßwasser in Bohrschächte getrieben wird, das sich mit Salz anreichert, ehe es als Sole abgepumpt und bei etwa 1000 °C gereinigt und eingedampft wird.

Zeugnisse blühenden Salzhandels

Die Wege, auf denen das Salz Jahrhunderte vertrieben wurde, auf Flüssen, Kanälen und Fernstraßen, sind heute vielfach Kulturpfade. Über Hunderte von Kilometern wurde das kostbare Gut verschickt. Viele Städte verdanken dem Salz ihr Entstehen, etwa Salzburg, Salsomaggiore (Italien) oder Saltville (USA). Auch »hal«, eine alte Bezeichnung für Salz, hat sich bei Orten wie Reichenhall, Hall in Tirol, Halle oder dem türkischen Fluss Halys erhalten. Vor allem in weiten Teilen Afrikas wurden unglaubliche Anstrengungen unternommen, das begehrte Salz zu bekommen. Der

Anblick salzbeladener Karawanen faszinierte nicht nur Herodot und Montesquieu. Noch heute folgen Kameltracks den uralten Wegen vom Mittelmeer quer durch die Sahara-Wüsten nach Timbuktu am Endlauf des Niger oder nach Äthiopien.

▼ In manchen Gegenden Afrikas wird das Salz noch wie vor Jahrhunderten befördert. Bis heute ziehen die Tuareg mit großen Salzkarawanen durch die Hitze der Wüsten.

Aus der Geschichte des Salzes

Salzsteuer
204 v. Chr. Bereits im Römischen Reich hat der Salzhandel eine große wirtschaftliche Bedeutung. In Rom wird daher eine regelmäßige, einträgliche Salzsteuer erhoben.

Quelle des Reichtums
10. Jahrhundert. Venedig legt in seiner Lagune Salzgärten an. Dem Salzhandel verdankt die Dogenrepublik einen großen Teil ihres unermesslichen Reichtums.

Gründung Münchens
1158. Der lukrative Salzhandel veranlasst Heinrich den Löwen, Herzog von Sachsen und Bayern, zum Bau einer neuen Isarbrücke und zur Gründung der Stadt München.

Salzkrieg
1611. Zwischen den Salzproduzenten Bayern und Salzburg kommt es zum Salzkrieg, der erst 1829 mit dem Abschluss einer Salinen-Konvention beendet wird.

900 v. Chr.

»Trüffel« der Armen

Die Kartoffel – einst Kellerkind und Brot der Armen – wird heute in den reichen Industrieländern selbst in der Haute Cuisine hoch geschätzt. Bis zum 16. Jahrhundert war die braune Knolle im Abendland unbekannt. Ihre Heimat ist das Hochland der Anden, wo sie ab etwa 900 v. Chr. angebaut wurde. Sie diente den Inka nicht nur als Nahrungsmittel, sondern hatte auch große kultische Bedeutung. Im Gepäck der Konquistadoren gelangte der Erdapfel wohl nach 1530 zunächst als Ziergewächs nach Europa.

▲ In den Notzeiten der 1920er Jahre eine Kostbarkeit: heruntergefallene Kartoffeln.

▶ Friedrich der Große, der Alte Fritz, inspiziert ein Kartoffelfeld; der Preußenkönig sorgt dafür, dass die Deutschen die Knollenfrucht als Nahrungsmittel akzeptieren; Gemälde von 1886.

Rechnungsbücher des andalusischen Klosters La Granja bei Sevilla belegen den Ankauf von Kartoffeln im Jahr 1573. Etwa zeitgleich kam die Pflanze nach England und Irland. Der Überlieferung nach spielten dabei vor allem Sir Francis Drake, Pirat im Dienst der englischen Königin, und der berühmte Seefahrer Sir Walter Raleigh, Günstling Elisabeths I., eine Rolle. Lange Zeit wuchs die Kartoffel als begehrte Zierpflanze an Europas Fürstenhöfen. Durch Zufall soll ein Gärtner das köstliche Aroma der Knollen bemerkt haben, als er die welken Pflanzen ins Lagerfeuer warf. Wahrscheinlicher ist aber, dass die Seefahrer auch das Wissen um den Nutzen als Nahrungsmittel mitbrachten. Anfänglich stieß die Kartoffel aber auf wenig Liebe: Zwar gediehen die Pflanzen gut, doch aus Unkenntnis wurden statt der Knollen zuweilen die giftigen grünen Teile gegessen – mit schlimmen Folgen. Ihr großer Durchbruch als Nahrungsmittel kam jedenfalls erst im 18. Jahrhundert. Kriege, Missernten und wachsende Bevölkerungszahlen hatten immer wieder zu Hungersnöten geführt. Zur Abhilfe schrieben aufgeklärte Herrscher wie Preußens König Friedrich der Große den planmäßigen Kartoffelanbau vor. Wie wichtig die Kartoffel wurde, zeigt u.a. der Bayerische Erbfolgekrieg, den Friedrich 1778 bis 1780 gegen Österreich führte. Als »Kartoffelkrieg« ging er in die Geschichte ein: Die verfeindeten Heere stahlen sich gegenseitig die Kartoffeln. Zu dieser Zeit fand die Knolle auch ihren ▶▶

◀ Auf die verschiedensten Weisen zubereitet, hat die Kartoffel längst die feine Küche erobert.

Weg nach Frankreich. Als preußischer Kriegsgefangener hatte der französische Apotheker Antoine Parmentier während des Siebenjährigen Krieges von 1756 bis 1763 die Kartoffel kennen gelernt. Nach Paris zurückgekehrt, wollte er sie zum Volksnahrungsmittel machen. Um das misstrauische Volk für die Knolle zu gewinnen, ließ er Kartoffeläcker anlegen und tagsüber von Gendarmen bewachen. Bald war die Neugier geweckt, und die Früchte wurden nachts aus den Furchen geklaubt. Mit dem Wechsel von der Dreifelder- zur Fruchtwechselwirtschaft im 19. Jahrhundert trat die Kartoffel endgültig ihren Siegeszug als eines der wichtigsten Nahrungsmittel der Welt an. Im Jahr 2000 wurden in Deutschland mehr als 11 Mio. Tonnen geerntet. Vom Speiseplan der Deutschen ist die Kartoffel kaum mehr wegzudenken. ■

◀ Batata – die Kartoffel; Aquarell aus dem 17. Jahrhundert, entstanden in Brasilien.

»Apfel der Jugend«

Auch der Kirche war die Kartoffel zunächst suspekt, nicht zuletzt deshalb, weil sie nicht in der Bibel erwähnt wird. Sicherheitshalber wurde sie sogar gebannt. Man behauptete nicht nur, dass die exotische Knolle aus des Teufels Speichel entstanden sei, sondern warnte auch davor, dass ihr Verzehr zu Sünde und Schwachsinn führe. Dass sich die Kartoffel über die Knolle ungeschlechtlich vermehrt, galt ihnen als obszön. Das alles konnte die Menschen jedoch nicht davon abhalten, die viel geschmähte Kartoffel als Aphrodisiakum zu ehren. Goethe, Casanova und Shakespeare liebten sie offensichtlich nicht nur wegen ihres Geschmacks, und die Engländer bezeichneten die Knolle sogar als »Apfel der Jugend« – Walter Raleigh soll ihr »Venus befeuernde Wirkung« zugeschrieben haben.

◀ Hochherrschaftliche Kartoffelpflanzung im 17. Jahrhundert: Der Kurfürst von Brandenburg Friedrich Wilhelm und seine Gemahlin im Lustgarten des Berliner Stadtschlosses.

Gewächs mit vielen Namen

Ihrer langen Geschichte und weiten Verbreitung verdankt die Kartoffel viele Namen: Was die Indianer Papas Peruanorum, d.h. »mehlige Wurzeln von gutem Geschmack«, nannten, bezeichneten Spaniens Eroberer als patatas. Angelehnt an das italienische tartuffolo für Trüffel – weil die Italiener die Kartoffel fälschlich für eine Trüffelart hielten – bildete sich im 17. Jahrhundert im Deutschen das Wort Tartuffel, Tartoffel und schließlich Kartoffel heraus. Doch gab das Volk diesem Grundnahrungsmittel Nr. 1 viele weitere Namen wie Erdapfel, Erdschoecke, Pantueffel oder Erdtuffel.

▲ Die Kartoffelpflanze ist auch eine Zier. Sie trägt kleine weiße Blüten.

Aus der Geschichte der Kartoffel

Bericht aus Neuer Welt
1532. Der spanische Eroberer Francisco Pizarro, der nach dem sagenumwobenen Dorado forscht, berichtet dem Hof von ausgedehnten Kartoffelkulturen in der Neuen Welt.

Monokultur
1625. Irland wird zur »Kartoffelinsel«. Die gelbbraunen Erdfrüchte, zum wichtigsten Grundnahrungsmittel erklärt, baut man fast ausschließlich in Monokultur an.

Missernte
1845. Eine schwere Missernte lässt fast überall in Europa die Kartoffeln auf den Feldern verfaulen. Korn- und Brotpreise steigen, in Irland herrscht bittere Hungersnot.

Fertigprodukt
1949. Das deutsche Unternehmen Pfanni stellt das erste industriell erzeugte Kartoffelfertigprodukt vor: Kartoffelpulver für die schnelle Zubereitung von Knödel und Puffer.

550
v. Chr.

DIE WELT AUF EINEN BLICK

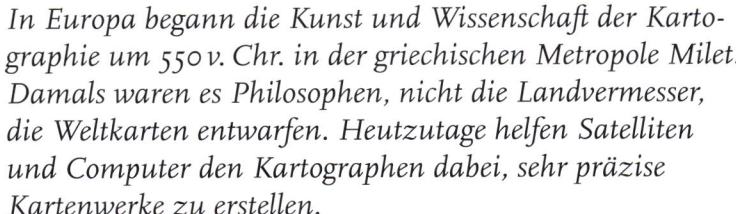

*In Europa begann die Kunst und Wissenschaft der Karto-
graphie um 550 v. Chr. in der griechischen Metropole Milet.
Damals waren es Philosophen, nicht die Landvermesser,
die Weltkarten entwarfen. Heutzutage helfen Satelliten
und Computer den Kartographen dabei, sehr präzise
Kartenwerke zu erstellen.*

▲ Der Globus steht im Mittelpunkt: der englische Dichter John Milton bei Galileo Galilei
(r.); Gemälde von 1880.

▲ »Die Erde als
Scheibe, vom
Ozean umflossen«,
französische Buch-
malerei aus dem
15. Jahrhundert.

Früher war die Welt sehr viel kleiner, zumindest im
Vorstellungsvermögen der Menschen. Sie wuchs
erst mit den Entdeckungen immer neuer Länder
und Erdteile. So ist auf der ältesten bekannten »Weltkarte«, einem babylonischen Tontäfelchen von 3800 v. Chr.,
nur der Nahe Osten von Mesopotamien bis zum Libanon
dargestellt. Mehr als drei Jahrtausende später sah Anaximander von Milet die bewohnte
Erde als ein zylinderförmiges Gebilde, umgeben von Luft und Feuer. Die Weltkarten des
christlichen Mittelalters wurden »Sub specie aeternitatis« entworfen, »aus der Perspektive
der Ewigkeit«, und sie bezogen unbefangen auch das Paradies ins Kartenbild ein – es lag
fern im Osten–, kannten aber weder Amerika noch den Pazifik. Oder sie gaben der Weltkarte die linsenförmige Gestalt eines Heiligenscheins. Eines der großartigsten Beispiele
solcher religiösen Symbolik in der Weltdarstellung ist die rund 10 m² große Ebstorfer
Weltkarte aus dem 13. Jahrhundert, zentriert um Jerusalem und mit
Christus im Hintergrund. Erst seit dem 15. Jahrhundert entstanden
Weltkarten mit wissenschaftlichem Anspruch. ▸▸

▾ »Die Erde nach Herodot«;
dieser Holzstich aus dem
19. Jahrhundert zeigt, wie
der griechische Geschichtsschreiber die Erde gesehen
hat: Für ihn existiert nur ein
Kontinent, den er in Europa
und Asien unterteilt.

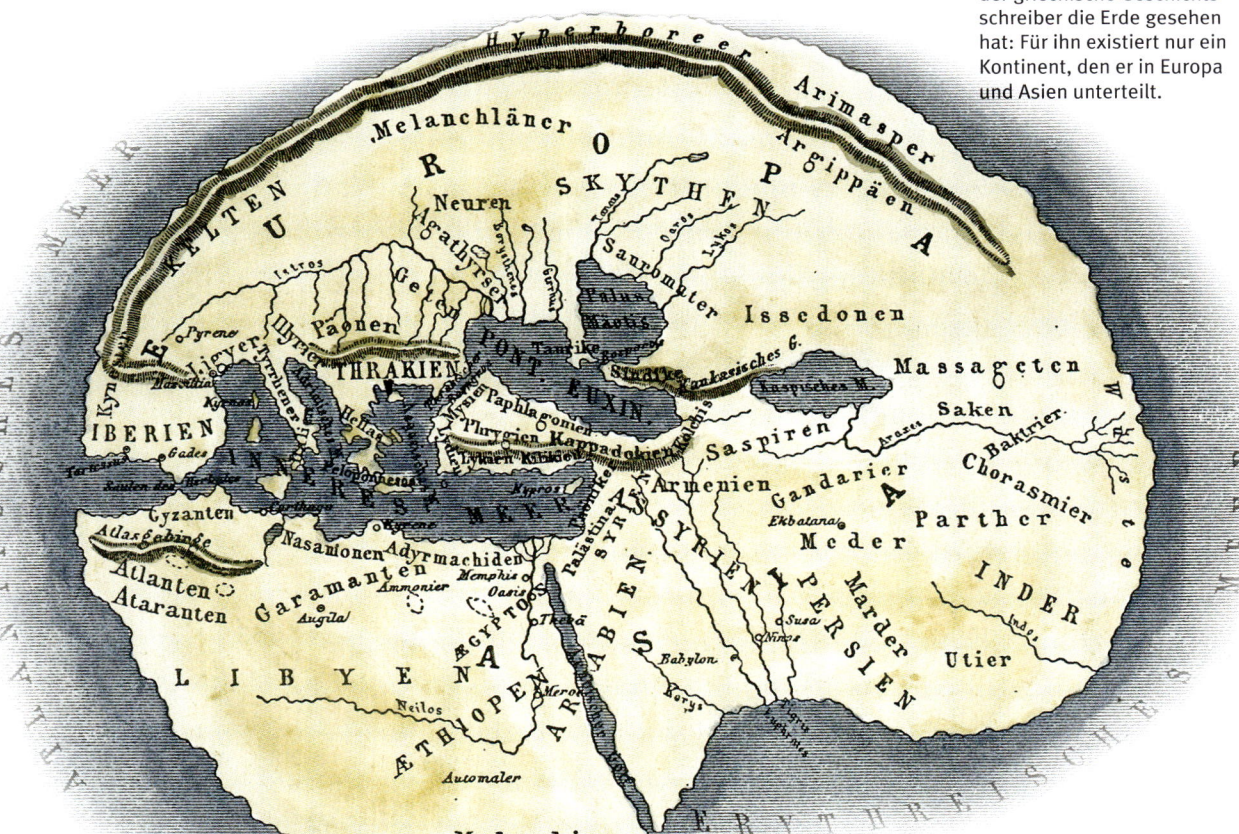

▲ »Theater der
Erde« – Titelblatt
des ersten moder-
nen Atlas aus dem
16. Jahrhundert.

Seither sind Erdkarten immer genauer geworden, und Hightech-Instrumente der Kartographie haben den Kartenzeichnern viel Arbeit abgenommen. Satelliten und Computer sind dem Kartographen heute ebenso unentbehrlich wie Flugzeuge und Fotokameras. Mit digitalen Geländemodellen kann die Herstellung von Reliefkarten und ihren Gebirgsschummerungen weithin automatisiert werden. Früher entstanden bei der Umsetzung von Luftbildern in Landkarten unvermeidlich Verzerrungen durch die Zentralprojektion, da alle Geraden durch ein Zentrum gehen. Für moderne Karten werden Luft- und Satellitenaufnahmen verwendet, die mit technischen Mitteln entzerrt werden. ■

▲ Bedeutende Herrscher und Volksgruppen der Welt im 14. Jahrhundert zeigt dieser katalanische Atlas.

Scheibe oder Kugel

▲ Weltkarte aus dem alten Rom, um 43 n. Chr.

Die Erde wurde seit der Renaissance nicht mehr als flache Scheibe angesehen, sondern war – wie schon in der Antike – als Kugel erkannt. Die Kartographen bemühten sich, sie mit graphischen Projektionssystemen auch in zweidimensionaler Darstellung so erkennbar zu machen. Die Erfindung des Globus 1492 durch den Nürnberger Martin Behaim war dann das kartographische Ei des Kolumbus. Der nächste große Schritt bedeutete den Abschied vom geozentrischen Weltbild des Ptolemäus. Dafür sorgten die Astronomen von Kepler bis Galilei.

Dem Universum auf der Spur

Nicht nur die Erde wird vermessen, sondern auch das Weltall. Die Messungen der Astronomen bewegen sich längst jenseits der menschlichen Vorstellungskraft. Moderne optische Systeme lassen unser Sonnensystem hinter sich und zeigen etwa 100 Mrd. Sternensysteme, die sich in rasender »Fluchtbewegung« von einem Zentrum entfernen. Kartographie findet nur noch im Computer statt, eine Darstellung von Sonnensystemen in Form einer klassischen Karte oder eines Atlas ist heute nicht mehr möglich. Dazu weiß die moderne Wissenschaft zu viel und will außerdem die bestehende Informationsfülle nicht auf wenige Häppchen reduzieren.

◀ Annäherung an das moderne Weltbild: Weltkarte aus dem 17. Jahrhundert.

Karten der Erdstruktur

Übliche Karten zeigen die Oberflächengestalt der Erde, die Verteilung von Land und Meer, markieren Flüsse und Gebirge, Städte und Straßen. Doch auch bei der Suche nach Bodenschätzen helfen Karten. Einen wichtigen Schritt zur wissenschaftlich betriebenen Geologie und damit gleichzeitig zur geologischen Kartographie unternahm im 17. Jahrhundert Steno, der mit bürgerlichem Namen Nikolaus Stensen hieß und 1669 das erste geologische Profil zeichnete. Welche Kräfte die Entstehung von Gesteinen, die Schichtungen und Verwerfungen bewirkt haben, war lange Zeit zwischen den Anhängern der »Wasser- und Feuertheorie«, den Neptunisten und Vulkanisten umstritten, bis die Einsicht kam, dass beide Seiten an der Wahrheit teilhaben. Heute ist die Bodenforschung so weit vorangeschritten, dass geologische Karten ein detailliertes Bild bieten.

▲ Hintergrund: Wichtig für die Seefahrt – eine genaue Weltkarte, so wie sie im 16. Jahrhundert der niederländische Kartograph Mercator anfertigte.

Bedeutende Entwicklungen der Kartographie

Berechnung des Erdumfangs
240 v. Chr. Der im ägyptischen Alexandria forschende Gelehrte Eratosthenes berechnet für eine Weltkarte den Umfang der Erde schon sehr genau. Er geht von 39 700 km aus.

Koordinatensystem
Um 150. Der griechische Universalgelehrte Ptolemäus entwickelt ein Koordinatensystem der Längen- und Breitengrade und legt eine Anleitung zum Kartenzeichnen vor.

Globus
1492. Der Nürnberger Seefahrer und Kosmograph Martin Behaim fertigt den »Erdapfel« an, das ist der erste Globus der Neuzeit. Er zeigt Europa und Teile Afrikas und Asiens.

Global Positioning System
1973. Erstmals braucht man weltweit seinen Standort auf der Karte nicht mehr zu suchen, das Satellitenortungssystem zeigt ihn, wenn die Koordinaten programmiert sind.

490 v. Chr.

Ein wahrer Marathon

Auf dem Schlachtfeld vor Marathon, einem kleinen Fischerort an der Ost-küste Attikas 490 v. Chr.: Aufgrund einer klugen Kriegsstrategie gelang den Athenern der überraschende Sieg gegen die persische Übermacht. Miltiades, Feldherr der Athener, soll daraufhin einen Boten ausgeschickt haben, um die Siegesnachricht auf dem schnellsten Weg in das etwa 40 km entfernte Athen zu bringen. Pheidippides hieß der vermeintlich erste Marathonläufer, der sein Ziel zwar erreicht haben soll, dort jedoch tot zusammenbrach.

Dichtung oder Wahrheit? Bei den zeitgenössischen griechischen Historikern, allen voran der große Herodot, findet sich keinerlei Hinweis auf diesen ersten Mara-thonlauf. Erst Plutarch, der römi-sche Geschichtsschreiber, brachte Jahrhunderte später die Legende die-ses Botenganges auf – vielleicht, um den nackten historischen Tatsachen noch eine besondere Ausschmückung zu geben. Hundertprozentig verbürgt ist der erste Mara-thonlauf, der als sportliche Disziplin anlässlich der

▼ »Der Siegesbote von Marathon«: Die 1884 entstandene Bronzeskulptur stellt den legendären ersten Marathonläufer der Geschichte dar.

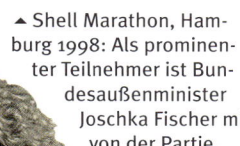
▲ Shell Marathon, Hamburg 1998: Als prominenter Teilnehmer ist Bundesaußenminister Joschka Fischer mit von der Partie.

ersten Olympischen Spiele der Neuzeit in Athen am 10. 4. 1896 über die Bühne ging. Am Start waren 25 mehr oder weniger erfahrene Läufer, die in der glühenden Mittagshitze an der Brücke von Marathon starteten. Nach 2:58:50 h erreichte Spyridon Louis, ein griechischer Athlet, als Erster das tobende Stadion. Heute ist der Marathonlauf ein fester Bestandteil der Olym-pischen Spiele sowie der Leichtathletik-Welt- und Europameis-terschaften. Ab 1984 durften sich erstmals auch Frauen offiziell in dieser Disziplin messen. Die Streckenlänge des Mammutlaufs wurde 1924 verbindlich auf 42,195 km festgelegt – eine kuriose Zahl, die dem Wunsch des britischen Königshauses entsprang: Bei den Olympischen Spielen 1908 in London sollten die Läufer von Schloss Windsor aus starten und ins White-City-Stadion einlaufen, also eine Entfernung von genau 42,195 km zurücklegen.

Wegen der variierenden Streckenführung und der unterschiedlichen Oberflächenbeschaffenheit werden beim Marathonlauf keine ▸▸

▲ Fatale Hilfe: Der Italiener Dorando Pietri kommt bei den Olympischen Spielen 1908 in London zwar als Erster ins Ziel, wird aber wegen uner-laubter Hilfestellung – u. a. durch Sherlock-Holmes-Autor Arthur Doyle – disqualifiziert.

Der Marathon und seine historischen Rekorde

Erster unter 2:20 h
1953. Nachdem der Brite Jim Peters 1952 die Weltbestzeit um fast 5 Minuten unterbieten konnte, gelingt es ihm als erstem Läufer, die 2:20-h-Schwelle zu durchbrechen.

Ältester Olympiasieger
1984. Der Portugiese Carlos Lopez wird als 37-Jähriger zum ältesten Olympiasieger in der Marathondisziplin. Ein Jahr da-nach läuft er mit 2:07:12 h eine neue Bestzeit.

Beständigster Rekord
1985. Die Norwegerin Ingrid Kristiansen läuft die 42,195 km in 2:21:06 h und zeigt damit eine neue Weltbestleistung, die erst 13 Jahre später verbes-sert werden kann.

Jüngste Weltmeisterin
1993. Bei den Leichtathletik-Weltmeisterschaften wird Jun-ko Asari, eines der japani-schen Laufwunder, mit 23 Jahren die jüngste Marathon-Weltmeisterin der Geschichte.

offiziellen Rekorde, sondern lediglich Bestleistungen geführt, die im Jahr 2001 bei 2:05:42 h (Männer) bzw. 2:20:43 h (Frauen) lagen.

Seit seinen Anfängen gilt der Marathonlauf als Sportart für hartgesottene Asketen, die oftmals an die Grenze ihrer Leistungsfähigkeit gerieten und geraten. Der mehrfache Zusammenbruch des Italieners Dorando Pietri, der dennoch den olympischen Marathonlauf 1908 bis ins Ziel anführte, ging um die Welt und gehört zu den am häufigsten publizierten Sportfotos aller Zeiten. Dass Helfer ihn die letzten Meter zum Ziel geleiteten, kostete ihn allerdings den Sieg. ■

◀ Boston 1996: Der Berlinerin Uta Pippig gelingt es als erster Läuferin der Geschichte, den Boston-Marathon zum dritten Mal in Folge zu gewinnen.

Im Laufschritt durch die Städte

Neben den Olympischen Spielen und den offiziellen Leichtathletik-Meisterschaften konnte sich schnell der Stadtmarathon als besonderer Magnet für Läufer und Publikum etablieren. Die international bekanntesten Marathonwettbewerbe finden heute Jahr für Jahr in Boston, New York, Chicago, Honolulu, Fukuoka, London und Rotterdam sowie in Berlin und Hamburg statt. Das Bostoner Laufereignis, traditionell am Patriot's Day ausgetragen, gilt als »Mother of Marathon«. Auch der New-York-City-Marathon, seit 1970 eine Sightseeingtour der besonderen Art, zieht jährlich Zehntausende von Läufern in die Stadt, die hier in einem unglaublichen Gedränge ihr Bestes geben. Die besondere Attraktion des 1973 erstmals ausgetragenen Berlin-Marathons ist das Brandenburger Tor als eine von vielen markanten Stationen auf dem Weg ins Ziel.

▲ Berlin 1998: Eine unüberschaubare Menge von Marathonläufern schiebt sich durch die eindrucksvolle Kulisse des Brandenburger Tores.

Antike Botenläufer

Im Altertum war es durchaus üblich, wichtige Nachrichten durch Läufer zu überbringen, auch wenn der Marathonlauf von Pheidippides eher Legende bleibt. Historisch belegt ist die Leistung eines anderen Tagesläufers: Schon vor der Schlacht bei Marathon wurde Philippides ausgesandt, um die Spartaner gegen die Perser zu Hilfe zu rufen. Der Weg von Athen nach Sparta war lang – über 250 km. Und Philippides benötigte für diese Strecke etwa 24 Stunden. Dies gab den Anstoß für den sog. Spartathlon über eine Distanz von 245 km, der 1983 erstmals durchgeführt wurde.

Die Ausnahme-Athleten

Der Marathonlauf hat seit seinen Anfängen als sportliche Wettbewerbsdisziplin eine Reihe von großen Läufern und Läuferinnen hervorgebracht. Niemand konnte solch eindrucksvolle Grimassen schneiden wie er: Emil Zátopek, das tschechische Laufwunder, der mit gleich drei Goldmedaillen (10 000 m, 5000 m, Marathon) 1952 die Olympischen Spiele in Helsinki beherrschte. Zur Sensation wurde auch der Äthiopier Abebe Bikila, der bei den Olympischen Spielen in Rom 1960 barfuß in einer Rekordzeit von 2:15:16,2 h als Erster durchs Ziel ging. Vier Jahre später gelang ihm in Tokio – diesmal mit Schuhen – eine neue Bestzeit. Bei den Frauen gehören die Norwegerin Grete Waitz, die Erste unter 2:30 h, die Portugiesin Rosa Mota als größte Medaillensammlerin und die Norwegerin Ingrid Kristiansen, über Jahre ungeschlagene Weltschnellste, zu den großen Damen des Laufs.

▲ Auf nackten Sohlen gewinnt der Äthiopier Abebe Bikila den olympischen Marathonlauf in Rom 1960.

◀ Laufende Boten: Nachrichtenübermittlung in der Antike; Vasenmalerei aus dem 4. Jahrhundert v. Chr.

73

4. Jh.
v. C h r.

GEBÜNDELTES WISSEN DER WELT

Ganz im Sinne des Wortes »Enzyklopädie« – aus »enkyklios«, im Kreise gehend, und »paideía«, der Lehre – wollte der Platon-Schüler Speusippos im 4. Jahrhundert v. Chr. die Leser seiner – weltweit ersten – Enzyklopädie systematisch in den »Kreis« der Wissenden einführen. Die Einsicht, dass enzyklopädisches Wissen aber nur der Ausgangspunkt auf dem Weg zur wahren Erkenntnis Gottes sein könne, formulierte das christliche Mittelalter: die Enzyklopädie als »Grundlehre aller Wissenschaften und Künste«.

▲ Miniatur aus den »Briefen der wahren Gläubigen«; muslimische Enzyklopädie aus dem 10. Jahrhundert.

▲ Früher Enzyklopädist: der römische Gelehrte Plinius der Ältere bei Kaiser Vespasian; Holzstich von 1876.

D as Bedürfnis der Gelehrten, zumindest ihren Gleichgesinnten eine Erweiterung des Horizonts zu ermöglichen, mündete schon im Altertum in Versuche, das Wissen der Zeit zu bündeln. Mit der Ordnung der Werke nach Themengebieten wollten die frühen Wissenssammler ihrer Leserschaft neben dem Lerneffekt vor allem Lesevergnügen gönnen. Plinius der Ältere kam mit seiner »Naturalis Historia« dabei schon auf 37 Bände. Verrius Flaccus machte ebenfalls um Christi Geburt den ersten, heute immer noch modernen Versuch, dem Leser über das Alphabet einen schnellen Zugriff auf jedes gewünschte Themengebiet zu ermöglichen, fand aber in den folgenden Jahrhunderten kaum Nachahmer. Den christlichen Geist atmeten die enzyklopädischen Werke des Senators Cassiodor und des Kirchenlehrers Isidor von Sevilla im 6. und 7. Jahrhundert; auch das Wissen der heidnischen Antike überlieferten sie in ihren Werken. ▶▶

▶ Die große Enzyklopädie der Aufklärung: Erstausgabe der umfangreichen Diderot-Enzyklopädie aus dem 18. Jahrhundert.

▲ Anerkannter Wissenschaftler: Jean Baptiste Le Rond d'Alembert, Mitherausgeber des berühmten Nachschlagewerks von Diderot.

In Latein geschrieben, sprachen sie im Mittelalter allerdings weniger die mitunter kaum des Lesens mächtigen Herrscher an als manchen vom vielen Abschreiben geschulten Mönch. Die Erarbeitung einer Enzyklopädie war vor allem sehr mühselig. Der Materialfundus musste kontinuierlich erweitert, der Faktenbestand aufwendig geprüft werden. Doch trotz der immer umfangreicher werdenden enzyklopädischen Werke des christlichen Abendlands: Der erste Platz gebührt diesbezüglich den Chinesen: Die Enzyklopädie »Yong-le da-di-an« zu Beginn des 15. Jahrhunderts soll 30 000 Bände umfasst haben.

Hatten frühere Enzyklopädien eher einen »belehrenden« Ton, so beinhalten heutige Lexika wie Brockhaus, Meyer, Bertelsmann, Larousse oder die Encyclopædia Britannica nüchtern-sachliche Artikel. ■

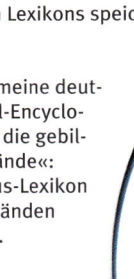

▶ Modernes Nachschlagewerk: die CD-ROM, auf ihr lässt sich der Datenbestand eines mehrbändigen Lexikons speichern.

▼ »Allgemeine deutsche Real-Encyclopädie für die gebildeten Stände«: Brockhaus-Lexikon in zehn Bänden von 1824.

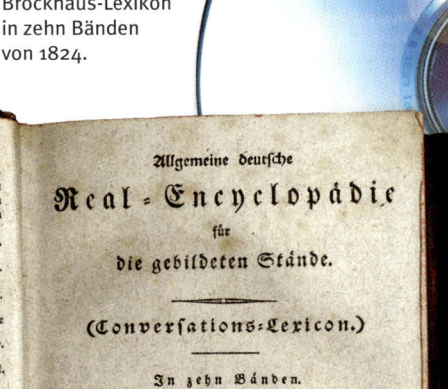

Im Geiste der Aufklärung

Die »Encyclopédie ou Dictionnaire raisonné des sciences, des arts et des métiers« (1751– 1780) von Denis Diderot und Jean Baptiste Le Rond d'Alembert zählt zu den Standardwerken der Aufklärung. Neben Wissenschaftlern arbeiteten an ihr zahlreiche führende Philosophen wie Rousseau, Montesquieu, Turgot und Condorcet mit.

◀ Denis Diderots Enzyklopädie aus dem 18. Jahrhundert umfasst 60 000 Stichwörter.

Multimediale Nachschlagewerke

An der Wende zum 21. Jahrhundert atmeten die Experten erleichtert auf: »Das Buch lebt!« Nur welches? Die x-bändige Enzyklopädie nur als Nischenprodukt für prestigebewusste Nutzer mit Sinn für den zeitlosen Lederrücken?

An Kapazität, Schnelligkeit und Nutzerfreundlichkeit haben ihr die Silberscheiben, als CD-ROM sogar mit Film- und Tondoku-menten, bereits den Rang abgelaufen. Aktuelle Informationen kommen aus dem Internet, der riesige Fundus wird dem User mit Mausklick angeboten: So werden aus Verlegern Content-Produzenten, die Inhalte »medienneutral« in Datenbanken ablegen, und um sie herum möglichst viel Service anbieten, um über – Business-to-Business – ihr Geld zu verdienen.

Entstehung bedeutender internationaler Enzyklopädien	»Encyclopædia Britannica« Ab 1768. Die »Mutter« aller modernen Lexika hat anfänglich drei, heutzutage 32 Bände, unterteilt in die Macropædia mit langen Artikeln und die Micropædia mit den kurzen.	»Allgemeine Encyclopädie« 1818–1889. Die unvollendete »Allgemeine Encyclopädie der Wissenschaft und Künste« von J. S. Ersch und J. G. Gruber ist mit 167 Bänden das umfangreichste Lexikon Europas.	»Conversations-Lexikon« 1840–1855. Die große Enzyklopädie des heute mit F. A. Brockhaus verschmolzenen Bibliographischen Instituts von J. Meyer hat zunächst 52, in ihrer letzten Auflage 32 Bände.	»Grand Larousse« 1865–1876. Der erste »Grand Larousse« entsteht. Die umfangreichste Ausgabe dieser französischen Enzyklopädie besteht aus 60 Bänden und erscheint von 1971 bis 1976.

IM BANN DER GESTIRNE

Das Interesse am Sternenhimmel ist so alt wie die Menschheit selbst, denn dem Lauf der Gestirne wurde schon immer ein entscheidender Einfluss auf das irdische Leben zugemessen. Um 300 v. Chr. begannen die Babylonier in ihren Sternwarten, die auf weit älteren Stufentempeln, den Zikkuraten, standen, mit regelmäßigen astronomischen Beobachtungen.

▲ Sternwarte und Festung aus dem 9. Jahrhundert im tunesischen Sousse.

▲ Das Hightech-Riesenteleskop der Europäischen Südsternwarte in den Bergen Chiles.

Die Deutung der Sterne oblag meist Priestern, in deren Tempeln und Weihestätten auch die ersten Observatorien standen, beispielsweise im prähistorischen Stonehenge, bei den mexikanischen Olmeken und an Euphrat und Tigris. Diese Observatorien dienten in den frühen Hochkulturen vor allem praktischen Zwecken wie der Kalendereinteilung oder der Bestimmung von »günstigen« Zeitpunkten für religiöse Rituale. Beides kombinierten die Sonnenpeilanlagen der Inka im 15. Jahrhundert. Griechische Wissenschaftler wie Hipparchos von Nicaea in der Mitte des 2. Jahrhunderts v. Chr. aber wollten schon allgemein gültige Gesetze hinter den Erscheinungen erkunden. Bedeutend war damals die Sternwarte auf der Insel Rhodos. Diesen wissenschaftlichen Ansatz führten Araber, Perser und Mongolen fort, die in Bagdad, Kairo und in Samarkand (Letzteres um 1420) große Sternwarten bauten, ehe 1471 auf Anregung des Astronomen Regiomontanus das christliche Europa in Nürnberg sein erstes Observatorium erhielt. Näher rückten die ▶▶

▼ Die Babylonier gehören zu den frühesten Himmelsbeobachtern – auf dem babylonischen Turm, einem Tempel, errichten sie ihr Oberservatorium; Rekonstruktion des so genannten Zikkurats.

▼ Das Nürnberger Obervatorium aus dem 15. Jahrhundert; es ist das erste in Europa.

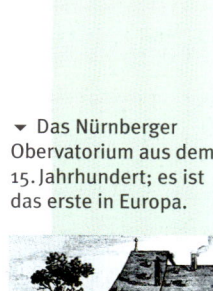

Maya-Hochkultur: Dieses Observatorium dient den Priestern zur genauen Zeit-berechnung. Die Ruinen von Chichén Itzá in Mexiko gehören zum Weltkulturerbe.

Hintergrund: Ver-zaubernder Anblick bei Nacht – funkeln-de Sterne am Him-melszelt.

Planeten und die Milchstraße mit der Erfindung des Fernrohrs 1608/09 und vor allem ab Mitte des 19. Jahr-hunderts mit dem Bau von Hochleistungsteleskopen un-ter beweglichen Kuppeln. Ende des 20. Jahrhunderts befinden sich solche Spezialsternwarten zumeist fernab der Zivilisation auf hohen Bergkuppen, wo nur wenige Wolken die Sicht versperren, die Luft rein und die Atmo-sphäre nicht »lichtverschmutzt« ist. So ist die Europäi-sche Südsternwarte (ESO) mit ihren 15 Teleskopen und das Interamerican Observatory in die Berge Chiles entflo-hen. Manches »Spürauge« wie das Hubble Space Tele-scope der NASA wird sogar in den Weltraum entsandt. ∎

Ferne Galaxien im Hohlspiegel

Der Leistung von Objektivlinsen sind technische Grenzen gesetzt. Um lichtschwache, tief im Welt-all verborgene Objekte exakt beo-bachten bzw. fotografieren zu können, kommen nur Spiegelte-leskope in Frage. Herzstück die-ser Präzisionsgeräte sind Para-bolspiegel von mehreren Metern Durchmesser. Sie bestehen aus temperaturbeständigem Material und fangen das Licht ferner Fix-sterne und galaktischer Nebel ein. Nach dem Lauf durch Dut-zende Spiegel und Linsen ergibt sich im Tubus des Fernrohrs ein

Bild. »Unsichtbare« kosmische Strahlung zu empfangen, ist die Aufgabe der Radioteleskope mit ihren Spiegelantennen von z. T. über 100 m Durchmesser.

Radioteleskope sind so leistungs-stark, dass sie kosmische Strahlung aufspüren können.

Sternwarte aus dem 19. Jahr-hundert; der Astronom kann das Fernrohr in alle Himmels-richtungen drehen.

Entwicklung bedeutender Instrumente zur Sternenerkundung

Astrolabium
1050. Mit dem aus dem anti-ken Messinstrument »Armil-larsphäre« entwickelten Astro-labium werden die Positionen der Gestirne und ihre Umlauf-bahnen bestimmt.

Meridiankreis
1704. Das in der Meridianebe-ne drehbare Fernrohr ist der Nachfolger des Quadranten. Es misst Bahnwinkel und Win-kelabstand des Gestirns zum Himmelsäquator.

Spiegelquadrant
1731. Das von dem englischen Astronomen Thomas Godfrey gebaute Instrument besteht aus einem Viertelkreis mit Grad-einteilung und Peilstab zur Feststellung der Gestirnhöhe.

Sextant
1757. Das meist zur Navigation in der Schifffahrt benutzte In-strument mit Fernrohr, Sechs-tel-Teilkreisbogen sowie be-weglichen Spiegeln misst die Winkel zwischen Gestirnen.

3. Jh.
v. C h r.

EIN HEISSES EISEN

Als Erste dürften die Chinesen im 3. Jahrhundert v. Chr. das stolze Gefühl verspürt haben, sich in frisch gebügelte Seidengewänder hüllen zu können: Zu dieser Zeit wurden die Bügeleisen bekannt. Allerdings waren das nicht mehr als flache Eisenpfannen mit einem langen Stiel, die man mit glühender Holzkohle füllte.

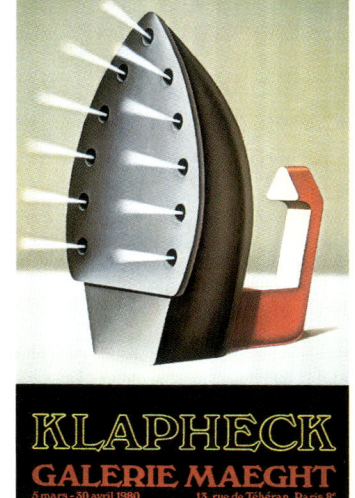

▲ Das Bügeleisen als Motiv der Kunst; Plakat einer Ausstellung des Malers Konrad Klapheck im Jahr 1980.

A bgesehen von dieser Frühform des Bügeleisens beginnt seine eigentliche Geschichte um 1600, diesmal aber nicht in China, sondern in Holland – und auch nicht im Haushalt, sondern in Schneiderwerkstätten. Man nannte die Bügeleisen »Bolzeneisen«, weil sich in ihr Inneres durch eine Schiebeklappe an der Rückseite ein rotglühender Eisenbolzen einführen ließ. Diese Eisen waren schwer und unbequem zu handhaben, und ihre Temperatur ließ sich nicht konstant halten. Es forderte erhebliche Übung, empfindliche Stoffe damit wirklich zu glätten, statt sie zu zerstören.

▲ Bügeln ohne Strom: Das obere Bügeleisen aus dem 17. Jahrhundert wird mit glühender Holzkohle gefüllt, das untere aus dem 19./20. Jahrhundert wird durch ein zuvor erhitztes Eisenteil aufgeheizt.

Im 18. Jahrhundert kamen – jetzt auch für Haushalte – schwere gusseiserne Bügeleisen in Gebrauch. Man benutzte sie paarweise, wobei abwechselnd eines auf der Herdplatte erhitzt wurde, während man mit dem anderen arbeitete. Daneben existierten Modelle aus Eisen oder Messing, in die sich glühende Holzkohle einfüllen ließ. Der Qualm zog durch einen kleinen Kamin ab; auch damit ging die Arbeit nicht immer problemlos und sauber vonstatten. In den Jahren 1867 bis 1871 verbesserte die Amerikanerin Mary Florence Potts das massive Bügeleisen beträchtlich. Ihr so genanntes Satzeisen lief auf beiden Seiten spitz zu und besaß einen aufsteckbaren Griff. ▸▸

▲ So genannte Satzeisen werden wechselweise aufgeheizt und mit Hilfe eines mitgelieferten Austauschgriffs bewegt.

▲ Die Chinesen sind vermutlich die Ersten, die ihre Kleidung bügeln. Zum Glätten dienen ihnen Eisenpfannen, die mit Holzkohle gefüllt werden. Dieses »Bügeleisen« stammt aus dem 18. Jahrhundert.

Wichtige Schritte der Bügeleisentechnik

Glättsteine
5. bis 8. Jahrhundert. Zu den frühesten Bügelinstrumenten gehören die sog. Glätt- oder Gniddelsteine. Das feuchte Tuch wird damit allein durch Druck geglättet.

Deutsches Patent
1890. In Deutschland beginnt die Ära des Elektrobügeleisens mit einer Erfindung des Ungarn Carl Zipernowsky. Doch das neue Eisen setzt sich erst nach Jahrzehnten durch.

Glühstoffeisen
1894. Der Deutsche Max Elb entwickelt das Kohle-Bügeleisen zum Glühstoffeisen weiter. Es wird mit einem nicht rauchenden und geruchlosen Kohle-Ersatzstoff gefüllt.

Heizleiterlegierung
1907. Der kostspielige Platin-Heizdraht früherer elektrischer Bügeleisen wird durch eine Heizleiterlegierung aus Chromnickel ersetzt. Dadurch sind sie billiger zu fertigen.

◄ Gebügelt und gestärkt müssen im 19. Jahrhundert die weißen Hemden sein; Gemälde des französischen Malers Edgar Degas, 1887.

◄ Mit dem Bügelofen können mehrere Eisen gleichzeitig erhitzt werden, um 1890.

Für Modebewusste

Schon im 16. Jahrhundert ließen Modetrends Bügeleisen für spezielle Zwecke aufkommen. Die Rüschenkragen der Adligen konnten nicht einfach mit den normalen Bolzeneisen geplättet werden. Hierfür gab es so genannte Rüschen- oder Tolleisen in verschiedenen Formen. Am gebräuchlichsten waren Geräte in schlanker, langer Konusform, in die sich wie in die normalen Eisen erhitzte Metallbolzen schieben ließen. Ähnliche Spezialaufgaben wie die Tolleisen erfüllten Plissierscheren und Plissiermaschinen, die man vor allem zum Aufbügeln von Faltenröcken nutzte. Weitere Geräte gab es u.a. zum Bügeln der Kragen und Ärmel von Hemden.

Einen reichlich unpraktischen Vorgänger des elektrischen Bügeleisens erfand 1882 Henry Seely in New Jersey. Er arbeitete mit einem gefährlichen offenen Lichtbogen. Schon 1889 wurde das elektrische Eisen aber erheblich sicherer, als Charles Carpenter, ein Kellner aus Minneapolis, einen wesentlichen Schritt nach vorn machte und ein Gerät mit Heizspirale erfand. Auch die weitere Bügeleisenentwicklung spielte sich fast ausschließlich in den USA ab. 1926 wurde das erste Haushalts-Dampfbügeleisen produziert. Das Aufkommen neuer Textilfasern und die beginnende Verwendung halbsynthetischer Stoffe machten die selbsttätige Wärmeregelung notwendig. Eine Grundlagenerfindung auf diesem Gebiet war der »Spencer-Regler«. Um 1938 ersann dann der Amerikaner Edmund Schreyer den ersten wirklich zuverlässigen Dampfbügler mit Temperaturregler. Die heutigen Bügeleisen basieren weitgehend auf den Geräten, die um die Mitte des 20. Jahrhunderts entstanden. Allerdings sind sie nochmals deutlich leichter geworden. ■

◄ Der Schneidermeister in einer Zeichnung von 1880; auch er benötigt für seine Arbeit ein Bügeleisen, für aufwendige Schnitte auch Spezialeisen.

Explosive Exoten

Noch 1918 besaßen in der Großstadt Berlin erst 6,6 % der Wohnungen einen Stromanschluss. Was half da ein elektrisches Bügeleisen? Die Erfinder dieser Zeit mussten sich an andere Energiequellen halten. So entstanden zu Beginn des 20. Jahrhunderts zahlreiche ganz und gar nicht ungefährliche Konstruktionen. Diese Eisen wurden von einer offenen Spiritus- oder Benzinflamme erhitzt, die aus einem Tank am hinteren Ende des Geräts gespeist wurde. Für Haushalte mit Gasanschluss stellten auch die so genannten Gaseisen eine Alternative dar. Einige Ausführungen verfügten über einen eingebauten Brenner. Der Gasverbrauch war immens, weil diese Bügeleisen vorgewärmt werden mussten. Außerdem neigten sie zum Überhitzen, und dadurch war die Explosionsgefahr ziemlich groß.

▲ Hintergrund: Mit dem elektrischen Bügeleisen geht das Glätten leicht von der Hand; Hausfrau im frühen 20. Jahrhundert.

▸ Nicht ungefährlich: Spirituseisen aus dem Jahr 1903.

EIN STARKER BAUSTOFF

Woran denkt man beim Stichwort Beton? An Wolkenkratzer, Straßen, Brücken, Wohnhäuser – landschafts- und stadtbildprägende Bauwerke der Moderne. Doch der Werkstoff Beton ist keine Erfindung der heutigen Zeit. Schon in der römischen Antike wurden seine Form- und Haltbarkeit erkannt und geschätzt.

▲ Das Goetheanum im schweizerischen Dornach ist ein aufwendiger Betonbau, errichtet in den 1920er Jahren nach den Prinzipien des Begründers der Anthroposophie Rudolf Steiner.

Der römische Techniker und Ingenieur Vitruv berichtete ungefähr 30 v. Chr. von einer Erdart vulkanischen Ursprungs aus der Gegend um den Vesuv. Diese so genannte Puzzolanerde – Bimssteintuff – wurde fest, wenn man sie mit Kalk, Bruchstein und Wasser mischte. Selbst ins Wasser gebaute Dämme blieben auf diese Weise hart. Kein Wunder also, dass die römischen Baumeister gerne mit diesem besonderen Baustoff, dem ersten Beton, arbeiteten. Sie hatten auch bereits eine ausgefeilte Technik entwickelt, indem sie Mörtel aus Puzzolanerde in Holzverschalungen gossen, die sie nach dem Erhärten der Masse entfernten. Auf diese Weise ließen sich nicht nur Mauern für Kanäle und Straßen errichten, sondern auch weite Innenräume und Raumdecken bei Gewölben und Kuppeln.

Seit dem 1. Jahrhundert entstanden mit Hilfe von Beton Tempel, Häuser, Amphitheater, Häfen, Wasserleitungen und andere Bauten.

Während des Mittelalters jedoch geriet der Betonbau in Vergessenheit, und erst im 19. Jahrhundert besann man sich wieder auf seine Vorzüge. In dieser Zeit setzte ▸▸

▾ Markanter Spannbetonbau und Wahrzeichen der Stadt San Francisco – die Golden Gate Bridge.

▾ Der monumentale Pont du Gard sicherte in der Antike die Wasserversorgung der Stadt Nîmes. Das Wasser floss durch einen Betonkanal auf der obersten Ebene.

Die Mischung macht's

Beton ist ein künstlich hergestellter Baustoff. Er besteht aus Wasser und Zement sowie grobkörnigen sog. Zuschlagstoffen wie Sand, Kies, Bims oder Kork. Zement wiederum setzt sich aus einem tonhaltigen Klinkergemisch und Calciumsulfaten, beispielsweise Gips, zusammen. Vermengt man Zement und Zuschlagstoffe mit Wasser, so verbinden sich diese zunächst zu einer breiigen verformbaren Masse, die nach einer Weile abbindet und dann durch chemische Reaktionen fest wird. Dabei härtet sie im Laufe der Zeit immer weiter aus.

▲ Die Oper von Sydney mit ihrer unkonventionellen Dachkonstruktion aus Spannbeton zeigt in ganz besonderer Weise die Vielseitigkeit des Baustoffs Beton.

▶ Hintergrund: Gefährliche Bauarbeiten am Empire State Building 1930 in New York; Beton bringt den Hochhausbau in Schwung.

der französische Gärtner Joseph Monier einen neuen Meilenstein. Seine aus Beton bestehenden Pflanzenkübel zerbrachen stets beim Befüllen mit Erde. So kam er 1849 auf die Idee, die Kübel mit Eisendrähten zu verstärken, die er direkt in den Beton eingoss. Der Versuch war erfolgreich, und die erste Form des Stahlbetons war aus der Taufe gehoben. Monier bekam ein Patent für den so genannten armierten Beton, bei dem Eisen – noch heute als Moniereisen bezeichnet – kreuzweise einbetoniert wird, und das Bauen mit Stahlbeton setzte sich in großem Stil mehr und mehr durch. Weiterentwicklungen in der Bautechnik ließen nicht lange auf sich warten, was wiederum die Architekten beflügelte: ohne Spannbeton keine großartigen Brückenkonstruktionen, ohne Gleitschalungen – mit dem Wandaufbau wandernde Betonschalungen – kein schneller Turm- und Hochhausbau. Bausünden sind natürlich auch zu beklagen – die Plattenbauten in der ehemaligen DDR oder so manche Hochhaussiedlung, die in den 1970er Jahren in der Bundesrepublik auf der grünen Wiese hochgezogen wurde. Doch das hat dem Beton nicht geschadet, er war und ist der weltweit am meisten verbreitete Baustoff. ∎

Imposantes Betonbauwerk der Antike

Ein Zeugnis für die meisterhafte Beherrschung der Technik des Bauens mit Beton im antiken Rom ist die monumentale Kuppel des Pantheon-Neubaus. Das zwischen 118 und 128 n. Chr. entstandene Gebäude hat wegen seiner gewaltigen Kuppel mit einer Höhe von 43,40 m und gleichem Durchmesser Baugeschichte geschrieben. Die Kuppel liegt auf einem Zylinder mit der Höhe des halben Durchmessers auf – ohne Beton wäre eine solche Konstruktion gar nicht realisierbar gewesen. Aus statischen Gründen musste das Gewicht der Kuppel so gering wie möglich ausfallen, der Betonmischung wurden deshalb unterschiedliche Zuschlagstoffe beigefügt. So verwendete der Baumeister im unteren Kuppelbereich Tuffbrocken und Ziegelsplitt, im mittleren leichte Tuffbrocken und Ziegelsplitt, im obersten Bereich hingegen Tuffbrocken und den leichten Bimsstein. In ihren Ausmaßen blieb die Pantheon-Kuppel jahrhundertelang unübertroffen.

◀ Eines der bedeutendsten Bauwerke der Architekturgeschichte: Das Pantheon zählt zu den Hauptattraktionen der italienischen Hauptstadt.

Unter Druck gesetzt

Seit der Entdeckung des Spannbetons durch den deutschen Ingenieur Doehring im Jahr 1888 und dessen Weiterentwicklung durch den französischen Bauingenieur Eugène Freyssinet Ende der 1920er Jahre hat sich der Einsatzbereich von Beton weiter vergrößert. Um auf den Beton eine Druckspannung auszuüben, werden die als Verstärker wirkenden Stahlstäbe vor dem Einbetonieren gespannt. Dieses Vorspannen dient dazu, die Zugspannungen, denen die Betonbauteile sonst ausgesetzt sind, weitgehend zu reduzieren. Spannbeton ist biegsam und elastisch. Damit eignet er sich bei gleicher Stabilität und weniger Materialverbrauch für größere Spannweiten und Lasten als der reine Stahlbeton.

▶ Damit der Beton die hohen Zugspannungen moderner Bauwerke aushalten kann, wird er mit Stahl verstärkt.

Faszinierende Bauwerke aus Beton

Erste Stahlbetonbrücke
1899. Die erste Stahlbetonbrücke entsteht. Der Pont de Châtellerault des Franzosen François Hennebique ist eine bahnbrechende Konstruktion im Betonbau.

Golden Gate
1937. Die Golden Gate Bridge in San Francisco wird für den Verkehr freigegeben. Sie ist mit 2,8 km eine der längsten Hängebrücken der Erde, gefertigt aus Spannbeton.

Wahrzeichen Sydneys
1973. Das Opernhaus in Sydney wird eingeweiht – ein Spannbetonbau, der wegen seiner eleganten und auffälligen Dachkonstruktion zum Wahrzeichen der Stadt wird.

Toronto-Tower
1976. Fertigstellung des CN Towers in Toronto. Der 553 m hohe Fernsehturm ist eines der höchsten frei stehenden Gebäude der Welt, erbaut im Gleitschalungsverfahren.

2. Jh.

SPIEL DER KÖNIGE

Schachhistoriker vertraten bis vor kurzem die Ansicht, das königliche Spiel hätte sich um die Wende vom 5. zum 6. Jahrhundert entwickelt. Ausgrabungen in Usbekistan förderten jedoch zwei Elfenbeinfigürchen zutage, die sehr wahrscheinlich aus dem 2. Jahrhundert, der Periode des kuschanischen Kaisers Huwischke, stammen und von den Forschern eindeutig als Schachfiguren angesehen werden.

▲ Das königliche Spiel in königlicher Gegenwart; Darstellung aus dem »Buch über das Schachspiel« von Jacopo de Cessole; 16. Jahrhundert.

S eine Verbreitung fand das Schachspiel jedoch erst Mitte des 6. Jahrhunderts in Indien, wobei es noch weitgehend anderen Regeln folgte als heute. Nicht kombinatorisches Denken bestimmte den Spielverlauf, sondern ein Würfel, mit dem die auszuführenden Züge ermittelt wurden. Das damalige »Tschaturanga« war also ein Glücksspiel. Das änderte sich, als das Spiel nach Mittelasien und in den heutigen Iran kam. Zu Beginn des 7. Jahrhunderts entwickelte sich daraus in Persien »Schatrandsch«, jetzt ein Strategiespiel, das dem heutigen Schach schon recht ähnlich war, aber ebenfalls etwas anderen Regeln folgte. Von Persien aus erreichte das Spiel vermutlich im 9. Jahrhundert über die Araber Südspanien und Süditalien. Zugleich gelangte es über Russland und vom Osten nach Europa.

▲ Chinesische Schachfiguren aus Elfenbein aus der Mandschu-Dynastie des 18. Jahrhunderts.

Ab dem 13. Jahrhundert lassen sich Bestrebungen erkennen, das Spiel durch neue Regeln schneller und dynamischer zu machen. So durften z. B. die Bauern von ihrer Ausgangsposition nun alternativ einen oder zwei Schritte vorwärts ziehen. Seine heutigen Regeln erhielt das Schachspiel schließlich im 16. Jahrhundert mit der zuletzt eingeführten Rochade. Um 1500 entstand das erste bedeutende Schachbuch, verfasst von dem Spanier Juan Ramirez Lucena. 1561 folgte der spanische Pater Ruy Lopez mit seinem Werk zur ▸▸

▾ Die Araber bringen das Schachspiel nach Europa, ihre Figuren sind noch stark stilisiert; islamische Figuren aus Granada, 13./14. Jahrhundert.

▼ Hintergrund: Schmuckvolles burgundisches Schachbrett von 1415.

◄ Schach als Machtspiel zwischen Staat und Kirche: Die Karikatur aus den 1870er Jahren zeigt Reichskanzler Otto von Bismarck beim Spiel gegen Papst Pius IX.

Schachstrategie. Eines der für die Weiterentwicklung wichtigsten Werke war »Die Analyse des Schachspiels« des berühmten französischen Spielers François André Philidor im 18. Jahrhundert. Zu dieser Zeit wurde Schach auch zu einem Turniersport; nach und nach bildeten sich nationale wie internationale Schachbünde. Erster Schachweltmeister war 1886 der Deutsche Wilhelm Steinitz. Heute finden Weltmeisterschaften, Schacholympiaden und bedeutende Turniere in den Medien großes Interesse. Mit Spannung werden auch Duelle gegen den Computer verfolgt. Geräte mit professionellen Schachrechenprogrammen haben sogar gegen Großmeister wie Gari Kasparow reelle Gewinnchancen. ■

▼ Die berühmten Schachfiguren »Isle of Lewis Chessmen« sind als Repliken heute beliebte Souvenirs von den Britischen Inseln.

▲ Frauen beim Schachspiel; indische Miniatur aus der Zeit um 1780.

In neuen Gewändern

Als die Araber das Schachspiel nach Europa brachten, waren die Figuren wegen des Verbots bildhafter Darstellungen im Islam sehr stark stilisiert. Deshalb gaben die Europäer ihnen z. T. andere Namen. Der arabische Kampfwagen wurde zum Turm, weil die Wagenaufbauten nicht als solche erkennbar waren. Leichter zu identifizieren war das Pferd, das seinen Namen behielt. Beim Elefanten dagegen war es sehr viel schwieriger, denn seine Stoßzähne ließen sich allenfalls als stilisierte Hörner verstehen. Die Engländer deuteten die »Hörner« als Bischofsmütze und nannten die Figur – unseren Läufer – deshalb Bishop, wohingegen die Franzosen glaubten, darin eine Narrenkappe zu erkennen, und die gleiche Figur als »Fou« (Narr) bezeichneten.

Kampf gegen die Zeit

In vergangenen Zeiten dauerten Schachspiele zuweilen extrem lange. Im Wettkampf zwischen den stärksten Meistern des frühen 19. Jahrhunderts, Alexander McDonnell und Louis de La Bourdonnais, 1834 in London nahm eine Partie in der Regel sieben Stunden in Anspruch. Im Wettkampf zwischen den britischen Schachmeistern Howard Staunton und Elijah Williams 1852 dauerte jede Partie sogar durchschnittlich 15 bis 20 Stunden. Staunton gab dabei den Wettkampf bei einer klaren 6:2-Führung nach einer zweistündigen Wartezeit auf den nächsten Zug entnervt auf. Um solcher Zermürbung ein Ende zu setzen, führten die Organisatoren 1862 in London Sanduhren zur Zeitmessung ein. Protokollnotizen wie die folgende gehörten hinfort der Vergangenheit an: »24 Uhr: Bei Partieabbruch waren beide Spieler am Schachbrett eingeschlafen.«

◄ Weltmeisterschaftspartie von 1985 zwischen den beiden Russen Anatolij Karpow (l.) als Herausforderer und Gari Kasparow.

Bedeutende Schachereignisse in Deutschland

Erste Erwähnung
1050. Zum ersten Mal wird das Schachspiel in Deutschland schriftlich erwähnt. Im Jahr 1467 wird in Niedersachsen zum ersten Mal ein Schachturnier ausgetragen.

Schachverein
1819. In der Hansestadt Hamburg rufen Schachfreunde den ersten deutschen Schachverein ins Leben, der auch schon bald regelmäßige Turniere organisiert.

Schachzeitschrift
1846. In Leipzig wird die erste deutsche Schachzeitschrift verlegt. 1877 wird – auch in Leipzig – der Deutsche Schachbund gegründet, 1946 folgt der Deutsche Fernschachbund.

Schachmeisterinnen
1982. Barbara Hund wird erste deutsche Schachgroßmeisterin. 1998 wird Juliane Hund, die Mutter von Barbara, zur ersten Europameisterin im Fernschach ernannt.

3. Jh.

HEILENDE NADELSTICHE

Niemand vermag genau zu sagen, wie alt die Akupunktur wirklich ist. Fest steht, dass die wesentlichen Aspekte der Akupunktur als Teil der traditionellen chinesischen Medizin zum ersten Mal im 3. Jahrhundert in dem Werk »Innerer Klassiker des Gelben Fürsten« schriftlich zusammengefasst wurden. Grabfunde von Steinnadeln sowie Knochen- und Bambussplittern deuten aber darauf hin, dass die Akupunktur schon in der Jungsteinzeit praktiziert wurde.

▲ Das Symbol für Yin und Yang: Yin enthält den Keim des Yang in sich, Yang den Keim des Yin. Beide Pole bedingen einander.

Die alten Chinesen betrachteten den Menschen als Teil eines kosmischen, energetischen Wirkungsgefüges. Krankheiten erklären sich dabei als Störungen der persönlichen Harmonie im kosmischen Ganzen. Der Mensch selbst trägt in sich ein Abbild der großen Energieflüsse der Natur. Chinesische Heiler sehen deshalb seit eh und je nicht den Körper des Menschen als solchen im Vordergrund, sondern sein energetisches Gefüge. Krankheiten lassen sich demnach als Energieflussstörungen auffassen und auch entsprechend behandeln. Die Akupunktur hilft dabei, schwache Energieflüsse zu stimulieren und zu stärken oder zu starke zu dämpfen. Dazu werden die Akupunkturnadeln an bestimmten Körperpunkten eingestochen, die ihrerseits durch Energiebahnen, Meridiane, miteinander verbunden sind. In Europa wurde die Akupunktur als therapeutische Behandlungsmethode Mitte des 17. Jahrhunderts bekannt, nachdem der Niederländer Jakob de Bondt derartige Techniken aus Japan beschrieben hatte. Einen eingehenderen Bericht verfasste 1683 Willem ten Rhyne, der als Arzt bei der niederländischen Ostindischen Handelskompanie arbeitete. Er beschrieb die klinische Wirkung und führte zugleich die Bezeichnung Akupunktur für die Nadelstichtherapie ein. In diesem und einer Reihe ähnlicher Werke fehlte es nicht an konkreten Aufforderungen zum entsprechenden ärztlichen Handeln, doch dauerte es in Europa noch rund 100 Jahre, bevor die Methode nachweislich klinisch eingesetzt wurde – zunächst fast ausschließlich auf dem Gebiet der Schmerztherapie. Als sich um die Mitte des 19. Jahrhunderts die kausal-analytische Medizinwissenschaft durchsetzte, gerieten Nadelstichtherapie und andere ganzheitliche Heilverfahren fast völlig ins Hintertreffen. Erst gegen Ende des 20. Jahrhunderts feierte die Akupunktur im Rahmen der Suche nach alternativen Heilmitteln in der westlichen Welt ein Comeback. ■

Fließende Lebensenergie

Die Lebensenergie Qi, die durch bestimmte Leitbahnen von der Körpermitte bis in die Spitzen der Extremitäten und zurück strömt, ist in ihrem Fluss an gewissen Höhlungen, Vertiefungen und Eingängen über die Haut erreichbar. Mit der Nadel versucht der Therapeut an diesen Akupunkturpunkten, den Qi-Fluss zu verändern. Dabei stehen drei Techniken im Mittelpunkt: die Lösung von Blockaden im Qi-Fluss, die generelle Kräftigung des Flusses und die Beseitigung von krankhaftem Qi aus dem Körper. Die Lebensenergie lässt sich an 672 Punkten des Körpers beeinflussen.

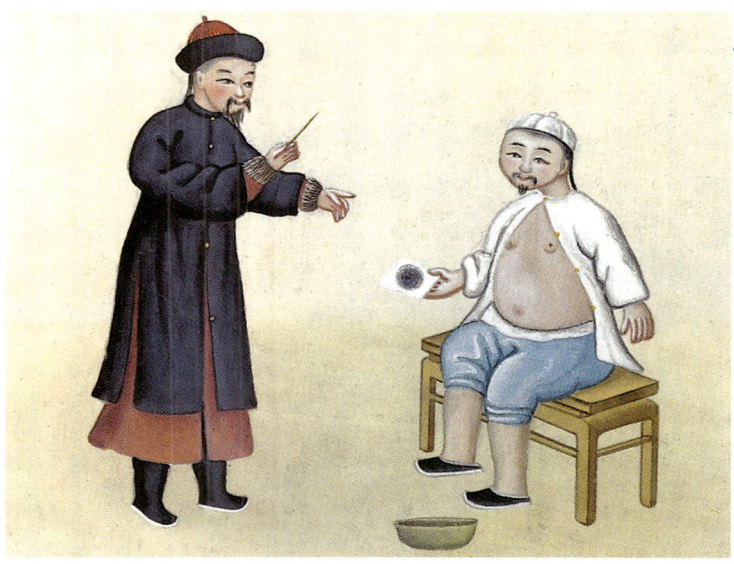

▲ Das chinesische Aquarell von 1785 zeigt einen Akupunkturarzt bei der Behandlung eines Patienten. Der symbolhafte Energieball vor seiner Hand weist darauf hin, dass energetisch geheilt wird.

◀ Die Wurzeln der Akupunktur liegen in China, diese Darstellung vermittelt sog. Zusammenkunftspunkte – wichtige Reizpunkte an der Hautoberfläche für die Behandlung mit den Nadeln.

Die fünf Wandlungsphasen

Hauptelemente der Akupunktur sind Yin und Yang. Im Körper gibt es Yin- und Yang-Paare. Diese sind maßgeblich für die fünf Wandlungsphasen, die u. a. für die Jahres- und Tageszeiten stehen und dabei fünf Elementen zugeordnet sind. Yin und Yang symbolisieren alles Polare. Beide stehen in ewiger Wechselwirkung miteinander. Die erste Wandlungsphase – Holz – ist der frühe Morgen, die Entfaltung des Yang, das Grünen und Wachsen. Zur Mittagszeit haben sich die Yang-Kräfte voll entfaltet. Diese Phase ist das Feuer. Es steht für maximale Aktivität. Am Abend beginnt die Yin-Zeit, die Zeit der Ruhe und des Bewahrens: die Wandlungsphase Metall. Um Mitternacht ist der tiefste Yin-Aspekt erreicht, die größte Ruhe, die Wandlungsphase Wasser. Als ruhender Pol steht die fünfte Wandlungsphase Erde im Zentrum des Kreises. Über diesen ständigen Zyklus lassen sich u. a. Rückschlüsse auf Krankheiten ziehen, deren Symptome zu bestimmten Tageszeiten auftreten.

Unter die Haut gehend

Bei der Behandlung sind vier unterschiedliche Typen von Nadeln gebräuchlich: Die Flaumnadel, deren Länge zwischen 15 und 150 mm variieren kann, die Riesennadel mit einer Länge zwischen 150 und 600 mm, daneben die Dreikantnadel und die Drucknadel. Am weitaus häufigsten werden Flaumnadeln verwendet. Ihre Stärke bewegt sich zwischen 0,28 und 0,32 mm. Die Drucknadel verkörpert eine Übergangsform zwischen klassischer Akupunktur und der vor allem in westlichen Ländern beliebten Akupressur. Hierbei werden die Akupunkturpunkte nicht gestochen, sondern lediglich durch Druck gereizt. Insbesondere in Europa und den USA haben sich in den vergangenen Jahrzehnten noch zwei weitere Akupunkturwerkzeuge eingebürgert: Elektroakupunkturgeräte und Laser-»Nadeln«.

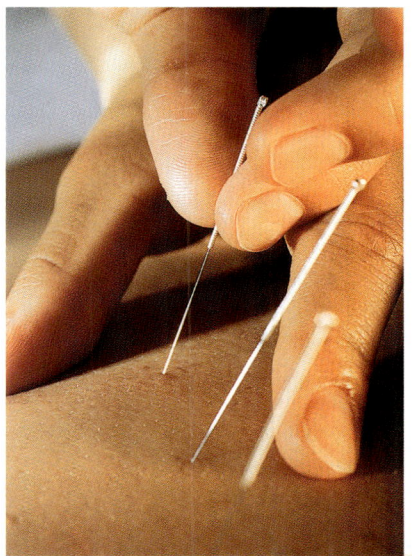

◀ Die chinesischen Ärzte verwendeten früher silberne und goldene Akupunkturnadeln. Heute sind weltweit Einwegnadeln aus Edelstahl verbreitet.

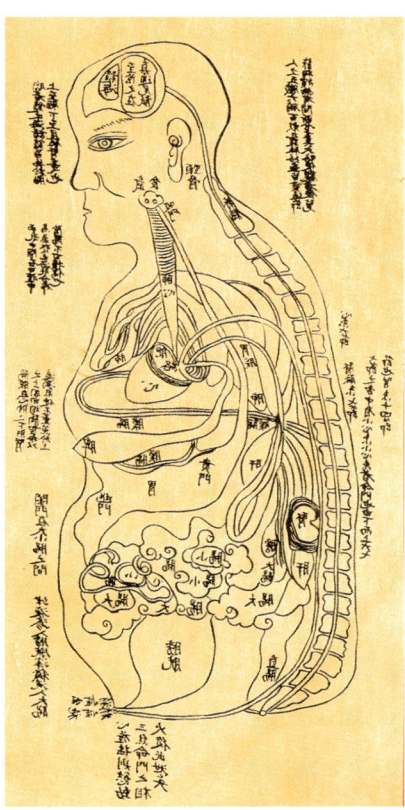

▲ Chinesische Akupunkturkarte von 1906; sie entstand auf kaiserliche Anordnung und stellt die Zusammenhänge zwischen Akupunkturpunkten und inneren Organen dar.

Bedeutende Abhandlungen zur Akupunktur

Frühwerk
Um 250. Der Chinese Huang Fumi veröffentlicht sein wichtiges, sicher datierbares Frühwerk zur Akupunktur: »Systematische Aku-Moxi-Klassiker« (Zhenjiu jiayi jing).

Leiterbahnen
1341. Hua Boren schreibt das berühmte Lehrbuch »Erläuterungen der 14 Hauptleiterbahnen« über die Meridiane und Akupunkturpunkte sowie deren Zusammenspiel.

Wissenskompendium
1601. Yang Jizhou sichtet das bisher Erreichte in seinem Buch »Summe der Aku-Moxi-Therapie«. Sein Werk bleibt für lange Zeit ein maßgebliches Kompendium.

Europäische Sicht
1682. Die erste theoretische Darstellung der Akupunktur in westlicher Denkweise verfasst der Deutsche Andreas Cleyer. Sie trägt den Titel »Spicimen medicinae sinicae«.

~ 250

EXPLOSIVES PULVER

Lange Zeit war unklar, wer den ersten Sprengstoff erfunden hat. Inzwischen geht die Wissenschaft davon aus, dass die Chinesen im 9. Jahrhundert Schießpulver für Signalraketen und Feuerwerkskörper verwendeten. Vermutlich war Schießpulver im alten China aber bereits um das Jahr 250 bekannt – und zwar sowohl als Feuerwerksmaterial wie auch als psychologische Waffe, um potenzielle Feinde einzuschüchtern.

▲ Schießpulvereinsatz im Chinesisch-Japanischen Krieg 1894/95.

▶ Gefährliches Experiment: Der Mönch Berthold Schwarz erfindet das Schießpulver im Jahr 1313 neu. Nach ihm wird das explosive Material auch Schwarzpulver genannt.

Schusswaffen im eigentlichen Sinn bauten die Chinesen allerdings erst im 13. Jahrhundert. Zu einem ersten Einsatz kamen sie 1232: Kaiser T'ung-ki-an-kang-mu ließ eine Bombe zünden, die er auf die Peking angreifenden Mongolen warf. Wenig später entwickelten chinesische Feuerwerker schießpulverbetriebene Raketen. 1259 verzeichneten die Annalen der Sung-Dynastie Feuerrohre, die bereits Elemente der Pulverschusswaffe besaßen. Über Arabien gelangte diese neue Technik nach Europa, wo 1313 der deutsche Mönch Berthold Schwarz die Schießpulvermischung aus Salpeter, Schwefel und Kohle neu entdeckte. Diesen von ihm gemischten explosiven Stoff verwendete er als Treibmittel für größere Geschosse und wurde damit zum eigentlichen Erfinder der Handfeuerwaffen. Seine Pioniertat wurde dem Diener Gottes allerdings zum Verhängnis. Wegen seiner Erfindung soll er angeblich zum Tode verurteilt worden sein. ▶▶

◀ Belagerung einer Burg im frühen 15. Jahrhundert: Kanonenfeuer soll die Festung einreißen und den Angreifern den Weg freimachen.

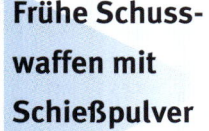

Frühe Schusswaffen mit Schießpulver

Mörser
1453. Bei der Belagerung Konstantinopels setzen türkische Kanoniere zum ersten Mal sog. Mörser ein, frühe Granatwerfer, die über ein Geschütz mit kurzem Rohr verfügen.

◀ Frühe Prestigeobjekte: reich verzierte Pistolen aus dem 17. Jahrhundert; das Schießpulver wurde in handlichen Flaschen transportiert.

1517 vereinfachte der Nürnberger Uhrmacher Johann Kiefus bzw. Kuhfuß das Gewehr, indem er die Luntenzündung durch ein erstes funktionierendes Zündschloss ersetzte, das keine äußere Feuerquelle benötigte. Im 16. Jahrhundert entstand in Deutschland eine Vielzahl unterschiedlicher Feuerwaffen sowie Pulverminen mit Fern- und Zeitzündung und Selbstschussanlagen. Ab 1666 verwendete man Explosivstoffe auch erstmals im Tiefbau zur Sprengung eines Schifffahrtstunnels in Südfrankreich. Die moderne Felssprengung im Bergbau begründete 1830 der Brite Philander Shaw. Ebenfalls im 19. Jahrhundert begann die Entwicklung zahlreicher neuer Explosivstoffe. ∎

Ältester Sprengstoff

Heute werden viele Treibladungspulver für konventionelle Waffen als Schießpulver bezeichnet. Schießpulver oder »Schwarzpulver« besteht in der Hauptsache aus Kaliumnitrat sowie Schwefel und Holzkohle. Inzwischen verwendet man diesen ältesten bekannten Sprengstoff nur noch zur Herstellung von Zündschnüren sowie in der Feuerwerkstechnik und für Sprengungen in Steinbrüchen. Schießpulver ist nicht schlagempfindlich und explodiert bei Zündung, wobei es eine rein schiebende Wirkung hat, d. h., es »schiebt« ein Geschoss nach vorne.

▲ »Der Pulvermacher«; Kupferstich aus dem 17. Jahrhundert.

▲ Spezialist für Feuerwaffen: ein Büchsenmeister zu Beginn des 15. Jahrhunderts mit einem Handfeuerrohr.

Ausgefeilte Pyrotechnik

Moderne Feuerwerkskörper enthalten einen Feuerwerkssatz in einer Umhüllung aus Pappe oder Kunststoff. Er besteht vorwiegend aus Oxidationsmitteln und Brennstoff.

Leuchtsätze müssen hohe Verbrennungstemperaturen erreichen. Sie enthalten neben Nitraten Brennstoffe wie Magnesium oder Aluminium, die feste Verbrennungsprodukte mit hohem Schmelzpunkt bilden. Farbiges Licht erzeugt man durch Alkali-, Erdalkali- und Kupfersalze. Für

pfeifende Feuerwerkskörper verwendet man aromatische Carbonsäuren, Phenole oder deren Salze und Chlorate als Oxidationsmittel.

Sprengstoffeinsatz im Krieg

Bis ins 19. Jahrhundert war das klassische Schießpulver der einzige militärisch verwendbare Explosionsstoff. Erst 1884 erfand der französische Chemiker Paul Marie Vieille ein sicher zu handhabendes rauchloses Schießpulver, indem er Schießbaumwolle in Äther und Alkohol zu einer gelatinösen Masse auflöste, die

durch Trocknen gehärtet wurde. Alfred Nobel stellte im Jahr 1887 unter der Bezeichnung »Ballistit« einen ähnlichen Sprengstoff für militärische Zwecke her. Mit TNT entstand auch im 19. Jahrhundert ein für Kriegswaffen geeigneter Sprengstoff, der seither der wichtigste konventionelle militärische Explosivstoff ist.

▶ Milleniumsfeier in Paris: Das Feuerwerk zum Jahreswechsel 1999/2000 am Eiffelturm begeistert die ganze Welt.

Pistole
Um 1460. Europäische Büchsenmacher stellen versuchsweise die ersten Pistolen her. Die Waffen sind Vorderlader und sind mit einem Radschloss versehen.

Maschinengewehr
1718. Der englische Erfinder James Puckle erhält ein Patent auf ein einläufiges »Maschinengewehr« mit Steinschloss, Handkurbel und einem runden Magazin.

Hinterlader
1769. Österreichische Dragoner werden mit sog. Hinterlader-Musketen ausgerüstet. Dabei handelt es sich vermutlich um die ersten Hinterlader in militärischem Gebrauch.

HINEIN INS SÜSSE LEBEN

Schon vor Tausenden von Jahren soll die Zuckerrohrpflanze den Menschen einer Inselgruppe bei Australien als Proviant gedient haben. Lange wurde das Rohr allerdings ganz einfach gekaut. Über Ostasien gelangte die zu den Gräsern zählende Pflanze dann u. a. nach Indien und Persien. Im 4. Jahrhundert entwickelten die Inder die erste Methode zur Gewinnung von Kristallzucker.

▲ Zuckergießer im 19. Jahrhundert; nach dem Trocknen wird der Zucker als Zuckerhut aus der Form geholt.

▸ Ob als Zuckerhut, Würfelzucker, Puderzucker oder Kandis: Heute ist Zucker in jeder Form zu haben und für jeden erschwinglich.

Sie erhitzten den aus dem Zuckerrohr gepressten Sirup, füllten ihn in ein Kegelgefäß, ließen ihn erkalten und erstarren, wobei die überschüssige Flüssigkeit durch ein Loch abfloss. Zurück blieb kristalliner Zucker in Form eines Zuckerhutes. Die ersten Nachrichten über ein neues Süßungsmittel erreichten Europa, das bisher nur den Honig kannte, im 4. Jahrhundert v. Chr. – während seines Indienfeldzuges hatte Alexander der Große »ein Schilf, das Honig ohne Bienen hervorbringt« entdeckt. Populär wurde der Zucker in Europa erst durch die Kreuzritter, die das süße Gut um 1100 wohl als Beute aus Überfällen auf eine Karawane bei Tripolis mitbrachten. Vor allem der Adel begann rasch, das süße Leben mit dem Zucker zu genießen, und das weiße Gold wurde bald zu einem kostbaren Handelsgut, das sich jedoch nur die wenigsten leisten konnten. Man sagte dem Zucker sogar magische und aphrodisierende Kräfte nach, und er wurde als Heilmittel gegen Blähungen und Verstopfungen verkauft.

Als Kolumbus Ende des 15. Jahrhunderts auf seinen Entdeckungsfahrten Zuckerrohrpflanzen nach Mittel- und Südamerika brachte, trat die Geschichte des Zuckers in eine neue Phase ein. Der Handel mit dem so genannten Kolonialzucker wurde zu einem blühenden Geschäft, einem Geschäft, das allerdings von jahrhundertelanger Ausbeutung, schwerem Leid und rücksichtslosem Machtstreben geprägt war. Die indianische Urbevölkerung wurde von den Kolonialherren zunehmend ausgerottet, auf den Zuckerrohrplantagen wurden Sklaven aus dem fernen Afrika zu Tode geschunden, und der exzessive Anbau der Pflanze in Monokultur machte die Böden unfruchtbar. Unterdessen zierten in Europa prunkvolle Figuren aus Zucker, ▸▸

kandierte Früchte oder Pralinen die Tafeln der Adeligen. Und noch lange blieb der Zucker Luxusgut. Das änderte sich erst, als 1747 der Berliner Wissenschaftler Andreas Sigismund Marggraf entdeckte, dass auch die Rübe Zucker enthält. Sein Schüler Franz Carl Achard errichtete 1801 im schlesischen Cunern die erste Zuckerrübenfabrik. Die napoleonische Kontinentalsperre verhinderte den Nachschub an Kolonialzucker, und so kam der Handel mit Rübenzucker ins Rollen. Heute wird der größte Teil des in Europa verwendeten Zuckers aus Rüben gewonnen. ■

◀ Sklavenarbeit in früheren Jahrhunderten: Mühevoll muss die Zuckerrohrpresse mit der Hand angetrieben werden.

Gewonnen aus der Rübe

Zu Beginn des 19. Jahrhunderts war es noch sehr mühsam, aus der Zuckerrübe, einer Rübe mit besonders hohem Zuckergehalt, die in dieser Zeit erstmals von Franz Carl Achard gezüchtet worden war, Zucker zu gewinnen. Die Rüben wurden per Hand zu Brei gerieben, dieser wurde dann in Leinwandsäcken ausgepresst, der Saft mit Schwefelsäure und Kalk gereinigt und in riesigen Pfannen erwärmt. Den so entstandenen Sirup dickte man dann unter Rühren bei kühlen Temperaturen ein. Um die Kristallbildung anzuregen und so zu beschleunigen, streute man fertige Zuckerkristalle auf die Masse.

Im Anschluss daran wurde der Kristallbrei in kegelartige Behältnisse eingefüllt. Mit Hilfe feuchter Tonerde wurde der Zucker zum Schluss gebleicht. Dieser Prozess dauerte rund drei Monate. Heutzutage geschieht der gesamte Vorgang – von der Reinigung der Rübe bis zur Verpackung des Zuckers – maschinell.

▼ Hintergrund: frisch geschnittenes Zuckerrohr; die Stangen liefern den süßen Sirup.

▲ Bei sengender Hitze schneidet dieser haitianische Arbeiter mit einer Machete Zuckerrohr.

▲ Die Zuckerrübe ist heute in Europa der bedeutendste Zuckerlieferant.

Gnadenloser Handel

Was heute unser Leben so selbstverständlich versüßt, hat eine traurige Vergangenheit – den so genannten Dreieckshandel. Die Spanier waren die Ersten, die zu Beginn des 16. Jahrhunderts Sklaven auf die Zuckerplantagen ihrer Kolonien holten, denn die schwere Tätigkeit auf den riesigen Zuckerrohrfeldern erforderte den massiven Einsatz billiger Arbeitskräfte. Schlecht ernährt, körperlich total erschöpft und misshandelt, starben die Sklaven sehr schnell oder waren nicht mehr arbeitsfähig. Der Handel mit ihnen blühte: Schiffe, die den begehrten Zucker nach Europa brachten, tauschten auf dem Rückweg über Westafrika Waffen oder Alkohol gegen Eingeborene. Im Jahr 1801 lag der Zuckerverbrauch der Engländer bei 70 000 t – dafür zahlten 35 000 Sklaven mit ihrem Leben, und man begann vom »Blutzucker« zu sprechen.

▼ Angetrieben von Aufsehern mit Peitschen: Sklaven auf einer Zuckerrohrplantage; Kupferstich von 1839.

Süßungsmittel im Lauf der Geschichte

Ahornsirup
8000 v. Chr. Die Geschichte des Ahornsirups ist etwa so alt wie die Geschichte der kanadischen Indianer. Das Süßungsmittel wird heute zu ca. 90 % in Kanada produziert.

Honig
7000 v. Chr. Die Menschen beginnen in La Aranas in Italien, Honig von wild lebenden Bienen zu gewinnen. Um Christi Geburt kommen in Europa die ersten Bienenkörbe auf.

Datteln
5000 v. Chr. In Vorderasien werden die ersten Dattelpalmen kultiviert. Datteln und der daraus gewonnene Sirup sind lange das wichtigste Süßungsmittel im Orient.

Süßstoff
1878. Aus Zufall entdeckt der Chemiker Constantin Fahlberg den Zuckerersatzstoff Saccharin, der 20 Jahre später in Deutschland offiziell zugelassen wird.

5 7 7

FEUER UND FLAMME

Die Chinesen gelten bei Historikern als die ersten Pyromanen. Sie waren es, die das Schießpulver lange vor dem Europäer Berthold Schwarz erfanden. Und sie waren es, die erstmals Feuerwerke und Raketen zündeten. Nicht zuletzt sind die Chinesen auch die Erfinder der Zündhölzer. Schon 577 benutzten chinesische Frauen im belagerten Norden des Landes Zündhölzer, um Feuer zum Kochen und Heizen zu entfachen.

▲ Zündholzproduktion in einer Fabrik Mitte der 1920er Jahre: In dieser Maschine werden die geschnittenen Hölzchen mit Zündmasse versehen.

▲ Streichhölzer mit dazugehöriger Verpackung aus englischer Produktion, um 1787.

D ie Europäer verdanken die Entwicklung der Streichhölzer dem bei Alchemisten beliebten Spiel mit dem Feuer. 1786 gelang es dem Franzosen Claude Louis Berthollet, chlorsaures Kali als reines Salz herzustellen. Vermengte er Salze dieser Art mit brennbaren Stoffen, explodierten sie allein durch Druck oder Stoß. 19 Jahre später nutzte sein Landsmann Jean-Christian Chancel diese Erkenntnis und erfand die Tauch- oder Tunkzündhölzchen. Dies waren kleine Holzspäne mit einem Überzug aus Schwefel, Gummi und chlorsaurem Kali. Tauchte man das überzogene Ende in Schwefelsäure, entzündete zuerst das Kalisalz ▸▸

◂ »Lucifers« – der Name dieser Zündhölzer steht für sich; Reibzündhölzer, also Streichhölzer wie wir sie heute kennen, werden im frühen 19. Jahrhundert entwickelt.

Berühmte Streichhölzer aus dem 19. Jahrhundert

Walker-Hölzer
1827. Der britische Chemiker John Walker verwendet Zündholzköpfe aus einem Gemisch von Antimontrisulfid, Kaliumchlorat und Gummi arabicum. Reibefläche ist Sandpapier.

Römer-Hölzer
1832. Die Zünder des Wiener Chemikers S. Römer besitzen wie jene von Johann Kammerer Köpfe aus Kaliumchlorat sowie aus weißem – giftigem – Phosphor.

Cerini Pirofori
1833. Die Streichholzstäbchen mit phosphorhaltigen Köpfen sind aus wachsimprägnierten Papierröllchen hergestellt und lassen sich an jeder Reibfläche entzünden.

Schwedenhölzer
1850. Johan Lundströms Sicherheitshölzer haben einen Kopf aus Antimonsulfid und Kaliumchlorat. Sie werden an Reibflächen aus rotem Phosphor entfacht.

▶ In früheren Zeiten ein nicht seltenes Bild auf den Straßen: der Streichholzverkäufer. Dieser Blinde verschafft sich ein kleines Zubrot; Zeichnung von 1889.

◀ Aufwendige Handarbeit: Frauen verpacken Streichhölzer in Schachteln, 1909.

den Schwefel und dieser dann das Holz. 1816 war es wieder ein französischer Chemiker, der die Grundlagen für eine Weiterentwicklung der Zündhölzer fand: Charles Derosne ersann das Phosphorzündmittel, das der Deutsche Johann Kammerer 1832 für die Entwicklung der Phosphorzündhölzchen nutzte. Um die gleiche Zeit entwickelten mehrere Erfinder Reibzündhölzer und damit die ersten richtigen Streichhölzer. Mitte des 19. Jahrhunderts dann kamen die ersten Sicherheitshölzer auf den Markt. Wem letztlich die Meriten für diese Errungenschaft zukommen, die den Zündhölzern ihren großen Aufschwung bescherte, ist nicht ganz geklärt. Zum einen werden sie dem Frankfurter Christian Böttger zugeschrieben, andere Quellen verweisen auf den schwedischen Zündholzhersteller Gustaf Eric Pasch, dessen Sicherheitshölzer später Johan Lundström verbesserte. Ende des 20. Jahrhunderts verloren die Zündhölzer durch die Verbreitung von billigen Einwegfeuerzeugen an Bedeutung. ■

Mühseliges Feuermachen

Etwa 12 000 v. Chr. machte der Mensch zum ersten Mal selbst Feuer, indem er bestimmte Mineralien – z. B. den eisenhaltigen Pyrit – mit einem Feuerstein schlug und dann mit den Funken trockenes Gras oder Laub entflammte. Etwa 4000 Jahre später erfanden Stammesvölker den Feuerquirl, der die Reibungshitze eines Hartholzstabes nutzt: Das Ende des Stabes wird in Rotation versetzt und auf einem Weichholzstück bewegt. Im Mittelalter entfachte man Feuer mit Feuerstein und Eisen sowie der Zunderbüchse. Der sog. Zunder bestand aus getrockneten und pulverisierten Baumpilzen, Holzstaub oder Stoffresten.

Der Streichholzmonopolist

1917 vereinigte der schwedische Industrielle Ivar Kreuger die schwedischen Zündwarenfirmen. Nach dem Ersten Weltkrieg beherrschte Kreuger den Weltmarkt für Zündwaren. In Deutschland erhielt er 1930 das alleinige Recht zum Verkauf von Zündhölzern. Als Gegenleistung gewährte der schwedische Zündwarenkonzern dem Deutschen Reich, das aufgrund der Weltwirtschaftskrise in finanzieller Bedrängnis war, eine Anleihe von 500 Mio. RM. Das Monopol lief erst 1983 aus, als die Bundesregierung die letzte Rate zurückzahlte.

▲ Ivar Kreuger; einflussreicher Zündholzhersteller in Europa (»Welthölzer«).

◀ Zündholzmassenproduktion – kaum vorstellbar, dass die Menschen jahrtausendelang nur mit großem Aufwand Feuer entfachen konnten.

7 3 6

BERAUSCHENDER GERSTENSAFT

Bier ist womöglich rein zufällig entstanden, glaubt man der Legende: Einem Kranken sollte das Schlucken erleichtert werden, so weichte man ihm Brot in Wasser ein. Der Krug wurde schlicht vergessen, die Masse begann zu gären. Dem Kranken wurde kurz darauf der berauschende Brei eingeflößt. Nach seiner Genesung begann der Rekonvaleszent, das Gebräu nachzuahmen, und das Rezept machte schnell die Runde.

▲ »Guinness ist gut für Dich«, so lautet dieser Werbeslogan von 1939.

▶ Auf diesem ältesten Bild eines deutschen Bierbrauers von 1397 übt sich ein Mönch in der Kunst der Bierherstellung. Noch heute werden Klöster als Produktionsstätten von Bierspezialitäten geschätzt.

Im bayerischen Geisenfeld wurde 736 erstmals von einem besonderen Gerstensaft berichtet, knapp 30 Jahre später hielt die weltweit älteste bekannte »Bierurkunde« eine Lieferung von Geisingen/Donau nach St. Gallen fest. Klöstern wie St. Gallen oder dem bayerischen Weihenstephan kam im Mittelalter eine zentrale Rolle bei der Bierherstellung zu: Im süddeutschen Raum war das Bier fest in der Hand der Mönche, die das so genannte untergärige Brauverfahren entwickelten und so eine lukrative Geldquelle erschlossen. Tatsächlich gelten die Sumerer als erstes Kulturvolk, das Bier braute. Bereits im 3. Jahrtausend v. Chr. war Bier in Mesopotamien Volksgetränk. Den Babyloniern war es zu verdanken, dass sich die Braukunst im Vorderen Orient verbreitete und über die Römer zu den Germanen kam, die Bier als Göttertrunk priesen. Das Bier schmeckte in Europa lange Zeit süßer als heute, weil größere Mengen Weizenmalz zugesetzt wurden. Im 18. Jahrhundert war Bier so beliebt, dass es im ganzen deutschen Raum hergestellt wurde, allerdings unter strengen regionalen Vorschriften. Wohl kaum einer der damaligen Landesherren hätte ahnen können, dass die Brauwirtschaft Ende des Jahrtausends pro Jahr weltweit 1,2 Mrd. Hektoliter Bier erzeugen würde – Tendenz steigend. ■

Einführung bedeutender internationaler Biersorten

Guinness
1759. In Irland braut Arthur Guinness das erste nach ihm benannte Bier. Die heute bekannteste Guinness-Sorte ist ein schwarzes Starkbier, das als »Stout« verkauft wird.

Heineken
1864. In Amsterdam wird eine bereits seit 1592 bestehende Brauerei von der Familie Heineken übernommen. Das helle Bier erweist sich auch in Übersee als Verkaufsschlager.

Foster's
1888. In Melbourne brauen die amerikanischen Auswanderer William und Ralph Foster ihr erstes Bier. Seit 1972 exportiert Foster's auch in die Vereinigten Staaten.

Budweiser
1895. Der erste Gerstensaft aus der Budweiser-Brauerei kommt auf den Markt. Die Brautradition in der böhmischen Region reicht bis ins Jahr 1265 zurück.

▲ In riesigen Kupferkesseln wird heutzutage das wohlschmeckende Gebräu hergestellt; größte Bierproduzenten sind die USA und Deutschland.

Rein muss es sein

Bayernherzog Wilhelm IV. hatte eines Tages die Bierpanscherei satt und ordnete am 23. 4. 1516 an, »dass forthin allenthalben in unseren Städten, Märkten und auf dem Lande zu keinem Bier mehr Stücke als allein Gerste, Hopfen und Wasser verwendet und gebraucht werden sollen«. Die Brauvorschrift, nach und nach von den anderen deutschen Ländern übernommen, war seit 1906 für das ganze Deutsche Reich verbindlich. Auch heute bildet das Reinheitsgebot die Basis aller untergärig hergestellten Biere in Deutschland. Für obergärig gebraute Biere ist die Mitverwendung von Weizenmalz zulässig. Die Hefe bleibt im Reinheitsgebot von 1516 unerwähnt, weil vom Wesen der Gärung so gut wie nichts bekannt war.

▲ Die »Salvatorschlacht« von 1888: Preiserhöhungen beim geliebten Bier führten in München zum »Ausnahmezustand« und zu gewalttätigen Ausschreitungen.

Spielarten des Gerstensaftes

Trotz der strengen Richtlinien des Reinheitsgebotes werden in Deutschland zur Zeit über 2000 verschiedene Biere gebraut, die sich in Stärke und Geschmack zum Teil stark unterscheiden. Neben Exportbier ist das stark gehopfte und deshalb bitterere Pilsener wie Warsteiner oder Radeberger weit verbreitet. Regional eher begrenzt sind dagegen z. B. das Kölsch und das Altbier, das genauso zu den dunklen Bieren gehört wie das Schwarzbier etwa aus dem thüringischen Köstritz. Starkbiere wie das Bockbier, dessen Name auf die Stadt Einbeck zurückgeht, haben einen höheren Alkoholgehalt. Vor allem in Süddeutschland beliebt ist das spritzige Weizen- oder Weißbier, dessen Malz mindestens zur Hälfte aus Weizen hergestellt wird.

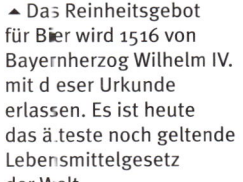

▲ Das Reinheitsgebot für Bier wird 1516 von Bayernherzog Wilhelm IV. mit dieser Urkunde erlassen. Es ist heute das älteste noch geltende Lebensmittelgesetz der Welt.

▲ Biergartenidyll in Bayern: fast eine Pflicht – die »Mass« Bier.

Außer Rand und Band

Bayern und das Bier, das war schon immer eine ganz besonders innige Beziehung. Aus dem Süden Deutschlands stammt das Reinheitsgebot, das dem deutschen Bier zu seinem weltweit hohen Ansehen verholfen hat. Aber wenn es um die Preise geht, verstehen die Bayern keinen Spaß – und zwar bis heute nicht, wie die regelmäßig mit Murren quittierten Preiserhöhungen der »Mass« auf dem Oktoberfest jedes Jahr zeigen. Der Unmut hält sich jedoch in Grenzen, verglichen mit dem Jahr 1888, als die Münchner Bürger wegen einer geringen Anhebung des Bierpreises außer Rand und Band gerieten und in der berühmten Salvatorschlacht in den Wirtshäusern der bayerischen Metropole weder Stühle noch Tische oder Fenster heil ließen.

789

FÜR DAS LEBEN LERNEN

»Non scholae sed vitae discimus« – »Nicht für die Schule, sondern für das Leben lernen wir«. Zu diesem Zweck hatte die griechisch-römische Antike schon Elementarschulen und für höhere Schichten sogar Gymnasien und Rhetorikschulen geschaffen. Dort wurden seit dem 5. Jahrhundert v. Chr. die Schüler charakterlich, sittlich und körperlich »gebildet«. Diese im Abendland längst vergessene Einrichtung suchte im 8. Jahrhundert Kaiser Karl der Große wieder einzuführen und gleichzeitig christlich zu überformen.

▲ Heute nicht mehr vorstellbar: Prügelstrafen sind in der Schule üblich; Holzschnitt aus dem 16. Jahrhundert.

In seiner »Admonitio generalis« von 789 wies Karl der Große die Klöster an, nicht nur die Kinder der Unfreien, sondern auch der Freien um sich zu versammeln, um möglichst viele »durch guten Umgang zum Dienste Gottes emporzuheben« und »Leseschulen für Knaben« zu errichten. Ziel war es also, Nachwuchs für Hof und Kirche heranzubilden. Dabei sollten vor allem die Psalmen, die »heiligen Bücher«, ein wenig Latein und Grundzüge der Grammatik erlernt werden. Die Schulbücher waren auf die aus der Antike stammenden »artes liberales«, die sieben freien Künste (Grammatik, Rhetorik, Dialektik sowie Arithmetik, Astronomie, Geometrie und Musik) ausgerichtet.

Ab dem 13. Jahrhundert entstanden für die reichen Stadtleute »Lateinschulen«, die auch zum Studium an Universitäten führten. »Teutsche Schulen« brachten künftigen Kaufleuten und Handwerkern die Grundlagen des Rechnens und Schreibens bei. ▸▸

▲ Pfeiffer »mit drei f« drückt die Schulbank, hat aber eher Unsinn im Sinn: Heinz Rühmann in der Pennälerkomödie »Die Feuerzangenbowle« aus dem Jahr 1944.

▸ Unterricht in einer mittelalterlichen Klosterschule im 13. Jahrhundert; Miniatur aus einem Lehrbuch.

Entwicklung der Schule in Deutschland

Volksschule
1779. Elementarschulen sollen den niederen Volksschichten unter staatlicher Aufsicht und durch eigens dafür ausgebildete Lehrer eine einheitliche Grundbildung vermitteln.

Abitur
1812. Preußische Reformedikte schaffen das humanistische Gymnasium mit einheitlichen Lehrplänen sowie der Abiturprüfung, die ab 1834/35 zum Hochschulzugang berechtigt.

Gesamtschule
1964. Die Gesamtschule wird eingeführt. Ihr Ziel ist es, die Bildungsgänge des dreigliedrigen Bildungssystems auf verschiedenen Leistungsebenen zu kombinieren.

Oberstufenreform
1972. Nach der Reform der gymnasialen Oberstufe treten an die Stelle der Klassen Kurse. Die freie Fächerwahl wird ab Ende der 1970er Jahre allerdings eingeschränkt.

Im Absolutismus des 18. Jahrhunderts, der gebildete Untertanen und effektive Beamten brauchte, griff schließlich der Staat ein, um dem Wildwuchs von kirchlichen und geistlichen Kollegien, privaten und kommunalen Schulen (z. B. Bürger-, Stadt- oder Lateinschulen) Einhalt zu gebieten. Seit dem Ende des 18. Jahrhunderts wurden Schulen für die »niederen Volksschichten« eingerichtet. Der Unterricht wurde Pflicht. Im 19. Jahrhundert dominierte in Deutschland das Humboldt'sche Bildungsideal, und das humanistische Gymnasium stieg zu einer bedeutenden Schulform auf. Im Zuge der steigenden technisch-naturwissenschaftlichen Anforderungen des Industriezeitalters kamen Ende des 19. Jahrhunderts Real- bzw. Mittelschulen hinzu. Es entwickelte sich das heute noch gültige dreigliedrige Schulsystem: Volks- bzw. Hauptschule, Mittel- bzw. Realschule, Gymnasium. Aus der Volksschule entstand später die Grundschule (1919); die Hauptschule wurde zur Pflicht für alle, die nach der Grundschule nicht zu weiterführenden Einrichtungen gehen. Heute können die Schüler bei entsprechenden Leistungen die Schulform auch wechseln. Um den Übergang zu erleichtern, wurden seit den 1960er Jahren Gesamtschulen eingerichtet. Allerdings scheint das »Volk der Dichter und Denker« mit seiner Schulausbildung in eine Krise geraten zu sein: In der PISA-Studie erhielten die deutschen Schüler 2001 im internationalen Vergleich bei Leseverständnis und Schreibfähigkeit schlechte Noten. ■

Schüler beim Rezitieren von Koran-Suren in Nigeria. Mehr als 45 % der Bevölkerung des Vielvölkerstaates sind Muslime.

Von POS und EOS

In bewusster Absetzung zum dreigliedrigen Schulsystem in der Bundesrepublik errichtete die DDR eigene Schulformen. Sie sah in dem westdeutschen System die Fortschreibung sozialer Ungleichheiten im »bürgerlich-konservativen« Geiste und baute stattdessen ein einheitliches »fortschrittliches« Ausbildungssystem auf – mit dem Ziel, sozialistisch denkende Menschen heranzuziehen. Von »Chancengleichheit«, in den 1960er und 1970er Jahren das Schlagwort der bundesdeutschen Bildungsreform, war indes keine Rede. Ab 1959 musste jeder Schüler in der DDR die zehnklassige allgemeinbildende Polytechnische Oberschule, die POS, besuchen. Die Erweiterte Oberschule, die EOS, jedoch konnten ausschließlich Schüler besuchen, die sich nicht nur durch besondere schulische Leistungen hervorgetan hatten, sondern außerdem das »richtige« Klassenbewusstsein zeigten.

Kindgerechte Volksschule

Elementarunterricht für die unteren Stände, meist getragen von Städten und Gemeinden, gab es schon im 16. Jahrhundert. Im 18. Jahrhundert bildete sich ein von Aufklärung, Rationalismus und humanitärem Geist geprägtes Bildungsideal heraus, das allen Schichten elementare Kulturfertigkeiten beibringen wollte.

Den Begriff »Volksschule« prägte der preußische Sozialreformer Friedrich Eberhard von Rochow, der auf seinen Landgütern ebensolche für das Bauernvolk einrichtete. Die Hinwendung zum kindgerechten Lernen verdankt die Pädagogik vor allem dem Schweizer Johann Heinrich Pestalozzi (1746–1827). Seine Methoden und Ziele in Schule und Erziehung waren ein lebensnaher Anschauungsunterricht sowie die Entwicklung von »Kopf, Herz und Verstand«.

◄ Johann Heinrich Pestalozzi beim Unterricht; der Schweizer Reformpädagoge widmet sich mit großem Einfühlungsvermögen der Elementarbildung.

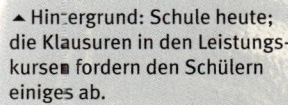

▲ Hintergrund: Schule heute; die Klausuren in den Leistungskursen fordern den Schülern einiges ab.

1 0 3 5

REVOLUTIONÄRE SPINNTECHNIK

Die meisten Naturfasern wie Baumwolle oder Wolle sind nur wenige Zentimeter lang. Will man damit nähen oder Stoffe weben, muss man sie zuerst zu langen Fäden zusammenzwirbeln. Schon früh konnten sich die Chinesen die Fadenherstellung erleichtern: Hier wurde 1035 das Spinnrad erfunden. Bis zur automatischen Spinnmaschine sollte es dann allerdings bis zum 18. Jahrhundert dauern.

▲ Lange Zeit ist das Spinnen eine reine Frauensache; Gemälde aus der frühen Neuzeit.

In der Mittelsteinzeit rollte man die Fasern zwischen den Handflächen, zwei Jahrtausende später erfand ein kluger Steinzeitmensch Rocken und Spindel und revolutionierte damit das Handspinnen. Die zweite, bedeutendere Revolution ließ dann weitere acht Jahrtausende auf sich warten: das Spinnrad, dessen Existenz in China durch ein Gemälde aus dem Jahr 1035 bewiesen ist. Im Prinzip gleicht das Spinnradspinnen dem alten Handspinnen: Aus einem Faserbündel werden ein paar lose Fasern gezogen, zu einem Faden verdrillt und um einen Stab gewickelt. Beim Spinnrad wird der Stab bzw. die Spule durch ein großes Rad angetrieben, das von Hand in Rotation versetzt werden musste. Erst 1530 erfand der deutsche Bildschnitzer Johann Jürgens den Tretradantrieb. ▸▸

▲ Baumwollfabrik im 19. Jahrhundert; die Produktion läuft weitgehend maschinell.

◂ Spinnen im Mittelalter; das Rad muss noch mühevoll mit der Hand gedreht werden. Dennoch ist diese Methode gegenüber früheren Jahrhunderten, in denen das Garn ohne Spinnrad hergestellt wurde, ein großer Fortschritt.

Stationen in der Entwicklung der Spinnmaschinen

»Spinning Frame«
1738. Der Brite John Wyatt erfindet ein mechanisches, mit Walzen arbeitendes Spinngerät. 1805 entwickelt der Franzose Derodé-Biémont eine Maschine mit Spinnzylindern.

Arkwright-Spinnmaschine
1769. Die Spinnmaschine des Briten Richard Arkwright arbeitet bereits mit Wasserkraft. Ab 1775 bereitet eine Arkwright-Maschine Rohfasern zu gekämmtem Vorgarn auf.

Crompton-Spinnmaschine
1779. Die Mule genannte Maschine des britischen Webers Samuel Crompton bedient automatisch 48 Spindeln, die auf einem Laufwagen angebracht sind.

Vollautomatische Maschine
1825. Der Ingenieur Richard Roberts aus Großbritannien erweitert Cromptons Mule zur vollautomatischen Spinnmaschine und fördert so den Aufschwung der Textilindustrie.

▲ Baumwollverarbeitung in der Mitte des 19. Jahrhunderts. Durch den Einsatz von Maschinen kann die Produktion erheblich gesteigert werden.

Um 1600 folgte das Flügelspinnrad, bei dem der Faden automatisch auf die Spule gewickelt wird. Noch immer aber war Spinnen Handarbeit. Das änderte sich um 1764, als der Weber James Hargraves aus Lancashire die erste automatische Spinnmaschine, die »Spinning Jenny«, erfand. Eine Leistungssteigerung gelang 1830 dem Amerikaner J. Thorp mit der Ringspinnmaschine. Moderne Maschinen dieses Typs haben bis zu 500 Spindeln bei 12 000 Umdrehungen pro Minute. Seit 1965 arbeiten Rotor-Spinnmaschinen mit rund 60 000 Umdrehungen. ■

▲ Hochtechnisierte Garnherstellung um die Jahrtausendwende.

▶ Hintergrund: Baumwollverarbeitung in einer Manufaktur um 1840; neben Frauen arbeiten vor allem Kinder in der Textilindustrie.

Schwere Kindheit

Kinderarbeit bei der Textilherstellung gibt es schon so lange, wie Textilien produziert werden. Im Mittelalter und der frühen Neuzeit saßen Kinder vor allem oben auf den Webstühlen und hoben die mit Schnüren und Schäften befestigten Kettfädenkombinationen für die Textilmusterbildung an – und das nicht selten zwölf Stunden am Tag oder mehr. Trotz der Ächtung von Kinderarbeit hat sich in vielen armen Ländern der Welt bis heute nichts Wesentliches geändert. Laut UNO gibt es beinahe 300 Mio. Kinderarbeiter, in der Textilindustrie arbeiten die meisten in Asien. Und mit der Verarmung der Drittweltländer nimmt die Kinderarbeit sogar noch weiter zu.

▶ In vielen Entwicklungsländern ist Kinderarbeit heute noch üblich.

Frühe Mechanisierung

Gemeinhin sieht man heute in der Industrialisierung der Textilfertigung einen der ersten großen Schritte der industriellen Revolution. Übersehen wird dabei meist, dass die Mechanisierung des Textilgewerbes schon lange vor der eigentlichen Industrialisierung begann. Die Anfänge liegen in der italienischen Seidenindustrie. Seide kommt in der Natur nicht in kurzen Fasern, sondern in dünnen Endlosfäden vor, die vom Kokon abgezogen und verdrillt werden müssen. Die Maschinen dafür arbeiteten in Norditalien Ende des 13. Jahrhunderts mit Wasserkraftantrieb und bis zu 240 Spindeln.

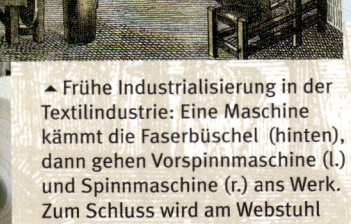

▲ Frühe Industrialisierung in der Textilindustrie: Eine Maschine kämmt die Faserbüschel (hinten), dann gehen Vorspinnmaschine (l.) und Spinnmaschine (r.) ans Werk. Zum Schluss wird am Webstuhl (vorne) der Stoff hergestellt.

Kleine Geschichte des Webstuhls

Die früheste Form des Webstuhls aus der Zeit um 5000 v. Chr. war ein einfacher Rahmen. Die längs laufenden Kettfäden wurden zunächst an zwei Holzstangen aufgezogen und straff gespannt. Die Stangen befestigte man dann an Pflöcken im Boden. Mit einer Rute hob der Weber jeden zweiten Kettfaden an und führte durch den so entstandenen Zwischenraum den Schussfaden. Bis ins 18. Jahrhundert ließen sich nur schmale Gewebe herstellen, weil der Schussfaden von Hand mit einem »Schiffchen« durch das Fach geführt werden musste. Der Engländer John Kay schaffte im Jahr 1733 mit dem »fliegenden Schiffchen« Abhilfe. 1805 erfand Joseph-Marie Jacquard einen lochkartengesteuerten Musterwebstuhl. Auch heute werden solche Webstühle für kompliziert gemusterte Stoffe verwendet.

▲ Blick in eine britische Tuchfabrik des 19. Jahrhunderts: Transmissionsriemen treiben die Webstühle an.

1088

SCHULE DER WISSENSCHAFT

Über das Gründungsdatum der Universität Bologna streiten sich die Historiker. Die einen nennen das Jahr 1088, als Papst Urban II. in der Stadt ein »Studienzentrum« für Zivilrecht einrichtete, die anderen 1119, als Kaiser Heinrich V. den Rechtsgelehrten Irenius aufsuchte. Fest steht aber, dass Bologna die älteste Universität Europas ist.

▲ Verleihung einer Promotionsurkunde: 1899 erhält an der Berliner Universität erstmals eine Frau den Doktortitel.

N ach dem Niedergang der Wissenschaft im frühen Mittelalter hatte sich ihr Wiederaufstieg nur langsam vollzogen. Doch dann bildete sich nicht nur die Universität von Bologna heraus, auch Paris und Oxford richteten Hochschulen ein, die die bis heute ununterbrochene Tradition der Universitäten begründeten. Erheblichen Einfluss besaß bis zum 15. Jahrhundert die Kirche, die ihre Macht zur Kontrolle nutzte: »Ketzerisches Schrifttum« und Verstöße wider die »rechte Lehre« wurden geächtet. In Mitteleuropa wurde die erste Universität 1348 von König Karl IV. in Prag gegründet. Bis 1500 entstanden in Europa etwa 75 Universitäten, darunter jeweils 20 in Frankreich, Deutschland und Italien. Schätzungsweise 15 000 Männer gingen dort ihren Studien nach, also kaum 200 pro Hochschule. Reformation und Aufklärung bewirkten in der Folgezeit, dass die Kirche an Einfluss verlor. Stattdessen gewannen die Landesherren an Macht. Aus den Universitäten wurden Staatsanstalten, aus den Professoren Staatsbeamte.

Im 17. und 18. Jahrhundert setzten sich die empirischen Wissenschaften der Aufklärung durch. Statt der theoretischen Ableitung von Prinzipien ging es nun um mathematisch-naturwissenschaftliche Methoden. Observatorien, Kliniken und anatomische Institute wurden geschaffen. Im 19. Jahrhundert entstanden die modernen Universitäten. ■

▲ Traditionsreiches College: Oxford zählt zu den angesehensten Hochschulstandorten der Welt.

▾ Harvard-Studenten im Talar: Abschlussfeier nach erfolgreichem Studium.

▸ Fest im Griff der Kirche: die Universität im Mittelalter.

Studenten gehen auf die Straße

Studenten standen immer wieder an der Spitze beim Kampf um Veränderungen der Gesellschaft. »Einheit und Freiheit«, also das Ende der Fürstentümer und die Gründung eines einheitlichen, demokratischen deutschen Staates, waren in der ersten Hälfte des 19. Jahrhunderts die Ziele vieler deutscher Studenten. Das Fest von 500 Hochschülern auf der Wartburg bei Eisenach 1817 sollte die Freiheitsbewegung forcieren. Die Folgen waren jedoch ein Verbot der Burschenschaften und die Unterdrückung durch die Fürsten. Gut 150 Jahre später erhob sich mit den »68ern« weltweit eine Studentenbewegung gegen gesellschaftliche Verkrustungen und den Vietnamkrieg.

▶ Maiunruhen 1968 in Paris: 40 000 Studenten werden ausgesperrt.

Reine Männersache

▲ Burschenschaftler in voller Montur zu Beginn des 20. Jahrhunderts.

1815 schlossen sich in Jena die Landsmannschaften zur ersten Burschenschaft zusammen. Der neue Korpsgedanke mit seinen Ehrbegriffen, der Mensur und den Trinkgelagen verbreitete sich schnell. Fehlverhalten wurde mit Strafen in Arrestzellen, so genannten Karzern, geahndet. Deutsche Studenten lebten im 19. Jahrhundert anders als ihre englischen und französischen Kommilitonen nicht mehr in Internaten, sondern in Privatquartieren. Zu dieser Zeit war es für Frauen fast unmöglich, eine Hochschule zu besuchen, dieses Recht setzten sie erst um 1900 durch.

Überfüllte Hörsäle

In vielen Industrienationen vervielfachte sich in den vergangenen 50 Jahren die Zahl der Studenten an Universitäten sowie Fachhochschulen. Allerdings hielten die Kapazitäten mit dieser Zunahme nicht Schritt. Die Hochschulen beschränkten daher vielerorts per Numerus clausus den Zugang zu bestimmten Fächern, der Student wurde zur Nummer in einem gigantischen Massenbetrieb. Seit den 1980er Jahren entstanden in Deutschland auch privatwirtschaftlich organisierte Hochschulen: Eliteförderung statt Massenstudium ist ihr Motto. Sie bieten Auslandskontakte und Praxisbezug des Studiums, verlangen aber erhebliche Gebühren. Die Kosten sind auch ein Dauerthema an öffentlichen Universitäten. Gegner verweisen darauf, dass Gebühren ärmere Schichten vom Studium abhalten würden. Die Befürworter argumentieren dagegen mit den Schulden der öffentlichen Hand.

▶ Universitätsalltag heute: Massenvorlesung in einem riesigen Hörsaal.

Gründung berühmter Universitäten

Oxford
1167. Die älteste Universität der britischen Inseln nimmt in vier Fakultäten den Lehrbetrieb auf: Theologie, Recht, Medizin und die so genannten freien Künste.

Cambridge
1209. Die zweite Universität Großbritanniens wird in Cambridge ins Leben gerufen, als eine Gruppe von Studenten Oxford den Rücken kehrt und eine Bildungsanstalt gründet.

Sorbonne
1257. Robert de Sorbon gründet ein mit Stipendien finanziertes Kolleg für mittellose Theologiestudenten. Es steigt in der Folge zur bedeutendsten Pariser Universität auf.

Harvard
1636. Die älteste Universität Nordamerikas in Cambridge/Massachusetts ist nach dem Theologen John Harvard benannt. Sein Nachlass erlaubt den Aufbau der Hochschule.

12. Jh.

MIT VERDECKTEN KARTEN

Die Urahnen unserer heutigen Spielkarten sind im China des beginnenden 12. Jahrhunderts zu suchen. Sie wiesen eine große Ähnlichkeit mit dem Papiergeld auf, das dort 1236 offiziell eingeführt wurde. Diese Geldscheine müssen Vorläufer gehabt haben, denn die chinesischen Spielkarten und das früheste chinesische Papiergeld zeigen gleichartige Bildmotive. Vielleicht waren findige Spielernaturen in früheren Zeiten einfach auf die Idee gekommen, mit den Geldscheinen zu spielen.

Karten als solche gab es allerdings schon weit früher, nur wurden sie da noch nicht zum Spielen benutzt. Im alten Ägypten z. B. stellten Priester aus Papyrus, Holz, Leder oder Elfenbein Sets von 52 Karten her, die, mit Symbolen bemalt, als Kalender dienten. Erst später entwickelten sich daraus Orakel- und Weissagungsspiele. Das europäische Kartenspiel geht indes auf China zurück. Zuerst erreichten die chinesischen Karten Indien. Nach Spanien kamen sie vermutlich im 13. Jahrhundert auf dem Umweg über die islamische Welt. Dort waren den chinesischen Kartensymbolen – Münzen und Stäben – zwei weitere zugesellt worden, Schwerter und Becher sowie eine Reihe »Hofkarten«. Im 14. Jahrhundert war das Kartenspiel dann allgemein in Europa bekannt, allen voran liebten Schweizer und Deutsche das Spiel. Allerdings kam der Durchbruch erst in der Mitte des 15. Jahrhunderts. Jetzt änderte sich auch das Aussehen der Karten. Zusätzlich zu den Zahlenwerten wurden höfische Figuren abgebildet: König mit Gefolge, darunter Ritter hoch zu Ross und Fußvolk. ▸▸

▸ Hintergrund: Das persische Kartenspiel aus dem 17. Jahrhundert ist handgemalt auf gelacktem Karton.

▾ Kartenspieler im 15. Jahrhundert, zu dieser Zeit wird das Spiel zu einem beliebten Zeitvertreib in Europa.

Spiel der Deutschen

Das deutsche Nationalspiel Skat ging zwischen 1810 und 1815 im thüringischen Altenburg aus Elementen älterer Kartenspiele hervor, darunter Tarock und Schafskopf. Noch heute versteht sich die Geburtsstadt dieses Spiels mit seiner berühmten Altenburger Spielkartenfabrik als Bewahrer und Pfleger der deutschen Skatkultur. Das Blatt umfasst 32 Karten in deutschen oder französischen Farben. Drei Spieler nehmen am Skatspiel teil, wobei in der Regel einer allein gegen die beiden anderen spielt. Der Alleinspieler wird zu Spielbeginn durch das so genannte Reizen nach Punkten ermittelt.

◂ Interessantes Motiv für den Fotografen: Herrenrunde beim Skatspiel zu Beginn des 20. Jahrhunderts, Atelieraufnahme.

◀ Das Spiel mit den Karten boomt: französische Spielkartenfabrik im 17. Jahrhundert.

Bis heute beeinflussen diese alten Motive die Kartenbilder altdeutscher, schweizerischer, italienischer oder spanischer Karten. Die Dame war wahrscheinlich eine französische Erfindung.

Als zu dieser Zeit auch die Handwerker zu begeisterten Kartenspielern wurden, legten die Zünfte die ersten verbindlichen Regeln fest. Mit ihnen fand das Spiel schließlich Einzug in Trinkstuben, Bauernhäuser und Adelshöfe. Schon wenig später, seit dem ausgehenden 15. Jahrhundert, kamen geschäftstüchtige Geister auf den Gedanken, das Kartenspiel auch zu einem Glücksspiel zu machen. Erste Kartenspielsalons entstanden bereits um 1600. Von den im 18. und 19. Jahrhundert üblichen Kartenglücksspielen haben bis heute nicht viele überlebt. Ein Klassiker ist allerdings Baccara, das Ende des 18. Jahrhunderts in Frankreich entstand – und schon früh entwickelte sich daraus auch »Black Jack«, ein Spiel, das um 1900 die USA erreichte und dort die Spiellust entfachte. ■

Hohe Kunst des Spielens

Anders als das deutsche Skatspiel fand das englische Bridge eine starke internationale Verbreitung, vor allem in englischsprachigen Ländern. Bridge ist ein vergleichsweise junges Spiel, denn es entwickelte sich erst zu Beginn des 20. Jahrhunderts. Es ging aus dem älteren Whist-Spiel mit 52 Karten hervor, bei dem ebenfalls vier Personen in zwei Parteien gegeneinander spielen. Doch während Whist ein relativ einfaches reines Stichspiel ist, sind die Bridge-Regeln weitaus komplexer. Zwar sind die Zahl der Karten und der Spieler bei beiden gleich, doch Bridge ist ein kombiniertes Stich- und Meldespiel, bei dem erhebliche strategische Kombinatorik zum Einsatz kommt.

▶ Vornehme Gesellschaft beim Kartenspiel; Spielsalon des ehrwürdigen Londoner Brooke's Club, Aquatinta 1808.

◀ ▲ Herz, Pik, Kreuz, Karo – die deutschen Spielkarten, vorwiegend mit Tierillustrationen, stammen aus der Zeit um 1700.

Kartenspiele mit erotischen Darstellungen

Neuartige Motive
Mitte 15. Jahrhundert. Erste Spielkarten mit erotischen Abbildungen kommen heraus. Im 16. Jahrhundert existieren in Europa bereits mehrere Spiele mit erotischen Motiven.

Romantik und Pornographie
Anfang 19. Jahrhundert. Bis in die Biedermeierzeit gibt es Kartenspiele mit schwärmerischen Darstellungen und mit durchscheinenden pornographischen Szenen.

Pin-up-Karten
1885. In den Vereinigten Staaten kommen die ersten Pin-up-Karten auf den Markt. Sie zeigen Fotografien spärlich bekleideter junger Frauen in aufreizenden Posen.

»Vargas Girl«
1941. Der peruanische Zeichner Alberto Vargas bringt Pin-up-Karten mit dem »Vargas Girl« heraus, die vor allem in den Vereinigten Staaten zu einem Riesenerfolg werden.

1 1 4 3

KRAFTVOLLE WINDFÄNGER

Der Prototyp der modernen europäischen Windmühle wurde erstmals 1143 in einer englischen Handschrift erwähnt. Anders als die Vorläuferversionen aus dem Orient besaß diese Mühle bereits ein senkrecht stehendes Windrad und eine – allerdings nur manuell – schwenkbare Achse, um den Wind jederzeit einfangen zu können. Die erste im Abendland nachweisbare neue Windmühle dieser Art drehte sich 1180 in Frankreich.

▲ Erinnerung an alte Zeiten: deutsche Mühle aus dem Jahr 1878; heute ein Denkmal.

D as Prinzip des Windrades beschrieb schon 107 der griechische Mechaniker Heron von Alexandria. Allerdings nutzte er es noch nicht als Kraftmaschine, diese Aufgabe übernahmen Windräder um 700 in Persien. Etwa 200 Jahre später trieben auch im Gebiet von Peking Windräder Mühlenwerke an. Diese alten orientalischen Windräder rotierten noch horizontal, eine schwenkbare Achse gab es nicht. In Europa setzte man im 12. Jahrhundert auf vertikal angeordnete Windflügel. Ab 1200 waren diese Mühlen so konstruiert, dass der Wind sie automatisch in die beste Position drehte. Anfang des 15. Jahrhunderts setzte sich eine neue Konstruktion durch: die Holländische Turmwindmühle, die sich nicht als Ganzes in den Wind drehte, sondern einen festen Unterbau besaß. ▶▶

▼ Das Getreide ist gemahlen, der Müller und seine Frau tragen den Sack Mehl hinaus; Darstellung einer »Bockwindmühle«, um 1340.

◀ »Kampf mit den Windmühlen«: der weltberühmte Romanheld Don Quichote und sein Knappe Sancho Pansa kurz vor einem Angriff (Filmszene).

◂ »Landschaft mit Wind-
mühlen«. Gemälde von Jan
Bruegel d. Ä. (1568–1625).

Nur die Dachhaube mit Achse und Flügelrad ließ sich
horizontal schwenken. Diese Mühlen konnten höher
gebaut werden als die alten Bockwindmühlen, ragten deshalb
in Bereiche stärkerer Luftbewegung und erbrachten so eine
höhere Arbeitsleistung. Als Alternative zur menschlichen Arbeitskraft waren sie jedoch nicht immer beliebt. 1581 prote-
stierten niederländische Handwerksgilden wegen drohender
Arbeitslosigkeit gegen die mechanische
Konkurrenz.

Im Zeitalter der leistungsstärkeren Dampfmaschinen übernahmen die Windräder
eine neue Funktion als Pumpen zur
Bewässerung der Felder. 1930 kam eine
weitere Aufgabe hinzu: Erstmals lieferten
Windgeneratoren elektrischen Strom. ■

▲ Kleine Segel an den Flügeln dieser Mühle auf
der griechischen Insel Paros sorgen dafür, dass
genug Meereswind eingefangen wird.

Trauriges Ende

Im späten 18. Jahrhundert etablierten sich nach der Einführung der Dampfmaschine
als industriellem Antriebsaggregat immer mehr Fabrikbe-
triebe. Fast immer drehte eine
einzige Dampfmaschine eine
lange, oft durch eine ganze
Fabrikhalle laufende Welle in
der Nähe der Hallendecke.
Von dort aus ließen sich mehrere Arbeitsmaschinen antrei-
ben. Bald gab es auch industrielle Getreidemühlen dieser
Art, die billiger und vielfach

auch leistungsfähiger waren
als die großen Mahlaggregate
der Windmühlen und diesen
daher auch schnell den Rang
abliefen. Das Ende der Getreidemühlen besiegelte dann die
Erfindung des elektromotori-
schen Antriebs.

▲ Friesisches Landschafts-
idyll mit Windmühle in den
Niederlanden.

▸ Heute ein seltener Anblick
in Industrienationen: eine
Kornmühle in Betrieb.

Immer in richtiger Position

Das Funktionsprinzip der Windmühle
ist seit dem 15. Jahrhundert unverändert.
Auf einem runden Turm sitzt eine kreis-
förmige Schiene, auf der eine Haube
rotieren kann. Durch sie hin-
durch läuft horizontal eine Welle, die auf einer Seite über die
Haube hinausragt und dort das
in den Wind gerichtete große
Flügelrad trägt. Ändert sich die
Windrichtung, gerät ein kleines
Hilfsrad auf der gegenüberliegenden Seite der Haube in den
Wind. Es beginnt sich zu drehen und schwenkt die Haube
über ein Getriebe wieder in
Windposition. Im Innern der
Haube wird die Windkraft von
der Welle auf ein Zahnradgetriebe übertragen. Bei Getreidemühlen schließt sich
an das Getriebe das Mahlwerk an.

Wichtige Stationen der Windmühlenentwicklung

Flügel mit Jalousien
1772. Der Schotte Andrew Mei-
kle erfindet Flügel mit Jalousi-
en, die durch Federdruck geschlossen werden. Bei Sturm
öffnen sie sich, so kann der
Wind die Flügel nicht zerstören.

Flexibler Rotor
1925. Der Franzose G. Darrieus
entwickelt einen Windrotor mit
vertikaler Achse, der den Wind
aus jeder Richtung gleichermaßen nutzen kann, ohne verstellt werden zu müssen.

Platz für neue Technik
1930er Jahre . Verbesserte
Motoren und billiger Treibstoff
lassen die Windmühlen allmählich verschwinden. Um 1900
sind in Norddeutschland noch
10 000 Mühlen in Betrieb.

Großer Windgenerator
Um 1975. In den Vereinigten
Staaten wird ein Windgenerator für bis zu 2000 kW Leistung gebaut. Sein zweiflügeli-
ger Propeller hat einen Durchmesser von 60 m.

1 2 3 1

HILFE AUS DER APOTHEKE

Im 13. Jahrhundert hoben ein deutscher Kaiser und die Basler Stadtväter das abendländische Apothekerwesen aus der Taufe. Das heißt natürlich nicht, dass die Menschen vorher ohne Hustentee und andere Heilmittel ihr Leben fristen mussten. Aber die Medizinalordnung von Kaiser Friedrich II. trennte 1231 Pharmazie und Medizin und stellte Regeln für Ärzte und Apotheker auf. Und der Basler Eid von 1271 gilt als erste deutschsprachige Apothekerordnung.

▲ Moderne Medikamentenherstellung; nur noch selten rührt der Apotheker eine Medizin individuell an.

▲ Jesus als Apotheker; er stellt Adam und Eva ein Rezept aus; Miniatur aus Rouen, 16. Jahrhundert.

Bedengk ouch den apothekern in eyd ze geben, dasz sy nyemand gifft ze koffen geben, er habe denn zween bürgen, die davor gut syend, dasz nyemand schade davon beschee«, heißt es u. a. im Basler Eid: Die Apotheker sollten beeiden, dass sie niemandem Gift verkaufen; es sei denn, sie hätten zwei Bürgen, die bezeugen, dass niemand zu Schaden kommt. Auch wurde den Apothekern der Verkauf von Arznei ohne Rezept untersagt. Schon 40 Jahre zuvor hatte Friedrich II. Bestimmungen für sein Königreich Sizilien erlassen, die für das übrige Europa richtungsweisend waren. Danach war das Betreiben einer Apotheke genehmigungspflichtig, der Apotheker musste ein Arzneibuch führen, und die Apotheken wurden von Ärztevertretern überprüft.

Hatten sich im 12. Jahrhundert in Klöstern die ersten von Ärzten betriebenen Apotheken herausgebildet, so entwickelten sich nun selbstständige Apotheken im modernen Sinn, die sich durch die pharmazeutischen und medizinischen Kenntnisse der Apotheker auch von den Kräuterhändlern absetzten. ▶▶

▼ Frühe Darstellung einer Apotheke aus dem 15. Jahrhundert: In den Regalen stehen Gefäße und Schachteln mit Grundsubstanzen für die Arzneimittelzubereitung.

»Bestseller« aus der Apotheke

Aspirin
1899. Die Farbenfabriken Bayer in Elberfeld (Wuppertal) bringen das berühmte Rheuma- und Schmerzmittel auf den Markt. Es wird zuerst in Pulverform verkauft.

Salvarsan
1910. Paul Ehrlich und Sahatschiro Hata entwickeln mit Salvarsan das erste wirksame Chemotherapeutikum. Es dient als Mittel gegen die Geschlechtskrankheit Syphilis.

Penicillin
1928. Alexander Fleming entdeckt die Wirkung des Penicillins, Voraussetzung für die Entwicklung des ersten und wirksamsten Antibiotikums, das 1939 erzeugt werden kann.

Streptomycin
1940. Der amerikanische Mikrobiologe Selman Abraham Waksman isoliert Streptomycin, das erste wirksame Medikament gegen die »Volksseuche« Tuberkulose.

▲ Verkaufs- und Rezepturraum einer Apotheke im ausgehenden 17. Jahrhundert; inzwischen sind die Apotheken auch schon mit eigenen Laboratorien ausgestattet.

Der mittelalterliche Apotheker musste die Arzneimittel noch aus den verschiedensten Grundsubstanzen selbst mischen. Entscheidende Veränderungen erlebte das aufstrebende Apothekenwesen durch den bald beginnenden Siegeszug der Naturwissenschaften und die Entstehung der pharmazeutischen Industrie. Schon im 17. Jahrhundert bildete sich mit den Apothekerlaboratorien eine Vorform der Arzneimittelindustrie heraus. In London z. B. richtete die Apothekerzunft 1623 ein Zentrallaboratorium ein. Es stellte die Arzneimittel für die 114 Apotheken der Stadt her.

Im Lauf des 19. Jahrhunderts verlagerte sich die Herstellung chemischer Arzneimittel von den Apothekerlaboratorien in chemische Fabriken. Maßgeblich daran beteiligt waren Apothekerfamilien: So wurde aus der Engel-Apotheke in Darmstadt das Unternehmen Merck (1827), aus der Grünen Apotheke in Berlin Schering (1864). Trotz der Fertigprodukte der Arzneimittelindustrie hat der Apotheker seine wichtige Funktion als Berater behalten, dies zeigt nicht zuletzt auch die Diskussion über die in den 1990er Jahren entstandenen Internetapotheken. ∎

In doppelter Mission

Die südanatolischen Zwillingsbrüder Kosmas und Damian stehen für die gemeinsamen Wurzeln von Arzt- und Apothekerberuf. Die beiden Ärzte sind sowohl Schutzheilige der Ärzte als auch der Apotheker. Sie starben um 303 als Märtyrer bei der Christenverfolgung unter dem römischen Kaiser Diokletian. Zuvor sollen sie nach Heiligenart kräftig Wunder gewirkt haben. Die bekannteste Legende ist die vom »verpflanzten Mohrenbein«. Danach haben die beiden einem schlafenden Patienten das kranke Bein amputiert und es durch das Bein eines verstorbenen »Mohren« ersetzt.

▲ Kosmas und Damian bei ihrer berühmten Wunderheilung, der »Verpflanzung des Mohrenbeines«; Gemälde aus dem 16. Jahrhundert.

»Höchstkostbarer Artzneyschatz«

Für rund 100 Jahre war die »Medicin-Chymische Apotheke oder: Höchstkostbarer Artzneyschatz« von Johann Schröder eines der gebräuchlichsten Apothekerbücher in Deutschland. Es erschien 1641 und wurde bis in die Mitte des 18. Jahrhunderts aufgelegt. Als Heilmittel verwendete Schröder, Stadtphysikus von Frankfurt am Main, »Mineralien oder Bergsäffte, Pflantzen und Kräuter, auch unterschiedliche Theile der Thiere«. Schröder glaubte wie zahlreiche seiner Zeitgenossen an astrologische Einflüsse bei der Arzneimittelzubereitung und vertrat die Signaturenlehre, wonach Ähnlichkeit von Pflanzenteilen mit Körperteilen auf entsprechende Heilkräfte verweise.

◀ Titelblatt des Apothekerbuchs von Johann Schröder.

Ähnliches mit Ähnlichem heilen

▲ Apotheke mit 134 Medikamenten; Illustration aus dem »Homöopathischen Vademecum« von 1889.

Seit 200 Jahren sorgt – vor allem unter den Schulmedizinern – eine Arzneimittellehre für Aufregung, die von dem Meißener Arzt Samuel Hahnemann um 1800 vorgestellt wurde. Im Kontrast zu der seit der Antike vorherrschenden Gegensatztherapie, die Krankheiten durch ausgleichende Gegenmaßnahmen heilen will, propagierte Hahnemann das Ähnlichkeitsprinzip und schuf damit die Homöopathie. Sein Ziel war es, Krankheiten durch solche Substanzen in hochverdünnter Form zu heilen, die bei Gesunden ähnliche Krankheitssymptome hervorrufen würden, wie sie beim Patienten auftreten.

1 2 4 9

ENDLICH KLARE SICHT

Brillen als Modeaccessoire kannten vor 2000 Jahren schon die Chinesen. Sehhilfen kamen jedoch erst im 13. Jahrhundert – vermutlich in Italien – auf. Geschliffene Glaslinsen zur Verbesserung der Sehschärfe erwähnte um 1249 erstmals der englische Philosoph Roger Bacon, und bald wurde die Brille zum Segen für viele Menschen, deren Sehschwäche sie bis dahin in ihrem Leben stark eingeschränkt hatte.

W oher Bacon sein Wissen nahm, ist unbekannt, denn nachweisen lassen sich Brillen erst gegen Ende des 13. Jahrhunderts. Die wohl älteste bildliche Darstellung zeigt einen mit einer Brille lesenden Mönch auf einem Fresko in der Kirche von San Nicolò im italienischen Treviso. Die Malerei wurde auf 1352 datiert. Heute weiß man, dass 1299 in Italien ein gewisser Alexander von Spina Gläser, Bergkristalle und Berylle – daher das Wort Brille – konvex schliff und als Augengläser in zwei getrennte Fassungen einsetzte, die über einen Steg miteinander verbunden waren. Sie wurden direkt oder an einem seitlich befestigten Stiel mit der Hand vor die Augen gehalten. Ein Hinweis auf diese frühen Brillen findet sich u. a. in einem zeitgenössischen Schriftstück, in dem die Rede ist »von den neulich erfundenen Gläsern, Brillen genannt, einem wahren Segen für arme Greise mit schwachem Gesicht«.

Die Qualität dieser ersten Brillen war noch von vielen Zufällen abhängig. Es gab keine schlierenfreien Gläser, und berechnen konnte die Linsen auch noch niemand. Die frühen konvexen Gläser nutzten außerdem nur weitsichtigen Menschen. ▶▶

▲ Einglas, Zweiglas – was sorgt für den richtigen Durchblick? Die klassische Leselupe hat nach der Erfindung der Brille bald ausgedient.

▶ Die frühen Brillen haben keine Bügel. Daher müssen Sehhilfen beim Lesen noch mit der Hand gehalten werden; mittelalterliches Gemälde mit einer der ältesten Brillendarstellungen.

▲ Im frühen 20. Jahrhundert bei den Herren groß in Mode: das Monokel; hier der berühmte deutsche Filmregisseur Fritz Lang mit dem Einglas.

Schritte in der Brillenentwicklung

Scherenbrille
15. Jahrhundert. Diese Brille ähnelt den frühen Brillenformen, die nur umgekehrt gehalten werden. Im 18. Jahrhundert werden diese Brillen als Lorgnon große Mode in Europa.

Konkave Gläser zur Kompensation von Kurzsichtigkeit schuf 1451 der deutsche Kardinal Nikolaus von Kues. 1780 erfand der amerikanische Politiker und Naturwissenschaftler Benjamin Franklin so genannte bifokale Brillengläser, die die Anforderungen an die »Fernbrille« und die »Lesebrille« in sich vereinen. Zu seiner Zeit hatte die Brille schon ihr heutiges Aussehen, denn 1727 wurde die Bügelbrille erfunden. Bis dahin musste die Sehhilfe noch gehalten werden, oder sie wurde mit Lederriemen bzw. Bändern an den Ohren befestigt.

Dennoch haben die Brillen von gestern und heute kaum etwas gemein: Die modernen Brillen sind zunehmend Hightech-Produkte mit hoch brechenden leichten Spezialgläsern, Leichtgewicht-Titanrahmen, aufgedampften entspiegelnden Belägen und mit exakt zu dem jeweiligen Sehfehler berechneten und computergenau geschliffenen Gläsern. Die derart aufwendig hergestellten Sehhilfen werden für immer mehr Menschen unerlässlich – so sind in Industrienationen schon rund 30 % der Schulanfänger Brillenträger. ■

► Hintergrund: Brillen des 13. und 14. Jahrhunderts; sie helfen nur gegen Weitsichtigkeit.

Unterschiedliche Brennpunkte

Bei Normalsichtigkeit treffen die von den Augenlinsen gebrochenen Lichtstrahlen genau auf der Netzhaut zusammen und ergeben ein scharfes Bild.

Bei Kurzsichtigkeit ist der Augapfel zu lang. Die Lichtstrahlen eines entfernten Objekts treffen vor der Netzhaut zusammen, das Bild ist unscharf. Eine konkave Linse verlegt den Brennpunkt – also den Treffpunkt der Strahlen – auf die Netzhaut. Bei Weitsichtigen nun ist der Augapfel vergleichsweise zu kurz. Der Brennpunkt der Linse liegt hinter der Netzhaut, auf der ein unscharfes Bild entsteht. Dagegen hilft eine Brille mit konvexen Gläsern, denn diese verschieben den Brennpunkt nach vorne.

Modischer Blickfang

Lange Zeit galten Brillen als notwendiges Übel bei Fehlsichtigkeit. Wer im Rampenlicht der Öffentlichkeit stand, verzichtete lieber darauf, den Sehfehler mit einer Brille zu beheben. In den 1960er Jahren setzte ein Umdenken ein. Fortan galt es als chic, sich mit einer extravaganten Brille zu schmücken. Die großen Modehäuser zollten dem Trend seit den 80er Jahren mit eigenen Brillenlinien Rechnung. Trendsetter wie Elton John trugen skurrile Brillenkreationen, die – in abgeschwächter Form – von Brillenproduzenten aufgegriffen wurden. In den 90er Jahren waren zunächst sogar die guten alten Kassengestelle wieder »in«, allen voran die Hornbrillen. Allerdings nimmt wohl bald auch die Zahl derjenigen wieder zu, die ganz auf Brillen verzichten. Sie lassen ihre Sehfehler mit Hilfe hochmoderner Lasertechnik beseitigen.

▲ Buddy Holly macht in den 1960er Jahren die Hornbrille populär.

◄ Exzentrisches Outfit; Rocksänger Elton John mit einer seiner ausgefallenen Brillen 1986.

Gründer der Zeiss-Werke

Der deutsche Universitätsmechaniker Carl Zeiss gründete 1847 in Jena eine feinmechanische Werkstatt, in der er Mikroskope und Linsen für wissenschaftliche Zwecke anfertigte. In den späten 60er Jahren

▲ Carl Zeiss, sein Name wird zum Markenzeichen für deutsches Brillenglas.

des 19. Jahrhunderts legte er mit dem Physiker Ernst Abbe den Grundstein für den Aufstieg seines Unternehmens zum weltgrößten Konzern für optische Geräte. Die 1882 von Zeiss und dem Glasschmelzer Otto Schott gegründete Tochtergesellschaft Jenaer Glaswerk produzierte in erster Linie technische Gläser – u.a. für Brillen –, die schon bald in alle Welt exportiert wurden.

Stirnreifenbrille
16. Jahrhundert. Die Brille besteht aus einem Metallreifen, der um die Stirn gelegt wird. Die Gläser sind in den Reifen eingehängt und werden über die Augen geschoben.

Zwicker
16. Jahrhundert. Bei dem Zwicker sind die Gläser über einen Federbügel, der auf der Nase festgeklemmt wird, verbunden. Von Nachteil sind die Druckstellen auf der Nase.

Fadenbrille
16. Jahrhundert. Die Brille wird mit einem Faden am Kopf befestigt. Die Druckstellen des Zwickers werden damit vermieden. Die Fadenbrillen stammen ursprünglich aus Spanien.

1415

EUROPA ENTDECKT DIE WELT

Mit der Eroberung der Stadt Ceuta an der Nordspitze Marokkos im Jahr 1415 setzten die Portugiesen nicht nur ihren Fuß auf den afrikanischen Kontinent, sondern öffneten Europa auch die Tür Richtung Atlantik. Infant Heinrich, seit dem 19. Jahrhundert »der Seefahrer« genannt, führte die damals noch junge Nation mit ihren schnellen Karavellen ins Zeitalter der großen Entdeckungen.

▲ Der englische Weltumsegler James Cook läuft am 13.4.1769 auf seiner ersten Reise (1768–1771) die Südpazifikinsel Tahiti an.

▲ Sven Hedin mit einheimischen Reisebegleitern bei der Durchquerung Tibets; seine dritte große Asien-Expedition (1905–1909) führt ihn durch weite Teile des Himalajas.

Hauptziel der portugiesischen Seefahrer war Indien, dessen Schätze bis dahin nur über arabische und italienische Zwischenhändler nach Europa gelangten. Der »direkte« Weg dorthin führte um Afrika herum, und 1488 umfuhr Bartolomeu Diaz erstmals das Kap der Guten Hoffnung. Vasco da Gama stieß zehn Jahre später über den Indischen Ozean nach Kalikut an der Westküste Indiens vor. Schon seine zweite Reise (1502/03) zeigte, dass die portugiesischen »Entdecker« ihre Interessen mit militärischer Gewalt durchsetzten. Kaum anders verhielten sich später Spanier, Holländer, Engländer und Franzosen, die ab dem 16. Jahrhundert miteinander um die Herrschaft auf den Weltmeeren rangen. Die Chancen, die sich mit der Entdeckung Amerikas 1492 durch Christoph Kolumbus boten, nutzten indes die vereinigten Kronen von Kastilien und Aragon, nachdem Konkurrent Portugal dem Genuesen die kalte Schulter gezeigt hatte. Auf seiner dritten Reise (1498–1500) erreichte Kolumbus Südamerika, das schon 1494 wie auch die übrige Neue Welt durch den Vertrag von Tordesillas zwischen Spanien und Portugal aufgeteilt worden war. Dass die Erde rund ist, glaubten sowohl Kolumbus als auch Vasco da Gama; diese jedoch erst mit der Weltumsegelung Magellans 1519–1522 bewiesene Annahme war geradezu Voraussetzung für ihre Entdeckungsfahrten. ▸▸

▸ Aufbruch in die Neue Welt: Christoph Kolumbus betritt am 12.10.1492 auf den Bahamas erstmals amerikanischen Boden; Historiengemälde von John Vanderlyn.

England, der große Widersacher im Kampf um imperiale Größe, vertraute sich italienischen Seefahrern an: Vater und Sohn Caboto entdeckten 1497 Neufundland, ein halbes Jahrtausend, nachdem die Wikinger vergeblich versucht hatten, dort Fuß zu fassen. Vasco Nuñez de Balbao erreichte 1513 den Pazifik. Einige Jahre später vernichteten die Konquistadoren die Reiche der Azteken und Inka. Freibeuter Francis Drake schließlich fand um Kap Hoorn einen nicht von den Spaniern beherrschten Zugang zum Pazifik (1577–1580).

Ab 1768 trat mit den Weltumsegelungen eines James Cook neben wirtschaftliche, politische und missionarische Motive auch das aufklärerische Interesse an fremden Ländern hinzu. Vornehmlich im Dienst der Wissenschaft sahen sich die Forscher seit dem 19. Jahrhundert, obwohl auch bei ihnen der Glaube an die Überlegenheit Europas vielfältig nachwirkte. ■

◀ Der Amerikaner Henry Morton Stanley spürt den im Oktober 1871 verschollen geglaubten englischen Afrikaforscher David Livingstone auf; Buchlithographie von 1875.

◀ Ein Denkmal für Bartolomeu Diaz, den Erstumsegler des »Kaps der Stürme«, steht im südafrikanischen Kapstadt.

▲ Hintergrund: Das Flaggschiff Vasco da Gamas auf seiner Reise nach Indien; Historienbild aus dem 19. Jahrhundert.

▲ Freundlicher Empfang: der portugiesische Seefahrer und Entdecker Vasco da Gama im Jahr 1498 beim Herrscher von Kalikut in Südwestindien.

Ein Venezianer in China

1271 brach der venezianische Kaufmann Marco Polo mit Vater und Onkel nach Asien auf. Die Polos bereisten Regionen, von denen sich die Europäer nur Legenden zu erzählen wussten. 1275 schließlich erreichten die Polos den Hof des in China herrschenden Mongolen-Khans Kublai. Marco Polos Reisebericht weckte in Europa reges Interesse für den Fernen Osten. Er hatte seine Erlebnisse nach seiner Rückkehr (1295) in genuesischer Haft, in die er während des Krieges zwischen Venedig und Genua geraten war, einem Mitgefangenen diktiert. Generationen von Kaufleuten sollten nach der Lektüre des Berichts – an dessen Wahrheitsgehalt bis heute Zweifel bestehen – von den reichen, aber noch lange nur schwer zugänglichen Märkten Indiens und Chinas träumen.

◀ Der große Entdeckungsreisende Marco Polo verlässt die Stadt Venedig.

Antike Erkundungen

Bezugspunkt des antiken Menschen im Mittelmeerraum war seine Heimatstadt bzw. -region. Doch hielt ihn das nicht davon ab, Handelskontakte über die gesamte Distanz zwischen Gibraltar und Vorderasien zu begründen und zu pflegen. Die Römer schufen bereits in der Kaiserzeit einen einheitlichen Wirtschaftsraum von Mesopotamien bis Britannien. Und die Phönizier drangen mit ihren Schiffen von der libanesischen Küste bzw. Karthago aus bis nach Britannien sowie zu den Kanarischen Inseln vor. Sie umsegelten um 600 v. Chr. sogar Afrika. Eine der bekanntesten und nachgewiesenen antiken Erkundungsfahrten war die Expedition der ägyptischen Königin Hatschepsut in das sagenhafte Goldland Punt am Horn von Afrika im Jahr 1482 v. Chr.

Große Entdeckungsreisende

Christoph Kolumbus 1451–1506. Der Genuese unternimmt in spanischem Auftrag vier Reisen über den Atlantik, um die Ostküste Chinas zu erreichen. 1492 entdeckt er dabei die Neue Welt.

James Cook 1728–1779. Auf seinen drei Weltumsegelungen erforscht der britische Seefahrer den Pazifik systematisch von der Beringstraße im Norden bis zum Südpolarkreis.

David Livingstone 1813–1873. Der britische Missionar durchquert 1854–1856 als erster Forscher das südliche Afrika in Ost-West-Richtung. Vergeblich sucht Livingstone das Quellgebiet des Nils.

Sven Hedin 1865–1952. Vier Expeditionen führen den Schweden ab 1894 nach Zentralasien. Sein umfangreiches Werk umfasst auch populäre Reiseberichte. 1902 wird er geadelt.

1447

FORTSCHRITT IM BUCHDRUCK

Als Verlagsschreiber, dessen Aufgabe es war, Bücher zu kopieren, stieß der Mainzer Johannes Gensfleisch zur Laden, genannt Gutenberg, auf die so genannten Blockbücher. Diese wurden im Stempelverfahren seitenweise nach Holzschnitten hergestellt. Sie brachten ihn auf den Gedanken, rationeller mit beweglichen Lettern zu arbeiten: 1447 konnte er sein erstes Werk vorstellen – die Geburtsstunde der Verlags- und Druckindustrie.

Zehn Jahre zuvor hatte Gutenberg nach seinen Vorstellungen den Mainzer Drechsler Konrad Sasbach eine Druckerpresse bauen lassen, die entfernt einer hölzernen Weinkelter ähnelte. Er selbst entwickelte Formen für den Guss von Bleilettern. Dies gelang ihm so gut, dass er 1445 über ein Handgießinstrument mit verschiedenen Schrifttypen verfügte, das pro Stunde mehr als 100 Buchstaben lieferte. Diese Lettern setzte er zu Zeilen zusammen, die er mit Blei hintergoss und dann zu Druckrahmen montierte. Nach seinem ersten Druckwerk, einem Kalender, folgten u. a. 1451 eine lateinische Schulgrammatik und vier Jahre später als erstes großes Werk die berühmte Gutenberg-Bibel mit insgesamt 1282 Seiten. Schon vor Gutenbergs Tod im Jahr 1468 führten seine Schüler Konrad Sweynheim und Arnold Pannartz die Buchdruckerkunst in Italien ein, und keine 20 Jahre nach der Präsentation der großen Erfindung hatte sich das neue Handwerk in ganz Europa verbreitet. Es sorgte für grundlegende kulturelle und soziale Veränderungen. Bücher waren nicht mehr einer kleinen Schicht vorbehalten. ▸▸

▲ Nur durch moderne Satz- und Drucktechnik möglich: ein reichhaltiges Angebot verschiedener Zeitungen.

◂ Die erste Gutenberg'sche Druckerpresse aus dem 15. Jahrhundert; die Arbeit an der Handpresse ist körperlich sehr anstrengend.

Einführung bedeutender Druckverfahren

Tiefdruck
1477. Das erste im Tiefdruckverfahren hergestellte Buch ist das Landkartenwerk »Cosmographia«. Bei diesem Verfahren liegen die zu druckenden Teile auf der Platte vertieft.

Vierfarbendruck
1710. Der Frankfurter Jakob Christof LeBlon entwickelt den Vierfarbendruck. Aus den drei Grundfarben Rot, Gelb und Blau sowie Schwarz lassen sich alle Farben mischen.

Flachdruck
1798. Mit der Lithographie erfindet der Österreicher Alois Senefelder den Flachdruck: Druckfarbe bleibt auf Kalkdruckplatten nur dort haften, wo Fettkreide aufgetragen ist.

Offsetdruck
1904. Der Amerikaner W. Rubel erfindet den Offsetdruck, ein flexibleres Flachdruckverfahren. Ein Gummituch dient hier als Zwischenträger zwischen Platte und Papier.

▲ So geht es im 19. Jahrhundert in einer Buchdruckerei zu: Im Gießofen (hinten) werden die Lettern gegossen, die der Setzer (vorn links) benötigt. An einer einfachen Handpresse (Mitte) wird der Druck dann eingefärbt.

Nun waren sie einer großen Zahl von Menschen zugänglich – sofern diese die Kunst des Lesens beherrschten.

Bald fanden auch Zeitungen und Zeitschriften Verbreitung, die – ebenso wie Bücher – dank des 1477 entwickelten Tiefdruckverfahrens auch mit gedruckten Bildern erscheinen konnten. Bis 1620 änderte sich an Gutenbergs Kunst wenig, dann wurde der Druckvorgang zunehmend verbessert. Ab 1884 beschleunigte sich mit der Entwicklung der automatischen Zeilensetzmaschine Linotype auch das Schriftsetzen erheblich. Seit Ende des 20. Jahrhunderts beherrschen der computergesteuerte Lichtsatz, der Hochleistungs-Offsetdruck und die Zeitungsrotationspresse das Druckereigewerbe. ■

Vom Bleisatz zum Lichtsatz

Gutenbergs Bleisatz blieb vier Jahrhunderte das einzige Schriftsatzverfahren. 1884 erfand der Deutsch-Amerikaner Ottmar Mergenthaler eine automatische Zeilensetzmaschine, die Linotype. Gesteuert über eine Tastatur, reiht sie Metallschriftzeilen aneinander, die mit Blei ausgegossen werden. Linotype-Maschinen arbeiteten vor allem im Zeitungsdruck, der 1939 mit dem Fotosatzverfahren des Amerikaners C. Huebner revolutioniert wurde. Ab 1965 begannen mit dem System Digiset des Kieler Erfinders Rudolf Hell Computer die Lichtsatzmaschinen zu steuern, die inzwischen mit Laserlicht arbeiten.

▲ Diese Simplex-Linotype aus dem späten 19. Jahrhundert ist die »Urmutter« aller Linotype-Setzmaschinen.

▲ Zu Gutenbergs Zeiten unvorstellbar: Bücherberge, um dem Ansturm der Leserschaft standzuhalten.

Trauriges Schicksal

Johannes Gensfleisch zur Laden, nach seinem Elternhaus in Mainz nur Gutenberg genannt, begann seine Beschäftigung mit dem Buchdruck um 1436 in Straßburg. Ab 1448 arbeitete er wieder in Mainz. Mit dem Abschluss seines Bibeldrucks geriet er in große finanzielle Nöte, da sein Teilhaber Johannes Fust eine Kreditrückzahlung verlangte und einen Großteil der Druckerei zugesprochen bekam. Zwar baute sich Gutenberg eine neue Druckerei auf, doch teilte er fortan das Los vieler berühmter Erfinder: Er lebte in Armut und starb vereinsamt.

▲ Johannes Gutenberg, der Erfinder des rationellen Buchdrucks.

▲ Gutenbergs berühmtestes Druckwerk ist die nach ihm benannte Bibel aus dem Jahr 1455.

Auf dem Weg zum Massendruck

1810 ersetzte der Deutsche Friedrich G. König in London die Handpresse durch eine dampfgetriebene, die zunächst die »Times« schneller und in großer Auflage druckte. 1848 war es wiederum die »Times«, die ein technisches Novum einführte: die drei Jahre zuvor erfundene Rotationspresse. Sie brachte es auf 8000 Bogen je Stunde. Heutige Maschinen leisten ein Vielfaches: Sie schießen pro Sekunde bis zu 20 m Papier durch.

▲ Hochmoderne Vierfarb-Tiefdruckmaschine; ein Abtastgerät überprüft die Passgenauigkeit.

1493

DIE WELT IM BLAUEN DUNST

Die Tabakpflanze stammt aus Amerika, und wahrscheinlich wurde die ursprünglich wild wachsende Pflanze schon seit Jahrtausenden von Indianern getrocknet und geraucht. Von den amerikanischen Ureinwohnern stammt auch der Name, der international in etwa 60 Sprachen und Dialekte Eingang fand, vom »Tabak« bis zum »tobaco« oder »tobago«. Heute spielt das Geschäft mit dem »edlen Kraut« weltweit eine große Rolle.

▼ Die indianischen Wurzeln des Tabaks zeugen von Exklusivität, so greift diese Werbung aus dem 19. Jahrhundert auch gern auf sie zurück.

▲ Zigarren als rauchende Fabrikschlote; Tabakwerbung in den 1920er Jahren.

▲ Virginia-Zigaretten werden in aller Welt geraucht, suggeriert diese Reklame.

◄ Aufbruch ins Weltall – Zigarettenwerbung Ende der 1960er Jahre – ganz dem Zeitgeist entsprechend.

Als wohl erster Europäer beobachtete Christoph Kolumbus 1493, wie die Eingeborenen von Guanahani zylinderförmige, mit einem Maisblatt umwickelte Rollen von Tabakblättern rauchten. Der auf Kolumbus zweiter Reise auf Haiti zurückgelassene Mönch Fra Romano Pane brachte 1497 die erste Nachricht von der Tabakpflanze, die er »Herba inebrians« – berauschendes Kraut – nannte, nach Europa. Schriftlich äußerte sich 1507 der deutsche Geograph Martin Waldseemüller in seiner »Cosmographiae introductio« über den Tabak. Die Indianer verwendeten die ihnen heilige Pflanze in erster Linie als Heilmittel, und als solches beschrieb sie noch 1565 der französische Gesandte in Portugal, Jean Nicot, nach dem heute die Tabakpflanze »Nicotiana« genannt wird.

Die Seefahrer und die Soldaten des Dreißigjährigen Kriegs verbreiteten den Tabakgenuss in Europa. Es entstand ein lukrativer Markt, den schließlich auch der Staat als Einnahmequelle entdeckte. Schon 1681 verabschiedete Frankreich ein Monopol zur staatlichen Tabakherstellung und schützte dieses durch ein Gesetz, das allen Tabakschmugglern die Todesstrafe androhte. ▸▸

PETER LORILLARD,

SNUFF & TOBACCO,

Bekannte Tabakfirmen aus aller Welt

Alsbo
20. Jahrhundert. Die dänische Firma produziert fermentierte Spitzentabake aus amerikanischen und afrikanischen hellen (Virginia) und schwarzen (Cavendish) Tabaken.

Amphora
20. Jahrhundert. Die holländische Firma ist vor allem bekannt für klassische Tabakmischungen wie »Cesare Borgia« oder den leichten aromatisierten »Black«.

Davidoff
20. Jahrhundert. Der Schweizer Hersteller hat sich auf leichte bis mittelstarke Tabake vorwiegend aus Nordamerika spezialisiert, produziert jedoch auch schwarze Tabake.

Dunhill
20. Jahrhundert. Die englische Firma ist bekannt für starke und kräftig aromatisierte Tabake und für Pfeifen-Tabakmischungen wie etwa »Early Morning Pipe«.

◄ Hintergrund: Als Femme fatale mit Zigarettenspitze präsentiert sich die deutsche Schauspielerin Lil Dagover um 1930.

◄ Orientalisches Flair und emanzipierte, rauchende Frauen vermittelt diese Werbung zu Beginn des 20. Jahrhunderts.

Vor allem in den warmen Klimazonen der Erde legten europäische Kolonisten im Laufe der Jahrhunderte große Tabakplantagen an. Dabei bildeten sich verschiedene Tabakgeschmacksrichtungen heraus, vom hellen, milden Virginia über helle, sonnengetrocknete orientalische Tabake bis zu dunklen, luftgetrockneten oder auch fermentierten Tabaken aus Indonesien, Indien, den Philippinen, Kuba und Brasilien.
Bis heute ist der Siegeszug des Tabaks in aller Welt ungebrochen – trotz massiver Warnungen vor gesundheitlichen Schäden. Selbst staatliche Kampagnen bewirken wenig, obwohl z. B. in den USA die Tabakindustrie zu Schadensersatzleistungen in Milliarden-Dollar-Höhe für die gesundheitlichen Folgen verurteilt wurde, die ihre Produkte hervorrufen. ■

Von den »Papelitos« zur Zigarette

Die Zigarette ist zwar eine Erfindung des »weißen Mannes«, hat aber ein indianisches Vorbild in den maisblattumhüllten Tabakröllchen. Statt des Maises verwendeten die europäischen Kolonisten schon im 17. Jahrhundert in Süd- und Mittelamerika Papier als Hüllmaterial für die »Papelitos«, die später nach Spanien und in die Türkei eingeführt wurden und sich dort verbreiteten. Im 19. Jahrhundert entwickelten sie sich zur typischen Orientzigarette weiter. Um 1812 wurde die Zigarette von einem Hamburger Kaufmann aus Kuba importiert und hier als »Cigarrito« verkauft. Den Konkurrenzkampf mit der Pfeife entschied die Zigarette in Deutschland aber erst um 1900 für sich.

Religiöse Ursprünge

In den meisten alten Kulturen galt der Rauch als eine Verbindung des Menschen mit den Göttern, und das Rauchen war immer mit religiösen Zeremonien verknüpft. Zunächst wurde der Rauch – beispielsweise von Hanf, Huflattich, Lavendel, Bilsenkraut, Oregano, Thymian oder Eisenkraut – einfach inhaliert. Schon im 5. Jahrhundert v. Chr. verschrieb der Arzt Hippokrates diese Inhalation als Heilmittel. Bereits die Römer verwendeten lange, meist noch völlig gerade Pfeifenrohre, oft einfache Schilfrohre, aber z. B. auch hohle Knochen. Interessanterweise fehlt im Mittelalter jeder Hinweis auf den Gebrauch von Pfeifen, bis sie im 16. Jahrhundert, importiert aus den USA, erneut bekannt wurden.

▶ Indianerhäuptling aus dem 18. Jahrhundert; seine Pfeife ist aufwendig geschmückt.

Die feine Art: die Zigarre

▲ Zigarrenherstellung in Handarbeit; hier ist große Fingerfertigkeit gefragt.

Die Zigarre ist die älteste Form, in der die in Mittelamerika ansässigen Europäer den Rauchtabak genossen. Erst gegen Ende des 18. Jahrhunderts entstand mit der Pfeife eine ernsthafte Konkurrenz. Im Gegensatz zu den Indianern, die Zigarren einfach durch Wickeln von Tabakblättern, manchmal unter Zusatz von Salbei oder Daturablättern herstellen, entwickelten die Europäer komplexe Produktionsverfahren für die Zigarren. Im Laufe der Jahrhunderte sind daraus zahlreiche verschiedene Zigarrenformen hervorgegangen.

1500

MIT EIMER UND SCHAUFEL

Den ersten Bagger der Welt baute Leonardo da Vinci. Um das Jahr 1500 sollte sein großzügiges Kanalsystem die Toskana bis Florenz durchziehen. Für die Arbeiten daran hatte der geniale Erfinder einen Bagger konstruiert, mit dem Kanäle, Flüsse und Häfen vertieft und gereinigt werden konnten. Pate für den Namen dieser bis heute unentbehrlichen Maschine stand das niederländische Wort »baggeren«, was so viel heißt wie »ausschlammen« oder »den Hafen räumen«.

Leonardos Erfindung ersetzte primitive schwimmende Vorrichtungen mit langen Stangen, die den Schlamm aufwirbelten und so mit der Strömung fortschwemmten. Über Jahrhunderte bewährten sich bei den Baggern Schürfeimer an umlaufenden Ketten oder zangenähnliche, lange Greifer. Entscheidende Fortschritte machten die Grabesysteme, als es 1796 John Grimshaw gelang, einen Schwimmbagger für die englische Hafenstadt Sunderland mit einer 4 PS starken Dampfmaschine auszustatten. Die erste deutsche Entwicklung dieser Art konnte man im Jahr 1841 im Ostseehafen Elbingen mit Ferdinand Schichaus Dampfbagger bewundern.

Die meisten Bagger waren zunächst Wasserfahrzeuge. Einen Eimerketten-Bagger für den Einsatz an Land ließ sich 1829 der Franzose Poirot de Valcourt patentieren. Damit wurde er 1860 bis 1868 beim risikoreichen Bau der Ardennenbahn und des Suezkanals berühmt. Den heute gängigen, damals aber völlig neuartigen Löffelbagger mit Ladeschaufel schuf der Amerikaner William Otis 1832.

Seine »Dampf-Abgrabemaschine« bewährte sich besonders im amerikanischen Bahnbau, wo sie die Arbeit von bis zu 180 Mann verrichten konnte, wie staunend nachgerechnet wurde. In Deutschland benötigten die Unternehmen die teuren Baumaschinen lange gar nicht, denn ▸▸

▲ Giganten der Technik sind die Braunkohlebagger, die als größte fahrbare Maschinen der Welt gelten.

▸ Wer anders als das Universalgenie Leonardo da Vinci hätte den Bagger erfinden können? Diese Zeichnung des Meisters zeigt einen Bagger zum Freilegen von Fahrrinnen in Flüssen und Kanälen.

Ereignisse aus der Welt der Bagger

Kräftigung
1795. Joseph Bramah erfindet in London die erste hydraulisch gesteuerte Maschine. Ab 1880 verhilft die Hydraulik auch Baggerarmen zu größeren Bauleistungen.

Ausgelöffelt
1904. Der Panamakanal wird mit einem Baggergroßeinsatz die weltgrößte Baustelle. 100 Löffelbagger beladen zehn Jahre lang täglich 333 Züge mit 130 000 t Erdreich.

Geschrumpft
1957. Für die engen Ställe eines Truthahnzüchters in den USA wird ein Lader zum Ausmisten gebaut. Dieser »Bobcat« (Luchs) wird als Kleinstbagger in Baustellen eingesetzt.

Spaßbaggern
1999. Im brandenburgischen Herzfelde wird das »Baggerland« zur Dauerbaustelle. Hier dürfen Jung und Alt mit schwerem Gerät nach Lust und Laune tiefe Löcher buddeln.

◀ Unterwasser-schneidradbagger: Dieser Schwimmbagger aus den 1990er Jahren fördert in Küstennähe Schwermineralsande.

Handarbeit war hier günstiger zu haben. Erst ab 1900 wurden erste deutsche Geräte gebaut. Sie besaßen Dampfmaschinen, Diesel- oder Elektromotoren.

Die deutsche Firma Menck befreite die Bagger schließlich aus der bis dahin unverzichtbaren Schienenspur und lieferte ab 1922 die ersten Raupenbagger aus. Abgeschaut hatte man bei »Caterpillar«, die in den USA seit 1904 Raupenketten für Traktoren lieferten. Die letzte wichtige Entwicklung kam aus Japan: Die auf heutigen Baustellen allgegenwärtigen Mini- und Kompaktbagger wurden dort 1979 in Großserie eingeführt. Inzwischen sind Bagger mit vielerlei Zusatzgeräten auch als Bohrer, Hämmer und Kräne zu verwenden und tragen damit erheblich zu Mechanisierung und Rationalisierung des Baugewerbes bei. ■

▲ Hintergrund: 4 m Höhe erreichen Baggergreifer in den USA bereits in den 1920/30er Jahren.

▶ Dieser Bagger im Ölsand Kanadas wiegt 920 t und zählt damit zu den größten Hydraulikbaggern der Welt.

◀ 1836 konstruiert William Otis, der Bruder von Elisha Graves Otis, dem Erfinder des elektrischen Fahrstuhls, den ersten dampfbetriebenen Bagger.

Ewig droht der Baggerzahn

Bagger-Wetten haben Konjunktur bei »Wetten dass?«. In der Fernsehshow werden millimetergenau arbeitende Bagger zum Sinnbild modernster Wundertechnik. In den 1970/80er Jahren waren die Baumaschinen nicht so beliebt in der Öffentlichkeit: »Hier fällt ein Haus, da steht ein Kran, und ewig droht der Baggerzahn«, hieß ein sehr beliebtes Bilderbuch, in dem die Verwandlung einer idyllischen Kleinstadt in eine entmenschlichte Großstadt hauptsächlich den Abrissbaggern zur Last gelegt wurde. Dabei war man zuvor, in der Zeit des Wiederaufbaus, froh über jeden Bagger, der zum Einsatz kommen konnte. Und nicht wenigen Städten diente nach 1945 die Silhouette eines mächtigen, leistungsfähigen Baggers als willkommene Kulisse für Grundsteinlegungen.

Schatzfindemaschinen

Baustellen als Schatzkammern? Die meisten Schatzfunde werden jedenfalls von Baggern gemacht. 1993 stieß in Trier ein Bagger sogar auf einen römischen Münzschatz von 18,5 kg Gewicht. Dieser bislang größte Fund in den römischen Westprovinzen verschaffte dem Trierer Münzkabinett eine führende Stellung in Europa. Ähnlich bedeutend war ein 1989 ausgebaggertes Bronzegefäß bei Neuwied, das randvoll mit römischen Silbermünzen gefüllt war. Ein paar verbeulte »Kuchenbleche« fanden einige Neugierige 1961 in einer Baugrube im schweizerischen Aarau. Der erbaggerte römische Fund entpuppte sich als vollständiges silbernes Tafelgeschirr mit Gefäßen, Platten, Besteck und Kandelabern – er ist einer der wichtigsten spätantiken Silberfunde nördlich der Alpen.

Ferropolis – Stadt aus Eisen

Fünf Riesenbagger stehen dort, wo in Sachsen-Anhalt vor knapp 50 Jahren der Braunkohleabbau begann. Als Anfang der 1990er Jahre die Kohlevorkommen in der Nähe von Gräfenhainichen erschöpft waren, da stand die Frage der Geländesanierung auf der Tagesordnung. Und das war die Geburtsstunde des Kunstgeländes »Ferropolis«. Heute säumen Großgeräte des Tagebaus die Landschaft: die Absetzer »Medusa« und »Gemini« sowie die Bagger »Mosquito«, »Big Wheel« und »Mad Max«. Inmitten dieser Konstellation bietet die Arena 25 000 Zuschauern eine faszinierende Veranstaltungskulisse, und in der Umgebung lockt mittlerweile ein Naherholungsgebiet mit Möglichkeiten zum Baden, Segeln und Tauchen.

◀ Gewaltige Stahlkonstruktion – Riesenbagger in Ferropolis.

1500

DIE SCHNELLE GEBURT

Um die Schnittentbindung in früher Zeit ranken sich zahlreiche Mythen. Ob Legende oder Wahrheit: Wenn solche Operationen in Antike und Mittelalter durchgeführt worden sind, dann mit hoher Wahrscheinlichkeit nur an sterbenden oder bereits verstorbenen Frauen. Ein Schweizer Schweinekastrator namens Jakob Nufer war es, der im Jahre 1500 als Erster erfolgreich einen Kaiserschnitt an einer lebenden Schwangeren durchführte – die Patientin war seine Ehefrau.

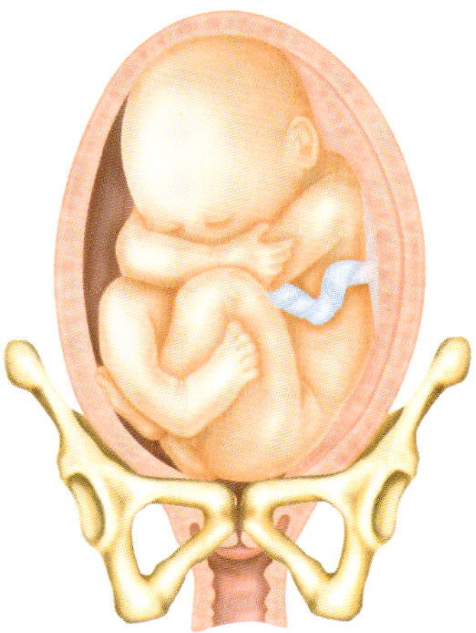

F rühere Belege für eine »sectio in vivo«, einen operativen Eingriff an der lebenden Mutter, gibt es nicht. Erst zu Beginn des 16. Jahrhunderts tauchen darüber erste Berichte auf, und dazu gehört auch die geglückte Operation im Hause Nufer. Dass die Gattin des Kastrators das Wagnis überlebte, blieb jedoch für lange Zeit die Ausnahme. So starben Berichten zufolge z. B. zwischen 1799 und 1877 in Paris alle Frauen, die sich dieser Operation unterzogen. Die hohe Sterblichkeitsrate hatte viele Gründe: tödliche Infektionen infolge mangelnder Hygiene, innere Blutungen, unzureichendes Instrumentarium sowie fehlende Anatomiekenntnisse der Ärzte. So verzichtete man u. a. darauf, die Gebärmutter nach dem Eingriff wieder zuzunähen, weil man ihr genügend Selbstheilungskräfte zusprach. Einen neuen Weg ging schließlich der italienische Arzt Edoardo Porro, als er 1876 eine Operationstechnik entwickelte, bei der ▸▸

▲ Ein Kind in Beckenendlage – immer noch häufiger Grund für eine Schnittentbindung.

▾ Kaiserschnitt bei vollem Bewusstsein: Ohne jede Narkose muss diese Frau die zur damaligen Zeit gefährliche Schnittentbindung über sich ergehen lassen; Stich aus dem 16. Jahrhundert.

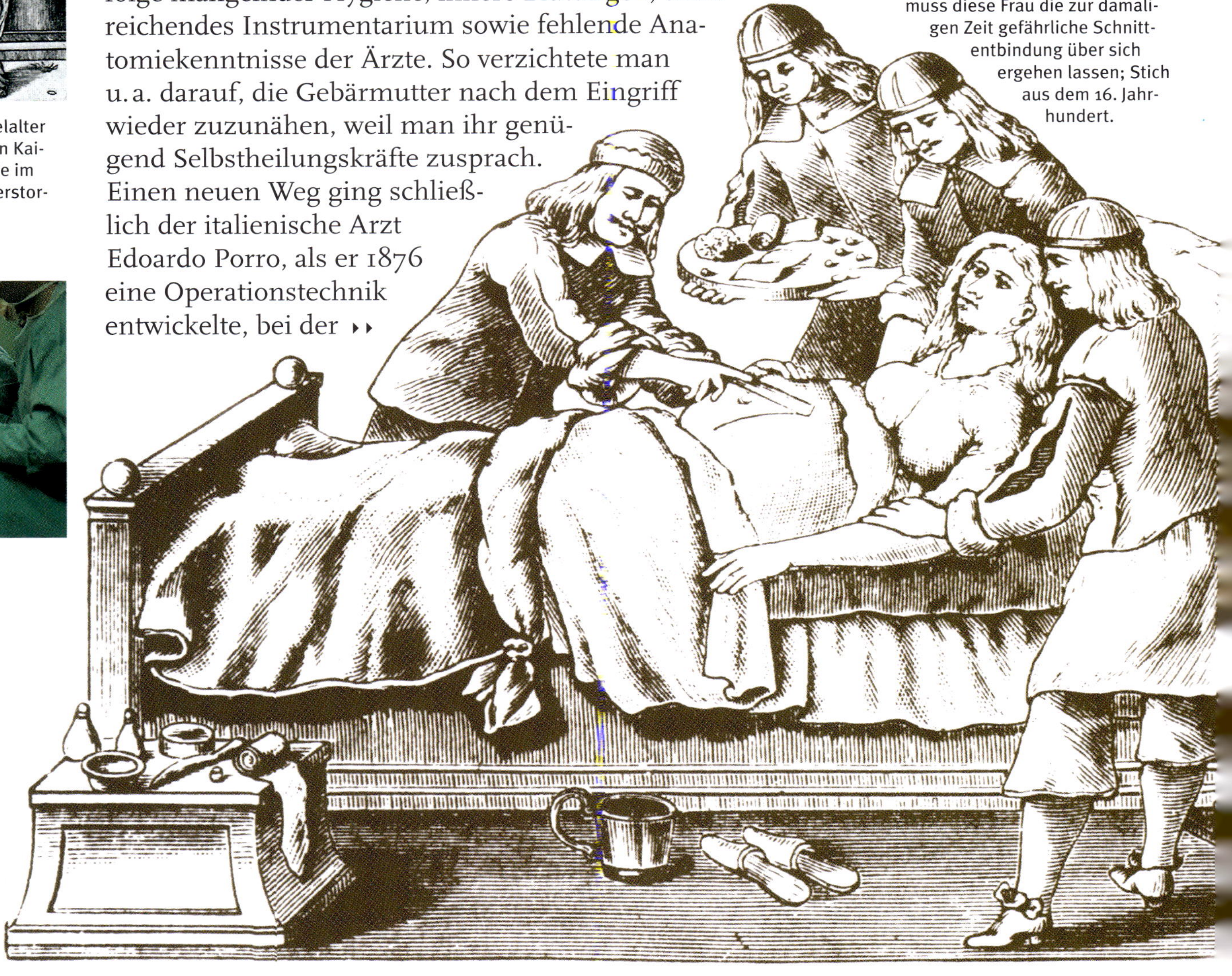

▲ In der Antike und im Mittelalter wagen die Geburtshelfer den Kaiserschnitt nur bei Frauen, die im Sterben lagen oder schon verstorben waren.

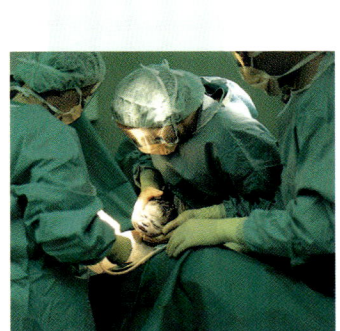

▲ Heute ist die Schnittentbindung für Ärzte eine Routineoperation.

nach der Herausnahme des Kindes Gebärmutter und Eierstöcke komplett entfernt wurden. Eine radikale Methode – doch die Überlebenschancen der Frauen stiegen, und sie verbesserten sich weiter durch die Pionierleistung von Max Sänger, der 1882 erstmals die Gewebsschichten der Gebärmutter wieder vernähte. Weitere medizinische Fortschritte wie die Erfindung der Narkose sowie die vermehrte Entstehung von Krankenhäusern im 19. Jahrhundert ließen die Zahl der Kaiserschnitte immer weiter ansteigen und sorgten dafür, dass die Sectio heute nahezu den Status einer Routineoperation hat, die mehr und mehr zur Wunschform der Geburt wird. Dabei kommt es gar nicht mehr unbedingt auf die medizinische Indikation an. Nicht selten ziehen Frauen den Kaiserschnitt der natürlichen Geburt vor, um sich Schmerzen durch lange Wehen zu ersparen. ■

▾ Hintergrund: Wöchnerin nach einer Kaiserschnittentbindung; Darstellung aus dem frühen 19. Jahrhundert.

Kaiserliche Schnittentbindung

Sectio caesarea – so lautet der medizinische Fachausdruck für den Kaiserschnitt. Und bis heute hält sich der seit dem Mittelalter gepflegte Mythos, die Bezeichnung sei darauf zurückzuführen, dass der römische Kaiser Julius Cäsar im Jahr 100 v. Chr. aus dem Bauch seiner Mutter herausgeschnitten wurde. Doch dieser angenommene und als schicksalhaft verklärte hoheitliche Weg ins Leben gehört erwiesenermaßen ins Reich der Legende. Vielmehr leitet sich der Name vom lateinischen caedere – schneiden – ab. Die Sectio caesarea ist also ganz einfach eine Schnittentbindung ohne kaiserliche Patenschaft.

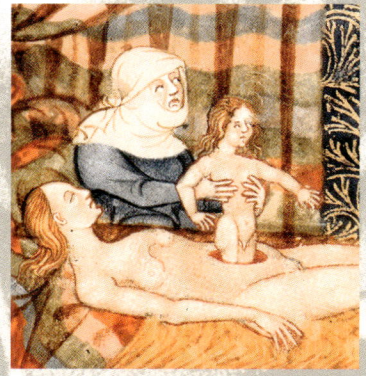

▸ Nur eine Legende – mittelalterliche Darstellung der Kaiserschnittgeburt von Julius Cäsar.

Präventiver Eingriff

Nach altrömischem Gesetz durfte eine verstorbene Schwangere nicht mit dem Fötus begraben werden, daher schnitten die Mediziner das Ungeborene aus der Toten heraus. In späteren Jahrhunderten bekam die christliche Taufe ein erhebliches Gewicht: Starb die Schwangere, ging es darum, den Fötus ans Licht der Welt zu bringen. Dann konnte er getauft und seine Seele gerettet werden. In unserer Zeit sind es in erster Linie präventive und akute medizinische Indikationen, die zu einem Kaiserschnitt führen. Nicht jede ist unumstritten: Manche Ärzte und Hebammen plädieren auch bei der sog. Beckenendlage des Babys eher für die natürliche Geburt als für den Schnitt. Unzweifelhaft ist dagegen die Notwendigkeit einer Sectio bei Komplikationen wäh-

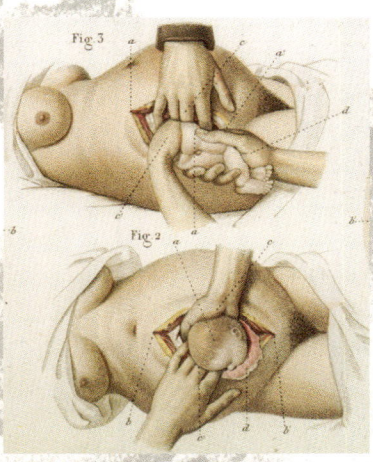

▴ Medizinische Handreichung für den schnellen Weg ins Leben, chirurgische Schautafel zum Kaiserschnitt aus dem 19. Jahrhundert.

rend der Geburt, beispielsweise einer Sauerstoffunterversorgung des Kindes oder bestimmten Vorerkrankungen der Mutter.

Fortschritte in der Geburtsmedizin

Geburtszange
1723. Die Geburtszange kommt erstmals zum Einsatz. Sie beschleunigt den Geburtsvorgang, führt aber am Anfang noch häufig zu Verletzungen bei Mutter und Kind.

Schmerzlinderung
1847. Der englische Arzt James Simpson verwendet erstmals Äther und ein Jahr später Chloroform bei der Geburt. Damit trägt er erheblich dazu bei, die Schmerzen der Frau zu lindern.

Schutz vor Infektionen
Um 1850. Der Geburtshelfer Ignaz Semmelweis verordnet das Händewaschen vor jeder Untersuchung einer Schwangeren, um Infektionen zu vermeiden.

Neue Kaiserschnitttechnik
1990er Jahre. Die in Israel entwickelte Misgav-Ladach-Methode verbessert das Kaiserschnittverfahren: Das Gewebe wird nur angeschnitten und auseinander gezogen.

16. Jh.

DAS GROSSE GEWINNSPIEL

Die Wiege der Lotterien steht in Italien. Darauf weisen schon die recht italienisch anmutenden Worte Lotto und Tombola hin. Das heute in aller Welt verbreitete Zahlenlotto soll im 16. Jahrhundert der Patrizier Benedetto Gentile in Genua erfunden haben – doch beim »Lotto di Genova« ging es zunächst einmal um die Besetzung des Stadtrates.

▲ Westdeutsche Fernseh-Lotto-feen 1969: Karin Dinslage (l.) und Karin Tietze-Ludwig mit zwei Richtigen.

▼ »Losziehung der königlichen Lotterie« nach einem Kupferstich von 1706; staatlich überwachte Lotterien werden schnell ein Renner und bringen dem Staat zusätzliche Einnahmen.

Alljährlich wurden in der norditalienischen Stadt aus 90 Kandidaten fünf neue Ratsherren durch Losentscheid gewählt. Dabei ignorierten die Genuesen die Warnung ihres Landsmanns Cicero, die der bereits rund 1600 Jahre zuvor ausgesprochen hatte: »Welche Sicherheit können diese Lose gewähren, die auf ein Nicken der Fortuna hin geschüttelt und von Kinderhänden gezogen werden!« Es bürgerte sich sogar ein, auf das Ergebnis dieser weniger demokratischen als vom Losglück abhängigen Wahlen Wetten abzuschließen. Die Begeisterung der Genuesen für diese Art der Wahl brachte den Ratsherrn Benedetto Gentile auf die Idee, die Namen der Kandidaten durch Zahlen zu ersetzen – das Spiel somit vom eigentlichen politischen Ereignis ganz zu trennen – und das Lotto häufiger und zum Nutzen des Stadtsäckels unter Aufsicht stattfinden zu lassen. Im 18. Jahrhundert breitete sich das »Lotto di Genova« oder Zahlenlotto in Europa aus. ▸▸

▲ Lottoannahmestelle von einst: Wiener Lotto-Kollektur 1873; das Zahlenlotto kann in Österreich auf eine 250-jährige Tradition zurück-blicken – das ist einmalig in Europa.

In staatlicher Hand

Etwas später als die Zahlenlotterie ist die Klassenlotterie (auch holländische Lotterie) entstanden. Sie wurde seit Ende des 16. Jahrhunderts in holländischen Städten zu wohltätigen Zwecken veranstaltet. Zahl und Preis der Lose sowie Gewinnhöhe, Zahl und Zeit der Ziehungen (Klassen) stehen von vornherein fest. Die Klassenlotterien blieben in städtischer oder staatlicher Hand und erregten bei der Obrigkeit anders als die Zahlenlotterie keine moralischen Bedenken. Verboten wurde nur die Konkurrenz. Preußen etwa ahndete ab 1904 das Spielen in außerpreußischen Lotterien mit Geldstrafe oder Haft.

Chronisten berichten von einer wahren Spielwut auch in deutschen Landen. Allein 1770/71 wurden 16 große staatliche Lotteriegesellschaften gegründet. Da beim Zahlenlotto sehr kleine Einsätze möglich waren, sahen Kritiker die Moral in breiten Bevölkerungsschichten gefährdet. Noch 1908 schrieb »Meyers Konversations-Lexikon«: »Die [Zahlen-] Lotterie nährt die Aussicht und den Hang, ohne Mühe reich zu werden, sie fördert die Gewohnheit, auf unbestimmte Glücksfälle, statt auf Fleiß und Einsicht zu bauen, sie bietet dem Aberglauben Nahrung und führt nicht selten den unglücklichen Spieler selbst auf den Weg des Verbrechens.«

Bis 1861 – zuletzt in Bayern – wurde in allen deutschen Ländern das Zahlenlotto verboten. Fast ein Jahrhundert verstrich, ehe es wieder zu Ehren kam. Geteiltes Land, geteiltes Glück: Das 1953 für Berlin (noch als »5 aus 90«) genehmigte Zahlenlotto wurde 1955 mit dem Deutschen Lottoblock nach dem System »6 aus 49« in der BRD eingeführt, während es in der DDR beim VEB Zahlenlotto seit 1954 nach altbewährter Manier weiter »5 aus 90« hieß. ∎

▲ Kleine Rolle, großer Bekanntheitsgrad: Franziska Reichenbacher präsentiert seit 1998 die Samstagsziehung der Lottozahlen in der ARD.

▾ Hintergrund: Weniger ein gutes Gespür für Zahlen als vielmehr eine gewaltige Portion Glück braucht der Lottospieler beim Ausfüllen eines Lottoscheins.

▲ Ostdeutsche Fernseh-Lottofee 1976: Barbara Liebig präsentiert die Tele-Lottozahlen; mit dabei ein Notar und der Direktor für Weltspiele VEB Vereinigte Weltspielbetriebe.

Ladenhüter aus der Tombola

Vorläufer der Lotterie waren Warenausspielungen, wie wir sie heute unter der Bezeichnung Tombola kennen. Sie entstanden Mitte des 15. Jahrhunderts in Italien und hielten Ende desselben Jahrhunderts in Deutschland als »Glückstöpfe« oder »Glückshäfen« Einzug. Kaufleute nutzten die Methode zuerst, um Ladenhüter doch noch mit Gewinn loszuschlagen. Daraus entwickelte sich ein eigener Geschäftszweig: Losbuden – heute noch auf Jahrmärkten zu finden – und die meist für wohltätige Zwecke veranstalteten Tombolas.

◂ Los einer Kinderasyl-Lotterie von 1906; der karitative Zweck ist bis in die Gegenwart ein wichtiger Aspekt bei Lotterien geblieben.

Kurze Nachrichten aus der Lotteriewelt

Mildtätige Premiere
1697. Leipzig veranstaltet als erste Stadt in Deutschland eine Klassenlotterie nach holländischem Spielplan. Der Erlös wird für den Bau eines Waisenhauses verwendet.

Glückliches Österreich
1752. Die erste Ziehung des von Maria Theresia genehmigten Zahlenlottos findet in Wien statt. Seither wird in Österreich ohne Unterbrechung Lotto gespielt.

Gleichschaltung
1938. Die Nationalsozialisten schalten die Klassenlotterien der Länder durch das Gesetz über die Deutsche Reichslotterie gleich. Es werden zwölf Reichslotterien veranstaltet.

Doppelte Chance
1972. In der DDR bekommt das VEB Zahlenlotto Konkurrenz; das Tele-Lotto »5 aus 35« wird eingeführt. Die Ziehung der Gewinnzahlen erfolgt wöchentlich im Fernsehen.

16. Jh.

SCHMUCKE WANDKLEIDER

Nackte Wände widersprachen wohl immer dem Bedürfnis des Menschen nach Gemütlichkeit. Schon die Griechen und Römer verzierten ihre Innenräume mit Wandmalereien und Marmortafeln. Die Anfänge der Papiertapete, die trotz vielfacher Geschmacksänderungen bis heute in der Wohnkultur überlebt hat, sind nicht genau auszumachen. In den Salons der westlichen Welt muss es jedoch wie eine kleine Revolution gewirkt haben, als im 16. Jahrhundert Schiffe der Ostindischen Handelskompanie die ersten Papiertapeten aus China in europäische Häfen brachten.

Zu den frühesten Vorläufern der Tapete gehört wohl der Teppich in seiner alten Form als Wandbehang. Im frühen Mittelalter begann man dann, bemalte oder mit Hilfe von Holzformen bedruckte Textilbahnen auf Rahmen zu spannen und an die Wände oder Decken zu hängen. Im 16. Jahrhundert kamen, ausgehend von Spanien, in ganz Europa aufwendig veredelte Tapeten aus Ziegen-, Schafs- oder Kalbsleder auf. Doch sowohl diese maurisch inspirierten Ledertapeten als auch die chinesischen Papiertapeten blieben als edles Luxusgut dem Adel vorbehalten. Als weniger kostbarer Ersatz etablierte sich daneben in Europa die Flocktapete, eine mit Bronze oder Ölfarbe grundierte Leinwandtapete mit farbigen Wollstäubchen, die später auch auf Papierbasis hergestellt wurde. Die ersten abwaschbaren Wachstuchtapeten aus grundierter Leinwand und Firnis entstanden im 18. Jahrhundert in England und Deutschland. Zu dieser Zeit war die Herstellung von Tapeten noch ein mühsames, arbeits- und zeitintensives Handwerk. Die ersten Tapetenrollen kamen Ende des 17. Jahrhunderts ▸▸

▲ Im 17. Jahrhundert können sich nur wohlhabende Menschen Tapeten leisten; »Der junge Gelehrte zu Hause«; Gemälde von Gonzales Coques, 1640.

◂ Kunstvoll geprägte Ledertapete aus dem frühen 18. Jahrhundert – ein absolutes Luxusgut.

▲ Lang ist der Weg der Tapete zur günstigen Massenware. Besonders beliebt sind heute schlichte Tapeten in pastellfarbenen Tönen.

Spiegel der Kulturgeschichte

Ähnlich wie bei der Kleidung richtet sich auch die Tapetenmode nach dem jeweils vorherrschenden Geschmack. Die Renaissance hielt sich im Bereich des Wandschmucks an die strengen, klassischen Formen der Antike, während das Barock prunkvolle und verschnörkelte Muster vorzog. Die Tapeten des Rokoko wirkten leichter, feiner, das Muschelmuster gab den Ton an. Der Klassizismus wendete sich um 1770 wieder antiken Mustern zu. Im Biedermeier (1815–1848) wirkten die Tapeten fast heiter, die Farben waren fröhlich. Da gab es neben Tapeten mit verspielten Blümchen, Kränzen und Schleifchen auch solche mit senkrechten, reich verzierten Streifen. Der Jugendstil machte um die Wende zum 20. Jahrhundert schließlich ornamentreiche Tapeten, häufig mit stilisierten Blumen- oder Pflanzenmotiven, modern. Unter dem Einfluss der Bauhauskünstler entstanden in den 1920er Jahren schlichte, leicht farbig getönte Tapeten.

◂ Schlichte Eleganz: moderne Tapete mit geometrischem Muster.

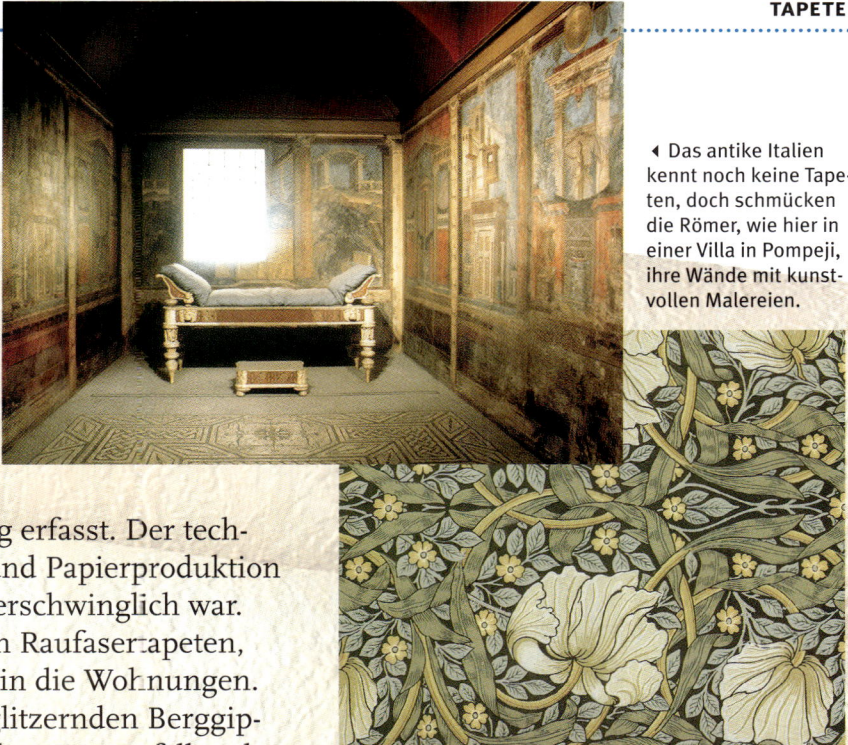

◂ Das antike Italien kennt noch keine Tapeten, doch schmücken die Römer, wie hier in einer Villa in Pompeji, ihre Wände mit kunstvollen Malereien.

auf: Zeichner und Formstecher bereiteten Mustervorlagen und Druckmodel vor, dann mussten Papierbögen zu Bahnen geleimt, grundiert, gedruckt und später aufgerollt werden. Mitte des 19. Jahrhunderts hatte die Industrialisierung dann auch die Tapetenherstellung erfasst. Der technische Fortschritt im Bereich von Drucktechnik und Papierproduktion bereitete den Weg zur Tapete, die für jedermann erschwinglich war. In der zweiten Hälfte des 20. Jahrhunderts hielten Raufasertapeten, die mehrfach gestrichen werden können, Einzug in die Wohnungen. Fototapeten eroberten in den 1970er Jahren mit glitzernden Berggipfeln im Schnee, Sonnenuntergängen oder exotischen Wasserfällen den deutschen Markt. Zu Beginn des neuen Jahrtausends herrschen Tapeten in warmen Rot- und mediterranen Grün- und Blautönen sowie mit freskenartig gewischten Strukturen vor, die mit Borten und dezent eingesetzten optischen Effekten verfeinert werden. Aber auch nackte Wände – allerdings farbig gestrichen – gehören zu den Wohntrends. ∎

▴ Diese englische Tapete aus dem späten 19. Jahrhundert wurde von einem Mitbegründer des Jugendstils entworfen: William Morris.

▴ Prachtvolle Seidenbezüge dienen der französischen Königin Marie Antoinette im 18. Jahrhundert als Wandschmuck für ihr Schlafzimmer.

Tapisserien und Gobelins

Die Menschen liebten es von jeher, ihre Wände zu schmücken. Bereits in der Antike verstand man sich auf die Herstellung textilen Wandschmucks. Im Grab des ägyptischen Pharaos Tutanchamun beispielsweise wurden Leinenstoffteile gefunden, die aus dem 15. Jahrhundert v. Chr. stammen. Gewirkte oder gestickte Wandbehänge hatten im 14. Jahrhundert ihre Hochburgen in den Manufakturen in Paris und Flandern, später auch Lyon. Mitte des 15. Jahrhunderts gründeten zwei Brüder, Jean und Philibert Gobelin, am Rande von Paris ein Färbewerk, das später zum Wirkatelier wurde und sich ab 1662 ganz auf Bildteppiche spezialisierte: die weltberühmten Gobelins.

▾ Gobelins gehören zu den Vorläufern der Tapete; dieser Wandteppich entstammt der flämischen Schule des 16. Jahrhunderts.

Bedeutende Schritte in der Tapetenherstellung

Tapetenfabrik
18. Jahrhundert. Kassel entwickelt sich zum Zentrum der Tapetenherstellung. Hier entsteht die Papiertapetenfabrik von Johann C. Arnold, die u. a. die Brüder Grimm beliefert.

Papiermaschine
1799. Die technische Erfindung der Papiermaschine zur Produktion von Endlosrollen ermöglicht es erstmals, statt kleiner Bögen lange Papierrollen herzustellen.

Maschineller Druck
1852. In Kassel werden erstmals Tapetenrollen maschinell bedruckt. Bis zum Ende des Jahrhunderts steigt die Produktion erheblich, und neue Erzeugnisse kommen heraus.

Mehrfarbendruck
Spätes 19. Jahrhundert. Der Rotationsdruck bringt eine entscheidende Neuerung: Auf riesigen Trommeln der Leimdruckmaschinen können 18 Farben gleichzeitig gedruckt werden.

16. Jh.

IN WEIHNACHTLICHEM GLANZ

Heute ist der von Kerzen oder Lichterketten hell erstrahlende Nadelbaum Sinnbild für das deutsche Weihnachtsfest. Doch das war längst nicht immer so: Die ersten Belege für den geschmückten Tannenbaum in deutschen Häusern finden sich erst zu Beginn des 16. Jahrhunderts. Sie berichten von den Festbräuchen südwestdeutscher Zünfte, die kleine mit Äpfeln, Nüssen, Brezeln und Papierblumen dekorierte Tannenbäume aufstellen ließen.

G enau genommen geht die Geschichte des Weihnachtsbaums auf zwei Ursprünge zurück: Schon in vorchristlicher Zeit war es in frühen Kulturen Brauch, dem Winter mit immergrünen Sträuchern und Bäumen, den »Meyen«, abzuschwören. Wohldekorierte Zweige der Stechpalme, der Eibe, des Buchsbaums und auch der Tanne und Fichte sollten den Winterdämon verjagen und die Götter der Sonne und Fruchtbarkeit gnädig stimmen. Das Grün sollte Schutz vor Unheil bieten und die Wiederkehr des Lebens symbolisieren. Die christlichen Wurzeln des Weihnachtsbaums liegen in den mittelalterlichen Mysterienspielen, die vor den Portalen der Kirchen in der Heiligen Nacht den Sündenfall im Paradies nachstellten. Dort waren nicht nur Adam und Eva zu sehen, sondern als Dekoration auch eine mit Äpfeln geschmückte Tanne – Symbol des Paradiesbaums. So sollte der Baum verkünden, dass Christi Geburt in der Weihe-Nacht den Sündenfall gesühnt habe. Der Baum der Versuchung wandelte sich damit zum Baum des Lebens. Im Laufe der Zeit vermischten sich der heidnisch naturverbundene Meyen-Brauch und die christliche Tradition des Paradiesbaums. Im 18. Jahrhundert erreichte der Weihnachtsbaum als deutsches Brauchtum zusammen mit den Auswanderern auch Nordamerika. Populär wurde er vor allem durch die hessischen Soldaten, die ihn während des amerikanischen Unabhängigkeitskrieges im ganzen Land verbreiteten. ▸▸

▴ Über und über geschmückt: Weihnachtsbaum mit Goldengeln vor dem Rockefeller-Center in New York.

◂ Egal, wo er steht – ob in der guten Stube, im Wald oder an öffentlichen Plätzen –, für ein paar Tage im Jahr gibt der Weihnachtsbaum den Menschen das Gefühl eines friedvollen Idylls.

◄ Hintergrund: Christbaumkugeln gehören zu den traditionellen »Schmuckstücken« des Tannenbaums.

Im letzten Drittel des 19. Jahrhunderts setzte sich der Christbaum als Symbol für das deutsche Weihnachtsfest allgemein durch. Das Anzünden der Baumkerzen hinter verschlossener Tür im Kreise der Familie entsprach dem bürgerlichen Lebensstil der Biedermeierzeit mit seinem Bedürfnis nach familiärer Intimität.

▲ Weihnachten im Weißen Haus: Dwight D. Eisenhower, der 34. US-Präsident, im Kreise seiner Familie vor einem prächtig geschmückten Weihnachtsbaum, 1953.

Seit dem 20. Jahrhundert gehört der auf vielerlei Arten geschmückte Christbaum nicht nur beim heimischen Familienfest zum festgeschriebenen feierlichen Zeremoniell. Auch auf öffentlichen Plätzen, in Schulen, Ämtern, Banken und Geschäften läutet er heute in vielen Teilen der westlichen Welt die Weihnachtszeit ein. Selbst atheistisch geprägte Staaten wie die DDR hatten mit ihren so genannten Schmuckbäumen »Weihnachtsbäume«, die offiziell allerdings nichts mit dem Christbaum gemein hatten. ∎

▲ Um 1900 erstrahlt als Zeichen des Luxus sogar im Speisewagen ein prächtiger Lichterbaum.

Kirche im Zwiespalt

Das Verhältnis der Kirche zum heidnisch geprägten Brauch der immergrünen Schmuckzweige blieb lange zwiespältig. Vor allem in katholischen Regionen, in denen die liebevoll ausgestattete Krippe im Mittelpunkt des Weihnachtsfestes stand, hielt der Weihnachtsbaum spät Einzug in die Stuben. Dabei halfen des Öfteren evangelische Gläubige nach. In Österreich ließ Erzherzog Karl 1816 auf Weisung seiner Gemahlin, der protestantischen Prinzessin Henriette von Nassau-Weilburg in seinem Wiener Palais einen Weihnachtsbaum aufstellen. 1840 schmückte die Herzogin von Orléans, eine protestantische Prinzessin von Mecklenburg, die Tuilerien mit einem Tannenbaum. Das katholisch geprägte Italien erreichte der Baum erst durch US-Soldaten zum Ende des Zweiten Weltkriegs.

◄ Weihnachtlichen Glanz bringen Christbaum und Krippe vor den Petersdom in Rom.

Im Trend der Zeit

Im Laufe der Jahrhunderte änderte der Weihnachtsbaum immer wieder seinen Schmuck: Zu Beginn des neuen Weihnachtsbrauchs stand der essbare Baumschmuck in Form von Äpfeln und Nüssen, aber auch Gebäck und Zuckersachen im Vordergrund. Diesen »Zuckerbaum« oder »Rosinenbaum« trafen viele begehrliche Blicke, und er wurde meist am Neujahrstag oder am Dreikönigstag zum Plündern freigegeben. Papier, goldene Pappe und sog. Zischgold, dünn geschlagenes Gelbmetall, gehörten zum ersten modernen Weihnachtsbaumschmuck. Das Kerzenlicht als Baumdekoration brachte schließlich der Adel mit. Seitdem der Tannenbaum in die gute Stube geholt wurde, steht er unter dem Einfluss der verschiedenen Familientraditionen. Heute schmückt jeder den Baum auf seine Weise: mit Kugeln, Strohsternen, Süßigkeiten oder Lametta. Nur der Lichterglanz hat sich allgemein, seit dem 19. Jahrhundert auch in Form von elektrischen Kerzen, durchgesetzt.

◄ Festlich gekleidetes Ehepaar bei den letzten Vorbereitungen für die Bescherung unter dem Christbaum; Weihnachtspostkarte um 1900.

Neuer Baumschmuck im 19. Jahrhundert

Glaskugeln
1848. In Thüringen werden die ersten Christbaumkugeln angeboten. Die schlichten Kugeln aus buntem oder verspiegeltem Glas sind innen mit Blei oder Silbernitrat ausgegossen.

Baumständer
Ab 1870. Der industriell gefertigte Christbaumfuß hält Einzug in die deutschen Haushalte. Der meist aus Eisen gegossene Ständer ist u.a. als Wurzelimitation zu haben.

Lametta-Regen
1878. Ein Nürnberger Spielwarengeschäft bietet erstmals gold- und silberfarbene Metallfäden an, die »in einzelnen Fäden ausgezogen, flüchtig auf die Äste geworfen werden«.

Elektrische Kerzen
Um 1890. In Deutschland kommt die elektrische Baumbeleuchtung auf den Markt, zunächst jedoch vorwiegend als Dekoration von Bäumen auf öffentlichen Plätzen.

1510

SPRUNG IN EINE NEUE ZEIT

Manchmal ist ein epochaler technischer Durchbruch nicht das Kind einer großen Erfindung, sondern das Ergebnis konsequenter Weiterentwicklung bereits vorhandener Ideen und deren Umsetzungen. So war es auch, als 1510 der Nürnberger Schlosser Peter Henlein seine ersten Dosenuhren und damit die Vorgänger der modernen Taschenuhren baute.

▲ Der Blick zur Uhr – ein typisches Zeichen unserer Zeit; ein Termin folgt dem anderen.

Mechanische Uhren gab es schon seit dem späten 13. Jahrhundert. Sie waren allesamt riesig und auf ortsfesten Betrieb beschränkt, weil der Antrieb durch Gewichte viel Raum beanspruchte und keine Lageveränderungen duldete. Daher waren die Zeitmesser ausschließlich in Gebäuden wie Kirchen oder Rathäusern eingebaut. Das änderte sich, als um 1410 der Florentiner Baumeister Filippo Brunelleschi Uhren und Wecker mit vermutlich spiralförmigen Federn baute. Diese Federn ersetzten das bisherige Antriebsgewicht mechanischer Uhren. Um 1430 entstanden in Deutschland und Frankreich erste tragbare Uhren.

Peter Henlein vollzog den letzten konsequenten Schritt: Er machte die Uhren so klein und in einem dosenförmigen Gehäuse so transportsicher, dass jedermann sie bequem mit sich führen konnte – vorausgesetzt, er verfügte über die nötigen finanziellen Mittel zum Kauf. Das aber war eher die Ausnahme als die Regel, denn der Preis der Uhren war hoch, da ihre Fertigung lange und konzentrierte Arbeit verlangte. ▸▸

▲ Uhren als kleine Kostbarkeiten; Figuren-Automatenuhr aus edlen Metallen, um 1600.

▾ Der neue Zeitmesser: die erste dosenförmige Taschenuhr, die der Nürnberger Schlosser und Feinmechaniker Peter Henlein um 1510 herstellt.

Voller Unruhe – das Innenleben

Vier Teile wirken in jedem Uhrwerk zusammen: 1. der Schwinger, dessen Schwingungsdauer das eigentliche Zeitmaß liefert, 2. die Energiequelle, die den Schwinger in Bewegung hält, 3. das Teilchen zwischen Energiequelle und Schwinger, das die Energie dem Schwinger zuführt, 4. die Zeitanzeige oder Zeitzählung. Die Energiequelle tragbarer Uhren ist in der Regel eine Feder, die durch Handaufzug, Armbewegungen oder einen kleinen Elektromotor gespannt wird. Die meisten heute verwendeten mechanischen Uhren besitzen ein Unruhschwingsystem, eine Art Drehpendel. Ein Schrittschaltwerk zählt die Schwingungen und sorgt dafür, dass das Räderwerk die Zeiger der Uhr weiterbewegt.

▸ Technik einer mechanischen Uhr aus früheren Zeiten.

Nach Henleins Erfindung gewinnt die Produktion handlicher Uhren an Bedeutung; allegorische Darstellung des Uhrmacherhandwerks; Kupferstich um 1695.

In der Zeit nach Henlein bestimmten zwei Trends die Uhrenentwicklung: technische Verbesserungen und sinkende Preise. Die Erfindung neuer Hemmungen – Schaltgetriebe zur Energieübertragung vom Antrieb über das Räderwerk auf das Schwingsystem – ab 1670, die verkleinerte Armbanduhr um 1920, neun Jahr später das Quarzuhrwerk, die digitale Flüssigkristallanzeige 1971 oder das Funkuhrprinzip machten die tragbaren Uhren zunehmend kleiner und außerdem genauer. Industrielle Massenfertigung und die Globalisierung der Märkte ließen Uhren billiger und billiger werden. In der heutigen Gesellschaft, in der die Zeit unser Leben diktiert, ist die Armband- oder Taschenuhr zu einem wichtigen Utensil unseres Alltags geworden. Sie ist beinahe unentbehrlich geworden, um die knappe Zeit effektiv zu organisieren, denn Zeit ist Geld. ■

◀ Praktisches Hilfsmittel für den Arzt: die Taschenuhr als Pulsmesser Ende des 19. Jahrhunderts.

◀ Hintergrund: Riesige Ausmaße hat das Zifferblatt der Uhr am Big Ben in London.

Statussymbol am Handgelenk

Noch bis zur Mitte des 20. Jahrhunderts waren Armband- und Taschenuhren vor allen Dingen Statussymbole. Nicht jedermann konnte sich eine tragbare Uhr leisten. Die Billiguhren der 1960er und 1970er Jahre verliehen weder Sozialprestige noch waren sie besonders ganggenau. Wer etwas auf sich hielt, trug daher teure Markenuhren oder aber griff auf Modelle mit hervorragender Technik zurück. Heutzutage jedoch suggeriert

Hightech am Handgelenk nicht mehr automatisch einen hohen Anschaffungspreis. So haben sich modebewusste Uhrenträger denn auch auf nostalgische Statussymbole besonnen: aufwendige handgearbeitete Repliken historischer Taschenuhren und älterer Armband-Chronometer mit klassischem mechanischem Werk und Analoganzeige statt der allgegenwärtigen Digitalelektronik. Aber auch die Marke spielt weiterhin eine große Rolle.

◀ Eine Rolex-Armbanduhr ist für viele Menschen ein Statussymbol.

Computerfertigung

Uhren, die in Handarbeit hergestellt werden, kosten ein Vielfaches der industriellen Massenware.

In Präzisionsarbeit handgefertigte Uhren waren bis etwa 1970 den maschinell erzeugten Massenartikeln qualitativ überlegen. Heute jedoch sind computergesteuerte Feinwerkautomaten jedem noch so professionellen Uhrmacher weit voraus. Das wird sofort verständlich, wenn man z. B. bedenkt, dass die kleinsten in der Uhrenindustrie verwendeten Schräubchen einen Durchmesser von weniger als 0,05 mm besitzen. Die Herstellung eines modernen Handgelenkchronometers erfordert weit über tausend höchst präzise Arbeitsgänge.

Bedeutende Uhrmacher im Überblick

Thomas Tompion
1637–1713. Der »Vater« der britischen Uhrmachergilde wird durch Bodenstanduhren – zum Teil mit Monats- und Jahresangaben – sowie mehr als 6000 Taschenuhren berühmt.

John Arnold
1736–1799. Der Londoner ist der maßgebliche Hersteller von Chronometern seiner Zeit. Ab 1770 rüstet er u. a. die britische Marine mit seinen Präzisionsgeräten aus.

Abraham-Louis Breguet
1747–1823. Der Schweizer gilt durch zahlreiche technische Neuerungen als bedeutendster Uhrenerfinder der Geschichte. Er baut u. a. Stoppuhren, Pendel- und Taschenuhren.

Ferdinand-Adolf Lange
1815–1875. Der Dresdner eröffnet 1845 in Glashütte im Erzgebirge eine Uhrenwerkstatt, aus der sich eine renommierte Taschenuhrenmanufaktur entwickelt.

1521

EINMAL RUND UM DIE ERDE

Er wollte weiter segeln als Kolumbus – und es gelang ihm, aber die Rückkehr nach Spanien, von wo aus er gestartet war, blieb dem Portugiesen Fernando Magellan versagt. Dennoch gilt er als der erste Weltumsegler. Wichtiger »Nebeneffekt« der von 1519 bis 1521/22 dauernden Reise war der Beweis, dass die Erde eine Kugel und keine Scheibe ist, an deren Rändern man herunterzustürzen droht.

▲ Der Brite Robin Knox-Johnston schafft 1969 als erster Einhandsegler eine Nonstop-Erdumrundung.

▲ »In 80 Tagen um die Welt«; Filmklassiker von 1956 nach der Romanvorlage von Jules Verne: David Niven eilt in der Rolle eines britischen Gentleman, der eine Wette gewinnen will, um die Welt.

Vom spanischen König Karl I., dem späteren Kaiser Karl V., mit fünf altersschwachen Karavellen und einem überaus günstigen Vertrag ausgestattet, der ihm große finanzielle Vorteile versprach, sollte Magellan sechs Gewürzinseln der Molukken für Spanien in Besitz nehmen. Die Risiken des Unternehmens waren unkalkulierbar, die Erwartungen hoch – die typische Konstellation im Zeitalter der europäischen Entdeckungsfahrten. Magellan durchfuhr 1520 als Erster die später nach ihm benannte Wasserstraße zwischen Südamerikas Festland und Feuerland. Trotz Meuterei, Skorbut und Hunger querte seine schon reduzierte Flotte den Pazifik. Auf den heutigen Philippinen weder als Usurpator noch als Missionar willkommen, wurde er 1521 im Kampf erschlagen. Nur Kapitän Juan Sebastian Elcano erreichte mit der »Victoria«, dem letzten verbliebenen Schiff, und 18 von 237 Mann den spanischen Hafen San Lucar, weit mehr als zwei Jahre nach dem Beginn der Fahrt. Als Neuigkeit breitete sich aus, was schon im Altertum erkannt war: Wir Menschen leben auf einer Kugel. Auch für die mediterranen Seefahrer der Antike war die Welt nicht an den Säulen des Herkules – der Straße von Gibraltar – zu Ende. ▶▶

▶ Die »Victoria«, das letzte verbliebene Schiff von Fernando Magellans Flotte, mit der die erste Weltumseglung gelang; Kupferstich aus dem 16. Jahrhundert.

▲ Der große Seefahrer: allegorische Darstellung der Leistungen des portugiesischen Weltumseglers Fernando Magellan.

Herodot, der »Vater der Geschichtsschreibung«, berichtet von der Afrika-Umrundung einer Flotte, die Pharao Necho um 600 v. Chr. entsandte. Der Grieche Scylax von Caria segelte um 515 v. Chr. vom Indus aus durch das Arabische und das Rote Meer bis Suez. Um 300 v. Chr. schaffte es Pytheas aus Marseille mit seinem Schiff die Ostküste Englands entlang bis zu den Orkney-Inseln. Die Wikinger querten mit ihren Drachenschiffen den Nordatlantik und nannten die amerikanische Ostküste »Vinland«. ■

Allein im Boot über die sieben Meere

Einhandsegler haben ihren Namen aus Segelschiffzeiten. Ein Mann auf hoher See galt als »eine Hand« beim Segelsetzen, die andere brauchte er zum Festhalten in der Takelage. »Eine Hand für dich, eine für das Schiff«, lautete das Motto. Nach sportlichen Regeln darf der Einzelsegler von jeher keine fremde Hilfe beanspruchen, mit dem Einzug moderner Technik in die Boote aber darf er automatische Steuerung für die Schlafzeiten und Funkverbindung für Positionsmeldungen benutzen. Von diesem Luxus konnte der erste erfolgreiche Einhand-Weltumsegler, der Amerikaner Joshua Slocum, auf seiner dreijährigen Fahrt von 1895 bis 1898 nicht einmal träumen.

▶ Die Erdumrundung mit einem Segelboot gelingt erstmals dem Amerikaner Joshua Slocum im 19. Jahrhundert.

Nonstop mit dem Ballon

Ende des zweiten Jahrtausends gelang dem Schweizer Bertrand Piccard und dem Briten Brian Jones nach mehrfachen gescheiterten Versuchen der Konkurrenz die erste Nonstop-Erdumrundung mit ihrem Heißluftballon »Orbiter 3«. 19 Tage, eine Stunde und 49 Minuten nach dem Start in der Schweiz am 1.3.1999 kamen sie zwar nicht am Ausgangspunkt wieder an, überflogen aber die gleiche geografische »Ziellinie« 9,27° westlicher Länge über Mauretanien, bevor sie in Ägypten landeten. Eine ebenso reife wie medienwirksame Leistung der steuerlosen Flugreisenden, die im Wesentlichen vom Wind abhängig waren – nicht anders als 216 Jahre früher die Brüder Montgolfier mit dem ersten Heißluftballon.

▶ Vergebliche Mühe – 1998 startet der Amerikaner Steve Fossett zu seinem vierten Erdumrundungsversuch.

Rundflug um den Globus

▲ Glücklich über den großen Erfolg: die amerikanischen Piloten, denen 1924 der erste Flug um die Erde gelingt.

Der Herausforderung, es mit fliegerischem Können den Weltumseglern nachzutun, stellten sich mit Erfolg erstmals amerikanische Piloten. Von ihren am 6.4.1924 aufgestiegenen vier Maschinen kehrten zwei nach 15 Tagen und etlichen Zwischenlandungen zum Ausgangspunkt zurück. Es dauerte noch ein Vierteljahrhundert, bis 1959 erstmals ein – in der Luft betanktes – Flugzeug nonstop um die Erde flog. Mit dem lenkbaren Luftschiff »Graf Zeppelin« war dies dem Deutschen Hugo Eckener allerdings bereits im August 1929 gelungen.

Rekorde bei der Umrundung der Erde

Mit dem Auto
1989. 69 Tage, 19 Stunden und fünf Minuten dauert die Reise von Neena Chowdhury und Mohammed Salahuddin aus Kalkutta – ein bislang ungebrochener Rekord.

Mit dem Hubschrauber
1996. Die Amerikaner Ron Bower und John Williams umrunden mit einem Bell-430-Hubschrauber in 17 Tagen, sechs Stunden und 14 Minuten die Erde.

Auf dem Motorrad
1997. Als Rekord ist auch die Motorradfahrt des Briten Nick Sanders anerkannt, der in 31 Tagen und 20 Stunden von Calais aus um die Welt reist – genau 32 074 km.

Im Ultraleichtflugzeug
1998. Gestartet in seiner britischen Heimat, fliegt Brian Milton über den Nahen Osten, Indien, Südostasien und Nordamerika zurück nach Europa. Dauer: 121 Tage.

1530

EIN EISIGES VERGNÜGEN

Wer erstmals künstlich Speiseeis hergestellt hat, lässt sich nicht mit letzter Gewissheit sagen. Vermutlich war es 1530 ein Zuckerbäcker in der sizilianischen Stadt Catania. Lange war die süße Schleckerei Adel und wohlhabenden Bürgern vorbehalten. Heute gehört das Eis für Groß und Klein zu einer der schönsten Nebensachen der Welt.

▲ Umringt von Kindern: ein Eiswagen in Berlin um die Jahrhundertwende; der Verkäufer muss seinen Wagen noch schieben.

Der Patissier Buentalentis machte 1533 die Hochzeit von Katharina von Medici durch seine Fruchtsorbets zum kulinarischen Erlebnis. In der Folgezeit blieb der Eisgenuss in Europa noch lange den Fürstenhöfen vorbehalten. Erst 1672 bot das Pariser Café Procope des Italieners Francesco Procopio dei Coltelli auch der Allgemeinheit Eisspezialitäten an. Zu den Kunden des Hauses gehörten später auch Voltaire, Diderot, Rousseau und Napoleon Bonaparte. Die Geschichte des »natürlichen« Speiseeises reicht allerdings viel weiter zurück. Als Marco Polo 1292 von einer Asienreise nach Venedig heimkehrte, brachte er als Geschenk des Mongolen-Khans Kublai ein Rezept für Gefrorenes mit. Er berichtete auch, dass die Chinesen schon 3000 Jahre zuvor aus Milch, Wasser und Früchten mit Hilfe von Schnee Speiseeis hergestellt haben sollen. Bekannt war solches Eis auch im antiken Europa. Die griechische High Society liebte »Schnee vom Olymp«, mit Honig, Fruchtsäften und Wein verfeinert, als »Götterspeise«. ▶▶

▲ Eisverkäufer mit Fliege und weißem Anzug; amerikanische Werbung aus den 1930er Jahren.

▶ Genüssliches Eisschlürfen – ehemals ein Privileg der Oberschicht; französische Lithographie aus dem 19. Jahrhundert mit dem Titel »Die Eisesser«.

»Gelati«: Eine kleine Pause gönnt sich in den 1950er Jahren dieser italienische Eisverkäufer in Rom.

▼ Speiseeis muss gekühlt werden. Dazu zerschnitt man in früheren Jahrhunderten Natureisblöcke.

Im antiken Rom veredelte man Schnee mit Honig, Zimt, Rosenwasser und Veilchen und garnierte das Ganze mit Mandeln, Datteln und Feigen. Kaiser Nero besaß einen größeren Eisvorrat aus Gipfelschnee in holzverkleideten Erdgruben.

Auch als Speiseeis im 18. Jahrhundert mit einer Salpeter-Kältemischung gefroren werden konnte, blieb die Produktion gering. Noch 1759 hielt Goethes Mutter es für unmöglich, dass »der Magen ein wahrhaftes Eis vertragen könne«. Ihr berühmter Sohn musste seiner Leidenschaft für Himbeereis daher heimlich frönen. Erst der Schriftsteller Fürst von Pückler-Muskau machte Speiseeis im 19. Jahrhundert auch in Deutschland salonfähig. ■

Beginn der Massenproduktion

Als erster Speiseeishersteller großen Stils geht US-Präsident George Washington in die Annalen ein. Er produzierte auf seinem Gut Mount Vernon mit einer 1790 von der amerikanischen Hausfrau Nancy Johnson entwickelten Maschine Eis für seine zahlreichen Gäste. In großkommerziellem Stil erzeugte erstmals 1851 Jacob Fussell in Baltimore Speiseeis. Während er noch auf Salpeter-Kältemischungen zurückgreifen musste, begann mit Carl von Lindes Kühlmaschinen-Patent 1876 eine neue Ära der Fabrikation. Die Herstellung und Lagerung gelang nun unabhängig von Wettereinflüssen, das Produkt war zudem weitaus hygienischer. In der Heimat des Erfinders, in Deutschland, begann die industrielle Eisfabrikation erst 1925.

▼ Hintergrund: Eiswerbung der 1950er Jahre in England: Gefragt ist Eis am Stiel und in der Waffel.

Eis wird mobil mit Waffel und Stiel

Am 9.10.1923 meldete der Amerikaner Harry Bust in Ohio ein Patent für so genannte Rahmeislutscher an. Heute ist seine Erfindung – nichts anderes als ein Eis am Stiel – nicht mehr wegzudenken. Bust gebühren zweifelsfrei die Meriten als Erfinder der praktischen Leckerei, obwohl sein Landsmann Frank Epperson die Pioniertat lange Zeit für sich beanspruchte: Der Limonadenhändler aus Kalifornien soll in einer frostigen Nacht einen Löffel in einem halbvollen Glas Limo- nade auf dem Fensterbrett vergessen haben. Am nächsten Morgen fand er einen klebrig-süßen Eis-Lolly vor.

Zu dieser Zeit waren die Eiswaffeln schon lange bekannt. Im Jahr 1903 hatte der Italiener Italo Marcioni in den USA ein Patent auf Waffeln erhalten, in die er eine Mulde für das Eis einließ. Ein Jahr später kam der Syrer Hamwi in St. Louis auf die glorreiche Idee, Waffeln zu Tüten zu formen und das Eis hineinzufüllen.

◄ Seit seiner Einführung 1989 zählt Magnum zu den erfolgreichsten Eissorten der Welt.

Für jeden Geschmack etwas

▲ Schon zu Beginn des 20. Jahrhunderts in Deutschland beliebt: italienisches Eis, von Hand hergestellt.

Das Lager der Eisliebhaber ist von jeher gespalten in Fruchteis- und Milcheisfans. Die immer wieder gestellte Frage, ob das eine gesünder als das andere sei, spielt für wahre Genießer keine Rolle. Sie delektieren sich an immer ausgefalleneren Geschmackskreationen. Die Herrschaft der Fürst-Pückler-Eisrolle aus Vanille, Erdbeer, Schokolade ist längst vorbei. Champagner, Trüffel, Nougat oder spezielle Winterspezialitäten wie Zimt- oder Apfelstrudeleis sind die neuen Renner.

Stationen in der Entwicklung des Speiseeises

Bewährte Medizin
Um 300 v. Chr. Der berühmte griechische Arzt Hippokrates empfiehlt Kranken, »Eis« zu essen, da es den Körper belebe und helfe, das Wohlbefinden zu steigern.

Nachspeise
16. Jahrhundert. Die Moguln erfinden eine noch heute in Indien beliebte Nachspeise: Milch wird gefroren und mit Safran und Pistazien zu einer köstlichen Leckerei vermischt.

Einträgliches Geschäft
Um 1680. In Paris gründen rund 250 Eiskonditoren eine neue Innung. Das Eis wird so beliebt, dass der Staat über die Einführung einer Speiseeissteuer nachdenkt.

In der Neuen Welt
1794. Sprung über den großen Teich: New York wird zur Keimzelle der Speiseeisherstellung in den Vereinigten Staaten. Amerika wird zum Vorreiter der industriellen Produktion.

BAROMETER DER KONJUNKTUR

Ob sich das Wort »Börse« vom lateinischen »bursa« ableitet oder die Patrizierfamilie van de Beurs aus Brügge, vor deren Haus sich seit dem 13. Jahrhundert Kaufleute trafen, namengebend war, lässt sich nicht eindeutig sagen. Beide Herleitungen jedenfalls beziehen sich auf den Geldbeutel – ein Bild, das der Börse nicht ganz gerecht wird: Dort spielen nicht klingende Münzen, sondern nur Anrechte bzw. die Aussicht auf Geld die Hauptrolle. Die erste moderne, d. h. dauerhaft an einem Ort nach festen Regeln organisierte Börse entstand 1531 in Antwerpen.

▲ Weltwirtschaftliches Machtzentrum: die New York Stock Exchange an der Wallstreet.

▲ Der Wiener Börsenkrach vom 9.5.1873 beendet den Wirtschaftsboom der Gründerzeit (ab 1871) und leitet zur »Großen Depression« (bis 1895) über.

Die flämische Handelsmetropole war im 16. Jahrhundert der wichtigste Börsenplatz Europas, man machte Geschäfte mit Gewürzen aus Südostasien. Heute ist Antwerpen die bedeutendste Diamantenbörse. Regelmäßige Zusammenkünfte von Kaufleuten hatte es schon in der Antike gegeben. Im Europa des Mittelalters fanden sie auf Märkten und Messen in Oberitalien, Frankreich, Flandern und den deutschen Ländern ihre Fortsetzung. Im 16. Jahrhundert entwickelten sich die eher formlosen Treffen zu ständigen Einrichtungen mit verbindlichen Regeln, die privat vereinbart und häufig von der Obrigkeit gebilligt wurden. Als »Gründungsdaten« der Börsen gelten ganz unterschiedliche Ereignisse: der formale Zusammenschluss von Kaufleuten wie 1558 in Hamburg, die Handelseröffnung, der Bezug des eigenen Gebäudes wie in Antwerpen oder der Erlass einer Börsenordnung. Den Anfang der Börsentätigkeit machte der Großhandel mit Waren, die später nach Menge und Qualität standardisiert und klassifiziert ▸▸

Alles schaut auf die Wallstreet

Trotz festgelegter Handelszeiten sind die Börsen heute 24 Stunden miteinander verbunden, in unendlichen Schleifen pflanzen sich die jeweiligen Kursbewegungen fort. Trendsetter ist die Wallstreet, Maßstab der so genannte Dow-Jones-Index. Die New York Stock Exchange (NYSE), über die etwa 60 % des weltweiten und rund 80 % des US-Aktienhandels laufen, sowie sechs weitere Börsen machen New York zur Welthandelsmetropole. Sieben Börsen haben auch an der Themse ihr Domizil; neben Frankfurt am Main (Wertpapier-, Termin- und Devisenbörse) ist London der wichtigste Börsenplatz in Europa. Für verschiedene Unternehmensklassen und Anlagearten gibt es eigene Märkte. Junge Unternehmen aus Wachstumsbranchen tummeln sich etwa an der »Computerbörse«, an der NASDAQ in New York oder am Neuen Markt in Frankfurt. Die nominell größten Umsätze werden an den Terminbörsen mit Finanzinstrumenten, so genannten Derivaten, gemacht, deren Wert sich aus Vermögenswerten, beispielsweise Aktien, ableitet; die größten sind die 1998 geschaffene Eurex und die Chicago Board Options Exchange (CBOE).

wurden – ihre Nachfolge haben die heutigen Warenterminbörsen für Rohstoffe, Edelmetalle und Agrarprodukte in Chicago, London und New York angetreten. Hinzu kamen erste Geschäfte mit Wertpapieren in Form von Wechseln – einem sehr praktischen Kredit- und Geldschöpfungsinstrument – sowie mit Kuxen, Anteilsrechten an Bergbauunternehmen. Festverzinsliche Wertpapiere fanden zu Beginn des 19. Jahrhunderts in Form von Staatsanleihen größere Verbreitung. Aktien, schon im 17. Jahrhundert als Besitzanteile von Handelskompanien bekannt, waren ab 1840 ein unentbehrliches Finanzierungsmittel für den Eisenbahnbau und damit die Industrialisierung. Das zum Bau von Schienensträngen notwendige Kapital konnten nur die Börsen zur Verfügung stellen.

▸ Hintergrund: Kursverlauf des Deutschen Aktienindex der Frankfurter Wertpapierbörse am 20.7.2000.

◂ Spekulationen mit Aktien der britischen South Sea Company führten im August 1720 zu einem großen Finanzcrash.

▴ Skulpturen vor der Frankfurter Börse; sie stehen für zwei Börsenstrategien: Die »Bullen« setzen auf Aufschwung (Haussiers), die »Bären« auf Kursrückgang (Baissiers).

▾ Die 1531 erbaute Handelsbörse von Antwerpen – ihre wirtschaftliche Blüte erlebt die Hafenstadt an der Schelde in der Zeit Kaiser Karls V. (1519–1556); nachträglich kolorierter Kupferstich von Pieter van der Borcht, 1567.

Zu weltwirtschaftlicher Bedeutung aufgestiegen, nehmen die Börsen heute nicht nur Gewinn und Verlust von Unternehmen und Branchen, sondern auch die Ausschläge der Weltkonjunktur vorweg. Mit der Liberalisierung der Finanzmärkte in den letzten beiden Jahrzehnten des 20. Jahrhunderts wandern gewaltige Kapitalströme von einem Ende der Welt zum anderen. ∎

Der schwarze Freitag

Der 25. Oktober 1929, ein Freitag, gilt als der schwärzeste aller schwarzen Tage der Börsengeschichte. In dieser Betrachtungsweise spiegelt sich aber nur die halbe Wahrheit, brechen sich an solchen Tagen doch längst erwartete Abwärtstrends punktuell und panikartig Bahn. Viele Anleger verarmten 1929 mit einem Schlag. Vom nüchternen Standpunkt der Börse aus wurden damals nur »Übertreibungen korrigiert«. Denn gerade in den USA wurden – und werden – Aktien in erheblichem Umfang auf Pump gekauft. Fallen die Kurse, können Kredite häufig nicht mehr zurückgezahlt werden, damals mit der Folge, dass viele Banken zahlungsunfähig wurden.

◂ Menschenauflauf vor dem Gebäude der New York Stock Exchange im Oktober 1929; der gesamte Kursverlust vom 23. bis 29. Oktober beträgt rund 50 Mrd. Dollar.

Bedeutende Börsenplätze gestern und heute

Frankfurt am Main
1585. Eine Verordnung des Magistrats über die Umtauschkurse europäischer Geldwährungen ist der offizielle Beginn des Börsenhandels in der Mainmetropole.

Amsterdam
1611. Die holländische Hafenstadt Amsterdam löst im niederländischen Unabhängigkeitskampf Antwerpen als internationalen Börsenplatz ab. Handelsort ist eine Brücke.

London
1773. Die umsatzstärkste Wertpapierbörse in Europa beginnt als »The Stock Exchange«. Die Börsenlandschaft in der britischen Hauptstadt wird im Jahr 1986 reformiert.

New York
1792. Die »New York Stock Exchange« (den Namen trägt sie ab 1863), die größte Börse der Welt, geht auf einen Zusammenschluss von 24 Wertpapierhändlern zurück.

1545

HORTE DER PFLANZENKUNDE

*Hier ging es nicht um Küchenkräuter oder Arzneipflanzen, hier ging es um Lehre und Forschung:
Um 1545 legten die Universitäten in Padua, Pisa und Florenz für die Ausbildung der Studenten
die ersten botanischen Gärten, Horti medici genannt, an. Das so geförderte
Lernen am Objekt – heute eine Selbstverständlichkeit – beflügelte damals, in
der Renaissance, die Entwicklung der Pflanzenkunde.*

Vorläufer der botanischen Gärten gab es bereits in der Antike.
So weiß man von dem Aristoteles-Schüler und Naturforscher
Theophrast, der im 3./4. Jahrhundert v. Chr. lebte, dass er neben seiner Akademie in Athen einen Garten angelegt hatte. Im Mittelalter dann verfügten die zahlreichen Klostergärten oft über umfas-
sende Pflanzensammlungen, die aber überwiegend aus Heil-,
Gewürz- und Nutzpflanzen bestanden. Zu den Vorläufern der botanischen Gärten können auch die für wissenschaftliche Studien angelegten privaten Gärten gezählt werden. Leonhart Fuchs, einer der
deutschen Väter der Botanik, richtete sich 1535 in Tübingen einen
solchen Garten ein. Aber die Universitätsgärten waren etwas Neuartiges, sie waren Teil eines neuen Systems von Lehre
und Forschung. Der Mediziner
und Botaniker Francesco
Buonafede führte an
der Universität ▸▸

▴ Vor allem die Kräuter-
gärten des Mittelalters
gelten als Urform bota-
nischer Gärten.

Der Mode unterworfen

Gestalt und Ausdehnung der botanischen Gärten veränderten sich nicht nur
infolge der Fortschritte der biologischen
Erkenntnisse, immer standen sie auch
unter dem Einfluss des Zeitgeschmacks.
Frühe botanische Gärten wiesen die geo-
metrische Regelmäßigkeit des Barock-
gartens auf, die zahlreichen im 18. und
19. Jahrhundert entstandenen botanischen Gärten folgten dann dem Muster
des Landschaftsgartens. Ein Beispiel für
diese neuere Form der Gartenkunst ist
der Englische Garten in München. Einer
der größten botani-
schen Landschaftsgär-
ten ist mit 120 ha der
Königliche Garten von
Kew bei London.

▸ Diese Karte von 1806
zeigt den Englischen Gar-
ten in München, einen
Landschaftsgarten.

Deutsche

Väter

der Botanik

Otto Brunfels
1530. Der Lehrer und Arzt Otto
Brunfels beschreibt in den
Werken »Herbarium vivae ei-
cones« und »Contrafayt Kreü-
terbuch« die Pflanzen als Erster im humanistischen Geist.

▲ In den Tropen Amerikas beheimatet, entfaltet diese *Aphelandra sinclairiana* dank der wohltemperierten Gewächshäuser auch im Botanischen Garten Berlin ihre Blütenpracht.

in Padua die Trennung von Vorlesung und Demonstration der (Heil-)Pflanzen ein. Diese Lehre am Objekt war ein wichtiger Schritt auf dem Weg zu einem eigenständigen Fach Botanik. Vorerst blieb die Pflanzenkunde jedoch noch Teil der medizinischen Ausbildung.

Nach den Premieren in Italien verbreiteten Studenten und Lehrer die Idee des botanischen Gartens im übrigen Europa. 1577 entstand der Universitätsgarten in Leiden; die ersten deutschen Gärten folgten in Leipzig (1580), Jena (1586) und Heidelberg (1597). Mit der Zahl der Universitäten wuchs auch diejenige der botanischen Gärten. Heute gibt es weltweit Hunderte von botanischen Gärten, die auch international eng zusammenarbeiten. ■

▼ Hintergrund: Kakteen, Agaven und Palmen im Botanischen Garten der nordostspanischen Stadt Girona.

◄ Der Universitätsgarten von Padua gehört zu den ersten seiner Art. Auf der Ansicht von 1854 ist er als öffentlich zugänglicher Barockgarten gestaltet.

Novum in Uppsalas Garten

Der Mediziner und Naturforscher Carl von Linné brachte Mitte des 18. Jahrhunderts Ordnung in die botanischen Gärten. Er schuf die Grundlagen der Systematik in der Biologie. Er klassifizierte die Pflanzen nach ihren Geschlechtsmerkmalen und vergab konsequent lateinische »Vor- und Nachnamen«. Sich selbst verewigte er übrigens im Moosglöckchen mit dem Namen *Linnaea borealis*. Und wir Menschen tragen nach dieser Systematik den Artnamen *Homo sapiens*. Entsprechend seiner »Sexualsystematik« ließ Linné die Pflanzenanordnung im botanischen Garten seiner Wirkungsstätte Uppsala verändern. Jeder Garten hat heute eine systematische Abteilung.

▲ Der schwedische Naturforscher Carl von Linné im Alter von 30 Jahren in lappländischer Tracht.

▲ Exotische Pracht: das Große Palmenhaus in den berühmten Botanischen Gärten von Kew in London, Mitte des 19. Jahrhunderts.

Leipziger Spuren und Sporen

Den ersten botanischen Garten in Deutschland richtete 1580 die medizinische Fakultät der Universität Leipzig ein.

Der damals Hortus medicus genannte Garten war nur 200 m² groß, entwickelte sich aber erfreulich. Bis 1607 arbeitete hier der bekannte Botaniker Ludwig Jungermann als Student an einer Leipziger Lokalflora, sein Kommilitone Georg Kirchen legte eines der ersten deutschen Herbarien an. Die Sammlung enthielt 1018 getrocknete Pflanzen. 1641, gegen Ende des Dreißigjährigen Krieges, wurde der Hortus medicus aufgegeben. Der wenige Jahre später eröffnete neue Garten war doppelt so groß und der Öffentlichkeit zugänglich. Eine Blütezeit erlebte der Leipziger Garten, der noch zweimal umziehen musste, in der Mitte des 19. Jahrhunderts: Unter der Leitung des Sporenpflanzenforschers Gustav Kunze verfügte er über die wohl bedeutendste Farnsammlung dieser Zeit.

Hieronymus Bock
1539. Das »New Kreütterbuch von underscheidt, würckung und namen der Kreütter, so in Teutschen landen wachsen« des Predigers und Arztes Hieronymus Bock erscheint, eines der meistgedruckten botanischen Werke des 16. und 17. Jahrhunderts. Der Botaniker unternimmt zur Erforschung der heimatlichen Flora ausgedehnte Wanderungen in Süddeutschland.

Leonhart Fuchs
1542. Der Namensgeber der Fuchsien veröffentlicht sein Buch »De historia stirpium commentarii«, eines der bedeutendsten Werke der botanischen Literatur.

1550

SEX OHNE REUE

Das erste Kondom wurde um 1550 von dem italienischen Arzt Gabriele Fallopio zum Schutz vor Geschlechtskrankheiten entwickelt. Anlass für den Appell Fallopios zur Benutzung seiner aus Leinen gefertigten Kondome war die zu dieser Zeit rasend schnell um sich greifende Syphilis. Doch schon vor Jahrtausenden kleideten Männer aus unterschiedlichen Gründen ihr »bestes Stück« in Leder, Silber oder Schneckenschalen – je edler das Material, desto besser.

Der älteste Beleg für die Benutzung von Penis-Futteralen ist wahrscheinlich in den Höhlen von Les Combarelles in Südwestfrankreich zu finden: Dort sind Darstellungen aus der Zeit um 12 000 v. Chr. mit einem Mann und einer Frau beim Liebesakt zu sehen. Der Mann trägt dabei eine Hülle über dem Penis. Vermutlich waren diese Futterale, die auch aus Ägypten und Babylonien bekannt sind, nicht in erster Linie zur Verhütung einer Empfängnis oder von Geschlechtskrankheiten gedacht. Vielmehr sollten sie als Schutz dienen, z. B. im Kampf oder vor Insektenbissen, oder sie wurden als Schmuck oder Statussymbol getragen. In Japan gab es starre Penishüllen, beispielsweise aus Schildplatt, die das sexuelle Vergnügen der Partnerin steigern sollten.

Erst um 1550 kam man auf den Gedanken, ein Präservativ zur Vorbeugung gegen Geschlechtskrankheiten einzusetzen. ▸▸

▲ Kondom-Vielfalt des 21. Jahrhunderts – hier in speziellen Leuchtfarben für die Nacht.

▸ Kondom-Trockenständer; in früheren Jahrhunderten werden Kondome nach dem Gebrauch häufig wiederverwendet. Zunächst werden sie gewaschen und anschließend getrocknet.

Nicht »gefühlsecht«

Seit dem 16. Jahrhundert wurden zur Verhütung von Geschlechtskrankheiten Hammel-, Schweine- und Ziegendärme eingesetzt. Im 19. Jahrhundert trug man Gummi: Fabrikant Charles N. Goodyear stellte 1855 in den USA das erste Kondom aus vulkanisiertem Kautschuk vor. Dieses Modell war vom Qualitätsmerkmal »gefühlsecht« noch weit entfernt – es war dickwandig, hatte eine Längsnaht und konnte dank seiner überaus robusten Natur gewaschen und mehrfach verwendet werden. Daher wurde es stetig weiterentwickelt. Um 1900 kamen die ersten nahtlosen Präservative auf den Markt, 1901 die ersten Kondome mit Reservoir.

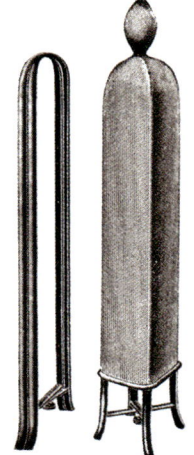

◂ Kondom aus Tierhaut mit einem Bändchen zum Festziehen.

◂▴ In schmuckvollen Kästchen als Zigaretten getarnt: Kondompackungen um 1900.

Was als Strafe für Gottlosigkeit und sündhaftes Leben betrachtet wurde, ließ sich anscheinend mit ganz irdischen Methoden in Schach halten: Der italienische Arzt Gabriele Fallopio empfahl zum Schutz vor der Krankheit die Verwendung eines Leinensäckchens, das sich der Mann vor dem Geschlechtsverkehr über den Penis ziehen sollte. Zu Beginn des 20. Jahrhunderts wurden Kondome zu den bekanntesten und am leichtesten erhältlichen Verhütungsmitteln. Erst in den 1960er Jahren wurden sie von der Antibabypille verdrängt, und sie verloren, da Geschlechtskrankheiten gut zu behandeln waren, an Bedeutung. In den 80er Jahren kam der Benutzung von Präservativen als bisher einzig sicherem Schutz gegen AIDS eine neue Relevanz zu. ■

▾ Hintergrund: Mittlerweile gibt es Kondome in den unterschiedlichsten Farben und Geschmacksrichtungen.

◂ Erotisches Spiel im 18. Jahrhundert: Casanova »prüft« in Anwesenheit von Damen ein Kondom auf seine Haltbarkeit.

CONDOMIS

◂ Kondomautomaten sind heute an vielen öffentlichen Plätzen und Örtlichkeiten zu finden.

Die Auswahl ist groß

Heinrich Heine ließ seine Präservative aus blauer Seide anfertigen, König Ludwig XIV. bevorzugte Samt und Seide, die meisten anderen Männer mussten sich mit Schafsdarm oder der Latexhülle zufrieden geben. 1949 hatte die Eintönigkeit ein Ende, denn in Japan wurden die ersten farbigen Kondome als Massenware hergestellt. Seit 1960 gibt es auch Kondome mit Gleitmittel, neun Jahre später kam das erste anatomisch geformte Kondom auf den Markt. 1981 folgten die ersten Exemplare mit unterschiedlichen Geschmacksrichtungen. Mittlerweile bleibt kein Wunsch mehr offen: So sind u. a. singende, leuchtende und genoppte Kondome zu haben.

▸ Neuer »Verkehrshinweis« – humorvolle Kampagne einer AIDS-Hilfe zum Schutz vor der hoch ansteckenden Geschlechtskrankheit.

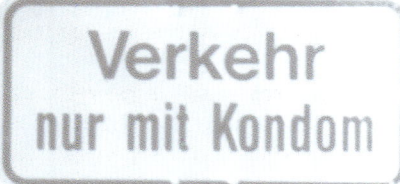

Verkehr nur mit Kondom

Verhütungsmittel für den Mann im Wandel der Zeit

Salben
6. Jahrhundert. Der Arzt Aetius von Amida aus Griechenland empfiehlt zur Verhütung Salben aus Alaun und Granat- oder Gallapfel, die auf den Penis gerieben werden.

Sesamöl
12. Jahrhundert. Ismael al-Jurjani, ein persischer Arzt, empfiehlt, Sesamöl auf die Eichel aufzutragen, um ein Eindringen der Spermien in die Vagina zu verhindern.

Kondom
1550. Der italienische Arzt Gabriele Fallopio entwickelt ein Kondom aus Leinenmaterial, das aber zuerst lediglich zum Schutz gegen die Syphilis gedacht ist.

Pille für den Mann
1990er Jahre. Mehrere Laboratorien arbeiten an hormonellen Verhütungsmitteln für den Mann. Experten rechnen allerdings frühestens ab 2005 mit der Marktreife.

1554

KULTURTREFF: DAS KAFFEEHAUS

Als Treffpunkt von Literaten und Künstlern sowie als Ort zahlloser Rendezvous strahlen Kaffeehäuser bis heute ein ganz gewisses Flair aus. Entstanden sind sie vor mehreren hundert Jahren, vermutlich 1554 in Istanbul: Der Überlieferung nach haben Schems aus Damaskus und Hakim aus Aleppo dort die ersten beiden Kaffeehäuser eröffnet. Von hier aus traten sie weltweit ihren Siegeszug an.

▲ Stilvolles Ambiente: das berühmte Cafe Central in Wien.

▲ Bürgerliche Familienidylle in einem Kaffeehaus; Holzstich aus dem 19. Jahrhundert.

N ahe der Rüstem-Pascha-Moschee, nicht weit von der Galatabrücke, standen die Menschen bald Schlange, um das schwarze Gebräu in dem neuen Lokal zu probieren. Schon kurze Zeit später waren Kaffeehäuser überall beliebt im Reich der Osmanen, wo es sonst vor allem Joghurt und leicht vergorenen Gerstensaft, das so genannte Boza, gab.

Doch schon bald war es mit der Kaffeehaus-Herrlichkeit am Bosporus wieder vorbei. Die Behörden stuften den Kaffee als gefährliches Genussgift ein und verboten ihn – ähnlich wie später in zahlreichen anderen europäischen Ländern. Fromme Muslime verzichteten dennoch nicht auf ihren »Qahwa«, auf »das Erregende«. Sie nutzten das Getränk, um wach zu bleiben, wenn sie sich zum Fasten zurückzogen.

Das Verbot verfehlte seine Wirkung dennoch nicht: Es sollte gut 100 Jahre dauern, bis Kaffee den Sprung ins Zentrum Europas schaffte. Um 1650 besaßen die Venezianer eine »Bottega da caffè« am Markusplatz, 1671 folgte Marseille, ein Jahr später Paris. ▶▶

▶ Beliebter Treff wohlhabender Venezianer – nicht nur im 19. Jahrhundert, das Caffè Florian am Markusplatz.

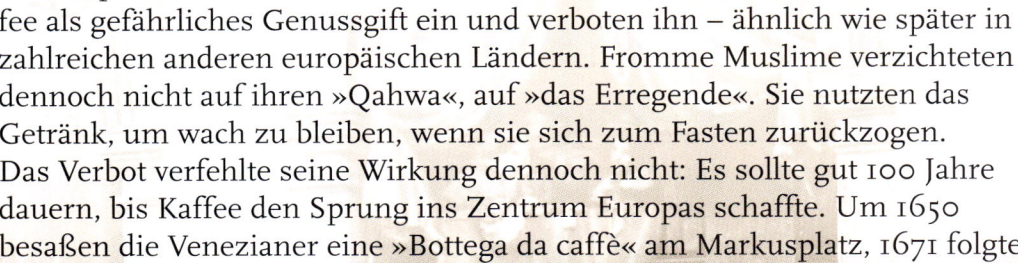

▲ Orient pur – ein Kaffeehaus im Kairo des 19. Jahrhunderts: Ein junger Page sorgt für das leibliche Wohl der Gäste. Nur Männer dürfen das Kaffeehaus besuchen.

Wien – Stadt der Kaffeehäuser

Wiener Kaffeehäuser sind weltberühmt; so wird hier auch stets betont: »Ein Kaffeehaus muss sein!«. Als Zugereister hat das der Berliner Adolf Glaßbrenner um 1850 so erlebt: »Auf die Frage ›Wo?‹ steht in Wien das Kaffeehaus. Wo spreche ich dich? Im Kaffeehaus! Wo hole ich Sie mit dem Fiaker ab? Im Kaffeehaus!« Die Legende erzählt vom Wirt Franz Georg Kolschitzky, der 1683 nach dem Abzug der Türken das erste Kaffeehaus mit erbeuteten Bohnen aufgemacht habe. Wiens Literaten konnten ohne ihre Kaffeehäuser nicht existieren. Der Dichter Peter Altenberg ließ sich sogar die Post ins Cafe Central schicken.

Anfang des 18. Jahrhunderts hatte »des Kaffees Ozean« ganz Europa überschwemmt – wie Geheimrat Goethe später ohne Übertreibung dichtete. In zahllosen Kaffeehäusern lebte eine Gesprächskultur auf, die den Regierenden in aller Welt verdächtig war und sich doch gegen Spitzelei und Verbote behauptete. Das alte Kaffeehaus hat viele Kinder – vom Stehcafé bis zur Cafeteria und zum Eiscafé –, doch keines kann es mit dem Flair der Vorfahren aufnehmen. Einen Trend setzten Ende des 20. Jahrhunderts die Coffeeshops in England, in denen ein junges Publikum das alte Gebräu neu entdeckte. ■

▲ Wiener Kaffeehaus im 19. Jahrhundert; man entspannt sich – liest Zeitung oder führt angeregte Unterhaltungen.

Literaten, Künstler, Intelektuelle

Kaum eine Institution war so eng mit dem Geistes- und Kulturleben Europas verbunden wie das Kaffeehaus. Berlins Romanisches Café galt von 1905 bis 1930 als Literatentreff par excellence – wie in München das Café Stephanie als Hochburg der Schwabinger Künstler oder in Paris das Deux Magots, das Flore und das Lipp, wo Ernest Hemingway einst mehrere Shortstories verfasste. Und in Rom ist der berühmteste Künstlertreff sicherlich das historische Caffè Greco.

Als »Penny Universities« gingen die Londoner Kaffeehäuser des 17. Jahrhunderts in die Geschichte ein. Hier konnte man für den Preis eines Kaffees mit Dichtern

▲ Buntes Treiben in einem Leipziger Kaffeehaus im 18. Jahrhundert.

und Künstlern diskutieren und mehr oder weniger philosophische Gedanken austauschen.

Europa entdeckt den »kleinen Schwarzen«

Vom Trunk, »wie Dinten so schwartz«, berichtete schon 1582 der Augsburger Arzt Leonhard Rauwolf. 1624 importierten venezianische Kaufleute größere Mengen Kaffee, bald war das Getränk, das mit besonders stark geröstetem Espresso vergleichbar ist, vielerorts begehrt. Genussfreudig ließ sich der französische Hof 1669 vom Gesandten des türkischen Sultans über Kaffee aufklären. Unter König Friedrich II. von Preußen verdiente der Staat am Kaffeemonopol.

Doch obwohl die braunen Bohnen immer mehr in Mode kamen, dauerte es noch bis ins 19. Jahrhundert, ehe sich auch einfache Leute den »kleinen Schwarzen« leisten konnten.

▲ Typische Kaffeewerbung aus den frühen 1920er Jahren.

Eröffnung berühmter Kaffeehäuser in Europa

Kaffeebaum in Leipzig 1694. Das berühmte Café hieß »Zum Arabischen Coffee Baum«, das Relief mit dem Kaffee trinkenden Sultan über dem Portal soll August der Starke gestiftet haben.

Demel in Wien 1786. Die Wiener Institution, ehemals eine Zuckerbäckerei, lockt die Gäste mit phantasievollen Schaufensterauslagen und seiner besonderen Atmosphäre in Scharen an.

Café Kranzler in Berlin 1825. Einen »Tempel der Aristokratie« nannte man die beliebte Konditorei Unter den Linden, die sich später am Kurfürstendamm etablierte – und 1999 ihre Pforten schloss.

Hotel und Café Sacher in Wien 1832. Der Sachertorte, einer Kreation aus Teig, Marmelade und Schokoüberzug, verdankt das Sacher seine süße Unsterblichkeit, aber natürlich ist auch der Kaffee vom Besten.

1589

STILLES ÖRTCHEN MIT SPÜLUNG

Sozialwissenschaftler sind sich heute darüber einig, dass zwei gesellschaftliche Phänomene zur Entwicklung des Spülklosetts beitrugen: zum einen die Notwendigkeit zur geregelten Fäkalienbeseitigung bei hoher Bevölkerungsdichte und zum anderen die Entwicklung eines ausgeprägten Schamgefühls beim Menschen. 1589 wurde das erste Spülklosett in England entwickelt.

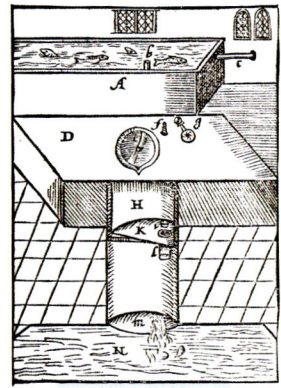

▲ Das erste Spülklosett aus dem Jahr 1589; Konstruktionszeichnung.

Die Herausbildung des Schamgefühls hatte ihren Ursprung vermutlich in der Entstehung der Mehrklassengesellschaft, in der die höher gestellten Kreise Wert darauf legten, sich vom »gemeinen Volk« abzugrenzen und deshalb u. a. auch ihre Notdurft nicht länger öffentlich zu verrichten. Daher gab es Klosetts bereits in den Adelshäusern der frühen Hochkulturen: in Mesopotamien schon um 2500 v. Chr., später bei den Griechen und Römern. Im gesamten Mittelalter entledigte sich in Europa jedermann seiner Notdurft in aller Öffentlichkeit. Der in der Renaissance entstandene höfische Adel zog sich geziert in Innenhöfe zurück. Dieses Verhalten wollten viele Bürger imitieren. Also verrichteten bald auch sie ihre Notdurft im Geheimen. Mit der Zeit entstanden in den Höfen erste »Häuschen«, die lediglich Erdgruben mit Sichtschutz waren. Es dauerte noch bis 1589, ehe der englische Höfling John Harrington das erste Spülklosett konstruierte und in sein Heim einbaute. Allerdings betätigte er die Spülung nur einmal täglich. Bis Ende des 18. Jahrhunderts blieb Harringtons Spültoilette in Europa ein Unikat. Dann entwarfen die Engländer Alexander Cummings (1775) und Joseph Bramah (1778) eigene Modelle. Doch bis 1870 waren die in Europa verbreiteten WCs Plumpsklos, durch die man Wasser aus einem Vorratsbehälter spülte. ▸▸

◂ Schamgefühl durften die Nutzer dieser öffentlichen »Toilette« nicht haben; römische Latrine aus dem 2./3. Jahrhundert.

▸ Wasserspülklosett aus der Jahrhundertwende; Holzstich von 1905.

Donnerbalken und Plumpsklo

Im Mittelalter bestand der Abort lediglich aus einem Loch in der Erde, manchmal mit einer Querstange – dem »Donnerbalken« – als Sitzgelegenheit. Ein Sichtschutz war nicht bekannt. Bis ins 18. Jahrhundert wurden Bretterhäuschen mit einer hölzernen Sitzkonstruktion über einer tiefen Jauchegrube genutzt.
In den Gruben sammelte man die Fäkalien als Wertstoffe. Mit der Industrialisierung im 19. Jahrhundert setzte im Rahmen neuer Hygienevorschriften die Installation erster Wasserklosetts in den Häusern ein.

◂ In aller Öffentlichkeit: der »Toilettengang« im 15. Jahrhundert.

◂ Hintergrund: verschmutzt und heruntergekommen: öffentliche Toilette im Rotlichtmilieu.

Den Siphon als Geruchsverschluss, in dem das Wasser stehen blieb, erfand 1870 der englische Töpfer William Twyford. Erst Ende des 19. Jahrhunderts setzten sich Spülklosetts langsam in Privathäusern durch, allerdings nicht in den Wohnungen, sondern im Treppenhausbereich. Ein verstärktes Hygienedenken, gepaart mit einer Tabuisierung der Exkremente, setzte dann im Lauf des 20. Jahrhunderts ein. Inzwischen macht Hightech auch vor den Toiletten nicht mehr halt. Designer entwerfen dem Körper angepasste Sitzformen, Elektrotechniker liefern Warmwasser-Reinigungsstrahl, Trocknungsföhn und eingebauten Abluftabsauger. In Japan gibt es bereits Spültoiletten, die aus Urin und Kot automatisch Blut- und Blutzuckerwerte ermitteln und die Ergebnisse ausdrucken und anschließend abspeichern. ∎

◂ Luxustoilette aus dem 19. Jahrhundert mit Kerze und Aschenbecher.

Formen des Klosetts

Flachspüler
19. Jahrhundert. Die ersten in Privathäusern installierten Toiletten sind Flachspüler, bei denen der Kot in ein flaches, mit Wasser gefülltes Becken fällt, bevor er fortgespült wird.

Tiefspüler
Ende 19. Jahrhundert. In zahlreichen europäischen Ländern verdrängen Tiefspüler die bisherigen Flachspüler. In wärmeren Ländern werden Flachspüler gesetzlich verboten.

Feuerklosett
1894. Der deutsche Ingenieur Löhnholt erfindet ein Feuerklosett mit Sturzflammenfeuerung, in dem die flüssigen Bestandteile der Exkremente in einer Retorte verdampfen.

Chemikalienklosett
Mitte 20. Jahrhundert. Erstmals kommen transportable Toiletten auf den Markt, in denen Chemikalien die Fäkalien verflüssigen und zugleich deren Geruch beseitigen.

1590

BLICK IN DEN MIKROKOSMOS

*1538 schlug der italienische Arzt Girolamo Fracastoro vor, zwei Glaslinsen hinterein-
ander zu verwenden, wenn die Vergrößerungskraft einer einzigen nicht ausreiche.
52 Jahre später machten sich der niederländische Brillenschleifer Hans Janssen und
sein Sohn Zacharias an die Umsetzung dieser Idee. Sie montierten zwei Sammellinsen
in einigem Abstand voneinander in ein Pappröhrchen und bauten auf diese Weise
das erste Mikroskop.*

▲ Messing-Mikroskop
von 1891; derartige
Mikroskope werden in
der ersten Hälfte des
20. Jahrhunderts oft
als Schulmikroskope
verwendet.

D er römische Schriftsteller Seneca (4 v. Chr. – 65 n. Chr.) entdeckte, dass man durch eine wassergefüllte Glaskugel die Dinge vergrößert sieht. Bis zum Ende des 16. Jahrhunderts nutzte man
zum Vergrößern daher ausschließlich Sammellinsen, deren Leistungs-
grenzen jedoch immer deutlicher zutage traten. Erst das 1590 von
Hans und Zacharias Janssen gebaute Mikroskop versprach
eine deutliche Verbesserung der Vergrößerungsstärke, der
Prototyp war allerdings noch alles andere als ein Meisterstück. Er zeigte regenbogenartige Farbfehler und ergab ein
Bild, das nicht über die ganze Beobachtungsfläche scharf
war. Ursache der Probleme: Die beiden Pioniere kannten
noch nicht die optischen Gesetze, um ihr Mikroskop zu
berechnen, und verfügten außerdem nur über Glas,
das nicht schlierenfrei war. Im Jahr 1747 gelang
es dem Schweizer Mathematiker Leonhard Euler,
erstmals einen solchen Zweilinser genau zu
berechnen und die Farbfehler
sowie die optische Verzerrung –
die sphärische Aberration – zu
minimieren. ▸▸

▲ Wie ein Fernrohr sieht
das erste Mikroskop der
Niederländer Hans und
Zacharias Janssen aus.
Die Tube ist gut 30 cm
lang.

◂ Höhenverstellbares
Mikroskop des 17. Jahr-
hunderts mit einer
Linse für die Augen,
einer Feldlinse zur
Vergrößerung des
Gesichtsfeldes und
einer Objektivlinse
am Objekt. Eine Licht-
quelle erlaubt das
Arbeiten mit dem Mi-
kroskop unabhängig
von den äußeren
Lichtverhältnissen.

Auf der Grundlage dieser Berechnungen baute der englische Arzt Joseph J. Lister ab 1830 solche verbesserten Mikroskope. Er benutzte dafür zwei Linsen aus verschiedenen Glassorten, was die Leistung des Mikroskops noch verbesserte.

Um 1880 begann der deutsche Physiker Ernst Abbe mit wissenschaftlichen Berechnungen von optischen Systemen. Mit dem Glasmacher Otto Schott und dem Glasschleifer Carl Zeiss entwickelte er zwei- oder mehrlinsige Hochleistungsmikroskope, wie das Ölimmersionsmikroskop, das eine 2000fache Vergrößerung erlaubt. Bei ihm befindet sich zwischen Objekt und Objektivlinse nicht Luft, sondern klares Öl. ■

▲ Augenoperation mit Hilfe eines modernen Hochleistungsmikroskops.

Entdecker der Bakterien

Als einer der bedeutendsten frühen Mikroskopieforscher gilt der Niederländer Antoni van Leeuwenhoek. Statt zweier größerer Linsen verwendete er nur eine kleine, die er selbst aber so präzise schliff, dass sie 200fach vergrößerte. Seine Karriere als Mikrobiologe begann 1676, als er einen Wassertropfen untersuchte. Dabei fand er als Erster Mikroorganismen. 1683 entdeckte er die Bakterien. Außerdem untersuchte er die Entwicklungsstadien von Kleintieren. Er wies nach, dass Käfer und Flöhe aus Eiern schlüpfen, und er beschrieb die Embryonen von Schnecken und Muscheln.

▲ Antoni van Leeuwenhoek, Naturforscher des 17. Jahrhunderts.

▲ Historische Mikroskope aus dem 17. und 18. Jahrhundert.

Millionenfach vergrößert

Mit dem Fortschritt der Wissenschaften wurde der Ruf nach immer besseren Mikroskopen laut. 1904 bauten die Zeiss-Werke das erste Ultramikroskop, das Objekte bis $^1/_{1000}$ mm, z. B. Moleküle, erkennen lässt. Die wesentliche Neuerung war die besondere seitliche Beleuchtung des Objekts. 1931 verwendeten die deutschen Ingenieure Max Knoll und Ernst Ruska keine Licht-, sondern kurzwelligere Elektronenstrahlen, die winzige Objekte weitaus genauer »abtasten« und abbilden können. Moderne Elektronenmikroskope lieferten bald darauf millionenfache Vergrößerungen, u. a. das so genannte Raster-Elektronenmikroskop sowie das Feldionenmikroskop des deutschen Physikers Erwin Wilhelm Müller, das sogar einzelne Atome sichtbar macht.

◄ Max Knoll (l.) und Ernst Ruska mit ihrem 1931 gebauten Elektronenmikroskop.

Segen für die Menschheit

Wie kaum ein anderes Instrument in Forschung und Technik hat das Mikroskop die Biologie und die Medizin beeinflusst. Schon im Jahr 1655 beschrieb der britische Naturforscher Robert Hooke den Aufbau von Pflanzenzellen. Sechs Jahre später untersuchte der italienische Arzt Marcello Malpighi die Anatomie der Pflanzen und Tiere und deckte wichtige Zusammenhänge im Blutkreislauf und die Feinstruktur von Gehirn, Leber, Milz, Nieren, Knochen und Haut auf. Späteren Forschern blieb die Erkennung vieler Krankheitserreger wie z. B. von Tuberkulose, Milzbrand und Cholera vorbehalten. Heute nehmen sprachgesteuerte chirurgische Operationsmikroskope den Medizinern sogar einen Großteil der Arbeit ab.

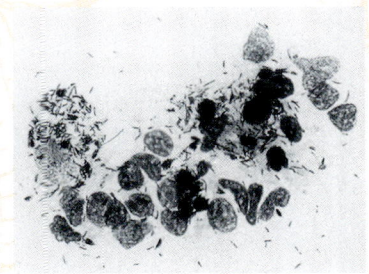

◄ Leprabakterien unter dem Mikroskop; sie wurden 1873 entdeckt.

◄ Hintergrund: Darstellung bebrüteter Eier unter dem Mikroskop; Illustration aus einer Dissertation des 18. Jahrhunderts.

Bedeutende Stationen der Mikroskopentwicklung

Immersionslinse
1827. Der Italiener Giovanni Battista Amici gibt einen Tropfen Wasser zwischen Objekt und Objektivlinse und erreicht auf diese Weise stärkere Vergrößerungen.

Hochwertige Linsen
1886. Der deutsche Chemiker Otto Schott entwickelt neuartige optische Gläser für die Fertigung von lichttechnisch hochwertigen Linsen für Präzisionsmikroskope.

Stereomikroskop
1913. Ernst Leitz, deutscher Mechaniker und Optiker, entwickelt das Stereomikroskop. Es ermöglicht erstmals auch räumliches Sehen durch ein Mikroskop.

Interferenzmikroskop
1959. Der deutsche Physiker W. Linnik erfindet das so genannte Interferenzmikroskop. Mit ihm lassen sich Oberflächenstrukturen besonders gut analysieren.

1592

WÄRME WIRD MESSBAR

1592 baute der italienische Astronom und Physiker Galileo Galilei das erste gläserne Temperaturmessgerät, das aus einer oben geschlossenen, unten röhrenfömig zulaufenden Kugel bestand. Das offene Ende der schmalen Röhre war in Wasser getaucht. Kühlte sich die Luft in der Kugel ab, stieg das Wasser in der Glaskanüle nach oben. Dieses so genannte Thermoskop konnte mit Hilfe von Luftvolumensänderungen zwar Temperaturdifferenzen verzeichnen, nicht aber absolute Temperaturen.

G alileis Erfindung hatte den Stein immerhin ins Rollen gebracht: In der Folgezeit entstanden zahlreiche weitere Instrumente zum Messen von Temperaturen, die im Prinzip alle auf Galileis Idee basierten, auch wenn sie als Übertragungsmedium andere Flüssigkeiten oder Gase verwendeten. Zu Beginn des 17. Jahrhunderts taten sich vor allem der Holländer Cornelius Drebbel und der Italiener Santorio Santorio bei der Weiterentwicklung des Thermometers hervor. Die Gelehrten der Florentiner Accademia del Cimento entwickelten 1641 das erste Weingeist- und 1657 das erste Quecksilberthermometer. Sie machten sich dabei die unterschiedliche Ausdehnung dieser Substanzen bei variierenden Temperaturen zunutze. Die ersten exakten Temperaturmessungen schließlich ermöglichte der aus Danzig stammende Physiker Gabriel Daniel Fahrenheit 1714, indem er das Thermometer mit einer geeichten und in Grade unterteilten Skala versah. Die heute dominierende Temperaturskala entwarf Jahrzehnte später der schwedische Astronom Anders Celsius.

Eine grundlegend neue Methode zur Temperaturmessung entdeckte 1731 der holländische Gelehrte Pieter van Musschenbroek: Aufbauend ▸▸

▲ Das Thermometer des italienischen Arztes Santorio Santorio aus dem 17. Jahrhundert; die erwärmte Luft verdrängt das Wasser in der Röhre.

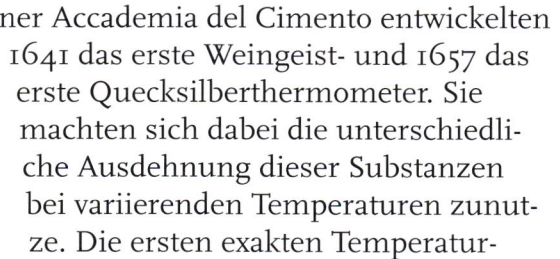

▲ Das Thermometer, hier aus emaillierter Bronze, wird schnell auch zum Dekorationsgegenstand, der den Zeitgeschmack spiegelt.

◂ Mit dem von Galilei erfundenen Thermoskop lassen sich nur Temperaturunterschiede messen. Erst die Entwicklung von Skalen über hundert Jahre später macht die Messung absoluter Temperaturen möglich; Kupferstich aus dem 18. Jahrhundert.

Entwicklungen in der Temperaturmessung

Temperaturbeobachtung Um 230 v. Chr. Bei Arbeiten mit hydraulischen und pneumatischen Geräten erkennt der griechische Mechaniker Philon von Byzanz, dass sich Luft bei ihrer Erwärmung ausdehnt.

▲ Das Metallthermometer aus dem 18. Jahrhundert arbeitet mit vier Bleisäulen, deren Länge sich in Abhängigkeit zur Temperatur verändert.

▲ Bei angenehmer Wassertemperatur genießen diese jungen Damen in den 1920er Jahren ein Mineralbad.

auf dem Phänomen, dass die Farbe eines glühenden Körpers Hinweise auf die jeweilige Temperatur gibt, konstruierte er das erste Pyrometer. Sein Wärmestrahlungsverfahren, das erstmals die Messung von heißen Körpern auch über größere Entfernungen ermöglichte, wird noch heute vor allem im Hüttenwesen eingesetzt, allerdings unter Zuhilfenahme von elektronischen Sensoren.

Ansonsten gehören Alkohol- und Quecksilberinstrumente zu den gebräuchlichsten Thermometern. Ab der zweiten Hälfte des 20. Jahrhunderts wurden darüber hinaus zahlreiche elektrisch oder elektronisch arbeitende Geräte entwickelt, die dem enormen technischen Fortschritt und den Anforderungen der Hightech-Zeit Rechnung tragen.

Zu den moderneren Ausführungen gehören z. B. die so genannten Widerstandsthermometer. Sie setzen einen Temperaturwechsel in eine Stromänderung um. ■

▼ Hintergrund: Immer seltener wird heute das herkömmliche Quecksilberthermometer zum Messen der Körpertemperatur verwendet.

Hohe und niedrige Temperaturen

In der über 400 Jahre alten Entwicklungsgeschichte des Thermometers sind verschiedene Typen entstanden. Vorherrschend sind die sog. Ausdehnungsthermometer, die auf der Ausdehnung von Gasen oder Flüssigkeiten beruhen. Auch das Minimum-Maximum-Thermometer, das zum Messen der höchsten bzw. niedrigsten Temperatur dient, gehört zu dieser Kategorie: Seine U-förmigen Kapillare sind mit Flüssigkeit (meist Alkohol) gefüllt. An einem Ende des U befindet sich die Skala der Minimaltemperatur, am anderen Ende die der Maximaltemperatur. Die Flüssigkeit wird im Bogen des U von einer Quecksilbersäule getrennt, an deren beiden Enden je ein Eisenstäbchen liegt. Dieses verschiebt das Quecksilber je nach gemessener Temperatur in den Maximaloder Minimalbereich. Nach dem Ablesen lässt sich das Eisenstäbchen durch einen Magneten zur Quecksilbersäule zurückführen.

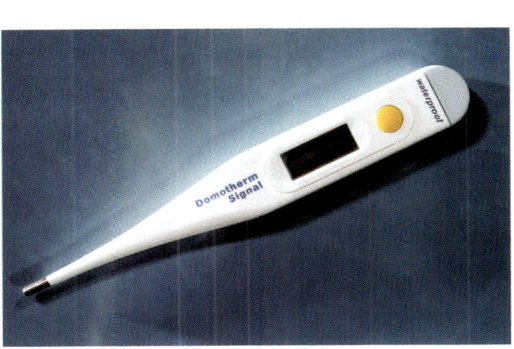

▲ Das digitale Thermometer gibt in wenigen Sekunden Auskunft über die Körpertemperatur.

Mit unterschiedlichem Maß gemessen

Die erste, von Christiaan Huygens vorgeschlagene und heute nach Fahrenheit benannte Temperaturskala setzt die Temperatur einer Mischung aus Eis, Wasser und Salmiak gleich Null. Danach liegt der Gefrierpunkt reinen Wassers bei 32 °F, der Siedepunkt bei 212 °F. Die 1730 von dem französischen Biologen René Antoine Ferchault de Réaumur entwickelte und nach ihm benannte Temperaturskala ordnet dem Gefrierpunkt des Wassers 0 °R und dem Siedepunkt 80 °R zu. Sie ist nicht mehr gebräuchlich. Seit 1742 gibt es die heute übliche Celsius-Temperaturskala, bei der dem Gefrierpunkt 0 °C entspricht und dem Siedepunkt 100 °C. 1848 schlug der britische Physiker William Thomson, der spätere Lord Kelvin, eine Skala mit der gleichen Gradeinteilung vor wie die Celsius-Skala, deren Nullpunkt aber beim absoluten Temperaturnullpunkt liegt (− 273,5 °C).

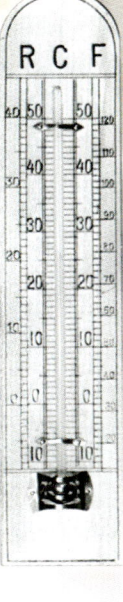

▸ Durch die drei Messskalen lassen sich gleichzeitig Celsius-, Reaumur- und Fahrenheitwerte ermitteln.

Namensgebung
1624. Der Jesuit Jean Leurechon verwendet erstmals den Begriff Thermometer, der sich aus den griechischen Worten »thermos« (warm) und »métron« (Maß) zusammensetzt.

Messung der Extreme
1757. Der Brite Charles Cavendish konstruiert das erste Maximum-Minimum-Thermometer, mit dem die niedrigste bzw. die höchste Temperatur festgestellt werden kann.

Schott-Glas
1884. Der deutsche Chemiker und Industrielle Otto Schott entwickelt das so genannte Jenaer Normalglas, das die Fertigung sehr zuverlässiger Thermometer gestattet.

MIT MESSER UND GABEL

Ein Blick in die Vergangenheit zeigt, dass Messer, Gabel und Löffel als Essbesteck noch nicht lange zu unserem Alltag gehören. Erst ungefähr seit dem 17. Jahrhundert haben sie sich ihren Platz an den Tischen der westlichen Welt erobert. Ein Großteil der Menschheit isst jedoch auch heute wie von jeher mit den Fingern oder aber mit Essstäbchen.

▲ Zu einem stilvollen Essen gehört heute noch immer feines Porzellan und das passende Besteck.

In frühgeschichtlichen Zeiten und der Antike benutzten die Menschen scharfe Klingen zum Zerlegen und Portionieren von Speisen. Es gab Schöpflöffel aus Muscheln oder Holz sowie gabelähnliche, meist zweizackige Bratenspieße. Das Besteck diente in erster Linie zur Vorbereitung und zum Anrichten der Speisen – gegessen wurde aber mit den Fingern.

Vom Mittelalter bis zur Renaissance war das Messer das am meisten geschätzte Tischbesteck. Oft brachte man das eigene »Tischwerkzeug« zu den Gastmahlen mit. Ganz anders stand es um die Wertschätzung der Gabel. Kirchliche und höfische Kreise hatten nur Ablehnung und Spott für sie übrig. Man benutzte zwar aufwendig gestaltete Gäbelchen, um Konfekt und Obst aufzuspießen, aber gewöhnliche Mahlzeiten mit der Gabel zu essen galt als affektiert und unmännlich. So begann sich die Gabel erst ab der ▸▸

▾ Bei diesem üppig verzierten Essbesteck aus der ersten Hälfte des 18. Jahrhunderts sind die Griffe bereits einheitlich gestaltet.

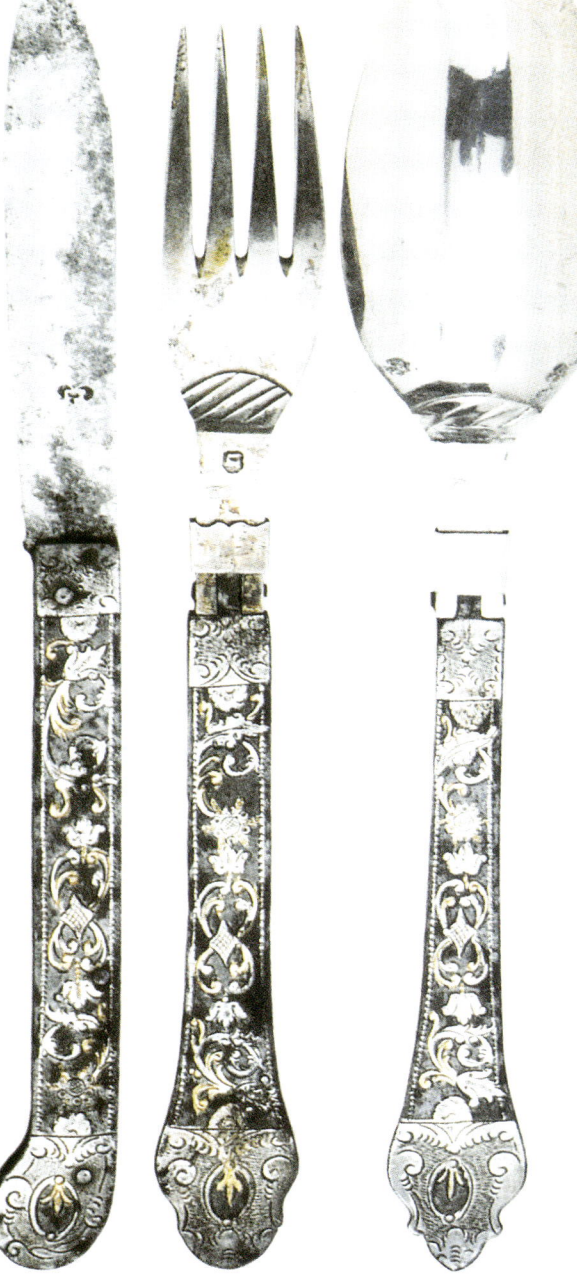

Werkzeug des Teufels

Aus Byzanz kommend, tauchte die Gabel erstmals um 1000 als Essbesteck in Italien auf – begleitet vom wütenden Protest katholischer Würdenträger. Ihnen war nicht nur die byzantinische Lebensart verhasst – sie verfemten die Gabel als Teil des Essbestecks vor allem als ein Symbol des Teufels. Die Benutzung der Gabel galt über lange Jahrhunderte als Sünde, die nach Meinung ihrer Gegner nicht ungestraft bleiben konnte: Als im 13. Jahrhundert z. B. eine griechische Prinzessin während ihres Italien-Aufenthaltes erkrankte, sah der Kirchenlehrer Bonaventura darin die göttliche Vergeltung für ihre Angewohnheit, mit der Gabel zu essen. Die weltlich orientierten Oberschichten Norditaliens waren schließlich die Ersten, die den katholischen Bannspruch unterliefen und der Gabel einen Platz am Esstisch einräumten.

▸ Lange Zeit verdammt die Kirche die Essgabel – zu sehr ähnele sie dem Dreizack des Teufels.

zweiten Hälfte des 17. Jahrhunderts in Europa durchzusetzen. Ihre vorher verpönte gezierte Vornehmheit trug jetzt zu ihrem Erfolg bei: Der im Niedergang begriffene Feudaladel versuchte sich u. a. durch den Gebrauch der Gabel gegen andere Gesellschaftsschichten abzugrenzen.

Jetzt erhielten die Messer eine breite Klinge und abgerundete Spitzen, denn zum Aufspießen der Nahrungsmittel konnte die inzwischen drei- oder vierzinkige Gabel verwendet werden. Der Löffel wurde nicht mehr mit der Faust, sondern mit drei Fingern geführt, deshalb verbreiterte man seinen Stiel. Gabel, Löffel und Messer, die nun in zunehmendem Maße bei einer Mahlzeit gleichzeitig benutzt wurden, erhielten ein einheitliches Aussehen. Viele weitere Besteckteile entstanden – von der Zuckerzange über den Mokkalöffel bis hin zum Buttermesser. Seit etwa 1800 ist in unseren Kulturkreisen der richtige Umgang mit Messer, Gabel und Löffel ein gesellschaftliches Muss; daran hat auch die wachsende Vorliebe für Fast Food nichts geändert. ∎

▲ Das Reisebesteck Königin Elisabeths I. von England aus dem 16. Jahrhundert; die Gabel ist noch immer zweizinkig.

▲ Bei der mittelalterlichen Tafelrunde ist das Messer ein wichtiges Tischwerkzeug.

An Asiens Tischen

Die westliche Art, mit Messer und Gabel zu essen, ist nicht die einzige Technik der Nahrungsaufnahme. Über eine Milliarde Menschen im asiatischen Raum verwenden Essstäbchen – mal aus Holz oder Plastik, mal edel aus Bambus, Elfenbein, Lack oder Metall. Der Überlieferung nach erteilte der Philosoph Konfuzius einst den Rat, bei Tisch nie Messer zu benutzen. Sie würden die Speisenden nämlich an Küche und Schlachthaus erinnern – Orte, von denen sich ehrenwerte Männer fern zu halten hätten. Die frühesten bekannten Essstäbchen stammen aus der Zeit der chinesischen Shang-Dynastie (ca. 16. – 11. Jahrhundert v. Chr.).

▶ Auch wenn es nur ein Schuh ist – mit knurrendem Magen demonstriert Charlie Chaplin in dem Film »Goldrausch« aus dem Jahr 1925 Lebensart.

▶ Essstäbchen haben in Asien eine vieltausendjährige Tradition.

Tischsitten in historischen Zitaten

Gestrenge Hofzucht
Um 1250. »Ich hörte von manchen sagen, dass sie ungewaschen essen. Ist das wahr, so erscheint es mir übel; denselben sollen die Hände lahm werden.«; Tannhäuser.

Mit den Fingern
1530. »Was gereicht wird, hat man mit drei Fingern oder mit Brotstücken zu nehmen.«; Erasmus von Rotterdam in seiner Anstandslehre »De civilitate morum puerilium«.

Gesittetes Essen
1799. »Gabeln (sind) ... so unentbehrlich, dass man die Möglichkeit, ohne sie zu speisen, fast nicht mehr ohne Ekel denken kann.«; Johann Beckmann, Philosoph.

Schlechtes Benehmen
1928. »Das ist unerhört, hast du so was schon gesehen? Isst den Fisch mit dem Messer! Das ist doch einfach eine Sau, der so was macht.«; Mackie Messer, Dreigroschenoper.

17. Jh.

PRICKELNDER GENUSS

Zu einer Zeit als Weinanbau und -produktion noch vorwiegend in der Hand der Klöster lagen, machte der Benediktinermönch Dom Pérignon aus der Abtei Hautvillers in der Champagne als großer Kellermeister Furore. Er steht in dem Ruf, den Champagner, den Schaumwein der Schaumweine, kreiert zu haben – wenn auch eher unabsichtlich.

D om Pérignon war tatsächlich ein Fachmann auf dem Gebiet der sog. Assemblage, also des Weinverschnitts, und er erfand das kunstvolle Komponieren einer Cuvée: einer vollendeten Mischung von Weinen verschiedener Rebsorten, Lagen und Jahrgänge. Sein »Champagner« war jedoch zunächst noch ein nicht perlender Wein, bis er sich in der Flasche selbstständig machte und dort – zum Leidwesen des Kellermeisters – munter weitergor und dadurch seine schäumende Wirkung entfaltete. Doch um den prickelnden Wein schließlich zu dem zu machen, als den wir ihn heute kennen, waren neben der systematischen Erprobung der Flaschengärung noch zwei weitere Dinge notwendig: die Entwicklung dickerer Glasflaschen, die dem Druck der Flüssigkeit standhielten, und die Erfindung des Korkverschlusses. Im 18. Jahrhundert trat dann der Champagner – erst seit 1994 der gesetzlich geschützte Name für Qualitäts-Schaumwein aus der Champagne – seinen Siegeszug an. Zu Beginn des 19. Jahrhunderts gelangte das mondäne Getränk auch nach Amerika. Für die Verteilung sorgte ein neu aufkommender Wirtschaftszweig: die Champagnerhäuser, die sowohl die aufwendige und streng reglementierte Herstellung als auch den Vertrieb übernahmen.

Wie kein anderes Getränk wurde der Champagner – stilvoll im schmalen, hohen Glas, der Flûte, serviert – von Anbeginn mit schillerndem Luxus und ausschweifendem Genuss in Verbindung gebracht. Seine Liebhaber galten von jeher als ▸▸

▲ In der Champagne gedeihen die kostbaren Reben, die der nordfranzösischen Region zu Weltruhm verhalfen.

▸ Der Benediktinermönch und Kellermeister Dom Pérignon gilt als Erfinder des berühmten perlenden Weins aus der Champagne.

▾ Um den Hefesatz sanft zum Flaschenhals zu befördern, werden Champagnerflaschen regelmäßig gerüttelt, also gedreht.

überschwängliche, überschäumende Naturen. In der zweiten Hälfte des 19. Jahrhunderts begleitete der prickelnde Wein amouröse Abenteuer und hielt Einzug in Cabarets und Separées. Zu dieser Zeit wandelte sich auch sein Image: Mit der Herstellung des ersten trockenen Champagners wurde der bisherige Dessertwein zum alkoholischen Getränk für jede Gelegenheit und jede Tageszeit. Die High Society opferte kleine Vermögen, um in Champagner zu baden. Noch heute werden große Feste und besondere Anlässe mit Champagner gefeiert. Wenngleich er nach wie vor seinen Preis hat, so ist er heute ein allgemein erschwingliches Produkt, das Extravaganz und puren Genuss verspricht. Für die Jahrtausendwende standen weltweit 300 Mio. Flaschen von über 9000 verschiedene Champagnermarken aus rund 2500 Häusern bereit, um das neue Millennium gebührend zu begrüßen. ■

◀ Hintergrund: Das Etikett der Flasche aus dem Haus Moët et Chandon verweist auf Dom Pérignon, den Vater des Champagners.

Méthode champenoise

Champagner keltert man überwiegend aus blauen Trauben, die mit größter Sorgfalt gepresst werden müssen. Der Grundwein wird unter Zugabe von Hefe vergoren. Nach Abschluss dieser Erstgärung werden die Grundweine zur charakteristischen Cuvée der jeweiligen Marke verschnitten. Vor der Flaschenabfüllung fügt man dem fertigen Wein »liqueur de tirage«, eine Mischung aus Hefe, Zucker und Wein, zu, um die Perlenbildung anzuregen. Danach werden die Flaschen zur zweiten Gärung mindestens 15 Monate horizontal gelagert. Anschließend bringt man die Flaschen durch tägliches Rütteln langsam in die senkrechte Lage, wobei das Hefedepot zur Flaschenöffnung wandert. Beim sog. Degorgieren wird der Flaschenhals in Kühlflüssigkeit getaucht: Der Hefesatz erstarrt zu Eis und wird beim Entkorken herausgetrieben. Vor dem endgültigen Verkorken füllt man die Flasche mit »liqueur d'epédition«, einer Mischung aus Wein und Zucker, wieder auf.

▲ Die blauen Traubensorten Pinot Noir und Pinot Meunier sind die Grundlage für den Champagner.

◀ Spiel mit dem Luxus-Image: Ein Schiff versinkt – der Champagner findet Platz im Rettungsboot.

▼ Zum festlichen Anlass das passende Getränk: der Champagner.

Große Geschmacksvielfalt

Die meisten Champagner bestehen aus einem Verschnitt von etwa 75 % blauen Trauben (Pinot Noir, Pinot Meunier) und 25 % weißen Trauben (Chardonnay). Wird nur Chardonnay verwendet, heißt der Champagner Blanc de Blancs; stammt er ausschließlich aus einer der blauen Rebsorten, nennt man ihn Blanc de Noirs. Das Merkmal brut zeichnet einen trockenen Champagner aus, der Süßegrad steigt von sec zu doux an. Der Cremant besitzt eine sanfte Perlung, weil er im Gegensatz zu den üblichen Schaumweinen lediglich über einen Druck von 3,6 Atmosphären verfügt.

Aus der Geschichte des Champagners

Erster Korken
1690. Der französische Mönch Dom Pérignon benutzt erstmals Rindenstücke der Korkeiche zum Verschließen der Champagnerflaschen und erfindet damit den Korken.

Champagnerhaus
1729. Im französischen Reims gründet der Textilunternehmer Nicolas Ruinart das erste Haus, das sich auf den Handel mit schäumendem Champagner konzentriert.

Rüttelmethode
1818. Der Kellermeister des Hauses Clicquot entdeckt die Rüttelmethode. Dabei werden die Flaschen gedreht, um die Hefesedimente an den Flaschenhals zu transportieren.

Zuckermesser
1836. Ein französischer Apotheker stellt eine Zuckermessung vor, die es ermöglicht, die dem Champagner zugegebene Menge an Zucker genau zu dosieren.

1608

DIE STERNE RÜCKEN NÄHER

Zu Beginn des 17. Jahrhunderts beanspruchten gleich mehrere Brillenmacher in der niederländischen Stadt Middelburg für sich, ein neuartiges »Fernseh«-Gerät erfunden zu haben, ein »Teleskop«, so die wissenschaftliche Bezeichnung. Am berechtigtsten erscheint heute der Anspruch von Jan Lipperhey, der 1608 ein Patent auf ein solches Teleskop beantragte.

▲ Astronom bei seiner Arbeit in der Mitte des 17. Jahrhunderts.

▲ Der niederländische Brillenmacher Jan Lipperhey erhält 1608 das erste Patent auf ein Fernrohr.

Als Lipperhey eine Wetterfahne durch eine konvexe und eine konkave Linse betrachtete, die er in verschiedenen Abständen vor sein Auge hielt, erschien ihm die Fahne vergrößert. Er montierte beide Linsen in einen Tubus und schuf somit das erste Fernrohr.

Als der italienische Gelehrte Galileo Galilei davon erfuhr, baute er 1609 selbst ein solches Instrument, mit dem er zahlreiche bedeutende astronomische Entdeckungen machte. So fand er Krater, Berge und Ringgebirge auf dem Mond, die vier großen Jupitermonde, die Phasen der Venus, das Ringsystem des Saturn, die Sonnenflecken sowie den Aufbau der Milchstraße aus unzähligen Einzelsternen. ▸▸

◂ Fernrohre aus dem Besitz des italienischen Mathematikers und Physikers Galileo Galilei, der im 17. Jahrhundert bedeutende astronomische Entdeckungen macht.

Fein abgestimmte Optik

Im einfachsten Fall besteht ein Fernrohr aus der Gegenstandslinse, dem Objektiv und einer Augenlinse, dem Okular. Bei komplizierteren Geräten können beide durch Linsenkombinationen ersetzt werden. Das Objektiv erzeugt vom betrachteten Objekt ein kleines Bild in der so genannten Gesichtsfeldblende. Beim Spiegelteleskop erledigt ein Hohlspiegel diese Aufgabe. Das Bild lässt sich nun – stark vergrößert – mit dem Okular wie mit einer Lupe betrachten. Wird nun der vom Objektiv kommende Strahlengang durch Prismen geteilt, kann man das Bild durch zwei getrennte Linsen ansehen. Für die Astronomie genügt das. Für die Vergrößerung irdischer Objekte verwendet man Feldstecher oder Scherenfernrohre. Bei diesen sind zwei parallele Fernrohre fest miteinander verbunden.

Weiterentwicklung des Fernrohrs

Heliometer
1754. Heliometer nennt der britische Mathematiker und Astronom John Dolland seine Konstruktion eines Teleskops, das ihm Winkelmessungen erlaubt.

Riesen-Spiegelteleskop
1789. Wilhelm Herschel baut ein Spiegelteleskop mit einem Durchmesser von 122 cm. Der berühmte Astronom baut die ersten größeren Spiegelteleskope überhaupt.

Prismenfeldstecher
1894. Der deutsche Physiker Ernst Abbe entwickelt einen ersten brauchbaren Prismenfeldstecher mit Doppelrohren. Das Sichtfeld wird dadurch deutlich größer.

Koronograf
1930. Spezialteleskop zur Sonnenbeobachtung: Eine Blende deckt die helle Sonnenscheibe ab. So wird die Korona, die äußerste Schicht der Sonnenatmosphäre, sichtbar.

▲ Privileg der feinen Gesellschaft: der Opernbesuch mit schmuckvollem Fernglas; Gemälde von 1866.

▲ Größtes Spiegelteleskop Deutschlands; mit ihm können die Astronomen u. a. die Entstehung der Sterne erforschen.

Später waren es meist Astronomen, die die Fernrohre weiterentwickelten. Der deutsche Himmelsforscher Johannes Kepler erfand das nach ihm benannte astronomische Fernrohr; 1663 erkannte der Schotte James Gregory das Prinzip des Spiegelteleskops, bei dem ein großer Hauptspiegel Lichtbündel sammelt und ein kleinerer Fangspiegel das Licht zur Brennebene des Spiegels ablenkt, in der das Bild entsteht. Erste farbfehlerfreie spiegellose Teleskope schuf 1729 der englische Amateurastronom Chester Moor Hall. Durch verbesserte Berechnungsgrundlagen und die Entwicklung spezieller Gläser wurden die Teleskope im 19. und 20. Jahrhundert immer leistungsstärker. Heute kommen sie neben der Astronomie vor allem in der Militärtechnik zum Einsatz. ■

▲ Genaue Berechnung: Sonnenbeobachtung im 17. Jahrhundert.

▲ Hintergrund: aufwendige Technik bereits im frühen 18. Jahrhundert: Astronom bei der Himmelsbeobachtung.

Blick in die Unendlichkeit

Erstmals wurden Sternwarten im 17. Jahrhundert mit großen ortsfesten Teleskopen ausgestattet, allen voran 1637 das Observatorium von Kopenhagen. 1861 besaß das größte astronomische Teleskop seiner Zeit in Cambridge/ Massachusetts die größte Linse der Welt mit einem Durchmesser von knapp 50 cm. Bis Mitte der 1970er Jahre war das Teleskop auf dem Mount Palomar in den USA mit 5,08 m Spiegeldurchmesser Rekordhalter. Im Jahr 1976 verfügte ein sowjetisches Spiegelfernrohr des Selent-

schuk-Observatoriums über den ersten 6-m-Spiegel. Seit 1998 ist das »Very Large Telescope« der europäischen Südsternwarte von La Silla weltgrößtes Teleskop: Es besitzt vier 8,20-m-Spiegel.

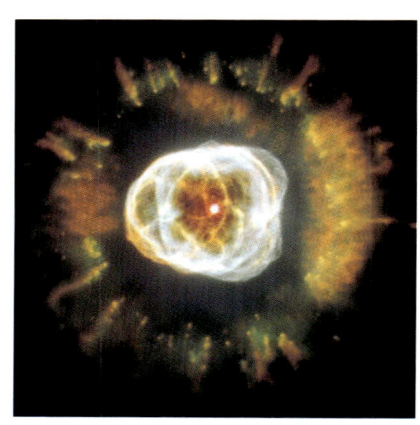

▶ Glühende Überreste eines erlöschenden Sterns in 5000 Lichtjahren Entfernung; Aufnahme des Weltraumteleskops Hubble, 1999.

Erbauer des Spiegelteleskops

Als Hersteller – wenn auch nicht als Erfinder – des ersten Spiegelteleskops machte der englische Mathematiker, Physiker und Astronom Isaac Newton in seiner astronomischen Forschung vom Fernrohr reichlich Gebrauch. Sein für die physikalische und astronomische Wissenschaft wichtigstes Werk sind die 1687 erschienenen »Philosophiae naturalis principia mathematica«, in denen er sein bereits 1666 gefundenes Gravitationsgesetz – das Schwerkraftgesetz – formulierte. Auf dem Gebiet der Optik befasste sich Newton u. a. mit der spektralen Zerlegung des Lichts.

▲ Großer Physiker des 17./18. Jahrhunderts: Isaac Newton.

1609

GEDRUCKTE NACHRICHTEN

»Aller Fürnemmen und gedenckwürdigen Historien« wollte sich der Straßburger Buchhändler Johann Carolus 1609 in der »Relation« widmen. Er entschuldigte sich schon im Voraus für Fehler, denn die Zusammenstellung der Nachrichten habe eilends und des Nachts erfolgen müssen. Die »Relation« war die erste Zeitung der Welt.

▲ Technischer Fortschritt Ende des 19. Jahrhunderts: Setzen mit der Maschine.

F ür die Entstehung von Zeitungen – noch 1609 folgte mit dem »Aviso« aus Wolfenbüttel ein zweites Blatt – waren zwei Voraussetzungen notwendig: Gutenbergs Erfindung des Buchdrucks und die Verbreitung der Schrift als Mittel der Verständigung.

Die Zeitungslandschaft vergrößerte sich rasch, allerdings dauerte es bis 1650, ehe mit den von Thimotheus Ritzsch in Leipzig begründeten »Einkommenden Zeitungen« die erste Tageszeitung erschien.

▲ Treffpunkt für Zeitungsleser: ein Wiener Kaffeehaus Ende des 19. Jahrhunderts.

Staatliche und kirchliche Eingriffe bestimmten die Entwicklung des Zeitungswesens bis zum Ende des 18. Jahrhunderts. Auch ökonomisch machte sich der Einfluss des Staates bemerkbar, als 1633 in Paris und 1722 in Frankfurt am Main so genannte ▸▸

▸ Titelblatt der ersten Ausgabe der Straßburger Wochenzeitung »Relation« aus dem Jahr 1609.

Kontrolliert und zensiert

Kirche und Staat versuchten bereits seit Ende des 15. Jahrhunderts, »schädliche Einflüsse« abzuwehren. Waren zunächst Flugschriften und Bücher im Visier der Zensoren, galt dies später auch für die ersten Zeitungen. Vor ihrer Verbreitung mussten sie den Kontrolleuren vorgelegt werden. Im 18. Jahrhundert begann sich dann das Bürgertum unter dem Eindruck der Aufklärung gegen die Zensoren aufzulehnen. Die USA stellten die Pressefreiheit 1791 erstmals unter den Schutz ihrer Verfassung. Auch Frankreich erkannte sie nach der Revolution 1789 an. In Deutschland gab erst die Verfassung der Weimarer Republik der Pressefreiheit 1919 einen grundlegenden Charakter, den das bundesdeutsche Grundgesetz im Jahr 1949 wieder aufnahm: »Jeder hat das Recht, seine Meinung in Wort, Schrift und Bild frei zu äußern und zu verbreiten.« (Artikel 5).

Gründung bedeutender Zeitungen

Neue Zürcher Zeitung 1780. Die NZZ vereint die zuvor noch völlig voneinander getrennten Funktionen Nachrichtenübermittlung, Kommentierung, Unterhaltung und Anzeigenwerbung.

▲ Jeder will informiert sein: französischer Zeitungs-kiosk in der ersten Hälfte des 20. Jahrhunderts.

Ende des Bleisatzes

Die Drucktechnik Gutenbergs, der Einsatz beweglicher Drucklettern, dominierte noch bis ins 19. Jahrhundert das Druckereiwesen. 21 Stunden würde ein Setzer mit der damaligen Technik heute für eine einzige Zeitungsseite benötigen. Die Setzmaschine verringerte diese Zeit auf rund vier Stunden, pro Stunde schaffte ein Setzer mit ihr etwa 6000 Zeichen. In den 1980er Jahren verdrängten Elektronik und Datenverarbeitung die konventionelle Bleisatz-Herstellung. Foto- und Lichtsetzmaschinen schaffen nun pro Stunde bis zu 2 Mio. Zeichen.

▲ Mitte des 19. Jahrhunderts ist das Setzen noch mühselige Handarbeit; jede Zeitungsseite wird einzeln erstellt.

◀ Zeitungssetzer in den 1950er Jahren: Einpassung der Lettern in die Druckformen.

Intelligenzblätter gegründet wurden: Da diese Zeitungen nur amtliche Bekanntmachungen und bezahlte Anzeigen enthielten, beeinträchtigten sie das private Gewerbe erheblich, da jede Anzeige zuerst dort erscheinen musste, ehe sie woanders gedruckt werden durfte. Der Staat hatte hier nicht nur ein Interesse an der Kontrolle der Presse, sondern auch am finanziellen Gewinn.
Seit Mitte des 19. Jahrhunderts bildete sich nicht zuletzt durch die Erfindung der Rotationsdruckmaschine die Massenpresse heraus. 1914 gab es in Deutschland 4200 Tages- und Wochenzeitungen mit einer Gesamtauflage von 18 Mio. Exemplaren. Seit Mitte der 1950er Jahre stieg der Einfluss der Großverlage merklich an. Zur Jahrtausendwende sehen viele Zeitungen die größte Konkurrenz im Internet; ein Ende der auf Papier gedruckten Nachrichten ist aber nicht in Sicht. ■

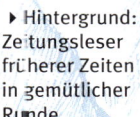

▶ Hintergrund: Zeitungsleser früherer Zeiten in gemütlicher Runde.

Einflussreiche Medienzaren

Zu den Begleiterscheinungen der Massenpresse gehörte der Aufstieg einzelner Verleger, die über erhebliche politische Macht verfügten: Anfang des 20. Jahrhunderts William Randolph Hearst in den USA und Alfred Hugenberg in Deutschland. Nach dem 2. Weltkrieg begann der Aufstieg des deutschen Verlegers Axel Cäsar Springer, dessen 1946 gegründete Bild-Zeitung zum größten Boulevardblatt Europas avancierte. Den Prototypen des modernen Pressezaren verkörpert wohl der US-Medienunternehmer Rupert Murdoch. Sein Imperium umfasste Ende der 90er Jahre international mehr als 1200 Zeitungen und Magazine (u. a. die Londoner »Times« und die »New York Post«), dazu diverse Buchverlage und TV-Sender.

▲ Unentbehrlich für den Aufstieg der Massenpresse: die Rotationsdruckmaschine; diese Anlage gehört in der Mitte des 19. Jahrhunderts zu den modernsten der Welt.

▲ Publizist mit großer Macht: der amerikanische Verleger William Randolph Hearst.

The Times
1788. In London erscheint die erste Ausgabe der von John Walter gegründeten Tageszeitung. Seit 1901 liegt ihr einmal wöchentlich »The Times Literary Supplement« bei.

New York Times
1851. Die amerikanische Tageszeitung wird ein international bedeutendes Blatt. Die Auflage liegt zwischen 1,2 Mio. (werktags) und 1,7 Mio. (sonntags) Exemplaren.

Frankfurter Zeitung
1866. Die von Leopold Sonnemann gegründete Zeitung vertritt eine liberale Haltung und setzt sich vor und im Ersten Weltkrieg für den Frieden ein. Bis zum Verbot des Blattes 1943 tolerieren die Nationalsozialisten die Artikel. Als Nachfolgerin der Frankfurter Zeitung entsteht 1949 die Frankfurter Allgemeine Zeitung (FAZ), die eine liberal-konservative Ausrichtung verfolgt.

1620

AUF TAUCHFAHRT

Das Skelett des Fahrzeugs bestand aus hölzernen Tonnen, die Haut aus öldurchtränkten Lederstücken. Mit diesem Unterseeboot wagte sich der Niederländer Cornelius Drebbel um 1620 in die Themse. Mit dem ersten funktionstüchtigen U-Boot soll er eine Tiefe von 3,60 m erreicht haben. Die erste Idee zu einem Kriegsschiff unter Wasser hatte mehr als 100 Jahre zuvor bereits das Universalgenie Leonardo da Vinci – ohne sie jedoch in die Tat umzusetzen.

»Yellow Submarine« – in diesem surrealistischen Beatles-Film aus dem Jahr 1968 kämpfen die Popidole mit einem gelben Unterseeboot für Flower Power und das »Paradies der Hippies«.

Das russische Atom-U-Boot »Kursk«. Im Jahr 2000 sinkt das Schiff mit 118 Mann Besatzung an Bord.

Drebbel lieferte die »Initialzündung«, die viele Konstrukteure dazu veranlasste, sich intensiv mit dem Bau eines Unterwasserfahrzeugs auseinander zu setzen. Im amerikanischen Unabhängigkeitskrieg gegen England startete 1776 die »Turtle« – die Schildkröte – von David Bushnell einen Angriff gegen ein Kriegsschiff. Da das Einmann-U-Boot nur über einen Luftvorrat von einer halben Stunde verfügte, scheiterte die Mission.

Die Pioniere des U-Boot-Baus wurden mit zwei Hauptproblemen konfrontiert: Es stand nur Holz als Baumaterial zur Verfügung und es fehlte ein geeigneter Antrieb. So musste sich auch Wilhelm Bauer mit dem ersten deutschen U-Boot »Brandtaucher« im Jahr 1851 noch auf die Muskelkraft verlassen. Erst die 1863 fertig gestellte französische »Plongeur« verfügte über einen Motor, der mit Druckluft betrieben wurde. Das Boot hinterließ dadurch aber Blasenspuren an der Oberfläche und verlor seinen größten Vorteil: die Unsichtbarkeit. Bis zum Ende des 19. Jahrhunderts gelang – gefördert durch neue Erfindungen wie Elektro- und Verbrennungsmotor sowie Torpedo – die Entwicklung des modernen Unterwasserboots. Den entscheidenden Schritt unternahm der US-Konstrukteur John P. Holland, der 1900 den doppelten Antrieb einführte: einen Verbrennungsmotor zur lang andauernden Fahrt über Wasser und einen Elektromotor zum Tauchen. Bis zum Ende des Zweiten Weltkriegs blieb dieses Prinzip erhalten. Ab 1954 ging man dazu über, die für U-Boote als besonders geeignet angesehene Kernenergie für den Antrieb zu verwenden. Erst jetzt wurde aus der Konstruktion tatsächlich ein Unterseeboot, das monatelang ausschließlich unter der Wasseroberfläche bleiben konnte. ■

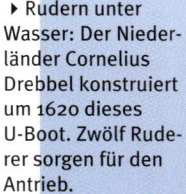

▶ Rudern unter Wasser: Der Niederländer Cornelius Drebbel konstruiert um 1620 dieses U-Boot. Zwölf Ruderer sorgen für den Antrieb.

▲ Forschungs-U-Boot »Ben Franklin« mit dem Tiefseeforscher Jacques Piccard (3. v. r.) vor der New Yorker Skyline 1969.

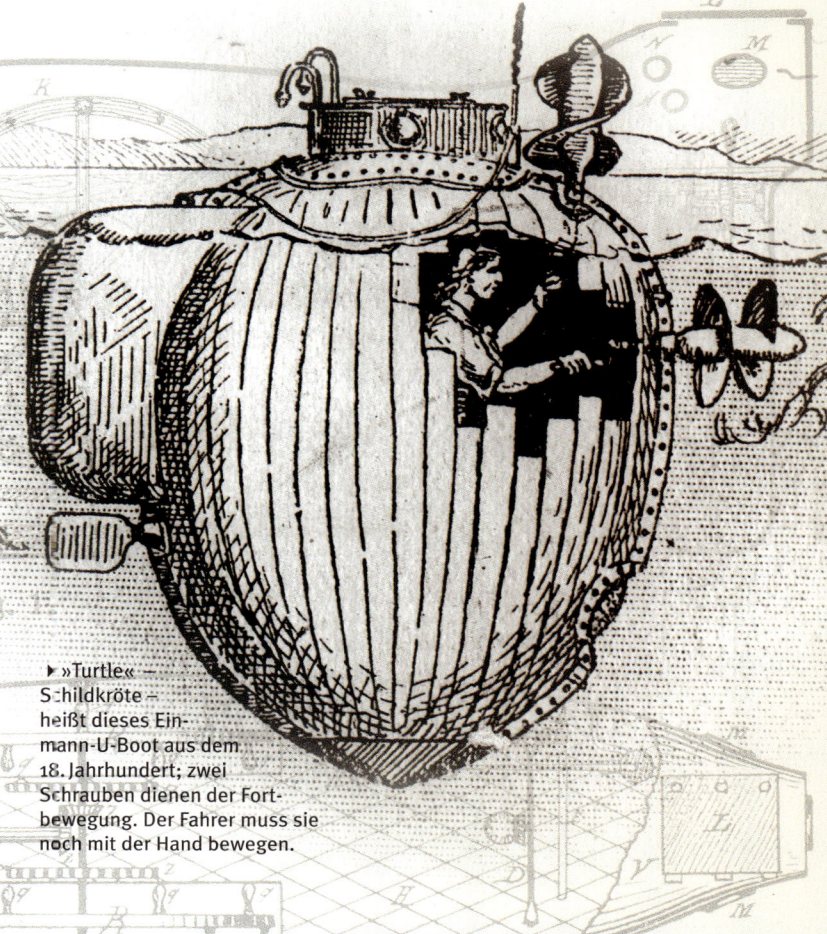

▸ Hintergrund: Konstruktionszeichnung des von Wilhelm Bauer 1851 konstruierten ersten deutschen U-Boots »Brandtaucher«.

▸ »Turtle« = Schildkröte – heißt dieses Einmann-U-Boot aus dem 18. Jahrhundert; zwei Schrauben dienen der Fortbewegung. Der Fahrer muss sie noch mit der Hand bewegen.

In deutschen Diensten

Nachdem die deutsche Kriegsmarine im Ersten Weltkrieg mit dem Einsatz von U-Booten Erfolge errungen hatte, setzte sie auch im Zweiten Weltkrieg auf diesen Bootstyp. Zwar verzeichnete die Marineführung zunächst Siege, doch bald wendete sich das Blatt. Mit Radar waren die Boote leichter aufzuspüren, und die Briten knackten den deutschen Funkschlüssel. In der Folgezeit waren die U-Boote nirgends sicher. Bei Kriegsende waren drei Viertel in den Fluten versunken.

▲ Erster Weltkrieg: Ein deutsches U-Boot versenkt ein britisches Schiff.

Atomarer Antrieb

Das weltweit erste atomgetriebene Boot, die »Nautilus«, ging am 21.1.1954 im Dienste der USA auf Jungfernfahrt. Ein wassergekühlter Reaktor trieb zwei Turbinen an. Die »Nautilus« konnte so lange Strecken ohne Auftauchen zurücklegen. Bereits in den Jahren 1955/56 brachte sie über 100 000 km hinter sich, ohne dabei den Brennstoffvorrat auffrischen zu müssen. Im Juli 1958 unterquerte die »Nautilus« als erstes U-Boot das Packeis des Nordpols. Danach liefen in der UdSSR, in Großbritannien und Frankreich Atom-U-Boote vom Stapel. 1960 statteten die USA das Atom-U-Boot »George Washington« mit Atomraketen aus.

◂ Die amerikanische »Nautilus« – das erste U-Boot mit atomarem Antrieb, 1954.

U-Boote in Film, Musik und Literatur

20 000 Meilen unter dem Meer 1870. Der französische Schriftsteller Jules Verne verarbeitet als erster Autor die Erfindung des U-Boots in einem Roman. Kapitän Nemo taucht mit der »Nautilus« in die Tiefsee.

Yellow Submarine 1968. Die britische Rockgruppe The Beatles, besteht 1968 in dem psychedelischen Zeichentrickfilm »Yellow Submarine« märchenhafte Abenteuer in einem gelben U-Boot.

Das Boot 1973. Der ehemalige deutsche U-Bootfahrer Lothar-Günther Buchheim schildert seine Erlebnisse aus dem Zweiten Weltkrieg in dem dokumentarischen Roman »Das Boot«.

Acht Jahre später, 1981, verfilmt der deutsche Regisseur Wolfgang Petersen den Roman Buchheims. Seine realistische und packende Inszenierung macht den Streifen zu einem großen internationalen Erfolg.

1699

AUF DEN ZAHN GEFÜHLT

Zähne wurden den Menschen schon seit Ewigkeiten gezogen, doch der eigentliche Zahnarztberuf entstand erst vor wenigen Jahrhunderten: 1699 führte der französische König Ludwig XIV. die staatliche Sonderprüfung für den Beruf des »Zahnchirurgen« ein; und 1728 veröffentlichte der Pariser Chirurg Pierre Fauchard das erste ausschließlich der Zahnheilkunde gewidmete Werk »Le chirurgien dentiste«. Fauchard gilt seither als Vater der Zahnheilkunde.

▲ Auf diesem Stand der Hygienemesse in Leipzig in den 1920er Jahren werden die neuesten Ausstattungsstücke für die Zahnarztpraxis gezeigt.

Vor dieser Zeit nahmen sich Chirurgen und Wundärzte der Zahnkranken an, zuweilen gar Quacksalber. In den meisten Fällen konnte von einer Heilung keine Rede sein. Denn vorzugsweise wurde das Übel nach Art des Doktor Eisenbart einfach mit der Wurzel ausgerissen. Dass Zahnfäule, also Karies, die Menschen schon zu frühesten Zeiten quälte, belegen Quellen aus Mesopotamien um 1800 v. Chr. In ihnen wird der Zahnwurm als Ursache von Zahnkrankheiten beschworen. In Ägypten gab es sogar schon das Bemühen, Zähne durch Füllungen zu reparieren, doch blieben die Versuche, Zähne zu retten, Einzelfälle – zumeist erfolglose. Selbst nach der Ausbildung des Zahnarztberufs war die übliche und bei weitem wirksamste Radikaltherapie das Ziehen – und das bis ins 19. Jahrhundert ohne Narkose. Chinesische Zahnreißer entwickelten durch Trainieren der Handmuskulatur eine besondere Kunstfertigkeit: Sie zogen Zähne mit den bloßen Fingern. In Europa benutzte man dazu seit Mitte des 16. Jahrhunderts neben der »Zahnzange« einen schnabelartigen Haken, mit ▸▸

▸ Offensichtlich ohne Rücksicht auf Verluste werden hier Zähne gezogen; die Karikatur aus dem ausgehenden 18. Jahrhundert zeigt einen der so genannten Zahnreißer bei der Arbeit.

Mit Glaspulver und Urin

Mittel zur Säuberung und Gesunderhaltung der Zähne finden sich bereits im alten Rom. Der Arzt Scribonius Largus empfahl als Zahnpasta eine Rezeptur aus Essig, Honig, Salz und fein zerstoßenem Glas. Besonders verbreitet zur Reinigung des Mundes war für fast zwei Jahrtausende Urin. Schon kurz nach der Zeitenwende pries Plinius d. Ältere dieses Mittel; und auch der Vater der Zahnheilkunde Fauchard empfahl im 18. Jahrhundert tägliche Mundspülungen mit frischem Eigenurin als Prophylaxe gegen Karies.

dem der geschädigte Zahn ausgehebelt wurde. Verbreitet war das Zahnzieher beim Bader oder Barbier, die das neben Rasur, Aderlass oder Haarschnitt erledigten.

Mit Fauchards Buch erlebte die Zahnheilkunde und der Berufsstand des Zahnarztes zur Freude der geplagten Menschheit einen langsamen, aber gründlichen Aufschwung. Noch im 18. Jahrhundert erschienen erste Lehrbücher der Zahnheilkunde in deutscher Sprache und grundlegende wissenschaftliche Werke.

Die Gewerbefreiheit führte im neuen Deutschen Reich im späten 19. Jahrhundert dazu, dass sich zwei Berufsgruppen um kranke Zähne kümmerten: die akademischen Zahnärzte und die handwerklich ausgebildeten Zahntechniker, die so genannten Dentisten, die sich selbst Zahnkünstler nannten. Letztere wurden – aus Kostengründen – von den ärmeren Zahnpatienten aufgesucht. Beseitigt wurde diese Zweigleisigkeit erst nach dem Zweiten Weltkrieg: 1949 in der DDR und 1952 in der Bundesrepublik. ■

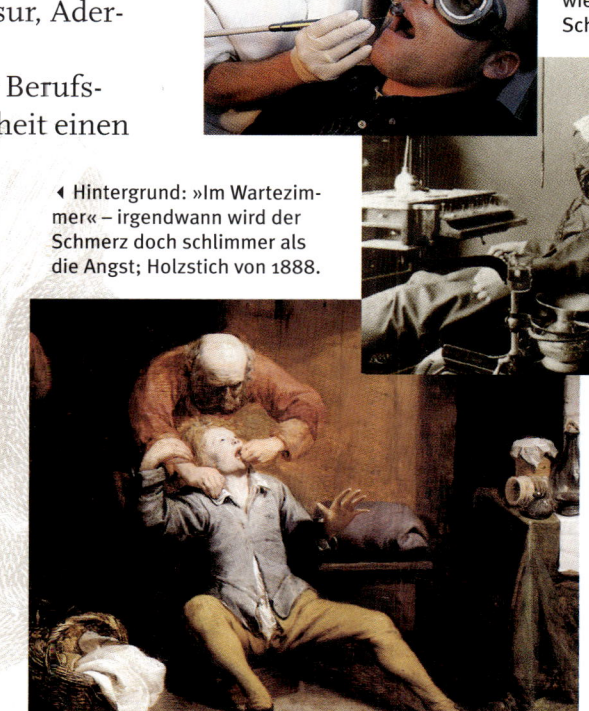

◄ Moderne Zahnbehandlung mit Lasertechnik; Zahnarzt wie Patient müssen Schutzbrillen tragen.

◄ Hintergrund: »Im Wartezimmer« – irgendwann wird der Schmerz doch schlimmer als die Angst; Holzstich von 1888.

▲ Die Amerikanerin Olga Lentz ist im Jahr 1910 eine der ersten praktizierenden Zahnärztinnen der Welt.

▲ »Der Zahnreißer« ist hier in der ersten Hälfte des 17. Jahrhunderts am Werk; Gemälde von David Ryckaert.

Da ist der Wurm drin

Ein Wurm verursacht Karies und den Zahnschmerz – das jedenfalls glaubten vor Jahrtausenden die Mesopotamier und Ägypter. Im alten Indien, bei den Indianern Amerikas und in der europäischen Antike bot die Heilkunde Mittel gegen den Zahnwurm an. So empfahl im 1. Jahrhundert beispielsweise der Leibarzt von Kaiser Claudius, den Wurm durch Ausräuchern mit dem giftigen Bilsenkraut zu töten, eine Methode, die das ganze Mittelalter über populär blieb. Erst der Pariser Chirurg Fauchard rückte in seinem Werk »Le chirurgien dentiste« dem Glauben an einen Karies erzeugenden Wurm zu Leibe, und im Lauf des 18. Jahrhunderts machte die aufblühende Zahnheilkunde mit der Vorstellung von dem übelbringenden Getier vollends Schluss – fast. Einzelne Ärzte setzten noch im 19. Jahrhundert Arznei gegen den Wurm ein.

◄ Die Elfenbeinschnitzerei von 1780 stellt den Zahnwurm dar, der lange für Zahnkrankheiten verantwortlich gemacht wird.

Eitel Blendwerk

Ein Mensch mit Zahnlücken sieht wenig vorteilhaft aus. Hinzu kommen Probleme beim Kauen. Handwerker und Ärzte kümmerten sich deshalb schon früh darum, dass ihre vornehmen Kunden und Patienten Zahnersatz bekamen. Bereits 700 v. Chr. fertigten in Italien etruskische Goldschmiede Zahnprothesen aus geschliffenen Ochsenzähnen, die mit Goldbändern befestigt wurden. Erste künstliche Gebisse wurden im 16. und 17. Jahrhundert erwähnt. Der Pariser Dentist Dubois de Chémant erhielt 1791 ein Patent auf seine maßgeschneiderten künstlichen Zähne und Gebisse aus Porzellan. Die »unzerstörbaren und geruchlosen« Gebisse waren beim Adel sehr beliebt.

▶ Bei dieser Brücke aus etruskischer Zeit hält ein Goldband die Ochsenzahnprothese (2. Zahn von rechts) fest.

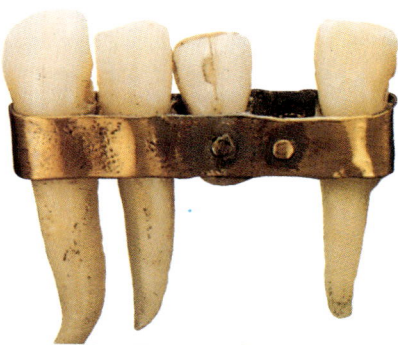

Fortschritte in der Zahnheilkunde

Gefüllt mit Gold
1427. Der italienische Arzt Giovanni d'Arcoli erhält einen Lehrstuhl für Medizin in Padua. Er empfiehlt erstmals die Füllung von Zahnlöchern mit Goldfolie.

Lehrbuch der Zahnheilkunde
1756. Der preußische Hofzahnarzt Philipp Pfaff veröffentlicht seine »Abhandlung von den Zähnen«, das erste Lehrbuch der Zahnheilkunde in deutscher Sprache.

Äthernarkose
1846. Bei einer Operation in Boston führt der amerikanische Zahnarzt William Morton erstmals öffentlich eine Narkose durch. Betäubungsmittel ist Schwefeläther.

Mit allem Drum und Dran
1915. In den USA wird das Konzept der zahnärztlichen »Units« entworfen – Bohrer, Luft- und Wasserzufuhr und Abfluss werden in einem Gerät zusammengefasst.

1700

SPASS IN LUFTIGER HÖHE

So ganz genau weiß niemand, wann das Karussell entstanden ist. Dass es in seinen Kinderjahren ein ausschließlich höfischer Spaß war, ist hingegen gesichert – und auch, dass es aus einem Rund-kampf zu Pferde hervorgegangen ist. Um 1700 wurde das »Carousselreiten« wohl zum ersten Mal zu einem Fahrvergnügen auf einer drehbaren Plattform.

▲ Nichts für schwache Nerven ist die Fahrt auf einer modernen Achterbahn.

Die Geschichte des Karussells reicht weit zurück in die Welt aus Tausendundeiner Nacht. Als mittelalterliche Kreuzritter im 12. Jahrhundert auf ihrem Zug ins Heilige Land ihr Durchgangslager aufschlugen, sollen sie ein seltsames, faszinierendes Spiel beobachtet haben: Arabische Reiter jagten hoch zu Ross mit gezückter Lanze auf ein Ziel zu, an dem ein kleiner Ring hing. Gewonnen hatte, wem es gelang, den Reif als Erster zu durchstoßen. Bald wurde das Spiel aus dem Morgenland, quasi eingereist im Gepäck der Kreuzritter, in ganz Europa verbreitet, wohl weniger als ernsthafter Wettbewerb, sondern zur Unterhaltung. Dabei ritten die Reiter im Lauf der Zeit auch im Kreis. Die Weiterentwicklung des morgenländischen Spiels zum Karussell soll Ende des 17. Jahrhunderts einer betrieben haben, der Macht, Kunst und Künste, den Tanz, die Pracht und den Pomp liebte: Sonnenkönig Ludwig XIV. Zur Belustigung seiner zahlreichen Gäste in Versailles ließ er immer neue Attraktionen erfinden, wie auch eine Fortentwicklung des Ringturniers, und um die Wende vom 17. zum 18. Jahrhundert wurden zum ersten Mal Drehgestelle verwendet. ▸▸

◂ »The Round-About« – gemütliche Karussellfahrt; kolorierte Radierung von 1805.

Klassiker in der Geschichte des Karussells

Schiffschaukel
1890. Die Schiffschaukel in ihrer heutigen Form kommt in Deutschland in Mode. In den Anfängen wird sie häufig auch »amerikanische Luftschaukel« genannt.

Riesenrad
1893. Das erste Riesenrad der Welt ist eine rund 80 m hohe Stahlkonstruktion des Amerikaners George W. Ferris. Es wird aus Anlass der Weltausstellung in Chicago aufgestellt.

Achterbahn
1898. In Coney Island, USA, wird die erste Achterbahn der Welt, wie man sie heute kennt, gebaut: aus Stahl und mit einer Schienenführung in Form einer Acht.

Kettenkarussell
Um 1900. Die kleinen Kettenflieger, die Vorläufer des Kettenkarussells, werden in Europa populär. Ihre jetzige Form erhalten sie nach dem Ersten Weltkrieg.

▼ Hintergrund: Riesenrad und Kettenkarussell gehören zu den ganz alten, aber immer noch sehr beliebten Fahrvergnügen.

◄ Rasante Fahrt: Passagiere dieses hochmodernen Karussells können leicht in den Rausch der Geschwindigkeit geraten.

Das Reiterspiel von einst wurde fortgeführt, doch nun geruhsamer auf dem Rücken hölzerner Pferde. Bald hielt das Karussell allgemein Einzug in die europäischen Höfe. Während der Französischen Revolution wurden viele Privilegien, die bis dahin den Adeligen vorbehalten waren, dem Volk zugänglich gemacht – so auch die Karussells, die rasch europaweit zur beliebten Volksbelustigung wurden. Bald gab es eigene Handwerksbetriebe, spezialisiert auf die neuartigen Spielereien der Kirmes. Zunächst wurde das mechanische Gestell von Menschen, Eseln oder Pferden angetrieben. Es sollte noch viele Jahrzehnte dauern, bis erst die Dampfmaschine und dann der Strom die Muskelkraft ersetzten.

▲ Nostalgie pur: Kinderkarussell mit Autos und Motorrädern aus der Zeit um 1920.

Von seinem nostalgisch verklärten Reiz hat das gute alte Karussell bis heute nichts verloren, mag die Konkurrenz mittlerweile auch noch so groß sein und die Hightech-Fahrvergnügen mit immer neuen, aufregenden Attraktionen locken. Heute stehen Kettenkarussell und Schiffschaukel nach wie vor neben hochmodernen Fahrgeschäften und lassen Erinnerungen wach werden an frühere Jahrhunderte, als man noch im Feiertagsgewand über die Jahrmärkte flanierte. ■

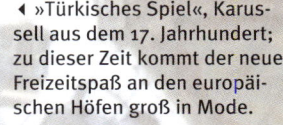

◄ »Türkisches Spiel«, Karussell aus dem 17. Jahrhundert; zu dieser Zeit kommt der neue Freizeitspaß an den europäischen Höfen groß in Mode.

Immer auf Achse

Als in der ersten Hälfte des 19. Jahrhunderts transportable Gestelle entwickelt wurden, begann auch das Leben als reisender Schausteller – nicht unbedingt romantisch, aber immer verbunden mit etwas Fernweh und Abenteuerlust. Mit der Zeit lösten Autos oder Raumschiffe die Holztiere ab, und die Volksfeste wurden lauter und rauer, doch auch bunter und schillernder – umso mehr umgab ein ganz gewisses Flair den Beruf des fahrenden Schaustellers. Heutzutage gibt es in Deutschland rund 35 000 Schausteller, zuzüglich einer kaum zählbaren Schar an Gelegenheitsarbeitern. Es ist ein harter Beruf, das »moderne Nomadenleben« fordert ein hohes Maß an Flexibilität, Kinder müssen ständig die Schule wechseln, und gearbeitet wird dann, wenn die anderen frei haben: an Sonn- und Feiertagen, abends, nachts oder in den Schulferien.

◄ Das Riesenrad ist nur eine der vielen Attraktionen der Cranger Kirmes im Herzen des Ruhrgebiets.

Große Volksfeste

Die »bavarian beerparty« ist für viele Amerikaner der Inbegriff deutscher Kultur. Das Münchner Oktoberfest, das von den Einheimischen kurz und liebevoll »Wiesn« genannt wird, wartet mit Superlativen auf: Rund 6 Mio. Besucher pro Jahr, der Welt größtes Volksfest, die weltweit einzigartige Euro-Star-Achterbahn, die größte und höchste transportable Wildwasserbahn und jährlich rund 50 000 Hektoliter ausgeschenktes Bier. Zu den ganz großen Festen zählt mit seinem Freefall-Tower oder seinen Superloopings auch der »Cannstatter Wasen« in Stuttgart. Und die Cranger Kirmes in Herne mit ihren zahllosen Fahrgeschäften ist das größte Volksfest des Ruhrgebiets.

1709

»WEISSES GOLD« AUS EUROPA

Am 28. März 1709 berichtete Johann Friedrich Böttger dem sächsischen Kurfürsten August dem Starken, er habe das Rezept für Porzellan entdeckt. Damit hatte der 27-jährige Hofalchimist zusammen mit dem Naturwissenschaftler Ehrenfried Walther Graf von Tschirnhaus, dem Böttger unterstellt war, seinem Landesherrn eine einträgliche Geldquelle erschlossen.

▲ In diesem Zimmer am Hof des sächsischen Kurfürsten August entschlüsselt Johann Friedrich Böttger die Herstellungsweise von Porzellan.

S eit dem 16. Jahrhundert war der Handel mit dem schon seit uralten Zeiten hergestellten Porzellan aus dem Fernen Osten sprunghaft angestiegen: Das wertvolle, schimmernde Material war zum Statussymbol jedes europäischen Hofes geworden, und jeder Potentat, der etwas auf sich hielt, gab für seine Porzellansammlung Unsummen aus.

So war es kein Wunder, dass die vielen kleinen und großen Machthaber darum wetteiferten, das Geheimnis der Porzellanherstellung zu lüften und sich damit wirtschaftliche Vorteile zu sichern. Den vielen Versuchen war zunächst jedoch kein Erfolg beschieden – entweder stimmte die Zusammensetzung der Ausgangsstoffe nicht, oder das Material wurde nicht mit der ausreichenden Hitze gebrannt. So entstanden Steingut und Fayence, die Qualität der chinesischen Vorbilder blieb vorerst unerreicht. ▶▶

▲ Zeichen der Manufakturen Rosenthal und Hutschenreuther aus Selb in Bayern.

▶ »Scaramuz mit Dame« heißt diese kunstvolle Meißener Porzellanfigur aus der Mitte des 18. Jahrhunderts. Geschaffen hat sie Johann Joachim Kändler.

Frühe Zentren der Porzellanherstellung in Europa

Wien/Vincennes
1717/1738. In Wien entsteht 1717 eine Manufaktur, die 1744 Staatsbesitz wird. Die 1738 in Vincennes/Frankreich gegründete Manufaktur geht 1753 in Staatseigentum über.

Bayern
1747. Mit Unterstützung des bayerischen Kurfürsten Max III. Joseph wird in Neudeck ob der Au eine Manufaktur gegründet, die ab 1761 ihren Sitz in Nymphenburg hat.

Berlin
1751. Preußenkönig Friedrich II. erteilt dem Kaufmann Wilhelm Caspar Wegely das Privileg zur Porzellanherstellung. Die Manufaktur geht 1763 in den Besitz der Krone über.

England
1779. Das von Josiah Wedgwood gebrannte weiße Porzellan (pearlware) löst in England das bis dahin allgemein verbreitete cremefarbene Porzellan (creamware) ab.

▲ Klare und schlichte Formen –
Porzellandesign Ende des 20.Jahr-
hunderts.

Der sächsische Kurfürst, Besitzer der damals größten Porzellansammlung in Europa, verfolgte die Idee der Porzellanherstellung so skrupellos, dass er Böttger und seine Mitarbeiter wie Gefangene hielt. Das so genannte Arkanum, also die Rezeptur der Porzellanmasse, die Zusammensetzung der Glasuren, die Konstruktion der Brennöfen und den Ablauf der Brennprozedur selbst, hielt August nach Böttgers Erfolg unter Verschluss, sodass die 1710 auf der Albrechtsburg in Meißen eingerichtete Porzellanmanufaktur

▲ Die Albrechtsburg in Meißen
oberhalb der Elbe begründet die
europäische Porzellanherstellung.

eine monopolartige Stellung in Europa besaß. Spionage, Bestechung und Abwerbung von Fachleuten gehörten zu den Mitteln, mit denen Landesfürsten versuchten, das Monopol zu brechen und ihrerseits aus der Porzellanherstellung Gewinn zu ziehen. So entstanden im 18. Jahrhundert zahlreiche Manufakturen – das »weiße Gold« verlor seine Exklusivität. ■

Die Wiege des Porzellans

Porzellan stammt aus China. Das Kaolin, wichtiger Bestandteil echten Porzellans, fand wohl schon in vorchristlicher Zeit bei der Keramikherstellung Verwendung. Zur Zeit der Han-Dynastie (206 v. Chr. – 220 n. Chr.) wurden Gefäße und Figuren aus dem sog. Protoporzellan produziert, das oft grün glasiert war. In der T'ang-Dynastie (618 bis 907) begann der Handel mit Keramik und erstem weißen Porzellan. Doch erst im Jahr 1295 machte der Venezianer Marco Polo das »weiße Gold« in Europa bekannt. Während der Ming-Zeit ab 1368 erlebte die Porzellanherstellung eine Blüte, in Kiangsi entstand die Kaiserliche Manufaktur. Im 18. Jahrhundert erreichte der Export seinen Höhepunkt.

▲ Porzellanherstellung in den Gewölben der Albrechtsburg um die Mitte des 19.Jahrhunderts, als das Geschäft floriert.

▲ Chinesische Porzellanschale mit Drachenmotiv; sie stammt aus dem 15. Jahrhundert.

Aus gebrannter Erde

Meißen auf dem Weg zum Weltruf

In vier Sprachen gab Sachsens Kurfürst August der Starke im Jahr 1710 die Gründung der Meißener Porzellanmanufaktur auf der Albrechtsburg bekannt. Nach dem Willen des Landesherrn sollte sich der Betrieb selbst tragen, doch es gab weder Kapital noch finanzielle Reserven. Daher war die Manufaktur zunächst von großen Geldsorgen geplagt, zumal die Produktion wegen der hohen Zahl an Fehlbränden vorerst gering blieb. Dennoch hatte die Meißener Manufaktur bis Mitte des 18. Jahrhunderts in Europa kaum Konkurrenz bei

der technischen und künstlerischen Entwicklung des beliebten Porzellans zu fürchten. Bald ging man auch dazu über, sich von den chinesischen Vorbildern zu lösen: 1731 kam Johann Joachim Kändler nach Meißen und schuf seine kunstvollen Porzellanplastiken. 1830 übernahm der Staat die königliche Manufaktur, deren Markenzeichen, die gekreuzten Schwerter, bis heute ein Inbegriff wertvoller Porzellankunst sind.

▲ Die Erstellung der Rohform des Porzellans nennt man in der Fachsprache Bossieren.

Porzellan durchläuft bei der Herstellung einen komplizierten Prozess. Die Grundmasse aus Kaolin, Feldspat und Quarz muss geformt, getrocknet und bei ca. 900 °C gebrannt werden, bevor das Dekor aufgetragen werden kann. Von einer Unterglasurmalerei spricht man, wenn das Dekor nach dem ersten Brand aufgetragen wird. Danach wird das Stück glasiert und bei etwa 1450 °C ein zweites Mal gebrannt. Erst durch diesen sog. Garbrand erhält das Porzellan seine Härte und Undurchlässigkeit. Bei der Aufglasurmalerei werden die Farben auf die Glasur aufgetragen und dann bei ca. 900 °C ein drittes Mal gebrannt.

1750

PARADIES FÜR SPIELER

Das berühmteste Spielkasino der Welt steht sicherlich in Monaco. Als es 1863 eröffnet wurde, war dies allerdings keine Weltpremiere, denn in der deutschen Stadt Baden-Baden gab es schon 1750 das erste lizenzierte Spielkasino Europas. Inzwischen finden sich überall auf der Welt Spielbanken, und die High Society lässt sich genauso zu ihrem »Glück« verführen wie der einfache Bürger.

▲ Vornehme Gesellschaft und prunkvolles Ambiente im Spielsaal des Kasinos von Monte Carlo, um 1890.

▲ Spielbegeisterte finden auch in arabischen Ländern – wie hier im Libanon – Kasinos.

Als die Baden-Badener Spielbank eingerichtet wurde, spielten die Gäste unter anderem »französisches Roulette«. Statt der heute bekannten großen Räder, in denen eine Kugel läuft, gab es kleine so genannte Kessel. Gesetzt wurden Gold- und Silbermünzen auf einem mit Feldern bemalten Tuch, das auf einem Tisch ausgebreitet wurde. 1838 entstand in Baden-Baden ein neues Kasino, das auch Unterhaltungsprogramme neben dem Spiel anbot. Drei Jahre später wurde in Bad Homburg ebenfalls ein Kasino eröffnet. 1850 kam der monegassische Fürst auf die Idee, dem Beispiel der deutschen Kurorte zu folgen, um seine Staatsfinanzen aufzubessern. Carlo III. hoffte, dass die französischen Spieler Geld nach Monaco bringen würden, denn in Frankreich war das Glücksspiel verboten. Wegen der schlechten Verkehrsverbindungen blieb dem Glücksspieltempel jedoch der Erfolg versagt. Carlo III. holte daraufhin François Blanc nach Monaco, den Leiter der Spielbank in Bad Homburg. Dieser eröffnete 1863 ein neues Haus auf einem landschaftlich schön gelegenen Hügel, den er zu Ehren des Fürsten »Monte Carlo« nannte. ▸▸

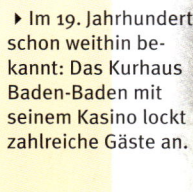

▸ Im 19. Jahrhundert schon weithin bekannt: Das Kurhaus Baden-Baden mit seinem Kasino lockt zahlreiche Gäste an.

▲ In Bad Homburg geht die Entwicklung von Spielkasino und Kuranlagen Hand in Hand. Die Spielbank ist in einem Kursaal untergebracht.

Ein wirklicher Erfolg wurde das Kasino aber erst, als 1868 die neu gebaute Eisenbahn die Touristen von der Côte d'Azur in das neue Spielerparadies brachte. Allein in den 1870er Jahren fanden jährlich etwa 150 000 Spieler den Weg nach Monaco. Fortan traf sich alle Welt in Monte Carlo. Könige und Kaiser, Industrielle, Künstler und Publicitysüchtige gehörten zur Klientel des Hauses. Heute besuchen längst auch Normalbürger das Kasino und vergnügen sich an Automaten und Spieltischen. ∎

▲ Mekka für den internationaler Jetset und Touristen gleichermaßen: die Spielbank von Monte Carlo heute.

▶ Hintergrund: Postkarte aus Monte Carlo mit einer Glücksbotin, um 1905.

Die Rache des »Roten Mannes«

Unter den Augen der strengen Sittenwächter gab es für Spieler in den USA lange Zeit nur wenige legale Anlaufpunkte: Nur im Wüstenstaat Nevada und in Atlantic City an der Ostküste durfte mit Erlaubnis des Staats »gezockt« werden. Seit den 1980er Jahren boomt in den indianischen Reservaten das Glücksspiel, denn sie haben den Status autonomer Gebiete, die keine Steuern zahlen müssen. Die Gäste reisen an und lassen Millionen Dollar in den Bingohallen und Kasinos der vormals verarmten Gegenden. Die Kasinos und Hotelanlagen beleben die Wirtschaft und reduzieren die hohen Arbeitslosenraten in vielen Reservaten. Die meist weißen Spieler um ihre Dollars zu erleichtern hat die »New York Times« als bisher beste Kriegslist der Indianer im andauernden Kampf mit dem weißen Mann bezeichnet.

Rollende Glückskugel

Zu Beginn der Kasinogeschichte hatte Roulette einen recht geringen Stellenwert. Stattdessen wurden vorwiegend Kartenspiele wie Trente-et-un (31) und später Vingt-et-un (21), das heute als Black Jack bekannt ist, gespielt. Besonders beliebt war auch Pharao, bei dem gewettet wird, welche Karte als nächste aufgedeckt wird. Der Durchbruch des Roulettes kam erst im 19. Jahrhundert, nachdem François Blanc, Spielbankleiter in Bad Homburg, die zweite Zéro (0) aus dem Spiel strich und damit die Gewinnchancen der Spieler beträchtlich erhöhte.

◀ »Die Bank ist gesprengt«, Gemälde eines Roulettespiels Ende des 19. Jahrhunderts.

Lasterhafte Gesellschaft

Als Sündenpfuhl in der Wüste ist Las Vegas in die Annalen eingegangen. Eine pikante Mischung aus Glücksspiel, Mafiaaktivitäten, Prostitution und Glamour lockte die Spieler in die Stadt in Nevada. Mafiaboss Bugsy Siegel begann hier 1944 mit dem Bau des ersten Kasinos, dem »Flamingo«. In den 50er Jahren begeisterten dann Showgrößen wie Frank Sinatra, Sammy Davis jr. und Dean Martin das Publikum.

Zahlreiche Filme haben sich Las Vegas und seine Schattenseiten zum Thema gemacht, so z. B. »Bugsy« aus dem Jahr 1991, der – oscarprämiert – mit Warren Beatty in der Hauptrolle Siegels letzte Jahre schildert.

▶ Las Vegas – Treffpunkt für Glücksspieler; Hotel- und Kasinokomplex des MGM Grand.

Stationen aus der Geschichte der Spielbanken

Kasino Bad Homburg
1841. Das Spielkasino öffnet seine Pforten und entwickelt sich schnell zur meistbesuchten und auch umsatzstärksten Spielbank in den deutschen Staaten.

Spielbankverbot
1868. Preußen ordnet die Schließung aller Spielbanken an. Das Verbot, von dem das Kasino in Monte Carlo sehr profitiert, bleibt bis 1933 bestehen.

Havanna wird Spielerstadt
1920er Jahre. Als Folge der Prohibition verlegen die Spielbankbetriebe an der Ostküste der Vereinigten Staaten ihren Standort in die Hauptstadt des nahe gelegenen Kuba.

Wiedereröffnung nach Krieg
1948. Nach dem Krieg öffnet das Kasino von Bad Neuenahr wieder seine Tore, es folgen die Spielbanken in Travemünde, Bad Homburg, Baden-Baden und Wiesbaden.

161

1752

SCHUTZ VOR DEM BLITZ

Ein simpler Metallstab machte um die Mitte des 18. Jahrhunderts die übermächtige Natur plötzlich ein Stück weit beherrschbarer und räumte mit archaischen Ängsten auf: Der amerikanische Politiker und leidenschaftliche Naturforscher Benjamin Franklin wies die elektrische Natur des Gewitters nach und konstruierte daraufhin 1752 den ersten Blitzableiter.

▲ Der Erfinder des Blitzableiters: Benjamin Franklin – Naturforscher und Politiker zugleich.

Schon um 1170 v. Chr. schützten die Ägypter ihre Tempel mit vergoldeten Stäben vor Blitzeinschlag – wie spätere Inschriften aus dem 3. Jahrhundert v. Chr. belegen. Doch danach gerieten die Gesetze der Blitzleitung durch Metall für lange Zeit in Vergessenheit. Sturm, Gewitter und Blitzeinschlag, der ganze Gebäude bis auf die Grundmauern niederbrennen ließ, galten ebenso wie Überschwemmungen und Erdbeben als Strafe Gottes. Jahrhundertelang hatten Geistliche den Blitz und die damit einhergehenden Zerstörungen in aufrüttelnden Bußpredigten als göttliche Warnungen gedeutet und zur sittlichen Erneuerung aufgefordert. Erst mit dem Zeitalter der Aufklärung, die ein rationales Weltverständnis und ein vernunftorientiertes praktisches Handeln postulierte, machte im 18. Jahrhundert auch die Wissenschaft große Fortschritte, und dementsprechend verloren Blitz und Donner den Anschein ihrer allmächtigen, übernatürlichen Gewalt. Franklin hatte bereits ab 1749 mit an Metalldrähten befestigten Drachen ▸▸

Kontrollierte Funkenentladung

Physikalisch betrachtet erzeugt ein Gewitter Felder elektrischer Ladung im Wolkensockel. Der Blitz sorgt für die natürliche Funkenentladung zwischen positiv und negativ geladenen Wolken bzw. auch zwischen Wolken und Erde, wobei Stromstärken von bis zu 100 000 Ampere bei Spannungen von vielen Millionen Volt entstehen und die Luft extrem erhitzt wird. Kommt es nun zu einer Funkenentladung zwischen einer negativ geladenen Wolke und der positiv geladenen Erdoberfläche, kann der Blitz einschlagen. Davor schützt der an Gebäuden befestigte Blitzableiter, der die großen elektrischen Ladungen über Metallspitzen und Fangleitungen ohne Schaden zu Metallplatten in der Erde abführt. Diese kontrollierte Ableitung beruht auf der Tatsache, dass ein Blitz stets den am besten leitenden Weg wählt.

Auf dem Weg zur Erforschung des Blitzes

Reibungselektrizität
1743. Der Leipziger Professor Christian August Hausen konstruiert eine mit einer Kurbel angetriebene Glaskugel, die erste Elektrisiermaschine, die elektrische Ladung erzeugt.

Erster Ladungssammler
1745. Mit den Kleist'schen Flaschen entwickelt der Danziger Jurist Ewald Jürgen von Kleist die ersten elektrischen Kondensatoren. So gelingt es ihm, die mit den Elektrisiermaschi-nen erzeugte elektrische Ladung zu konservieren. Bei seinen Experimenten mit diesen Ladungssammlern stellt Benjamin Franklin fest, dass bei ihrer Entladung Phänomene wie Blitz und Donner entstehen.

Standardwerk
1778. Unter dem Titel »Vom Blitze. Dessen Bahn und Würkung« wird ein erstes Werk des Arztes Johann Albert Hinrich Reimarus zum Thema Blitz veröffentlicht.

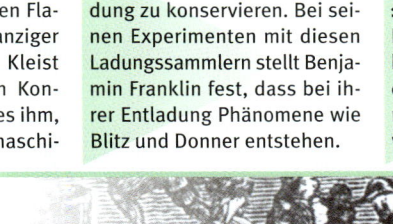

◄ Mit Hilfe eines Drachens gelingt es Benjamin Franklin, die atmosphärische Elektrizität zu erforschen und nachzuweisen.

experimentiert, um die Elektrizität der Gewitterwolken und ihre Leitbarkeit nachzuweisen. Seine Blitzableiter wurden von vielen Seiten zunächst mit Skepsis betrachtet. Die Kirche verurteilte sie als »Ketzerstangen« und sah in ihnen einen Eingriff in die Allmacht Gottes. Andere sorgten sich um unerwünschte Folgeerscheinungen und machten die Blitzableiter für ausbleibenden Regen und sonstige Missstände verantwortlich.

Dennoch begannen neben Benjamin Franklin auch zahlreiche andere Wissensdurstige unter Aufbietung all ihrer Phantasie, sich dem Phänomen der Elektrizität anzunähern. So wurde 1770 in Hamburg beispielsweise einer der ersten Blitzableiter in Deutschland installiert. Nach und nach setzte sich nun über die wissenschaftlich-kulturellen Zentren wie Paris und London der Blitzschutz bis in die kleinsten Winkel durch. Auch das Militär, das die Metallstangen zur Absicherung der Pulvermagazine nutzen wollte, forcierte die Anwendung der neuen Technik. Heute ist der Blitzableiter – mittlerweile zu modernsten Blitzschutzanlagen weiterentwickelt – aus dem Stadt- wie Landleben nicht mehr wegzudenken. ∎

▼ Eine staunende Menschenmenge begutachtet 1760 den ersten auf einem Dach installierten Blitzableiter von Benjamin Franklin.

▲ Hochspannung in der Luft: Zahlreiche Blitze erhellen den dunklen Himmel.

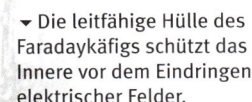

▼ Die leitfähige Hülle des Faradaykäfigs schützt das Innere vor dem Eindringen elektrischer Felder.

Totale Abschirmung

Neben Benjamin Franklin gab es einen weiteren Naturforscher, dessen Erkenntnisse über Elektrizität dem Gewitter seine Schrecken nahmen: Der britische Physiker und Chemiker Michael Faraday (1791–1867) entdeckte das Phänomen einer allseitig geschlossenen Hülle aus leitfähigem Blech oder Maschendraht, in die kein äußeres elektrisches Feld eindringen kann. Wird dieser Faradaykäfig unter Strom gesetzt, bleibt das Innere völlig gegen elektrostatische Felder abgeschirmt. Auf diese Art und Weise können Messinstrumente, aber natürlich ebenso Menschen geschützt werden. Wie geschlossene Autos und Flugzeuge funktioniert auch das ein Gebäude umgebende Drahtsystem einer Blitzschutzanlage nach dem Faraday'schen Prinzip.

1760

SPEED AUF VIER ROLLEN

Was tun, wenn das Eis auf den Seen geschmolzen und der Schlittschuh zu nichts mehr nutze ist? Man schnallt sich Räder statt Kufen unter und saust durch die Ballsäle! Auf diese Idee kam jedenfalls 1760 der Belgier Joseph J. Merlin. Der Stammvater einer ganzen Heerschar von enthusiastischen Pionieren auf Rollschuhen, Inlineskates und Skateboards führte dabei auch gleich mit vollem Körpereinsatz vor, welche Frage es vordringlich zu lösen galt: Wie bremse ich?

Bei einem Maskenball sauste der Musikinstrumentenbauer aus den Ardennen auf seinen für dieses Ereignis gebauten Rollschuhen ungebremst in einen großen Spiegel und trug dabei erhebliche Verletzungen davon. Merlins Rollschuhe, die eher wie Schlittschuhe aussahen, hatten übrigens je zwei hintereinander montierte Metallräder: Die ersten Rollschuhe waren also Inlineskates, und für die nächsten 90 Jahre orientierten sich die Erfinder weiter an diesem Modell »Sommerschlittschuh«. Merlins Landsmann van Lede stattete 1790 seinen »patin à terre« (»Erdschlittschuh«) mit einer Metallspornbremse aus. Mitte des 19. Jahrhunderts bewegte sich die Erfinderschar auf den klassischen Rollschuh zu. Der Franzose Louis Legrand baute 1849 einen Schuh, der vorn und hinten zwei Räder besaß. 14 Jahre später erfand James L. Plimpton in New York den typischen Rollschuh, der jetzt mit Riemen unter den Schuh geschnallt werden konnte.

Nun bedurfte es nur noch der industriellen Fertigung und geeigneter Örtlichkeiten, um das Rollschuhfahren populär zu machen. Bereits um 1900 waren zahlreiche Rollschuhbahnen und -hallen entstanden. ▸▸

▲ Freizeitspaß auf britischen Kriegsschiffen 1910: Marineoffiziere seiner Majestät spielen Hockey auf Rollschuhen.

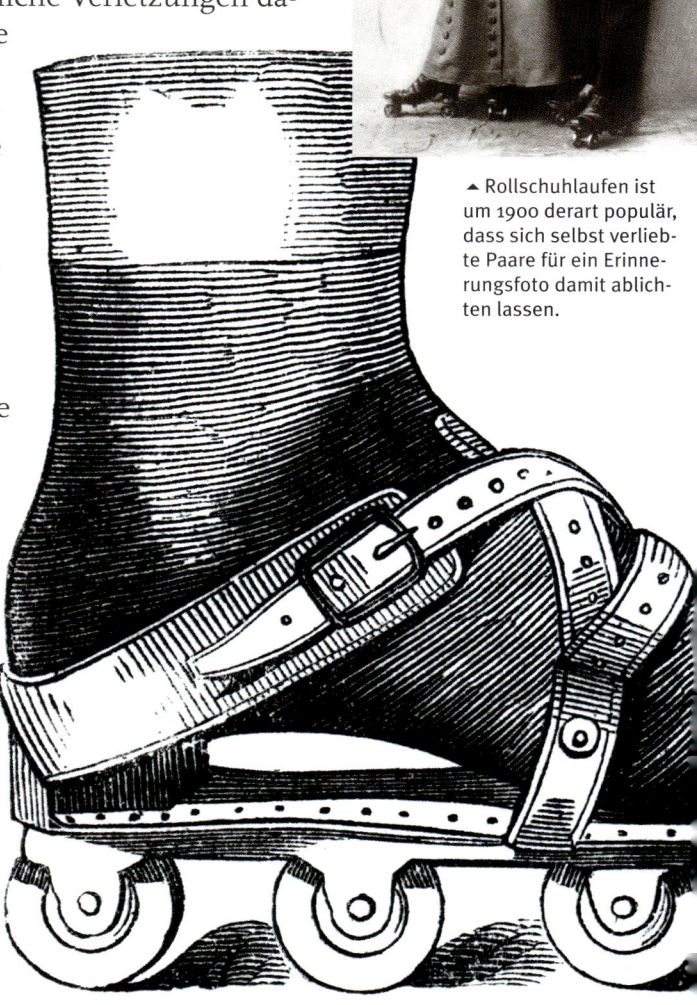

▲ Rollschuhlaufen ist um 1900 derart populär, dass sich selbst verliebte Paare für ein Erinnerungsfoto damit ablichten lassen.

Entwicklung der Rollschuhe

Schienenrollschuh
1813. In Frankreich erfindet der bekannte Eisläufer Jean Garcin einen so genannten Schienenrollschuh mit Stützschienen an den Seiten für besseren Halt.

Erste Bahnen
1866. Die erste Rollschuhbahn geht in Newport/Rhode Island in den USA in Betrieb. Zehn Jahre später wird in Berlin-Hasenheide die erste deutsche Bahn eingeweiht.

Deutsche Dominanz
1951. Deutsche Läufer nehmen erstmals an einer Rollkunstlauf-Weltmeisterschaft (seit 1947) teil. Bis 1983 gewinnen sie insgesamt 70 von 120 möglichen Goldmedaillen.

Schmalspurboom
1996. In Deutschland steigt die Zahl der Inlineskater auf 8,1 Mio., das sind 10 % der Gesamtbevölkerung. 1994 besaßen gerade 1,1 Mio. Deutsche eigene »Erdschlittschuhe«.

▲ Das Roller-Disco-Fieber der 1980er Jahre hinterlässt seine bleibenden Spuren mit dem Musical »Starlight Express« des Musical-Moguls Andrew Lloyd Webber aus dem Jahr 1984.

Man lief inzwischen auf kugelgelagerten Rollschuhen, und von den ursprünglichen Inlineskates war nicht mehr die Rede. Neue Belebung erfuhr die Rollschuhszene erst Mitte der 1960er Jahre. Surfer begannen in den USA, »Surfbretter für den Landgang« zu bauen; sie montierten Rollschuhräder unter Bretter. Diese einfachen Skateboards verbesserten die »Asphaltsurfer« später durch Räder aus Polyurethan. Die hervorragenden Rolleigenschaften dieses Materials verhalfen bald auch den Rollschuhen zu einem neuen Boom, der sich in Roller-Discos bis in die 80er Jahre austobte. Den letzten Kick bekam die Entwicklung der Rollschuhe durch die Olson-Brüder in den USA. Sie bauten schmale Räder aus Polyurethan – in einer Reihe hintereinander – unter einen festen Kunststoffschuh. 1983 gründeten die Olsons die Firma Rollerblade, die den weltweiten Siegeszug der Inlineskates einläutete. ■

Auf breiten Spuren

International etabliert hat sich der Rollsport in der ersten Hälfte des 20. Jahrhunderts. Rollkunstlauf, Rollhockey und Rollschnelllauf – weitgehend wie der Eissport aufgebaut – reichten bislang jedoch nicht an dessen Popularität heran. Die Inlineskates konnten sich bei den Rollsportlern nur teilweise durchsetzen. Die Schnellläufer fahren nur auf Inlinern. Bei den rollenden Hockeyspielern gibt es alle möglichen Formen: Rollhockey, Inlinehockey, Inline-Skaterhockey, Streethockey und Inline-Streethockey. Nur bei den Rollkunstläufern ist noch alles ganz beim Alten: Sie bevorzugen wegen spezieller Kunstlauffiguren die klassischen 2x2-Rollschuhe.

▲ Hintergrund: ein Streetskater bei rasanter Fahrt auf einem Bobbahngeländer.

◄ In den 1990er Jahren kommt Inlineskating in Deutschland groß in Mode. Seitdem bevölkern die Rollbegeisterten Wege und Straßen.

▲ Eine Rollkunstläuferin bei der so genannten Pflicht; sie fährt die auf der Rollkunstbahn aufgezeichnete Figur nach.

Stunts am Treppengeländer

Mit dem Boom der Inlineskates entwickelte sich seit den 1980er Jahren rasch eine ganze Palette von Freizeitsportarten. Das Speedskating, das von der Kurzstrecke bis zum Marathon ausgeübt wird, ist schon als mögliche olympische Disziplin im Gespräch. Eine weitere Wettkampfdisziplin ist das Inlinehockey. Besonders spektakulär geht es im sog. Aggressive-Bereich zu: Während sich die »Streetskater« der alltäglichen Straßenarchitektur (Treppen, Geländer etc.) für ihre Kunststücke bedienen, zeigen die »Vertskater« im Skaterpark mit Halfpipes, Pools und Ramps Artistisches. Auf internationalen Showveranstaltungen bringt die Weltelite die Zuschauer mit haarsträubenden Stunts zum Staunen.

▲ »Stubenrollschlittschuh« um 1860; zu dieser Zeit ist die Avantgarde der Rollschuhpioniere bereits auf den Rollschuh mit 2x2 Rädern umgestiegen.

▼ Großes akrobatisches Können zeigt dieser Skateboardfahrer bei Wettkämpfen in San Francisco 1999.

1765

MIT VOLLDAMPF VORAUS

Der griechische Mechaniker Heron von Alexandria konstruierte um das Jahr 100 einen wundersamen Apparat: einen Topf zum Wasserkochen, an dem zwei gekrümmte Rohre angebracht waren, aus denen der Dampf strömte. Durch seine Rückstoßkraft ließ der Dampf den beweglich gelagerten Topf um seine Achse rotieren. Die erste gut funktionierende Dampfmaschine baute aber erst 1765 der Schotte James Watt.

▼ James Watts Dampf-maschine von 1765 ist ein Meilenstein für die Produktionstechnik auf der ganzen Welt.

Herons Apparat, im Prinzip die erste Dampfmaschine, hätte man wegen ihrer geringen Leistung mit zwei Fingern anhalten können. Der Weg bis zur technischen Nutzung der Dampfkraft war daher noch weit. Erst 1690 konstruierte der französische Physiker Denis Papin, Erfinder des Dampfschnellkochtopfs, einen Messingzylinder, in dem sich ein Kolben bewegte. Erhitzte er Wasser im Zylinder, dann trieb der Dampf den Kolben an, entfernte er die Wärmequelle, dann fiel der Kolben zurück. So konnte der Erfinder u. a. schwere Gewichte heben. 1712 trennte der Brite Thomas Newcomen Dampfkessel und Zylinder und baute so eine Wasserpumpe, deren Leistung aber zu wünschen übrig ließ. ▸▸

▲ Schematischer Längs-schnitt durch die Kesselan-lage einer Dampfmaschine aus alten Zeiten; sie zeigt den Weg der Heizgase so-wie den Wasser- bzw. Dampfumlauf.

▲ Dampfkraft für die Dreschmaschine — Landwirt-schaft zu Beginn der Industrialisierung.

Siegeszug der Lokomotiven

▲ Wegweisende Technik: Trevithick konstruiert Dampf-wagen und Dampf-lokomotive.

1801 baute der Brite Richard Trevithick eine Dampfmaschine in ein Fahrzeug ein, das Personen mit rund 15 km/h beförderte. Sein Straßenwagen war das erste funktionierende Gefährt dieser Art. Bereits 1804 fuhr die erste Dampflokomotive auf Schienen, auch sie stammte von Trevithick.

Acht Jahre später baute sein Landsmann John Blenkinsop eine der ersten Lokomotiven. Sie bewährte sich vor allem im Bergwerksalltag. Die reguläre Dampfeisenbahn hob im Jahr 1825 der Brite George Stephenson aus der Taufe, als er die erste Eisenbahnlinie der Welt (Darlington – Stockton) einweihte.

Wegweisende Einsätze von Dampfmaschinen

Schifffahrt
1802. Auf dem schottischen Forth-Clyde-Kanal verkehrt der erste wirtschaftlich erfolgreiche Schaufelraddampfer. Wasserwege werden industriell in großem Stil nutzbar.

Bergbau
Um 1835. Dampfmaschinen werden zur Förderung von Kohle und Eisenerz sowie in den Eisenhütten eingesetzt, was die Arbeit erheblich erleichtert.

Straßenbau
1859. Der französische Straßenbauingenieur Lemoine erfindet die Dampfwalze. Durch ihren Einsatz – zunächst in den Städten – werden die Straßen zunehmend besser.

Stromerzeugung
1888. In Elektrizitätswerken arbeiten erstmals Dampfmaschinen. Sie treiben Dynamos an, wobei zunehmend leistungsstarke Dampfturbinen zum Einsatz kommen.

Erst Watts Maschine schaffte den Durchbruch. Wesentlich neben anderen Verbesserungen: Erstmals trieb der Dampfdruck selbst – statt eines Vakuums – den Kolben in den Zylinder. 1780 führte Watt dann Kurbel und Schwungrad ein und machte so aus der Hin- und Herbewegung des Kolbens eine Drehbewegung. Damit wurde die Dampfmaschine zum Universalantrieb, der die Ära der Industrialisierung einleitete. ■

▲ Eines der ersten mit Dampfkraft angetriebenen Ozeanschiffe ist 1819 die »Savannah«.

Erhöhte Leistung durch Turbinen

Einen völlig neuen Typ der Dampfmaschine erfand 1883 der schwedische Ingenieur Carl Gustaf de Laval: die Dampfturbine. Mit ihr lassen sich weit höhere Drehzahlen und damit größere Leistungen erreichen als mit Kolbendampfmaschinen. 1894 bewährte sich eine Dampfturbine erstmals als Schiffsantrieb, ab 1900 verdrängte sie die Kolbendampfmaschine als Antriebsaggregat in der Industrie, nachdem der französische Ingenieur Auguste Rateau ein neues mehrstufiges Modell präsentiert hatte.

▲ Enorme Dimensionen: hochmoderne Gas- und Dampfturbine eines Kraftwerks.

Früher Energiesparer

▲ Watt schafft mit der Dampfmaschine die wichtigste Voraussetzung für die industrielle Revolution.

Der 1736 geborene James Watt forschte zunächst als »Konstrukteur mathematischer Instrumente« an der Universität Glasgow. Dort stand das Modell einer sog. Newcomen'schen Balanciermaschine, das dringend einer Reparatur bedurfte. Watt brachte das Gerät wieder zum Laufen und verbesserte es nebenbei, sodass es mit knapp einem Drittel des Kohlebedarfs auskam.
Mit dem Industriellen John Roebuck meldete der Erfinder ein Patent auf »eine neue Methode zur Senkung des Dampf- und Brennstoffverbrauches bei Feuermaschinen« an. 1775 gründete Watt mit dem Fabrikanten Matthew Boulton eine florierende Firma für Antriebsmaschinen, in der er bis zu seinem Tod (1819) Teilhaber blieb.

1770

MANEGE FREI

Circus Maximus im alten Rom – das hört sich nach Zirkus an. Doch sollen die blutrünstigen Gemetzel und gnadenlosen Wagenrennen, die sich dort abspielten, tatsächlich der Ursprung unseres Zirkus sein? Dann springen wir doch lieber ein paar Jahrhunderte weiter zum Londoner »Pferdetheater« des ehemaligen Kavalleristen Philip Astley, der 1770 sein Programm mit Pferdedressuren zur ersten Zirkusvorstellung im modernen Sinn ausbaute.

▲ Zirkus Roncalli will die Menschen mit seinem Programm verzaubern und in eine Märchenwelt entführen.

Astley präsentierte seinem Publikum nicht nur seine eigenen Reitkünste und die seiner Frau, er bot außerdem »Sprünge auf schwingendem Seil«, »Ägyptische Pyramiden«, »Chinesische Schattenbilder«, »Artistensprünge« und einen Clown. Der Zirkus war erschaffen, diese unvergleichliche Mischung kurzweiliger Einzelnummern zum Staunen und zum Lachen: Menschen und Tiere vollbringen hier die unglaublichsten Kunststücke und immer sieht alles ganz leicht aus; dem Zuschauer stockt angesichts der Gefahr einer Löwendressur oder eines Hochseilaktes der Atem, erleichtert kann er über die Clowns lachen. Das Prinzip »Menschen, Tiere, Sensationen« ist seit Astley dasselbe geblieben, auch wenn sich in den gut 200 Jahren Zirkusgeschichte eine Menge getan hat. Denn der Zirkus lebt weitgehend von der Sensation, also war der Druck, den Zuschauern Neues zu bieten, groß. ▸▸

▸ Hintergrund: Am nervenaufreibendsten sind für den Zirkusbesucher wohl die fliegenden Menschen. Zeichnungen von einem Plakat für eine Tournee des US-Zirkus Ringling/Barnum & Bailey.

▸ Astleys Londoner »Theatre« ist das erste feste Zirkusgebäude. Bis ins 20. Jahrhundert können sich Zirkusunternehmen feste Standorte leisten. Dann beenden Film und Fernsehen die goldene Zirkus-Ära. Die großen Wanderzirkusse, wie wir sie heute kennen, kommen Ende des 19. Jahrhunderts in den USA auf.

Bekannte Namen der Zirkuswelt

Renz
1842. Der Hochseilartist und Schulreiter Ernst Renz übernimmt den Zirkus von Rudolf Brilloff und baut ihn zu einem der bekanntesten deutschen Zirkusunternehmen aus.

Busch
1884. Im dänischen Svendborg gründet der Kavallerie-Reitlehrer Paul Busch einen Zirkus. Er eröffnet feste Zirkusgebäude in Hamburg, Wien, Breslau und Berlin.

Sarrasani
1901. Hans Stosch-Sarrasani kauft die Überreste eines in Konkurs geratenen Unternehmens und gründet in Brandenburg an der Havel seinen Zirkus, der rasch wächst.

Roncalli
1976. Bernhard Pauls Zirkus Roncalli feiert mit seinem Programm »Die größte Poesie des Universums« beim Bonner Sommer erfolgreich seine Weltpremiere.

Der einfache Salto reichte bald nicht mehr, es musste ein doppelter, gar ein dreifacher sein. Zum simplen Tanz auf dem Seil kam das gleichzeitige Jonglieren – mit verbundenen Augen.

Aus den Familienbetrieben wurden riesige Unternehmen mit Hunderten von Tieren und Mitarbeitern. Zu den Pferden kamen ständig neue Tierarten mit neuen Kunststücken; Dressuren mit bis zu hundert Löwen, mit Eisbären und Nilpferden wurden gewagt. Die große Zeit der Manege begann im 19. Jahrhundert mit den berühmten deutschen Zirkussen Renz und Busch und wurde im 20. Jahrhundert u. a. von den großen Wanderzirkussen der Sarrasani-Dynastie und des Amerikaners Phineas Taylor Barnum sowie dem Moskauer Staatszirkus vollendet. Mit dem Aufkommen des Kinos, besonders aber des Fernsehens ging die goldene Zirkus-Ära zu Ende. Vielfach totgesagt, hat sich der Zirkus dennoch gehalten. Und nicht nur Kinder staunen gerne über das bunte Treiben in der Manege. Die märchenhaft-poetischen Welten des Zirkus Roncalli und André Hellers haben die Fan-Gemeinde der Artisten, Dompteure, Clowns und Künstler vor allem um Erwachsene bereichert. ∎

▲ Freddy Knie vom schweizerischen Zirkus Knie bei der Arbeit: Die Pferdedressur ist fester und ältester Bestandteil des Zirkus.

▾ Die Tierdressur gehört zu den ganz besonderen Attraktionen des Zirkus. Dieses Plakat von 1905 wirbt für eine lustige Braunbär-Eisbär-Nummer.

◂ »Stars in der Manege« bei Zirkus Krone; Freddy Quinn auf dem Hochseil.

Tanz in schwindelnder Höhe

Sie brauchen den Zirkus nicht, der Zirkus aber braucht sie: die Seiltänzer. Ebenso wie Clowns, Jongleure, Akrobaten, Dompteure u. a. haben die Seiltänzer – meist als fahrendes Volk – schon vor der Erfindung des modernen Zirkus die Menschen mit ihren Kunststücken zum Staunen gebracht. Vorführungen von Seiltänzern sind bereits aus der Zeit um Christi Geburt belegt. Ganz ohne Netz und doppelten Boden gehen die wagemutigen Artisten in schwindelnder Höhe nicht nur über ein Seil, sie vollbringen dabei auch noch Kunststücke, die dem Zuschauer selbst auf sicherem Boden nicht gelängen. Den aufsehenerregendsten Drahtseilakt absolvierte wohl der Franzose Blondin. Er überquerte im Jahr 1859 auf dem Seil in 60 m Höhe die Niagarafälle.

Den Pausenclown machen

Was den Fürstenhöfen der Narr und den Märkten der Hanswurst des fahrenden Volkes war, wurde dem Zirkus – und zwar von Beginn an – der Clown. Mit seinen Nummern sorgt er in den Pausen zwischen den atemberaubenden Sensationen für die entspannenden Momente. Doch das Wort Pausenfüller wird der Kunst des Clowns nicht gerecht. Die meisten Clowns sind auch hervorragende Artisten, und die anarchische Leichtigkeit ihres Klamauks lässt das notwendige Talent, das harte Training und die hohe Kunst noch nicht einmal ahnen. Dafür genießen die Clowns von allen Zirkusartisten auch die größte Popularität. Fast jeder kennt die ganz Großen des 20. Jahrhunderts: Grock mit seinem »Nit mööglich«, Charlie Rivel und sein »Akrobaat schöön« und Oleg Popow, den unbestrittenen Star des Moskauer Staatszirkus.

▸ Der russische Clown und Artist Oleg Popow gehört zu den ganz Großen seines Fachs.

MIT DAMPFKRAFT ÜBER DIE MEERE

Die Dampfmaschine des Schotten James Watt war gerade einmal zehn Jahre alt, da statteten die beiden Franzosen J. C. Périer und Graf Auxiron ein kleines Boot mit Dampfantrieb aus. Ihre ersten Fahrversuche waren erfolgreich, und zahlreiche Techniker folgten ihrem Beispiel. Der Bau großer und leistungsstarker Ozeandampfer ließ allerdings noch bis ins 19. Jahrhundert auf sich warten.

▲ Schwarze Rauchwolken begleiten diesen Raddampfer aus der Mitte des 19. Jahrhunderts.

Lange galt das Jahr 1707 als Geburtsstunde des Dampfschiffs, als der Franzose Denis Papin mit einem Boot auf der Fulda von Kassel nach Hannoversch-Münden fuhr. Sein Boot besaß allerdings kein Dampfaggregat, es war nur als Vorstufe eines Dampfschiffs konzipiert. Erst Jahrzehnte später, 1774/75, bauten seine Landsleute J. C. Périer und Graf Auxiron ein erstes Dampfboot und befuhren damit die Seine. Périers und Auxirons äußerst langsamer Flussdampfer rief Nachahmer auf den Plan, und in den Folgejahren verkehrten mehrere ähnlich bescheidene Kleindampfer auf Frankreichs Flüssen. Schon weit mehr Leistung brachten jene frühen Dampfschiffe, die ab 1788 der Schotte William Symington baute, allen voran die 1802 in Dienst gestellte »Charlotte Dundas«. Dem Pionier aus Schottland folgten andere Konstrukteure in Europa, so der in Frankreich lebende Amerikaner Robert Fulton, der 1807 in den USA einen ersten bedeutenden Dampfer baute: ▸▸

▲ Der Stolz der britischen Seefahrt ist ab 1936 die »Queen Mary«, der bis dahin größte Atlantikdampfer des Landes.

▸ Hoher Besuch an der Seine: Der amerikanische Ingenieur Robert Fulton führt Napoleon Bonaparte 1803 sein erstes Dampfschiff vor.

▲ Erster Transatlantikdampfer mit Schraubenantrieb, die »Great Britain« bei ihrer Jungfernfahrt 1845.

Giganten auf See

Den ersten Ozeanriesen baute 1838 der Brite Isambard Brunel mit der hölzernen, 72 m langen »Great Western«. Brunels zweiter Gigant, die »Great Britain«, hatte einen eisernen Rumpf und verfügte mit 1500 PS über die mehr als dreifache Antriebsleistung. Das 98 m lange Schiff konnte 360 Passagiere und 600 t Ladung befördern. Brunels 1858 präsentierte 211 m lange »Great Eastern« für 4000 Passagiere und 6000 t Ladung erwies sich als zu groß und wurde nach mehreren Unfällen ausgemustert. Auch spätere Giganten hatten keinen Erfolg: Nachdem am 14./15. 4. 1912 die »Titanic« gesunken war, näherte sich die Ära der großen Dampfschiffe ihrem Ende. Nach 1930 wurden die Ozeanriesen durchweg von Dieselaggregaten angetrieben.

▲ Ozeanriese auf hoher See; die Schifffahrtsgesellschaft Norddeutscher Lloyd nimmt 1924 die »Columbus« mit 32500 BRT in Betrieb.

die über 40 m lange »Clermont«. Ein kommerzieller Durchbruch war das aber noch nicht, denn die Dampfschiffe hatten anfangs erheblich mit der Ignoranz zweifelnder Zeitgenossen zu kämpfen.

Erst mit dem Bau der britischen »Great Western« 1838 machten Dampfer den großen Ozeanseglern den Rang streitig, um 1900 hatten sie den Wettbewerb eindeutig für sich entschieden. Ihre Leistungskraft stieg weiter durch die Erfindung der Dampfturbine, die 1897 die klassische Schiffsdampfmaschine ablöste, und durch neuartige Schiffsdieselmotoren, deren große Zeit 1902 begann. ■

Gnadenloses Wettrüsten

Das 1845 im Schiffsbau eingeführte Material Eisen erlaubte zusammen mit dem Dampfantrieb die Konstruktion erster großer, schwer gepanzerter Kriegsschiffe. Das Wettrüsten vor allem zwischen Frankreich und Großbritannien begann mit dem 90-Kanonen-Schiff »Napoléon«, dem 1858 schwimmende Panzerbatterien folgten. England konterte schon ein Jahr später mit zwei noch größeren Batterieschiffen, der »Warrior« und der »Black Prince«. Das folgende halbe Jahrhundert stand ganz im Zeichen der immer massiveren internationalen Mobilmachung zur See, die auch Deutschland, die USA und Japan erfasste. Doch als 1914 der Erste Weltkrieg ausbrach, konnte keine Seite mit ihren Panzerkreuzern bzw. schweren Schlachtkreuzern den Sieg erringen.

▲ Flottenparade der britischen Marine vor Dover, 1903. Großbritannien ist um die Jahrhundertwende die größte Seemacht der Welt.

Pendler zwischen den Welten

Nachdem der Amerikaner Robert Fulton 1803 auf der Seine sein erstes Dampfschiff vorgeführt hatte, interessierte sich die französische Marine für seine Modelle. Doch als das Schiff bei der zweiten Fahrt sank, winkte Napoleon ab. Fulton erhielt in den USA ein Patent zum alleinigen Betrieb der Dampfschiffe auf allen Flüssen, das er verkaufen musste. Wieder in Europa, versuchte er ab 1809 vergeblich, die Erlaubnis zum Befahren der Donau mit Dampfschiffen zu bekommen. Kurz vor seinem Tod baute Fulton 1814 das erste mit Dampfkraft betriebene Kriegsschiff.

▲ In den USA geboren, lebt Robert Fulton lange Zeit in Europa.

Fertigstellung bedeutender Dampfschiffe

»Clermont«
1807. Mit dem Schiff unternimmt Robert Fulton die erste Langstreckenfahrt: über 140 englische Seemeilen von New York nach Albany und zurück, in 62 Stunden.

»Margery«
1814. Der erste als Fährschiff (Strecke London–Margate) eingesetzte Dampfer gilt wegen seines verbesserten Schaufelradantriebs als ein Meilenstein der Dampfschiffentwicklung.

»Civetta«
1829. Der Böhme Josef Ressel stellt den ersten erfolgreichen Schraubendampfer vor. 1837 ist die schwedische »Novelty« das erste von Schrauben angetriebene Handelsdampfschiff.

»Kaiser Wilhelm II.«
1902. Mit 44 500 Wellen-PS Antriebsleistung, geliefert von einer Kolbendampfmaschine, besitzt dieser Schnelldampfer das stärkste jemals gebaute Dampfantriebsaggregat.

1783

WAGEMUTIGE HIMMELSSPRINGER

Louis-Sébastien Lenormard hatte dank eines Fallschirms schon unverletzt den Sprung von einem Baum überstanden, als er Ende des Jahres 1783 mit zwei Sonnenschirmen in jeder Hand vom Observatorium in Montpellier einen Sprung in etwa 4 m Tiefe wagte. Dieser Selbstversuch gilt als erster Fallschirmsprung der europäischen Geschichte.

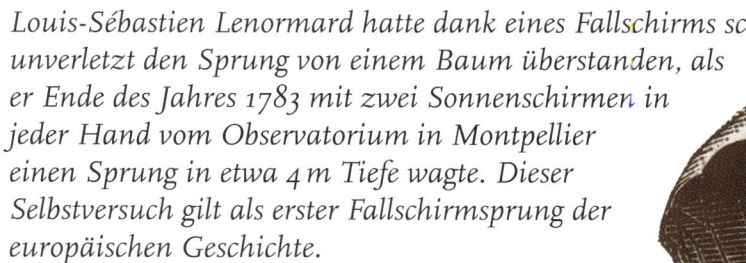

▲ Bereit zum Bodenkontakt: Dieser Fallschirmspringer bringt sich in Position für seine Landung.

L enormards Beschäftigung mit Fallschirmsprüngen war wahrscheinlich von dem Gedanken getragen, dass es Menschen mittels Fallschirmen gelingen könnte, aus brennenden Gebäuden zu entkommen. 1785 ließ der Ballonfahrer Jean Pierre Blanchard erstmals einen Hund per Fallschirm vom Ballon auf die Erde zurückkehren. Zu größerer Popularität brachte es Lenormards Landsmann André-Jacques Garnerin, der die Sonnenschirme weiterentwickelte und mit seinem Fallschirm 1797 erstmals vor Publikum aus einer Höhe von 1000 m von einem Heißluftballon auf Paris hinunterschwebte. 1802 gelang ihm sogar ein Sprung aus 2440 m Höhe, bei dem er an einem weißen ▶▶

In Vergessenheit geraten

Der Gedanke, einen Fallschirm zu konstruieren, ist schon jahrhundertealt. Im Mittelalter gab es Spielzeugfallschirme und bereits im 14. Jahrhundert sind in China akrobatische Vorführungen mit Fallschirmen bezeugt. An eine praktische Anwendung dachte wohl erst das Multitalent Leonardo da Vinci, der 1495 erste Konstruktionszeichnungen für Fallschirme anfertigte.

Danach geriet die Idee aber lange in Vergessenheit. Erst die Möglichkeit, sich in die Lüfte zu erheben, machte es erforderlich, sich

darüber Gedanken zu machen, wie man im Notfall wieder sicher auf der Erde landen könnte. So war die Erfindung des Heißluftballons in der zweiten Hälfte des 18. Jahrhunderts auch von entscheidender Bedeutung für die Entwicklung des Fallschirms.

▶ Fallschirmzeichnung des Universalgenies Leonardo da Vinci, entstanden um 1500.

▶ »Fallschirmflug« auf Paris aus 1000 m Höhe: Am 22.10.1797 sorgt der Franzose André-Jacques Garnerin mit seinem Sprung aus einem Heißluftballon für großes Aufsehen.

Meilensteine des Fallschirmspringens

Erster Notabsprung
1808. Zum ersten Mal hat ein Fallschirm lebensrettende Wirkung, als der Grieche Jordaki Kurapento über Warschau aus einem brennenden Ballon abspringen muss.

Absprung vom Flugzeug
1912. Der Amerikaner Albert Berry springt in Jefferson Barracks/Missouri (USA) aus einem Doppeldecker in 450 m Höhe ab – und landet wohlbehalten auf der Erde.

Weiblicher Fallschirmspinger
1913. Die 15-jährige Amerikanerin Georgia Thompson aus North Carolina springt als erste Frau mit dem Fallschirm in Los Angeles aus einem Flugzeug ab.

Absprung im freien Fall
1924. Randall Bose, ein US-Sergeant, springt aus 1350 m Höhe ab und zieht erst nach 450 m die Reißleine – damit absolviert er den ersten Absprung im freien Fall.

Segeltuchschirm von etwa 7 m Durchmesser hing. Was zuerst wie eine sportliche Mutprobe aussah, wurde im Zuge der Entwicklung der Flugtechnik zu einem wichtigen Garanten für die Sicherheit der Piloten. Später entdeckte auch das Militär den Fallschirm für seine Zwecke. Der erste Sprung aus einem Flugzeug gelang 1912 einem Captain der US-Armee namens Albert Berry. Im Mittelpunkt des Fallschirmspringens stand jedoch zumeist der sportliche Aspekt. Er veranlasste mutige Menschen dazu, freiwillig aus Flugzeugen oder Ballons zu springen. Seit den 1960er Jahren hat der Fallschirm noch eine weitere Funktion bekommen, an die Lenormard und Garnerin nicht zu denken wagten: Wenn eine Rakete oder ein Spaceshuttle auf die Erde zurückkehrt, wird die Landung immer auch von Bremsfallschirmen gesichert. ∎

▲ Formationsspringer: Ende des 20. Jahrhunderts ist das Fallschirmspringen zu einem beliebten Sport geworden.

▲ »Sprung« aus dem All: Sicher landet die Raumkapsel Apollo 9 nach erfolgreicher Mission im Weltraum im März 1969 im Atlantik.

▶ Tandemsprung: Laien können mit Fallschirmlehrern den Himmelssprung wagen.

▲ Homo volans – fliegender Mensch: Kupferstich aus einem Technikbuch des 16. Jahrhunderts.

Im Dienste der Luftwaffe

Der militärische Einsatz von Fallschirmen stieß zunächst auf Skepsis. Die britische Luftwaffe ließ erst Ende des Ersten Weltkriegs Versuche mit Fallschirmen zu. Im Zweiten Weltkrieg dagegen gehörten die Fallschirmjäger besonders bei der deutschen Luftwaffe zu den effektivsten Einheiten. Sie konnten z. B. hinter feindlichen Linien abgesetzt werden. Auch wurden Material und Lebensmittel per Fallschirm an für Bodentruppen unerreichbare Punkte gebracht. Bei der Landung der alliierten Truppen in der Normandie im Juni 1944 führte der Einsatz von britischen und amerikanischen Fallschirmbataillonen, die im Landesinnern den weiteren Vorstoß der Bodentruppen vorbereiteten, zum Erfolg der Invasion.

◀ Militärischer Einsatz: Landung von Fallschirmspringern der US-Army.

1783

NICHT NUR HEISSE LUFT

Am 5. Juni 1783 erhob sich in Annonay bei Lyon der erste Heißluft-ballon vom Boden und flog fast 2 km in den Himmel. Initiatoren des Experiments mit dem riesigen Ballon aus Leinwand und Papier waren die Brüder Michel Joseph und Étienne Jacques Montgolfier, die ein Jahr zuvor erste Versuche mit einem Miniaturballon, einem heißluftgefüllten Seidensäckchen, unternommen hatten.

▲ Der Himmel wird bunt: moderner Ballonwettbewerb.

Die Erkenntnis, dass warme Luft sich ausdehnt und nach oben steigt, kam den Brüdern beim Blick ins Feuer: Wenn verbrennendes Papier, vom Rauch getrieben, nach oben wirbelt, könnte doch diese geheimnisvolle Kraft genutzt werden, um ...?! Die Idee zum Heißluft-ballon war geboren. Nach dem erfolgreichen Jungfernflug schnupperten am 19. September unter den Augen von König Ludwig XVI. und seiner Frau Marie Antoinette eine Ente, ein Hahn und ein Schaf als erste Lebewesen acht Minuten Höhenluft, am 21. November 1783 durften zwei mutige Adli-ge, Jean François Pilâtre de Rozier und der Marquis François d'Arlandes, Paris fünf Minuten von oben betrachten. Mensch und Tier kamen wohlbehalten zur Erde zurück, die »Montgolfiere« und ihre Erfinder wurden gefeiert. Doch die Konkurrenz schlief nicht. Der Physiker Jacques Alexandre Charles spielte die Vorteile des Was-serstoffs aus: Das 1766 entdeckte Gas ist 15-mal leichter als Luft, erzeugt daher bei gleichem Volumen einen stär-keren Auftrieb und muss auch nicht erhitzt werden. ▶▶

▲ Die ersten Men-schen gehen mit einem Heißluftbal-lon in die Lüfte: die Franzosen Jean François Pilâtre de Rozier und François d'Arlandes bei ihrem Start in der Nähe von Paris 1783.

◀ Große Aufregung am französischen Hof; vor rund 130 000 Zu-schauern steigt am 19.9.1783 in Versailles die erste Montgolfiere mit Tieren gen Himmel.

▲ Ballon Grand Prix 1922: Mehr als 150 000 Schaulustige sind beim Start des populären Rennens in Paris dabei.

Die beeindruckende Demonstration am 1. Dezember 1783, als Charles in zwei Stunden mehr als 40 km zurücklegte, bejubelten Zehntausende. Im Folgenden avancierte der Gasballon von Jean Pierre Blanchard zur Jahrmarktsattraktion. Der Franzose war es auch, dem am 7. Januar 1785 die erste Ballonfahrt über den Ärmelkanal gelang. Während Heißluftballons heute Romantiker der Alltagshektik entheben, dringen Gasballons für Forschung und Wissenschaft immer höher in die Atmosphäre vor. ∎

▸ Hintergrund: Der Blick ins Innere eines Ballons – er besteht aus riesigen Stoffbahnen.

Einmal rund um die Erde

Der Ballon war wegen seiner Abhängigkeit von der Windrichtung wenig geeignet für Flugrekorde: Der erste Versuch, den Nordpol zu erreichen, endete 1897 im ewigen Eis. Die erste Atlantiküberquerung von Amerika nach Frankreich gelang erst 1978 mit dem heliumgefüllten »Double Eagle II«. Eine Nonstopfahrt um die Erde glückte nach 17 Fehlversuchen schließlich im Jahr 1999. Regelmäßige Informationen über die Wetterlage, moderne Leit- und Ortungstechnik und zentrale Kontrolle über eine Bodenstation machten sie möglich.

Nach fast 20 Tagen Flug landeten der Schweizer Bertrand Piccard und der Brite Brian Jones am 21. März mit ihrem Ballon »Breitling Orbiter 3« in der ägyptischen Wüste.

▲ Die erste Nonstop-Erdumrundung gelingt 1999 mit dem Ballon »Breitling Orbiter 3«.

▲ Ein Schiff fliegt: Jacques Alexandre Charles 1783 mit seiner »Charlière«.

Die Wegbereiter

Der erste Heißluftballon hatte gleich zwei Geburtshelfer: die Papierfabrikanten Michel Joseph und Étienne Jacques Montgolfier aus Annonay, einem Städtchen bei Lyon, wo 1783 über einem Strohfeuer der erste Ballonaufstieg der Geschichte stattfand. Als Belohnung für ihre Leistungen erhielten die Montgolfiers von König Ludwig XVI. den Adelstitel. Bei ihren Experimenten waren die Brüder selbst sehr vorsichtig – sie ließen anderen den Vortritt. Nur einmal, 1784, wagte sich Michel Joseph für zehn Minuten in die Luft, wahrscheinlich mit einer »Lebenversicherung« an Bord – dem Fallschirm.

▲ Pioniere der Ballonfahrt: Michel Joseph und Étienne Jacques Montgolfier.

Schwindel erregende Höhen

Durch ihre Fähigkeit, in immer größere Höhen vorzustoßen liefern Ballons den Wissenschaftlern wichtige Erkenntnisse über die Entstehung von Wind und Wetter. Nebenbei haben die Ballonfahrer aber auch die Tücken der Höhenkrankheit erfahren: Ein Aufstieg auf 8000 m z. B. endete 1875 für zwei der drei Teilnehmer tödlich. Gegen den niedrigen Luftdruck und den geringen Sauerstoffgehalt wusste sich der Schweizer Auguste Piccard 1931 durch eine nach außen abgeschirmte kugelförmige Gondel besser zu schützen. Er überstand den Ausflug auf 16 000 m und die Landung auf einem Gletscher unbeschadet. Heute werden zumeist unbemannte Ballons zur Forschung eingesetzt.

Entwicklung bedeutender Ballonarten

Heißluftballon
1783. Bei dem Heißluftballon heizt ein Brenner die Luft unter dem Ballon auf und gibt ihm Auftrieb. Ist er ausgeschaltet, kühlt die Luft ab; der Ballon sinkt.

Wasserstoffballon
1783. Der mit dem explosiven Gas gefüllte Ballon hat mit einem Ventil und der mit einer Leine zu ziehenden Reißbahn Mechanismus zur schnellen Druckregulierung.

Fesselballon
19.Jahrhundert. Der Fesselballon ist mit einem Seil am Boden befestigt. Der Ballon wird im überwiegenden Maße für Messungen in den unteren Luftschichten eingesetzt.

Heliumballon
20. Jahrhundert. Das Edelgas Helium ist, da besonders reaktionsträge und nicht brennbar, als Ballonfüllung wenig gefährlich und wird deshalb auch für Zeppeline benutzt.

1792

EILIGE NACHRICHT!

Im Zeichen der beginnenden Industrialisierung Ende des 18. Jahrhunderts war die gute alte Postkutsche als Übermittlerin eiliger Nachrichten nicht mehr allzu attraktiv. Produktionssteigerungen und neue Märkte forderten geradezu eine neue, schnellere Form der Kommunikation. 1792 stellte der französische Physiker Claude Chappe der französischen Nationalversammlung seinen optischen Flügeltelegrafen vor und traf mit dieser Erfindung genau ins Schwarze.

▲ Samuel Morse schreibt mit seiner genialen Erfindung Telegrafiegeschichte.

Das Prinzip war überzeugend: Hohe Signalmasten wurden mit zwei beweglichen Flügelarmen versehen, die sich entsprechend den zu übermittelnden Zeichen verändern ließen. Bereits 1794 wurde eine erste Telegrafenstrecke von Paris nach Lille mit 22 Stationen eingerichtet. Eine Nachricht ließ sich jetzt in wenigen Minuten verbreiten, und so war bald ganz Frankreich mit diesen Telegrafen »vernetzt«. In Deutschland wurde 1832 die erste große Telegrafenlinie zwischen Berlin und Koblenz eröffnet. Die Arbeit an den Stationen war allerdings sehr anstrengend und erforderte hohe Konzentration. Denn die Telegrafenmasten mussten minutiös beobachtet und die gesendeten Signale dann sofort weitergeleitet werden. Entscheidende Fortschritte in der Telegrafie brachten die Erforschung der Elektrizität sowie die Entdeckung des Elektromagnetismus. 1833 gelang dem deutschen Forscher Wilhelm Weber und seinem Kollegen Carl Friedrich Gauß die erste praktisch verwendbare Verbindung. Sie spannten Eisendrähte, um Nachrichten elektromagnetisch zu übermitteln. Die Drähte wurden unter Spannung gesetzt, sodass am Drahtende über eine Spule eine Magnetnadel abgelenkt wird. Je nach Stärke der Spannung schlug die Nadel dann mehr oder weniger stark aus. ▸▸

▲ Kommunikation auf hoher See – Schiffstelegrafenstation im 19. Jahrhundert.

▸ Kontinente werden verbunden; bereits in der Mitte des 19. Jahrhunderts verlegt man Kabel im Atlantik.

Codiertes Alphabet

Samuel Morse, 1791 im amerikanischen Staat Massachusetts geboren, zeigte sich als Mann mit vielen Talenten. Er war Buchhändler, Maler, Bildhauer, Professor für Zeichenkunst, befasste sich mit Naturwissenschaften und Technik, und er brachte den Menschen der Neuzeit die Nachrichtenübermittlung per Code. Er erfand das nach ihm benannte Morsealphabet. Es besteht aus Punkten und Strichen oder entsprechend kurzen oder langen Klopf- und Lichtsignalen. Mit einem Morsegerät werden kurze oder lange elektrische Impulse verschickt. Ein Elektromagnet überträgt dann die unterschiedlichen Codes auf eine Schreibfeder. Der Morse- oder Signalcode wird heute vor allem beim Militär sowie auch in der Seefahrt eingesetzt.

▾ Telegrammübermittlung mit Hilfe eines Morsetelegrafen gegen Ende des 19. Jahrhunderts; über die Taste des Geräts werden die Nachrichten – in Form des Morsealphabets – weitergeleitet.

◀ Der Flügeltelegraf von Claude Chappe macht den Anfang; schon kurze Zeit nach seiner Entwicklung nutzt das Militär die schnelle Nachrichtentechnik, wie hier 1794 französische Truppen.

Etwa zeitgleich war in den USA der Kunstmaler und Bildhauer Samuel Morse mit einer Entwicklung erfolgreich. Sein Gerät verhalf der Telegrafie 1837 endgültig zum Durchbruch, und es brach die große Zeit der Telegrafenämter an. Morse schickte die von ihm entwickelten und codierten Zeichen als elektrische Impulse über einen Draht. Am Ziel wurden diese dann von einem elektromagnetisch gesteuerten Stift auf Papier übertragen.

Mitte des 19. Jahrhunderts begann man Kontinente durch Kabel zu verbinden, und Anfang des 20. Jahrhunderts konnten die ersten drahtlosen Informationen mit Hilfe elektromagnetischer Wellen zwischen den Erdteilen übermittelt werden. Heute ist die Telegrafie als allgemeines Kommunikationsmittel längst von Telefon, Fax und E-Mail abgelöst worden. Nur in der Schifffahrt und beim Militär wird sie nach wie vor zur Nachrichtenübermittlung eingesetzt, da ihre Technik unkompliziert und wenig störanfällig ist. ■

▲ Boomende Nachrichtentechnik: Jährlich etwa 50 Mio. Telegramme werden in diesem Telegrafenamt in London schon in den 1920/30er Jahren entgegengenommen und weitergeleitet.

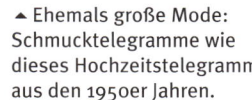

▲ Ehemals große Mode: Schmucktelegramme wie dieses Hochzeitstelegramm aus den 1950er Jahren.

Mit Trommel und Feuer

In früheren Zeiten waren sie weit verbreitet, und noch heute sind Trommeln bei Naturvölkern in Afrika, Südamerika oder Südostasien von großer Bedeutung. Noch immer übermitteln sie dort Nachrichten, z. T. über weite Entfernungen hinweg. Jahrelange Übung und ein besonderes musikalisches Gehör sind erforderlich, um die Trommeln über die einfache Übermittlung einiger Schlüsselsignale wie Tod oder Gefahr hinaus zu verstehen. Der Klang der Trommel ahmt durch Tonhöhe und Rhythmus vielfach das gesprochene Wort nach. Eine andere Form der codierten Kommunikation sind Rauch- oder Feuerzeichen, die Trompetentöne beim Heer oder die Sirenen, die bei Feuer- oder Katastrophenalarm eingesetzt werden.

▼ Um sich über weite Entfernungen hinweg zu verständigen, nutzten die Indianer in Nordamerika einst Rauchzeichen; Gemälde aus dem Jahr 1905.

Rückblicke auf die Nachrichtenübermittlung

Signalflaggen
17. Jahrhundert. Schiffsbesatzungen auf See beginnen, mit Hilfe von Signalflaggen über eine große Entfernung hinweg wichtige Informationen miteinander auszutauschen.

Öffentliche Telegrafenlinie
1843. In England wird zwischen Paddington und Slough erstmals in Europa eine öffentliche, für jedermann zugängliche elektromagnetische Telegrafenlinie eingerichtet.

Fernschreibwählverkehr
1931. In Amerika können über spezielle Geräte direkt von zu Hause aus Nachrichten übermittelt werden. Ein Vermittlungsamt verbindet mit dem gewünschten Teilnehmer.

Teletext
1980. Teletext macht das Fernschreiben schnell und bequem. Textnachrichten werden gemeinsam mit einem Fernsehsignal übermittelt und erscheinen auf dem Bildschirm.

1796

SCHUTZ GEGEN SEUCHEN

Der 14. Mai 1796 bedeutete einen Meilenstein im Kampf gegen die gefürchtete und weit verbreitete Pockenkrankheit. An diesem Tag führte der britische Landarzt Edward Jenner ein erfolgreiches Impfexperiment mit Kuhpockenlymphe durch, über das er zwei Jahre später einen Bericht veröffentlichte. Damit war erstmals eine aktive Immunisierung gegen Pocken möglich.

▲ Notimpfung um 1880 in Paris: Um die Menschen so schnell wie möglich zu versorgen, wird einer Kuh auf offener Straße der Impfstoff entnommen.

Schon vor Jenner war im 18. Jahrhundert die Möglichkeit der so genannten Variolation bekannt, der »Impfung« mit echten Pocken oder Blattern. Durch diese vor allem in China und der Türkei praktizierte Methode, bei der Pockeneiter übertragen wurde, konnte die Erkrankung abgeschwächt werden. Allerdings kam es auch immer wieder zu lebensgefährlichen Krankheitsverläufen.

Bei seinen Überlegungen fiel Edward Jenner etwas Merkwürdiges auf: Menschen, die sich im Lauf ihres Lebens mit Kuhpocken angesteckt hatten, waren gegen die gefährlichen »echten« Pocken zumeist immun.

Der britische Arzt entschloss sich zu einem waghalsigen Versuch, über dessen Ausgang er sich nicht sicher sein konnte: Im Mai 1796 impfte er den achtjährigen gesunden James Phipps mit Kuhpocken aus Pusteln einer infizierten Magd. Nach sieben Tagen erkrankte der Junge, erholte sich jedoch schnell. ▸▸

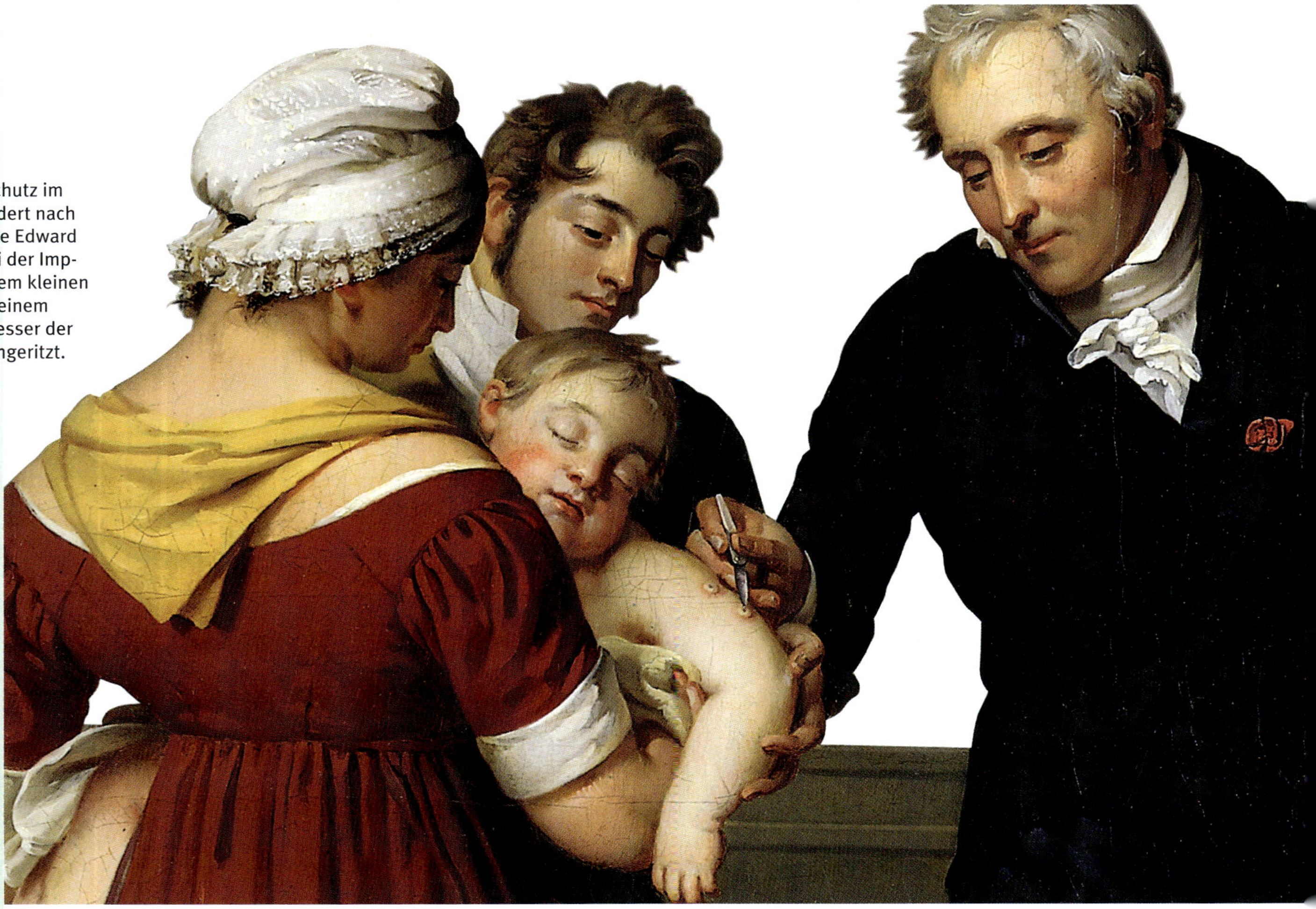

▸ Pockenschutz im 19. Jahrhundert nach der Methode Edward Jenners; bei der Impfung wird dem kleinen Jungen mit einem scharfen Messer der Oberarm eingeritzt.

Eineinhalb Monate später impfte Jenner den Jungen dann mit echten Pocken – die Erkrankung blieb aus. Wenige Monate später wiederholte der Landarzt diese Prozedur an Phipps mit demselben Erfolg. Obwohl die Methode von Impfgegnern als »Verjauchung des Bluts« diffamiert wurde, setzte sie sich durch. 1874 wurde die Pockenschutzimpfung im Deutschen Reich als Pflichtimpfung eingeführt. Gut 100 Jahre später erklärte die Weltgesundheitsorganisation Pocken für ausgerottet, was vor allem in westlichen Industrienationen die Impfmüdigkeit förderte. Experten schließen daher ein erneutes Ausbrechen von Pockeninfektionen nicht mehr aus. ■

▲ Ablenkung durch Spielzeug ist auch in früheren Zeiten das beste Mittel, um eine Impfung bei Kleinkindern durchzuführen.

»Würgeengel der Kinder«

▲ Der deutsche Bakteriologe Emil Behring, Begründer der Serumtherapie.

Diphtherie, im Volksmund früher als »Würgeengel der Kinder« bezeichnet, führte zu schwerer Atemnot und endete nicht selten tödlich. 1890 entdeckten der Deutsche Emil Behring und der Japaner Shibasaburo Kitasato die Antikörper gegen Diphtherie und Tetanus und legten damit den Grundstein für die Serumtherapie. Nach der kommerziellen Herstellung von Diphtherie-Antitoxin 1892 konnte die Sterblichkeit von 52 % auf 25 % reduziert werden. Seit der systematischen Einführung der Schutzimpfung in den 40er Jahren des 20. Jahrhunderts ging die Zahl der Erkrankungen erheblich zurück.

Erfolgreich gegen Kinderlähmung

»Schluckimpfung ist süß, Kinderlähmung ist grausam.« Mit diesem Motto wurde 1962 die Schluckimpfung gegen die Poliomyelitis in der Bundesrepublik Deutschland eingeführt. Bereits im Jahr 1954 hatte Jonas E. Salk in Pittsburgh eine Injektion mit Totimpfstoff gegen die Viruserkrankung präsentiert, die die Verbreitung der Krankheit um 86 % zurückdrängte.

Der inzwischen zur Verfügung stehende Lebendimpfstoff wurde von dem amerikanischen Virologen Albert B. Sabin entwickelt und erwies sich als noch wirksamer. Bei ausreichender Impfung rechnen Experten in den Industrieländern mit weniger als einer Erkrankung pro eine Million Einwohner im Jahr.

◀ Hintergrund: Die Pockenschutzimpfung ruft auf der Haut Reaktionen hervor, die in mehreren Phasen ablaufen.

▲ Der amerikanische Bakteriologe Jonas E. Salk ist der erste Wissenschaftler, der die Kinderlähmung durch einer Impfstoff wirksam bekämpft.

▲ Impfungen – wie hier in Afrika – bieten wirksamen Schutz gegen Epidemien.

Röteln verlieren ihren Schrecken

Lange Zeit galten Röteln als ungefährliche Kinderkrankheit, bis der australische Arzt Norman McAlister Gregg den Zusammenhang zwischen Missbildungen bei Neugeborenen und einer Rötelninfektion der Mutter während der Schwangerschaft feststellte. In seiner 1941 veröffentlichten Untersuchung beschäftigte sich Gregg vor allem mit dem Auftreten des angeborenen grauen Stars. In einer weiteren Studie von 1943 fand der Australier zusammen mit seinem Kollegen Charles S. Swan heraus, dass eine Infektion während des ersten oder zweiten Schwangerschaftsmonats Missbildungen, Blind- und

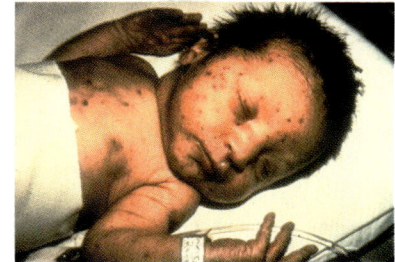

▲ Typisches Merkmal der Röteln sind rote Pusteln am ganzen Körper.

Taubheit, Schielen und Herzerkrankungen sowie geistige Behinderungen hervorrufen kann. Seit 1969 existiert eine wirksame Impfung gegen Röteln, die vor allem Frauen im gebärfähigen Alter zur Immunisierung empfohlen wird.

Meilensteine in der Entwicklung von Impfstoffen

Variolation mit Pockeneiter
1717. Mary Wortley Montagu macht die Impfung mit »echten« Pocken, die man in Asien schon seit langem durchführt, in ihrer Heimat England bekannt.

Mumpsimpfung
1946. In den USA erwickelt der Amerikaner John Franklin Enders eine Impfung gegen Mumps. Die Erkrankung der Speicheldrüsen ist auch als »Ziegenpeter« bekannt.

Masern-Virus
1954. Nach der Entdeckung des Erregers der Masern wird es möglich, die Infektionskrankheit durch eine Injektion abgeschwächter Viren zu verhindern.

Hepatitis B
1982. In den USA wird ein Impfstoff eingeführt, der auf einem Abwehrstoff basiert, den der Virologe Baruch S. Blumberg in den 60er Jahren bei Aborigines entdeckt hatte.

1796

MIT STEINEN GEDRUCKT

1809 veröffentlichte der Österreicher Aloys Senefelder ein Inserat, in dem er den beiden bisherigen Druckverfahren, dem Hoch- und Tiefdruck, Konkurrenz machte. Darin warb er für den von ihm erfundenen Steindruck, den er bereits 1796 entwickelt – besser gesagt, entdeckt – hatte. Damit hatte Senefelder zugleich den ersten Flachdruck erfunden.

▲ Aloys Senefelder geht mit seiner Erfindung der Lithographie in die Geschichte ein.

Senefelders Mutter hatte den damals 26-Jährigen gebeten, eine Wäscheliste zu schreiben. Weil der Sohn gerade kein Papier zur Hand hatte, schrieb er das Verzeichnis auf einen Stein. Als er den Stein später wusch und danach neu beschriften wollte, entdeckte er, dass der feuchte Stein die fettige Tinte nicht annahm. Allerdings ließen sich die bereits zuvor beschriebenen Stellen wieder einfärben, so dass beliebig viele Abdrücke erzeugt werden konnten. Die Lithographie war geboren.

▲ Fortschrittliche Technik im 19. Jahrhundert: Diese Steinpresse drückt das Papier gleichmäßig gegen die Lithographie.

Sie spaltete die Buchdrucker sofort in zwei Lager: Die einen liefen gegen die Konkurrenz Sturm, die anderen nutzten das neue Verfahren, denn damit ließen sich erstmals auch großformatige Illustrationen drucken, und zwar in einer viel feineren Graustufen-Nuancierung, als es die bisherigen Druckverfahren erlaubten.

Zweifellos lässt sich die Lithographie als Vorläuferin der heutigen Offset-Technik betrachten. 1846 wurde in England eine Schnellpresse für den lithographischen Druck entwickelt, die mit Ausnahme der Papierzufuhr und -entnahme alles selbstständig erledigte. Für die Weiterentwicklung sorgten unabhängig voneinander der Deutsche Caspar Hermann und der Amerikaner Ira W. Rubel: Sie erfanden den modernen Offset-Druck, der mit flexiblen Gummiplatten als Bildträger arbeitet und damit den Einsatz von Rotationsmaschinen möglich machte. ■

◄ Die Lithographie in ihren Anfängen nach dem Verfahren ihres »Vaters« Aloys Senefelder.

Bedeutende Lithographiekünstler

Francisco José de Goya 1746–1828. Der Spanier ist ab 1799 Hofmaler des spanischen Königs. 1824 emigriert er nach Frankreich. Seine Lithographien gehören der Spätphase seines Schaffens an.

▶ Die ersten Litfass-säulen werden in der Mitte des 19. Jahrhunderts in Berlin aufgestellt. Sie sind ideal für Plakate und Nachrichtenblätter; Lithographie um 1855.

Von Künstlerhand

Schon in den ersten Jahren nach 1796 setzten Verlage das neue Druckverfahren der Lithographie ein, zunächst allerdings nur zur Vervielfältigung von Text und Notenschrift. 1803 erschienen in London mit der Herausgabe der »Specimens of Polyauthography« erstmals Künstlerlithographien. In den folgenden Jahren und Jahrzehnten nutzten zahlreiche Künstler in Deutschland, England und Frankreich die Möglichkeiten des Steindrucks, darunter Gottfried Schadow und Eugène Delacroix. Nach 1830 folgten bedeutende lithographische Werke von Honoré Daumier, Camille Corot, Edgar Degas und Auguste Renoir.

◀ Farblithographie des zeitgenössischen französischen Malers Pierre Soulages; in seinen Arbeiten finden sich häufig schwarze und braune Balken.

Renaissance der Lithographie

Im 20. Jahrhundert löste der Off-set-Druck als Flachdruckverfahren die Lithographie ab. Es wäre zu erwarten gewesen, dass damit der Steindruck ausgedient hätte. Dass dem nicht so war, lag an der Begeisterung, die viele Künstler für die Lithographie entwickelt hatten. Nachdem das Verfahren zeitweise hauptsächlich für Gebrauchsgrafik angewandt worden war, gewann die Künstlerlithographie erneut an Beliebtheit. Bedeutende Maler und Grafiker verhalfen dem Steindruck im 20. Jahrhundert zu neuem Aufschwung, darunter der norwegische Expressionist Edvard Munch, der Deutsche Lovis Corinth und in Frankreich Henri Matisse, Pablo Picasso sowie Georges Braque und Marc Chagall.

◀ Farblithographie zu einer französischen Erzählung, abgedruckt in einer Zeitschrift aus dem Jahr 1900.

Die Bilder werden farbig

1826 entwickelte Senefelder ein lithographisches Verfahren für den Druck farbiger Bilder, für das er drei oder vier Druckplatten verwendete. In einer Art Durchschlagverfahren kopierte er die Umrisse von ein und demselben Motiv deckungsgleich auf alle Platten, die auf jedem Stein andersfarbig ausgemalt wurden. Dafür musste der Künstler genaue Kenntnisse von der Wirkung der Farbmischung beim Druck besitzen. Für subtile Farbkompositionen eignete sich dieses Verfahren nicht. Daher wurde es nur für den Plakatdruck genutzt. 1867 erfand Charles Tessié du Motay mit der Fotolithographie ein erstes für den Maschinendruck geeignetes Verfahren der Farblithographie.

Honoré Daumier 1808–1879. Der französische Karikaturist schafft beißende Zeitschriftenillustrationen und ab 1840 zahlreiche Buchillustrationen wie »Némésis médicale« von 1842.

Henri de Toulouse-Lautrec 1864–1901. Der den zeitgenössischen Impressionismus ablehnende Maler und Grafiker findet seine Motive in der Welt der Varietés und der Bordelle auf dem Pariser Montmartre.

Bekannt wird Toulouse-Lautrec mit lithographischen Plakaten für das »Moulin Rouge« sowie für die Schauspielerin La Goulue. Zudem schafft er zahlreiche Zeitungs- und Buchillustrationen.

▶ Weltberühmte Steindrucke schafft Henri de Toulouse-Lautrec: hier »Moulin Rouge«, 1892.

1800

DIE TRAGBARE STROMQUELLE

Der italienische Physiker Alessandro Giuseppe Volta stellte 1800 eine Gleichstromquelle vor, die kontinuierlich Elektrizität produzierte, der also ständig Strom entnommen werden konnte. Diese als Volta-Säule bezeichnete erste elektrische Batterie der Welt war viel ergiebiger und benutzerfreundlicher als übliche Kondensatoren, die vor jeder Verwendung erst mühsam wieder aufgeladen werden mussten.

▲ Pionier der Stromerzeugung im 19. Jahrhundert: Michael Faraday; maßgeblich für seine Forschungen war u. a. auch die Erfindung der Batterie.

▲ »Das Jahrhundert der Batterie« wird gefeiert; Plakat zur internationalen Elektrizitätsausstellung 1899.

Die Grundlagen für Voltas Erfindung hatte sein Landsmann Luigi Galvani geschaffen. Der Anatomieprofessor hatte 1780 während eines Hörsaalexperiments beobachtet, dass sezierte Froschschenkel, die Kontakt mit zwei unterschiedlichen Metallen bekommen, zu zucken beginnen. Galvani vermutete, dass im Froschschenkel ein elektrischer Strom entstünde und die Reflexbewegung auslöse. 14 Jahre später erkannte Volta, dass der Strom aus den beiden Metallen kam. Seine erste Batterie arbeitete mit abwechselnden Kupfer- und Zinkplatten und dazwischen liegenden Filzscheiben, die Volta mit einer Salzlösung getränkt hatte. Die Batterie hatte jedoch Nachteile: Selbst wenn ihr kein Strom entnommen wurde, lösten sich die Zinkscheiben auf, Wasserstoffbläschen ließen die Spannung abfallen. 1867 beseitigte der Franzose Georges Leclanché diese Probleme durch seine Trockenbatterie mit Elektroden aus Kohlenstoff und Zink in einer Salmiakpaste. Zahlreiche Verbesserungen folgten. So erhielt Thomas Alva Edison 1912 ein Patent auf gasdichte Nickel-Cadmium-Batterien. 1950 kamen erste gasdichte Knopfzellen in den Handel. Die 1998 vorgestellten Lithium-Ionen-Batterien warten mit hoher Speicherkapazität und Leistung auf und sind umweltverträglicher als die früheren giftigen Cadmium-Batterien. ■

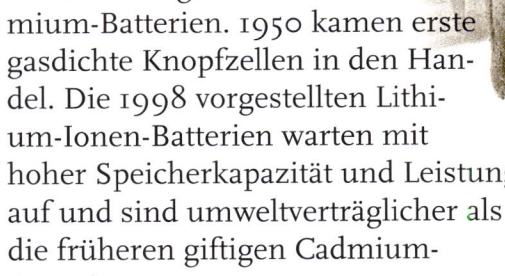

▲ Metallvergoldung im 19. Jahrhundert mit Hilfe von Volta-Batterien.

Wichtige Stationen in der Entwicklung von Batterien

Leistungssteigerung
1901. Der amerikanische Erfinder Thomas Alva Edison entwickelt Nickel-Cadmium- und Nickel-Eisen-Batterien, die leistungsstärker als ihre Vorgängerinnen sind.

Neue Herstellungstechnik
1938. Die Firma VARTA nimmt die Produktion von Akkumulatoren mit Platten auf, die durch ein besonderes Erhitzungsverfahren zusammengebacken – gesintert – sind.

Fahrzeugakkus
1985. In Israel und Deutschland finden Versuche mit Zink-Luft-Batterien als Akkumulatoren für Fahrzeuge statt. Die Nutzungsdauer der Akkus ist allerdings noch begrenzt.

Umweltverträglichkeit
1992. Um das giftige Cadmium zu vermeiden, werden Nickel-Metallhydrid-Batterien entwickelt. Sie haben den Vorteil hoher Speicherkapazität und Auslaufsicherheit.

Mit erneuerbarer Energie

Batterien, die sich wieder aufladen lassen, erfand 1859 der französische Physiker Gaston Planté. Für seine Akkumulatoren verwendete er Bleiplatten in Schwefelsäure, von denen eine beim Laden in Bleioxid verwandelt wird. Bei der Stromabgabe wird das Bleioxid wieder zu Blei reduziert. Mit dem Akku war es erstmals möglich, elektrische Energie zu speichern. Durchgesetzt haben sich Akkus gegenüber normalen Batterien immer dort, wo höhere Stromstärken gefordert werden – beim Betrieb von Elektromotoren, z. B. in Rasierern, beim Autoanlasser oder Akku-Schraubendreher.

▲ Digitalkameras haben großen Strombedarf; hier sind spezielle Akkus erforderlich.

Ein gespanntes Verhältnis

Eine elektrische Batterie besteht aus zwei Elektroden, zwischen denen sich ein fester oder flüssiger Elektrolyt befindet. Die Elektroden sind im einfachsten Fall Platten aus unterschiedlichem Metall; der Elektrolyt ist ein Stoff, der geschmolzen oder gelöst in seine Ionen, also elektrisch geladene Teilchen, zerfällt. Verschiedenartige Elektroden in einem Elektrolyt haben die Eigenschaft, dass zwischen ihnen eine elektrische Spannung entsteht. Schließt man einen äußeren Verbraucher, z. B. eine Glühbirne, an die beiden Platten an, dann fließt durch den Verbraucher Strom.

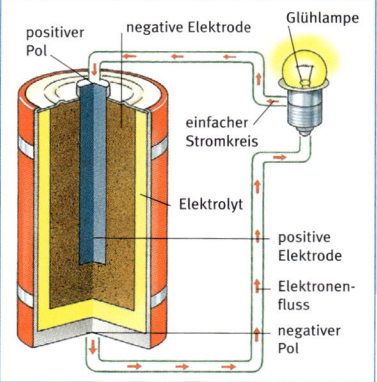

▲ Funktionsweise einer Batterie und eines einfachen Stromkreises.

▶ Unterschiedlichste Formen und Größen; Batterien müssen diversen Zwecken dienen.

Zukunftsweisende Erfindung

Im Jahr 1839 erfand der Brite William R. Grove eine Stromquelle, der im 21. Jahrhundert die Zukunft gehört: die Brennstoffzellen. Während bei Batterien Metalle zersetzt werden, erzeugt Groves Brennstoffzelle elektrischen Strom durch Verbindung von Wasserstoff mit Sauerstoff, d. h. durch Wasserstoffverbrennung ohne offene Flamme. Spätere Konstrukteure ersetzten den Wasserstoff durch Methan oder Kohlenstaub. Durch den Verzicht auf Wasserstoff wurden die Zellen überaus preiswert. Geplant ist heute eine großtechnische Anwendung in Elektro-Kraftfahrzeugen, für deren Betrieb klassische Batterien oder Akkus leistungsmäßig überfordert wären.

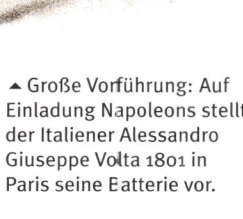

▲ Große Vorführung: Auf Einladung Napoleons stellt der Italiener Alessandro Giuseppe Volta 1801 in Paris seine Batterie vor.

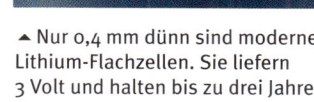

▲ Nur 0,4 mm dünn sind moderne Lithium-Flachzellen. Sie liefern 3 Volt und halten bis zu drei Jahre.

◀ Das »Null-Liter-Auto« von DaimlerChrysler wird von Brennstoffzellen angetrieben.

19. Jh.

IM DICHTEN SCHILDERWALD

»Schleudergefahr für Postkutschen« – das älteste bekannte Verkehrszeichen zeigt einen so genannten Bremsschuh und stammt aus der 1. Hälfte des 19. Jahrhunderts. Mit Ausnahme von Entfernungsangaben kann von einer systematischen Beschilderung der Straßen im 19. Jahrhundert aber nirgendwo die Rede sein. Erst als das Auto um die Wende zum 20. Jahrhundert begann, Europa und Amerika zu erobern, wurde es dringend notwendig, Informationen, Warnungen, Gebote und Verbote allgemein verbindlich zu regeln.

▲ Deutschlands erste Ampel leuchtet 1924 in Berlin am Potsdamer Platz auf. Heute steht dort ein Nachbau als Symbol der Verkehrsgeschichte.

Frankreich machte 1899 den Anfang, in England übertrug man zunächst einfach das Eisenbahnrecht auf motorisierte Fahrzeuge, und so liefen – wie vor Lokomotiven – vor jedem Auto Männer mit einer roten Flagge her. In Deutschland regelten in Berlin ab 1902 Polizisten an der Kreuzung Friedrichstraße/Unter den Linden den Verkehr. 1909 wurde ein Automobilgesetz verabschiedet; danach waren Verkehrsvorschriften »durch öffentlichen Anschlag auf zu diesen Zwecken kenntlich gemachten Tafeln zur Kenntnis zu bringen«. Grund dafür waren nicht zuletzt die zunehmenden, auf die mangelnde Ausschilderung der Straßen zurückzuführenden Unfälle. Vor allem die Verkehrsclubs trieben dann auf Kongressen die Entwicklung der weltweiten Beschilderung voran. Doch scheiterte 1930 noch ein »zwischenstaatliches Abkommen über die Vereinheitlichung der Wegezeichen«. Stattdessen wurde in Deutschland 1934 eine Reichs-Straßenverkehrs-Ordnung erarbeitet, deren Schilder weitgehend den heutigen ähneln. ▸▸

▸ Das wohl früheste Verkehrszeichen: Der so genannter Bremsschuh warnt im 19. Jahrhundert Kutscher vor gefährlichem Gefälle. Die Metallschalen sollen das Drehen der Räder verhindern, aber das langsame Gleiten erlauben.

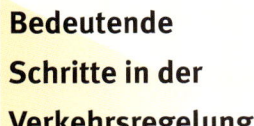

Bedeutende Schritte in der Verkehrsregelung

Ins Blaue
1910. Die ersten internationalen Verkehrsschilder sind blau und sollen die Verkehrsteilnehmer vor Querrinnen, Kurven, Kreuzungen und Bahnübergängen warnen.

Grüne Welle
1926. Im amerikanischen District Columbia und in Berlins Leipziger Straße wird erstmals die »grüne Welle« eingeführt. Zuvor sprangen die Ampeln alle gleichzeitig auf Rot.

Leuchtende Hilfe
1957. In Berlin können Fußgänger erstmals per Druckknopf die Ampel schalten, um die Straße zu überqueren. Ein Jahr später wird dort die erste Blinden-Summtonampel installiert.

Erbstück aus der DDR
1990. Der »grüne Pfeil«, der ein Rechtsabbiegen bei roter Ampel erlaubt, wird aus der DDR in den gesamtdeutschen Verkehrszeichenkatalog übernommen.

◀ Der deutsche »Schilderwald« entwickelt sich schrittweise durch Unfallerfahrungen. Ohne diese Hinweise und Gebote leben alle Verkehrsteilnehmer in großer Gefahr.

▾ Bis in die 1960er Jahre werden Ampeln von Verkehrspolizisten einzeln geregelt, hier an einem Beispiel aus Wien von 1935 zu sehen.

▲ London ist schon früh für sein Verkehrschaos berühmt. Wie auf dieser Xylografie vom Ende des 19. Jahrhunderts versuchen Polizisten, den Verkehr zu regeln.

Parallel zur Einführung von Verkehrsschildern begann man im 19. Jahrhundert auch damit, Ampelanlagen zu errichten. Die erste selbstleuchtende Ampel der Welt stand bereits 1868 in London vor dem britischen Unterhaus. Der Eisenbahningenieur J. P. Knight hatte das rote und grüne Gaslicht für Fußgänger erfunden. Leider explodierte das Gerät im Jahr darauf. In New York und Detroit wurden 1917 und 1920 die ersten dreifarbigen Ampeln installiert. Aber erst Garrett Morgan, ein berühmter afro-amerikanischer Erfinder, ließ sich 1923 die rot-gelb-grüne Ampel patentieren.

In Deutschland lenkten von etwa 1920 bis 1960 auch uhrenähnliche Ampeln, auf denen ein Zeiger über rote und grüne Felder wanderte, den Verkehr. Die erste Lichtsignal-Ampel wurde im Jahr 1924 am verkehrsreichsten Ort des Landes, dem Potsdamer Platz in Berlin, eingeweiht. Waren bis dahin elf Mann damit beschäftigt gewesen, den Verkehr zu lenken, so erledigte das jetzt ein einzelner: Ein Polizist bediente von einer hohen Kanzel aus Lampen, die von Rot auf Blau zu Grün wechselten. Ein weißes Signal gab Fußgängern freie Bahn. Ein Nachbau der Ampel steht heute am Potsdamer Platz. ∎

Das ewige Licht

Ihren Ursprung hat die Bezeichnung Ampel in der griechischen Amphore, einem Vorratsgefäß. Diesen großen Tonbehältern wurden kleinere aus Glas nachgebildet. Im alten Rom nannte man die Gefäße für Salben und Parfüm zunächst amphora, in der Verkleinerungsform amphorula, dann ampurla und schließlich ampulla. Mit Lampenöl gefüllt, verkündet die Ampulla seit dem Mittelalter in den Kirchen als »ewiges Licht« die Gegenwart Gottes. Im 14. Jahrhundert wurde aus der heiligen Ampulla die leuchtende »Ampel« über dem häuslichen Tisch und letztlich die Verkehrsampel.

▶ Aus der Kirche auf die Kreuzung: Das rote Licht verlangt hier wie dort die ganze Aufmerksamkeit.

Rettung für das Ampelmännchen

▾ Ein wenig »Ostalgie«: Mit forschem Schritt oder warnend ausgebreiteten Armen sorgten Ampelmännchen für die Sicherheit der Fußgänger im Straßenverkehr der DDR.

1996 verbreitete das »Komitee Rettet die Ampelmännchen e.V.« satirische Plakate gegen den »offenkundigen Unsinn«, alle Fußgängerampeln der ehemaligen DDR mit den westlichen Stop-and-Go-Figuren auszustatten. Die freundlichen Ost-Ampelmännchen wurden daraufhin zu Sympathieträgern für die untergehenden Stärken der sozialistischen Lebensgemeinschaft. Nach einer Ausstellung im Kunstsalon der Volksbühne Berlin wurde die Aktion weltweit bekannt. Fast alle deutschen Zeitungen und die internationale Presse nahmen sich des Themas an. Ein Sturm von Anfragen bei den Ministerien, Verkehrs-, und Tiefbauämtern veranlasste schließlich Sachsen-Anhalt und Berlin, die Ost-Ampelmännchen zu erhalten.

◀ Hintergrund: Rot, Gelb, Grün – Ampeln oder in Amtsdeutsch »Verkehrs- bzw. Lichtsignalanlagen« geben international unmissverständliche Zeichen.

DER TRAUM IN WEISS

Die klassische Braut trägt ein weißes Kleid und verbirgt ihr Antlitz hinter einem Schleier. Diese romantische Hochzeitsuniform ist noch nicht einmal 200 Jahre alt, wenngleich ein genauer Zeitpunkt für ihre Einführung sich kaum festmachen lässt. Als Trendsetter können aber einige Herrschaften aus dem Hochadel angeführt werden: Die britische Königin Viktoria heiratete 1840 in Weiß, und Sisi gab ihrem Franz Joseph 1854 das Jawort ebenfalls in einem weißen Brautkleid.

Blaukraut bleibt Blaukraut und Brautkleid bleibt Brautkleid« heißt es in einem zungenbrecherischen Trainingssatz für Wortgewandte oder solche, die es werden wollen. Sein Wahrheitsgehalt kann aber – zumindest was den zweiten Teil angeht – als äußerst dürftig bezeichnet werden. Denn das Brautkleid hat sich im Lauf der Geschichte durchaus immer wieder verändert: Stets war es den Moden unterworfen.

Bevor es tatsächlich zu einer regelrechten Uniform für den »schönsten Tag im Leben einer Frau« wurde, war das Brautkleid häufig identisch mit der Festtags- oder Kirchgangsbekleidung. Getragen wurde seit dem Mittelalter der Sonntagsstaat oder die Tracht in Schwarz oder gedeckten Tönen. Stoffe in hellen Farben oder gar Weiß wären viel zu empfindlich gewesen, um sie über lange Zeit zu tragen. Zu reinigen waren sie kaum, und über Jahrhunderte konnten es sich nur die wenigsten leisten, ein Kleidungsstück fertigen zu lassen, das nur einmal getragen wurde. Der Adel trieb es jedoch damals schon bunt: Erlaubt war, was gefiel, was in Mode und kostbar war.

In der ersten Hälfte des 19. Jahrhunderts schließlich mauserte sich Weiß zur Lieblingsfarbe adeliger und großbürgerlicher Hochzeiterinnen, und Ende des Jahrhunderts war der »Traum in Weiß« für sie ein Muss. Bräute mit weniger betuchten Eltern schritten allerdings weiter im – vorzugsweise schwarzen – Sonntagsstaat vor den Altar. ▸▸

▲ Eleonore von Portugal heiratet 1452 Kaiser Friedrich III. – nicht weiß, aber prächtig ist sie gekleidet.

▼ 1951 gibt Soraya Schah Mohammed Reza Pahlewi von Persien das Jawort. Die Schleppe ihres Kleides ist 10 m lang, mit 900 000 Goldkörnchen und 6000 Diamanten besetzt.

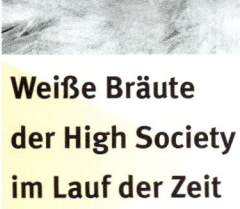

▸ Als erste englische Prinzessin trägt Viktoria bei ihrer Heirat 1840 einen Schleier.

Weiße Bräute der High Society im Lauf der Zeit

Maria de Medici
1600. Die Dame aus dem Haus der Florentiner Bankiers heiratet König Heinrich IV. von Frankreich in einem eierschalenfarbenen Seidenkleid und gibt damit die Richtung vor.

Eugénie
1853. Die Herzogin de Montijo erregt noch großes Aufsehen, als sie den französischen Kaiser Napoleon III. in einem weißen Samtkleid und Schleier ehelicht.

Grace Kelly
1956. Die Hollywood-Schauspielerin gibt Rainier, Fürst von Monaco, im eleganten Spitzenkleid, natürlich ganz in Weiß, das Jawort – eine Traumhochzeit vor allem für die Medien.

Lady Diana
1981. Bei ihrer Hochzeit mit Prinz Charles trägt Lady Diana ein prachtvolles weißes Märchenkleid mit Reifrock, das die Brautmode der 1980er Jahre deutlich beeinflusst.

Die Glücklicheren bekamen für die Hochzeit ein neues Kleid, das jedoch hinterher als bestes Stück fungieren musste. Es dauerte bis in die 1920er Jahre, ehe sich annähernd jede junge Frau den romantischen Wunsch von der weißen Hochzeit erfüllen konnte. Hilfreich dafür waren sinkende Preise durch die industrielle Produktion. Wegen des Stoffmangels wurde so manches weiße Brautkleid im und nach dem Zweiten Weltkrieg aus Fallschirmseide genäht. Dann aber war das Darben vorbei, und die Mode erlaubte bald alles: die Hochzeit »ganz in Weiß mit einem Blumenstrauß«, im bunten Minikleid oder im Hosenanzug. Heute geht der Trend wieder vermehrt zur romantischen Traumhochzeit in Weiß. ■

◀ Selbst der Hochzeitskuchen war weiß: Jacqueline und John F. Kennedy heiraten 1953.

Geschmückt und versteckt

Fast die gesamte Ausstattung der Braut ist mit viel Symbolik und reichem Brauchtum verbunden, die regional variieren. So bedeutet der Schleier Jungfräulichkeit und Keuschheit – und das galt bereits lange vor der Einführung des weißen Brautkleids. Außerdem verbirgt er die Braut vor den neugierigen Blicken und verpackt sie quasi als Geschenk für den Bräutigam, der als Höhepunkt der Trauung den Schleier lüften darf.

Sträuße und Kränze, einst aus ganz bestimmten Kräutern, Blumen und Früchten gebunden, waren ein Opfer an die Götter. Klassisch ist der Myrthenkranz. In der Antike trugen ihn die Bräute, um Aphrodite, die Göttin der Liebe und Schönheit, und die für Fruchtbarkeit zuständige Demeter gnädig zu stimmen.

▶ Die Traumhochzeit des Jahres 2002: Maxima und der niederländische Kronprinz Willem-Alexander.

Unberührt in die Ehe

In der Hochzeitsuniform des weißen Brautkleids findet die bürgerlich-kirchliche Moral des 19. Jahrhunderts ihren Ausdruck. Die Farbe Weiß steht für Unschuld, Reinheit, Keuschheit; das weiße Brautkleid signalisiert die Jungfräulichkeit der Trägerin. Eine Frau, die bereits schwanger war, durfte kein weißes Brautkleid tragen. Eine Braut, die sich kein weißes Brautkleid leisten konnte und im schwarzen Sonntagskleid heiratete, machte durch den weißen Schleier deutlich, dass sie unberührt in die Ehe ging.

▲ Mit der Hochzeit wird aus dem »Fräulein« eine »Frau«; Brautpaar aus dem 19. Jahrhundert.

Spiel mit den Farben

Ein weißes Kleid war nicht zu allen Zeiten und ist nicht an allen Orten das angemessene Kleidungsstück für eine Braut – nicht einmal deutschlandweit. Hier galt nämlich früher auch einmal Weiß statt Schwarz als Farbe der Trauer. So ist es in China heute noch. Während sich Trauernde in Weiß kleiden, sind Bräute dort traditionell rot gewandet. Und nicht nur Kleid und Schleier sind rot: Die Braut wird in einer roten Sänfte transportiert und schreitet ihrem Zukünftigen auf einem roten Teppich entgegen.

Lediglich rot verschleiert präsentieren sich die traditionsbewussten Bräute in Griechenland, Albanien und Armenien. Vielleicht ist das ein Erbe aus dem alten Rom, wo Bräute – zur Förderung ihrer Fruchtbarkeit – in ein rotes Tuch gehüllt wurden.

◀ »Ganz in Rot« tritt die chinesische Braut auf; der Bräutigam hilft ihr aus der traditionellen Sänfte.

▲ Ab geht's in die Flitterwochen: Hochzeit des Hollywoodstars Jane Mansfield in den 50er Jahren.

1804

DAMPFROSSE BAHNEN DEN WEG

Die Dampfmaschine war erfunden, der erste Dampfkesselwagen auf der Straße unterwegs und das erste Gleis verlegt. Was lag näher, als dies alles miteinander zu verbinden? Am 21. Februar 1804 feierte die Dampfeisenbahn Premiere: Eine 8 t schwere Lokomotive, von Richard Trevithick gebaut, zog eine Grubenbahn mit einer Ladung von 10 t Eisen und 70 Arbeitern an Bord 15 km weit.

▲ »Bahnsteig der Transsibirischen Eisenbahn«; Gemälde von 1913.

Viel Erfindungsgabe, Ingenieurkunst und Überzeugungsarbeit waren noch nötig, bis Bergwerksdirektoren, Fabrikbesitzer und die skeptische Öffentlichkeit die Eisenbahn als zuverlässiges Transportmittel schätzen lernten, dessen Betriebskosten – im Gegensatz zu den übrigen »Massentransportmitteln«, die von Pferden gezogen wurden – nicht abhängig von der Höhe des Futterpreises für die Vierbeiner waren. Die Verkehrsrevolution ließ zunächst also auf sich warten, um dann umso heftiger loszubrechen: Am 27. September 1825 sorgte der erste fahrplanmäßige Personenzug der Welt, gezogen von George Stephensons »Locomotion« zwischen den englischen Städten Darlington und Stockton-on-Tees für Jubel.

Mit einem souveränen Sieg der »Rocket« – ebenfalls von Stephenson konstruiert – endete am 6. Oktober 1829 das Lokomotivenrennen von Rainhill bei Liverpool. Damit war die Entscheidung über die Lok gefallen, die bereits ein Jahr später, am 15. Oktober 1830, die Züge auf der ersten Haupteisenbahnstrecke von Liverpool nach Manchester ziehen sollte. ▸▸

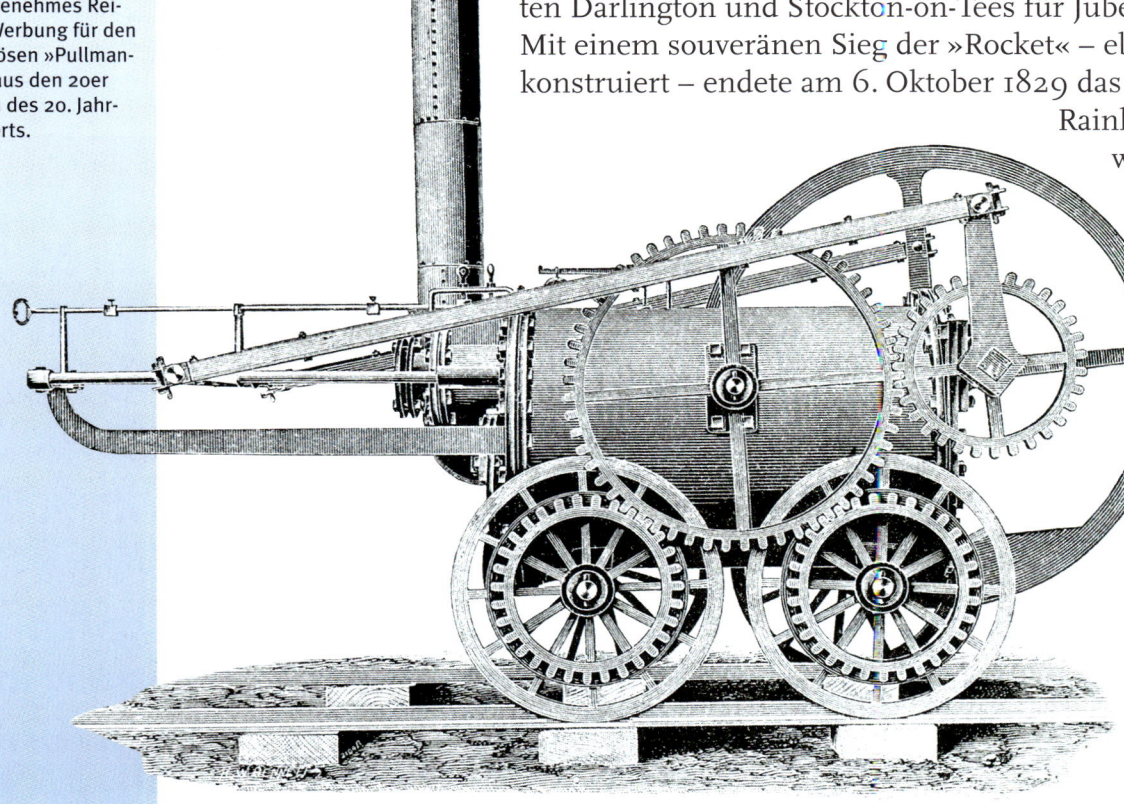

▲ Angenehmes Reisen: Werbung für den luxuriösen »Pullmanzug« aus den 20er Jahren des 20. Jahrhunderts.

◂ Die erste funktionsfähige Dampflokomotive; riesige Schwungräder sorgen für den Antrieb.

Bedeutende Eisenbahn- und Lokomotiv-Konstrukteure

Richard Trevithick 1741–1833. Der Bergbauingenieur gilt als »Vater der Lokomotive«. Er entwickelt den ersten funktionierenden Straßendampfwagen und die ersten Dampflokomotiven.

George Stephenson 1781–1848. Der geniale Techniker und erfolgreiche Unternehmer baut 1814 seine erste Lokomotive. Seine Konstruktionen machen die Eisenbahn zum Massenverkehrsmittel.

Werner von Siemens 1816–1892. Der im Jahr 1888 geadelte Pionier der Elektrotechnik bereitet der Starkstromtechnik den Weg und baut die erste funktionstüchtige E-Lok.

Hermann Kemper 1879–1944. Der Hannoveraner Ingenieur erhält 1934 ein Patent für die Konstruktion einer neuen elektromagnetischen Schwebebahn. Der erste Transrapid wird 1971 gebaut.

▲ Volksfeststimmung bei der Eröffnung der ersten Eisenbahnstrecke der Welt von Darlington nach Stockton in England im Jahr 1825.

In Deutschland fand die Eisenbahn-Premiere in Franken statt. Am 7. Dezember 1835 »flog« der »Adler« – gebaut in Newcastle bei Stephenson – mit 24 km/h erstmals auf der Strecke zwischen Nürnberg und Fürth dahin. Eisenbahngesellschaften wurden gegründet, Spekulanten witterten das große Geschäft. Immer größere und immer schnellere »Dampfrosse« wurden gebaut. Eisenbahnlinien legten sich wie Spinnennetze über das Land.

1863 begann in den USA ein gigantischer Wettlauf zwischen der Union Pacific und der Central Pacific, deren Schienenstränge sich von Sacramento und Omaha aus über die Rocky Mountains und die Prärie im Akkord aufeinander zu bewegten. Am 9. Mai 1869 in Utah bei Promontory Point trafen sie sich – der goldene Nagel für die letzte Schwelle wurde zum Mythos. Dampflokomotiven sollten noch mehr als 100 Jahre fahren; in der Bundesrepublik Deutschland wurde die letzte 1972 außer Dienst gestellt. ■

Aufbruch in temporeiche Zeiten

Die Zukunft des »schienengebundenen Verkehrs« hört auf Namen wie beispielsweise TGV (Frankreich), APT (Großbritannien), Shinkansen (Japan), LRC (Kanada), ICE und Transrapid (Deutschland). Schnellzüge werden von Hochgeschwindigkeitszügen, Eisenbahnschienen von Transeuropäischen Netzen und Lokomotiven von Triebköpfen abgelöst. Auf schnurgeraden Trassen fliegt die Landschaft mit durchschnittlich fast 300 km/h vorüber, während der Reisende im klimatisierten Großraumabteil nur noch Augen für sein Notebook hat – so stellen es sich die Eisenbahnbetreiber vor. »Einsteigen und ankommen« heißt die Devise, »ohne Stau direkt in die City« verspricht die Werbung.

Bis 2010 entsteht ein europäisches Schnellbahnnetz, das umweltbelastende Kurzstreckenflüge bald überflüssig machen soll. Den Zeitgeist des 21. Jahrhunderts verkörpert die Magnetschwebebahn – lautlos, reibungslos, problemlos.

Die goldenen Zeiten

▲ Schwelgerischer Luxus herrscht im Nostalgiezug »The Royal Scotsman«.

Speisewagen, Schlafwagen à la Pullman oder Nagelmackers und Salonwagen erlebten ihr goldenes Zeitalter zwischen 1850 und 1940. Die Züge hörten auf so klangvolle Namen wie »Riviera-Express«, »Flying Scotsman« und »Orient-Express«. Dieser fuhr ab 1883 von Paris nach Bukarest, später bis Istanbul und 1930 erstmals mit Anschluss nach Bagdad oder Kairo. Der Transsibirien-Express verbindet noch heute Moskau mit Wladiwostok; für die 9300 km lange Strecke, die längste der Welt, benötigte er 1902 ganze 18 Tage.

◄ Hintergrund: Nostalgie auf Schienen – die Dampflokomotive.

Auf dem Abstellgleis

Die Ablösung der Dampflokomotiven durch elektrisch betriebene oder mit Dieselmotoren ausgestattete Triebwagen und Lokomotiven setzte in den 1930er Jahren ein. Die E-Loks waren schneller, robuster, stärker und mussten nicht ihr gesamtes »Kraftwerk« mitschleppen; die Energie kam sauber und zumeist störungsfrei über eine dritte Schiene oder den Stromabnehmer. Seine Überlegenheit konnte der Elektroantrieb schon Ende des 19. Jahrhunderts in Straßen-, S- und U-Bahnen zeigen. Im Jahr 1903 bewiesen zwei Siemens-Drehstrom-Triebwagen mit dem Geschwindigkeitsweltrekord von 210 km/h, dass sie schneller waren als jede Dampflok – die englische Mallard konnte erst Jahrzehnte später, 1938, gleichziehen.

▲ Antrieb mit Diesel: der Trans-Europa-Express (TEE).

◄ Schnittige Form: der französische Hochgeschwindigkeitszug TGV.

1804

FASTFOOD AUS DER DOSE

Die ersten Konserven entstanden 1804 zu militärischen Zwecken: Napoleon Bonaparte suchte nach einer Möglichkeit, seine Truppen mit haltbaren Lebensmitteln zu versorgen, und hatte dafür bereits 1795 einen Preis von 12 000 Francs ausgesetzt. Doch vergingen fast zehn Jahre, bis der Pariser Koch François Appert ein Verfahren zur Konservenherstellung präsentieren konnte.

▲ Der Erfinder der Konserve: der französische Koch François Appert.

Appert erhitzte Fleisch und Gemüse und verpackte es anschließend mit Hilfe einer Korkdichtung luftdicht in Gläser oder Metallbehälter. Weite Verbreitung fand diese Konservierungsmethode aber erst, als der Engländer Peter Durand sie auch in Großbritannien bekannt machte und als 1811 die erste Lebensmittelkonservenfabrik in Cornwall mit der Produktion begann. Dabei verwendeten die Fabrikbesitzer Donkin, Hall und Gambel verzinntes Weißblech als Dosenmaterial, während zuvor auch schweres Eisenblech benutzt worden war. Auf dem amerikanischen Kontinent verhalf ebenfalls ein Krieg den Dosen zum Durchbruch: Im 1861 ausgebrochenen amerikanischen Bürgerkrieg mussten die Soldaten versorgt werden. Allerdings stand zunächst zwischen dem Besitz einer Dose und dem Genuss ihres Inhalts erst einmal harte Arbeit, denn die Konserven mussten mit einiger Kraftanstrengung unter Zuhilfenahme von Hammer und Meißel oder im Gelände mit Bajonett bzw. Dolch geöffnet werden. ▸▸

▲ Das ideale Geschenk zur Hochzeit ist ein praktischer Dosenöffner, so die Botschaft dieser US-Reklame aus den 1930er Jahren: Eine »Braut« inmitten aufgetürmter Konservendosen.

▾ Andy Warhol sorgt dafür, dass die amerikanische Dosensuppenmarke Campbell's berühmt wird: Er macht sie zum Gegenstand seiner Kunst.

Salzen, Trocknen, Räuchern

Die Methoden zum Haltbarmachen von Lebensmitteln sind vielfältiger Natur: Schon um 3000 v. Chr. wurden in Ägypten Fisch und Fleisch gepökelt, d. h. gesalzen, oder getrocknet. Um etwa 1000 v. Chr. war auch das Konservieren durch Räuchern, Luftabschluss und Kälte bekannt. Gemüse wurde in Kellerräumen gelagert oder mit Eis konserviert. Das Einlegen in Öl oder Salzlösungen war zur Haltbarmachung von Lebensmitteln ebenfalls bekannt. Bis zur Erfindung der Konservendose änderte sich an den Konservierungsmethoden wenig. In den 1950er Jahren wurde in den USA das Gefriertrocknen entwickelt, eine Methode, bei der die Lebensmittel bei sehr tiefen Temperaturen schnell in einem Vakuum eingefroren und getrocknet werden.

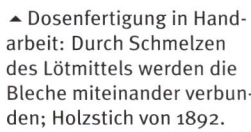

▲ Dosenfertigung in Handarbeit: Durch Schmelzen des Lötmittels werden die Bleche miteinander verbunden; Holzstich von 1892.

◄ Konservenfabrik in Deutschland um 1930; Arbeiterinnen füllen Brechbohnen in Dosen.

1870 ließ sich William W. Lyman seinen Dosenöffner patentieren, und dem schnellen Essen aus der Dose stand nichts mehr im Weg. Um 1900 waren die gehaltvollen Dosen dann auch den amerikanischen Zivilisten zugänglich und sind seither weltweit aus keinem Haushalt mehr wegzudenken. Mittlerweile muss sich die althergebrachte Konservierungsmethode allerdings gegen die Konkurrenz aus der Tiefkühltruhe behaupten: Immer häufiger greifen die Kunden zu Gefrorenem. Auch die Getränkedosenindustrie stößt angesichts der Umweltbelastung durch Einwegdosen und ihre nicht immer sichergestellte Wiederverwertung auf Probleme. ■

▲ Versorgung im Ersten Weltkrieg: Soldaten bereiten sich eine Mahlzeit aus Konservendosen.

▲ Hintergrund: Konservenherstellung Ende des 19. Jahrhunderts; die verlöteten Büchsen werden getestet und ein erstes Mal eingesiedet.

Über Jahre haltbar

Zu den beliebtesten Methoden, Produkte aus dem eigenen Garten oder aus eigener Schlachtung haltbar zu machen, gehörte ab etwa 1900 das Einwecken. In ursprünglich von der Firma Weck verbreiteten Gläsern wurden Lebensmittel eingemacht, indem man das Glas mit einem Dichtungsring aus Gummi, einem Glasdeckel und einer Klammer verschloss, es dann in einem Einmachkessel im Wasserbad hoch erhitzte und abkühlen ließ. Die Gläser hielten die Lebensmittel über Jahre frisch. Die arbeitsreichen Einkochtage, bei denen das frische Gemüse oder Obst geputzt, geschält, zerschnitten und

abgefüllt wurde, sind heute fast in Vergessenheit geraten.

◄ Ein volles Regal mit Einmachgläsern findet sich in früheren Jahrzehnten in vielen Haushalten.

Keimtötende Wärme

▲ Der französische Chemiker und Biologe Louis Pasteur in seinem Labor.

Lange Zeit glaubte man, dass Lebensmittel verderben, weil sich in ihnen aus toter Materie giftige Mikroorganismen entwickeln. 1768 wies der italienische Biologe Lazzaro Spallanzani nach, dass in Fleisch, das ausreichend lange und hoch erhitzt und anschließend luftdicht abgeschlossen wurde, auch nach längerer Zeit keine schädlichen Mikroorganismen mehr zu finden sind. Erst beinahe 100 Jahre später gelang es Louis Pasteur, Wein durch langsames Erhitzen auf 45 bis 50 °C haltbar zu machen. Dieses Verfahren – Pasteurisieren – wird seither bei zahlreichen Lebensmitteln angewendet.

Verpackungen von Speisen und Getränken

Korken
1690. Der Franzose Dom Pérignon verschließt eine Weinflasche mit einem Stück Rinde der Korkeiche und erfindet damit den Wein- und Champagnerkorken.

Getränkedose
1935. Die US-Brauerei Kreuger bringt das erste Bier in Dosen auf den Markt. Die Dosen sind wie kleine Fässer geformt und werden zuerst in Richmond, Virginia verkauft.

Vakuumverpackung
1950er Jahre. Die Vakuumverpackung wird eingeführt. Lebensmittel wie beispielsweise Kaffee werden bei Unterdruck verpackt und in einer Folie versiegelt.

Kunststoffverpackungen
1970er Jahre. Die Mehrzahl aller Verpackungen in Industrienationen ist aus Kunststoff: Getränke werden in großem Maße in Plastikflaschen angeboten.

1808

NEUE SCHREIBKRAFT

Als Hilfsmittel für seine blinde Freundin entwickelte der Italiener Pellegrino Turri 1808 eine Maschine zum Schreiben – eine Erfindung mit großer Wirkung, auch wenn die frühen Maschinen noch sehr umständlich waren und zahlreicher Verbesserungen bedurften. Bereits 1717 hatte ein Brite eine Maschine entwickelt, mit der nacheinander einzelne Buchstaben aufs Papier gebracht werden konnten.

▲ Mobiles Arbeiten mit einer Reiseschreibmaschine, um 1960.

Mehrere Dutzend Erfinder beschäftigten sich in der Nachfolge Turris mit der Weiterentwicklung der Schreibmaschine. Karl Friedrich Drais, der auch das erste Fahrrad konstruierte, rüstete seine Maschine mit Tasten für jeden einzelnen der 26 Buchstaben aus. Der Rechtsanwalt Giuseppe Ravizza baute ab 1834 innerhalb von 50 Jahren 17 unterschiedliche Modelle, bei denen die Typen kreisrund angeordnet waren. Ravizza benutzte zudem als Erster ein Farbband.

Der Tiroler Zimmermann Peter Mitterhofer verwendete in den 1860er Jahren für seine Schreibmaschinen 82 Tasten für Groß- und Kleinschreibung, Zahlen und Zeichen.

Zur echten Serienreife gelangte keine der in Europa konstruierten Maschinen, dies blieb einem US-Modell vorbehalten. Eine Technikergruppe um Christopher L. Sholes reduzierte die Teile und erreichte so einen einfachen Mechanismus. Da sich die häufig benutzten Buchstaben immer wieder ineinander verhakten, war das Tastenfeld nicht mehr alphabetisch geordnet. Die betroffenen Tasten wurden jetzt räumlich getrennt. ▶▶

▲ Schreibmaschine um 1885; sie hilft dem Philosophen Friedrich Nietzsche, seine Gedanken zu Papier zu bringen. Allerdings ist die Arbeit mit der über dem Papier gelagerten Tastatur noch sehr umständlich.

▶ Fortschrittliche Technik – die erste Schreibmaschine der amerikanischen Firma Remington aus den 70er Jahren des 19. Jahrhunderts.

Einführung und Verbesserung von Schreibmaschinen

Erstes Patent
1714. Der britische Ingenieur Henry Mill lässt eine – allerdings für die Praxis kaum brauchbare – Schreibmaschine patentieren, die erst 1730 gebaut wird.

Patent in den USA
1829. Austin Burth aus Detroit erhält in Washington das erste Patent in den USA für eine Schreibmaschine. Seine Erfindung war aus Holz und für Sehende gedacht.

Farbband
1855. Der Italiener Guiseppe Ravizza baut eine Schreibmaschine mit einem Farbband, deren Technik an eine frühere Idee für Schreibtelegrafen angelehnt ist.

Schreibkugel
1867. Der Däne Rasmus Malling-Hansen konstruiert eine Maschine für die Industrieproduktion. Die »Schreibkugel« ist die erste Maschine, die in den Handel kommt.

▶ Brief aus der Korrespondenz des Schreibmaschinenerfinders Turri mit seiner Freundin, um 1810.

1873 verkauften Sholes und Partner ihre Patente und Rechte an den Waffen- und Nähmaschinenhersteller E. Remington & Sons. 1874 startete der neue Eigentümer die Serienproduktion der »Schreibmaschine«, zu deren ersten Käufern der Schriftsteller Mark Twain gehörte. Größtes technisches Problem blieb, dass man beim Schreiben nicht direkt das Geschriebene sah, sondern dafür erst die Walze nach oben drehen musste. 1910 kam mit der »Underwood« von Franz Xaver und Hermann Wagner der Durchbruch: Die Wagners hängten die Typen so ein, dass der Abdruck der Buchstaben sofort sichtbar war. ■

▶ Trotz hochentwickelter Technik haben Schreibmaschinen kaum mehr eine Chance gegen Computer.

Elektrischer Antrieb

Die Konstruktion der »Mercedes-Electra« brachte 1921 einen erheblichen Fortschritt für den Schreibmaschinenbau. Ein kleiner Elektromotor sorgte für den Antrieb. Die Berührung der Tasten reichte aus, um den Typenhebel auszulösen.

Bei den Kugelkopf-Maschinen verwirklichte IBM 1961 eine Idee aus dem 19. Jahrhundert. Anstelle von Typenhebeln verwendeten die Ingenieure eine drehbare Kugel. Jeder Buchstabendruck wurde durch eine Kipp- und Drehstellung des Kopfes ausgelöst. Das Modell funktionierte wesentlich schneller als mechanische Maschinen. 1964 brachte IBM eine Vorstufe der elektronischen Maschinen auf den Markt: das Modell mit Speicher.

▲ Der irische Dramatiker George Bernard Shaw bei der Arbeit an seiner Schreibmaschine.

Typische Frauenarbeit: das Tippen

In den 8oer Jahren des 19. Jahrhunderts entstand die Büroarbeit im heutigen Sinne. Zunächst gab es aber noch viel zu wenig Beschäftigte, die das Maschinenschreiben beherrschten. Die Schreibmaschinenhersteller halfen dem Mangel mit Lehrgängen in fast allen größeren Städten ab. Im Laufe der Zeit vermittelten auch die Handelsschulen Qualifikationen in Maschinenschreiben und Stenografie an Frauen und Männer. Sehr bald erkannten die Arbeitgeber den Vorteil der niedrigeren Löhne, die sie ihren weiblichen Beschäftigten zahlten. So wurden Maschinenschreiben und Stenografie bis nach der Jahrhundertwende zur weiblichen Domäne. Lag der Frauenanteil 1880 noch bei 40 %, war er bis zum Jahr 1910 auf weit über 80 % gestiegen.

Kraftübungen am Schreibtisch

Maschinenschreiben im 19. Jahrhundert erforderte erheblichen Kraftaufwand. Wer es pro Tag auf etwa 100 000 Anschläge brachte, drückte dabei insgesamt 6 t Gewicht – 60 g bei jedem Tastendruck. Ein Techniker empfahl deshalb schon 1832 die »Massage der Hand- und Fingermuskeln« und das »Einreiben der Hände mit Schweinefett und Weingeist«. Um 1860 gab es erste Versuche, die Maschinen mit elektrischer Energie zu versorgen. Die »Blickensderfer Electric« von 1902 kam zwar über das Versuchsstadium hinaus, doch erst 19 Jahre später gab es die erste serienreife Maschine auf dem Markt. 1978 begann die Epoche der Elektronik mit der »intelligenten« Maschine der US-Firma QYX. Sie enthielt magnetische Speicherplatten, die Floppy Disks. Das elektronische Büro, in das in den 80er Jahren der Computer einzog, war damit vorbereitet.

▶ Großraumbüro der 1920er Jahre; Frauen beherrschen das Feld.

▲ Sie soll helfen, den Kraftaufwand zu reduzieren: »Blickensderfer Electric« von 1902; sie ist die erste elektrische Schreibmaschine in den USA.

1811

MIT FLINKER NADEL

Als der deutsche Strumpfwirker Balthasar Krems 1811 seine Erfindung – die erste funktionsfähige Nähmaschine – vorstellte, war an der Entwicklung einer solchen Maschine schon lange gearbeitet worden. Grund für den Eifer der Tüftler war die Industrialisierung: Durch die Einführung des maschinellen Webens stand viel mehr Stoff zur Weiterverarbeitung zur Verfügung als früher. Das Nähen musste schneller gehen.

▲ Häusliche Idylle in einer Nähmaschinenwerbung aus der Zeit um 1885.

B ereits 1755 hatten der in England lebende Deutsche Carl Weisenthal und 1790 der Engländer Thomas Saint wichtige Vorarbeiten geleistet. Krems entwickelte eine Kettenstichmaschine, d. h., sie nähte mit nur einem Faden. Die wichtigste Erfindung Krems' aber war die Nadel mit dem Öhr am spitzen, nicht am stumpfen Ende. So konnte der Faden auf kurzem Weg bei der Abwärtsbewegung der Nadel durch den Stoff geführt werden. In den folgenden Jahren verbesserte u. a. der Schneider Barthelémy Thimonnier Krems' Modell. Der Franzose eröffnete 1830 in Paris die erste Konfektionsschneiderei der Welt, in der Massenware produziert wurde. Thimonniers Werkstatt wurde jedoch 1831 von der noch nicht maschinell arbeitenden Konkurrenz überfallen und zerstört. ▸▸

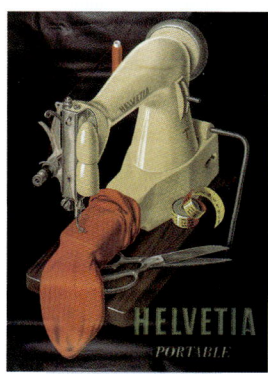

▲ Das Nähzimmer ist passé: Die tragbare Nähmaschine »Helvetia Portable« erlaubt das Nähen an jedem beliebigen Ort; Werbeplakat um 1950.

▲ Flexibler Service: Diese Näherin aus Ghana zieht mit ihrer Nähmaschine von Dorf zu Dorf.

◂ Noch ist die Technik sehr einfach: Nähmaschine von Balthasar Krems; sie dient dem Vernähen der eingeschlagenen Kanten von Zipfelmützen.

Bedeutende Nähmaschinenhersteller

Singer
1851. Isaac Singer aus den USA konstruiert eine Nähmaschine mit einem Tretkurbelantrieb. 1858 geht ein Modell für den Hausgebrauch in die Massenproduktion.

Pfaff
1862. Der Instrumentenmacher Georg Michael Pfaff eröffnet in Kaiserslautern eine Nähmaschinenfabrik. Pfaff wird in der Folgezeit Europas bedeutendster Nähmaschinenproduzent.

Bernina
1893. Auf die von ihm entwickelte Hohlsaumnähmaschine setzt der Schweizer Karl-Friedrich Steckauf. In seiner Bernina-Fabrik produziert er mehrere 100 Stück pro Woche.

Veritas
1903. In Wittenberge/Brandenburg gründet das US-Unternehmen Singer unter dem Namen Veritas eine Dépendance, die zum größten Nähmaschinenwerk Europas wird.

▲ Nähstube um 1901; viel Arbeit wird noch mit der Hand erledigt; damals wie heute ist das Nähen eine Domäne der Frauen.

1839 stellte der Wiener Joseph Madersperger die Doppelstichmaschine vor, die mit zwei Fäden arbeitet. Vorteil: Die Naht löst sich nicht so schnell auf. Der Amerikaner Elias Howe brachte 1846 die erste Doppelstichmaschine für den Hausgebrauch auf den Markt. Die Erfindungen seines Landsmanns Isaac Merrit Singer verhalfen der Nähmaschine 1851 zum Durchbruch: Der Stoff wurde nun von der Maschine selbst unter der Nadel durchgeschoben. Weiterentwicklungen wie Knopflochmaschinen und Motorbetrieb revolutionierten die Textilindustrie. Im späten 20. Jahrhundert übernahmen Computer die Steuerung der Maschinen, und den Menschen bleibt die Kontrolle der Nahtqualität. ∎

Die lange Geschichte der Nadel

Bereits vor etwa 40 000 Jahren, in der Altsteinzeit, nähten die Menschen Felle aneinander, mit denen sie sich bekleideten oder zudeckten. Die ältesten Nadeln wurden in Höhlen in Südfrankreich gefunden und waren aus Tierknochen gefertigt. In späteren Kulturen wurden auch Nadeln aus Holz oder Elfenbein benutzt. Babylonier, Ägypter und Griechen z. B. hämmerten Bronze, Kupfer oder Eisen in Nadelform und bogen das Ende zu einem Öhr um. Nadeln, oft kunstvoll als Schmuck aus Gold oder Silber gefertigt, wurden auch in vielen Kulturen zum Zusammenhalten der Kleidung benutzt. Heute werden Nadeln vorwiegend aus rostfreiem Stahl hergestellt. Auch als Schmuck, beispielsweise für Krawatten, gibt es sie noch. Und im Notfall hilft die Sicherheitsnadel, die in ihrer heutigen Form seit 1849 existiert, als Fibel aber schon seit 3000 Jahren Verwendung findet.

◀ Indische Textilfabrik; der südasiatische Staat gehört zu den größten Textilproduzenten der Welt.

Auf dem Weg zur Akkordarbeit

Während eine geübte Schneiderin etwa 30 Stiche pro Minute schafft, brachten es die frühen Nähmaschinen bereits auf 200. Mitte des 19. Jahrhunderts nähten die Näherinnen in der Textilindustrie nicht mehr ganze Kleidungsstücke, sondern beschränkten sich auf einzelne Nähte und reichten das bearbeitete Kleidungsstück an die nächste Kollegin weiter. Rund 150 Jahre später dominiert der Computer die Produktion. Viele der Handgriffe beim Zuschneiden und Nähen werden von Maschinen übernommen. Die menschliche Arbeitskraft wird auch hier kaum noch gebraucht.

▲ Sittsam und fleißig: Junge Näherinnen im Arbeitssaal eines deutschen Klosters, um 1930.

Mühsam verdientes Brot

Näherinnen arbeiteten in früheren Zeiten häufig in Heimarbeit. Besaßen sie eine Nähmaschine, konnten sie mehr verdienen als Frauen, die noch mit der Hand nähten. 1856 wurde eigens für Näherinnen das Ratenzahlungssystem eingeführt, und damit wurden Maschinen für alle zugänglich. Folge war ein drastischer Verfall der Preise für Näharbeiten. Viele Frauen mussten zwölf bis 14 Stunden am Tag nähen, um überhaupt einen Gewinn zu erzielen. Unter diesen Bedingungen gingen die Maschinen oft kaputt, bevor sie abbezahlt waren. Viele Näherinnen, die von ihrem Einkommen auch Ersatzteile und Garn bezahlen mussten, gerieten in immer größere finanzielle Not. Außerdem entstand durch die Massenproduktion von Nähmaschinen zusätzliche Konkurrenz. Viele bürgerliche Haushalte schafften eine Nähmaschine an. Die Folge war, dass die Näherin, die bisher ins Haus kam, ihre Aufträge verlor, weil die Dame des Hauses die Näharbeiten selbst erledigte.

▲ Singer-Haushaltsnähmaschine aus den 1930er Jahren.

◀ Hintergrund: die Doppelstichmaschine von Elias Howe – 1846 patentiert.

1816

MIT DER KAMERA DABEI

Die Entwicklung der Fotografie erfordert das Zusammenwirken zweier unterschiedlicher Fachgebiete: der Optik, um Gegenstände abzubilden, und der Chemie, um Bilder zu fixieren. Schon um 900 entdeckten arabische Astronomen das Prinzip der Camera obscura, eines Kastens mit einem kleinen Loch in der Mitte einer Wand und einer Bildebene im Inneren, auf der sich eine auf dem Kopf stehende Abbildung erzeugen ließ.

▲ Fotos um jeden Preis: Dieser wagemutige Fotograf will um 1906 in luftiger Höhe die New Yorker Skyline auf Papier bannen.

D er Franzose Joseph Nicéphore Niepce kombinierte 1816 das Prinzip der Camera obscura mit dem Gebrauch lichtempfindlicher Chemikalien und erfand damit den Fotoapparat. 1826 konnte Niepce seine Bilder auch fixieren. Er nahm sie auf polierten Zinnplatten auf, die mit einer lichtempfindlichen Schicht bestrichen waren. Dieses so genannte Judenpech hatte er zuvor in Lavendelöl und Terpentin aufgelöst. Die Belichtungszeit betrug acht Stunden. Es entstanden Positivbilder, die aber nicht dupliziert werden konnten. Ein großer Fortschritt in der Fotografie ist dem englischen Physiker William Fox Talbott zu verdanken: ▸▸

▲ »Nimm eine Kodak mit«, so wirbt das Kodakgirl um 1910 für die Fotoapparate der berühmten US-Firma.

▸ Älteste erhaltene Fotografie der Welt von Joseph Nicéphore Niepce, 1826.

▲ Camera obscura mit einer Blende; der Franzose Joseph Nicéphore Niepce nutzt sie für seinen ersten Fotografierversuch.

Die Leica kommt

Bis in die 1920er Jahre blieb das Fotografieren weitgehend eine Domäne professioneller Lichtbildner. Das änderte sich 1925, als der deutsche Feinmechaniker Oskar Barnack eine für die Firma Leitz entwickelte technisch ausgereifte Kleinbildkamera vorstellte. Etwa um dieselbe Zeit waren Filme entstanden, die lichtempfindlich und zugleich feinkörnig genug waren, um die 24 x 36 mm kleinen Negative zu scharfen Papierbildern vergrößern zu können. Die Filmrollen von Barnacks »Leica« hatten genug Platz für 36 Aufnahmen.

◂ Ein großer Fortschritt: die kleine und handliche so genannte Ur-Leica; sie wird ab 1925 in Deutschland in Serie hergestellt.

‣ Hintergrund: Die Jagd nach Fotos ist voll im Gange; Karikatur zum Fotoboom aus der Mitte des 19. Jahrhunderts.

▾ Präsentation der Polaroid-Technik 1947; der amerikanische Wissenschaftler Edwin H. Land zeigt ein gerade aufgenommenes Foto.

In der Zeit zwischen 1835 und 1841 entwickelte er mit den Chemikalien Silbernitrat und Kaliumjodid ein erstes Verfahren zur Erzeugung von Negativbildern, von denen sich beliebig viele positive Kopien erzeugen ließen. Verbesserungen vor allem der Fotochemie führten in der Folge zu immer kürzeren Belichtungszeiten, sodass es z. B. dem Engländer Eadweard Muybridge 1872 erstmals gelang, mit zwölf bis 14 Fotokameras hintereinander bei Verschlusszeiten von nur 1/6000 Sek. Bewegungsabläufe zu dokumentieren. Eine wesentliche Weiterentwicklung lieferte 1888 George Eastman in den USA, als er die zu dieser Zeit üblichen gläsernen Bildplatten durch eine Filmrolle aus lichtempfindlich beschichtetem Papier ersetzte und damit den ersten Rollfilmapparat, die Kodak-Kamera, baute. ■

Die Lumières bringen Farbe ins Spiel

Berühmt wurden die französischen Brüder Louis und Auguste Lumière im Jahr 1895, als sie in Paris das erste Kino der Welt eröffneten. In ihrem Hauptberuf als Chemiefabrikanten beschäftigten sie sich mit Fotochemie, insbesondere mit der Herstellung beschichteter Glasplatten. Als in die fotografischen Schichten winzige rot, grün und blau eingefärbte Stärkekörnchen eingebettet wurden, konnte jeweils nur Licht bestimmter Wellenlängen die Körner durchdringen. Durch Kombination dreier verschieden eingefärbter Schichten gelang es den Lumières 1903, erste farbige Glasdiapositive herzustellen. Vier Jahre später präsentierten sie ihre Erfindung als »Autochromverfahren«.

▲ Auguste (l.) und Louis Lumière, Pioniere der Farbfotografie und des Kinos.

Fotografie der Zukunft

Die digitale Bildaufnahmetechnik wurde im eigentlichen Sinn nicht erfunden, sondern Schritt für Schritt entwickelt. Dies war keine Frage erfinderischen Ideenreichtums, sondern eine Frage des technisch Machbaren. So standen noch Anfang der 1980er Jahre keine elektronischen Speichermedien zur Verfügung, die es gestattet hätten, im Innern eines handlichen Fotoapparats auch nur ein Bild zu registrieren, das der gewohnten Fotoqualität entsprochen hätte. Erst etwa seit dem Jahr 2000 bietet der Markt Kameras, die auch professionellen Ansprüchen genügen.

▲ Digitalkameras gestatten heute die Bildbearbeitung am PC.

‣ Hintergrund: Markenzeichen »Polaroid«; frühes Modell einer Sofortbildkamera.

◂ Fotoatelier aus den 60er Jahren des 19. Jahrhunderts.

Fortschritte in der Entwicklung des Fotoapparats

Polaroidkamera
1947. Der amerikanische Physiker und Unternehmer Edwin H. Land stellt die erste Sofortbildkamera vor. Mit ihr lassen sich in Minuten Schwarz-Weiß-Bilder erzeugen.

Schnelle Bildfolge
1950. Eine in den Vereinigten Staaten entwickelte Hochgeschwindigkeitskamera ist in der Lage, eine Bildfolge von 10 Mio. Aufnahmen pro Sekunde zu liefern.

Automatischer Blitz
1965. Unter der Bezeichnung »Auto-Strobanar« stellt die amerikanische Firma Honeywell einen elektronischen Fotoblitz vor, der mit automatischer Steuerung arbeitet.

Mikroprozessoren
1971. In Japan werden Kameras entwickelt, bei denen Mikroprozessoren Funktionen wie Filmtransport, Einstellen der Filmempfindlichkeit, Blenden- und Verschlusszeiten steuern.

1817

AUF ZWEI RÄDERN UNTERWEGS

Auf dem Papier hatte Leonardo da Vinci die Idee eines Zweirads schon um 1500 verwirklicht: Seine – bis 1965 verschollenen – Notizblätter zeigen ein funktionsfähiges Fahrrad. Doch niemand brauchte ein solches Fahrzeug, für das die Straßen viel zu schlecht waren. Erst der Karlsruher Freiherr Drais realisierte 1817 den Traum vom Fahren auf zwei Rädern.

▲ Flotte Frauen sind schon früh ein beliebtes Motiv der Fahrradwerbung. Attraktiv und modisch gekleidet, wie auf dem Plakat für die Fichtel & Sachs-Freilaufnabe von 1903, verkörpern sie Eleganz und Leichtigkeit.

K arl Friedrich Drais stellte dem Großherzog Karl von Baden 1813 einen vierrädrigen Laufwagen vor, der in den Furchen der Fuhrwerke rollen konnte. Das Gefährt erwies sich als recht schwergängig, weshalb Drais auf zwei Räder »umsattelte«. 1817 präsentierte er jenes Laufrad aus Holz, das für alle modernen Räder Pate stand. Drais war mit dem Verkauf seiner »Draisinen« recht erfolgreich, doch galt seine Erfindung eher als Sportgerät. Es bedurfte etlicher Verbesserungen, um sie im Alltag zu etablieren. So führte der schottische Wagenschmied Kirkpatrick Macmillan 1839 einen im Wiegeschritt zu bedienenden Hinterradantrieb ein, der die Geschwindigkeit so erhöhte, dass der Erfinder Passanten umfuhr. Philipp Moritz Fischer in Schweinfurt und Ernest Michaux in Paris setzten Tretkurbel und Pedale ein und machten das Laufrad zum Tretrad. ▸▸

◂ ▴ Fast wie bei Jules Verne: Eine Leipziger Illustrierte präsentiert 1869 die Fahrrad-Schubkarre und das Ballon-Fahrrad.

Das schwache Geschlecht macht mobil

Medaillen gab es keine. Beim Fahrradrennen der Damen am 13.7.1890 in Leipzig waren die Preise auf ein altväterliches Frauenbild zugeschnitten: schwarzseidene Schürze mit Brosche, Schreibkasten, Briefbeschwerer. Die meisten Männer hielten solche Wettkämpfe für unweiblich. Mit dem ersten internationalen Frauenrennen im Jahr 1898 in Berlin fanden die deutschen Radlerinnen Anschluss ans Ausland, nachdem in London 1895 schon ein Sechstagerennen der Damen gestartet worden war. Damals wechselte auch die Kleidung von weiten bauschigen Blusen und Rockhosen zum engen Renntrikot. Reform-Korsett ade: Die Emanzipation auf Rädern schritt modisch voran. Da mochte der Deutsche Radfahrer-Bund im Jahr 1900 alle Damenrennen verbieten, die Entwicklung war nicht zu stoppen. Auch wenn das Verbot erst 1967 aufgehoben wurde.

Bedeutende Stationen der Fahrradentwicklung

»Michauline«
1861. Pierre und Ernest Michaux versehen die Draisine mit Tretkurbel und Pedalen, großem Vorder- und kleinem Hinterrad (präsentiert 1867 auf der Weltausstellung in Paris).

Hochrad
1869. Ein Fahrrad-Boom setzt ein. Groß in Mode kommt das Hochrad, an dem Rennfahrer ihre Geschicklichkeit zeigen. Wegen der großen Sturzgefahr bleibt es nicht lange populär.

Kettenantrieb und Luftreifen
1885/1888. John Kemp Starley entwickelt das Rad mit Kettenantrieb, den Prototyp des heutigen Fahrrads. John Boyd Dunlops Luftbereifung macht ab 1888 das Fahren bequemer.

Freilaufnabe
1903. Ernst Sachs erfindet zur ersten Tour de France die so genannte Torpedo-Freilaufnabe. Damit schafft das seit 1896 olympische Fahrrad den allgemeinen Durchbruch.

Gliederkette und Kugellager, die ab 1870 hinzukamen, sorgten für leichteren Radlauf, Stahldrahtspeichen und Vollgummireifen für größere Haltbarkeit der Räder.

Eine kurze »Verirrung« zum Hochrad, das bessere Kraftübertragung versprach, aber durch die Sitzposition über dem riesigen Vorderrad schlimme Stürze provozierte, wurde schon 1877 vom so genannten niederen Sicherheitsrad zurechtgerückt.

Fehlten nur die elastischen Luftreifen sowie die Freilaufnabe, dank derer sich die Pedale nicht permanent mitdrehen – und der moderne Drahtesel startete seinen Siegeszug. ■

▶ Bereits Leonardo da Vinci hat sich mit der Konstruktion eines Fahrrads beschäftigt; Nachbau einer um 1500 von ihm angefertigten Zeichnung.

▲ Die »Michauline«, das erste Rad mit Tretkurbel und Pedalen, baut Ernest Michaux 1861 als 19-Jähriger in der Werkstatt seines Vaters Pierre.

Hightech-Maschinen

Mit dem guten alten Fahrrad von einst haben die heutigen Hightech-Rennmaschinen kaum noch etwas gemein: Die Rahmen, gefertigt aus Aluminium oder Titan, wurden seit Ende der 1980er Jahre immer leichter, ohne an Bruchsicherheit zu verlieren. Um noch schneller fahren zu können, verringerten die Hersteller den Reibungswiderstand der Bereifung, indem sie die Mäntel immer schmaler machten. Der Luftwiderstand wurde durch aerodynamisch geformte Lenker reduziert. Die Entwicklung mündete in spezielle Zeitfahr-Maschinen, bei denen ein »Triathlon-Lenker« auch auf langen Strecken eine optimale Fahrposition ermöglicht. Das Rad besitzt zudem keine Speichen mehr, sondern ist mit großflächigen Scheiben verkleidet.

▲ Karl Friedrich Drais bei der Vorstellung seines Laufrads; um sich fortzubewegen, muss er sich noch mit den Füßen abstoßen.

Sonderbarer Tüftler

Der badische Forstmeister Karl Friedrich Drais von Sauerbronn hatte es mit seinen Laufmaschinen nicht leicht. Seine Zeitgenossen verspotteten ihn. Während seine Draisine im Ausland rasch populär wurde, betrachtete man ihn daheim als Sonderling. Erst recht, als der adlige Tüftler noch andere Dinge erfand: eine Tastenschreibmaschine, eine Kochmaschine, eine Fleischhackmaschine sowie einen Doppelspiegel. Sein ganzes Geld steckte er in seine Ideen und forschte so verbissen, dass er seinen Titel als Kammerherr und sein Amt als Forstmeister verlor. Drais starb verbittert und in tiefer Armut: Sein Nachlass bestand aus 30 Gulden, der Wert des Laufrads wurde mit drei Gulden beziffert.

▲ Der erfolgreichste deutsche Radsportler am Ende des 20. Jahrhunderts: Tour-de-France- und Olympiasieger Jan Ullrich.

1821

LESEN MIT DEN FINGERN

Die Braille-Schrift wird heute mit dem Begriff Blindenschrift fast gleichgesetzt. Allerdings war der französische Blindenlehrer Louis Braille mit seiner 1825 entwickelten Schrift nicht der Erste, der sich um die »écriture nocturne«, die »Schrift der Nacht«, bemüht hat: 1821 hatte Charles Barbier die erste eigenständige Blindenschrift entworfen. Brailles Schrift erwies sich jedoch als einfacher.

▲ Louis Braille; seine Sechs-Punkte-Blindenschrift ist weltweit verbreitet.

D
as Sehzentrum des menschlichen Auges besitzt auf jedem Quadratmillimeter 140 000 Rezeptoren. An der Fingerkuppe hingegen, die die Blindenschrift ertastet, liegen die Tastnervenenden etwa 1,2 mm voneinander entfernt. Die Zahlen besagen, was jeder auch so weiß: Es ist unvergleichlich mühsamer, mit den Fingerkuppen ein einziges Buchstabenrelief zu ertasten, als mit den Augen eine ganze Schriftzeile wahrzunehmen. Von ersten Versuchen, Blinde mit einem Griffel Buchstaben in Wachstafeln zeichnen zu lassen, berichtete 1651 der Nürnberger Georg Philipp Harsdörffer. 25 Jahre später ließ Jakob Bernoulli in Genf seine blinde Schülerin Elisabeth Waldkirch in eine Holzplatte geschnitzte Schriftzüge nachspüren. Waldkirch konnte vier Jahre später in mehreren Sprachen Briefe schreiben. Eine Blindenschrift war dies aber noch nicht, Blinde waren nach wie vor ausgeschlossen von der Welt der Literatur.

Melanie de Salignac kam 1762 auf die Idee, Buchstaben mit Nadeln in Papier zu stechen, um sie tastbar zu machen. Charles Barbier führte den Gedanken fort: Er entwarf 1821 eine Schrift auf der Basis von unterschiedlich angeordneten erhabenen Punkten (Zellen). Seine Zeichen hatte er ursprünglich allerdings nicht als Schrift für Blinde, sondern als militärische Geheimschrift konzipiert. Louis Braille lernte Barbiers Zeichen als 12-Jähriger kennen und machte sich in den nächsten drei Jahren an die Entwicklung einer eigenen, weit einfacher zu erlernenden und zu lesenden Schrift: Braille brauchte nicht zwölf Zellen wie Barbier, sondern nur sechs, mit denen sich 63 Kombinationsmöglichkeiten ergeben. ■

▶ Blinder beim Lesen: Mit den Fingerkuppen werden die einzelnen Zeichen der Braille-Schrift ertastet.

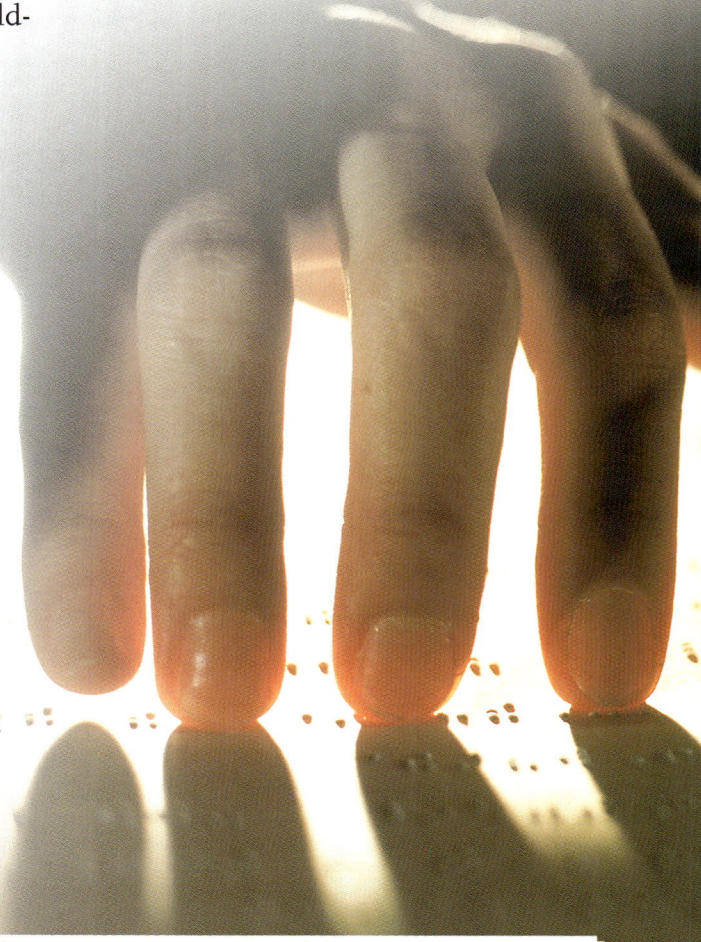

Bedeutende Schritte zur Verbreitung der Braille-Schrift

Einführung in Deutschland 1876. Der Zweite Deutsche Blindenkongress erkennt die Braille-Schrift offiziell an. Allerdings wird die Sechs-Punkte-Schrift in Deutschland bereits lange angewendet.

Reform der Braille-Kurzschrift 1973. Die Blinden-Kurzschrift, neben der Vollschrift gern benutzt, wird in ihrem Regelwerk vereinfacht. Zugleich wird die Zahl der Kürzel um rund 50 % erhöht.

World Braille Usage 1990. Das Washingtoner Verzeichnis fasst die Blindenschriftsysteme der Welt zusammen – so soll die schriftliche Verständigung unter Blinden globalisiert werden.

Geldnoten mit Blindenschrift 2002. Mit der Einführung des Euro als Zahlungsmittel ist auf den Geldscheinen in allen Euro-Teilnehmerstaaten der Notenwert in Blindenschrift verzeichnet.

Das Braille-Alphabet – die blinde US-Sozial-reformerin und Schriftstellerin Helen Keller bei einer Laudatio anlässlich des 100. Todestags Brailles im Jahr 1952.

Hintergrund: Punkte als Schriftzeichen; jedem Buchstaben des Alphabets wird in der Braille-Blindenschrift eine bestimmte Punkt-anordnung zugewiesen.

Erfinder der Braille-Schrift

Louis Braille erblindete mit drei Jahren, als er sich mit einem Sattlermesser seines Vaters die Augen verletzte. In einem Pariser Institut für blinde Jugendliche lernte der naturwissenschaftlich und musikalisch hoch begabte Junge mittels Zeichen zu lesen. Als 13-Jähriger hatte er sich als Cellist und Organist schon früh einen Ruf erworben und war bereits als Blindenlehrer tätig. Mit 16 Jahren hatte Braille seine eigene Blindenschrift konzipiert, mit der nicht nur Buchstaben, sondern auch Kürzel dargestellt und ertastet werden können. Die Braille-Schrift ist heute international anerkannt und eingeführt. Zu Ehren Brailles hat man seinen sterblichen Überresten einen Platz im Pariser Panthéon gegeben.

Die ersten Bücher für Blinde

1786, 24 Jahre nach Melanie de Salignacs Idee, Buchstaben in Papier zu stechen, legte das Pariser Institut für blinde Jugendliche das erste Buch in erhabener Schrift vor – ein Ratgeber zur Ausbildung Blinder. 1827 war eine Grammatik-Anleitung das erste Buch in Braille-Schrift, dem zehn Jahre später ein dreibändiges Werk über die Geschichte Frankreichs folgte. Auch eine Bibelausgabe ließ nicht mehr lange auf sich warten; sie entstand 1838–1840 in Glasgow. Die insgesamt 19 Bände erschienen in einer Auflage von etwas mehr als 200 Exemplaren.

Blinde Literaturliebhaber suchten allerdings noch lange Zeit vergeblich nach Werken in Blindenschrift. Erst 1869 erschien in Boston »Der Raritätenladen« von Charles Dickens, nachdem der Autor selbst einen Großteil der Kosten übernommen hatte.

Blindenschriftbogenmaschine – mit ihrer Hilfe können Blinde Texte schreiben. Die einzelnen Zeichen werden in spezielles Papier gestanzt.

TEMPEL DES KONSUMS

Heute bestechen Kaufhäuser vor allem durch ihr vielfältiges Angebot – ihren Ursprung haben sie in Textilgeschäften. Wen wundert es da, dass das erste Warenhaus in Paris entstand? Als letzter Schrei galt nicht nur die Mode der Damen und Herren, schick fand man auch die Stadt, in der 1824 »Das Haus der schönen Gärtnerin«, das erste Kaufhaus der Welt, seine Türen öffnete.

▲ Das renommierte Kaufhaus GUM im Zentrum Moskaus ist nach dem Ende der Sowjetunion zu einem mondänen Einkaufspalast geworden.

Die Hauptstadt Frankreichs wuchs im Zuge der Industrialisierung innerhalb weniger Jahrzehnte von etwa einer halben auf fast 1,9 Mio. Einwohner und stieg zur weltweit größten Industriestadt auf. In Frankreich boomte die Textilbranche, und die industrielle Fertigung verbilligte die Produktion. Passagen, die damaligen Wandelgänge der Kauflust, gab es schon länger, und sie waren gut besucht. Bald verband man in Paris die einzelnen Läden miteinander oder fasste sie zu einer Einheit zusammen. So kündigte sich das Kaufhaus bereits an, und 1824 war es dann so weit: Pierre Parissot, Kaufmann aus Leidenschaft, eröffnete »La Belle Jardinière« – »Die schöne Gärtnerin«. Die Pariser waren überwältigt, wenn auch ein wenig irritiert, denn das erste Kaufhaus der Welt sorgte wegen des verwirrend großen Warenangebotes und seiner neuartigen Architektur für Aufregung. Der Gründer des Kaufhauses hatte eine völlig neue Verkaufsstrategie ausgearbeitet. War es bis dato beim Einkaufen üblich, Preise auszuhandeln, so gab es plötzlich festgesetzte, verbindliche Preise. Nunmehr konnten nicht nur die Bedürfnisse der Kunden an einem Ort befriedigt werden, jetzt ließen sich zugleich auch neue wecken und der Umsatz somit beträchtlich steigern. Darüber hinaus konnte sich der Kunde unverbindlich und ungestört umschauen. Damit hielt die Konsumgesellschaft Einzug – und eine Idee fand viele Nachahmer.

Eines der angesehensten frühen Warenhäuser in der französischen Metropole war das »Au Bon Marché« des Aristide Boucicaut. Der einstige Hausierer mit ▸▸

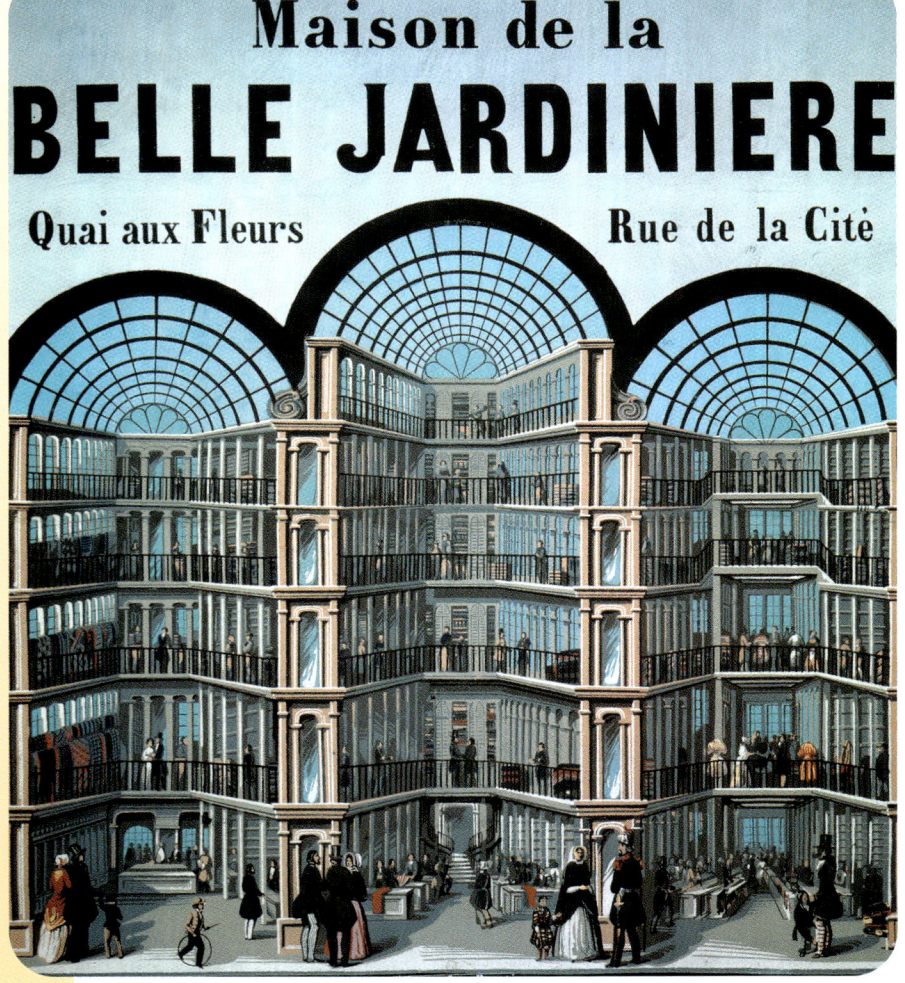

◂ Das erste Kaufhaus der Welt wird in Paris eröffnet. Es nennt sich La Belle Jardinière und verheißt – wie dieses Werbeplakat aus dem 19. Jahrhundert vermittelt – vielseitigen Kaufspaß für die ganze Familie.

Geschäftssinn hatte in der ersten Hälfte des 19. Jahrhunderts ein Textilgeschäft eröffnet. Inspiriert von seinem Erfolg, beauftragte er Gustave Eiffel, der später den Eisenturm gleichen Namens konstruieren sollte, mit dem Entwurf eines Neubaus. 1869 wurde der Grundstein für ein neues großes Warenhaus gelegt.

Paris hatte inzwischen ein gut ausgebautes Fern- und Nahverkehrssystem, und die Kauflustigen von überall her begannen, nach Paris zu pilgern. Die Psychologie der Verführung sorgte mit Schnäppchen, günstigen Sonderanfertigungen oder Werbegeschenken für klingelnde Kassen. Bald etablierten sich die Konsumtempel weltweit. Das New Yorker Harper's Building war Amerikas erstes Kaufhaus. Und in Berlin begann die große Zeit der Kaufhäuser um 1900. Tietz, Wertheim und das KaDeWe führten bald schon einen heftigen Konkurrenzkampf. Wertheim sprach insbesondere die gut situierte Kundschaft an, Tietz mit seinem preisgünstigen Warenangebot auch die unteren Schichten, und das KaDeWe wollte den Mittelstand ebenso verwöhnen wie die »oberen Zehntausend«. ■

▲ Reges Getümmel herrscht auch schon im Jahr 1926 vor dem Hauptportal des Berliner Kaufhauses des Westens.

▲ Hintergrund: Typische Kaufhausfassade der ersten Hälfte des 20. Jahrhunderts; Peek & Cloppenburg; Berlin um 1907.

▲ Sie sollten die Kauflust der DDR-Bürger befriedigen: die HO-Warenhäuser; hier ein Werbeplakat für ein Kaufhaus in Dresden, 1955.

Funktional und repräsentativ

Die Zeit der Industrialisierung spiegelte sich auch in der Architektur, imposante Eisenkonstruktionen bestimmten die neuen Großbauten und damit natürlich auch die Kaufhäuser. »La Belle Jardinière« und »A La Ville de Saint-Denis« in Paris waren die Ersten, die ihre Kunden in Aufzügen transportierten. Weit ausgreifende Treppen dienten als Gestaltungsmittel. Als um die Jahrhundertwende in Berlin das Kaufhaus Wertheim eröffnet wurde, war es nicht nur Deutschlands größtes Warenhaus, es zog die Menschen auch wegen seiner eindrucksvollen Bauweise an. Architekt Alfred Messel setzte sich und der neuen Zeit ein Denkmal – massive Pfeiler unterbrachen hohe schmale Glasfenster. Monumentalität beherrschte den Bau. Heute sollen vor allem leichte, lichtdurchflutete und offene Bauweisen die Kunden zum Kauf animieren.

▸ Gläserne Pracht: Blick in das Innere des modernen Kaufhauses Lafayette in Berlin 1998.

Studien im Paradies der Damen

Der französische Schriftsteller Emile Zola (1840–1902), der dafür berüchtigt war, mit spitzer Feder gesellschaftliche Probleme aufzugreifen, ließ auch die zu seiner Zeit neue Kaufhauskultur nicht ungeschoren. In seinem Roman »Das Paradies der Damen« kritisiert er den Aufstieg des Großhandels auf Kosten der kleinen Ladengeschäfte. Für sein Werk hatte Zola in den neuartigen Konsumtempeln immer wieder Studien betrieben und die Menschen beobachtet. So stellte er auch fest: »Der Grundsatz des Kaufhauses ist es, keine Ecke leer, leblos, ungenutzt zu lassen ... besonders an den Türen der ersten Halle versteht man es, die Menge durch wohlfeil angebotene Artikel anzulocken.«

Namenhafte Kaufhäuser in aller Welt

Macy's
1857. Klein begonnen, steht das New Yorker Macy's heute auf Platz drei der Weltrangliste der besten Kaufhäuser und schmückt sich damit, der Welt größtes Kaufhaus zu sein.

GUM
1893. Das GUM wird zur Zarenzeit in Moskau als staatliches Kaufhaus gegründet. Heute strahlt das berühmte Haus am Roten Platz wieder in altem prachtvollem Glanz.

Harrods
1905. Das Kaufhaus wird in London eröffnet. Heute gilt das Harrods, einst Hoflieferant, mit 9 ha Verkaufsfläche und 50 Aufzügen als zweitbestes Kaufhaus der Welt.

KaDeWe
1907. Das KaDeWe, das Kaufhaus des Westens in Berlin, gilt als Schlager unter den Warenhäusern, vor allem die Lebensmittelabteilung ist von Beginn an berühmt.

1831

ERKUNDUNG DES EWIGEN EISES

Spätestens seitdem man wusste, dass es sich bei unserem Planeten um eine Kugel und nicht um eine Scheibe handelt, bewegte die Menschen die Frage, wie es in den nördlichsten und südlichsten Regionen der Erde aussehen könnte. Eine erste Antwort lieferte 1831 der Schotte James Clark Ross, der 1829 bis 1833 mit seinem Onkel John Ross in die kanadische Arktis vordrang.

▲ Der britische Polarforscher James Clark Ross — er wird 1843 in den Adelsstand erhoben.

B ei 70,85° nördlicher Breite und 96,77° westlicher Länge nahe des Nordpolarkreises zeigte Ross' Kompassnadel exakt nach Süden: Der magnetische Nordpol war also 3300 km vom geographischen Nordpol entfernt.

Schon im 9. Jahrhundert hatte der normannische Seefahrer und Händler Ottar auf der Suche nach kurzen und sicheren See- und Handelswegen das Nordkap umsegelt. In den folgenden Jahrhunderten wagten sich die Forscher immer weiter Richtung Nordpol vor. Besondere Aufmerksamkeit widmeten sie der Suche nach der Nordwest- bzw. der Nordostpassage, einem Seeweg zwischen Atlantik und Pazifik, der eine Umrundung ganzer Kontinente überflüssig machen sollte. Bis ins 17. Jahrhundert glaubte man an die Existenz der angeblich eisfreien Straße von Anian, die aber trotz aller Anstrengungen nie gefunden wurde. ▸▸

▲ Die »Terra Nova«; das Schiff des am Südpol verunglückten Forschers Robert F. Scott.

◂ Wenige Jahre nach seiner Nordpolarexpedition unternimmt James Clark Ross auch eine Forschungsreise zum Südpol.

◄ Faszinierende Eislandschaft: der Gletscher Perito Moreno an der Südspitze von Argentinien.

◄ Hintergrund: Das Nordpolargebiet wird noch bis ins frühe 20. Jahrhundert als unbekannte Region gekennzeichnet.

Eine Triebfeder bei der Erforschung der Eisregionen war auch das nationale Prestige, wie die nach europäischen Monarchen benannten Meere und Inseln um die Pole zeigen: Franz-Joseph- und George-Land im Norden, König-Haakon-VII.-See und Kaiser-Wilhelm-II.-Land im Süden dokumentieren, welche Wettrennen sich die Staaten lieferten. Forscher wie Clark Ross galten als nationale Helden und beflügelten die Abenteuerlust ihrer Konkurrenten. Dennoch sollte es noch bis zum Jahr 1909 dauern, bis die ersten Forscher den nördlichsten Punkt der Erde erreichten. ∎

»Eroberer« des Nordpols

1909 hisste Robert E. Peary die US-Fahne am Nordpol. 1895 hatte sich der Norweger Fridtjof Nansen dem Pol bis auf 420 km genähert, 1901 kam der Italiener Umberto Cagni noch weiter. Kurz nach Pearys Pioniertat behauptete sein Landsmann Frederick Cook, schon ein Jahr zuvor am nördlichsten Punkt gewesen zu sein. Nach langer Prüfung sprach sich die Londoner Royal Geographic Society jedoch für Peary als Eroberer des Nordpols aus.

▲ Robert E. Peary und seine Mannschaft sind wahrscheinlich die ersten Menschen am Nordpol.

◄ Nach Vitus Bering, dem dänischen Forscher in russischen Diensten, ist die Meeresstraße zwischen Amerika und Asien benannt.

Menschenfeindliche Region

Während der Nordpol unter einer Eisdecke im Polarmeer liegt, befindet sich der Südpol auf der ebenfalls eisbedeckten antarktischen Landmasse. Die Antarktis gilt als menschenfeindlichste Region der Erde, dennoch ist sie Standort zahlreicher internationaler Stationen, die sich mit der Erforschung des ewigen Eises und des Weltklimas befassen. Interessant ist die Südpolregion vor allem wegen ihrer Bodenschätze – es gibt riesige Kohle-, Erdöl-, Kupfer- und Eisenerzlager. Doch die Antarktis birgt noch einen weiteren »Schatz«: In ihrem Eis sind etwa 90 % aller Süßwasservorräte gebunden.

▲ Die Amundsen-Scott-Station am Südpol existiert seit 1975.

Erbitterter Wettlauf zum Südpol

Als der Brite Robert F. Scott den Südpol für die britische Krone »erobern« wollte, erreichte ihn die Nachricht, dass der Norweger Roald Amundsen ebenfalls auf dem Weg zum südlichsten Punkt der Erde sei. Amundsen hatte die bessere Ausrüstung und wählte eine noch nicht erforschte, aber einfachere Route. Scott dagegen kämpfte gegen heftige Stürme und musste feststellen, dass seine Ponys, die er als Zugtiere einsetzte, nicht so widerstandsfähig waren wie die Schlittenhunde Amundsens. Am 14.12.1911 erreichte Amundsen den Pol – einen Monat vor Scott, der den Rückweg nicht überlebte.

▶ Amundsens Begleiter Oscar Wisting posiert stolz neben der norwegischen Flagge am Südpol.

Entdeckung bedeutender Seewege in der Arktis

Hudsonbay
1609–1611. Der Brite Henry Hudson segelt an der amerikanischen Ostküste nach Norden, durchquert die Labradorsee und erreicht die später nach ihm benannte Bucht.

Beringstraße
1728. Der Däne Vitus Bering fährt von Sibirien nach Amerika. Die schon 1648 von dem Russen Semjon I. Deschnew durchkreuzte Meerenge wird später Beringstraße genannt.

Nordwestpassage
1850–1853. Der britische Polarforscher Robert McClure bezwingt die Nordwestpassage von Westen her. 1903–1906 durchfährt Amundsen sie in ostwestlicher Richtung.

Nordostpassage
1878/79. Der aus Schweden stammende Forscher Adolf Erik von Nordenskiöld findet den Seeweg zwischen Atlantik und Pazifik entlang der eurasischen Nordküste.

1832

MIT DER BAHN DURCH DIE STADT

Sie war und ist immer mitten im Geschehen: die Straßenbahn. Seit Jahrzehnten ist sie in vielen Städten ein zuverlässiges Verkehrsmittel, auch wenn sie zunehmend Konkurrenz von ihrer im Untergrund fahrenden Schwester, der U-Bahn, erfährt. Ihren Anfang nahm die Straßenbahn 1832 in New York, wo ein findiger Kutschenbauer für die wachsende Bevölkerung nach einem geeigneten Transportmittel suchte.

▲ Noch lange ist die Straßenbahn eine Ausnahmeerscheinung inmitten des Kutschenverkehrs; Paris 1893.

Die industrielle Revolution seit dem Ende des 18. Jahrhunderts ließ in den Städten Europas und den USA die Fabriken fast wie Pilze aus dem Boden wachsen. Die Menschen zog es vom Land in die neu entstehenden Ballungsräume. Die Zeit war reif für neue Massenverkehrsmittel. Pferdekutschen und -omnibusse reichten schon lange nicht mehr aus, um die vielen Menschen zu befördern, und für die neue Zeit waren sie auch zu langsam. Die Lösung fand der New Yorker Kutschenbauer John Stephenson. Er legte in Manhattan die ersten innerstädtischen Schienen, und am 26. November 1832 begann die »New York and Harlem Railway« ihren Passagierbetrieb. Wie müssen die ersten Gäste gestaunt haben: Die Waggons besaßen bequeme Salons mit Teppichen und Polstersitzen, und plötzlich wurde man nicht mehr so durchgerüttelt wie in den Droschken. Schneller ging es ▸▸

▸ Die Elektrizität bringt den entscheidenden Durchbruch für die Straßenbahn; dieser Siemens-Wagen mit Aussichtsplattform gehört zu einer Straßenbahnlinie in Paris Ende des 19. Jahrhunderts.

◂ Großer Ansturm: In den 20er Jahren des 20. Jahrhunderts ist die Straßenbahn bereits ein unentbehrliches Transportmittel.

Entwicklung des öffentlichen Nahverkehrs in Berlin

Sänften und Torwagen
Um 1700. Im Stadtgebiet gibt es zwölf öffentlich nutzbare Sänften. Ende des 18. Jahrhunderts fahren von Pferden gezogene sog. Torwagen von den Stadttoren in die Umgebung.

Omnibusse
1839. Die ersten Omnibusse werden eingesetzt. Die Wagen werden von Pferden gezogen. 1899 wird in der Usedomer Straße ein erster Omnibushof in Betrieb genommen.

U-Bahn
1902. Mit einer Sonderfahrt mit dem preußischen Minister für öffentliche Arbeiten beginnt die Geschichte der Berliner U-Bahn. 1903 hat sie bereits rund 30 Mio. Fahrgäste.

S-Bahn
1924. In der deutschen Hauptstadt wird die erste S-Bahn-Strecke eröffnet. Der Begriff S-Bahn wird im Jahr 1930 für die Stadt-, Ring- und Vorortbahnen eingeführt.

auf den Schienen obendrein, auch wenn die Bahnen noch von Pferden gezogen wurden. Paris folgte dem New Yorker Beispiel 1855, London 1861 und Kopenhagen 1863. Bald wurden die Straßenbahnen auch mit Dampf oder Gas betrieben, und als dann die Dynamomaschine erfunden wurde, die es ermöglichte, mit Hilfe von Kabeln Strom durch die ganze Stadt zu schicken, kam 1879 der ganz große Durchbruch – die Straßenbahn machte endgültig ihren Weg in die Moderne. Auf der Berliner Gewerbeausstellung präsentierte der Ingenieur und Unternehmer Werner von Siemens eine Weltneuheit. Seine Schienenbahn war zwar klein und ähnelte eher einer Grubenlok, doch war es ihm gelungen, eine – wie er selbst sagte – »Bahn ohne Dampf und Pferde« zu entwickeln. So fuhr 1881 die erste elektrische Straßenbahn. Allerdings stellten die über den Boden laufenden Kabel immer wieder eine Gefahr dar. Abhilfe fanden hier die Amerikaner Frank Julian Sprague und Charles van Depoele. In Richmond in Virginia schickten sie eine Straßenbahn erstmals 1887 über ein sichereres Oberleitungssystem auf den Weg. Von da an eroberte die Trambahn zahllose Städte in weiten Teilen der Welt. ∎

▲ Prominente Begegnung: Otto von Bismarck vor den ersten Straßenbahnen in Berlin; das Gemälde von 1892 spielt auf Bismarcks Rücktritt als Reichskanzler im Jahr 1890 an.

Hintergrund: In Reih und Glied: moderne Bahnen in einem Straßenbahndepot.

Echte Berühmtheiten

Sie sind langsam und alt, doch berühmt und weltweit die Letzten ihrer Art: Die Cable Cars, die Kabelstraßenbahnen San Franciscos, rattern seit 1873 unermüdlich die steilen Straßen der Stadt auf und ab, und die Passagiere juchzen, weil sie das Gefühl haben, eher in einer Achterbahn zu sitzen als in einem Verkehrsmittel. Wie die Großbanken gehört auch die Hong Kong Tramway zur Inselhauptstadt Victoria. Mit ihren über 100 Jahren bringen die Doppeldeckerwagen nostalgischen Glanz in eine der führenden Finanzmetropolen Asiens. Vom Zahn der Zeit gezeichnet, aber geliebt ist auch die rund 100-jährige Lissaboner Trambahn Nr. 28, die die kurvenreichen, schmalen und steilen Straßen der Altstadt verbindet.

◀ Die Cable Cars von San Francisco gehören zu den großen touristischen Attraktionen der Stadt.

Gute alte Zeiten

In den Kinder- und Jugendjahren der Tram gab es noch offene Sommer- und geschlossene Winterwagen, die Petroleumlampen strahlten so lange, bis sie leer waren, und die eisernen Kanonenöfen gaben wohlige Wärme ab. Den Trambahnschaffnern wurde Zeit ihrer Existenz Würde und Respekt entgegengebracht. Doch die Zeiten ändern sich: Im Zuge des S- und U-Bahnausbaus landen immer mehr Straßenbahnen auf dem Abstellgleis, und Ticketautomaten ersetzen den Schaffner mit seinem Fahrkartenbuch und dem Geldwechsler vor seinem Bauch. Am 30. Mai 1975 beispielsweise wurde der letzte Münchner Trambahnschaffner verabschiedet – feierlich, aber endgültig.

▶ Im Ersten Weltkrieg übernehmen vielfach Frauen die Arbeit des Schaffners.

1 8 3 5

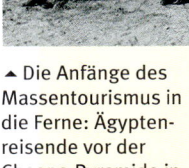

TREUER BEGLEITER IN DER FERNE

Reisen ist für uns heute eine Selbstverständlichkeit, und wenn wir in fremde Länder oder Gegenden fahren, kaufen wir uns einen Reiseführer. So können wir uns vorab schon genau über unser Ziel informieren und erhalten zudem praktische Tipps. Das war viele Jahrhunderte lang nicht so. Die Menschen fuhren sozusagen ins Ungewisse, bis 1835 Karl Baedeker mit der »Rheinreise« den ersten modernen Reiseführer herausbrachte und damit dem Buchhandel einen neuen Markt eröffnete.

U nser neuzeitlicher Tourismus hat seine Ursprünge, wie so viele Entwicklungen der Moderne, in der industriellen Revolution. Dampfschiff und Eisenbahn machten das Reisen im 19. Jahrhundert bequemer und weniger zeitaufwendig. Das aufkommende Bürgertum konnte es sich mehr und mehr leisten, andere Länder und andere Lebensweisen zu erkunden, und so entdeckte man seit Beginn des 19. Jahrhunderts neben der Bildungsreise verstärkt auch die Vergnügungsreise. Reiseliteratur wurde immer populärer, neben Romanen und Erzählungen kamen auch zunehmend Reisebeschreibungen in Mode.

Karl Baedeker nun hatte 1827 in Koblenz eine Verlagsbuchhandlung eröffnet und zunächst die »Rheinreise von Mainz bis Cöln«, ein Reisehandbuch von Professor Johann August Klein, veröffentlicht. 1835 überarbeitete und erweiterte er das Buch dann selbst noch einmal: Der erste klassische Baedeker war auf dem Markt.

Im Jahr darauf gab der britische Verlegersohn John Murray ein erstes Reisehandbuch für europäische Gebiete heraus. Seine »Red Books«, wie die Reiseführer bald aufgrund ihres roten Einbandes hießen, wurden in Großbritannien zu einem ▸▸

▲ Die Anfänge des Massentourismus in die Ferne: Ägyptenreisende vor der Cheops-Pyramide in den 1960er Jahren.

◂ Sie macht den Anfang in der Geschichte der klassischen Reiseführer: die »Rheinreise« von Karl Baedeker, die 1839 in der dritten Auflage erscheint.

Berühmte Reiseberichterstatter und Geographen

Herodot
5. Jahrhundert v. Chr. Der griechische Geschichtsschreiber Herodot beschreibt in seinen »Historien« geographische und politische Gegebenheiten des östlichen Mittelmeerraumes.

Eratosthenes
3. Jahrhundert v. Chr. Der griechische Gelehrte und Dichter berechnet aus dem Sonnenstand an unterschiedlichen Orten den Umfang der Erdkugel und entwirft eine Erdkarte.

Marco Polo
1298/1299. Marco Polo beschreibt in dem Werk »Il milione« seine Erlebnisse auf dem Weg zum Mongolenfürsten Kublai und prägt damit das Asienbild der Europäer.

Georg Forster
1780. Der Deutsche Georg Forster verfasst die »Reise um die Welt«. Der Bericht seiner Weltreise mit dem englischen Entdecker James Cook liest sich wie ein Roman.

◂ Solange das Reisen noch so mühselig ist wie diese Kutschenfahrt in Russland im 19. Jahrhundert, kümmert man sich wenig um praktische Reisebeschreibungen oder Tipps für Reiserouten.

◂ Hintergrund: Die Vielfalt der Reiseführer ist groß, und viele Verlage wie der ADAC Verlag geben ganze Reihen heraus.

ebensolchen Markenzeichen wie in Deutschland der Baedeker, der 1846 auch einen roten Einband erhielt. Zwei Namen, die zum Synonym für Reiseführer wurden: Wer auf Reisen ging, hatte seinen Band mit Tipps für Sehenswürdigkeiten, Routen und Hotels dabei.

Die Baedeker-Reisehandbücher beschrieben die Attraktionen wie etwa Bau- oder Kunstdenkmäler ausführlich und peinlichst genau. Heute gilt diese Art von Reiseführer längst als überholt und nicht mehr zeitgemäß. Reiseführer von heute müssen gefällig aufgemacht sein: möglichst illustrativ und informativ zugleich. Mittlerweile ist der Markt fast unüberschaubar groß – kein Wunder, denn schließlich muss das Angebot auch den unterschiedlichsten Bedürfnissen gerecht werden, Reiseführer sind Begleiter beim Kurzurlaub in die nähere Umgebung, bei Pauschalreisen in die Ferne und besonders bei Individual-, Bildungs- oder Abenteuerreisen. ■

◂ Das Reisen wird bequem, bereits im 19. Jahrhundert bietet der »Orient-Express« seinen Gästen Speis und Trank. Reiseliteratur wird immer beliebter.

▴ Der venezianische Kaufmann Marco Polo sorgt im 13. Jahrhundert mit seiner Reise durch Asien für Furore. Die Darstellung aus dem 16. Jahrhundert zeigt einen Teil der Route durch die Wüste Gobi.

Antike Vorläufer

Umhergezogen bzw. gereist ist der Mensch schon immer, um nach Nahrung oder Schlafstellen zu suchen, Handel zu treiben oder einfach aus Abenteuerlust und Forscherdrang. Geschichten von Fahrenden und Reisenden gibt es bereits seit der Antike. Homers »Odyssee« ist eine der berühmtesten und erzählt von den Mittelmeerfahrten des Königs von Ithaka. In römischer Zeit lieferten so genannte Itinerarien (lat. iter = Weg)

nützliche Informationen über Straßennetze, Gebirgszüge oder Wasserwege. Auf die alten römischen und griechischen Dichter griff sogar Goethe zurück, als er sich auf den Weg zu seiner berühmten Italienreise begab.

▸ Tischbeins berühmtes Bild von 1787 zeigt Goethe in der Campagna. Nicht die südliche Sonne, das Essen oder der Wein ziehen den Dichterfürsten nach Italien, sondern die Bildung.

Der Erbsenzähler

Karl Baedeker, 1801 in Essen geboren, folgte beruflich ganz der Tradition seiner Buchdrucker- und Verlegerfamilie. Er gründete eine Verlagsbuchhandlung und kaufte 1832 einen Koblenzer Verlag. Seine zweite Leidenschaft aber war das Reisen. Seine Reiseführer standen für Qualität und Genauigkeit, den Ruf als Erbsenzähler handelte er sich nicht umsonst ein. Man erzählt, dass er auf dem Weg zum Dach des Mailänder Doms ständig etwas aus der Westentasche nahm und in seine Hose steckte. Ein wenig befremdlich soll das gewirkt haben, aber es diente zum Zweck der exakten Berichterstattung: Erbsen halfen Karl Baedeker beim Zählen der Stufen.

▴ Karl Baedeker – stets darauf bedacht, akribisch genaue Reisebeschreibungen zu bieten.

1835

EIN COLT FÜR ALLE FÄLLE

»Abraham Lincoln mag alle Menschen befreit haben, aber Samuel Colt machte sie gleich«, hieß ein Slogan nach dem amerikanischen Sezessionskrieg Ende der 1860er Jahre. Colts von manchen US-Historikern als epochal eingestufte Erfindung von 1835 war der berühmte Trommelrevolver, der noch heute weltweit nach ihm benannt ist.

▲ Die Friedensrichter von Dodge City/Kansas, unter ihnen Wyatt Earp (3. v. l.), der als Revolverheld in die Geschichte eingeht.

S ein US-Patent meldete Colt 1836 auf »eine Feuerwaffe mit einem drehbaren Zylinder, der fünf oder sechs Geschosse enthält« an. Hatte es zuvor nur ein- bis zweischüssige Pistolen gegeben, so sorgte Colts erster Revolver für eine erheblich gesteigerte Feuerkraft ohne Nachladen. Dem Erfinder und seinen Erben bescherte sie ein sorgenfreies Leben, denn Colts flugs gegründete Waffenfabrik in Hartford lieferte in den folgenden anderthalb Jahrhunderten über 30 Mio. Revolver, Pistolen und Gewehre aus. Nach einem solchen Erfolg sah es anfangs jedoch nicht aus; Colts Revolver erwies sich zunächst als Flop. Die traditionsbewussten US-Schützen ließen sich nur langsam auf die neuartige Waffe ein. Das große Geschäft begann erst 1846, als die US-Army für den Mexikanischen Krieg 1000 Colt-Revolver Modell »Walker« orderte. ▶▶

▲ Gary Cooper als Sheriff in dem Filmklassiker »Zwölf Uhr mittags« aus dem Jahr 1952; sein Colt rettet ihm im entscheidenden Duell das Leben.

◀ »Schuss ins Schwarze« – der Mythos vom Wilden Westen: Ein echter Cowboy beherrscht seinen Revolver.

COW BOY

HITS THE MARK

Zwar veränderte der Colt das Leben in den USA nachhaltig – insbesondere im Wilden Westen des 19. Jahrhunderts. Er war jedoch nicht die erste automatische Handfeuerwaffe. Bereits 1718 hatte der Londoner Rechtsanwalt James Puckle ein Patent auf ein Maschinengewehr erhalten, das bei der Vorführung im März 1722 in sieben Minuten 63 Schuss abfeuerte, ohne nachgeladen werden zu müssen. Und im US-Bürgerkrieg kam ein Maschinengewehr zum Einsatz, das 1862 Richard J. Gatling erfunden hatte. Bei dieser Waffe ließen sich bis zu zehn Läufe mit einer Handkurbel nacheinander in Schussposition drehen; die Patronen fielen mittels Schwerkraft in den Verschluss. ∎

▲ Clint Eastwood als schwer bewaffneter Outlaw in dem 1976 gedrehten Film »Der Texaner«.

Verbesserte Ladetechnik

Erste Handfeuerwaffen wurden schon im 14. Jahrhundert in Westeuropa entwickelt. Wie die Kanonen der damaligen Zeit waren es Vorderlader, d. h., Pulver und Kugeln mussten stets mit einem Ladestock durch die Mündung des Laufs gestopft werden. In der Praxis bedeutete dies, dass ein Schütze pro Minute maximal zwei bis drei Schüsse abgeben konnte.

An diesem komplizierten und nur wenig effektiven Verfahren sollte sich in den nächsten Jahrhunderten nichts Wesentliches ändern. Zwar fehlte es nicht an Versuchen, Hinterladergewehre zu bauen, doch kein bekanntes Metall erwies sich als hart genug für einen Verschluss, der dem Explosionsdruck beim Abfeuern von Gewehren standhielt. Das erste funktionsfähige Hinterladergewehr baute im Jahr 1836 der Deutsche Johann Nikolaus von Dreyse mit dem so genannten Zündnadelgewehr – ein Jahr nachdem Colt seinen Revolver der Öffentlichkeit präsentiert hatte.

◄ Hintergrund: Trommelrevolver aus dem 19. Jahrhundert; sie haben eine Reichweite von 200 m und können in der Minute 24 Schuss abgeben.

Ein Volk der Waffenliebhaber

Dass der Colt seinen Siegeszug ausgerechnet in den Vereinigten Staaten antrat, ist kein Zufall: Vermutlich in keinem anderen Land der Welt erlangten Handfeuerwaffen – von der Pistole über den Revolver bis zu jeder Art von Gewehren – einen so hohen Stellenwert wie in den USA. Nur mit ihrer Hilfe konnten sich die weißen Siedler des 19. Jahrhunderts gegenüber den in ihrem angestammten Terrain überlegenen Indianern durchsetzen. Mit Revolvern und Gewehren trugen sie die längst romantisch verklärten Feuergefechte im Wilden Westen aus. Noch heute gilt der private Besitz einer Schusswaffe in den USA vielfach als persönlicher Garant für das Grundrecht auf Leben, die Kritik an der mächtigen Waffenlobby wächst jedoch. Täglich sterben Kinder und Jugendliche in den USA durch Schusswaffen, Tausende Kinder werden jedes Jahr zum Teil schwer verletzt.

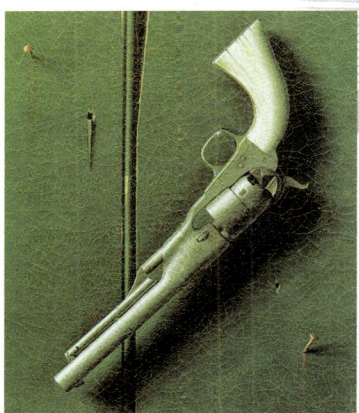

▲ Der Colt als treuer Freund: So lautet der Titel dieses Gemäldes von 1890 auch »The Faithful Colt«.

Der Namenspatron

▲ Der amerikanische Ingenieur und Revolver-Erfinder Samuel Colt.

Der am 19. 7. 1814 in Hartford, Connecticut geborene Fabrikantensohn entwarf bereits mit 17 Jahren erste Pistolen und Gewehre. Als Kenner des Metiers war er vom Wert seines 1835 erfundenen Revolvers restlos überzeugt. Sein Onkel, ein lokaler Geschäftsmann, half ihm bei der Gründung einer Waffenfabrik, die schon 1836 drei verschiedene Revolver und zwei Gewehre anbot. Trotz der technischen Reife seiner Produkte ging die Firma zunächst in Konkurs, ehe die US-Army ihre Soldaten mit Colts Waffen ausrüstete. Bei seinem Tod 1862 hinterließ Colt ein florierendes Unternehmen.

Berühmte Revolverhelden des Wilden Westens

Wild Bill Hickcock
† **1876.** Der Marshall von Abilene in Kansas tötet bei acht Schießereien sieben Männer. 1876 wird der hochgewachsene Frauenheld beim Pokern von hinten erschossen.

Billy the Kid
† **1881.** Sein Ruf als Revolverheld ist übertrieben: Henry McCarty alias Billy the Kid tötet in 16 Schießereien vier Männer, um den Tod seines Freundes zu rächen.

Doc Holliday
† **1887.** Der Zahnarzt aus Atlanta wird im Westen zum Spieler und Killer, der zusammen mit seinem Freund Wyatt Earp gegen schießwütige Cowboys kämpft.

Wyatt Earp
† **1929.** Der Marshall wird als Überlebender des Duells der Earp-Brüder mit der Clanton- und McLaury-Bande berühmt. Earp verbringt nur fünf Jahre seines Lebens als Westernheld.

1840

WERTMARKEN FÜR BRIEFE

Wer im Zeitalter der Postkutschen Briefe zugestellt bekam, musste jedes Schreiben bar bezahlen. In Österreich und Großbritannien kam man in den 30er Jahren des 19. Jahrhunderts auf die Idee, kleine Papiermarken als Äquivalent zur Barzahlung einzuführen. Die erste Briefmarke im heutigen Sinne wurde ab 1840 auf der britischen Insel eingesetzt, bezahlen musste fortan der Absender.

▲ Hochherrschaftlich wirkt dieser Londoner Briefkasten aus dem 19. Jahrhundert.

▲ Britische »Two Pence«-Briefmarke von 1841 mit dem Bild der jungen Königin Viktoria.

Ein österreichischer Finanzbeamter machte 1835 der Wiener Hofpostverwaltung einen revolutionären Vorschlag: Die baren Portovorauszahlungen sollten abgeschafft und stattdessen den Kunden jederzeit verwendbare aufklebbare Gebührenstempel angeboten werden. Nicht grundlos als zögerlich bekannt, brachte die Verwaltung an der schönen blauen Donau ihren Beamten um den Ruhm, die Briefmarke erfunden zu haben – denn an der Themse war man schneller. Dort reichte Rowland Hill seine Studie zur Postreform zwar erst 1837 ein, mit dem Rationalisierungsvorschlag eines Einheitsportos von einem Penny für alle inländischen Postsendungen hatte er die Postkommission jedoch schnell auf seiner Seite. Zustimmung fand auch die Verwendung der von Hill nur beiläufig erwähnten »Stücke(n) von Papier, ... gerade groß genug, um den Stempel zu tragen und auf der Rückseite mit Leim bestrichen« – seither bekannt als Briefmarken. Drei Jahre später, 1840, wurden die ersten Bogen der »One Penny Black«-Briefmarke an die Kunden ausgegeben, geschmückt mit dem Bild der jungen Königin Viktoria. Das Nachsehen hatte dabei der Brite James Chalmers. ▸▸

◂ Briefumschlag der britischen Übersee-Postbeförderungs-Vereinigung aus dem Jahr 1840; mit einer schwarzen One-Penny-Marke versehen.

BRITAIN! BESTOW THIS BOON AND BE IN BLESSING BLEST

OCEAN PENNY POSTAGE

WILL LINK ALL LANDS WITH THEE IN TRADE & PEACE.

ENVELOPE OF OCEAN PENNY POSTAGE ASSOCIATION, 1840.

Stationen aus der Geschichte der Briefmarken

Zähnung
1850. Der Brite Henry Archer entwickelt die erste Maschine zum Durchstich bzw. zur Zähnung der Markenbogen. Fachleute sprechen von einem so genannten Trennungsbehelf.

Sondermarken
1871. Die peruanische Postverwaltung gibt aus Anlass des 20. Jahrestages der Eröffnung einer Eisenbahnlinie zwischen Lima und Callao die erste Sondermarke heraus.

Fluoreszierende Marken
1962. Kaum kürzer als die Geschichte der Briefmarke ist die Geschichte der Briefmarkenfälschungen. Druckverfahren mit fluoreszierenden Flächen sollen Fälschungen erschweren.

Wertzeichen aus Automaten
1976. Briefmarkenautomaten haben in der Schweiz ihre Premiere. Ihre Blanko-Markenrollen werden nach Geldeinwurf und Wertauswahl mit dem entsprechenden Porto bedruckt.

Als Konkurrent Hills hatte er im Jahr 1838 erste Musterdrucke von Frankierungszetteln vorgelegt.

»Richtung Zukunft« gingen die kleinen Marken dann mit großen Schritten: Staat um Staat folgte dem britischen Beispiel, am schnellsten Brasilien und die Schweizer Kantone Zürich und Genf. Mitte der 1840er Jahre hatten auch die USA, Belgien, Frankreich und Mauritius Briefmarken. In Deutschland waren die Bayern am schnellsten: Ab 1849 zierte der bayerische »Schwarzer Einser« die ersten Briefe, in Sachsen und Preußen folgte man dem Beispiel ein Jahr später. ■

▲ Reges Treiben: Londoner Briefsortieramt im frühen 19. Jahrhundert.

▼ Hintergrund: Hungerhilfe mit Briefmarken aus aller Welt, 1960er Jahre.

Plakative Wirkung

Weltweit werden Sondermarken zur Aufstockung der Staatsfinanzen gedruckt. Fast immer sind die bunten Markenbilder auch Instrument nationaler Selbstdarstellung – egal, ob es um Gedenktage, Naturschutz, Ausstellungen, soziale Programme oder Sportereignisse geht. Gut bestückte Ländersammlungen spiegeln Kultur und Geschichte wider. Mit deutscher Gründlichkeit nimmt sich seit 1954 ein Kunstbeirat der Gestaltung der so genannten Sonderpostwertzeichen an. Künstlerisches Potenzial besitzen auch die Wohlfahrtsmarken; ein zusätzlich zum postalischen Wert erhobener Aufschlag kommt karitativen Einrichtungen zugute.

▶ Postzustellung vor der Erfindung der Briefmarke; die Empfängerin muss den Transport des Briefes bezahlen.

▲ Marilyn Monroe – der amerikanische Filmstar als Motiv einer Sondermarke, 1995.

Begehrte Sammlerobjekte

Nur mit Alter allein wird eine Briefmarke nicht berühmt: Selten muss sie sein! Eine der seltensten ist die »Blaue Mauritius«. Ein halbblinder Uhrmacher, einziger Kupferstecher der Insel, stellte die Druckform her, 500 Marken wurden 1847 gedruckt. Nur zwölf 2-Pence-Marken blieben erhalten, 1993 erzielte eine davon 1,15 Mio. Schweizer Franken. Preiswerter und weniger bekannt, aber unter Liebhabern begehrt ist die »Headless Queen«, ein britischer Fehldruck von 1962. Fehler beim Drucken sind des Sammlers Freude, so auch die »Inverted Aeroplane«, eine 24-Cent-US-Luftpostmarke von 1918: Auf einem Hunderter-Druckbogen fliegt der Doppeldecker kopfüber.

▲ Post- und Personenbeförderung im Galopp: britische Postkutsche aus der Zeit um 1840.

1841

ENTSPANNENDER NERVENKITZEL

Geschichten über Verbrechen sind so alt wie die Menschheit. Trotzdem würde niemand auf die Idee kommen, etwa die biblische Erzählung von Kains Brudermord als Kriminalroman zu bezeichnen. Erst Edgar Allan Poe hat gezeigt, dass Straftaten auf dem Papier unterhaltsam sein können. Die Veröffentlichung seiner Erzählung »Die Morde in der Rue Morgue« im Jahr 1841 gilt als Geburtsstunde des Krimis.

▲ Agatha Christie 1946 an ihrem Schreibtisch in Greenway House in Devonshire.

Die Publikation von Edgar Allan Poes berühmter Detektivgeschichte im »Graham´s Magazine« in Philadelphia glich einem literarischen Paukenschlag. Erstmals wurde ein Kapitalverbrechen und dessen Aufklärung auf spannende, allgemein verständliche Weise einer breiten Öffentlichkeit erzählt. Bereits seit Mitte des 18. Jahrhunderts hatte es im Zuge des aufkommenden bürgerlichen Rechtssystems ein zunehmendes Interesse an Strafprozessen gegeben. Juristische Fallsammlungen wie F.G. de Pitavals »Merkwürdige Rechtshändel als ein Beitrag zur Geschichte der Menschheit« von 1747 fanden weite Verbreitung und lieferten den Stoff für eine erste Serie von Kriminalgeschichten. Doch ihre Verfasser, etwa Friedrich von Schiller, E.T.A. Hoffmann oder Annette von Droste-Hülshoff, ▸▸

▾ Der Meisterdetektiv Sherlock Holmes; Michael Caine (l.) und Ben Kingsley (r.) in der Persiflage »Genie und Schnauze« von 1988. Der vermeintliche Handlanger Dr. Watson ist das verkannte Genie.

▲ Agatha Christies raffiniert konstruierte Kriminalgeschichten spiegeln den Lebensstil der englischen Mittelschicht wider.

Herausragende Namen der Krimigeschichte

Sir Arthur Conan Doyle
1887. Der erste Krimi mit Sherlock Holmes als Meisterdetektiv erscheint. Ihr Erfinder, Sir Arthur Conan Doyle, macht den Kriminalroman gesellschaftsfähig.

Agatha Christie
1920. Die britische Autorin Agatha Christie legt ihren ersten Kriminalroman vor. Die »Queen of Crime« erreicht heute eine Weltauflage von rund 500 Mio. Exemplaren.

Alfred Hitchcock
1926. Alfred Hitchcock macht mit seinem Film »Der Untermieter« erstmals als Regisseur auf sich aufmerksam. Der Meister des Kriminalfilms baut Spannung durch ein ständiges

Gefühl der Bedrohung auf. Weitere herausragende Werke des Hollywood-Erfolgsregisseurs sind außerdem: »Das Fenster zum Hof« (1954), »Der unsichtbare Dritte« (1959), »Psycho« (1960) und »Die Vögel« (1962).

beschäftigten sich vor allem mit der philosophischen Seite von Schuld und Sühne und schrieben daher eher hohe Literatur für gebildete Schichten. Poes Erzählung hingegen setzte keine Vorkenntnisse voraus. Held seines Romans ist der Amateurdetektiv Dupin. Allein seinem kriminalistischen Spürsinn ist die Aufklärung des Verbrechens zu verdanken – die herkömmlichen Ermittlungsmethoden der Polizei dagegen versagen. Damit etablierte Poe eine Form der Kriminalgeschichte, die sich als so reizvoll erwies, dass sie bis in unsere Zeit hinein Nachahmer fand. Vor allem britische und amerikanische Autoren wie Sir Arthur Conan Doyle, Agatha Christie, Edgar Wallace und Raymond Chandler verliehen dem bewährten Grundschema immer wieder neue Impulse.
Aus dem klassischen Detektivroman entwickelten sich aber auch neue Richtungen wie der Polizeikrimi. Diese Variante reicht von Georges Simenons Maigret-Romanen über Nicolas Freelings Van-der-Falk-Geschichten bis hin zu Krimiserien im Fernsehen. Heute gibt es zahlreiche Krimigattungen. Besonders erfolgreich in den letzten Jahren war in Deutschland der Schwede Henning Mankell mit seinen Kommissar-Wallander-Krimis. Themen für den Krimi wird es wohl immer geben. ∎

▲ Margaret Rutherford als Miss Marple in dem Agatha-Christie-Film »Vier Frauen und ein Mord« aus dem Jahr 1961; an ihrer Seite spielt ihr Ehemann Stringer Davis den Mr. Stringer.

▲ »Der Fälscher von London«; Szene aus dem 1961 verfilmten Krimi des britischen Autors Edgar Wallace.

▲ Hintergrund: Nacktes Grauen vermittelt Janet Leigh in der berühmten Duschszene des Films »Psycho« von Alfred Hitchcock.

Packende Thriller

Es gibt einen Krimi-Typus, der sich von der Detektiv- oder Kriminalgeschichte deutlich unterscheidet: den spannungsgeladenen Thriller. Rasche Handlungsfolge, reißerische Effekte und Inhalte, die allgemein als bedrohlich empfunden werden, sind seine Stilmittel. Während des Kalten Kriegs sorgten vor allem Spionagethriller von Graham Greene oder John le Carré für Furore. Themen moderner Politthriller sind z.B. Drogen- oder Men-

schenhandel. Beim Psychothriller haben es u.a. die amerikanische Autorin Patricia Highsmith und der britische Regisseur Alfred Hitchcock zu höchster Meisterschaft gebracht.

▶ Agententhriller aus der Zeit des Kalten Krieges: »Der Spion, der aus der Kälte kam« aus dem Jahr 1966 nach dem Roman von John le Carré.

Holmes und seine Erben

Mit Sherlock Holmes, dem exzentrischen Amateurermittler aus der Londoner Baker Street 221 B, schuf Sir Arthur Conan Doyle den wohl berühmtesten Detektiv aller Zeiten. Unterstützt von seinem tölpelhaften Gehilfen Watson, löst er ausschließlich durch Logik die kompliziertesten Fälle. Holmes' zahlreiche Nachfolger wurden oft als Gegenfigur konzipiert. Gilbert Keith Chestertons Pater Brown etwa agiert vor allem als Seelsorger. Bei Maurice Leblanc hingegen sind die Rollen vertauscht: Intelligenz und Raffinesse zeichnen hier gerade nicht den Ermittler, sondern den Gentleman-Gauner Arsène Lupin aus. Agatha Christie bereicherte die Krimiliteratur um die überaus scharfsinnige Landlady Miss Marple und den eitlen Belgier Hercule Poirot.

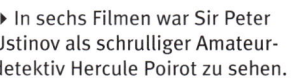
▶ In sechs Filmen war Sir Peter Ustinov als schrulliger Amateurdetektiv Hercule Poirot zu sehen.

1842

BUNTE BERICHTE AUS ALLER WELT

Am 14. Mai 1842 kam in England ein ganz neuer Zeitschriftentyp auf den Markt: »The Illustrated London News« – die erste moderne Illustrierte. Der Name war Programm: 32 Holzstiche auf 16 Textseiten. Verleger Herbert Ingram aus Nottingham war auf die verkaufsfördernde Idee gekommen, sein Blatt mit Illustrationen populärer Künstler zu versehen.

I m Kampf um den Leser setzte Ingram auf Aktualität, Unterhaltung, eine Prise Sensation, aber auch auf soziale Belange. Berichte und Bilder von Kriegsereignissen, Erdbeben und archäologischen Ausgrabungen waren ebenso wohlfeil wie die Anliegen der Fabrikarbeiter oder das neueste Ballkleid von Königin Viktoria. Bis 1855 konnte »The Illustrated London News« ihre Auflage trotz wachsender Konkurrenz auf wöchentlich 200 000 Exemplare steigern. Dabei fand die Zeitschrift im Ausland erfolgreiche und langlebige Nachahmer: »L' Illustration« (1843) in Frankreich, die »Leipziger Illustrirte Zeitung« (1843) und »Die Woche« (1899) in Deutschland sowie »Leslie's Weekly« (1855) und »Harper's Weekly« (1857) in den Vereinigten Staaten. Die Entwicklung der Fotografie und verbesserte Reproduktionstechnik eröffneten den Illustrierten dann seit den 1880er Jahren neue Perspektiven. Moderne Ätzdrucktechniken und Verfahren zur ▸▸

▴ Im 19. Jahrhundert erfreut sich die wöchentlich erscheinende »Gartenlaube« mit ihrer leichten Unterhaltung für die Familie großer Beliebtheit.

▸ Bei der Herstellung der »Illustrated London News« im Jahr 1879 laufen Falz- und Druckmaschinen noch getrennt für Text und Illustration.

TV-Programm auf einen Blick

Mit der Etablierung des Privatfernsehens und der Durchsetzung von Satelliten- und Kabelempfang in den 1980er Jahren stieg auch die Anzahl der zu empfangenden TV-Kanäle auf das Zehnfache. Darauf reagierten die Blattmacher mit einer Flut neuer Fernsehzeitschriften; waren es 1982 gerade ein halbes Dutzend, konkurrierten zehn Jahre später schon 15, die sich mit Kampfpreisen, Rekordauflagen von mitunter 3 Mio. Exemplaren pro Ausgabe und neuen Konzepten gegenseitig die Käufer abspenstig machten. Heute zählen die Programmblätter – ob dickleibig und Hochglanzprodukt oder Billigausgabe – zu den meistverbreiteten und auflagenstärksten deutschen Zeitschriften überhaupt.

▴ Die Erste der Programmzeitschriften: die »Hörzu«, hier ein Titel vom Juni 1960 noch im alten Großformat.

▴ Mit der »Illustrated London News« beginnt die Ära der Illustrierten; der erste Sammelband aus dem Jahr 1842 zeigt auf seinem Titel den Londoner Tower und die Insignien der britischen Monarchie.

Bildrasterung erlaubten eine wirklich-keitsnahe Wiedergabe des Originals in allen Graustufen. Schöne Fotos auf hochwertigem Papier in Verbindung mit dem schnellen Offset-Druckver-fahren machten die in der Herstel-lung teuren Illustrierten für die Wer-bung interessant und damit für den Verlag rentabel. Noch heute schnei-den sich die Zeitschriften vom gesamten Werbeumsatzkuchen etwa ein Viertel ab. An der Wende zum 21. Jahrhundert kann der Leser in Deutschland bei Fach- und Publikumszeitschriften unter mehr als 9000 Titeln wählen. Besonders großer Nachfrage erfreu-en sich die gedruckten Präsentationen der zahlreichen TV-Pro-gramme. Die klassische Illustrierte mit ihrer The-menvielfalt und ihrer diffusen Zielgruppe gehört nicht mehr zu den Auflagenriesen; viele wie etwa die »Quick« (1948–1992) sind ganz verschwunden. »Special Interest« statt Massenansprache heißt das Marketingkalkül des Informationszeitalters. ■

▲ Die Mega-Boygroup der 1960er Jahre: Die Beatles laden zur Lektüre unter der Schulbank (Mai/Juni 1964).

▲ Die deutsche Illustrierte »Quick« lockt ihre Leser mit der Welt der Schönen und Reichen; den Titel vom 1. Sep-tember 1963 schmückt Fürstin Gracia Patricia von Monaco.

▼ Der »Stern« vom 13. Dezember 2001 widmet seinen Titel dem Fantasy-Film und Kinohit des Jahres: »Der Herr der Ringe«.

◀ Hintergrund: Bunte Bilder fürs kindliche Gemüt; der Kinderstar Jane Saunders bei sommerlicher Lektüre im Sand.

◀ Der Zeitungskiosk um die Ecke als Info- und Unterhaltungsbörse; Aufnahme aus Italien; 1950er Jahre.

Lesestoff für die Elite

Zum Zeitpunkt ihrer Taufe blick-te die Illustrierte schon auf eine fast 200-jährige Zeitschriftenge-schichte zurück, die in der zwei-ten Hälfte des 17. Jahrhunderts mit wissenschaftlichen Berichten und Rezensionen für die geistige Elite Europas begann und sich im 18. Jahrhundert in Periodika mit belehrenden, erbaulichen und unterhaltsamen Beiträgen für ein breiteres Publikum fort-setzte, wie beispielsweise dem englischen »Spectator« (1709). Geschichte, Politik und Literatur für das erwachende und bildungs-hungrige Bürgertum gehörten ebenso zum Themenangebot wie etwa Mode und Gesellschafts-politik: veröffentlichte Meinung also für eine Öffentlichkeit, die mitreden wollte.

Kampf der Nachrichtenmagazine

Das Jahr 1993 brachte einen Um-bruch im deutschen, bis dato un-umkämpften Markt für Nachrich-tenmagazine. Quasi-Monopolist »Der Spiegel«, 1946 gegründet, dem lediglich die politisch ambi-tionierte Enthüllungsillustrierte »Stern« gegenüberstand, erwuchs im »Focus« nun auf einmal ernsthafte Konkurrenz: »Spiegel-Leser wissen mehr« gegen »Fak-ten, Fakten, Fakten«. Der Focus lag mit seinen kompakten News für die »Info-Elite« mit wenig Zeit für langatmige Analysen ge-nau richtig. »Der Spiegel« kon-terte mit neuem Personal, um-fangreicheren Recherchen und mehr Hintergrund. Schließlich war Platz für zwei, hatten doch schon die Amerikaner die Kon-kurrenz zwischen »Time« (1923), »Newsweek« (1933) und »Life« (1936–72) kennen und schätzen gelernt.

▶ »Der Spiegel« ist das erste und lange Zeit einzige deutsche Nachrichtenma-gazin; hier ein Titel von 1999.

Bekannte deutsche Publikums-zeitschriften

»Gartenlaube«
1853. Mit dem Schwerpunkt »leichte Unterhaltung« zählt das »Illustrierte Familienblatt« Ende des 19. Jahrhunderts zu den auflagenstärksten deut-schen Zeitschriften.

»Hörzu«
1946. Die »Mutter« aller deut-schen Programmzeitschriften beginnt als Radio-Illustrierte und gehört bis heute zu den umsatzstärksten Blättern die-ses Segments.

»Frau im Spiegel«
1947. Die erste Wochenillus-trierte für die »moderne« Frau nach dem Zweiten Weltkrieg verbreitet bis heute Glanz und Klatsch aus Königshäusern und der Welt der Prominenten.

»Stern«
1948. Das Markenzeichen der von Henri Nannen als Heraus-geber und Chefredakteur (bis 1980) geprägten klassischen Illustrierten sind aktuelle poli-tische Bildreportagen.

1844

LUXUSHOTELS AUF HOHER SEE

Der französische Schriftsteller Jules Verne erlebte im 19. Jahrhundert als junger Mann die Anfänge der Kreuzfahrten und sah die weitere Entwicklung in seinen Romanen schon voraus – schwimmende Ferieninseln, die als »künstliche Paradiese« mit Tausenden von Gästen die Ozeane überqueren. Heute sind diese Nobelkreuzer keine Phantasie mehr: Sich an Bord verwöhnen zu lassen ist groß in Mode.

▲ Luxusschlafkabine mit angrenzendem Salon auf einem Ozeandampfer im frühen 20. Jahrhundert.

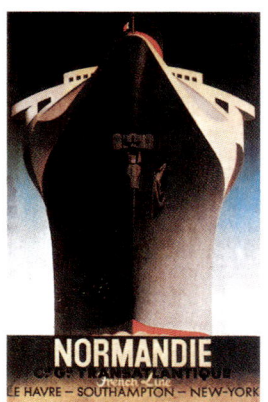

NORMANDIE
LE HAVRE – SOUTHAMPTON – NEW-YORK

▲ Riesige Ausmaße: Werbeplakat aus den 1930er Jahren für den französischen Luxusliner »Normandie«. Der Dampfer ist 309 m lang und 36 m breit. 2000 Passagiere finden auf ihm Platz. Betreut werden sie von rund 900 Mann Personal.

▶ Neuer Luxus im 19. Jahrhundert: Kreuzfahrten bieten Wohlbetuchten Entspannung und Müßiggang auf hoher See; Gemälde von 1882.

Auf erste Mittelmeerkreuzfahrten lud die legendäre Peninsular Steam Navigation Company – später Peninsular and Oriental Steam Navigation Company, kurz P & O – schon 1844 ein. Die Mehrzahl derjenigen, die sich im 19. Jahrhundert über den Atlantik bringen ließen, waren jedoch keine auf Luxus hoffenden Passagiere, sondern Auswanderer. Die erste luxuriöse Passagierfahrt rund um die Erde bot 1862 das Reisebüro Thomas Cook an. Fünf Jahre später nahm die »Quaker City« den Verkehr zwischen Europa und den USA auf, und um 1890 begannen die Kreuzfahrten zu den norwegischen Fjorden. Um die Wende zum 20. Jahrhundert wetteiferten Europas seefahrende Nationen um den Ruhm der komfortabelsten und schnellsten Schiffe. Erst die beiden Weltkriege unterbrachen die lange Phase des maritimen Reiseluxus. ▶▶

Stationen in der Geschichte der Luxusliner

»Imperator« in Dienst gestellt 1913. Mit dem deutschen Luxusliner können bis zu 4594 Passagiere über den Ozean fahren. 1919 geht das Schiff an die USA, wo es in »Berengaria« umbenannt wird.

Schnellster Luxusliner 1952. Mit einem bis heute unübertroffenen Rekordtempo quert die amerikanische »United States« den Atlantik: Sie braucht nur drei Tage, zehn Stunden und 40 Minuten.

Jungfernfahrt der »France« 1962. Die »France« gilt vielen als letzter Atlantikliner von klassischer Schönheit. 1980 wird das Schiff zum Karibikkreuzer und in »Norway« umbenannt.

Beginn einer neuen Ära 1988. Die für 2276 Passagiere gebaute »Royal Caribbean«, läuft vom Stapel. Es ist das bis dahin größte Kreuzfahrtschiff. Allein die Lobby ist fünf Stockwerke hoch.

▲ Die feine englische Gesellschaft geht an Bord. Es gibt viel Gepäck zu verstauen; Lithographie um 1890.

▲ Badevergnügen um 1900, auch wenn der Pool noch etwas provisorisch wirkt.

Das Wendejahr im Personenschiffsverkehr war 1958, als erstmals mehr Menschen mit dem Flugzeug als mit dem Schiff über den Atlantik reisten. In der Folge bauten die Reeder ihre Linienschiffe zu Kreuzfahrtschiffen um. 1970 lief mit der »Song of Norway« das erste ausschließlich für Kreuzfahrten in der Karibik gebaute Schiff vom Stapel. Inzwischen sind Kreuzfahrten ein Urlaubserlebnis für bis zu 10 Mio. Gäste pro Jahr geworden. Die Umsätze teilen sich wenige Unternehmen, die Kreuzfahrten schon für 500 Euro anbieten; eine Weltreise in der Luxuskabine der »Queen Elizabeth 2« kann aber auch 130 000 Euro kosten. ∎

◀ Hintergrund: Mit Schaufelrädern und Segeln fuhr der amerikanische Ozeandampfer »Washington« um 1847.

Erholung pur auf dem Traumschiff

In früheren Zeiten trieb die Menschen vielfach das Fernweh zu Kreuzfahrten an, heute ist es vor allem auch der Spaß am luxuriösen Leben an Bord. Unter den Kreuzfahrtpassagieren in der Karibik z. B. sind seit Mitte der 1990er Jahre viele, die sich das Schiff nach den angebotenen Sportmöglichkeiten aussuchen: Volleyballfeld, Tennisplatz, Fußballmatch oder auch Tauchkurs, inklusive Profitrainer. Sauna und Swimmingpools sind längst Standard. Die Erfolgsformel im Kreuzfahrtgeschäft lautet: Fitness + Wellness = Happiness. Auch die Küche ist bestens darauf eingestellt: Wer mag, schmaust fettfrei und cholesterinarm. Doch auf den Luxus eines Galadiners braucht natürlich niemand zu verzichten.

▲ Ein Hauch von Exotik: Plakat der Hamburg-Amerika-Linie für ihr Kreuzfahrtprogramm um 1891.

Der Untergang der »Titanic«

Es war 20 Minuten vor Mitternacht, als das britische Passagierschiff »Titanic« am 14. 4. 1912 in der Nähe der Neufundlandbank mit einem Eisberg kollidierte. Keine drei Stunden später war der Luxusdampfer gesunken, nur 703 Menschen konnten gerettet werden, 1503 starben. Sie bezahlten die Gigantomanie, die um die Jahrhundertwende den Bau der Überseedampfer bestimmte, mit dem Leben. Größe und Luxus der Schiffe war eine Frage des nationalen Prestiges, insbesondere zwischen Deutschland und Großbritannien. In der »Titanic« war die Kapazität der ersten Klasse auf 730 Passagiere erweitert worden. Dafür mussten die 1200 Fahrgäste des Zwischendecks enger zusammenrücken. Gespart wurde auch an der Sicherheit: An Bord befanden sich nur für 970 Passagiere Rettungsboote.

▶ Ein Bild, das in die Geschichte eingeht: Die »Titanic« ist nicht mehr zu retten, sie versinkt im Meer.

Vergangene Schönheit

▲ Bis heute für viele Menschen ein Traum: eine Kreuzfahrt über die Ozeane mit dem Luxusliner.

Mit bis zu über 100 000 BRT lassen jüngste Schiffsbauten die meisten Kreuzer der Vergangenheit ziemlich klein erscheinen. So hatte die »Titanic« z. B. weniger als 50 000 BRT. Schönheiten sind diese Schiffe indes nicht; ihr eckiges Design lässt die Eleganz der alten Ozeanliner vermissen. Dafür werden den Passagieren zur Aussicht auf das Meer oder auf pittoreske Häfen Panoramafenster statt Bullaugen geboten, und oft gehört der private Balkon ebenso zur Kabine wie ein Hauch von Las Vegas zum Design der Lobbys, Restaurants, Bars und Boutiquen.

1 8 4 6

SCHMERZLOSE OPERATION

»Meine Herren, dies ist kein Humbug.« Mit diesen Worten führte John C. Warren am 16. Oktober 1846 in Boston den ersten schmerzfreien chirurgischen Eingriff durch. Zahnarzt William Morton hatte den Patienten zuvor mit Äther narkotisiert. Die neue Methode fand rasch Verbreitung, auch wenn Unwissenheit über Nebenwirkungen der Betäubung immer wieder Zwischenfälle provozierten. In der Geschichte der Medizin stellt die Äthernarkose einen Meilenstein dar.

Von jeher hatten Mediziner nach Möglichkeiten gesucht, die Schmerzen bei Operationen zu lindern. Schnelligkeit war das oberste Gebot für jeden Chirurgen, damit der Patient nicht am Schock seiner Qualen starb. Im frühen Mittelalter wurden den Kranken Schwämme an die Nase gehalten, die mit Opium, Bilsenkraut und Mandragora getränkt waren. Ebenso wandten die Ärzte Alkohol, Haschisch, Kälte und Hitze, aber auch das Abschnüren der zu operierenden Gliedmaßen als Betäubungsmittel an. Im 19. Jahrhundert wurden zudem Versuche mit Hypnose und dem Magnetisieren nach Mesmer unternommen. Doch erst die Äthernarkose ermöglichte schmerzfreies Operieren und damit kompliziertere und länger dauernde Eingriffe. Zahnextraktionen, die sein Freund Horace Wells 1844 unter Lachgasbetäubung durchführte, regten William Morton zu seinen neuartigen Narkoseversuchen an. ▸▸

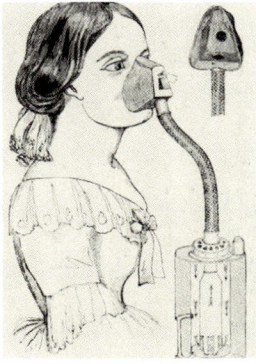

▲ Chloroform-Inhalator des Briten John Snow aus der 2. Hälfte des 19. Jahrhunderts; er erleichtert die Dosierung des Narkosemittels.

▾ Ungläubiges Staunen erfasst die Zuschauer bei der ersten öffentlichen Operation unter Narkose im Massachusetts General Hospital.

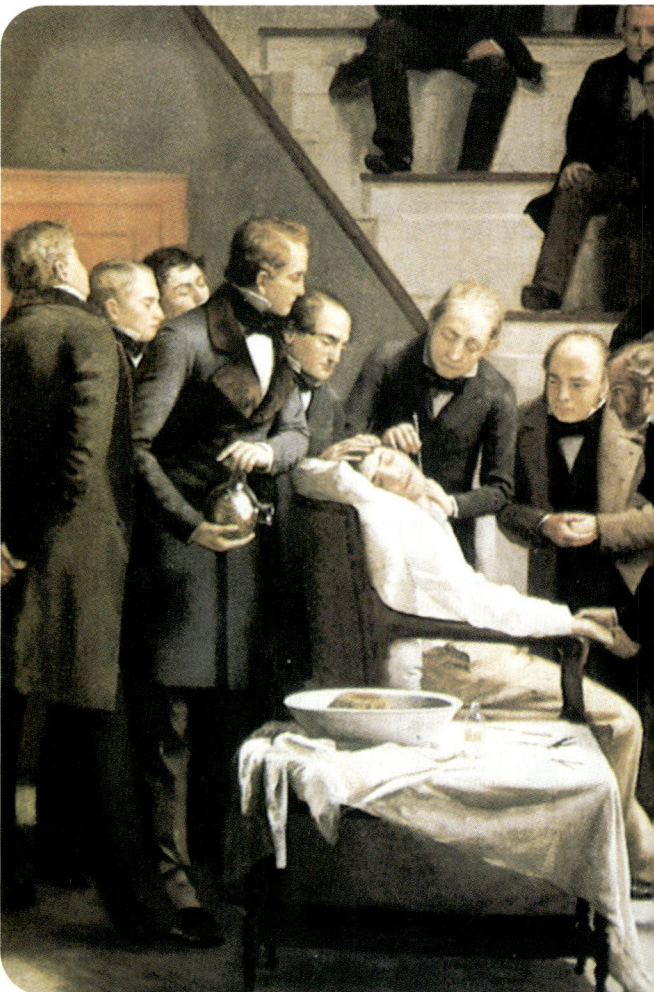

Der Stoff, aus dem die Träume sind

Zu den ersten erfolgreichen – da Schmerzfreiheit garantierenden – Narkosemitteln zählten Äther und Chloroform. Da jedoch ihre Wirkungsweise noch nicht vollständig erforscht war, kam es manchmal zu – sogar tödlichen – Zwischenfällen. Die Experten stritten sich über das bessere Betäubungsmittel; im Norden der USA bevorzugte man Äther, im Süden Chloroform.

Kokain war die erste Substanz, die erfolgreich zur Lokalanästhesie angewandt wurde: 1884 führte Carl Koller eine Augenoperation durch, bei der er die Hornhaut mit einer Kokainlösung unempfindlich machte. Von der Sucht erzeugenden Wirkung des Kokains wussten die Ärzte allerdings noch nichts.

▲ Diese Skulptur zeigt die erste – allerdings missglückte – Chloroformnarkose in Deutschland, 1847. Sie wurde an einem Bären durchgeführt.

Wichtige Fortschritte der frühen Anästhesie

Lachgas
1799. Dem britischen Erfinder und Chemiker Sir Humphrey Davy gelingt der Nachweis, dass Lachgas für Narkosezwecke angewandt werden kann.

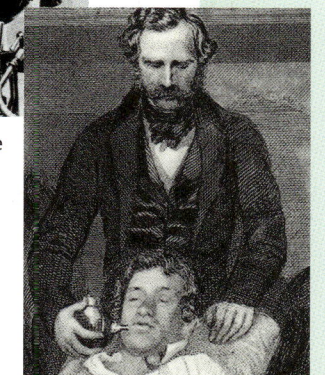
▲ Instrumentarium für eine Lachgasnarkose in den 1930er Jahren.

Mit dem Chemiker Charles T. Jackson fand er im Schwefeläther das geeignete Betäubungsmittel. Den Durchbruch erzielte die Äthernarkose drei Wochen nach der sensationellen Demonstration im Oktober 1846, als einer jungen Patientin im überfüllten Hörsaal des Bostoner Hospitals der Oberschenkel schmerzfrei amputiert wurde. Ende des Jahres setzte auch der britische Starchirurg Robert Liston erstmals Äther ein. Dank Narkose konnte die Chirurgie von nun an erhebliche Fortschritte machen. ■

▲ William Morton bei der Durchführung einer Äthernarkose.

Wegbereiter der Äthernarkose

Der US-Zahnarzt William Morton praktizierte in Baltimore, später in Boston. Hier erforschte er mit dem Chemiker Charles T. Jackson die Möglichkeiten, Patienten mit Hilfe von Schwefeläther zu betäuben und so schmerzfrei zu operieren. Im September 1846 zog Morton erstmals unter Äthernarkose einen Zahn, wenig später gelang John C. Warren dank Mortons Betäubungsmethode die Epoche machende Operation. Wegen des erfolgreichen Narkoseverfahrens entbrannte ein jahrelanger Urheberrechtsstreit zwischen Jackson und Morton, der 1868 im Alter von 48 Jahren verarmt in New York an einer Gehirnblutung starb.

◄ Wissenschaftliche Werke zur Anästhesie haben um 1850 Hochkonjunktur.

So viel wie nötig, so wenig wie möglich

Die Narkose, für die der US-Anatomieprofessor Oliver W. Holmes 1847 die Bezeichnung »Anästhesie« einführte, fand rasch weltweit Verbreitung. Die Wirkung einzelner Betäubungsmittel und -methoden wurde intensiv erforscht, sodass Narkosen inzwischen auf den Patienten und seine Erkrankung abgestimmt werden können – in so geringen Dosen, dass der Patient möglichst wenig belastet wird. Bei kleineren Eingriffen erproben Anästhesisten zudem komplementäre Verfahren wie Hypnose und Akupunktur, um den Einsatz chemischer Mittel zu reduzieren oder ganz zu vermeiden. Auch zur Beruhigung von Patienten vor schwerwiegenderen Eingriffen werden zunehmend Naturheilmittel wie z. B. Baldrian eingesetzt.

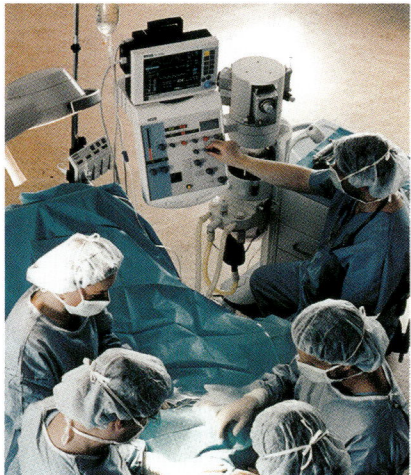
▲ Anästhesie Ende des 20. Jahrhunderts: Computer ermöglichen eine genaue Überwachung des Patienten.

Chloroform
Um 1832. Unabhängig voneinander entdecken Samuel Guthrie und Justus von Liebig das Chloroform, das in der Folge lange Zeit die Anästhesie mitbestimmt.

Leitungsanästhesie
1885. William S. Halsted gelingt die erste Leitungsanästhesie. Er spritzt eine Kokainlösung gezielt auf einen Nerv und betäubt so dessen gesamtes Versorgungsgebiet.

Lumbalanästhesie
1898. Der deutsche Chirurg August Bier spritzt Kokain in das Rückenmark eines Patienten, wodurch der Körper unterhalb der Einstichstelle unempfindlich wird.

1850

DIE HOSE ALLER HOSEN

Es ist natürlich nicht so, dass die Menschen vor der Erfindung der Jeans in Unterhosen herumgelaufen wären. Doch waren deren Vorläuferhosen nie mehr als Unterteile eines Anzugs oder lose, unförmige Beinkleider. Zum ersten Mal schlüpfte 1850 ein kalifornischer Goldgräber in die indigoblaue Denimhose, die für spätere Generationen zum Kult werden sollte.

▲ Sexuelle Anziehungskraft verspricht dieses Werbeplakat einer Levi's-Kampagne aus den 1990er Jahren.

▸ Selbstbewusste Jeans-Werbung, die auch vor den Meisterwerken Michelangelos nicht Halt macht.

Das Wort »Jeans« stammt vom französischen Wort für Genua – »Gênes« – ab. Bezeichnet wurden damit die von italienischen Seeleuten getragenen Hosen, die vornehmlich aus französischen Stoffen gefertigt waren. Sie bildeten die Vorläufer für die Erfindung des deutschen Einwanderers Loeb Strauß, der sich in der Neuen Welt Levi Strauss nannte.

Strauss' Jeans verbreiteten sich ab 1850 schnell unter den kalifornischen Goldgräbern, waren die Hosen doch wie geschaffen für die harte Arbeit der Glücksritter: Jeans erwiesen sich als überaus strapazierfähig, waren nicht zu weit geschnitten und trugen sich dennoch sehr bequem. Die ab 1873 mit Kupfernieten besetzten Jeans traten ihren Siegeszug an – bei Goldwäschern und Holzfällern, Viehhirten und Bauarbeitern, als Symbol von Freiheit, Abenteuer und des amerikanischen Traums, aber seit den 1960er Jahren auch als Uniform der Nonkonformisten in der ideologischen Auseinandersetzung mit der bürgerlichen Elterngeneration. ∎

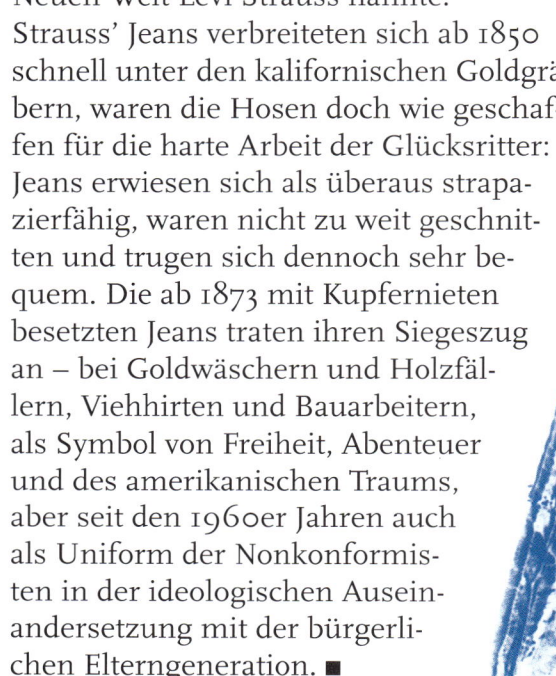

▲ Die älteste erhaltene Jeans ist etwa 115 Jahre alt und stammt von einem Soldaten, der an der Schlacht gegen die Sioux-Indianer am Little Big Horn teilnahm.

Einführung bedeutender internationaler Jeansmarken

Lee Mercantile Company 1889. Henry Lee gründet in Salina (Kansas) seine Jeans-Firma. 1915 eröffnet er eine Fabrik in Kansas City, in der Hosen, Overalls und Arbeitsjacken hergestellt werden.

Wrangler 1947. Die Hosen des Modeschneiders »Rodeo Ben« sollen das Outfit »echter Cowboys« in die Städte bringen. Die erste Wrangler-Hose trägt den Namen »13MWZ«.

Mustang 1949. Nach dem Zweiten Weltkrieg kommen mit den amerikanischen Soldaten die Jeans nach Europa. Deutsche Jeans werden zunächst unter dem Namen »Mustang« gehandelt.

Diesel 1978. Der Hersteller der klassisch geschnittenen Jeans wird insbesondere durch eigenwillige Werbekampagnen bekannt. Gründer der Firma ist der Italiener Renzo Rosso.

▾ Hintergrund: Jeans sind zunächst besonders bei den Goldgräbern in Kalifornien populär. Die harte körperliche Arbeit erfordert strapazierfähige Beinkleider.

Erfolgreicher Auswanderer

Der Deutsche Loeb Strauß – später Levi Strauss – schiffte sich 1847 nach New York ein und betrieb mit seinem Bruder Louis ein Bekleidungsgeschäft. Als er Anfang der 1850er Jahre vom Goldrausch in Kalifornien hörte, siedelte Strauss nach San Francisco über. Die von ihm kreierten Jeans wurden bald zum Verkaufsschlager. 1873 erhielt er mit dem Schneider Jacob Davis ein Patent auf Nietenhosen für die Goldsucher. Dieses Weltexklusivrecht sicherte der Firma bis zum Auslauf des Patents 1908 eine ständige Geldquelle. Strauss starb 1902, sein Vermögen soll über 1,5 Mio. Golddollar betragen haben.

▸ Levi Strauss: Der Erfinder der Jeans in Anzug.

◂ Jeans »mit Schlag«: typisch für die Hippiemode, die auch ein Zeichen des gesellschaftlichen Protests war.

Nicht gesellschaftsfähig

Die Jeans wurde nach der Weltwirtschaftskrise im Jahr 1929 in den USA nicht mehr nur von Arbeitern getragen, sondern zunehmend auch von Städtern. In Hollywood boomte die Produktion von Filmen, in denen Stars wie John Wayne, Marlon Brando und James Dean natürlich auch Jeans trugen. Gesellschaftsfähig waren die Hosen dennoch nicht: Schulen schlossen noch in den 1950er Jahren Schüler aus, die in Jeans zum Unterricht erschienen.

▴ Früher ein Grund für Tadel – die Jeans. Diese Mädchen in Chicago müssen 1946 die Schule verlassen.

Jeans-Mode wird Lifestyle

Seit den 1970er Jahren verändert sich auch der Schnitt von Jeans, die von nun an vor allem zum Mode-Accessoire und Lifestyle-Symbol werden. Es gab und gibt die gerade geschnittenen Hosen der Beatniks, die Batik- oder indisch verzierten Schlaghüfthosen der psychedelischen 70er Jahre, die zerrissenen und fleckig-entfärbten Beinkleider der 80er-Jahre-Punks, die ihre Hosenfetzen nur notdürftig mit Sicherheitsnadeln zusammenhielten.

Neben diesen Hauptströmungen bei den Jeans-Formen gibt es die Consumer-Modelle, die den Schnitt einer 501 variieren: Sie versammeln sich alle unter dem Dach »Casual Wear« und heißen je nach Marke und Designer-Phantasie anders, etwa Karotte, Shrink to fit, Schlaghose, Röhre, Clean-Jeans, Stonewashed Jeans oder Engineered Jeans. Blau sind sie stets zu haben, aber oft auch in aktuellen Modefarben.

▾ Hollywoodstar und Idol der Jugend; James Dean ist der populärste Jeans-Rebell der 50er Jahre.

1851

GUT UNTER VERSCHLUSS

Bereits 1851 ließ sich der Amerikaner Elias Howe, einer der geistigen Väter der Nähmaschine, einen »automatischen, ununterbrochenen Kleiderverschluss« patentieren, der aus »einer Reihe von auf Rippen laufenden oder gleitenden Haken« bestand. Praktische Anwendung fand dieser Kleiderverschluss aber nicht. Dazu waren noch zahlreiche technische Weiterentwicklungen notwendig.

▲ Heute ist der Reißverschluss der meistverwendete Kleidungsverschluss.

Erst 42 Jahre später erfand der Chicagoer Ingenieur Whitcomb L. Judson das Reißverschlussprinzip erneut, diesmal als Ersatz für lästige Schuhschnürung. Sein Verschluss bestand aus einer Reihe von Haken auf der einen und Ösen auf der anderen Seite. Ein darüber gezogener Schieber sorgte dafür, dass sich nacheinander die Haken in die Ösen einklinkten. Allerdings hatte die Erfindung auch einen unangenehmen Haken: Der Verschluss ging meist von selbst wieder auf oder klemmte fest. 1902 brachte die US-Firma Walkers Universal Fastener Co. ein verbessertes Modell auf den Markt, doch der erhoffte Verkaufserfolg blieb aus. Als erstes europäisches Unternehmen produzierte die Société Française Ferme-tout Américain in Paris Reißverschlüsse – ebenfalls erfolglos. ▸▸

▲ Dieser Reißverschluss verleiht dem Dekolleté eine ganz besondere Note.

Ideal fürs Militär

Als der Reißverschluss im Jahr 1913 für die Serienfertigung reif war, zeigte die Modewelt kein Interesse. Vier Jahre später orderte die amerikanische Armee Tausende von Reißverschlüssen für Geldgürtel, Fliegeranzüge sowie Schwimmwesten. Die Fliegerkleidung ließ sich damit nicht nur rascher anziehen, sie wurde zugleich auch leichter, billiger und winddichter. Und als die Marine neue Taucheranzüge erprobte, bestanden allein die Reißverschlüsse alle Tests. Mit dem Ende des Ersten Weltkrieges ging der Bedarf der Army an Reißverschlüssen schlagartig zurück.

◂ Fliegeranzug: Der Reißverschluss erweist sich besonders für das Militär als sehr praktisch; US-Pilot in den 1930er Jahren.

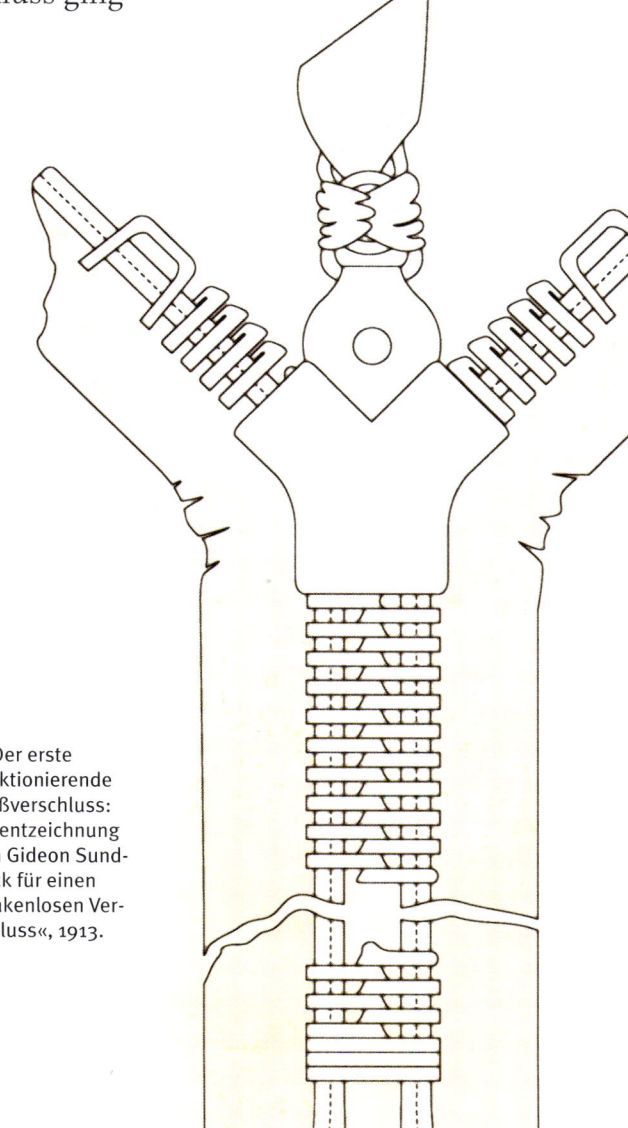

▸ Der erste funktionierende Reißverschluss: Patentzeichnung von Gideon Sundback für einen »hakenlosen Verschluss«, 1913.

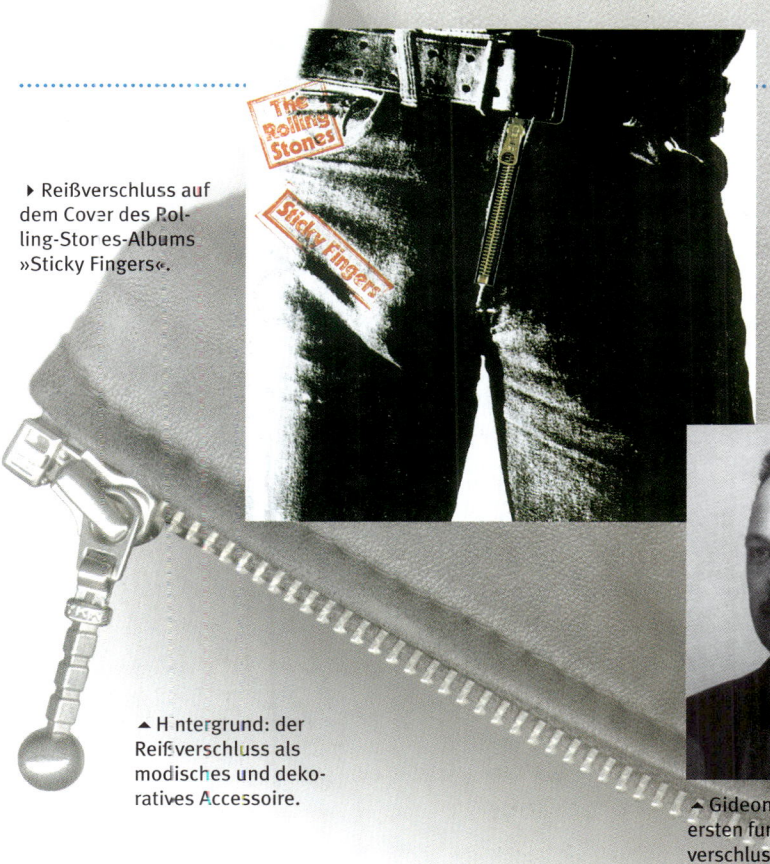

▶ Reißverschluss auf dem Cover des Rolling-Stones-Albums »Sticky Fingers«.

▲ Hintergrund: der Reißverschluss als modisches und dekoratives Accessoire.

▲ Gideon Sundback der den ersten funktionierenden Reißverschluss entwickelte.

In den ersten Jahren des 20. Jahrhunderts verbesserte der in die USA emigrierte Schwede Gideon Sundback das Prinzip nach jahrelanger Vorarbeit, indem er statt der Ösen und Haken ineinander greifende Zähne verwendete, die sich durch einen Schieber schließen ließen. 1913 beantragte er ein Patent auf den ersten technisch ausgereiften und funktionierenden Reißverschluss. Zuvor hatte Sundback eine Maschine entwickelt, die Zähne ausstanzen und auf einem Stoffband festklemmen konnte. Der merkantile Erfolg ließ dennoch zunächst auf sich warten. Erst der »Großeinsatz« von Reißverschlüssen in den Uniformen der US-Army ab 1917 brachte – mit Verzögerung – den Durchbruch. Fortan wollten weder Leder- noch Sportbekleidungsproduzenten auf den neuen Verschluss verzichten. ■

Modischer Chic

Einen neuen Impuls erhielt die Reißverschlussfertigung im Jahr 1921, als die US-Firma Locktite wöchentlich 7000 Verschlüsse in Tabaksbeutel einnähte und die Goodrich Company begann, Gummistiefel mit Reißverschlüssen auszustatten. 1930 wurden 20 Mio. Reißverschlüsse verarbeitet, nur nicht bei den Produkten der Haute Couture. Mit einem Paukenschlag führte sie hier erst die Modeschöpferin Elsa Schiaparelli 1935 ein. Seither bestimmen Reißverschlüsse das Erscheinungsbild von Kleidungsstücken für Damen wie für Herren.

◀ Die Mode entdeckt den Reißverschluss: Lederjagdkleid von Hermès, 1937.

Mit Haken und Ösen

Viele Jahre bemühte sich Whitcomb L. Judson erfolglos, Reißverschlüsse auf den Markt zu bringen. Die Produkte hießen u. a. »Fastener«, »C-curity« und »Placket fastener«. Fast alle arbeiteten mit Reihen von ineinander greifenden Haken und Ösen und waren ebenso teuer wie unbrauchbar. Manche Modelle sollten Postsäcke verschließen, andere hohe Stiefel und Korsetts. Technisch verwendbar wurde der Reißverschluss erst um 1900 mit dem Modell »Hookless No. 2«, bei dem kelchförmige Teile wie Löffel ineinander griffen. Diese mussten nicht mehr einzeln am Textil befestigt werden, sondern waren an einem Stoffband festgemacht, das als Ganzes eingenäht wurde.

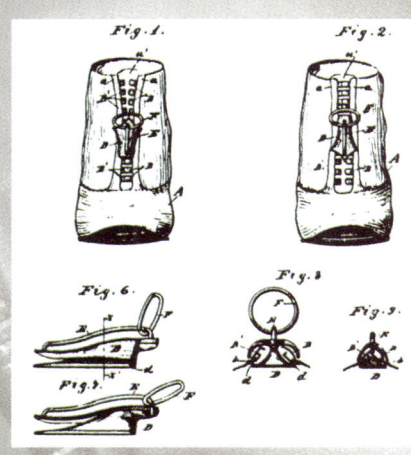

▲ Patentzeichnung von Whitcomb L. Judson für einen »aus Haken und Ösen bestehenden Verschluss« für Schuhe, 1893.

Kleidungsverschlüsse im Wandel der Zeit

Tierprodukte
Steinzeit. Zu dieser Zeit müssen die Kleidungsstücke vor allem zum Schutz gegen die Kälte zusammengehalten werden. Dazu dienen Fischgräten, Tierknochen und Hornnadeln.

Sicherheitsnadeln
Römisches Reich. Bereits in Rom sind Sicherheitsnadeln bekannt, geraten aber später wieder in Vergessenheit. Die Römer benutzen auch durch Schlaufen gesteckte Knöpfe.

Schnappverschlüsse
19. Jahrhundert. Im Zuge der Industrialisierung kommen erste Schnappverschlüsse an Arbeitsstiefeln in Mode. Ihr Erfinder ist allerdings bis heute unbekannt.

Klettverschluss
1956. Der Schweizer Erfinder George de Mestral lässt sich den Klettverschluss patentieren. Für einen Quadratzentimeter benötigt er etwa 50 Nylonhäkchen und -schlaufen.

1851

WELTMESSE DER INNOVATIONEN

Weltausstellungen, wie wir sie heute kennen, gibt es seit 1851. In diesem Jahr trafen sich Vertreter aus 28 Ländern zu einer Leistungsschau in der britischen Hauptstadt London. Die Idee dazu war allerdings bereits über 2300 Jahre alt, denn schon um 500 v. Chr. hatte König Xerxes Völker aus »aller Herren Länder« zur ersten »Weltausstellung« nach Persien eingeladen.

▲ Einblick in eine ferne Kultur: der Pavillon FranzösischIndochinas in Paris 1900.

Die Industrialisierung machte im 19. Jahrhundert einen internationalen Austausch über technische Innovationen und die Sondierung des weltweiten Marktes erforderlich. Die Idee zu einem entsprechenden Messeforum kam nicht von ungefähr aus England. Großbritannien war mit seiner Industrialisierung der restlichen Welt weit voraus. Treibende Kräfte für die erste Weltausstellung waren aber nicht nur Technik und Kommerz, sondern auch der imperialistische Zeitgeist. Man besaß Kolonien und wollte Exotisches aus aller Welt stolz zur Schau stellen. Die Londoner Weltausstellung von 1851 bestand aus einem einzigen Gebäude im Hyde Park, dennoch erwies sie sich als Weltereignis: Sie zeigte 14 000 Exponate und zog über 6 Mio. Besucher an. Der Erfolg rief Nachahmer auf den Plan: Die USA ließen zwei Jahre später eine »Weltausstellung« in New York folgen. Sie war nicht mehr als ein dürftiges Plagiat und präsentierte sich in einem exakten Nachbau des Londoner Kristallpalastes von 1851. Nach Frankreich – 1855 in Paris – versuchten auch andere Nationen, sich mit Weltausstellungen zu profilieren. Allein 1888 fanden vier statt, zwei davon in Australien. ▸▸

▲ Planet der Visionen im Park des 21. Jahrhunderts auf der Expo 2000 in Hannover.

▸ Eine technische Meisterleistung ist der Kristallpalast der Londoner Weltausstellung von 1851. Es ist der erste Skelettbau der Welt.

Bedeutende Weltausstellungen und ihre Besonderheiten

Philadelphia
1876. Mit der Ausstellung, die sich vor allem um Industrie und Bergbau dreht, feiern die USA ihr 100-jähriges Bestehen. Neuerungen sind u. a. der Phonograph und das Telefon.

Chicago
1933/34. Mit der Exposition versucht die Stadt der großen Wirtschaftskrise zu begegnen. Historisch bedeutend ist ein Kongress mit Vertretern aller Weltreligionen.

Osaka
1970. In Japan findet die erste Weltausstellung auf asiatischem Boden statt. Neben einer Hightech-Schau präsentiert die Expo Pflanzen aus allen Klimazonen.

Sevilla
1992. Mehr als 40 Mio. Menschen pilgern zu den architektonisch beeindruckenden Expo-Bauten. Ein Hauptthema in der spanischen Stadt ist die virtuelle Realität.

▲ Feierliche Abschlussveranstaltung der Londoner Exposition im Kristallpalast 1851; die gesamte Halle umfasst eine Fläche von 72 000 m².

Auf humanitärem, kulturellem und politischem Gebiet leisteten die frühen Weltausstellungen viel für die Völkerverständigung. Auf der Pariser Weltausstellung von 1878 fanden 30 internationale Kongresse statt, die sich u. a. mit der Weltpostunion, einer globalen Einheitswährung, dem Gesundheitswesen und der Telegrafie beschäftigten. Auch der Sport erhielt seinen Platz: 1900 und 1904 fanden die Olympischen Spiele im Rahmen der Weltausstellungen statt, wobei Olympia den Expos längst den Rang abläuft. Zu Beginn des 21. Jahrhunderts stellt sich zunehmend die Frage nach dem Nutzen der teuren Leistungsschauen. ∎

Mehr als eine Ausstellung der Industrie

Trotz ihrer offiziellen Bezeichnung »The Great Exhibition of the Works of Industry of all Nations« war bereits die erste Weltausstellung 1851 alles andere als eine reine Industriemesse. Sie führte ihren Besuchern die kulturelle und ethnische Vielfalt der Erde vor, suggerierte für die ferne Zukunft so etwas wie eine vereinte Weltkultur und setzte damit seither gültige Maßstäbe. Paris konterte mit einem anderen Schwerpunkt: der internationalen Kunst. Zudem standen die landwirtschaftlichen Erzeugnisse der Kolonien im Zentrum. Nur die Vereinigten Staaten hielten fast immer reine Industrieausstellungen ab. In jüngster Zeit stehen globale Themen im Mittelpunkt, so »Lebensraum Weltmeere« in Lissabon, und die Ausstellung 2005 in Japan wird der »Weisheit der Natur« gewidmet.

▶ Eine der großen Attraktionen auf der Expo 2000: Planet M – der Bertelsmann-Pavillon.

Berühmte Wahrzeichen

London setzte 1851 mit der Architektur des Kristallpalasts ein Signal, das einige spätere Ausrichter mit bauhistorisch einmaligen Schöpfungen wieder aufnahmen. 1889 überraschte Paris die Welt mit dem von Gustave Eiffel konstruierten Eiffelturm und mit dem Maschinenpalast von F. Dutert. 1925 entstanden ebenfalls in Paris einige architektonisch einmalige Kaufhauskomplexe im Rahmen der Weltausstellung: die »Galeries Lafayette« und die »Grands Magasins du Bon Marché«. Eines der prominentesten Wahrzeichen ist das Brüsseler Atomium von 1958, ein 110 m hohes Bauwerk in Form einer 150-milliardenfachen Vergrößerung des Alpha-Eisenkristalls.

▲ Wahrzeichen der Weltausstellung in Paris 1900 ist die überdimensionale Weltkugel. Der Eiffelturm wurde schon für die Weltausstellung 1889 errichtet.

◀ Das Atomium der Expo 1958 in Brüssel – Symbol des Glaubens an den technischen Fortschritt.

1852

MIT DEM AUFZUG HOCH HINAUS

Im 19. Jahrhundert wuchsen die Großstädte enorm – und mit ihnen die Gebäude in ihren Zentren; insbesondere die Erfindung des Stahlbetons sollte immer höhere Bauten ermöglichen. Doch in die oberen Stockwerke konnte man nur über Treppen gelangen. Als der US-Maschinenmeister Elisha Graves Otis 1852 den ersten voll funktionstüchtigen Lift konstruierte, machte er den Bau von Wolkenkratzern erst möglich.

▾ Der Ernstfall wird geprobt – das Seil reißt, doch der Fahrstuhl stoppt. Die Zuschauer sind beeindruckt, als Elisha Graves Otis 1853 seine Sicherheitsvorrichtung präsentiert.

Otis' mit Dampf angetriebener Fahrstuhl wurde 1857 in das fünfgeschossige Gebäude des Porzellanwarengeschäfts E. V. Haughwout & Co. in New York eingebaut. Er beförderte sechs Personen mit einer Geschwindigkeit von 12 m pro Minute auf- oder abwärts. Simple Aufzüge zum Lastentransport waren hingegen schon vor gut 4000 Jahren bekannt: Herodot berichtete im 5. Jahrhundert v. Chr., dass beim Pyramidenbau in Ägypten um 2000 v. Chr. Steine mit Hilfe einfacher Maschinen gehoben wurden. Im griechischen Theater wurden um 400 v. Chr. Hebemaschinen benutzt, mit denen Schauspieler auf die Bühne herabgelassen wurden – »Deus ex machina«, der Gott aus der Maschine, sagten die Römer dazu. Im Bergbau waren Aufzüge in Betrieb, die mit Handwinden oder Pferdegöpeln und ab etwa 1800 auch mit Dampf angetrieben wurden. Sie waren nicht ungefährlich, denn wenn ein Seil riss, stürzten die Transportflächen ab. Ähnliche Probleme brachte 1846 der erste hydraulische Lastenaufzug des ▸▸

▴ Waghalsige Konstruktion: Aufzug am Mönchsberg in Salzburg um 1890.

▴ Durch und durch nobel: Luxusschiff aus den 1920er Jahren mit Fahrstühlen.

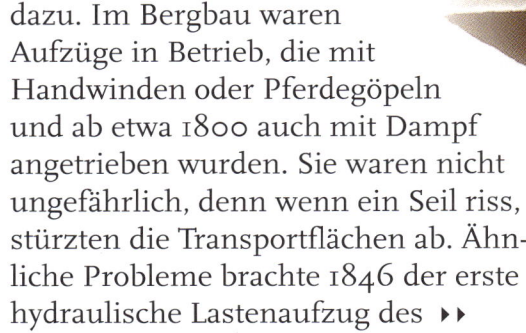

Briten William George Armstrong. Genau 30 Jahre später versah der erste moderne Paternoster zum Personentransport in einem Londoner Geschäftshaus seinen Dienst. In der ersten Hälfte des 20. Jahrhunderts waren solche Aufzüge in öffentlichen Gebäuden weit verbreitet. Heute ist ihr Bau wegen der offenen Kabinen und der Gefahren beim Ein- und Aussteigen in den fahrenden Paternoster verboten. Mittlerweile bestimmen computergesteuerte Fahrstühle das Geschehen, die Geschwindigkeiten von 550 m pro Minute erreichen, z. B. im 100-stöckigen Hancock Building in Chicago. ■

▲ Kunstvoll gestaltet: Art-déco-Fahrstuhltür im Chrysler Building in New York.

Sanftes Bremsen

Der Fahrkorb moderner Fahrstühle besteht aus einem Traggerüst: Über eine Antriebsscheibe laufende Drahtseile tragen ihn und ein Gegengewicht. Die Antriebsscheibe wird von einem Elektromotor gespeist. Hohe Anforderungen an die Fahrstühle stellen das Anfahren, Bremsen und die Haltegenauigkeit. Besondere Antriebssätze erlauben ein stufenloses Anfahren und Bremsen. Seit den 1980er Jahren gehören Fahrstuhlschächte in vielen Gebäuden der Vergangenheit an: Moderne Architekten setzen auf verglaste Aufzüge an der Außenfassade.

▲ Panoramablick bieten diese Fahrstuhlkabinen an der Außenfassade eines Bürogebäudes.

Elektrischer Antrieb

Der Weg zum elektrischen Aufzug war auch nach Otis' Erfindung noch weit, denn es fehlte an Kraftwerken. Das änderte sich weder, als Werner von Siemens im Jahr 1880 in Mannheim den ersten elektrischen Fahrstuhl vorstellte, noch als fünf Jahre später die Französische Nordbahn auf ihrem Pariser Bahnhof mehrere Elektroaufzüge installierte. Sie alle mussten aus wiederaufladbaren Batterien gespeist werden. So waren noch bis Ende des 19. Jahrhunderts im überwiegenden Maße Dampfmaschinenaufzüge und hydraulische Aufzüge in Gebrauch, ehe sich elektrische Fahrstühle mit wachsender Elektrifizierung der Städte durchsetzten. Eine Neuerung gab es 1929 in Japan: Im Gebäude der Mitsui-Bank wurde der weltweit erste elektrische Schnellaufzug eingerichtet. Er legte in 30 Sekunden 50 m zurück und kam ohne Getriebe aus.

▲ Erster elektrischer Fahrstuhl; er wird 1880 der Öffentlichkeit vorgestellt. Konstrukteur ist der Deutsche Werner von Siemens.

Flaschenzug und Seilwinde

Um 700 v. Chr. arbeiteten griechische Mechaniker erstmals mit Flaschenzügen. Vier Jahrhunderte später untermauerte Archimedes mit seinen Überlegungen die mechanischen Gesetze der Kraftverstärkung. Er entwickelte die Hebelgesetze, begründete die Wirkung des Keils, der schiefen Ebene und der Seilumlenkrolle und schuf so die Basis für ausgefeilte Flaschenzugkonstruktionen. Er erdachte auch den »Polyspastos«, den Vielroller, bei dem Seile parallel über mehrere Rollen liefen und damit die Kraft besonders schwerer Lasten untereinander aufteilten. Den praktischen Nutzen aus diesen theoretischen Arbeiten zogen die Römer, denn sie verfügten über entsprechend haltbare Seile und um die Zeitenwende sogar über Drahtseile aus Bronze. Etwa ebenso alt wie der Flaschenzug ist die Seilwinde zum Lastenheben, deren Anwendung Hippokrates im 4. Jahrhundert v. Chr. beschrieb.

◄ »Antike Lastenaufzüge«: Mit Rampen, Seilen und Rollen befördern Arbeiter im alten Ägypten Steine zum Pyramidenbau.

Wichtige Entwicklungen in der Fahrstuhltechnik

»Steigender Raum«
1823. Die Ingenieure Burton und Hormer bauen einen »ascending room«, der 20 zahlende Besucher auf eine 37 m hohe Plattform mit Panoramablick über London befördert.

Hotelaufzug
1860. Im fünf Stockwerke hohen Grosvenor Hotel in London wird erstmals ein Lift eingebaut, der mit Wasserdruck aus dem Stadtwassernetz betrieben wird.

Bürohausfahrstuhl
1870. In dem fünfgeschossigen Equitable Life Assurance Society Building in New York werden speziell für Bürohäuser konstruierte Aufzüge eingebaut und rasch genutzt.

Notrufverbindung
1909. Im zu dieser Zeit höchsten Gebäude der Welt, dem 41-stöckigen Singer Building in New York, verkehrt der erste Fahrstuhl mit einer Telefonverbindung.

1852

ÄRA DER FLIEGENDEN ZIGARREN

Am 24. September 1852 startete Henri Giffard, ein französischer Flugpionier, zum motorisierten Aufstieg mit dem ersten lenkbaren Luftschiff der Welt. Er erreichte eine Höhe von 1800 m und flog über Versailles hinweg 27 km weit. Giffard benutzte eine Dampfmaschine, die den Propeller des Luftschiffs antrieb. Lange wurde noch an verschiedenen Konstruktionen herumgebastelt. Das Zeitalter der Zeppeline brach schließlich zu Beginn des 20. Jahrhunderts an.

Trotz des Erfolgs nutzte die Dampfmaschine als Antriebskraft nur wenig. Es folgten daher verschiedene Versuche mit Elektro- und Benzinmotoren. Den Durchbruch schaffte ein früherer württembergischer Offizier: Ferdinand Graf von Zeppelin, dessen Luftschiffe ausreichend Platz für Passagiere und Ladung mit Schnelligkeit vereinten. Das starre Gerippe aus Ringen und Längsträgern gab den Konstruktionen eine feste Form und mehr Sicherheit als die prall mit Gas gefüllten Ballone der früheren Pioniere.

Das Hauptproblem aber war, dass die Bauweise leicht und billig sein musste. Zeppelin entschied sich für ein Aluminiumskelett und wählte den Bodensee bei Friedrichshafen als Standort für sein Werk, denn dort konnte er die Halle auf dem Wasser errichten. Das schwimmende Gebäude schwenkte jeweils in Richtung des vorherrschenden Windes und unterstützte damit das ausfahrende Fahrzeug. Am 2.7.1900 um 20.03 Uhr feierte seine Erfindung Premiere: Die »LZ 1«, das Luftschiff Zeppelin 1, erhob sich in die Lüfte. ▸▸

▲ Luftschiffeinsatz im Ersten Weltkrieg: Ein deutscher Aufklärungszeppelin wird 1915 von Briten abgeschossen.

Die letzte Fahrt der »Hindenburg«

▲ Am Landemast in Lakehurst explodiert das Luftschiff »Hindenburg«.

Mit 61 Mann Besatzung und 36 Passagieren startete die »Hindenburg« am 3.5.1937 in die

USA. Als sich das Luftschiff am 6.5.1937 gegen 19 Uhr in einem Gewitter dem Landeplatz Lakehurst näherte, schoss aus dem Heck auf der Oberseite der »Hindenburg« eine Flamme hervor. Binnen kurzem verwandelte sich das Riesenschiff in eine lodernde Fackel. Als Ursache für das Unglück mit 36 Toten gilt das Wasserstoffgas im Innern des Luftschiffes, das sich entzündet hatte. Die Katastrophe markierte das traurige Ende der Luftschiff-Ära.

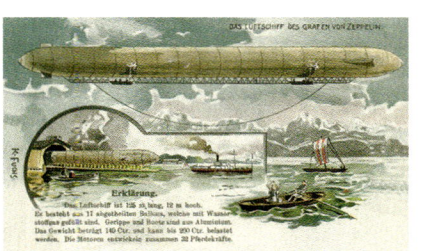

◂ Zeichen für die große Popularität der Zeppeline in Deutschland: eine Postkarte aus der Jahrhundertwende.

▶ Blick in ein Luftschiff der 1930er Jahre; große Fenster bieten eine gute Aussicht.

Mit einer Länge von 128 m und einem Durchmesser von 11,2 m überbot es alle bis dahin gebauten Konstruktionen um ein Mehrfaches. Doch nach der Jungfernfahrt überschatteten immer wieder Rückschläge das Unternehmen. Als Zeppelin z. B. 1908 in 24 Stunden 70 km zurücklegen wollte, um die Funktionstüchtigkeit seiner Konstruktion zu beweisen, musste er notlanden. Ein Sturm riss das Luftschiff los und zerstörte es. Aber der Erfolg der Luftschiffe war nicht aufzuhalten. Bald wurden die Zeppeline für den zivilen Luftverkehr eingesetzt, auch das Militär fand Interesse an ihnen. Die silbernen Zigarren waren bis weit in die 30er Jahre populär, dann wurden sie von Flugzeugen abgelöst. Heute erleben sie ein Revival. ■

▲ Gondel der LZ 127; sie bietet Ende der 1920er Jahre viel Luxus.

»Vater« der Luftschifffahrt

1898 gründete Zeppelin mit dem Aluminiumhersteller Carl Berg die Gesellschaft zur Förderung der Luftschifffahrt. Die Hälfte des Grundkapitals steuerte der Graf aus seinem Privatvermögen bei und konnte so mit dem Bau der »LZ 1« beginnen. Zehn Jahre und zahlreiche Erfahrungen später hatte Zeppelin es geschafft: In Friedrichshafen wurde die Luftschiffbau Zeppelin GmbH aus der Taufe gehoben, die Basis für die weitere Expansion des ambitionierten Unternehmens. 1909 folgte die Gründung der Deutschen Luftschifffahrts-Aktiengesellschaft für den zivilen Luftverkehr, obwohl der Ex-Offizier vor allem auf eine militärische Nutzung gesetzt hatte.

◀ Graf von Zeppelin – sein Name wird zum Symbol für die Luftschifffahrt.

▲ Mit den späteren Zeppelinen hat das Luftschiff des Franzosen Henri Giffard von 1852 wenig gemein.

Renaissance der Zeppeline?

Jahrzehnte nach dem Ende der Luftschifffahrt gibt es unter den Zeppelinbauern wieder einen neuen Pioniergeist. 1997 entstand am Bodensee ein Nachfolgemodell der berühmten Hindenburg aus den 1930er Jahren. Die Zeppelin Luftschifftechnik GmbH zielt mit der 120 km/h schnellen Konstruktion auf profitable Marktnischen, vor allem beim Transport großer Lasten und in der Tourismusbranche. Noch stärker auf die Hochtechnologie setzt die CargoLifter AG, die mit neuartigen Luftschiffen schwerste Lasten mit bis zu 160 t Gewicht transportieren will. Mit 260 m Länge und 65 m Durchmesser verfügt der CargoLifter über mehr als das doppelte Volumen der »Hindenburg«. Für die Hülle des Riesen werden Gewebebahnen in der Größe von sieben Fußballfeldern verarbeitet. Allerdings führten wirtschaftliche Probleme der Gesellschaft 2002 vorerst zur »Einmottung« des Giganten.

▲ Gigant am Himmel: der hochmoderne CargoLifter.

◀ Zeppeline werden heute vor allem zu Werbezwecken eingesetzt – wie hier über Houston.

Stationen der frühen Luftschifffahrt

Gasmotor
1872. Dem Mainzer Erfinder und Ingenieur Paul Haenlein gelingt in Brünn der Aufstieg eines Luftschiffs, das von einem Gasmotor angetrieben wird.

Elektromotor
1884. Der Franzose Charles Renard schafft es, mit seinem Luftschiff »La France«, das von einem 8,5-PS-Elektromotor angetrieben wird, einen Rundflug zu absolvieren.

Starre Konstruktion
1896. Der Holzhändler David Schwarz fertigt in Berlin das erste Gittergerüst aus Aluminium für ein Luftschiff und damit die erste starre Konstruktion überhaupt.

Benzinmotor
1898. Der Brasilianer Alberto Santos-Dumont baut sein Luftschiff »Nr.1« mit einem Benzinmotor. Er fliegt mit seinem lenkbaren, unstarren Luftschiff eine Acht.

1855

DIE KUNST DER VERFÜHRUNG

Käufer anzulocken – das ist und bleibt das Ziel der Werbemacher. Die moderne Werbung ist ein Kind des Industriezeitalters, das Massenproduktion, Massenkonsum und Massenkultur schuf. Erfolgreiche Werbung bedurfte schon immer einer guten Idee. Und die hatte 1855 der Berliner Druckereibesitzer Ernst Litfaß mit der nach ihm benannten Anschlagsäule für Plakate.

▲ Symbol des deutschen Wirtschaftwunders und Exportschlager – der VW-Käfer auf einem Werbeplakat der 1950er Jahre.

Mit der Litfaßsäule wurde dem damals als Werbemittel dominierenden Plakat ein ganz eigener, wenngleich nicht exklusiver Raum zugewiesen, die Anschlagsäule bot auch Platz für Nachrichten, Aufrufe und sonstige öffentliche Mitteilungen. Marktschreierische Anpreisungen, Reklame, hatte es schon in der Antike gegeben, ebenso wie Informationen über »Brot und Spiele« auf Schildern und Hauswänden. Die überregionale Verbreitung von Werbebotschaften allerdings machte erst der Buchdruck ab Mitte des 15. Jahrhunderts möglich. Bildersprache haben die Menschen schon immer verstanden, die Wirksamkeit von Annoncen in gedruckten Werken ab dem 17. Jahrhundert war jedoch an eine breite Lesekultur gebunden. Wie bei so vielen anderen Dingen auch spielten die USA die Vorreiterrolle, und so erblühte hier zuerst das Anzeigenwesen. Zeitungen und Plakate waren bis Anfang des 20. Jahrhunderts die ▸▸

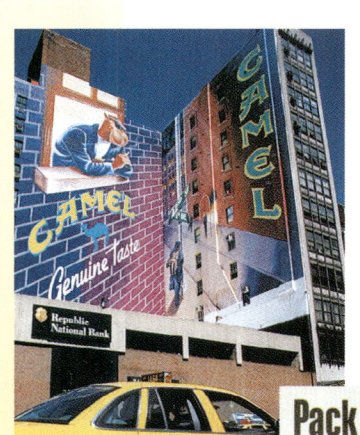

◂ »Genuine Taste« – »echter Geschmack«, die Hauswand wird zum Werbeträger; 1997 in New York.

▸ »Pack den Tiger in den Tank«, wer kannte in den 1960/70er Jahren diesen Werbeslogan der Esso AG nicht? Noch heute setzt der Mineralölkonzern den Tiger als Werbefigur ein.

▲ Die Litfaßsäule – sie gibt der Werbung im 19. J[ahr]hundert neuen Antrieb. Heute etwas seltener zu [fin]den, zog sie früher mit ihren Anschlägen die Pas[san]ten in Scharen zu sich, Gemälde von 1890.

Werbung in den letzten Jahrhunderten

Anzeigen
1631. Die neu gegründete Zeitung »Gazette de France« nimmt regelmäßig Anzeigen auf. Die erste englische Anzeige kündet im Jahr 1652 von einer Schiffsladung Kaffee.

▲ E.on-Fernsehwerbung aus dem Jahr 2001; der Stromlieferant eint die beiden Erzrivalen um die deutsche Fußballmeisterschaft: Borussia Dortmund und 1. FC Bayern München.

bevorzugten Werbeträger. Obwohl sie den Verlegern half, ihre Blätter preiswert unters Volk zu bringen, war Reklame kein Selbstläufer, haftete ihr doch der Ruch des Unmoralischen und der Hochstapelei an. Seitdem sich in den 1920er Jahren eine große Zahl von Künstlern und Grafikern der hochwertigen Präsentation des Kommerzes zuwandte, besserte sich jedoch ihr Ruf. Werbung bestimmte mehr und mehr den Alltag, Marken wie »Persil«, »Maggi« oder »Coca-Cola« wurden Kulturgut. Werbefiguren wie der »Michelin«-Mann und das »HB«-Männchen« entwickelten ihre eigene Identität und lösten sich beinahe von der Ware. Manchen Marken gelang es sogar, den eigenen Namen einer ganzen Produktpalette aufzudrücken, so »Tesa-Film«, »Tempo«, »Uhu« oder »Gameboy«. Dabei sorgen ständige Wiederholungen oder eine geschickte Anlehnung an den Zeitgeist dafür, dass sich die Sprachschöpfungen der Werbung besonders gut einprägen.

Seit den 1960er Jahren drückt sich im Image einer Marke auch ein bestimmter Lebensstil aus (»What a feeling«), und mit den 1980er Jahren waren auch Bekenntnisse gefragt, etwa »O... – find ich gut« oder Mc... ist einfach gut«. Zum Jahrtausendwechsel ist jede Inszenierung, ob cool, spaßig, ironisch oder schockierend, erlaubt; Hauptsache, sie erreicht messbare öffentliche Aufmerksamkeit. Wem's nicht gefällt, der schaut ganz einfach weg. ■

▲ Aktions-Werbung: Tauben auf dem Markusplatz in Venedig formen, angelockt vom eigens ausgelegten Futter, den Schriftzug des weltbekannten Getränkekonzerns; Aufnahme aus den 1960er Jahren.

◄ Hintergrund: Unentbehrlich wie frisches Gemüse ist Maggi für die Suppe; Werbeplakat für die weltberühmte Würze aus dem Jahr 1910.

Wenig beachteter Werbeträger

Mit dem World Wide Web hat die Werbung die größte Reichweite aller Zeiten erlangt. Doch das allein ist noch keine Erfolgsgarantie: Die bunten Banner, die häufigste Werbeform im Internet, werden kaum beachtet oder schnell weggeklickt. Links zu anderen Websites werden nur wenig genutzt. Auch surft der User eher traditionell und holt sich am häufigsten die Online-Angebote der populären Printmedien, darunter »Spiegel«, »Focus« und »Bild«, auf den Bildschirm. Insgesamt erreichte die Online-Werbung zur Jahrtausendwende nur 1 % des gesamten Werbevolumens, und dabei ist die IT-Branche noch über Gebühr vertreten.

Was darf's denn kosten?

Teuer war und ist Werbung vor allem dort, wo die größte oder zahlungskräftigste Zielgruppe erreicht wird. Preisentscheidend sind nicht nur Anzeigen- und Plakatgröße oder die Dauer eines Fernsehwerbespots. Maßgebend ist auch die Verbreitung des Werbeträgers, z. B. die Auflagenhöhe von Zeitungen und Zeitschriften, der Zeitpunkt der Platzierung und die Attraktivität des Umfeldes – am besten der »Blockbuster« zur »Primetime«. Im Web kommt es auf die Anzahl der »Besucher« an und in der Außenwerbung auf das »Aufnahmepotenzial« durch Fußgänger und Autofahrer. Eher an das Unterbewusstsein appelliert das so genannte Product Placement, es soll dem Zuschauer signalisieren: Der Serienheld trinkt x, raucht y und fährt z. Die Aufforderung »Tue Gutes und sprich darüber« beherzigen vor allem Public Relations, die Öffentlichkeitsarbeit, und Sponsoring.

▲ Reisen ohne Kopfschmerzen: Seit 2000 erlaubt die Deutsche Bahn AG auch Werbung auf ihren Loks.

Agentur
1841. V. A. Palmer gründet in Philadelphia (USA) die erste Werbeagentur. Sie vermittelt Anzeigenraum und prüft die Auflagenhöhe verschiedener Presseorgane.

Kinowerbung
1904. Die Väter des Kinos, die Brüder Lumière, drehen den ersten Werbefilm – über die Kellerei Moët-et-Chandon. Seit 1895 gibt es in den Kinos Werbung mit unbewegten Bildern.

Rundfunkwerbung
1922/23. Mit der Aufnahme des Hörfunkbetriebs in den USA und Europa kommen die ersten Werbespots auf. 1935 verbieten die Nationalsozialisten die Rundfunkwerbung.

1859

IMMER GUT GEKÜHLT

*Fast alle Haushalte in der industrialisierten Welt haben ihn und möchten ihn auch nicht missen.
Er erspart den täglichen Einkauf, weil er Milch, Fleisch und Gemüse frisch hält: der Kühlschrank.
Der Prototyp entstand schon vor eineinhalb Jahrhunderten: 1859 entwickelte der französische
Tüftler Ferdinand Carré eine Kältemaschine, die mit Ammoniak die Mikroorganismen auf
Wurst und Käse, Gemüse und Salat »im Winterschlaf« hielt.*

▲ Symbol des Wirt-
schaftswunders:
ein gut gefüllter
Kühlschrank in
den 1950er Jahren.

D ie Konstrukteure der ersten Kältemaschinen, die ab 1850 zunächst erfolglos mit
Luft und Äther, später mit Ammoniak als Kühlmittel experimentierten und dieses
1862 erstmals in einem geschlossenen Kreislauf verwendeten, setzten thermody-
namische Prinzipien in die Praxis um. Ein Kompressor – heute von einem Elektromotor
angetrieben – verdichtet das Kühlmittel zur Flüssigkeit und lässt es dann in den Kühlschrank strömen. Dort verdampft das Kühlmittel und entzieht der Umgebung Wärme.
Im isolierten Inneren des Kühlapparats wird es kalt. Das verdampfte Kühlmittel wird ab-

gesaugt, kommt in ein außen angebrach-
tes Röhrengitter und wird unter Druck
wieder verflüssigt. Der Kühlkreislauf
kann von vorne beginnen.

1876 brachte der deutsche Ingenieur Carl
Linde den Kälteapparat zur Marktreife: In
diesem Jahr erhielt er ein Patent für den
Kühlschrank. Die mit Dampfmaschinen
betriebenen Kompressoren taugten aber
eher für die Kühlhäuser der Schlacht-
höfe. Die Kühlung schaffte die Voraussetzung für bessere Transport- und Lager-
möglichkeiten und sorgte für
eine Bereicherung des Speise-
plans, z. B. mit exotischen
Früchten wie Bananen. In
den Haushalt fand der Kühlschrank seinen Weg aller-
dings erst 1913 in Chicago. ▶▶

▲ Frühe Kältemaschine von Linde:
Sie dient seit den 1870er Jahren
zur Kühlung in einer Brauerei.

▶ Kühlung in der
Wüste: Dromedar
mit solarbetriebe-
nem Kühlschrank für
den Transport von
Medikamenten.

Heute sind moderne Kühl-Gefrier-Kombinationen am beliebtesten: Sie sind sparsam im Stromverbrauch, mit Styropor gedämmt und umweltgerecht gekühlt mit Isobutan. Das lange Jahre verwendete FCKW ist seit 1995 EU-weit verboten, da es für die Zerstörung der atmosphärischen Ozonschicht mitverantwortlich gemacht wird. ■

▸ Schmuckstück der Küche: Werbung für einen elektrischen Kühlschrank aus den 1930er Jahren.

▾ Ferdinand Carré präsentiert auf der Londoner Weltausstellung 1851 seine Kältemaschinen.

Auf Eis gelegt

Gepresster Schnee und Eis aus Flüssen dienten schon im 11. Jahrhundert, vor allem im islamischen Kulturkreis, als Kältemittel in Kühlkellern und -häusern. Bis in die 1920er Jahre gehörte der Eismann, der sich mit großen Zangen zentnerschwere Eisblöcke auf den Buckel lud, in den USA noch zum Alltagsbild. Dann setzte sich der kompakte Haushaltskühlschrank durch. In Deutschland vollzog sich diese Entwicklung erst nach 1945.

▸ Gefrierhaus zur Herstellung von Eisblöcken im 19. Jahrhundert; das Wasser wird in die obere Etage gepumpt, dort in Bottiche abgefüllt und anschließend gefroren.

Die Kunst der Konservierung

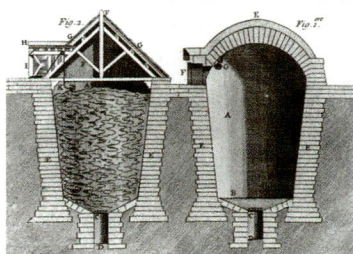

▲ Kühltechnik ohne Elektrizität: In die Erde gebaute Silos sollen verhindern, dass die eingelagerten Eisblöcke schmelzen.

Als es noch keinen Kühlschrank gab, bediente sich die Vorratswirtschaft neben diversen Kühlungsmethoden anderer, teilweise bis heute praktizierter Techniken, um Nahrungsmittel über längere Zeit haltbar zu machen: Fleisch und Fisch wurden eingesalzen bzw. in Kochsalz eingelegt. Beliebt war es auch, Fleisch- und Wurstwaren über schwelenden Hölzern zu räuchern. Obst und Gemüse wurden eingekocht. Das 19. und 20. Jahrhundert perfektionierte schließlich diese Verfahren durch die Technik des Pasteurisierens, die Verwendung von Konservierungsmitteln und vor allem das Gefriertrocknen.

Kühlmittel in Kühlanlagen

Ammoniak
1859. Wegen seiner hohen Verdampfungswärme – der Siedepunkt liegt bei –33 °C – wird Ammoniak fast ausschließlich in großen Kühlanlagen verwendet.

Freon®
1940er Jahre. Die Fluorchlorkohlenwasserstoffverbindungen werden zunächst als Kühlmittel verwendet, seit den 1950er Jahren auch als Treibgas in Spraydosen.

Propan
1990er Jahre. Der vielseitige, im Haushalt auch als Flüssiggas verwendbare Kohlenwasserstoff wird im so genannten Ökokühlschrank als Kühlmittel eingesetzt.

HFKW
1995. Das EU-weite Verbot des ozonschädigenden FCKW führt zu einer massiven Verwendung von teilhalogenierten Fluorkohlenwasserstoffen (HFKW) als Ersatz.

1860

AUF LEISEN SOHLEN

Wer zuerst in Turnschuhen auf einem Siegertreppchen stand, ist nicht sicher überliefert, aber es wird wohl eine Krocket-Spielerin gewesen sein. Seit 1860 gehörte bei diesem beliebten Rasenspiel der rutschfeste und leichte Schuh zur Ausrüstung. Ihre gummigedämpfte Laufruhe brachte den Schuhen den Spitznamen »Sneakers« ein, was nichts anderes heißt als »Schleicher« oder auch, wie im Film, »die Lautlosen«.

▲ Ein bequemer und robuster Sportschuh, abgestimmt auf die jeweilige Sportart, hat heute ein vielschichtiges Innenleben.

▲ Charles Goodyear mischt Kautschuk mit Schwefel und stellt durch dieses Vulkanisieren brauchbares Gummi her.

Wie man eine Gummisohle an einem Leinenoberteil befestigen konnte, war bereits seit 1832 bekannt, aber erst Charles Goodyear brachte 1844 das erste wirklich haltbare Gummi auf den Markt. In der Folge eroberte der Sneaker den europäischen Tennissport und erwies sich auch als praktisch für das damals absolut moderne Radfahren. Mit der Herstellung von Turnschuhen aus Segeltuch, Gummi, Metallösen und Kordeln wuchsen damals Firmen heran, die bis heute Rang und Namen haben und deren erste Produkte noch nahezu unverändert zu haben sind. Reebok geht auf das Jahr 1895 zurück, der italienische Superga 2750 wird seit 1911 zusammengenäht, und in die amerikanischen Keds konnte man erstmals 1916 schlüpfen. 1917 brachte die US-Firma Converse einen bis zum Knöchel reichenden Basketballschuh heraus, für den 1921 erstmals ein prominenter Sportler Werbung machte: Chuck Taylors Name wurde zur Schuhbezeichnung und zum Riesenverkaufserfolg. Über 500 Mio. Paar »Chucks« wurden bis heute weltweit gekauft.

In Deutschland ärgerte sich 1920 der junge Adi Dassler über seine Fussballschuhe und ▸▸

Auf dem Weg zum Sieg

Es scheint keine echte sportliche Herausforderung zu sein, hölzerne Bälle mit hölzernen Hämmern durch kleine Tore zu treiben. Dennoch steht Krocket am Anfang der Turnschuh-Euphorie. Um 1830 in Irland aufgekommen, fand das Spiel erst in England und dann weltweit Freunde. Das lag nicht zuletzt daran, dass sich Frauen und Männer hier erstmals gleichberechtigt sportlich messen konnten. Und auf dem Rasen benötigten zumindest die Ladies bequemere Schuhe als üblich, also verlangten sie nach Turnschuhen. Krocket wurde Nationalsport und erhielt im Jahr 1868 seine englische Zentrale in Wimbledon. Allmählich verdrängte Tennis das Krocket-Spiel. 1877 wurde Wimbledon dann Schauplatz des bedeutendsten Rasentennis-Turniers, das den Ort in aller Welt bekannt gemacht hat.

▸ 1917 an den Nagel gehängt, heute Kultobjekt: die ersten »Converse Chucks«. Ihr Aufbau ist ebenso einfach wie wirksam und ist bis heute erfolgreich.

▶ Hintergrund: Bereit zum Sprint: Start zum 400-m-Lauf bei den Olympischen Spielen 1996 in Atlanta – in Turnschuhen von Nike.

◀ Anprobe der legendären Stollenschuhe, die Adi Dassler vor der siegreichen Weltmeisterschaft 1974 für Franz Beckenbauer (l.) und Uli Hoeneß (r.) mitgebracht hat.

gründete mit seinem Bruder Rudi in Herzogenaurach die Firma, die seit 1948 adidas heißt. Konkurrenz bekam Adi Dassler sogar vom eigenen Bruder, als der 1948 nach der Trennung die Marke Puma ins Leben rief. Von den Olympischen Spielen 1928 bis zu denen von 1972 galt adidas als »Sportausstatter der Welt« – nicht ganz zu Recht: In der damaligen Sowjetischen Besatzungszone entstand 1948 im thüringischen Hohenleuben die Sportschuhfabrik Carl Häßner, die hochwertige Sportschuhe herstellte und später alle DDR-Olympioniken ausstattete. 1971 trat dann Nike erfolgreich mit seinen heute prestigeträchtigen Modellen an. Die Gewinne der Firma Reebok stiegen gewaltig, als sie Anfang der 1980er Jahre eigens für Frauen entwickelte Trainingsschuhe anbot. Für jede Sportart gibt es inzwischen spezielle Schuhe, in preiswerten und in kostspieligen Versionen mit hoch technisiertem Innenleben – und längst haben sie nicht mehr nur auf dem Sportplatz etwas zu suchen: Schuhe der »richtigen Marke« gehören zum modischen Outfit einfach dazu. ■

◀ Griechischer Athlet des 4. Jahrhunderts v. Chr. beim Binden seiner Sportsandalen.

Schmerzende Füße

Irgendwann im 16. Jahrhundert bestellte Heinrich VIII. von England »sechs Paar filzgefütterte Schuhe zum Tennisspielen«. Selbst er hatte also die schmerzhafte Erfahrung machen müssen, dass lederne Herrenschuhe für den Sport nicht sehr gut geeignet sind, und schon die alten Ägypter, Griechen und Römer trugen nachgiebige Sandalen bei ihren Wettspielen. Wanderer stopften sich zur Dämpfung in früheren Zeiten Wolle oder Moos in die Schuhe. Noch um 1900 berichteten Sportler von schmerzenden Blasen und blutigen Zehen.

▲ Gleichermaßen hip: Neben edlem Schuhwerk passen auch Turnschuhe mittlerweile zu jedem Anlass.

Helden in Turnschuhen

1985 wurde der erste Grüne der Bundesrepublik als Minister in Hessen vereidigt – und Joschka Fischer trug zur Empörung vieler beim Amtseid Turnschuhe. Heute sind diese Schuhe, damals Stein des Anstoßes, im Haus der Geschichte in Bonn ausgestellt. Im Laufe der Jahre sind Turnschuhe zu einer Weltanschauung geworden. Den Anfang machte in den 1950er Jahren James Dean, der als Leitfigur jugendlicher Rebellion Turnschuhe trug. Salonfähig und trendy wurden die Kultschuhe, als Stars wie Woody Allen glamouröse Kulturveranstaltungen in Sporttretern besuchten oder gar darin vor den Traualtar traten, wie es Mick und Bianca Jagger 1971 taten. Mit programmatischen »Chucks« an den Füßen wurde 1998 auch der Gouverneur von Minnesota vereidigt – der ehemalige Wrestler und Actionschauspieler Jesse Ventura.

▶ Mit Turnschuhen schnell ins Amt: die Vereidigung Joschka Fischers als hessischer Minister für Umwelt und Energie 1985.

Geschichten rund um den Turnschuh

Olympionike
1936. Der Farbige Jesse Owens ist der Superstar der Olympischen Spiele im nationalsozialistischen Berlin. Mit Dassler-Schuhen sprintet er u.a. auf der 100-m-Strecke zu Gold.

Fußballweltmeister
1954. Die deutsche Nationalmannschaft triumphiert bei der Fußballweltmeisterschaft. Zum Erfolg tragen auch neue adidas-Fußballschuhe mit einschraubbaren Stollen bei.

Black Power
1968. Bei ihrer Siegerehrung im olympischen Mexiko heben die Farbigen Tommy Smith und John Carlos die Faust für Black Power und Black Panther. Sie tragen Puma-Schuhe.

Superstar Jordan
1984. Nike nimmt den Basketballstar Michael Jordan für 2,5 Mio. Dollar unter Vertrag, und der luftgepolsterte Schuh »Air Jordan« erobert den Turnschuhmarkt.

1861

MIT DER KRAFT DER SONNE

Die Energie der Sonne reicht selbst nach dem langen Weg durch Weltraum und Erdatmosphäre noch für die Erzeugung vieler Billionen Kilowattstunden – theoretisch. Praktisch jedoch ist die Ausbeute der Sonnenkraft eher mager, auch wenn die Wissenschaft mittlerweile zunehmend auf diese saubere und erneuerbare Energiegewinnung setzt. Die Grundlagen der modernen Solartechnik schuf im 19. Jahrhundert der französische Ingenieur Auguste Mouchot.

Eine Kohleknappheit in Frankreich veranlasste Mouchot über die Nutzung der Sonnenenergie nachzudenken, und so entwickelte er zahlreiche Solargeräte. 1861 ließ er sich seine erste sonnenbetriebene Dampfmaschine patentieren, 1878 war eine weitere, mit einem Parabolspiegel von 5 m Durchmesser versehen, die Hauptattraktion der Pariser Weltausstellung. Das Grundelement der Photovoltaik schließlich wurde 1954 in den USA in den Entwicklungslaboren der Bell Telephone Laboratories konstruiert: die Solarzelle. Jahrzehnte sind mittlerweile vergangen, doch wurden z. B. in Deutschland 1999 gerade mal 0,01 % des Strombedarfs durch photovoltaische Anlagen bereitgestellt. Der massenhaften Verbreitung soll nun durch staatliche Unterstützung nachgeholfen werden. Im sonnendurchfluteten Kalifornien und in Arizona dagegen entstanden schon ab den 1980er Jahren ▸▸

▴ »Paddel« mit Solarzellenmodulen sichern die Energieversorgung des europäischen Erderkundungssatelliten ERS.

◂ Pariser Weltausstellung von 1878: der riesige Hohlspiegel der Sonnenkraftmaschine von Auguste Mouchot.

Elektrizität aus Lichtteilchen

Solarzellen wandeln Lichtenergie direkt in elektrische Leistung um. In den einzelnen Elementen entsteht zwischen zwei mit Atomen aus Fremdmaterial, z. B. aus Bor oder Phosphaten, angereicherten Halbleiterschichten aus Silizium ein elektrisches Feld. Die Lichtquanten der Sonnenstrahlen, die Photonen, setzen einen Fluss freier Elektronen in Gang, indem sie diese aus den Atomen des Siliziumkristalls herauslösen. Am Übergang zwischen n-leitender Schicht (Elektronenüberschuss bewirkt negative Ladung) und p-leitender Schicht (positive Ladung durch fehlende Elektronen) entsteht eine elektrische Spannung, die dann durch Metallkontakte an Ober- und Unterseite abgegriffen wird.

▲ Ein fast schon idyllischer Anblick: Parabolspiegel eines solarthermischen Kraftwerks.

die größten solarthermischen Kraftwerke der Welt mit einer Leistung von bis zu 100 MW, was angesichts des gewaltigen Energiebedarfs der Amerikaner zwar nur der Tropfen auf den heißen Stein sein mag, den USA aber die technologische Führung bei der Nutzung der Solartechnik einbrachte. Weit verbreitet sind auch Sonnenkollektoren, die die Sonnenstrahlen absorbieren und direkt in Wärme umwandeln.

Die Zukunft der Sonnenenergie liegt in der dezentralen Nutzung, d. h. vor allem in Entwicklungsländern, wo die öffentliche Energieversorgung nur lückenhaft und lokale Eigenversorgung notwendig ist, sowie im Niederspannungsbereich der Halbleitertechnik, wie z. B. bei Taschenrechnern. Der Phantasie sind dabei kaum Grenzen gesetzt, zumal die Solarzellen ihre Einsatzfähigkeit längst bewiesen haben: Ohne die autonome Energieversorgung durch Photovoltaikanlagen würden Satelliten und Raumsonden aus der Umlaufbahn geworfen, und kein Funksignal fände den Weg zu den irdischen Empfangsanlagen. ■

▲ Telefonieren in Afrika: Eine Photovoltaikanlage liefert den Strom für eine öffentliche Telefonzelle mit Anschluss ans Mobilfunknetz.

Stromerzeugung mit dem Reflektor

Die meisten Solar- oder Sonnenkraftwerke arbeiten nach dem solarthermischen Prinzip, bei dem Strahlungsenergie in Wärme umgewandelt wird. Über ein Speichermedium werden Turbinen oder Motoren angetrieben, die ihrerseits Generatoren zur Stromerzeugung versorgen. In einer Parabolrinnenanlage bündeln gewölbte, nebeneinander angeordnete Reflektoren das Licht in einer Brennlinie. Dort verläuft ein Rohr, in dem ein Wärmeträger, meist eine Flüssigkeit, erhitzt wird. Mit der Wärme wird Dampf erzeugt. Bei Parabolspiegelanlagen wird das Sonnenlicht im Brennpunkt auf den Wärmetauscher eines Heißgasmotors fokussiert. In Turmkraftwerken wie auf Sizilien (»Eurelios«) reflektieren schwenkbare Spiegel das Sonnenlicht auf den Flüssigkeitsbehälter an der Spitze eines Turms.

▼ Durch 9000 Spiegel gebündelt, heizt Sonnenlicht einen Schmelzofen in den Pyrenäen auf 3300 °C auf.

Kostenlose Energie

Das Licht der Sonne lässt sich »aktiv«, etwa zur Stromerzeugung, in Solarzellen oder über Sonnenkollektoren zur Gewinnung heißen Wassers, aber auch allein durch sonnenorientierte Bauweise »passiv« nutzen – wie schon in den regelmäßig angelegten Häuserblocks der altgriechischen Stadt Olynthos im 5. und 4. Jahrhundert v. Chr. praktiziert. Der künstliche Treibhauseffekt »hinter Glas« schafft wärmendes Wohlgefühl, je günstiger der Winkel zur Sonne, desto größer die Ausbeute. Zeitgemäße Null-Energie-Häuser decken ihren gesamten Energiebedarf durch die Nutzung von Sonnenenergie – passiv und aktiv.

▲ Die erste Solarzelle von 1954; sie kann 6 % der Sonnenenergie in Elektrizität umwandeln.

▶ Anbetung der Sonnenkraft: Der ägyptische Pharao Echnaton stellt im 14. Jahrhundert v. Chr. die Sonnenscheibe in den Mittelpunkt des religiösen Staatskults.

Bedeutende Innovationen der Solartechnik

Meerwasserentsalzung
1872. Der Engländer Charles Wilson baut in Las Salinas (Chile) eine Anlage, bei der die unter Glas absorbierte Sonnenwärme Meerwasser zu Süßwasser destilliert.

Solarhaus
1973. Die Universität Delaware baut ein Wohnhaus (»Solar One«), das vier Fünftel seines Energiebedarfs an Wärme und Strom durch die Nutzung der Sonnenenergie deckt.

Solarkraftwerk
1994. Bei Toledo (Spanien) und Serre (Italien) gehen die größten Sonnenkraftwerke Europas in Betrieb; sie decken den Strombedarf von 2000 bzw. 3000 Haushalten.

100 000-Dächer-Programm
1999. Zinslose Darlehen für Hauseigentümer zur Installation von Solarzellenmodulen sollen privat genutzte Photovoltaikanlagen in Deutschland populärer machen.

1861

»RUF DOCH MAL AN!«

Zwei Stunden lang schilderte Philipp Reis am 26. Oktober 1861 im Hörsaal der Frankfurter Universität den hohen Herren der Wissenschaft die Vorteile seines Telefonapparates. Die Begeisterung hielt sich jedoch in Grenzen. Niemand ahnte, dass die Reis'sche Erfindung einmal die ganze Welt verbinden würde.

▲ Früher Tischfernsprecher zum Selbstwählen aus dem Jahr 1908.

D as Pferd frisst keinen Gurkensalat«, lautete der erste Satz, der über den Reis'schen Apparat zu hören war. Der Heidelberger Lehrer griff bei der Wortübermittlung auf Erkenntnisse anderer Forscher zurück. Sie hatten das Phänomen entdeckt, dass elektrische Schwingungen in mechanische und dann in akustische Wellen umgewandelt werden können. Als Vorbild für seinen Sender nahm Reis das menschliche Ohr und baute die wichtigsten Teile nach. Eine Membran aus Schweinedarm saß mit einem Metallplättchen versehen am Ende des »Gehörgangs«. Schallwellen der Stimme setzten die Membran in Bewegung und stießen das Metallplättchen gegen einen Kontakt. Damit wurden die Wellen in feine elektrische Stromstöße verwandelt. Als Empfänger diente eine mit Draht umwickelte Stricknadel und ein Geigenkasten als Resonanzkörper. Die Lorbeeren für diese Erfindung erntete kurz nach dem Tod von Philipp Reis der Bostoner Professor Alexander Graham Bell. ▸▸

▲ Wandtelefon um 1900; Hörer und Sprechanlage sind noch getrennt.

▲ In kaum verändertem Design ist das Siemens-Telefon aus den 1920er Jahren noch Jahrzehnte später in deutschen Amtsstuben zu finden.

▸ Erste Sprechversuche: Von seinem Laboratorium aus stellt Philipp Reis eine Telefonverbindung mit dem Nachbarhaus her.

Entwicklung der Übertragungstechnik

Telefonzentralen
1878. Fünf Bankhäuser in Boston lassen sich mit einer zentralen Vermittlungsstelle verbinden – dem ersten Fernsprechamt der Welt. 1881 hat auch Europa die erste Zentrale.

Kupfer statt Eisen
1884. Zwischen Boston und New York richtet die Bell Telephone Company die erste Ferntelefonleitung ein. Statt aus Eisendraht bestehen die Kabel aus Kupfer.

Unterwasserkabel
1956. Schottland und Neufundland verbindet das erste Unterwasserkabel. Mit einer Länge von 3600 km ermöglicht das Kabel zunächst 36 gleichzeitige Gespräche, später 88.

Fernsprechsatellit
1962. Der Nachrichtensatellit TELSTAR ist der erste künstliche Himmelskörper, der zwischen den USA und Europa drahtlose Ferngespräche ermöglicht.

Als er seinen verbesserten Apparat 1876 zum Patent anmeldete, schien es, als habe die Welt nur auf das Telefon gewartet. In den USA entstand noch 1876 eine erste Versuchsverbindung über 8,5 km. Bald griff das »Telefonfieber« um sich. Das Problem war jedoch die Reichweite, die zunächst bei nur 70 km lag. Zudem wunderte sich so mancher Teilnehmer, wenn er fremden Gesprächen lauschte. Hier schaffte der serbisch-amerikanische Hochschullehrer Michael J. Pupin Abhilfe, als er kurz vor der Jahrhundertwende die Störeinflüsse durch Induktionsspulen verminderte. Sie vergrößerten die Reichweite auf bis zu 3000 km. Als sich ab 1915 US-Bürger zwischen New York und San Francisco unterhalten konnten, gab es bereits eine neue Erfindung: die Elektronenröhre. Sie verbesserte die Leitungen erheblich. ■

▲ Verbindung zwischen den Kulturen: ein Caiapo-Indianer in einer Telefonzelle in Rio de Janeiro.

▲ 1876 demonstriert Alexander Graham Bell das erste funktionsfähige Telefon.

Streit ums Patent

Zwei Stunden entschieden am 14. 2. 1876 über die Vergabe des damals wertvollsten Patents an Alexander Graham Bell. Sein Konkurrent Elisha Gray tauchte zu spät im Patentamt auf. Bell, ein gebürtiger Schotte, war seit 1873 Professor für Stimmphysiologie in Boston. Bei dem Versuch, Telegrafenleitungen zu verbessern, gelang Bell die Sprachübertragung, mit der er auf der Weltausstellung in Philadelphia 1876 für Furore sorgte. Für Bell hagelte es aber auch Vorwürfe: Er wurde als windiger Bauchredner, Scharlatan und Betrüger beschimpft. Um sein Patent musste der Telefonpionier mehr als 600 Prozesse führen; er gewann alle.

Das »Fräulein vom Amt«

Die Arbeit der Telefonistinnen schien schon vorüber, noch ehe sie recht begonnen hatte. Denn Ende des 19. Jahrhunderts forderte der US-Unternehmer Almon B. Strowger automatische Telefonzentralen, da eine Vermittlerin seine Geschäftsgeheimnisse ausgeplaudert hatte. Die Umstellung verursachte jedoch Kosten, und die Telefonkonzerne hielten sich zurück. Der »Klappenschrank« blieb unentbehrlich: Wenn jemand die Kurbel des Telefons drehte, fiel im Schrank eine Klappe mit seiner Nummer, das »Fräulein vom Amt« fragte nach der gewünschten Verbindung und fügte die Stöpsel zusammen. Als dann 1923 in Deutschland die Automatisierung des Fernsprechverkehrs begann, schien das Aus der »Fräulein« besiegelt zu sein. Aber es dauerte noch bis zum Jahr 1945, bis die Technik Oberhand gewann. Es folgte die elektronische Steuerung, ab 1985 begann schließlich die Digitalisierung – »Kollege Computer« ersetzte das »Fräulein vom Amt«.

▲ Ein ausgestorbener Beruf in hoch industrialisierten Ländern: Telefonistinnen in einer Pariser Vermittlungsstelle zu Beginn des 20. Jahrhunderts.

Übertragung mit Licht

Für die Informationsgesellschaft maßgeblich war im Jahr 1966 die Entwicklung des Glasfaserkabels durch Charles Kuen Kao und Georges Hockham in Großbritannien. Während ein traditionelles Kupferkoaxialkabel nur gerade mal 30 Telefonate gleichzeitig vermitteln kann, ist eine Glasfaser dagegen in der Lage, 40 000 Gespräche zu übertragen.

Die Faser ist so dünn wie ein menschliches Haar, sie übermittelt sogar Videobilder. Glasfaserkabel sind zudem erheblich billiger als Kupferkabel und arbeiten auch noch störungsfreier. Hinter der Technologie steckt eine besondere Methode: die Übertragung durch Licht. Informationen werden in kurzen Laserlichtimpulsen gesendet. Das Hauptproblem der Leitung ist die Lichtstrahldämpfung durch Verunreinigungen oder durch winzige Risse der Glasfaser: Je reiner das Glas, desto weiter kommen die Impulse.

▶ Welten liegen zwischen der Erfindung von Philipp Reis und diesem modernen Multifunktionstelefon.

1862

»PLASTE UND ELASTE«

In der zweiten Hälfte des 19. Jahrhunderts beschäftigten sich Wissenschaftler immer wieder damit, Kunststoffe herzustellen. Erstmals erfolgreich war 1862 der britische Chemiker Alexander Parkes. Einige Jahre später dann gelang es dem Amerikaner John Wesley Hyatt mit seiner Erfindung des Zelluloids, die Kunststoffproduktion zu einem einträglichen Geschäft zu machen.

▲ Ideal für Kinder: Plastikbehälter für unterwegs.

Parkes' Erfindung war ein elfenbeinartiges, hartes Material, das er aus Nitrozellulose gewann und Parkesin nannte. Sein Konkurrent Hyatt begründete 1872 die Celluloid Manufactoring Company und damit die eigentliche Geschichte des Kunststoffs. Das Zelluloid gewann er aus Baumwolle, also aus Zellulose. Eine neue Familie der Kunststoffe entdeckten 1897 deutsche Chemiker: die Kasein-Kunststoffe, die als Kunsthorn oder Galalith auf den Markt kamen. Gewonnen wurden sie aus entrahmter Milch, die man durch Labfermente zum Gerinnen brachte, durch verschiedene Zusätze geschmeidig machte und anschließend aushärten ließ. Bis weit ins 20. Jahrhundert hinein waren Knöpfe, Kämme, Möbelbeschläge, Stricknadeln und andere Kleinteile weit verbreitete Kunststoffartikel aus Galalith. Während diese ersten Kunststoffe auf biologischen Rohstoffen (Zellulose und Kasein) basierten, gelang es 1909 dem in Belgien geborenen amerikanischen Chemiker Leo Hendrik Baekeland, einen ersten vollsynthetischen Kunststoff, das Bakelit, herzustellen. ▸▸

▲ Diese afrikanische Frau transportiert auf ihrem Kopf ein großes Bündel leerer Plastikflaschen, die u.a. zum Abfüllen von Wasser gebraucht werden.

▸ Der Erfinder des Bakelits, des ersten Kunstharzes, Hendrik Baekeland; das neue Material inspirierte auch die Bauhauskünstler. Schmuck, Dosen und Haushaltsgegenstände aus Bakelit sind heute beliebte Sammelobjekte.

Entwicklung bedeutender Kunststoffe

Kunstseide
1900. Der britische Chemiker Frederick Stanley Kipping entwickelt erstmals Kunstseide aus Silizium-Sauerstoff-Ketten (statt Kohlenstoff-Sauerstoff-Ketten).

Hart-PVC
1913. Deutsche Chemiker stellen das vielseitig verwendbare Polyvinylchlorid (PVC) in Form von Hart-PVC her. Das bringt enorme Vorteile für die Massenproduktion.

Polyurethane
1937. Der Deutsche Otto Bayer entwickelt die große, vielfältig einsetzbare Kunststoffgruppe der Polyurethane, aus der sich u.a. Lacke und elastische Fäden herstellen lassen.

Silikone
1942. Die Massenproduktion flüssiger, kautschukelastischer und fester Silikone beginnt. Heute spielt dieses Material eine große Rolle in der plastischen Chirurgie.

Dieses Material lässt sich aus zwei Chemierohstoffen – Phenol und Formaldehyd – gewinnen. Bakelit war der erste so genannte duroplastische Kunststoff. Im Gegensatz zu den später entwickelten Thermoplasten lässt er sich durch Erwärmen nicht mehr weich machen und danach erneut formen.

Das molekulare Wesen der Kunststoffe, ihre chemische Struktur, beschrieb 1922 der deutsche Chemiker Hermann Staudinger in seiner Arbeit über die Theorie der Polymere, für die er 1953 den Nobelpreis für Chemie erhielt. Staudingers grundlegende neue Erkenntnisse öffneten das Tor zur gezielten Suche nach immer neuen Kunststoffen, die bis heute nicht abgeschlossen ist.

1927 begann in Deutschland die Herstellung von synthetischem Kautschuk, genannt Buna. Andere Synthese-Kautschuke, darunter 1931 das Neopren des Amerikaners Wallace H. Carothers, folgten. 1929 erlaubte die Acetylcellulose, eine Erfindung der Schweizer Brüder Camille und Henri Dreyfus, die Produktion erster Spannlacke, Textilfasern und Klarsichtfolien aus Kunststoff.

Heute kennen wir Dutzende verschiedene Kunststoffe und ebenso viele Herstellungsverfahren – und der Alltag ist ohne Kunststoff kaum noch vorstellbar. ∎

▲ Nicht nur für Liebhaber des Kunststoffdesigns ein Begriff: der erste Stapelstuhl aus Polyurethan von Verner Panton, 1967.

▲ Die DDR feiert Geburtstag, u.a. mit einem vielfältigen Angebot an Plastikartikeln aus staatseigener Produktion.

◀ In den 1960er Jahren sind Plastikmäntel in grellen Farben groß in Mode.

Neues Zeitalter

Der Beginn des Kunststoffzeitalters leitete zugleich eine neue Ära der industriellen Produktion ein. Das hat zum einen mit den speziellen Eigenschaften des Kunststoffes zu tun, zum anderen aber auch mit neuen Fertigungsmöglichkeiten wie Extrudieren – das Herstellen von Formstücken aus Thermoplasten –, Spritz- und Schleuderguss, Verpressen oder Aufschäumen. Die Kunststoffproduktion bestimmt heute drei wichtige Gebiete: den Verpackungssektor von der Shampoo-Flasche bis zur Blisterpackung, die Geräte- und Maschinengehäuseproduktion vom Handy bis zur kompletten Autokarosserie sowie den Sportartikelmarkt.

Unendliche Möglichkeiten

Industriechemiker und Hochschulforscher sind sich einig: Die Zeit des Kunststoffes hat gerade erst begonnen. Hatte sich die Wissenschaft bislang darauf konzentriert, neue Kunststofffamilien zu entdecken und diese dann auf ihre technischen Anwendungsmöglichkeiten hin zu untersuchen, so gelingt es nun in zunehmendem Maße umgekehrt, im Labor Kunststoffmoleküle nach Bedarf zu entwickeln. In Zukunft soll die beabsichtigte Anwendung die Art eines neuen Kunststoffs bestimmen. Dabei zeichnen sich schon jetzt völlig neuartige Synthesematerialien mit bisher kaum für möglich gehaltenen Eigenschaften ab. Einige davon werden extrem belastungsresistent sein, z.B. gegen höchste Temperaturen oder aggressive Chemikalien, andere werden ein »intelligentes Verhalten« an den Tag legen und sich beispielsweise durch elektrische Spannung in Sekundenbruchteilen verflüssigen oder aber verfestigen lassen.

1863

EIN BLICK AUFS WETTER

Von jeher beschäftigten sich die Menschen damit, das Wetter zu beobachten, um sich so ein wenig besser auf die Natur und ihre Gewalten einstellen zu können. Viele dieser Beobachtungen sind als so genannte Bauernregeln überliefert. Mit seinen Forschungen über Hochdruckgebiete, die er »Antizyklone« nannte, begründete der britische Naturwissenschaftler Francis Galton 1863 die nach wie vor gängigen Wetterkarten, die das meteorologische Geschehen bestimmter Räume zeigen und heute aufgrund hochtechnisierter Messmethoden immer exaktere Wettervorhersagen erlauben.

▲ Der Turm der Winde, die erste meteorologische Beobachtungsstation der Geschichte, wird um 40 v. Chr. in der römischen Agora in Athen errichtet.

▶ Hintergrund: Gutes oder schlechtes Wetter, Sonnenschein oder strömender Regen – für manche scheint die Wettervorhersage keine Rolle zu spielen.

Schon vor Francis Galton hatten sich andere an meteorologischen Wetterkarten versucht: 1780 beispielsweise schuf die Mannheimer Akademie die Basis für eine überregionale Wettererfassung, indem sie ein von Bologna bis Grönland und vom Ural bis Nordamerika reichendes Wetterbeobachtungsnetz mit zahlreichen Messstationen aufbaute. Eigentlich wäre es damit ein Leichtes gewesen, zeitlich synchrone Wetterdaten in einem größeren Gebiet zusammenzustellen, doch dauerte es noch bis ins frühe 19. Jahrhundert, bis der deutsche Astronom und Mathematiker Heinrich Wilhelm Brandes erste so genannte synoptische Wetterkarten erarbeitete. Allerdings ließen all diese Karten noch immer keine Prognosen zu, und auch Brandes Datenerfassung war lediglich eine nachträgliche Zusammenstellung der Luftdruckverhältnisse verschiedener europäischer Städte zu einer bestimmten Zeit. Erst die Telegrafie bot ab 1837 die Voraussetzung für die rasche Übermittlung von Wetterdaten und damit für die Erstellung von Wettervorhersagen. Insbesondere die Vernichtung der französischen Kriegsflotte im Krimkrieg 1854 durch einen Sturm verstärkte schließlich den Wunsch, die meteorologischen Naturgewalten besser kontrollieren zu können. So wurden in Frankreich schon ein Jahr später tagesaktuelle Wetterdaten ausgegeben, und 1865 entstand – auf einer Studie des französischen Astronomen Urbain Jean Joseph Leverrier aufbauend – der erste Wetterdienst. 1868 erkannte der deutsche Physiker Hermann L. F. von Helmholtz, dass sich bestimmte physikalische Berechnungen auch in der Meteorologie anwenden ▶▶

Messdaten über Messdaten

Wetterkarten gehören heute zu unserem täglichen Medienangebot. Grundsätzlich sind zwei Arten von Karten zu unterscheiden: Die Bodenwetterkarte hält die Messdaten einzelner Beobachtungsstationen zu einem bestimmten Zeitpunkt fest. Mit Hilfe international vereinheitlichter Wettersymbole werden Größen wie beispielsweise Temperatur, Luftdruck, Windverhältnisse und Niederschlag dargestellt, sodass Tief- und Hochdruckgebiete erkennbar werden. Die Höhenwetterkarte verzeichnet Messergebnisse von Radiosonden aus den höheren Luftschichten und macht Angaben über Temperatur, Luftdruck, Wind u. a.

▶ Die erste synoptische Wetterkarte erstellt im Jahr 1821 der deutsche Professor Wilhelm Brandes. Sie zeigt Messdaten verschiedener Orte für den 24. Dezember des Jahres.

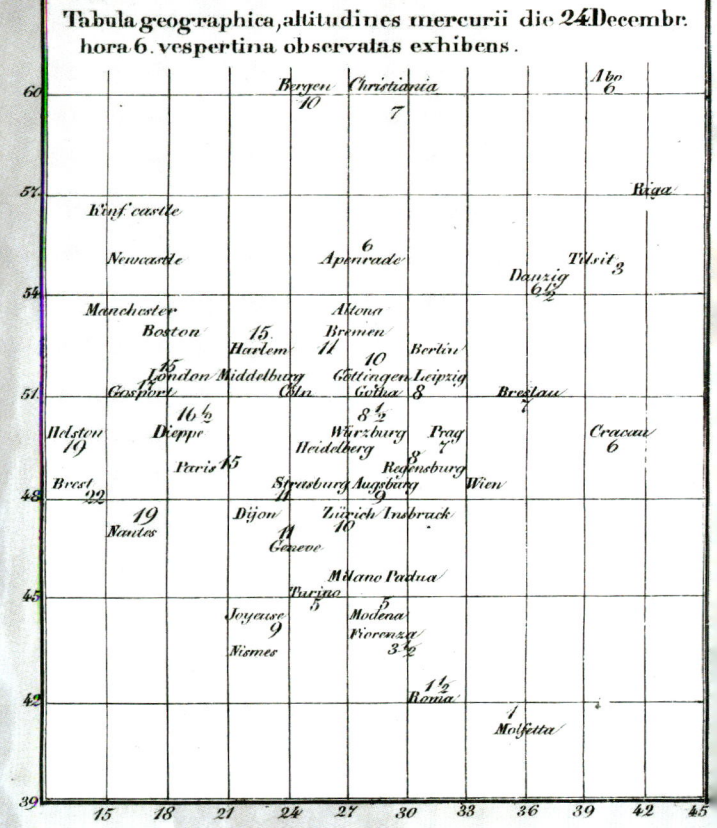

lassen. Doch blieb diese Erkenntnis lange reine Theorie, denn mathematische Wetterprognosen »von Hand« hätten eine Rechenzeit von mehreren Jahren in Anspruch genommen. Erst der Einsatz von Großrechneranlagen machte es ab den 1950er Jahren möglich, Wetterprognosen innerhalb einer kurzen Zeit zu erstellen. Seit dem Zweiten Weltkrieg werden Radiosonden und Wetterradar und seit 1960 auch Satelliten für die Wetterbeobachtung eingesetzt. Darüber hinaus sind heute Bodenwetterkarten und Höhenwetterkarten die wichtigste Grundlage für die Beurteilung der Wetterlage. ■

»Die Natur würfelt nicht«

Der Begriff Meteorologie, die Lehre von den physikalischen Erscheinungen und Vorgängen in der Atmosphäre, geht auf den griechischen Philosophen Aristoteles (384–322 v. Chr.) zurück. Sein Ausspruch »Die Natur würfelt nicht« lehrte, dass nicht etwa Zufälle, sondern Gesetzmäßigkeiten die Natur und damit auch das Wetter bestimmen. Bis ins 17. Jahrhundert versuchte man, diese Gesetzmäßigkeiten durch Naturbeobachtung zu erfassen. Daraus entwickelten sich zahlreiche Volksweisheiten, die natürlich immer auch subjektiv geprägt waren.

▶ Eine hochmoderne Wetterstation auf der Zugspitze liefert den Meteorologen täglich wichtige Messdaten für die Erstellung von Wetterkarten.

▼ Diese Wettervorhersage für den 9.11.1999 mittags gibt u.a. Auskunft über die in Europa zu erwartenden Temperaturen und Niederschläge.

◄ Dem griechischen Philosophen und Schüler Platons, Aristoteles, wird die Begründung der Meteorologie zugeschrieben.

Vorhersage für 09.11.1999 mittags

sonnig	heiter	bedeckt	wolkig	Schauer	Regen	Gewitter	Schnee

Nebel · Kaltfront · Warmfront · Okklusion · H Hochdruckzentrum · T Tiefdruckzentrum

Warmluftzufuhr · Kaltluftzufuhr

Angaben in Grad Celsius

unter -10°C	-10°C bis -6°C	-5°C bis -1°C	0°C bis 4°C	5°C bis 9°C	10°C bis 14°C	15°C bis 19°C	20°C bis 24°C	25°C bis 29°C	30°C und mehr

© Deutscher Wetterdienst

Daten aus dem All

Am 1. April 1960 schoss die US-Luft- und Raumfahrtbehörde NASA den weltweit ersten Wettersatelliten TIROS 1 ins All. Er sammelte u.a. atmosphärische Daten für die 1951 gegründete »World Meteorological Organization« (WMO), eine Organisation der Vereinten Nationen mit Sitz in Genf. Als 1977 das »Europäische Zentrum für mittelfristige Wettervorhersagen« in Reading bei London seine Tätigkeit aufnahm, startete auch Europa seinen ersten, diesmal geostationären Wettersatelliten »Meteosat«.

Satelliten unterstützen mit ihren Bildern aus dem All andere meteorologische Instrumente wie die Boden- und Höhenwetterkarten und geben wichtige Anhaltspunkte über Luftdruck- und -strömungsverhältnisse.

▶ Der europäische Wettersatellit Meteosat sendet halbstündlich Daten zur Erde, die Wetterprognosen erlauben.

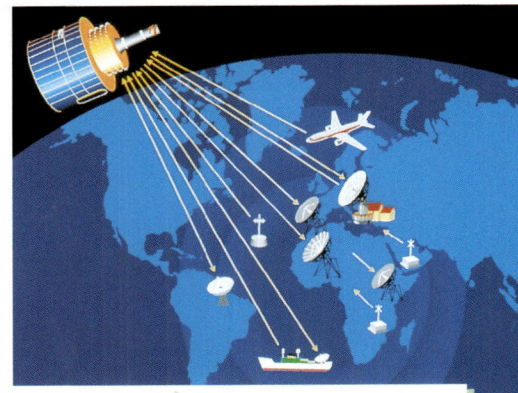

Auf dem Weg zur Wettervorhersage

Sturmwarnung
1660. Dem deutschen Physiker Otto von Guericke gelingt erstmals die Vorhersage von Unwettern. Grundlage seiner Prognose sind Barometerbeobachtungen.

Bergwetterstation
1781. Auf dem Hohen Peißenberg in der Nähe von Schongau in Oberbayern wird in einer Höhe von knapp 1000 m die erste Bergwetterstation der Welt gegründet.

Seewetterwarte
1871. In der Hansestadt Hamburg nimmt die Deutsche Seewetterwarte ihren Dienst auf. Sie soll die Schifffahrt per Funk über Wetterdaten informieren.

Internationale Kooperation
1873. Aus Anlass eines internationalen Meteorologenkongresses wird die so genannte Internationale Meteorologische Organisation« (IMO) gegründet. Ihr Sitz ist in Wien.

1863

▲ Gezogen von einer Dampflok: einer der ersten Londoner U-Bahn-Züge.

FREIE FAHRT IM UNTERGRUND

Im Zeitalter der industriellen Revolution vervielfachte sich der Berufsverkehr in den Großstädten Europas und Amerikas. Pferde-omnibusse und Droschken, ein Heer von Fußgängern und erste Trambahnen verstopften die Straßen. In London mussten eine viertel Million Menschen zur Arbeit kommen. 1863 war das tägliche Chaos gebannt: London erhielt als erste Stadt der Welt eine U-Bahn.

▲ Jugendstil-Deko für Pariser U-Bahn-höfe; die Metro-Station Porte Dauphine wurde um die Jahr-hundertwende von Hector Guimard, ei-nem berühmten Ver-treter des Jugend-stils, entworfen.

D en Plan, ein Röhrenbahnnetz in Londons Untergrund anzulegen, hatte Charles Pearson, der Sohn eines ar-men Polsterers und später oberster Justizbeamter der City of London. »Der Arme«, schrieb Pearson, »lebt wie in Ketten. Zum Gehen fehlt ihm die Zeit, und für längere Fahrten zu seiner Arbeitsstelle fehlt ihm das Geld.« Am 10. 1. 1863 wurde Pearsons Traum Wirklichkeit, die Londoner Metropoli-tan-Eisenbahn nahm ihren Untergrund-Betrieb auf. Nicht von ungefähr un-ternahm man das Wagnis dieser neuen Verkehrstechnologie ausgerechnet in der Stadt an der Themse – London war weltweit führend im Tunnelbau. ▸▸

▸ Im offenen Wag-gon durch den Tun-nel: Einweihung der Londoner U-Bahn am 10. 1. 1863. Es gibt Schienen für Normal- und Breit-spurwagen.

U-Bahn-Bauten in der frühen Zeit

Budapest
1896. In der ungarischen Me-tropole wird die erste U-Bahn des europäischen Festlands eingerichtet. Auf den Strecken kommen elektrische Lokomo-tiven zum Einsatz.

Paris
1900. Pünktlich zur Weltaus-stellung verkehren in der fran-zösischen Hauptstadt die ers-ten Metro-Züge. Die Strecken-länge beträgt anfangs 10,3 km, heute sind es über 300 km.

Berlin
1902. Siemens nimmt die ers-ten Strecken des elektrischen Berliner U-Bahn-Netzes in Be-trieb. Schon seit dem Jahr 1882 fährt auch die S-Bahn teilweise in Tunnelröhren.

New York
1904. Die US-Ostküstenmetro-pole bekommt eine U-Bahn. Die elektrisch betriebene Sub-way ist zunächst 15 km lang und hat mittlerweile eine Län-ge von rund 400 km.

1842 hatte der französischstämmige Brite Mark Isambard Brunel nach 18-jähriger Arbeit mit der von ihm entwickelten Schildvortriebtechnik einen 1100 m langen Tunnel unter der Themse durchstoßen lassen. Auch die U-Bahn-Röhren wurden in dieser Technik vorgetrieben. Luftabzugsanlagen und Schornsteine sorgten für Luftzirkulation, denn bis 1890 verkehrten nur Dampfloks unter Londons Erde. Nach dem geglückten Experiment folgten andere Großstädte mit eigenen U-Bahnen. Für die Entwicklung der Weltstädte und die Mobilität ihrer Bewohner besaßen sie einen hohen Stellenwert. Sie beeinflussten die Planung ganzer Stadtviertel, und die Ansiedlung von Industrie wurde auch außerhalb der Innenstädte möglich. ∎

◀ Eher einem Festsaal als einer U-Bahn-Station gleichen viele Haltestellen in Moskau.

▶ Die U-Bahn als Touristenattraktion; Postkarte mit Motiven der Londoner Underground Railway; 19. Jahrhundert.

Nur für Spezialisten: der Tunnelbau

In den meisten Fällen entstanden U-Bahn-Trassen in den Großstädten nach der »Cut-and-Cover«-Methode: Zunächst wird ein offener Kanal ausgehoben und seitlich abgestützt, später wird er nach oben abgedeckt. Heutzutage arbeiten im Tunnelbau teilweise riesige Vollschnittmaschinen, die den gesamten Querschnitt gleichzeitig ausfräsen. Außerdem werden nur etwa ein Meter lange Abbaugeräte mit einem öldruckbewegten Kolben eingesetzt. Aus den Hochdruckkolben schießt mit Überschallgeschwindigkeit Wasser aus, das selbst hartes Gestein erschütte-

rungsfrei zertrümmert. Für Tunnelbauten unter weichen Flusssedimenten wird der Boden tiefgefroren, die Röhre durch das Eis-Sand-Gemisch gefräst und hermetisch abgedichtet.

Abenteuerliche Fahrten

Wichtigstes Glied der Massenbeförderung im 27-Millionen-Großraum Tokio ist das U-Bahn-Netz. Damit es bei der enormen Verkehrsdichte auch reibungslos funktioniert, setzen die Betreiber auf sekundengenaue Einhaltung der Fahrpläne und gehen dabei wenig zimperlich mit den Reisenden um. Was andernorts unmöglich wäre, in Japan ist es völlig normal: Die Fahrgäste werden vom Ordnungspersonal gewaltsam in bereits hoffnungslos überfüllte Züge gestoßen oder bei der Abfahrt heftig zurückgezerrt.

▶ Die Tür muss zu: Angestellte der Tokioter U-Bahn drücken die Passagiere ins Innere des Abteils. Dabei tragen sie weiße Handschuhe.

Die Tokioter U-Bahn beschäftigt sogar Hilfskräfte, um die im alltäglichen Gedränge abgerissenen Ärmel und verloren gegangenen Schuhe in Körben zu sammeln und zu entsorgen.

Kein Vergnügen

Viele der ersten U-Bahn-Fahrgäste hatten Angst in den Tunneln. In den Zügen brannte nur spärliches Dämmerlicht, das zudem oft ausging. Um sexuelle Belästigungen im Dunkeln zu vermeiden, gab es getrennte Abteile für Frauen und Männer. Äußerst störend war der Gestank der Dampfloks in den engen Röhren. Ein Kolonialbeamter auf Heimaturlaub aus Ägypten fand, »dass es in den Tunnels roch wie aus dem Rachen eines Krokodils«. Die zunächst befürchtete U-Bahn-Kriminalität blieb im Rahmen: Niemals wurde in der Londoner Underground ein Mord verübt.

◀ Spezielle Frauenwagen in der 1904 eingeweihten New Yorker U-Bahn.

◀ U-Bahnbau Ende des 19. Jahrhunderts in Berlin: Ausschachtungsarbeiten am Potsdamer Platz.

1864

BETTEN AUF SCHIENEN

Lange Eisenbahnreisen machen hungrig und müde. Verpflegung hat ja zur Not Platz in der Reisetasche, und ein kurzes Nickerchen ist auch im Sitzen möglich. Für die Nachtruhe aber braucht es Komfort. Diesem Bedürfnis trug als Erster der Amerikaner George Mortimer Pullman Rechnung. 1858/59 baute er einen alten Sitzwagen in einen Schlafwagen um. 1864 schließlich stellte er in Chicago der Öffentlichkeit seinen ersten »reinrassigen« Eisenbahnschlafwagen vor.

▲ Schlafwagenabteil aus den 1930er Jahren; das Bett ist zurückgeklappt.

D er von zwei Plattformen vorn und hinten aus zugängliche Wagen erntete zunächst nichts als den Hohn der Eisenbahner, galt Bequemlichkeit doch nicht als Reisekategorie. Das große Publikum jedoch dachte anders über Pullmans Idee. Offensichtlich hatte der Erfinder eine Marktlücke entdeckt. Und schon bald rollten seine Wagen nicht nur durch die USA, sondern ab 1873 auch durch England. Pullman betrieb seine luxuriösen Schlafwagen in Eigenregie. Er bezahlte an die nationalen Eisenbahngesellschaften Gebühren für die Beförderung der Wagen auf deren Schienenwegen und verdiente an den Zuschlägen, die zahlungskräftige Fahrgäste für den hohen Reisekomfort auszugeben bereit waren.

▸ Hintergrund: Die »City Night Line« gehört zu den Aushängeschildern der Deutschen Bahn.

Der belgische Ingenieur Georges Nagelmackers ließ sich 1868 von Pullmans Idee inspirieren und baute mit dem Unternehmer William d'Alton Mann den ersten europäischen Schlafwagen. Die Mann-Boudoir-Schlafwagengesellschaften betrieben ihre Schlafwagen nach Pullmans Vorbild, folgten aber in der Konstruktion kontinentalen ▸▸

▸ Symbol des komfortablen Reisens auf Schienen: der Pullman-Waggon; der Holzstich von 1889 zeigt die Nutzungsmöglichkeiten der Coupés. Zum Schlafen werden die Sitzkissen ausgezogen und zur weichen Matratze verlängert.

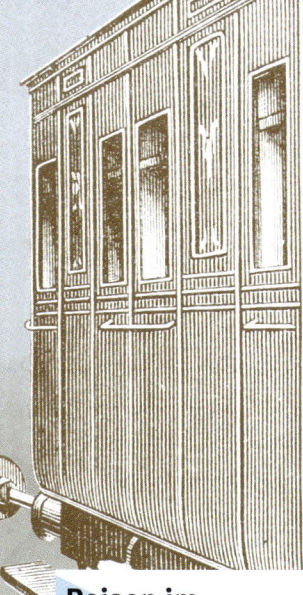

▲ Guter Service ist im Preis mit inbegriffen; Schlafwagenschaffner in einem modernen Abteil der Deutschen Bahn.

Reisen im Zeitalter der Eisenbahn

Großraumwagen 1835. In den USA setzt sich der Großraumwagen mit Mittelgang als Reisezugwagen durch, während in Europa das Abteilsystem (Klasse 1–4) Standard im Personenverkehr wird.

Salonwagen 1842. Der erste Salonwagen wird für die Witwe des britischen Königs William IV., Adelaide, gebaut. Er hat vier Räder, zwei Abteile und ein Coupé für Bedienstete.

Gepflogenheiten: Ebenso wie die Coupés der Reisezugwagen hatten ihre Schlafwagenabteile eine Klasseneinteilung und waren direkt von außen über ein seitlich am Waggon entlangführendes Trittbrett zugänglich. 1876 gründete Nagelmackers mit der Compagnie Internationale des Wagons-Lits (CIWL) ein eigenes Unternehmen, das noch heute als Internationale Schlafwagen- und Touristik-Gesellschaft (ISTG) besteht. Nagelmackers' Schlafwagen verkehrten ab 1872 auch als Erste in Deutschland. Ab 1883 dampfte der erste und bekannteste von der CIWL betriebene Luxuszug, der »Orient-Express« über die Schienen. Konkurrenz erwuchs der Compagnie ab 1916 durch die Mitteleuropäische Schlaf- und Speisewagen A.G., kurz MITROPA. Nach dem Zweiten Weltkrieg blieb dieses Unternehmen mit Sitz in Berlin nur noch für das Gebiet der DDR bestehen. In der Bundesrepublik übernahm 1949 die Deutsche Schlafwagen- und Speisewagengesellschaft (DSG) die MITROPA-Vermögenswerte. Mittlerweile aber verkehren die Schlafwagenzüge auf den Strecken der Deutschen Bahn AG wieder gesamtdeutsch. ■

▼ Nachtruhe hinter dünnem Vorhang auf zwei Etagen; französische Schlafwaggons im 19. Jahrhundert, Holzstich.

▲ Nur etwas für gut Betuchte ist der luxuriöse Schlafwagen der südafrikanischen Rovas Rail, Aufnahme aus den 1990er Jahren.

Ein Name wird zur Marke

George Mortimer Pullman wurde am 3. März 1831 in Brocton im Bundesstaat New York geboren und starb am 19. Oktober 1897 in Chicago. Die Ausbildung zum Kunsttischler half ihm bei der Konstruktion seiner Eisenbahnwagen, waren diese doch bis 1900 fast vollständig aus Holz. Schon in jungen Jahren bewährte sich Pullman als Geschäftsmann, zunächst in der Baubranche und später im Bergbau. 1867 gründete er in Chicago eine eigene Waggonbaufirma, die Pullman Palace Car Company, ab 1880 mit eigener Arbeitersiedlung, der Pullman-Vorstadt. Pullman kreierte einen neuen gehobenen Reisestil, sogar in eigenen »Pullmanzügen«. Untrennbar mit seinem Namen verbunden ist der mit edlen Materialien ausgestattete Großraumwagen mit Spucknapf vor jedem samtenen Fauteuil. Damit führte er die »klassenlose« Konstruktion der amerikanischen Durchgangswagen zu ihrer eleganten Vollendung.

◀ Der amerikanische Industrielle George Pullman verwirklicht in Town of Pullman einen für die damalige Zeit hohen Wohnstandard für seine Fabrikarbeiter.

Doppelstöckige Schlafwagen Um 1880. In den USA dienen zweistöckige Holzwaggons als rollende Schlafstätten für Eisenbahnarbeiter. Aufgrund ihrer Höhe sind sie nicht für Tunneldurchfahrten geeignet.

Luxus-Transsib 1902. Schlafwagen, Bibliothek und Abteile mit Porzellanbadewannen verwöhnen den Gast auf der 18-tägigen Reise des Fernexpresszugs von Moskau nach Wladiwostok.

Kommunikation und Komfort

Schlaf- wie Speisewagen durchliefen die gleichen technischen Entwicklungen wie die anderen Eisenbahnwagen, nur waren Erstere dem Standard ihrer Zeit stets um einiges voraus. Ab 1881 wurden beispielsweise nur noch Schlafwagen mit vier- oder sechsachsigen Raddrehgestellen gefertigt, sodass sie weitaus sanfter über die Schienen rollten als die holprigen Zwei- und Dreiachser. Zusätzlichen Reiz gewannen die Schlafwagen ab Ende der 1860er Jahre. Zunächst wurden die »Interkommunikationswagen« geschaffen, Waggons mit Seitengang, von dem die einzelnen Abteile erreichbar waren, und ab 1893 wurden in den Schnellzügen D(urchgangs)-Wagen eingesetzt. In diesen »D-Zügen« konnte der Bahnreisende während der Fahrt – an den Wagenübergängen durch ziehharmonikaförmige »Faltenbälge« vor Wind und Wetter geschützt – direkt aus dem Schlafwagenabteil in den Speisewagen gelangen.

◀ Ein Plakat der Schlafwagengesellschaft CIWL wirbt 1930 für die Übernachtung in der zweiten Klasse.

1866

MUSICAL EROBERT DIE BÜHNE

Es heißt, der Krieg sei die Mutter aller Erfindungen. Ein bisschen trifft das sogar für das Musical zu: Die Uraufführung von »The Black Crook« in New York im Jahr 1866 gilt als Geburtsstunde der Musical Comedy, kurz gesagt des Musicals, – und für die Entstehung des Stücks hat der gerade beendete Amerikanische Bürgerkrieg eine gewisse Rolle gespielt.

W ie es nach den Schrecken eines Krieges häufig vorkommt, hatten auch die Amerikaner nach den schlimmen Jahren 1861–1865 großes Verlangen nach Unterhaltung und Belustigung. So engagierten 1866 zwei New Yorker Theaterleute – Jarrett und Palmer – eine Pariser Balletttruppe für ein Gastspiel. So weit der Anteil des Krieges an der Entstehung des Musicals, doch auch der Zufall trug dazu bei: Das für die Ballettrevue vorgesehene Theater brannte ab, und als Ausweichmöglichkeit blieb wegen der Größe des Ensembles nur das Theater »Niblo's Garden«. Hier aber war bereits alles für das Drama »The Black Crook« vorbereitet.

▼ Die »West Side Story« von Leonard Bernstein aus dem Jahr 1957 gehört zu den ganz großen Musicals.

Jarrett und Palmer ließen sich davon jedoch nicht irritieren. Kurz entschlossen kombinierten sie die Ballettrevue mit dem Drama und brachten eine fünfstündige Show auf die Bühne, die zu einem großen Erfolg wurde. »The Black Crook« zeigte bereits typische Elemente des Musicals: Im Vordergrund standen populäre Melodien; die Revue war gewürzt mit spektakulären Zirkus- und Varieté-Einlagen; Motive weltbekannter Werke, hier Goethes »Faust« und Webers »Freischütz«, gestalteten den Handlungsfaden. ▸▸

▲ George Gershwins »Porgy and Bess« im Jahr der Uraufführung 1935 am New Yorker Ziegfeld Theatre.

▲ Prototyp des modernen Musicals: das »Show Boat« von Jerome Kern und Oscar Hammerstein in einer Verfilmung.

▲ Einer der größten kommerziellen Musicalerfolge aller Zeiten ist »Cats« von Andrew Lloyd Webber. Das Stück läuft jahrelang in ausverkauften Häusern.

Berühmte Musicals in Hollywood

»The King and I«
1956. Walter Lang verfilmt das Musical von Richard Rodgers. Die Rolle des Herrschers spielt im Film wie bereits bei der Bühnenpremiere 1951 in New York Yul Brunner.

»Irma La Douce«
1963. Die beiden Hollywoodstars Shirley MacLaine und Jack Lemmon spielen die Hauptrollen in Billy Wilders Film nach dem im Jahr 1956 in Paris uraufgeführten Musical.

»Cabaret«
1972. Sechs Jahre nach der Bühnenpremiere in New York (u.a. mit Lotte Lenya) wird auch die Filmversion von Bob Fosse mit Liza Minnelli ein Riesenerfolg.

»Evita«
1996. Das in London 1978 uraufgeführte Musical von Tim Rice und Andrew Lloyd Webber kommt – mit der Popikone Madonna in der Titelrolle – in die Kinos.

Der New Yorker Broadway mit seinen glamourösen, temporeichen Shows, Revuen und Operetten half dem Musical in den 1920er Jahren, zu einer eigenständigen Gattung des Musiktheaters zu werden. Mit »Show Boat« erlangte das Musical 1927 seine eigene Identität. Die dramatische Handlung mit stimmigen Charakteren bildete in Text und Musik eine Einheit – das moderne Musical war entstanden.

Besonders in den 1930er Jahren griff das Musical dann auch ernste Themen auf und wurde mit Gershwins »Porgy and Bess« 1935 zur amerikanischen Oper – eine Richtung, die auch Leonard Bernstein 1957 mit der äußerst erfolgreichen »West Side Story« einschlug. Das Hauptinteresse der Musicalproduktionen galt jedoch später dem kommerziellen Erfolg, für den seit den 70er Jahren der Name Andrew Lloyd Webber steht. ∎

Erfolgsmeile der Unterhaltung

Gilt die New Yorker Wall Street als Hauptstraße der Weltwirtschaft, so hat der benachbarte Broadway, der sich durch ganz Manhattan zieht, den Ruf, die Hauptstraße des Entertainments zu sein – auch wenn seine goldenen Jahre längst vorüber sind. Seine größte Zeit erlebte der Broadway im ersten Drittel des 20. Jahrhunderts. In den »Roaring Twenties« nach dem Ersten Weltkrieg kannte die Unterhaltung auf dem Broadway keine Pause: Hunderte von Revuen und Shows bedienten die Vergnügungssüchtigen. Zahllose Musical Comedies gelangten hier zur Uraufführung. Wer etwas gelten wollte, musste am Broadway reüssieren. Trotz aller Krisen ist der Broadway bis heute ein bedeutender Standort für die Unterhaltung geblieben. 38 Theater bieten dem Besucher überwiegend leichte Musical-Kost.

Von Shakespeare bis Fellini

Recht häufig bedient sich das Musical bei berühmten Autoren. Klassische Beispiele dafür sind »My Fair Lady«, das auf George Bernard Shaws Schauspiel »Pygmalion« basiert, und die Adaption von »Romeo und Julia« durch die »West Side Story«. Anleihen haben auch andere bekannte Musicals genommen: »Cats« bei T. S. Eliot, »Fiddler on the Roof« bei Scholem Aleichem, »Hello Dolly« bei Thornton Wilder, »Sweet Charity« bei Federico Fellini – um nur einige zu nennen.

▲ Hintergrund: Gene Kelly 1952 in »Singin' In The Rain«. Der Schauspieler, Regisseur, Choreograph und Tänzer gehört zu den ganz Großen des Hollywood-Musicals.

◄ Audrey Hepburn als Eliza und Jeremy Brett als Freddie in dem Film »My Fair Lady«. Hollywood übernimmt den Musicalerfolg, der sich bei Shaws Schauspiel bedient hatte.

Lloyd Webber Superstar

Andrew Lloyd Webber – der Name ist gleichsam zum Synonym für das Musical geworden. Seit 30 Jahren liefert der britische Komponist ein Erfolgsmusical nach dem anderen. Begonnen hat alles zu Zeiten der Jesus-People-Bewegung: Lloyd Webber und Texter Tim Rice brachten 1970 als Doppelalbum die Rockoper »Jesus Christ Superstar« heraus, die im Jahr darauf auf die Bühne kam. Nach dem Überraschungserfolg landete das Team 1976 mit »Evita« den zweiten Coup. Wieder wurde erst eine Schallplatte aufgenommen, bevor das Stück 1978 auf die Bühne kam. Danach machte Lloyd Webber allein weiter – und läutete mit den Musicals »Cats« (1981), »Starlight Express« (1984), »Das Phantom der Oper« (1986) und »Sunset Boulevard« (1993) die Ära der Riesenproduktionen ein.

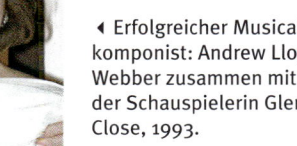

◄ Erfolgreicher Musicalkomponist: Andrew Lloyd Webber zusammen mit der Schauspielerin Glenn Close, 1993.

251

1867

ENORME SPRENGKRAFT

Das Nitroglyzerin, von dem italienischen Physiker Ascanio Sobrero erfunden, und die porösen Fossilien von Kieselalgen, die der schwedische Chemiker Alfred Nobel am Elbstrand bei Hamburg fand, bilden zusammen den Stoff, aus dem Nobel 1867 ein rauchschwarzes Pulver herstellte – das Dynamit. Die Erfindung machte ihn zum mehrfachen Millionär.

Obwohl Dynamit relativ harmlos zu handhaben ist, war der Weg bis zu seiner Erfindung äußerst gefährlich. Bei Experimenten mit einer größeren Menge Nitroglyzerin – vermutlich 150 kg – riss 1864 eine gewaltige Explosion Nobels Chemiefabrik bei Helenenborg auseinander. Unter den Toten war auch Nobels jüngster Bruder. Anschließend verbot die schwedische Regierung die Fabrikation in Siedlungsnähe. Bereits ein Jahr später starben bei einer Nitroglyzerin-Explosion auf dem Dampfer »European« bei Panama 47 Menschen. Immer noch wurde Nitroglyzerin wie normales Reisegepäck befördert: So konnte ebenfalls 1865 ein Kellner in New York die rötlich dampfende Kiste eines Reisenden mit 5 kg Nitroglyzerin gerade noch ins Freie schaffen und sich in Sicherheit bringen, bevor die Explosion ein metertiefes Loch in die Straße riss.

1867 fand dann Nobel in seinem schwimmenden Labor auf einem Lastkahn bei Geesthacht eine Möglichkeit, die Handhabung von Sprengstoff zu »entschärfen«. Er verwendete keine flüssigen Explosivstoffe, die durch Schlag oder Stoß entzündlich waren, sondern setzte auf eine pulverförmige Substanz. ▸▸

▲ Bombenexplosion in der New Yorker Wall Street 1920: Die Wucht der Detonation schleudert zahlreiche Fahrzeuge durch die Luft.

◂ Sprengstofffabrik Ende des 19. Jahrhunderts: Arbeiter verpacken Dynamitstangen in Kartons.

Entwicklung bedeutender Explosivstoffe

Griechisches Feuer
330. Das stark explosive Gemisch wird in Europa zur Zeit Kaiser Konstantins bekannt, es besteht u. a. aus Salpeter, Schwefel, Pech und Erdöl. Erfunden wurde es in China.

Schwarzpulver
1313. Als Erster in Europa erfindet Berthold Schwarz, ein Mönch, das in China bereits bekannte Schießpulver neu. Es wird aus Salpeter, Schwefel und Kohle gemischt.

Nitroglyzerin
1847. Der italienische Chemiker Ascanio Sobrero erfindet das hoch explosive Nitroglyzerin, eine Mischung aus Salpeter und konzentrierter Schwefelsäure.

TNT
1863. Der deutsche Chemiker Joseph Wilbrand entdeckt das Trinitrotoluol (TNT), das chemisch dem Benzolring ähnelt. Es ist heute der meistverwendete Sprengstoff.

Der Stoff, mit dem aus Nitroglyzerin Dynamit wird, lag vor den Werkstoren von Nobels deutscher Fabrik in Krümmel: Kieselgur, eine pulvrige, fast farblose Masse aus unzählbaren Silikat-Fossilien der Kieselalgen (Diatomeen). Nobel durchtränkte das Kieselgur mit Nitroglyzerin, fand das optimale Mischungsverhältnis und taufte das Ergebnis »Dynamit«, vom Griechischen »dynamis«, die Kraft. Die Dynamitproduktion – der Sprengstoff ermöglichte u. a. den Bau größerer Tunnel – stieg sofort steil an. Heute ist Dynamit ein Sammelbegriff für rund hundert verschiedene Sprengstoffprodukte. ■

◄ Hollywod lässt grüßen: Filmszene aus »Last Action Hero« mit Arnold Schwarzenegger von 1993.

▼ Hintergrund: Gewaltige Feuersbrunst nach einer Bombenexplosion.

▲▶ Sprengung eines Hochhauses; 35 kg Sprengstoff lassen den Bau in einer Staubwolke versinken, 1990er Jahre.

Der Erfinder des Dynamits

Alfred Nobel, drittes von acht Kindern, kam 1833 in einem der ärmeren Viertel Stockholms zur Welt. Als Fünfjähriger musste er zeitweilig Zündhölzer auf der Straße verkaufen, da seine Familie große Not litt. Die Nobels gingen ins russische St. Petersburg, eröffneten eine florierende Firma, und Alfred begann eine spektakuläre Karriere als Chemiker und Unternehmer. Ende der 1860er Jahre hatte er in allen führenden Industriestaaten Dynamitfabriken gegründet. Nobel selbst konzentrierte sich auf die Forschung und erfand 1875 die Sprenggelatine und 1890 das Nitroglyzerinpulver.

◄ Alfred Nobel; berühmter Chemiker und erfolgreicher Unternehmer.

Stiftung des Friedensnobelpreises

Eine Äußerung Nobels nimmt die Abschreckungsideologie der Atomrüstung nach dem Zweiten Weltkrieg vorweg: »Ich möchte einen Stoff oder eine Maschine schaffen können von so fürchterlicher, massenhaft verheerender Wirkung, dass dadurch Kriege überhaupt unmöglich würden.« Alfred Nobels Dynamit steigerte zwar die Zerstörungspotenziale der Armeen enorm, konnte aber keinen Krieg verhindern. Darüber war sich Nobel im Klaren, als er 1895 sein Testament machte und die Nobelpreise stiftete, darunter den Friedensnobelpreis für den Mann oder die Frau, der oder die »am meisten oder besten für die Verbrüderung der Völker gewirkt hat und für die Abschaffung oder Verminderung der stehenden Heere sowie für die Bildung und Verbreitung von Friedenskongressen«.

▼ Dynamiteinsatz im Film: Art Lund und Sean Connery (r.) in »Verflucht bis zum jüngsten Tag« aus dem Jahr 1969.

▲ Militärische Taktik: Brückensprengung im Zweiten Weltkrieg; Florenz, 1944.

1877

TURNIER DER GROSSEN

Das 1877 aus der Taufe gehobene älteste und populärste Tennisturnier der Welt hat einem bescheidenen Sportclub am südwestlichen Rand Londons zum Tennis-Kultstatus verholfen. Wimbledon stieg zum Symbol des »weißen Sports« auf. Das traditionell auf Rasen gespielte Turnier gilt unter den Spielern als die heimliche Weltmeisterschaft in ihrer Sportart.

▲ Der 17-jährige Boris Becker nach seinem triumphalen Sieg im Jahr 1985.

▲ Wimbledon 1880: Der Brite John Hartley trägt zum zweiten Mal den Sieg davon.

G eld sollte in die Kasse, darum beschlossen die Mitglieder des »All England Crocket and Lawn Tennis Club« am 2. 6. 1877 nach heftiger Diskussion, ein Tennisturnier auszurichten. Ein einträglicher Beschluss, denn der Club schrieb in den 124 Jahren seither nur ein einziges Mal – 1895 – rote Zahlen. 1990, gerade waren die Plätze umgebaut und auch die letzten Stehplätze in Sitzplätze verwandelt worden, kletterten die Turniereinnahmen auf nahezu 10 Mio. Pfund und sind bislang nicht geringer geworden. 1882 wurde der Name des Clubs ein wenig geändert. Seither nennt er sich »All England Lawn Tennis and Crocket Club«.

Vor dem ersten Turnier unterzog der Wimbledon-Club 1875 das Tennis-Regelwerk des britischen Majors Walter Clopton Wingfield einer Reform. So wurde z. B. das sanduhrförmige Spielfeld – es war an den Grundlinien breiter als am Netz – abgeschafft. Seit 1884 dürfen auch Frauen teilnehmen. Allerdings galt noch 1968 ein kleiner Unterschied: ▸▸

▸ Schon das erste Wimbledon-Turnier war ein großes gesellschaftliches Ereignis, zu dem die Damen und Herren in feiner Kleidung kamen; Zeichnung aus der »Illustrated Sporting and Dramatic News«.

◀ Die ungekrönte Königin von Wimbledon, Martina Navratilova, siegt neunmal im Einzel.

Als in diesem Jahr neben Amateuren erstmals auch Profis zum Turnier zugelassen wurden, erhielten Siegerinnen nur ein Drittel des Preisgeldes der Herren. Heute sind die Damen-Turniere genauso gefragt wie die der Herren, und in ihrer Popularität stehen die Damen ihren männlichen Spielerkollegen mittlerweile in nichts mehr nach. Wimbledon ist jedes Jahr ein Garant für ein hochkarätig besetztes Turnier – es ist das Mekka der internationalen Tenniselite, die auf dem traditionsreichen englischen Rasen auch um wichtige Grand-Slam-Punkte wettstreitet. ■

▲ Stars der 90er: Andre Agassi (USA) und Steffi Graf (Deutschland); später werden sie privat ein Paar.

▶ Hintergrund: offizielles Emblem der All England Tennis Championships in Wimbledon.

Schwarze erobern den »weißen Sport«

»Es ist ein langer Weg zwischen einem Ball mit dem Herzog von Devonshire und der Bowlingbahn von Jefferson City/Missouri, wo man wegen seiner Hautfarbe vor die Tür gewiesen wird.« So kommentierte Althea Gibson (USA) als erste schwarze Siegerin in Wimbledon ihren Triumph 1957. Arthur Ashe nutzte seinen sportlichen Erfolg, um auf die Benachteiligung der Farbigen in den Vereinigten Staaten aufmerksam zu machen. Er setzte sich 1975 auf dem Höhepunkt seiner Karriere im Wimbledon-Finale gegen Jimmy Connors durch. Mussten Gibson und Ashe sich noch aus den Slums nach oben kämpfen, so nutzten Venus und Serena Williams Ende der 90er Jahre ihre Herkunft zu einer lukrativen Werbebotschaft: die »Ghetto-Kids« gegen die Weißen.

Streng und gesittet: die Kleiderordnung

Weiß war absolutes Muss, spitzenbesetzte Tennishöschen waren tabu, und unrasierte Herren mit Rasta-Frisuren und kecken Stirnbändern auf dem Rasen unvorstellbar. Was früher galt, zählt nicht mehr: Die Szene ist bunter geworden, bei manchem Auftritt auch erotischer. »Fun« geht vor »vornehm«, Geschäftssinn mit Sponsorenlogos vor Traditionsbewusstsein. Anfangs spielten die Damen in Wimbledon wie auf ihrem Landgut: das lange Rüschenkleid hochgeschlossen, ausladende Hüte als Sonnenschutz. Im Jahr 1905 empörten sich die Reporter, als die Amerikanerin May Sutton ihre Ärmel aufkrempelte. Für eine Sensation sorgte 1919 die Französin Suzanne Lenglen mit ihrem halblangen, kurzärmeligen Einteiler.

▲ Lange Hosen und weiße Oberhemden: So gingen die Herren im 19. Jahrhundert gern auf den Court.

Frühe Gleichberechtigung

▲ Gruppenbild mit Damen; heute kaum vorstellbar: ein Tennismatch im langen engen Kleid.

Für die britische Königin Viktoria galt die Gleichberechtigung der Frauen als »unchristlich und unnatürlich«. Da waren die sportlichen Ladies ganz anderer Meinung: 1884 veranstalteten 13 Damen in Wimbledon ihr erstes Turnier. Frauensport war für sie ein Symbol des Fortschritts und auch im viktorianischen England nicht aufzuhalten. 1913 folgte in Wimbledon das erste Damendoppel, der erste weibliche Star war zu dieser Zeit schon gefunden: Die Einheimische Dorothea Lambert-Chambers holte sich 1914 ihren siebten Einzeltitel – weitere Triumphe wurden durch den 1. Weltkrieg verhindert.

Erfolgreichste Spielerinnen in Wimbledon

Suzanne Lenglen
1925. Die Französin holt ihren sechsten und letzten Einzeltitel in Wimbledon. Der erste große Star nach dem Ersten Weltkrieg hat 1919–1923 fünfmal in Folge gewonnen.

Helen Wills-Moody
1938. Mit 33 Jahren setzt sich die Amerikanerin zum achten Mal in Wimbledon durch und übertrifft damit die Erfolgsstatistik der Britin Dorothea Lambert-Chambers (sieben Titel).

Billie Jean King
1975. Die Kämpferin für die Gleichberechtigung der Frauen sichert sich in Wimbledon ihren sechsten Titel. Die Amerikanerin setzt zudem höhere Preisgelder für Frauen durch.

Martina Navratilova
1990. Zum neunten Mal nimmt die aus der ehemaligen Tschechoslowakei stammende Amerikanerin den Siegespokal in Wimbledon entgegen – eine bislang einmalige Bilanz.

1877

»SPIEL ES NOCH EINMAL ...«

Ihren Plattenspieler haben Discjockeys dem amerikanischen Erfinder Thomas Alva Edison zu verdanken. Er entwickelte 1877 den Phonographen, den ersten Apparat zur Schallaufzeichnung und -wiedergabe – eine Sprechmaschine, die es ermöglichte, akustische Darbietungen zu speichern und beliebig oft wiederzugeben. Einige Jahrzehnte später war der Plattenspieler aus der Musikbranche nicht mehr wegzudenken.

▲ Schlager und Schlagsahne: ein paar Stunden Erholung vom grauen Nachkriegsalltag am Berliner Wannsee.

Der Phonograph bestand im Wesentlichen aus einer mit Stanniolpapier umwickelten Metallwalze, die mit einer Handkurbel gedreht wurde. Tonaufnahme und -wiedergabe waren getrennt. Ein Schalltrichter lenkte den Schall gegen eine Aufnahmemembran, die zu Schwingungen angeregt wurde. Diese Schallschwingungen wurden mit einer an der Membran befestigten Stahlnadel als spiralförmige Rille auf der Walze aufgezeichnet. Wurde die Walze wieder in ihre Ausgangsstellung gebracht und durchgekurbelt, so folgte die Abspielnadel der spiralförmigen Rille und versetzte eine Wiedergabemembran in Schallschwingungen, die durch den Schalltrichter verstärkt wurden. Dieses System ist bis heute im Prinzip bei allen Plattenspielern erhalten geblieben. ▸▸

▲ Ein Plattenspieler für die Reise: der »Phonokoffer« von Philips aus den 1950er Jahren.

▾ »Uncle Sam« zieht den Hut vor Edisons Phonographen: Die begeistert aufgenommenen Geräte sind allerdings für damalige Verhältnisse nicht billig. Das Modell »Triumph« kostet 50 Dollar.

Großverdiener Caruso

Der erste Schallplattenmillionär war der italienische Tenor Enrico Caruso, der ab 1901 über 250 Platten aufnahm. Das 19. von 21 Kindern einer Handwerkerfamilie aus Neapel stand als 19-Jähriger das erste Mal auf einer Bühne. Mit 26 Jahren erhielt Caruso ein Engagement an der Mailänder Scala, kurze Zeit später auch an der Metropolitan Opera in New York. Zum festen Repertoire des begnadeten und gefeierten Tenors zählten weit über 60 Partien, die zum Teil als sehr schwierig gelten, beispielsweise die Rolle des Radames in »Aida«, des Cavaradossi aus »Tosca« sowie des Bajazzo. Caruso konnte seine Triumphe nicht lange genießen: Er starb 1921 im Alter von 48 Jahren.

▲ Einer der ganz großen Tenöre: Enrico Caruso.

▲ Festliche Bälle mit Schallplattenmusik: Eine sehr gute Klangqualität verspricht diese Plattenspieler-Werbung aus den 1950er Jahren.

Es wurde aber durch Verbesserungen in der Resonanz und im Tonabnehmerbereich so sehr verfeinert, dass der scheppernde Klang von damals mit dem klaren, vollen Sound von heute auch nicht annähernd zu vergleichen ist.

Die bahnbrechende Erfindung stand gut 120 Jahre später fast vor dem Aus, als sich Compact Discs überall durchsetzten und kaum einer mehr die schwarzen Vinylscheiben kaufen wollte. Doch mittlerweile erleben die Schallplatten eine Renaissance – nicht zuletzt wegen ihres nostalgischen Werts, aber auch dank des wärmeren, »runderen« Klangs. Auf Plattenbörsen, im Internet und sogar in zahlreichen Geschäften werden inzwischen wieder Schallplatten verkauft. Und die DJs, die das Abspielen von Platten zur Kunstform entwickelt haben, sind dem Vinyl ohnehin immer treu geblieben. ■

Erfindung der Schallplatte

Der Deutsch-Amerikaner Emil Berliner war von der Idee Edisons begeistert, nicht jedoch von der Wiedergabequalität. Als Grund für den schlechten Klang hatte Berliner die mit Stanniol umwickelte Walze ausgemacht. 1887 präsentierte er eine Glasscheibe, die er mit Leinöl und Ruß überzogen hatte. Nachdem eine Nadel die Tonspur in diese Deckschicht geritzt hatte, konservierte Berliner die Rillen mit Schellack. Die Struktur übertrug er auf eine Zinkplatte, die als Muster zur Vervielfältigung diente. Berliners erste Schellackplatten, die auf seiner neuen Entwicklung, dem Grammophon, mit 100 Umdrehungen pro Minute gespielt wurden, waren etwa so groß wie eine heutige CD. Sie hatten einen Durchmesser von 12 cm.

▲ Emil Berliner; er entwickelt 1887 Grammophon und Schallplatte.

Als Diktiergerät gedacht

Der amerikanische Tüftler Thomas Alva Edison legte über 2000 Erfindungen vor; er war der Erste, der die Wiedergabe seiner eigenen Stimme hörte – ein zweimaliges »Hallo«, das er 1877 mit seinem Phonographen aufzeichnete und wieder abspielte. Am 6.12.1877 spielte Edison seinen erstaunten Mitarbeitern ein selbst gesungenes Kinderlied vor: »Marie hatte ein kleines Lamm, sein

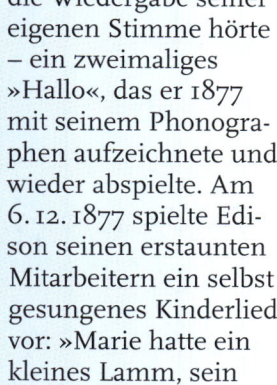

▲ Thomas Alva Edison mit Phonograph; 1870er Jahre.

Fell war weiß wie Schnee.« Die Musikbranche hatte der Amerikaner mit seiner Erfindung allerdings nicht im Blick, er sah den Phonographen als Diktiergerät an.

▶ Kultband seit den 1960er Jahren: Die Rolling Stones erhalten zahlreiche Goldene Schallplatten.

Fortschritte in der Aufnahme- und Wiedergabetechnik

Magnetische Aufnahme
1898. Valdemar Poulsen aus Dänemark kombiniert das Telefon mit dem Phonographen und entdeckt so die Grundlagen für die magnetische Tonaufzeichnung.

Langspielplatten
1948. Aus PVC werden die ersten Langspielplatten gefertigt. Sie bieten eine rund sechsmal längere Abspieldauer als die herkömmlichen Schallplatten, die fortan »Single« heißen.

Stereo-Schallplatten
1958. Das bereits in den 30er Jahren in den USA entwickelte Prinzip der Stereoaufnahme und -wiedergabe von Schallplatten erlangt Marktreife und setzt sich schnell durch.

Compact Discs
8oer Jahre. Die digitale Tonaufzeichnung bei CDs liefert gegenüber der analogen Plattentechnik eine bessere Wiedergabequalität; die Tonträger sind zudem haltbarer.

1879

EDISON BRINGT LICHT INS DUNKEL

Der amerikanische Tüftler Thomas Alva Edison erregte 1879 großes Aufsehen, als er eine elektrische Birne präsentierte, die 13 Stunden lang leuchtete, bevor sie durchbrannte. Die Vorführung trug wesentlich zu Edisons Weltruhm bei, war jedoch nichts völlig Neues. Seine Erfindung trieb aber die Einführung des elektrischen Lichts erheblich voran.

▲ Viel Arbeit für Glasbläser: Glühlampenproduktion im 19. Jahrhundert.

S chon 1835 hatte der schottische Lehrer James Bowman Lindsay behauptet, elektrisches Glühlicht erzeugt zu haben. Später ließ sich das allerdings nicht mehr nachweisen. Sicher ist dagegen, dass 1845 der Amerikaner J. W. Star Kohlefäden in einem luftleer gepumpten Glaskolben mit elektrischem Strom zum Glühen brachte und auf Lampen sogar ein Patent erhielt. Er rief Nachahmer auf den Plan: den Engländer Joseph Swan und den deutschen Mechaniker Heinrich Goebel, der 1854 mit einer Bambusfaser-Glühbirne seine Werkstatt beleuchtete. Goebels Pech: Es gab damals noch keine zuverlässige Stromquelle, die eine Vermarktung seiner Lampe gestattet hätte.

Die erste wirklich brauchbare Glühbirne führte im Dezember 1878 wiederum Swan vor. Edison ärgerte sich über dessen Erfolg, denn er arbeitete zu dieser Zeit selbst an einer elektrischen Lampe. Präsentieren konnte er sie allerdings erst zehn Monate nach Swan. Dass Edison trotzdem die Meriten als Glühlampen-Erfinder bekam, verdankte er seinem Durchsetzungsvermögen und seinem beachtlichen Geschäftssinn. Als Swan ihm 1880 und 1883 durch zukunftsträchtige Zusatzpatente den kommerziellen Erfolg zu vereiteln drohte und Edison zudem noch einen Patentprozess verlor, arrangierte er sich mit seinem großen Konkurrenten: ▸▸

▲ Ungewohnte Schatten wirft die erste elektrische Straßenbeleuchtung New Yorks, um 1884.

◂ Das Universalgenie Thomas Alva Edison wird nicht nur als Erfinder der Glühlampe gefeiert; von ihm stammt auch der Phonograph und eine Laufbildkamera.

Siegeszug der Elektrizität

Ende des 19. Jahrhunderts lagen die Vorteile der Glühlampe gegenüber der Gasbeleuchtung auf der Hand. Was aber waren die Glühlampen wert, wenn es keine Steckdosen gab? Dem Siegeszug des elektrischen Lichts musste der Bau von Elektrizitätswerken vorausgehen. Als 1881 das erste Kraftwerk der Welt in einer Lederfabrik im englischen Godalming in Betrieb ging, witterte Edison das große Geschäft. Ein Jahr später eröffnete er ein Elektrizitätswerk in New York – in erster Linie, um seine Glühbirnen vermarkten zu können. Es lieferte Strom für 6000 Lampen. E-Werke entstanden, und bald brannten in vielen Metropolen Glühbirnen.

Gemeinsam gründeten beide die Edison & Swan Electric Light Company und die Deutsche Edison-Gesellschaft, die spätere AEG.

Jahrzehntelang wurden die klassischen Glühbirnen allenfalls technisch verbessert, bekamen aber keine Konkurrenz von grundlegend neu konzipierten elektrischen Lampen. Ab 1910 produzierte die Industrie erste Neon-Leuchtstofflampen, der Einsatz des »Flimmerlichts« blieb wegen möglicher Gesundheitsgefährdungen aber umstritten. Mitte der 1970er Jahre stellte die Industrie schließlich eine neue Generation Energie sparender Lampen vor. Ihre Lichtausbeute beträgt ein Vielfaches der traditionellen Glühlampen aus der Edison-Zeit – allerdings kosten sie auch ein Vielfaches. Die älteste Glühlampe übrigens brennt ununterbrochen seit über 100 Jahren. ■

▲ Bunte Neon-Leuchtreklamen gehören inzwischen zum abendlichen Bild einer jeden Großstadt wie hier in London.

▲ Thomas Alva Edison mit seiner Frau in einer anderen großen Erfindung seiner Zeit: dem Automobil.

Wolfram bringt den leuchtenden Stoff

▲ Glühlampe von 1915; Osram ist ein Kunstwort aus Osmium und Wolfram.

Edisons – kurzlebige – Birnen arbeiteten mit Fäden aus verglühtem Nähgarn. 1902 verwendete der Österreicher Carl Auer von Welsbach Glühfäden aus langlebigerem Osmiumdraht. Osmium ließ sich jedoch nicht unbeschadet bis zur Weißglut erhitzen. Aus dem besser geeigneten Wolfram stellte der Amerikaner William D. Coolidge im Jahr 1908 feine Drähte her. 1934 erhöhte sich die Lichtausbeute durch das Wendeln bzw. schraubenförmige Wickeln der Drähte, 1958 durch die ersten Halogenlampen.

Mit gebogenem Licht

Erstaunlicherweise ist die elektrische Straßenbeleuchtung älter als die Glühbirne, da der Amerikaner Humphry Davy bereits 1808 die elektrische Bogenlampe erfand: Er hatte zwei Kohlestäbe so an den Polen einer Batterie befestigt, dass sich ihre Enden fast berührten. Der elektrische Strom überbrückte den Spalt mit einem hellen Lichtbogen. Aber die Kohle brannte schnell ab. Als der Engländer W. E. Staite dann 1846 einen Mechanismus schuf, der die Kohle automatisch nachführte, gab es bald zuverlässige Bogenlampen. Mit der Einweihung des ersten E-Werks in Berlin begann 1882 die Ära des elektrischen Straßenlichts – nicht mit Glühbirnen, sondern mit einer Bogenlampe.

▲ Die Nacht wird zum Tag; elektrische Beleuchtung am Potsdamer Platz in Berlin, um 1884.

◄ Hintergrund: historische Funktionszeichnung von Edisons Glühlampe.

Wichtige Stationen der Lampenentwicklung

Öllampen
Um 2760 v. Chr. In ägyptischen Herrschaftshäusern sind zum ersten Mal flache Öllampen mit schwimmenden Dochten zur Innenbeleuchtung nachweisbar.

Dauernde Flamme
Um 400 v. Chr. Der Grieche Kallimachos erfindet eine Öllampe mit automatisch nachgeführtem Docht. Mit einer Füllung kann sie bis zu einem Jahr brennen.

Gaslampen
1792. In England (William Murdoch) und Frankreich (Philippe Lebon) brennen erste Gaslampen. Das Gas wird beim Verkoken von Steinkohle oder Holz gewonnen.

Gasglühstrumpf
1892. Der Österreicher Carl Auer von Welsbach erfindet den Gasglühstrumpf, der den bisher nur gelblich flackernden Gaslampen zu hellweißem Licht verhilft.

1883

»ROTE LIPPEN SOLL MAN KÜSSEN«

Amsterdam 1883 – die Weltausstellung präsentierte nicht nur die neuesten Errungenschaften auf dem Gebiet der Technik, sondern stellte der Öffentlichkeit auch eine bahnbrechende Erfindung Pariser Parfümeure vor: den »Zauberstab des Eros«, einen mit Seidenpapier umwickelten roten Winzling, der als erster moderner Lippenstift in die Geschichte einging.

Obwohl heute eines der meistverwendeten Schönheitsrequisiten, fristete der Lippenstift zunächst ein Leben als Ladenhüter. Vielleicht lag es am Preis – mit nach heutiger Kaufkraft etwa 50 Euro zählte er zu den Luxusartikeln –, vielleicht spielte die schwierige Handhabung durch das schrittweise Herausschälen des Stiftes aus dem Seidenpapier eine Rolle, ganz sicher aber standen dem Lippenstift die moralischen Vorbehalte gegen seine erotische Signalwirkung im Weg. So sah man die aufgetragene Lippenfarbe anfänglich vor allem bei Schauspielerinnen und im Rotlichtmilieu. Erst in den Goldenen Zwanzigern machten sich viele Frauen von den alten Zwängen frei. Sie begannen, beruflich mit den Männern zu konkurrieren, und drückten ihr gewandeltes Selbstverständnis in einem neuen Körpergefühl aus. Sie schminkten sich wie die Stars der Leinwand, wie etwa die ▸▸

Sinnbild erotischer Verführung

Ob in der Antike, im Zeitalter des Barock oder in jüngster Zeit – der Mund übte wohl schon immer große sinnliche Anziehungskraft aus. Und dieser Wirkung hat man zu allen Zeiten durch Farbe und Glanz gern etwas nachgeholfen. Betrachtet man die Modetrends allein des 20. Jahrhunderts, so spiegelt sich im jeweils aktuellen Farbton und nachgezogenen Lippenschwung das vorherrschende gesellschaftliche Frauen(wunsch)bild wider: In den 1930er Jahren trugen die Göttinnen der Leinwand Jean Harlow, Greta Garbo und Marlene Dietrich schwalbenförmig gemalte Lippen zu blassem Teint. Brigitte Bardots weicher, blasser Schmollmund prägte die Männerphantasien der 1950er Jahre, und die 1960er Jahre brachten neben Marilyn Monroe mit ihrem roten üppigen Mund auch die eigenwillig androgyne Twiggy mit in eher frostigen und kühlen Tönen geschminkten Lippen hervor.

▲ Rote Lippen auch in der Kunst: Marilyn Monroe auf dem berühmten Siebdruck von Andy Warhol aus den 1960er Jahren.

Läuseblut für die Eitelkeit

Die Cleverness eines jungen deutschen Chemikers, der 1864 als Begleitung des Erzherzogs Maximilian von Österreich Mexiko bereiste, ermöglichte erst den Lippenstift als Massenprodukt. Lange war der rote Farbstoff für Kosmetika aus der Cochenille, der mexikanischen Schildlaus, gewonnen worden. Dazu benötigte man Abermillionen dieser kleinen Tiere. Mit dem Einsetzen der industriellen Produktion verteuerte sich der Preis der Cochenille erheblich, und sie avancierte zu Mexikos bedeutendstem Exportartikel. Der Chemiker nun kam auf die Idee, ein Tütchen dieser Läuse ins Labor nach Deutschland zu schicken. Dort analysierte man die Tiere und stellte fortan den roten Farbstoff Alizarin auf synthetischem Weg aus Anthracen her.

▸ Mit der Massenproduktion der Lippenstifte kommt auch bald die Farbenvielfalt, die heute keine Wünsche mehr offen lässt.

▲ Verführerisches Rot: Zu ihrem tiefroten Kleid trägt die amerikanische Filmdiva Ava Gardner den passenden Lippenstift.

große französische Schauspielerin Sarah Bernhardt, die lange zuvor als eine der ersten Lippenstift-Liebhaberinnen dem künstlichen Rot zum Durchbruch verholfen hatte.

▲ Begehrte, doch zugleich verräterische Trophäe: der Lippenabdruck auf der Wange eines Mannes.

Und 1928 waren es wiederum die Franzosen, die dem Lippenstift unter dem Namen »Rouge Baiser« (roter Kuss) noch mehr Anhängerinnen verschafften, indem sie ihm eine neue »kussechtere« Konsistenz und eine praktischere Metallhülle gaben. In den 1940er Jahren wurden die bisherigen Farbnuancen hell, mittel und dunkel um vielfältige Töne erweitert – angepasst an die jeweilige Mode. In Deutschland, wo es lange Zeit als »undeutsch« galt, sein Gesicht durch Farbtupfer zu betonen, setzte sich der Lippenstift in der breiten Masse erst nach dem Zweiten Weltkrieg durch. Spätestens mit der neuen, 1949 in den USA erfundenen Drehmechanik, die den Schminkkomfort noch einmal enorm verbesserte, setzte der weltweite Siegeszug des Stiftes mit seiner erotischen Wirkung ein. Heute gehört der Lippenstift für einen großen Teil der Frauen, ob 14 oder 64 Jahre, ob Amerikanerin, Europäerin oder Asiatin, zu einem ihrer geschätztesten Utensilien. ■

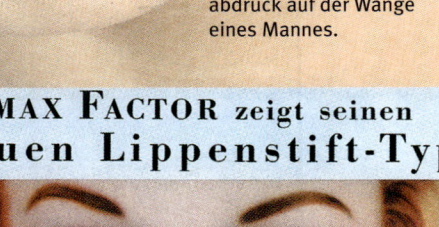
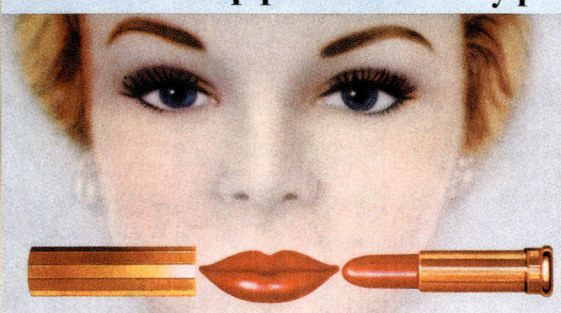

MAX FACTOR zeigt seinen neuen Lippenstift-Typ

hi-fi*
LIPPENSTIFT

Die Farbe hält . . . bis sie entfernt wird!
Kein Warten nach dem Auftragen! Kein Abtupfen!
Macht niemals Ihre Lippen spröde!
Die strahlende Schönheit der „High Fidelity"-Farben!
Die elegante Hülse mit automatischer Nachfüllung!

◄ Symbol der Verführung: Den Lippenstift haben viele Frauen stets in der Handtasche.

▶ Nach den Entbehrungen der Nachkriegszeit verspricht diese Werbung aus der Wirtschaftswunderzeit höchste Qualität.

Auf dem Weg zum Lippenstift

Purpurschnecke
Antike. Ein Pflanzenstängel dient als Behälter für die erste Lippenfarbe, bestehend aus einer Fett- oder Talgmasse, die mit dem Farbstoff der Purpurschnecke eingefärbt wird.

Sandelholz und Distel
7. Jahrhundert. Aus Schweineschmalz, Benzoe, Siam, rotem Sandelholz und einer Farbdistel wird eine Lippenpaste hergestellt, die man in kleinen Töpfchen aufbewahrt.

Bunte Pomade
18. Jahrhundert. Zur Zeit der Madame de Pompadour benutzen schönheitsbewusste Frauen eine Lippenpomade aus Öl oder Wachs, die in den Farben Rot, Gelb und Weiß glänzt.

Ochsenzungenwurzel
19. Jahrhundert. Aus Ölen, Fetten, Butter oder Pflanzenschleimen entstehen mit Ochsenzungenwurzeln eingefärbte Lippenwachssalben mit leicht ranzigem Aroma.

1884

WOHNEN IN DEN WOLKEN

*Die Experten streiten sich, welches Haus den Ruhm als erster Wolken-
kratzer für sich beanspruchen darf. William L. Jenneys Home Insurance
Building (1884/85) wird wegen seiner Skelettkonstruktion als Meilenstein angesehen. Das 1891 ebenfalls in Chicago gebaute Monadnock
Building von Daniel H. Burnham und John W. Root nahm
durch seine Formensprache spätere Wolkenkratzer vorweg.*

▲ Absolut schwin-
delfrei müssen die
Arbeiter sein, die
zu Beginn der 30er
Jahre die Stahl-
konstruktion des
Empire State
Building in New
York in die Höhe
wachsen lassen.

Nicht von ungefähr entstanden die ersten Wolkenkratzer in Chicago. Der Brand von 1871, der einen
Großteil der Stadt verwüstet hatte, ermöglichte
einen totalen architektonischen Neubeginn. Der rasante
Aufschwung der Stadt als Weizen- und Fleischmetropo-
le schuf zudem einen enormen Bedarf an Büro-
flächen. Die optimale Ausnutzung der Grund-
stücke durch das Aufeinanderstapeln möglichst
vieler Geschosse setzte jedoch zum einen die
Erfindung des Fahrstuhls durch Elisha Graves
Otis 1852 voraus, zum anderen die Skelettbauweise, die wegen ihrer Leichtigkeit große
Gebäudehöhen erlaubte.

1896 formulierte Louis Sullivan eine spezifische Ästhetik des Wolkenkratzers. Der Chicagoer Architekt orientierte sich dabei an der
klassischen Säule, wobei die Basis dem Ge-
schäfts- und Eingangsbereich entsprach, der
Schaft den seriell aufeinander folgenden
Büroetagen und das Kapitell dem akzentu-
ierenden Dachabschluss. Während die frühen
Hochhäuser Chicagos sich pragmatisch und
funktional gaben, wurde in New York ein weitaus theatralischerer Stil entwickelt. ▸▸

◀ Das New Yorker
World Building von
1889/90 ist eines der
frühesten Hoch-
häuser der Welt.
Nach seinem
ersten Besit-
zer heißt es
auch Pulitzer-
Building.

◀ Das Flat Iron Building in
New York ist seit 1902 eine
große Attraktion der Stadt.

Diese Form der Hochhausästhetik gipfelte in Gebäuden wie dem Woolworth Building, einer gigantischen »Kathedrale des Kommerzes« in gotisierenden Formen, oder dem Chrysler Building, einer luxuriösen Ikone des Art-déco-Stils.

▲ Die Bank of China in Hongkong zählt mit 72 Stockwerken zu den höchsten Gebäuden der Welt.

Nach dem Zweiten Weltkrieg wurden die Wolkenkratzer schlichter, aber immer höher. Dem Empire State Building (381 m) folgten die Rekordhalter in den 70er Jahren in schneller Folge: 1973 das bei dem verheerenden Anschlag vom 11. September 2001 zerstörte World Trade Center in New York (417 m), 1974 der Sears Tower in Chicago (443 m). Höher sind seit 1996 mit 452 m die Petronas Towers in der malaysischen Hauptstadt Kuala Lumpur. In Europa hängen die Wolken deutlich tiefer: Der Commerzbank Tower in Frankfurt/Main beispielsweise erreicht 259 m ohne und 299 m mit Dachantenne. ■

Wahrzeichen Manhattans

Über 40 Jahre lang war das berühmte Empire State Building an New Yorks Fifth Avenue das höchste Gebäude der Welt. Das Wahrzeichen Manhattans wurde – sieben Monate früher als geplant – nach nur 13-monatiger Bauzeit im Mai 1931 eingeweiht. Eine weitere Besonderheit: Der auf 50 Mio. Dollar veranschlagte Bau kostete rund 10 Mio. Dollar weniger. Entworfen in der Zeit der Weltwirtschaftskrise, avancierte das Gebäude bald zum Symbol des Wiederaufschwungs, das 25 000 Menschen einen Arbeitsplatz bietet. Gekrönt wird der Bau des Architekten William F. Lamb von einem Landemast für Luftschiffe, der jedoch nie benutzt wurde.

▲ Die Schlussszene des Streifens »King Kong und die weiße Frau« (1933) auf dem Empire State Building geht in die Filmgeschichte ein.

Himmelsstürmer Fernost

In den 90er Jahren haben die Wirtschaftszentren in Fernost die USA als Rekordhalter abgelöst: Höchste Gebäude der Welt sind die vom US-Architekten Cesar Antonio Pelli entworfenen Petronas Towers in Kuala Lumpur. Die Zwillingstürme ragen 452 m in die Luft. Der nächste Himmelsstürmer soll auch in Asien entstehen: das 508 m hohe Taipeh Financial Center in Taiwan, das 2003 fertig gestellt sein soll. Von den derzeit sieben höchsten Gebäuden der Welt befinden sich fünf in Asien. Die neue Gigantomanie ist ein Symbol für den Wirtschaftsboom der ostasiatischen Staaten und für ihr Bemühen, ihre ökonomische Stärke durch repräsentative Gebäude zu demonstrieren.

◄ Die Petronas Towers in Kuala Lumpur — sie sind nach der staatlichen Ölgesellschaft benannt.

Hochhaus-Spezialist

▲ Der 1935 in Manchester geborene Norman Foster gilt als Meister der Hightech-Architektur.

Der britische Architekt Sir Norman Foster, in Deutschland vor allem durch den Umbau des Reichstagsgebäudes in Berlin bekannt, hat sich auch mit zwei Wolkenkratzern einen Namen gemacht. Von 1979 bis 1986 entstand der Sitz der Hongkong & Shanghai Banking Corporation in Hongkong und 1997 der Commerzbank Turm in Frankfurt/Main. Das Innere des Bankgebäudes in Hongkong bildet ein über zehn Stockwerke offenes Atrium, das über ein Reflektorsystem mit Tageslicht beleuchtet wird. Das Commerzbank-Gebäude verfügt als »ökologisches Hochhaus« über neun große Gärten – der höchste liegt 144 m hoch.

Bedeutende Wolkenkratzer in den USA

Manhattan Building
1890. Der US-Architekt William LeBaron Jenney errichtet in Chicago das 16-stöckige Hochhaus, das erstmals vollständig in Skelettbauweise konstruiert ist.

Seagram Building
1958. Das Seagram Building des deutsch-amerikanischen Architekten Ludwig Mies van der Rohe in New York gilt als eine Ikone der funktionalen Sachlichkeit.

Sears Tower
1974. Der Sears Tower in Chicago mit seinen elegant gestapelten Quadern, erbaut von Bruce Graham und Fazlur Khan, ist 22 Jahre lang das höchste Gebäude der Welt.

AT & T Building
1983. Bei diesem Musterbau der Postmoderne in New York zitieren Philip Johnson und John Burgee klassische Formen wie Rundbogen und gesprengte Giebel.

1885

FREIHEIT AUF ZWEI RÄDERN

Motorrad und Fahrer sind sich so nah wie Ross und Reiter. Kein Wunder, dass bei der Entwicklung der ersten Motorräder das Pferd – gemeinsam mit dem Fahrrad – Pate stand. Seit Mitte des 19. Jahrhunderts experimentierte man zunächst mit dampf- bzw. gasbetriebenen Motorrädern. Den großen Durchbruch brachte dann der Benzinmotor. 1885, nicht lange, bevor das Automobil erfunden wurde, konstruierten Gottlieb Daimler und Wilhelm Maybach das erste Motorrad der Welt, das mit Benzin fuhr.

▲ Smart, männlich und witzig: Marlon Brando auf dem Motorrad in einer Filmszene aus den 1950er Jahren.

Der so genannte Reitwagen von 1885 bestand aus einem Holzrahmen, eisenbereiften Rädern, einem Einzylinder-Verbrennungsmotor sowie zwei Stützrädern und einem komfortablen Ledersattel. Mit 460 ccm und 0,5 PS erreichte er eine Höchstgeschwindigkeit von 12 km/h. Die Serienfertigung des Motorrads begann erst mit dem bayerischen Gespann Heinrich Hildebrand und Alois Wolfmüller, die 1894 in München die erste Motorradfabrik gründeten. Zu Beginn des 20. Jahrhunderts lag das motorisierte Zweirad in Europa voll im Trend und wurde allmählich zum wichtigsten Transportmittel. Marken wie Indian, Moto Guzzi, Norton, NSU, Puch, Triumph, Wanderer oder Zündapp schrieben Motorradgeschichte. Die allgemeine Fahrradbegeisterung verlagerte sich zunehmend auf die Welt des PS-starken Zweirades, das mit spektakulären Rennen in Stadien und an den Straßenrand lockte. Allein in Deutschland waren 1927 rund 400 000 Krafträder registriert, 1932 ▸▸

▲ Im Einsatz für das Militär: eine britische Soldatin 1919 auf ihrem Motorrad.

▾ Der berühmte »Reitwagen« – das erste mit Benzin betriebene Motorrad aus dem Jahr 1885.

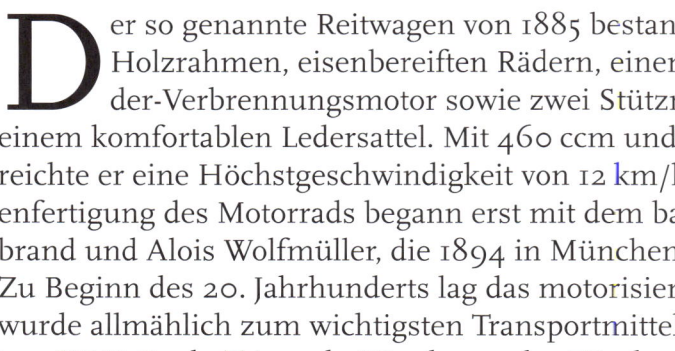

▲ Das Motorrad ist in Entwicklungsländern ein wichtiges Transportmittel.

sogar 820 000 und nach dem Zweiten Weltkrieg 1955 gar 2,2 Mio. Erst als immer mehr preisgünstige Kleinwagen auf den Markt kamen, in denen man nicht mehr Wind und Wetter ausgesetzt war, verlor das Motorrad an Bedeutung – bis dann eine neue Motorradgeneration aus Fernost kam: Ab etwa 1970 begründeten japanische Hersteller wie Honda, Yamaha, Suzuki und Kawasaki die neue Ära der Motorräder für Sport und Freizeit. Trauriger Begleitumstand: Die Unfallzahlen schnellten erschreckend in die Höhe. So wurden Mitte der 70er Jahre die Sicherheitsstandards, auch in der Ausrüstung der Fahrer selbst, erheblich erhöht. Heute bietet der Motorradmarkt eine große Vielfalt an Hightechmodellen, und der Interessent hat die Wahl zwischen Tourer, Chopper, Sport- und Geländefahrzeug, zwischen futuristischem und Retro-Design. Sportlich und leistungsstark, ist das Motorrad heute zum Symbol für den aktiven Lebensstil reicher Industrienationen und ein fester Bestandteil unserer Freizeitgesellschaft geworden. ∎

◄ Hintergrund: die erfolgreiche Motorradsportlerin Katja Poensgen bei der 250-ccm-WM im Jahr 2001.

Mythos Harley-Davidson

Die Geschichte der Harley-Davidson beginnt in einem Hinterhof in Milwaukee: Dort beschlossen 1903 der technische Zeichner William S. Harley und der Werkzeugmacher Arthur Davidson, ihr erstes Motorrad zu bauen. Schon 1920 waren sie mit ihren Zweirädern international marktführend. Das Unternehmen florierte, Harley-Davidson wurde zu einem der populärsten Markennamen der Welt. Doch mit dem Autoboom der 50er Jahre stand Harley-Davidson kurz vor dem Aus. Heute gilt das Unternehmen als einer der ältesten Motorradhersteller der Welt, dessen Name wie eh und je für den »American way of life« steht.

▲ Symbol einer Lebensphilosophie: Harley-Davidson

Sozialistischer Exportschlager

Angefangen hatte alles mit dem dänischen Geschäftsmann Jørgen Rasmussen, der 1907 im Erzgebirge die Fahrradfabrik Zschopau gründete. 1922 verließen hier die ersten Motorräder der Marke DKW das Werk. Schon 1928 war das Werk in Zschopau weltweit größter Hersteller motorisierter Zweiräder. Nach dem Zweiten Weltkrieg wurde das Werk zum Aushängeschild der DDR. 1956 erhielten die Bikes »made in Sachsen« die Markenbezeichnung MZ (Motorradwerk Zschopau), und obwohl die Konstrukteure mit Materialknappheit, fehlendem Kapital und enormer politischer Einflussnahme zu kämpfen hatten, brachten sie die robusten Krafträder auf ein beachtliches technisches Niveau. Das Ende der DDR bedeutete nicht das Aus für die Motorradschmiede in Zschopau. Heute stellt der hochmoderne Betrieb neben Rollern, Funbikes, Enduros und Tourenmaschinen auch ein Rennmotorrad her.

▸ Auch in westlichen Ländern fand die in der DDR produzierte MZ ihre Liebhaber.

Kultfilm »Easy Rider«

Der gesellschaftskritische Streifen, der 1969 die Kinos eroberte, war mehr als nur das Roadmovie eines Motorradtrips: »Easy Rider« wurde zum Kultfilm der Rocker-Szene und Hippie-Generation. Es ist die Geschichte zweier junger Männer, die im Sattel frisierter Zweiräder die USA durchqueren und die Freiheit suchen, aber stets nur mit der Engstirnigkeit der amerikanischen Gesellschaft konfrontiert werden. Mit »Easy Rider« begann die große Zeit der Chopper, der bis auf das Nötigste reduzierten, individuell umgebauten Motorräder, die vor allem durch ihre langen Gabeln und geschwungenen Hochlenker auffallen.

◄ Auf der Suche nach Freiheit: Dennis Hopper (l.) und Peter Fonda (r.) in »Easy Rider«.

Wichtige Schritte in der Motorradgeschichte

Serienproduktion
1894. Heinrich Hildebrand und Alois Wolfmüller produzieren Motorräder in Serie und verkaufen über 1000 Maschinen mit Stahlrahmen, wassergekühltem Motor und Luftreifen.

Ein Markt für Pioniere
1901. Auch Opel beginnt mit der Fertigung motorisierter Zweiräder. Sie ähneln noch Fahrrädern, erreichen aber ein für damalige Zeiten beachtliches Tempo von 40 km/h.

BMW steigt ein
1923. Die Bayerischen Motorenwerke (BMW) präsentieren in Paris ihr erstes Motorrad: die R 32. Später folgt u. a. die erfolgreiche RS-Reihe, wobei S für Sport steht.

Die Vespa kommt
1946. Der Italiener Enrico Piaggio baut erstmals einen straßentauglichen Motorroller. Seine Vespa wird zum Symbol der 50er Jahre und ist auch heute wieder sehr beliebt.

1885

AUTOMOBILE GESELLSCHAFT

1860 baute der Franzose Joseph Étienne Lenoir einen mit Leuchtgas betriebenen Verbrennungsmotor, seine Experimente mit einem Benzinmotor schlugen jedoch fehl. Erst die Deutschen Carl Friedrich Benz und Gottlieb Daimler mit seinem Konstrukteur Wilhelm Maybach brachten 1885/86 parallel zueinander ihre Benzinwagen zum Fahren und gelten seither als die Väter des modernen Automobils.

▲ Elegante Formen: Sportwagenillustration aus dem frühen 20. Jahrhundert.

Daimler hatte 1882 ein Unternehmen gegründet und drängte Maybach zur Entwicklung eines ersten schnell laufenden Benzinmotors. Dieses Aggregat ließ Daimler in eine nur dürftig umgebaute Pferdekutsche einbauen, nachdem Versuche mit einem motorisierten hölzernen Zweirad erfolgreich gewesen waren. Kurz zuvor hatte der Mannheimer Ingenieur Benz sein erstes Benzinauto präsentiert – ein dreirädriges Gefährt mit einem neuartigen Motor. Der Benz-Wagen nahm viele Details späterer Autos vorweg und gilt mit seiner Einheit aus Fahrgestell und Motor als erstes eigenständiges Kraftfahrzeug der Geschichte.

Es folgte eine rasante Entwicklung. Zu Beginn des 21. Jahrhunderts sind Autos Hightech-Maschinen, in die neueste Erkenntnisse aus Forschung und Technik einfließen: ▸▸

▲ Urlaub, Spaß und Buick gehören zusammen, glaubt man den US-Werbestrategen der 30er Jahre.

▲ Der feine englische Stil: Schlösser sind das passende Ambiente für britische Nobelkarossen – suggeriert die Rover-Werbung aus den 40er Jahren.

▸ Carl Friedrich Benz (r.) und ein Mitarbeiter bei einer Spazierfahrt mit dem dreirädrigen »Patent-Motorwagen«, um 1887. Der Wagen ähnelt noch sehr einer Kutsche.

Bedeutende Erfindungen im Automobilbau

Luftreifen
1888. Der irische Tierarzt John B. Dunlop erfindet den in Vergessenheit geratenen Luftreifen neu. Ein erstes Patent hatte 1844 Dunlops Landsmann Robert W. Thompson erhalten.

Lenkrad
1900. Die französische Firma Panhard und Levassor bietet erstmals ein Auto mit Lenkrad an. Zuvor besaßen die Autos eine Lenkstange mit einer kleinen Drehscheibe.

Verbesserte Bremsen
1923. In den USA liefert die Firma Farman erste Serienfahrzeuge mit Servobremse. Ab 1956 lösen Scheibenbremsen die zuvor üblichen Trommelbremsen ab.

ABS
1984. Die elektronisch geregelte und hydraulisch gesteuerte Kraftfahrzeug-Bremsanlage ABS (Antiblockiersystem) verhindert, dass beim Bremsen die Räder blockieren.

◀ Das erfolgreichste Auto der Welt ist der VW Käfer. 1955 feiern die Wolfsburger Autobauer eine Million verkaufte Exemplare.

▶ Auf der 5th Avenue in New York ist der Verkehr 1911 noch überschaubar.

vom Mikrochip bis zum ausgefeilten Bordcomputer, vom kohlefaserverstärkten Hochleistungswerkstoff bis zur UV-, hitze- und kältebeständigen Kunststoffauskleidung.

Aber das Auto unserer Tage ist noch weit mehr: Es ist die »Krücke« des modernen Menschen, ohne die er kaum noch seinen Arbeitsplatz, den Supermarkt, das Kino oder seinen Urlaubsort erreicht. Inzwischen beherrscht das Auto in weiten Teilen der Welt das Leben in den Städten. Die anfänglich erhoffte größere Mobilität endet nicht selten im Stau. ■

▲ Plastikbomber und Statussymbol in der ehemaligen DDR: der Trabant – angetrieben von einem Zweitaktmotor.

Der erste Volkswagen – das Modell T

Zu Beginn des 20. Jahrhunderts kam der Wunsch nach schweren, eleganten Reiselimousinen auf, das Auto galt als Luxusgefährt für die Oberschicht. Parallel dazu zeichnete sich ab 1908 eine andere Entwicklung ab, als Henry Ford in den Vereinigten Staaten mit dem »Modell T« dank sorgfältig geplanter Fließbandproduktion und großer Stückzahlen ein in Serie gefertigtes Benzingefährt für jedermann auf den Markt brachte. Zu dem großen Erfolg trug auch Fords Verkaufsstrategie bei: Wann immer die Kaufkraft nachließ, senkte er die Preise. Das letzte »Modell T« lief 1927 vom Band, bis dahin hatte Henry Ford stolze 15 Mio. Exemplare verkauft. Ein weiteres Erfolgsrezept: Als erster Automobilhersteller führte der findige Amerikaner ein flächendeckendes Netz von Service-Werkstätten ein.

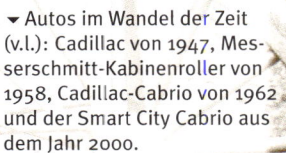

▼ Autos im Wandel der Zeit (v.l.): Cadillac von 1947, Messerschmitt-Kabinenroller von 1958, Cadillac-Cabrio von 1962 und der Smart City Cabrio aus dem Jahr 2000.

▲ Das Erfolgsautomobil der frühen Jahre: Fords »Modell T«, im Volksmund bekannt als »Tin Lizzy«.

Tüftler-Konkurrenz

Der schwäbische Maschineningenieur Gottlieb Daimler war als wenig begnadeter Konstrukteur auf das Können seines Mitarbeiters Wilhelm Maybach angewiesen und trieb diesen durch seinen ausgeprägten Willen immer wieder zu Höchstleistungen an. Anders Carl Friedrich Benz, der als unermüdlicher Tüftler selbst Tage und Nächte in der Werkstatt zubrachte. Benz ging jedoch jedes Vermarktungsgeschick ab: Erst seine Frau Bertha machte das neuartige Automobil ihres Mannes durch eine Aufsehen erregende Überlandfahrt bekannt. Kuriosum am Rande: Die beiden Konkurrenten Daimler und Benz, die durch Firmenfusionen der späteren Stuttgarter Autoschmiede ihre Namen gaben, sind einander trotz der geographischen Nähe ihrer Wohnorte nie begegnet.

1886

ERFRISCHUNG FÜR DIE WELT

Als der Apotheker Dr. John Styth Pemberton im Mai 1886 einen karamelfarbenen Sirup zusammenbraute, arbeitete er eigentlich an einem Mittel gegen Kopfschmerzen und Magenverstimmung. Das neue Produkt, das es bald darauf in Jacob's Pharmacy in Atlanta unter dem Namen »Coca-Cola« zu kaufen gab, wurde sofort zum Erfolg – jedoch als Limonade, deren Rezeptur seither streng geheim gehalten wird.

Pemberton mischte u. a. Kräuter, Phosphorsäure, Kolanuss, Koka-blätter und Unmengen Zucker zu einem zähen Sirup, der mit Wasser verdünnt ausgeschenkt wurde. Coca-Cola fand rasch Anhänger – durchschnittlich gingen im ersten Jahr pro Tag neun Gläser à fünf Cent in so genannten Soda-Fountains über die Theke. Den bis heute unveränderten Schriftzug entwarf der Buchhalter Frank M. Robinson. Pemberton war ein begabter Apotheker, aber ein schlechter Geschäftsmann. Der Erfolg von Coca-Cola setzte daher erst ein, als 1891 Asa G. Candler den Sirup samt Formel und Schriftzug für 2300 Dollar erwarb und damit begann, das 1893 patentierte Getränk landesweit zu vertreiben. 1894 nahm er eine Anregung des Kaufmanns Joseph A. Biedenharn auf, der Coca-Cola gern an Kunden außerhalb der Soda-Fountains verkaufen wollte. Biedenharn füllte den Sirup aus Atlanta mit Wasser in Flaschen und machte ihn zum Verkaufsschlager für Sommer-Picknicks. ▸▸

▲ Ganz auf Bürgertum und High Society setzt die Coca-Cola-Werbung zu Beginn des 20. Jahrhunderts.

▾ Kunstvoll gestaltetes Keramik-Zapfgerät aus den Anfängen von Coca-Cola.

▾ In Kriegszeiten stellt die Coca-Cola-Company ihre Werbung ganz in den patriotischen Dienst am Vaterland.

Drink
Coca-Cola
TRADE-MARK

Große Konkurrenz im Cola-Land

Unter Drogenverdacht

1892 entbrannte eine Diskussion darüber, ob Coca-Cola süchtig mache. In diesem Jahr wurden in den USA 400 Kokainabhängige registriert, und einige Ärzte führten ihre Abhängigkeit auf Coca-Cola zurück. Wie viel Kokain in der Limonade enthalten war, ist nicht geklärt. Die Droge war damals allerdings Bestandteil vieler Medikamente und sogar von Zigaretten.

1906 musste die Cola-Rezeptur geändert werden, da der Kokain-Konsum in den USA verboten wurde. Deshalb gaben die Hüter des heiligen Rezepts der Limonade Koffein als anregenden Stoff bei. 14 Jahre später war Coca-Cola Nutznießer eines Alkoholverbots: Die Prohibition in den USA bescherte dem Unternehmen neue Rekordumsätze.

Trotz des Erfolgs störte Candler, dass Coca-Cola nicht an der Flasche zu erkennen war. Der Glashüttentechniker Alexander Samuelson entwarf daraufhin 1915 die seither fast unveränderte Flasche, die wegen der geschwungenen Form in den 20er Jahren in Anspielung auf die amerikanische Filmschauspielerin »Mae West« genannt wurde. Wie sehr Coca-Cola zum Inbegriff amerikanischer Lebensart wurde, zeigte sich im Zweiten Weltkrieg, als General Dwight D. Eisenhower 1943 für seine Soldaten in Übersee 3 Mio. Flaschen Cola inklusive Abfüllanlagen anforderte. Nach Kriegsende war der weltweite Siegszug von Coca-Cola nicht mehr aufzuhalten. In den 80er Jahren mussten auch die kommunistischen Bastionen UdSSR und China vor der braunen Limo »kapitulieren«. ■

Cleverer Geschäftsmann

▲ Asa G. Candler macht mit Coca-Cola Millionen.

Asa Griggs Candler war ein methodistischer Sonntagsschullehrer, als er 1891 Doc Pembertons Geschäfte komplett übernahm. Er konzentrierte sich fortan ganz auf den Vertrieb von Coca-Cola. Seine Werbekampagnen, Expansionsstrategien und das Franchise-System, bei dem Abfüller das Basisprodukt und das Firmenimage vom Hersteller kaufen und die Ware selbst vertreiben, waren die Grundlage der Coca-Cola-Erfolgsstory. 1916 zog sich Candler aus dem Geschäft zurück, in das er 52 000 Dollar investiert hatte. Seine Familie verkaufte 1919 ihre Geschäftsanteile für 25 Mio. Dollar.

▲ Nostalgie pur: Coca-Cola-Zapfautomat, 1947.

▼ Coca-Cola-Werbung 1934 in Deutschland: Szene aus dem populären Film »Die lustige Witwe«.

▼ Die Entwicklung der Flaschenform – 1915 erhält die Coca-Cola-Flasche ihre unverwechselbare Form.

Coca-Cola – immer und überall

Eingängige Werbeslogans wie »The pause that refreshes« (1929) oder »Things go better with Coke« (1963) haben ebenso zum Siegeszug beigetragen wie das seit 1922 standardisierte Produktimage aus Flasche, Glas und Schriftzug. Auch als Sport- und Kultursponsor hat Coca-Cola eine lange Tradition – 1928 gingen mit den US-Athleten 1000 Coke-Flaschen auf die Reise zu den Olympischen Spielen nach Amsterdam. Seit 1990 feiert sich Coca-Cola in Atlanta mit eigenem Museum, die Olympischen Spiele 1996 in Atlanta gingen wegen massiver Coke-Werbung als »Coca-Cola-Games« in die Geschichte ein.

Die Werbekampagne mit der größten Wirkung dürfte aber 1931 gestartet worden sein: Designer Haddon Sundblom entwarf einen rundlichen Santa Claus in den Coke-Farben Rot und Weiß, der zum Prototyp aller Weihnachtsmänner wurde.

▼ Die Coke-Flasche: klassisch auch zur Jahrtausendwende.

| 1894 | 1899–1902 | 1900–1916 | 1915 | 1923 | 1937 | 1957 | 1961 | 1975 |

Pepsi-Cola
1889. In New Bern, North Carolina, erfindet der Apotheker Caleb Bradham eine neue Limonade, die Energie liefern und gleichzeitig auch die Verdauung fördern soll.

Afri-Cola
1931. Die Kölner Limonadenfirma Blumhoffer bringt als erstes deutsches Cola-Getränk Afri-Cola auf den Markt. Während der Flower-Power-Zeit 1968 erlangt Afri-Cola durch

die mittlerweile legendäre Werbekampagne von Charles Wilp Kultstatus. Mit dem Slogan »Sexy – mini – super – flower – pop – op – cola – alles ist in afri-cola!« wird das Getränk zum Symbol des Rausches.

DDR-Cola
1957. In der DDR kommt Vita-Cola als sozialistische Antwort auf die Westcola auf den Markt. Ab 1967 wird im Auftrag der DDR-Regierung Club-Cola produziert.

1888

SCHÖNHEIT IST EINE ZIER

»Wahre Schönheit kommt von innen.« Diese Alltagsweisheit beschreibt aber nur die halbe Wahrheit. Ein attraktives Aussehen öffnet eher Tür und Tor als die Schönheit »von innen«, die erst bewiesen werden muss. Die Stadtväter von Spa in Belgien hatten 1888 jedenfalls den richtigen Riecher, dass ein Schönheitswettbewerb zwischen jungen Damen ihrem Kurort mehr Gäste bringt.

▲ Die Schönsten der Schönen bei der Wahl zur Miss Universum in Miami Beach, 1997.

▲ Glückstränen bei der »Krönung«: Miss America 1986.

D iese einfache Logik von 1888 gilt unverändert zu Beginn des 21. Jahrhunderts: Miss-Wahlen als Verkaufsförderung und Unterhaltungsspektakel. Schönheitswettbewerbe, mit Frauen zelebriert, von Männern organisiert, vermittelten neben dem unmittelbaren Werbezweck auch das Schönheitsideal und Frauenwunschbild ihrer jeweiligen Zeit. Selbst ihr Verbot als Ausdruck »jüdisch-bolschewistischer Dekadenz« durch die Nationalsozialisten oder ihre Ächtung als »kapitalistische Erfindung« in der DDR – die erste und letzte Miss DDR gab es 1990 – spiegelt indirekt gesellschaftliche Normen und Werte wider. Schönheitsköniginnen dienten auch als Botschafterinnen ihres Landes, ob als »unser Fräulein Deutschland« 1927 oder in den 1950er Jahren als »Fräuleinwunder« beim ehemaligen Kriegsgegner.

Nicht zuletzt waren Miss-Wahlen massiver Ausdruck eines neuen Selbstverständnisses der Teilnehmerinnen, die sich weniger an Küche und Familie orientieren, sondern sich selbstständig und selbstbewusst präsentieren wollen. Dies galt für die erste türkische Misswahlsiegerin im Jahr 1932 ebenso wie für die beiden Miss World 1999 und 2000 aus Indien. 1996 noch gab es in Bangalore massive Proteste traditionsbewusster Inder gegen die »Entwürdigung« der Frau. Damit standen sie in einer Reihe mit deutschen Feministinnen, die in den 1970er Jahren die männliche Jury der »Fleischbeschau« bezichtigt und mit Schweineschwänzchen beworfen hatten. ∎

◀ Finale des ersten Schönheitswettbewerbs im belgischen Spa im Jahr 1888. Von 350 Bewerberinnen erreichen 28 Frauen die Endauswahl. Es gewinnt eine 18 Jahre junge Frau aus Guadeloupe.

»Echte« Männer

Der Wahn, Schönheit gestalten zu können, fordert Chirurgen und Pharmaindustrie: Silikon in der Brust, Dragees im Blut. Doch einige Männer glauben nur an die Wirksamkeit ihrer eigenen Anstrengungen. Sie trainieren die Muskeln, bis das Hemd platzt, ölen sich ein, um nur für Minuten ihre Kraft im Scheinwerferlicht präsentieren zu können. Mit der Wahl zum Mister Universum wird für viele die höchste Stufe der »männlichen« Vollendung erreicht. Ganz ohne Hilfe der Pharmaindustrie kommen etliche Muskelprotze dabei jedoch nicht aus.

▼ Erstmals wird 1956 eine Deutsche zur Miss World gewählt: Petra Schürmann.

▲ Der Muskelmann: Arnold Schwarzenegger – 1967 und 1970 Mister Universum.

Königin der Spielhalle

Der britische Spielhallenbesitzer Eric Morley kam 1951 auf die Idee, seine Etablissements mit einer Miss-World-Wahl aufzuwerten. Da seine Schönheitskönigin schon im folgenden Jahr mit einer »Miss Universum« konkurrieren musste, ließ er die Schönsten der Schönen nun jedes Jahr mit immer mehr Pomp aufs Neue antreten – zuerst in Badeanzug und Stöckelschuhen, dann anmutig in Abendgarderobe. Das 50-jährige Jubiläum im November 2000 in London erlebte Morley nicht mehr.

◀ Erste Miss World: die Schwedin Kerstin Haakansson im Jahr 1951.

◀ Start eines großen Wettbewerbs: In Atlantic City wird 1921 die erste Miss America gekürt – Margaret Gorman. Sie war mit 15 Jahren bereits Miss Washington D. C.

Bekannte Sieger und Siegerinnen bei Schönheitswahlen

Sean Connery
1950. Der Frauenschwarm wird Mister Scotland und Dritter der Wahl zum Mister Universum. 1956 beginnt seine Filmkarriere, u. a. spielt er ab den 60er Jahren James Bond.

Susanne Erichsen
1950. Die zur Miss Germany gewählte Blondine macht in den Vereinigten Staaten als Model Karriere und gründet später eine eigene erfolgreiche Modefirma.

Margaret Nünke
1955. Die Miss Germany wird 1956/57 zur Miss Europa gewählt und macht danach Karriere als Schauspielerin. Sie ist u. a. in einer Filmrolle neben Hans Albers zu sehen.

Verona Feldbusch
1993. Als Plappertasche mit erheblichen Grammatikproblemen vermarktet sich die Miss Germany von 1992/93 u. a. mit Werbespots. Ab 1996 moderiert sie TV-Shows.

1888

EINMAL VOLLTANKEN BITTE!

Bei dem ungewöhnlichen Verkauf von zwei vollen Litern Benzin, gedacht für ein dreirädriges, stinkendes, knatterndes Vehikel, hätte Apotheker Willi Ocker eigentlich um seine Sicherheit fürchten müssen. Aber die hübsche Bertha Benz und ihre beiden kleinen Söhne scheinen vertrauenswürdig gewirkt zu haben. So wurde an einem frühen Morgen Anfang August 1888 eine Apotheke in Wiesloch zur ersten »Tankstelle« der Welt – für das erste Auto der Welt.

▲ Der Film »Die Drei von der Tankstelle« hat 1930 Premiere. Der Schlager »Ein Freund, ein guter Freund« ist heute ein Klassiker.

Bertha Benz war mit der Erfindung ihres Mannes heimlich zu einer Testfahrt gestartet. Auf dem Weg von Mannheim nach Pforzheim musste sie dann in Wiesloch die Erfahrung machen, die nach ihr viele Millionen Autofahrer machen sollten: Das Benzin wurde knapp, und sie brauchte dringend Nachschub. Tankstellen gab es damals nicht. So kam ihr der Apotheker gerade recht. Doch bis zur Eröffnung richtiger Tankstellen war es dann noch ein weiter Weg.

Sogar das Ölland Amerika tat sich damit schwer, denn nicht Benzin, sondern Lampen-Petroleum war damals das große Geschäft mit dem schwarzen Gold. Lange blieb es darum weltweit beim Verkauf des Benzins aus Kannen und Kanistern, die in jedem Krämerladen über die Theke gereicht wurden. Rockefellers Standard Oil Company und die Deutsch-Amerikanische Petroleum-Gesellschaft (DAPG) aus Hamburg besaßen allerdings eine globale Vertriebsorganisation, die sich leicht auf Benzin umstellen ließ. So belieferten etwa seit dem Jahr 1905 Tankwagen ▸▸

Architektonische Markenzeichen

»Die Wiederholung einer bestimmten Architektur hat denselben Werbewert wie die Wiederholung eines Markenzeichens«, lautet das Glaubensbekenntnis der Tankstellenbetreiber. Es begann 1913 mit säulengeschmückten Kiosken, die von kleinen »Landhäusern« abgelöst wurden. Shell verkaufte seit 1915 an Kassenhäuschen mit langen Vordächern. 1932 war eine gläserne Tankstelle in Kassel ein Vorzeigeobjekt der Architekturausstellung zur internationalen Modernen in New York und wurde 1937 von Texaco abgewandelt verwendet. Futuristische Beton-Baldachine in teils schwungvollen Formen sah man insbesondere 1950 bis 1970. Der heute vorherrschende Bautyp mit weitem Dach über den Zapfsäulen, dem ein Kassen- und Verkaufsraum zur Seite gestellt wird, stand bereits 1931 in Hamburg.

▸ Typisch Tankstelle: Ein weit ausladendes Dach hat auch die Tankstelle an der Reichsautobahn München–Salzburg, 1935.

▲ Das Wundergefährt mit Minitank: Bertha Benz 1888 auf heimlicher Jungfernfahrt mit dem ersten Auto an der ersten »Tankstelle« der Welt in Wiesloch.

die ersten risikofreudigen Autofahrer, die sich daheim große Treibstoffvorräte anlegten. Doch entdeckte man bald die Vorteile großer zentraler Benzintanks mit Schläuchen und Zapfhähnen, und 1913 stand der Schriftzug »Good Gulf Gasolin« auf der ersten richtigen Tankstelle.

Der Erste Weltkrieg mit seinen motorisierten Armeen zeigte schließlich den Regierungen, dass der Aufbau eines funktionierenden Benzinnachschubs auch militärisch notwendig war. In Deutschland wurden 1922 von der DAPG in Hamburg und der OLEX in Köln erste öffentliche Benzinpumpen installiert, 1930 gab es schon 50 000 deutsche Zapfstellen. Mit dem Zweiten Weltkrieg geriet der Ausbau des Netzes erst einmal ins Stocken, bis es in der Wirtschaftswunderzeit der 1950er Jahre steil aufwärts ging. Unterbrochen wurde der stete Boom von den »Ölschocks« 1956, 1973 und 1977, als die arabischen Länder Nachschub und Produktion drosselten. In den folgenden Jahrzehnten kam es zu einer Reduzierung der Tankstellen und Marken. Gleichzeitig wurden die Stationen in regelrechte kleine Supermärkte verwandelt, die rund um die Uhr so viel Umsatz machen, dass der Benzinverkauf fast als Nebensache erscheint. ∎

◀ Kleiner »Rennfahrer« beim »Boxenstopp« im Berlin der 1930er Jahre; dieser kleine Junge betankt ein Motorrad für Kinder mit Beiwagen für die kleine Freundin.

▼ Tankwart auf Rollschuhen, Frankreich 1968 – Selbstbedienung ist dann schließlich doch schneller.

◀ Hintergrund: Lang war der Weg vom losen Benzinverkauf aus Kanistern bis zur Zapfpistole.

▶ Wartburg- und Trabbikolonne: Es herrscht Hochbetrieb an einer DDR-Tankstelle im Jahr 1978.

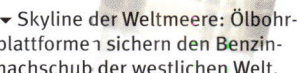

▼ Skyline der Weltmeere: Ölbohrplattformen sichern den Benzinnachschub der westlichen Welt.

Werbewirksame Wortspiele

Die älteste Benzinfirma der Welt ist die 1863 von John D. Rockefeller gegründete Standard Oil Company, die sich S.O. abkürzte, was dann lautmalerisch zu ESSO wurde. Die 1898 gegründete Bochumer ARAL setzt ihren Namen aus den Anfangsbuchstaben von aromatisch und aliphatisch zusammen, als Hinweis auf bedeutende Bestandteile ihres Benzin-Benzol-Gemisches. Der Name und das Symbol von Shell, die Muschel, symbolisieren den Beruf des Firmengründers von 1890, denn Marcus Samuel war Muschelhändler. Wer bei BP tankt, ist

Gast bei British Petrol. Wie ein SMS-Kürzel kommt der Schriftzug von Q8 daher, denn der englische Zusammenklang von »Q« und »eight« weist auf das Herkunftsland Kuwait hin. Der Name MINOL spielt mit den Begriffen Mineralöl und Monopolbetrieb, denn als staatseigenes VEB Kombinat wurde die Firma 1949 in der DDR gegründet.

▶ Alles durchdacht: Der kurze Weg zur Nahrung für Motor und Fahrer wird immer anziehender gestaltet.

Neue Zeiten bringen neue Treibstoffe

Wirkungsvoll
1892. Da die Dampfmaschinen und anfangs auch der Ottomotor einen sehr kleinen Wirkungsgrad haben, entwickelt Rudolf Diesel den nach ihm benannten Motor.

Spitzname
1914. Im Ersten Weltkrieg ist Deutschland von Öllieferungen abgeschnitten. Aus Kartoffeln gewonnener Spiritus dient bald als Benzin. Daher kommt der Name »Sprit«.

Bleifreies Benzin
1983. Wegen zunehmender Luftverschmutzung beschließt die Bundesregierung in Bonn gesetzliche Regelungen für den Verkauf von bleifreiem Benzin an Tankstellen.

Wasser-Zapfen
1999. Die erste Tankstelle der Welt für flüssigen Wasserstoff wird auf dem Münchener Flughafen errichtet. 2007 sollen Serienfahrzeuge mit Wasserantrieb angeboten werden.

DJ DER MILCHBARS

Eisdiele ... Pettycoat ... Rock 'n' Roll ..., was fehlt da noch? Natürlich die Musikbox! Der glitzernde, blinkende Kapellmeister jugendlicher Wunschkonzerte hatte in den 1950er und 60er Jahren in Deutschland seine goldene Ära. Bis dahin hatte die Musikbox aber einen langen Anlauf gebraucht: Denn bereits 1889 stellte Louis Glass in San Francisco den ersten Musikautomaten auf.

In dem Gerät verband sich die Automatenbegeisterung der Zeit mit einer der neuesten und populärsten technischen Errungenschaften: dem Phonographen von Thomas A. Edison. Aber Glass und anderen Pionieren war mit ihren akustischen Musikboxen – also ohne elektrischen Verstärker – nicht viel Erfolg beschieden. Die Geräte brauchten riesige Schalltrichter mit bis zu einem Meter Durchmesser, um eine für Cafés und Lokale einigermaßen angemessene Lautstärke zu erreichen. Immerhin wurden bald schon Apparate gebaut, bei denen bis zu 24 Edison-Musikwalzen zur Auswahl standen. Der Kunde wählte mit einer Handkurbel die Musikwalze aus, zog den Federmechanismus des Apparats auf und warf eine Münze ein – dann ertönte die Musik.

Die Voraussetzungen für den Siegeszug der Musikbox wurden in den 1920er Jahren mit dem elektrisch verstärkten Grammophon, der elektrisch aufgenommenen Schallplatte und dem elektrodynamischen Lautsprecher geschaffen. Firmen wie Gabel, Rock-Ola, Seeburg und Wurlitzer ▸▸

▲ Ihre große Zeit hat die Musikbox in Deutschland in den 1950er und 1960er Jahren. Vor allem die Jugend trifft sich zu dieser Zeit gerne in Cafés, um mit dem Groschenautomaten die neuesten Schlager zu hören.

▸ Die wohl berühmteste Musikbox ist der »Bubbler«; das Modell 1015 der amerikanischen Rudolph Wurlitzer Company kommt 1946 auf den Markt. Abgesehen von der Musik bietet sie auch kunterbunte Lichteffekte.

▸ Hintergrund: In den 1950er Jahren sind Eisdielen mit Musikbox beliebter Drehort der Filmemacher; hier eine Szene aus dem Jahr 1957 mit einer Musikbox von Rock-Ola.

Ein Sachse erobert die Welt

Rudolph Wurlitzer, den 23-jährigen Spross einer Musikinstrumentenbauerfamilie aus Schilbach in Sachsen, zog es 1853 in die Neue Welt. In Cincinnati, Ohio, gründete er die Rudolph Wurlitzer Company, die zuerst Musikinstrumente der Familie importierte und bald selbst produzierte. 1896 präsentierte Wurlitzer das erste Münzpiano, international bekannt wurde das Unternehmen jedoch durch seine großen Kino- und Theaterorgeln. Rudolphs Sohn Farny brachte 1933 die erste Musikbox auf den Markt. Ende der 1930er Jahre produzierte die Firma jährlich 45 000 Geräte. Seither ist der Name Wurlitzer fast ein Synonym für die Musikbox.

begannen mit der Serienproduktion von elektrischen Jukeboxen. Sie waren mit bis zu 24 Schallplatten bestückt, die noch aus dem schweren und leicht zerbrechlicher. Schellack bestanden. Zu Beginn des Zweiten Weltkriegs waren in den USA bereits 300 000 Musikboxen aufgestellt, als der Boom durch den Krieg abbrach; die Unternehmen mussten für die Rüstung produzieren. Dafür stieg die Nachfrage nach dem Krieg umso heftiger. Allein von dem berühmten Modell 1015 stellte Wurlitzer innerhalb von 18 Monaten 56 000 Stück auf. Anfang der 50er Jahre breiteten sich die Musikboxen – nun mit chromfarbenen Gehäusen – auch in Europa aus. Die »Sardellendosen« waren jetzt mit Vinylsingles bestückt, bis zu 200 an der Zahl. Der technische Fortschritt nahm also seinen Lauf; und wie er der Jukebox zum Erfolg verholfen hatte, bereitete er ihr auch ein Ende. Denn die Geräte der Unterhaltungselektronik wurden immer billiger, perfekter und kleiner. In den 60er Jahren waren viele Jugendliche schon mit Transistorradio, Plattenspieler oder Kassettenrekorder ausgerüstet. 40 Jahre später hat fast jeder seine individuelle Musikbox im Miniformat: Der MP3-Player für etwa zwei Stunden Musik ist auf die Größe eines Feuerzeugs geschrumpft. ∎

▲ Welcher Hit soll es sein? Bei so vielen Wahlmöglichkeiten fällt es schwer, sich zu entscheiden; Filmszene aus dem Jahr 2000.

▸ Neben Coca-Cola und Kaugummi bringen die US-Soldaten nach dem Zweiten Weltkrieg die Jukebox nach Deutschland.

▲ Die Bar des Automatenkasinos in der neuen Spielbank am Potsdamer Platz in Berlin schmückt sich mit dem Nachbau einer Wurlitzer-Musikbox.

Dienstbare Groschengräber

Im Zuge der Industrialisierung kamen Ende des 19. Jahrhunderts die unterschiedlichsten Münzautomaten auf den Markt: Warenautomaten z.B. für Zigarren oder Schokolade, Spiel- und Unterhaltungsautomaten wie Schießstände oder Stereo-Panoramen. Beliebt waren mechanische Musikautomaten. Sie funktionierten nach dem alten Stiftwalzenprinzip der Spieluhr und des Orchestrions oder wurden mit einer Lochplatte als Wechselmedium betrieben. Auf jeden Fall hatten diese Geräte das mechanische »Orchester« an Bord, das Medium – Walze oder Lochplatte – lieferte nur die Melodie. Anders beim neuen Münz-Phonographen, der ersten Musikbox: Das Orchester – nun sogar Sänger – und Melodie wurden auf dem Medium, einer Walze oder Platte, geliefert.

Lokale zum Austoben

Das Wort Jukebox ist in den Südstaaten der USA entstanden. Schwarzafrikaner hatten das Wort »juke« eine Verfremdung des elisabethanischen »jouk« (= tanzen), aus Großbritannien mitgebracht. Juke bedeutet also »tanzen, sich austoben« nach einem harten Arbeitstag. Juke-Joints hießen die kleinen Cafés und Lokale der Schwarzen nahe den Baumwollfeldern. Nur hier konnten sie ihre Musik – Jazz und Blues – hören. Weil aber Auftritte von Bands teuer waren, fanden die neuartigen Musikboxen natürlich bald Einzug in die Juke-Joints der Südstaaten, und bald hießen sie dort Jukeboxen. In den Cafés und Lokalen der Weißen dominierten eher die älteren, klanglich besseren aber teureren Musikautomaten in Art des Orchestrions.

Chronik eines Kultobjekts

Mechanischer Saurier
1906. John Gabel bringt seinen »Automatic Entertainer« mit einer Auswahl von 24 Schallplatten und einem Schalltrichter von 102 cm Durchmesser auf den Markt.

Ende der Frühzeit
1929. Die Produktion von mechanischen Musikboxen mit Edison-Walzen wird eingestellt. Die Zukunft gehört von nun an elektrischen Musikboxen mit Schallplatten.

Alpines Meisterstück
1954. Schweizerische Produzenten stellen ihre im Testbetrieb in einem Restaurant laufende »Chantal Panoramic« vor, die erste Musikbox der Welt, die 200 Titel spielt.

Nachgesang
1989. Die Firma Wurlitzer bringt im nostalgischen Design des berühmten Modells 1015 mit dem Beinamen »One More Time« die erste CD-Musikbox auf den Markt.

1891

FAHRENDE TREPPEN

Die 1891 von dem Amerikaner Jesse W. Reno erfundene Rolltreppe war keine Treppe im eigentlichen Sinn, denn sie hatte keine Stufen. Reno entwickelte zunächst ein schräges, endloses Transportband, das in einem Winkel von 25 bis 30° auf- bzw. abwärts lief. 1893 wurde der erste dieser Personenschrägaufzüge im New Yorker Cortland-Street-Bahnhof installiert. Rolltreppen mit Stufen kamen erst 1911 auf.

▲ Auf einem Rollband in die oberen Etagen: Pariser Kaufhaus um 1900 mit einer Gleitbahn.

P opulär wurde die Rolltreppe durch die Weltausstellung in Paris 1900, wo sie die zahlreichen Besucher bequem durch das Ausstellungsgelände manövrierte. Das Modell aus Paris wurde später in einem Kaufhaus in Philadelphia installiert. Überhaupt spielten die Kaufhäuser eine wichtige Rolle bei der Weiterentwicklung dieses Beförderungsmittels.

Mit der Rolltreppe ließen sich wesentlich mehr Personen als in herkömmlichen Aufzügen von Etage zu Etage transportieren. Dadurch konnten die Warenhäuser ihre Verkaufsflächen durch immer mehr Stockwerke deutlich vergrößern. Obwohl bereits 1925 im Kölner Kaufhaus Tietz die erste Rolltreppe Deutschlands in Betrieb genommen worden war, blieben die Rolltreppen hierzulande bis nach dem Zweiten Weltkrieg eher eine Seltenheit.

So bildete die Einführung der ersten Rolltreppe in einem Kaufhaus in Hagen selbst im Jahr 1952 noch den Stoff für eine ▸▸

▾ Längst vergangene Zeiten: Ein Kaufhausbediensteter sorgt für das Wohlergehen der Kunden auf der Rolltreppe, 1920er Jahre.

Rollendes Band

Das Funktionsprinzip der Rolltreppen ist einfach: Platten sind auf elektrisch angetriebene Endlosbänder montiert. Am »Ende« der Rolltreppe befindet sich aus Sicherheitsgründen eine Art Kamm, der Fremdkörper von den Laufflächen bürstet. Schon bei frühen Rolltreppen konnte die Laufrichtung der Bänder geändert werden. Tagsüber wurden die Kunden nach oben befördert; um hinunter zu gelangen, mussten sie die Treppe oder den Aufzug wählen. Kurz vor Geschäftsschluss wurde die Laufrichtung der Rolltreppen geändert, um die Menschen zum Ausgang zu befördern.

▲ Kleiner Unfall: Nicht alle Besucher der Pariser Weltausstellung 1900 kommen mit der »Stufenbahn« – einer Form der Rolltreppe, wie sie 1891 erfunden wurde – problemlos zurecht.

▸ Hintergrund: schnelle Fahrt in den Untergrund – Rolltreppe am Londoner U-Bahnhof Piccadilly Circus, 1928.

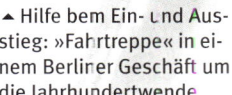

▲ Hilfe beim Ein- und Ausstieg: »Fahrtreppe« in einem Berliner Geschäft um die Jahrhundertwende.

Glosse über die ungeschickten Versuche der Kunden, das neuartige Beförderungsmittel richtig zu benutzen: »Zu Dutzenden standen die ›ernsten‹ Westfalen um das Fließband für Fußkranke und freuten sich wie Kinder im Kasperletheater über die Schwebeversuche ihrer Mitbürger«, schrieb die »Kaufhof Illustrierte«.

Seit den 70er Jahren werden zunehmend waagerechte Personenförderbänder, so genannte Fahr- oder Rollsteige, eingesetzt, um in öffentlichen Einrichtungen wie Großflughäfen oder Messehallen eine große Anzahl von Personen bequem und schnell über größere Entfernungen zu transportieren. ∎

◂ Förderband für Menschen: modernes Laufband in einem Flughafen.

Gut für das Geschäft

Aus den großen Kaufhäusern der Welt sind die Rolltreppen heutzutage nicht mehr wegzudenken: Bequem und geräuschlos schweben die Kunden an den Warenangeboten vorbei. Harrod's in London verwendete die Rolltreppen bereits ab 1898, Bon Marché in Paris folgte 1906. Die neue Einrichtung wurde in Anzeigenkampagnen bekannt gemacht und erwies sich bald als Publikumsmagnet. Das rollende Transportmittel konnte 4000 Menschen pro Stunde befördern, während zehn Kundenaufzüge in der gleichen Zeit nur 1440 Personen auf die gewünschte Etage bringen konnten. Moderne Rolltreppen befördern bis zu 10 000 Kunden pro Stunde.

◂ Rolltreppe über fünf Geschosse in einem deutschen Kaufhaus, 1997.

Personenbeförderung mit Rolltreppen und Aufzügen

Personenaufzug
1852. Der Amerikaner Elisha G. Otis erfindet den Personenaufzug mit Notbremse. Er bildet die Grundlage für den bald einsetzenden Bau von Wolkenkratzern.

Paternoster
1876. Der erste Paternoster für Personen arbeitet in einem Geschäftshaus. Heute ist der Neubau der offenen Fahrstühle aus Sicherheitsgründen verboten.

Doppellauf-Rolltreppe
1903. In Boston (USA) wird die erste doppelläufige Rolltreppe der Welt mit zwei parallelen Rollbändern in unterschiedlicher Laufrichtung in Betrieb genommen.

Rolltreppensystem
1993. In Hongkong werden 20 Rolltreppen eröffnet, die über 800 m vom Stadtteil Central zu den Hängen des Victoria Peak führen und täglich Tausende Menschen befördern.

1895

STRAHLENDER EINBLICK

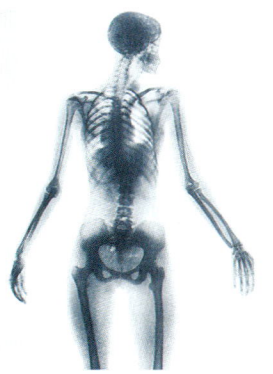

Wilhelm Conrad Röntgen, Physikprofessor in Würzburg, experimentierte im verdunkelten Labor, als er am 8. November 1895 bei Versuchen mit Elektronenstrahlen etwas Merkwürdiges entdeckte: Obwohl die Elektronen die mit schwarzem Papier umwickelte Röhrenwand nicht durchdringen konnten, begann in der Nähe der Röhre ein mit einer speziellen Masse bestrichener Schirm grünlich zu leuchten.

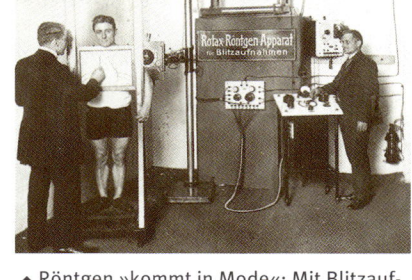

▲ Röntgen »kommt in Mode«: Mit Blitzaufnahmen wird 1912 bei den Teilnehmern des Sechstagerennens in Berlin die Herztätigkeit geprüft.

Überrascht nahm Röntgen den Leuchtschirm in die Hand und brachte ihn näher an die Röhre heran. Das Leuchten wurde stärker, und plötzlich sah der Forscher auf dem Schirm die Knochen seiner Finger, mit denen er den Schirm hielt. Die unsichtbaren Strahlen waren also offensichtlich in der Lage, seine Hand zu durchdringen. In den folgenden Tagen setzte Röntgen seine Experimente fort und stellte fest, dass die Strahlen alles durchleuchteten, ein 1000 Seiten starkes Buch ebenso wie 3 cm dicke Tannenholzbretter. Der Physiker hatte eine neue Strahlung entdeckt, die er X-Strahlung nannte. Unmittelbar nach Röntgens Entdeckung setzte die intensive Erforschung dieser rätselhaften Strahlen ein, die vor allem die medizinische Diagnosetechnik revolutionierten. Knochenbrüche z. B. ließen sich im Röntgenlicht genau erkennen, und bereits 1897 wies der Physiologe Walter Cannon nach, dass sich mit geeigneten Kontrastmitteln in Breiform auch innere Organe wie Magen und Darm gut röntgen lassen. ▸▸

▲ Das Skelett unter Haut, Muskeln und Fettgewebe wird sichtbar – ohne Röntgen und seine Forschungsarbeiten wäre das unmöglich.

▲ Die Anfänge des Röntgens; Schutzmaßnahmen spielen 1897 noch keine Rolle.

▸ Erstaunliche Entdeckung: Als Wilhelm Conrad Röntgen mit Elektronenstrahlen experimentiert, stellt er durch Zufall fest, dass diese den menschlichen Körper durchdringen.

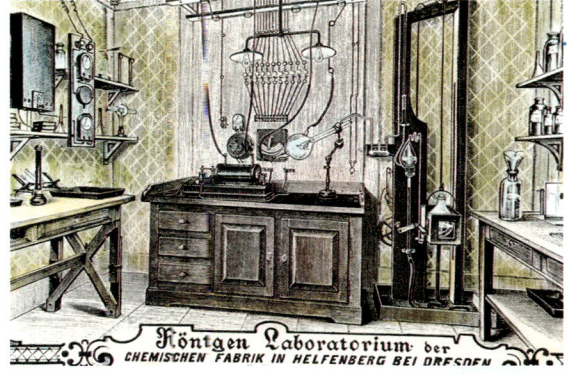

▲ »Hightech« im 19. Jahrhundert: Apparaturen in einem Röntgenlaborator um.

Auch in der Therapie gewann die Strahlung Bedeutung. Sie kann Geschwüre heilen und tötet Bakterien und Viren. Es verging allerdings ein halbes Jahrhundert, ehe erkannt wurde, wie gefährlich intensive Röntgenstrahlung für den Körper ist. Im Laufe der Zeit fanden die Wissenschaftler heraus, dass nicht nur Menschen mit geeigneten Maschinen Röntgenstrahlen erzeugen. Die unsichtbaren Strahlen kommen auch aus dem Weltall zu uns. Viele Himmelsobjekte, die optisch kaum oder gar nicht sichtbar sind, erkennen wir im Röntgenlicht und können sie so erst erforschen. Spezielle Röntgensatelliten wie ROSAT haben in den 1990er Jahren wesentlich dazu beigetragen, unser Bild vom Universum zu erweitern. ■

◀ Hintergrund: Die erste Aufnahme – die Hand von Röntgens Frau mit Ring.

Nobelpreisträger ohne Abitur

Der 1845 in Lennep/Remscheid geborene Röntgen verpasste den Gymnasialabschluss, weil er wegen ungebührlichen Benehmens der Schule verwiesen wurde. Er studierte am Polytechnikum Zürich, wo er nach einer Prüfung auch ohne Abitur angenommen wurde. Röntgen gelangte in zahlreichen Gebieten der Physik, insbesondere in der Wärme- und Elektrizitätslehre, zu neuen Erkenntnissen. Mit der Entdeckung der Röntgenstrahlen leitete er die Atomphysik ein. 1901 erhielt Röntgen den Nobelpreis für Physik. 1923 starb er in München.

▲ Sein Name schreibt Medizingeschichte: Wilhelm Conrad Röntgen.

▸ Röntgen einmal ganz anders: Aufnahme des Unterbodens eines Mercedes.

Dreidimensionale Bilder

Die 1971 eingeführte Diagnosetechnik der Computertomographie (CT) hat gegenüber dem klassischen Röntgenverfahren einige Vorteile: Während dort lediglich zweidimensionale Bilder aus dem Körperinneren vermittelt werden, tasten bei der CT zahlreiche Röntgenstrahlen ebenen- und zeilenweise den Organismus ab und liefern Schichtbilder, die ein Computer zu einem dreidimensionalen Bild zusammenfügt. Zudem ist bei diesem Verfahren die Strahlenbelastung für Patienten geringer.

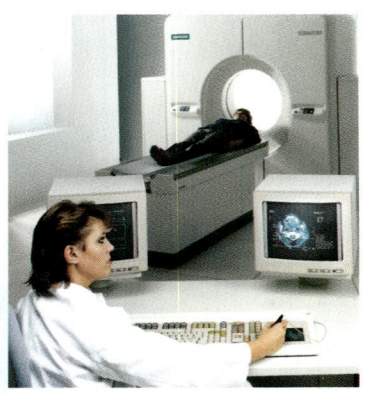

▲ Moderne Computertomographie: Sie basiert auf der klassischen Röntgentechnik.

Röntgenstrahlen bringen es ans Licht

Röntgenverfahren finden vielseitige Anwendung in Forschung und Technik. So dient die Röntgenfotografie der Untersuchung des Kristallaufbaus von Festkörpern. Im Röntgenlicht zeigen sich innere Risse von Bauteilen. In Archäologie und Kunst bewähren sich die X-Strahlen bei der Analyse wertvoller Objekte wie Mumien und Gemälde. Ein Spezialgebiet ist die Röntgen-Mikroskopie. Weil X-Strahlen kurzwelliger sind als sichtbares Licht, bilden sie mikroskopisch kleine Objekte wesentlich kontrastreicher ab.

Verbesserungen bei medizinischen Diagnoseverfahren

Mikroskop
1655. Der Franzose Pierre Borel verwendet das Mikroskop für eine medizinische Diagnose, als er im Blut eines Fieberpatienten wurmartige Lebewesen entdeckt.

Stethoskop
1816. René Théophile Hyacinthe Laennec, französischer Arzt, erfindet das Stethoskop, das es dem Mediziner ermöglicht, innere Organe seiner Patienten abzuhören.

Endoskop
1869. Adolf Kussmaul entwickelt erste Endoskope zur Magenuntersuchung. Die Instrumente sind mit Lichtquellen und Spiegelvorrichtungen versehen.

Herzstromaufzeichnung
1896. Dem niederländischen Physiologen Willem Einthoven gelingen die ersten korrekten elektrokardiographischen Aufzeichnungen der Herzströme – die Basis für das EKG.

1895

ALS DIE BILDER LAUFEN LERNTEN

Im 19. Jahrhundert gab es zahlreiche Versuche, »bewegte« Bilder zu produzieren. Sie alle gingen zurück auf das so genannte Lebensrad von 1832, eine Scheibe mit hintereinander geschalteten Fotos, die bei schneller Drehung dem Auge echte Bewegungsabläufe vorgaukelte. Das Ergebnis erlaubte jedoch keinen Vergleich mit der Erfindung der Brüder Lumière 63 Jahre später: Sie schufen ein neues Medium: den Film.

Als die Brüder Auguste und Louis Lumière am 28. 12. 1895 im Pariser Grand Café ihren Kinematographen, eine Kombination von Kamera und Projektor, anwarfen und den Film »Ankunft eines Zuges« vorführten, rannten die meisten Zuschauer schreiend aus dem Saal. Sie hatten Angst, die Dampflok, die sich auf der Leinwand bewegte, würde in den Kinosaal fahren und alle Anwesenden überrollen. Zum ersten Mal hatte das Publikum Bewegung auf der Leinwand erlebt – und reagierte schon bald mit Begeisterung: Bereits Anfang 1896 zeigten die Lumières ihr Werk 20 Mal pro Tag. Ein Jahr später legten sie einen Katalog vor, der 358 von ihnen in Auftrag gegebene Filme auflistete. Der Grundstein für die Entwicklung des Mediums Film war gelegt.

Vom Jahrmarktsphänomen, das er noch bis zum Ersten Weltkrieg war, entwickelte sich der Film ab Mitte der 20er Jahre zu einer der populärsten Kunstformen. ▸▸

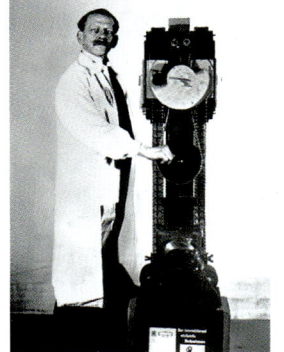

▲ An eine Tanksäule erinnert das Bioskop des deutschen Schaustellers Max Skladanowsky, mit dem er im Berliner Varieté »Wintergarten« schon früh Filmvorführungen veranstaltete.

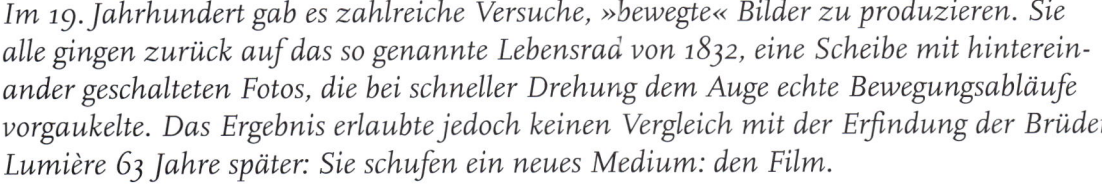

▾ Spaß für alle verspricht das Plakat von 1896 mit einer Szene aus dem ersten Spielfilm der Lumières.

Stummfilmstars vor dem Aus

Al Jolson ahnte nicht, dass er für dramatische Veränderungen auf dem Arbeitsmarkt sorgen würde: Der Sänger und Schauspieler sprach in dem Film »The Jazz Singer« 1927 einige Sätze, darunter das legendäre Versprechen: »Sie haben noch gar nichts gehört.« In der Folgezeit verdrängte der Ton- den Stummfilm. Viele Stars wie Asta Nielsen, Douglas Fairbanks und Mary Pickford verschwanden damit von der Leinwand.

▲ »The Jazz Singer« – der Beginn des Tonfilms.

◂ Diese berühmten Phasenfotografien schneller Bewegungsabläufe schuf der Engländer Eadweard Muybridge im Jahr 1878; allerdings sind es noch keine wirklich bewegten Bilder.

1927 folgte auf den Stumm- der Tonfilm. 1935 wurden die Leinwandbilder farbig. Bis zur Verbreitung des Fernsehens ab den 50er Jahren war der Kinobesuch für viele Menschen ein gesellschaftliches Ereignis; die Filmwirtschaft boomte. Inzwischen ist das Kino zu einer von vielen Freizeitmöglichkeiten geworden. Immer häufiger sind es weniger die Inhalte, die die Faszination eines Films ausmachen, als vielmehr die technischen Tricks, die den Zuschauer in ihren Bann ziehen und millionenfach in kleine und große Kinosäle locken. ∎

▲ Romantik vor und auf der Leinwand – ein Autokino der 30er Jahre.

Wahre Erfinderseelen

▲ Die Filmpioniere Auguste (l.) und Louis Lumière.

Geschäftstüchtig waren sie nicht gerade, die Brüder Louis (1864–1948) und Auguste (1862–1954) Lumière aus Besançon. Bei ihrem Vater, der ein Fotostudio in Lyon betrieb, erfanden sie zwischen 1893 und 1895 die technischen Möglichkeiten, um die Bilder zum Laufen zu bringen. Als der Theaterbesitzer Georges Méliès die ersten Filme der beiden sah und ihnen ihre Erfindung abkaufen wollte, rieten sie ihm ab: »Das Kino ist eine Erfindung ohne Zukunft.« Neben nur sekundenlangen Dokumentarfilmen drehten die Lumières auch den ersten Spielfilm: In »L'arroseur arrosé« (Der begossene Gießer) bekommt ein Gärtner einen Wasserstrahl ins Gesicht.

Von der Jahrmarktsbude zum Filmpalast

Jahrmarktsbuden, Pferdeställe, Wohnwagen, umgebaute Krämerläden – die ersten Kinos hatten wenig gemein mit dem Glamour späterer Filmpaläste. Zu Beginn des Jahrhunderts sprossen überall in den USA die halb improvisierten Nickelodeons aus dem Boden. Ihr Name leitete sich vom Eintrittspreis ab: Einen Nickel, das sind fünf US-Cents, kostete der Besuch einer Vorstellung, in der verschiedene Kurzfilme gezeigt wurden. Das erste Gebäude, das von vornherein als Kino gedacht war, das Cinéma Omnia Pathé, entstand 1906 in Paris. 24 Jahre später bauten die Amerikaner das größte Kino der Geschichte: 5041 Zuschauer passen in das Fox Theater in Detroit. Seit Anfang der 90er Jahre befinden sich die so genannten Multiplex-Kinos auf dem Vormarsch – Lichtspielhäuser, die in unterschiedlich großen Sälen bis zu 20 Filme parallel zeigen.

▸ Prunkvoll und erhaben: Filmpalast am Hollywood Boulevard in den 30er Jahren.

E LUMIÈRE

Superlativen der Filmgeschichte

Oscar-Segen
1928. Walt Disney gelingt mit »Dampfschiff Willie« der große Durchbruch. Der Erfinder von Mickymaus gewinnt die meisten Oscars: Er wird insgesamt 26-mal ausgezeichnet.

Weltrekord
1930. Der bis dahin nur als Komparse eingesetzte John Wayne spielt in Raoul Walshs »Der große Treck« seine erste Hauptrolle, der mehr als 140 weitere folgen – Weltrekord.

Längste Serie
1962. »James Bond jagt Dr. No« mit Sean Connery als Geheimagent 007 ist der erste Streifen der mit 19 Folgen bislang längsten Serie der Kinogeschichte.

Oscar-Queen
1982. Für ihre Rolle in der Tragikomödie »Am goldenen See« erhält Katharine Hepburn ihren vierten Oscar als beste Hauptdarstellerin – eine bis heute einzigartige Leistung.

1896

EIN LICHT FÜR UNTERWEGS

Ob zu Hause, beim Camping, bei der Nachtwanderung oder der Reifenpanne im Dunkeln, überall verrichtet sie unschätzbare Dienste: die Taschenlampe. Zu ihren Vätern zählen der New Yorker Kaufmann Conrad Huber und englische Techniker, die ab 1896 unabhängig voneinander diese mobile und kompakte elektrische Leuchtquelle entwickelt haben.

Schon bevor es die Taschenlampe gab, hatten sich immer wieder Tüftler mit handlichen und tragbaren Lichtquellen beschäftigt. Die erste elektrische Handlampe überhaupt ließen sich 1881 Ebenezer Burr und William Thomas Scott in London patentieren – eine kleine, transportable Tischlampe mit einer Nass-zellenbatterie als Stromquelle. Ihr Nachteil: Man musste sie immer waagerecht halten, damit die Batteriesäure nicht auslief. Nach der Entwicklung von Trockenbatteri-en kamen dann 1883 leichtere elektrische Handlampen auf den Markt. Verwendung fanden sie vor allem als Fahrrad- und Grubenlampen. Am Fahrrad lösten sie nach und nach die älteren Karbidlampen ab. In den Bergwer-ken ersetzten sie die Petroleum- und Gaslampen, die mit offener Flamme brannten und trotz dick-wandiger Glaszylinder sowie eines engmaschigen Drahtkorbes ein Sicherheitsrisiko waren.

Bereits Hubers Taschenlampe hatte die heute noch übliche Stabform: Ihr Griff umhüllte drei hintereinander platzierte zylindrische Batterien; sie lieferten den Strom für die Glühbirne, deren Licht in einem kleinen Hohlspiegel, ▸▸

▴ »Emil und die Detektive« lassen hier grüßen. Die-ses Werbeplakat aus den 1950er Jahren beschwört jugendliche Ent-deckerlust.

Ein richtiger Junge kann einfach ohne Taschenlampe nicht leben!

DAIMON

Die helle Freude!

◂ Die Geheimnisse der Nacht im Kegel der Taschenlampe; Szene aus dem Film »E.T. – Der Außerirdische« von Steven Spielberg, 1982.

▸ Schickes Alu-Design gibt auch den kleinen Dinge des Alltags eine edle Note: moderne Taschenlampe.

▶ Ihre Energie bezieht die elektrische Helmleuchte aus einem Akku.

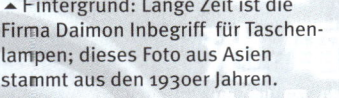

◀ Heute wie früher dient die Taschenlampe als Notbeleuchtung; simulierter Stromausfall in einem Berliner Krankenhaus 1999 aus Anlass des Milleniums.

dem Reflektor, gebündelt wurde. Seither hat sich im Grunde nichts Wesentliches an der Konstruktion geändert. Allerdings gibt es heute zahlreiche Größen, Spielarten, Ausführungen und Preislagen dieser handlichen Lichtquelle. So machte die Verwendung von Kunststoffgehäusen den Bau leichter, rostfreier und wasserdichter Taschenlampen möglich. Zu Signalzwecken werden z. B. beim Militär und bei der Bergrettung Lampen mit vorschiebbaren Farbfiltern und Kipp- und Knopfschaltern für den Blinkbetrieb eingesetzt.

In den 1950er Jahren kamen Taschenlampen auf den Markt die, über einen gefederten Handhebel angetrieben, ihren Strom durch einen eingebauten kleinen Dynamo selbst erzeugen konnten. Die ersten Taschenlampen mit wieder aufladbarem Akkumulator (Akku) kamen in den späten 1970er Jahren auf den Markt. Als die Taschenlampen der Zukunft präsentieren sich die so genannten LED-Lenser oder Photonen-Pumpen. Hochschwingende Kristalle sorgen bei ihnen für eine große Lichtstärke, selbst bei Taschenlampen, die kaum größer sind als ein Streichholz. ∎

▲ Schöne Einbrecherin mit Taschenlampe; Marisa Mell in dem deutschen Film »Das Rätsel der roten Orchidee« von 1961.

Mobile Leuchtmittel

Um 3000 v. Chr. wurden im alten Ägypten Wachskerzen gebräuchlich. Bis ins 19. Jahrhundert waren sie die wichtigsten mobilen Lichtquellen. Fast genauso alt sind flache Öllampen mit schwimmendem Docht. Sie dienten ebenfalls der Beleuchtung von Haus und Hof. Straßen und Wege wurden über zwei Jahrtausende vor allem mit Fackeln erhellt. Einen großen Sprung nach vorn bedeuteten die 1808 vom schwedischen Chemiker Jakob Berzelius für den Laborgebrauch entwickelten Spiritus- und Petroleumlampen; aus dem Urtyp von 1837 stellte der amerikanische Chemiker Benjamin Silliman 1855 eine Handlampe mit Docht und beweglichem Glaszylinder her. Die Petroleumlampe wird noch heute, beispielsweise auf Baustellen, verwendet, doch sind die modernen Ausführungen mit Vergaser und hell leuchtendem Glühstrumpf kaum mehr mit der alten »Ölfunzel« zu vergleichen.

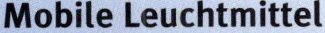

▲ Hintergrund: Lange Zeit ist die Firma Daimon Inbegriff für Taschenlampen; dieses Foto aus Asien stammt aus den 1930er Jahren.

◀ Mit der Laterne in der Hand: abendliche Zecher auf dem Weg nach Hause; Holzschnitt von Ludwig Richter aus dem 19. Jahrhundert.

Der richtige Draht

Unentbehrlich für die Taschenlampe ist die Glühbirne. 1908 entwickelte der Amerikaner William David Coolidge elektrische Birnen mit Glühfäden aus Wolframdraht. Taschenlampen aus der Zeit davor hatten Kohlefadenlämpchen oder Lämpchen mit Glühfäden aus Nitrozellulose, die nur wenige Stunden brannten, weil sie Erschütterungen nicht lange standhielten. Coolidges Leuchtdrähte waren zwar stabiler und schmolzen erst bei 3380 °C, doch verdampfte das Metall und der Dampf schlug sich als dunkler Belag am Birnenglas nieder, sodass die Lichtausbeute rasch zurückging. Diesen Nachteil beseitigte 1913 der US-Chemiker Irving Langmuir; er füllte den Glaskolben mit einem Schutzgas, das dafür sorgte, dass der Draht nicht so schnell verdampfte. Mit dem schraubenförmig gedrehten, »gewendelten«, Leuchtdraht, ebenfalls im Jahr 1913 erstmals in Gebrauch, fand die Glühbirne schließlich ihre heute noch gültige Form.

Entwicklung der mobilen Beleuchtung

Neues Lampengas
1862. Der deutsche Chemiker Friedrich Wöhler synthetisiert aus Karbid das Kohlenstoffgas Acetylen, das in mobilen Lichtquellen bei hell leuchtender Flamme verbrannt wird.

Quecksilberlampe
1896. Ein glühender Quecksilberdampf erzeugt in einer U-förmigen Vakuumröhre fahlweißes Licht. Erfinder der Quecksilberlampe ist der Berliner Physiker Martin Leo Aron.

Doppelte Schraubenwicklung
1934. Der zweimal gedrehte (doppelt gewendelte) Glühdraht erhöht noch einmal Leuchtkraft und Haltbarkeit der Glühlampe. Er wird auch heute noch eingesetzt.

Halogenlampe
1958. Halogen-Zusätze im Glühkolben (Jod- oder Bromgasmischung) sorgen durch die Reaktion mit den Wolfram-Atomen des Glühdrahtes für eine hohe Lichtausbeute.

1896

Bühne frei für Micky und Co.

*Er hat große Henkelohren, lacht provozierend und trägt ein knall-
gelbes Hemd: Die Rede ist von »Yellow Kid«, dem ersten modernen
Comic-Helden. Erfinder der Figur war der Zeichner Richard Felton
Outcault, der 1896 auf die Idee kam, die Texte in den seither für
Comics charakteristischen Sprechblasen zu platzieren.*

D er erste Comic hatte nicht nur in den USA, sondern
auch in Großbritannien und Deutschland eine Reihe
von Vorläufern, darunter »Max und Moritz« von
Wilhelm Busch. »Yellow Kid« erreichte allerdings eine neue
Massenwirkung, da sich die beiden führenden New Yorker
Zeitungsverleger William Randolph Hearst und Joseph
Pulitzer um die Figur und ihren Autor stritten. Der Erfolg
des ersten Comics auf den Farbseiten der Sonntagsbeilagen
führte in den US-Zeitungen schnell zur Erschaffung weiterer Figuren, so »Buster Brown«
oder »Little Nemo«. Während die ersten Comics auf Humor setzten, änderte
sich das Bild 1929, als nach Edgar Rice Burroughs Romanfigur »Tarzan«
der erste Abenteuer-Comic entstand. Imselben Jahr erfand Alex
Raymond »Flash Gordon«, den Stammvater des Sciencefiction-
Comics. Und in Belgien veröffentlichte Hergé erstmals eine Geschichte mit »Tim und Struppi«, die
auch dem Abenteuer nachjagten und auf die europäische Entwicklung großen Einfluss ausübten.
1928 folgte mit »Mickymaus« von Walt Disney eine der berühmtesten Comicfiguren. Ab Ende
der 40er Jahre veröffentlichten die US-Tages-
zeitungen mehr und mehr Serien für Erwachsene, darunter ▸▸

▲ Der große Comic-
autor und Filmprodu-
zent Walt Disney; er
versteht es hervorra-
gend, Kunst und Kom-
merz zu verbinden.

▲ Vorhang auf für »Mickymaus«:
1928 betritt die Trickfilmmaus
mit »Steamboat Willie« die Bühne der Comicstars.

▸ »Yellow Kid«
hat am 17. 2. 1895
seinen ersten
Auftritt in der
Tageszeitung
»New York
World«. Zu
dieser Zeit gibt
es noch keine
Sprechblasen.
Die Texte ste-
hen daher
zunächst auf
dem Hemd
von »Yellow
Kid«.

◂ »Pokémon« ist zur Jahr-
tausendwende nicht nur
ein großer Kinohit, die
Comic-Figuren sind unter
den Kids der wahre Renner.

Trickfilme erobern die Leinwand

Comic und Film ähneln einander, denn beide setzen auf den
Ablauf einzelner Bilder. Daher
arbeiteten zahlreiche Künstler
für beide Medien. Bestes Beispiel
ist Winsor McCay, Schöpfer von
»Little Nemo« und einer der Väter des Zeichentrickfilms in den
USA. Walt Disney entwarf seine
Figuren zunächst für die Leinwand, ehe ihre Abenteuer ge-

druckt erschienen. Nach 1945
ging der Trend dann vom Comic
zum Film, da die Regisseure die
Popularität der Figuren nutzen
wollten. Dabei entstanden auch
Streifen mit menschlichen Dar-
stellern. Zu den bekanntesten
zählen 1967 »Barbarella« mit Jane Fonda sowie 1999 »Asterix
und Obelix gegen Cäsar« mit
Gérard Depardieu.

1948 die »Peanuts« von Charles M. Schulz. Nun machten die europäischen Comics in ihren Entstehungsländern Boden gut. Belgien und Frankreich entwickelten sich zu Zentren der europäischen Comic-Kunst. Die Franzosen René Goscinny und Albert Uderzo feierten ab 1959 mit »Asterix« Welterfolge. In 77 Ländern und 57 Sprachen verkauften sich inzwischen etwa 280 Mio. Hefte mit den Geschichten des listigen Galliers. Seit Mitte der 90er Jahre stürmen Produkte aus Japan den Comic-Markt. Mangas, so heißen die von hinten nach vorn zu lesenden kleinen Hefte, sind zum Millionengeschäft geworden. Der Japan-Export »Pokémon« für die Comic-Fans im Kindesalter erzielt überall auf der Welt Rekordumsätze. Kehrseite dieses Trends ist eine zunehmende Zahl von Mangas mit Gewalt- und Sexdarstellungen. ■

▲ Frühe Comic-Helden: »Tim und Struppi« bestehen schon in den 1920er Jahren ihre ersten Abenteuer.

▲ »Superman« – Held mit übernatürlichen Kräften; er schützt seine Freunde vor dem Bösen.

Die Retter der Welt

Zu den wichtigsten Comic-Figuren zählen die Superhelden. »Buck Rogers«, dem ersten dieser Zunft, folgte 1938 »Superman« als Vorläufer von über 600 Helden mit übermenschlichen Kräften. Ein Jahr später erschien auch »Batman«. Er nimmt es mit Hilfe seiner physischen Fähigkeiten, seiner Intelligenz und seiner technischen Ausrüstung mit dem Bösen auf. »Superman«, der im Jahr 1940 entstandene »Captain America« und andere Figuren mussten selbst im Dienst der Propaganda gegen Nazi-Deutschland und Japan antreten. Ab den 60er Jahren durften die Superhelden auch Schwächen zeigen, z. B. »Spider-Man«. »Batman« kämpfte 1986 als alternder Held gegen seinen Erzfeind, den »Joker«. Und der unbesiegbare »Superman« fand 1992 im Kampf sogar den Tod. Kommerzielle Gründe sorgten jedoch dafür, dass er schon ein Jahr später seine Auferstehung feierte.

▲ Die erfolgreichsten europäischen Comicfiguren: die unschlagbaren Gallier »Asterix« und »Obelix«; hier mit dem Druiden »Miraculix«, dem Erfinder des Zaubertranks.

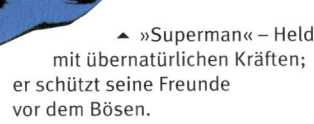

Erstauftritt berühmter Comic-Figuren

»Donald Duck«
1938. Die ersten Comic-Strips mit der Ente erscheinen in Zeitungen. 1942 veröffentlicht der Zeichner Carl Barks erstmals eine lange Comic-Geschichte mit »Donald Duck«.

»Tom und Jerry«
1939. Das 1939 für die Filmleinwand kreierte Paar »Tom und Jerry«, bestehend aus Katze und Maus, wird 1942 zum Helden einer langlebigen Comic-Reihe.

»Fix und Foxi«
1952. Rolf Kauka und Dorul van der Heide erfinden die Figuren »Fix und Foxi«, die beim deutschen Publikum rasch populär werden. 2000 wird die Serie allerdings eingestellt.

»Barbarella«
1962. »Barbarella«, eine von Jean-Claude Forest geschaffene üppige Blondine, die im Jahr 40 000 durch das Weltall fährt und viele Abenteuer erlebt, sorgt für einen Skandal.

1896

SPIELE DES FRIEDENS

Mehr als ein Jahrhundert nach ihrer Neugründung 1896 durch Pierre de Coubertin sind die Olympischen Spiele das weltweit wichtigste Sportereignis. Die hoch gesteckten Ziele der Völkerversöhnung und Fairness waren allerdings selten unangefochten. Inzwischen droht den Spielen mehr als je zuvor die Dominanz des Kommerzes.

▲ Das erste Olympische Komitee mit dem Wiederbegründer der Spiele, dem Franzosen Pierre de Coubertin (2. v. l.).

Im »ritterlichen Geiste zum Ruhm des Sports und zur Ehre unserer Mannschaften« teilzunehmen heißt es im olympischen Eid bei jeder Eröffnung der Olympischen Spiele. Der idealistische Gründer Coubertin war Humanist, Historiker und Reformpädagoge und wollte mit der Wiedererweckung der antiken Spiele ein besseres Verstehen unter den Völkern fördern. Das Zählen von Goldmedaillen bedeutete ihm wenig, der Nationalismus nichts. Ihn trieben die Ideale, zu deren Verwirklichung er 1894 das Internationale Olympische Komitee ins Leben rief.

Tatsächlich haben sich Coubertins Spiele seit mehr als einem Jahrhundert bewährt. Das schien am Anfang nicht so, 1900 in Paris und 1904 in St. Louis waren sie lediglich Anhängsel der Weltausstellungen. Doch die Spiele ▸▸

▲ Mit zehn Goldmedaillen ist der Amerikaner Ray C. Ewry der bislang erfolgreichste Olympionike aller Zeiten.

Im Strudel der Politik

Politische Boykotte haben seit dem Zweiten Weltkrieg immer wieder in das große Völkerfest des Sportes eingegriffen. Eine bittere Einsicht: Die Idee der friedlichen, unpolitischen Begegnung von Sportlern aus aller Welt konnte sich nie ganz durchsetzen. So blieben sechs Länder den Spielen von 1956 in Melbourne fern, aus Protest gegen den israelischen Vorstoß zum Suezkanal bzw. wegen des sowjetischen Einmarschs in Ungarn. In den Jahren 1964 und 1968 wurde Südafrika wegen der Rassendiskriminierung ausgeschlossen. 1980 boykottierten westliche Länder die Spiele in Moskau wegen des sowjetischen Einmarschs in Afghanistan, vier Jahre später fehlten die meisten Ostblockstaaten bei den Spielen in Los Angeles.

Präsidenten des Internationalen Olympischen Komitees

Pierre de Coubertin
1896–1925. Der Franzose, der die Olympischen Spiele zu neuem Leben erweckt, ist auch Erfinder der Olympischen Fahne mit ihren fünf farbigen Ringen.

Henri de Baillet-Latour
1925–1942. Der belgische Diplomat, Mitglied des Internationalen Olympischen Komitees seit 1903, erlebt in Berlin 1936 die Politisierung der Spiele durch das NS-Regime.

Avery Brundage
1952–1972. Der Amerikaner kämpft gegen die Liberalisierung des Amateurstatus. Er sorgt in den 30er Jahren für die Sperrung des finnischen Läufers Paavo Nurmi.

Juan Antonio Samaranch
1980–2001. Der spanische Industrielle betreibt eine konsequente Kommerzialisierung und Vermarktung der Spiele. Nachfolger wird der Belgier Jacques Rogge.

mauserten sich und konnten regelmäßig stattfinden. Ausnahmen stellten die Weltkriegsjahre 1916, 1940 und 1944 dar. Als sehr problematisch erwiesen sich aber wiederholte Versuche, die Olympischen Spiele machtpolitisch zu instrumentalisieren. Immer wieder zeigte sich die Politik interessiert am Image der Spiele. Immer wieder wurden sie daher für Propagandazwecke missbraucht. Doch letztlich konnten derartige Rückschläge keine dauerhaften Spuren hinterlassen. Heute sind die Olympischen Spiele aus der Welt des Sports nicht mehr wegzudenken. ■

Wachsende Kommerzialisierung

Ob Berlin, Atlanta oder Salt Lake City – bei der Entscheidung über den Austragungsort der Spiele geht es mittlerweile um Milliarden Dollar für Kommunen, Unternehmer und Dienstleister. Das Wort von der »Olympic Industry« macht die Runde: Der Sport ist probates Mittel zum Geldverdienen; so nahm das IOC 1981 auch Abschied vom Amateurgedanken. Nur Rekorde bringen Profite, doch der Preis ist hoch. Dopingfälle sind an der Tagesordnung. Aber auch die Antike war nicht ohne. Selbst die alten Olympioniken haben nicht immer »sauberen« Sport betrieben.

▲ Der Finne Paavo Nurmi (2. v. r.) schreibt als neunfacher Goldmedaillengewinner Olympiageschichte. Weil er Startgelder kassiert hat, wird der erfolgreiche Läufer 1932 lebenslang gesperrt.

▲ Olympische Spiele im Wandel der Zeit dokumentieren die offiziellen Plakate von Athen 1896, Stockholm 1912, Sapporo 1972 und Sydney 2000 (v. l.).

Olympia in der Antike

Wettkämpfe der Griechen in Olympia zu Ehren der Götter gab es bereits seit 776 v. Chr. Ausschließlich Männer ermittelten die Besten in der Leichtathletik, bei Wagenrennen und Faustkämpfen, seit dem 5. Jahrhundert v. Chr. auch in musischen Wettbewerben. Den Siegespreis – einen Olivenkranz – verwandelte der Gewinner in seinem Heimatort in klingende Münze, meist in Form einer lebenslangen »Rente«. Während der schon in der Antike alle vier Jahre veranstalteten Spiele galt das Friedensgebot, das nicht immer, aber meistens eingehalten wurde. Die Olympischen Spiele blickten bereits auf eine über 1000-jährige Geschichte zurück, als Roms Kaiser Theodosius 393 mit einem Verbot dem »heidnischen Kult« ein Ende setzte.

▲ Griechische Skulptur eines Diskuswerfers – noch heute ein Sinnbild für Olympia.

▲ 100-m-Lauf 1896 in Athen: Nur der Sieger Thomas Burke aus den USA zeigt den heute üblichen Tiefstart.

1897

TRAUM VOM SCHNELLEN GLÜCK

Die Zeit des großen Goldrausches, der 1849 begann, versetzte San Francisco in einen lang anhaltenden Glücksspieltaumel: Wie bei der Suche nach Gold wurde die Glücksgöttin Fortuna auch an Poker- und Würfeltischen umworben. Unter dem Eindruck der ausklingenden »wilden« Jahre an der Westküste erfand der aus Deutschland stammende Einwanderer Charlie Fey 1897 den »Einarmigen Banditen«. Die in den 30er Jahren des 20. Jahrhunderts boomende Glücksspielindustrie feierte Fey als »Thomas Edison der Slotmachine«.

▲ »Slotmachine« mit Indianerkopf als typischem Markenzeichen.

Fey arbeitete vier Jahre an der Entwicklung seiner »Slotmachine«, die ihren Namen dem Schlitz verdankt, in dem das Geld der Spieler meist für immer verschwindet. Aus Liebe zu seiner neuen Heimat gab er ihr den Namen der US-Freiheitsglocke in Philadelphia: »Liberty Bell«. Der Mechanismus der Maschine war kompliziert, zum Gewinnen brauchte man aber nur eins: Glück. Um den Automaten in Gang zu bringen, mussten die Spieler weder Regeln noch – in einem Einwandererland besonders wichtig – die Landessprache kennen, sondern lediglich eine Münze einwerfen, den Hebel betätigen und darauf warten, dass die drei Walzen der Maschine im richtigen Augenblick stehen blieben. Dieses Prinzip trug wesentlich zum Erfolg der »Liberty Bell« bei.

Fey brachte die Erfindung des Spielautomaten jedoch nicht viel Glück. 1906 zerstörte das große Erdbeben in San Francisco seine Fabrik, 1907 verlor er seine Barschaft bei einer Bankenpleite. Dann wurde auch noch eine seiner Maschinen gestohlen und kopiert; sein Monopol war gebrochen. 1911 wurde das Glücksspiel in Kalifornien verboten, der Bau von Slotmachines strafbar. Als Fey schließlich seine Maschinen unter der Hand verkaufte, schritten die Behörden ein und versenkten die Münzengräber in der San Francisco Bay. ■

▼ Französischer Spielautomat aus der Jahrhundertwende; sein Dekor zeigt Anklänge an den Jugendstil.

▶ Die »Urmutter« aller Einarmigen Banditen, die »Liberty Bell« von Charlie Fey.

◀ An solchen Slotmachines versuchten sich die Spieler in Las Vegas in früheren Jahrzehnten – allerdings zumeist mit ebenso wenig Erfolg wie heute.

◀▶ Hintergrund: Am Tag eher unspektakulär, präsentiert sich Las Vegas bei Nacht mit seinen unzähligen Neonreklamen als faszinierende Glitzerwelt.

Las Vegas: Mekka der Zocker

Als 1935 der Hoover-Staudamm vollendet war, kamen Wasser und Elektrizität im Überfluss in die Wüste von Nevada. Doch eine andere Maßnahme erwies sich als noch anziehender: Der Staat Nevada legalisierte in den 30er Jahren das Glücksspiel.
Das lockte den Mafiaboss Bugsy Siegel an, und er begann 1944 in der Arbeitersiedlung Las Vegas, ein Kasino zu bauen. Siegels Idee inspirierte viele Nachahmer; es entstand ein Spielerparadies großen Ausmaßes, das das Image der Stadt entscheidend prägte. In den 80er Jahren entstanden riesige Themenhotels für Urlauber auf der Suche nach etwas Nervenkitzel und Entspannung.

Der Leidenschaft verfallen

Die Spielsucht ist nicht neu, und die Liste derer, die unter ihr leiden oder gelitten haben, ist lang. Schon den römischen Geschichtsschreiber Tacitus wunderte die Spielleidenschaft der Germanen, die beim Würfeln Haus und Hof und schlimmstenfalls auch sich selbst verspielten, um dann den Rest ihres Lebens als Sklaven zu verbringen.

Die Faszination des Glücksspiels war auch dem russischen Schriftsteller Fjodor Dostojewski bekannt, der im Kasino von Wiesbaden mehr als einmal Hab und Gut verspielte. In der berühmten Novelle »Der Spieler« beschreibt er den übermächtigen Glauben jedes Glücksspielers, dass sich beim nächsten Blatt oder bei der nächsten Kugel das Glück einstellen wird. Das Werk musste er im Übrigen sehr schnell schreiben, denn er hatte seine Barschaft samt Vorschuss für einen neuen Roman bereits verspielt.

▲ Hoffnung auf den großen Gewinn – »Caesars Palace«, eine der großen Spielbanken in Las Vegas.

Mythos Einarmiger Bandit

▲ Einarmige Banditen gehören in jedes Spielkasino.

Der Einarmige Bandit verdankt seinen Namen dem Zughebel und der Tatsache, dass das Glücksspiel in den USA seit den 20er Jahren fest in der Hand der Mafia war. Obwohl der Hebel unter technischen Gesichtspunkten längst überflüssig ist, blieb er fester Bestandteil der Spielautomaten. Bereits in der ersten Generation der Glücksspielautomaten verstanden ihn die Einwanderer als Sinnbild für ihre Lebenserfahrung: Erfolgreich wird, wer richtig zupackt – und dabei die nötige Portion Glück hat.

▲ Pokerrunde aus dem Filmklassiker »Der Clou« mit Paul Newman in einer der Hauptrollen.

▶ Spielautomat aus den 1930er Jahren; an diesem Apparat konnten sich die Spieler auch erfrischende Minzbonbons ziehen.

Präsentation historischer Spielautomaten

Schachautomat
1769. Die schachkundige Kiste wird als technisches Meisterwerk gefeiert – allerdings versteckt sich in ihrem Innern ein Mensch, der die Spielzüge ausführt.

Würfelautomat
Um 1870. In Deutschland kommen Würfelautomaten auf den Markt, die anstelle des Spielers würfeln. Der Spieler erhält je nach gewürfelter Zahl einen Sachpreis.

»The Owl«
1897. Nach Feys erster Slotmachine kommt in Chicago unter der Bezeichnung »Die Eule« ein Automat mit nur einer Spielscheibe auf den Markt – der bekannteste seiner Art.

Automaten in Gaststätten
Ab 1950. In Deutschland werden Geldspielautomaten mit einer Scheibe sowie »Schleuderautomaten«, bei denen man Münzen ins Spiel wirft, in Gaststätten aufgestellt.

1900

GUTE ERHOLUNG!

Für uns ist Urlaub eine Selbstverständlichkeit. Vielen versüßt allein die Aussicht darauf den Arbeitsalltag. Kaum vorzustellen, dass es vor 100 Jahren für die meisten Berufstätigen keinen Urlaub gab. Woche für Woche mussten sie ihren Pflichten nachgehen, ohne auch nur einmal im Jahr ein paar Tage hintereinander auszuspannen, egal wie anstrengend ihre Arbeit war. Erst ab 1900 konnten die Gewerkschaften für sie das Recht auf Erholungsurlaub erkämpfen.

▲ Urlaub mit dem Zelt in den 1950er Jahren war im Vergleich zum komfortablen Camping heutzutage sehr spartanisch.

▲ Dieser Holzstich von 1873 widmet sich einem damals äußerst raren Phänomen: Urlauber, bestaunt von Einheimischen.

Bei der Suche nach den Ursprüngen des Urlaubs können die Sprachforscher helfen. Wenn ein Fürst im Mittelalter einem Ritter »urloup« gewährte, so hieß das, ihm wurde »erlaubt«, sich zu entfernen, und diese Bedeutung »Erlaubnis« im Wort »Urlaub« galt noch bis ins 20. Jahrhundert hinein. Die vorübergehende Freistellung von Dienst oder Pflicht basierte also nicht auf einem Recht oder Anspruch, sondern war ein Gnadenerweis des Dienstherrn. Den Erholungsurlaub, wie wir ihn kennen, gab es nicht. Höhere preußische Beamte waren die ersten, die als Anerkennung für geleistete Dienste oder bei Vorlage eines ärztlichen Attests im 19. Jahrhundert einen regelrechten Erholungsurlaub genießen konnten. Diese Art des Belohnungsurlaubs wurde im letzten Drittel des 19. Jahrhunderts Angestellten und später auch Arbeitern gewährt, allerdings nur unter ganz bestimmten Bedingungen wie langjährige Firmenzugehörigkeit (mehr als 25 Jahre), gute Führung oder Pünktlichkeit. ▸▸

»Kraft durch Freude«

1933 gründeten die Nationalsozialisten ein Freizeitunternehmen: »Kraft durch Freude« (KdF). Es hatte vorrangig die Funktion, die Arbeiterschaft, die den Nationalsozialisten eher fern stand, für das braune Regime zu gewinnen. Das geschah u. a. durch kulturelle und sportliche Freizeitangebote und die KdF-Reisen, die fast so populär wurden wie Hitlers Autobahnen. Bis 1938 organisierte das KdF-Amt »Reisen, Wandern und Urlaub« Urlaubsreisen für 10 Mio. Menschen, z. B. in den Bayerischen Wald, nach Italien, mit KdF-Schiffen, darunter die Wilhelm Gustloff, nach Madeira und Norwegen.

▸ »Kraft durch Freude« wirbt für »Reisesparkarten«; damit konnte sich der »Volksgenosse« eine Urlaubsreise ansparen.

Nach dem Ersten Weltkrieg dann ging man vermehrt zu Urlaubs-regelungen über, die auch in Tarifverträge Eingang fanden. An die Stelle des Belohnungsurlaubs trat – ganz langsam – der Urlaubsanspruch. Die Arbeitsbedingungen gerade für Arbeiter besserten sich merklich; die Wochenarbeitszeit sank allmählich von 55,5 Stunden (1913) auf 38,5 Stunden (1985); der Jahresurlaub stieg von durchschnittlich fünf Tagen (1910) auf 33 Tage (2000). So ist es den Arbeitnehmern im 20. Jahrhundert gelungen, sich die »Freizeit« zurückzuholen, die ihnen die Industrialisierung geraubt hat. Denn in vorindustrieller Zeit hatte die durchschnittliche Wochenarbeitszeit – u.a. aufgrund der Abhängigkeit vom Tageslicht und aufgrund zahlreicher Feiertage – bei etwa 45 Stunden gelegen. ∎

◀ Hintergrund: Flugzeug und Strand sind schon um 1930 zugkräftige Symbole für den Urlaub; Werbung der Luft Hansa.

sicile (italie)
printemps sans fin!

▲ ▶ Der Süden lockt Anfang der 1950er Jahre in Westdeutschland mit blumigen Plakaten. Aber nur die wenigsten können sich 1952 eine Urlaubsreise ins Ausland leisten.

ESPAGNE
POSITANO

Die Austreibung des blauen Montags

Er steht für Schlendrian und Unzuverlässigkeit: der »blaue Montag«. Dabei hat der »wilde Kurzurlaub« eine lange Tradition. Nach Lohnzahlungen oder Feiertagen war es vor allem bei Handwerksburschen gang und gäbe, noch einen Tag länger zu feiern, nicht zur Arbeit zu gehen, blauzumachen. Zu Beginn des Industriezeitalters mochten die Fabrikherren diese Sitte nicht dulden. Sie hatten ein großes Interesse daran, dass ihre Arbeiter pünktlich und regelmäßig arbeiteten wie ihre Maschinen. Das versuchten sie mit Betriebsordnungen zu erreichen, die Strafmaßnahmen (z.B. Verdiensteinbußen, Bußgelder, Entlassung) bei Unpünktlichkeit und Blaumachen vorsahen. Doch zeitigten diese Disziplinierungsversuche erst Erfolge, als die Wochenendarbeit eingeschränkt und der Urlaub eingeführt wurde.

Die große Reiselust

Mit dem im 20. Jahrhundert nach und nach aufkommenden Urlaubsanspruch bildete sich auch Schritt für Schritt der Massentourismus heraus. Reisen in der Zeit zwischen den Weltkriegen bedeutete vor allem Inlandstourismus: Es ging an die See oder in die Berge. Nach dem Zweiten Weltkrieg packte die Deutschen dann mit wachsendem Wohlstand die große Bräunungslust. Das Lieblingsziel der westdeutschen Auslandsurlauber wurde das Mittelmeer, DDR-Bürger sonnten sich an der Schwarzmeerküste. Mittlerweile sind die Deutschen sogar Weltmeister im Reisen, ihre Ziele liegen in allen Teilen der Welt.

◀ Urlaub um 1900 an der deutschen Küste; man ist gut situiert und wohlgesittet. Spärliche Strandkleidung wäre verpönt.

▼ Zu den Sommerfreuden auf Mallorca gehören für manchen Trinkgelage in praller Sonne.

Kurze Blicke auf freie Zeiten in Deutschland

Verschnaufpause
1350. Der Begriff »frey zeyt« findet sich in der deutschen Sprache zum ersten Mal in der Bedeutung von »Friedenspflicht – Ruhezeit« anlässlich eines Markt- oder Feiertages.

Gnadenlose Ausbeutung
1875. Die Wochenarbeitszeit für Arbeiter liegt bei 85 Stunden – bei einer Sechs-Tage-Woche sind das 14 Stunden täglich. Einen Anspruch auf Urlaub gibt es nicht.

Sonntagsruhe
1891. Die Gewerbeordnungsnovelle führt im Deutschen Reich die Sonntagsruhe für zahlreiche Berufe ein. Auch der arbeitsfreie Samstagnachmittag bürgert sich ein.

Urlaubsanspruch
1963. Das »Mindesturlaubsgesetz« tritt in der Bundesrepublik in Kraft. Alle Arbeitnehmer haben jetzt Anspruch auf einen Jahresurlaub von mindestens 15 Werktagen.

Hans Vogel

1900

TROCKNENDE WINDE

Einige Zeit hatten sie getüftelt, doch dann war es endlich so weit: Zur Wende zum 20. Jahrhundert konnten deutsche Techniker den ersten elektrischen Haartrockner präsentieren. Zunächst jedoch war er alles andere als komfortabel und fand überdies nur im Friseursalon Anwendung. Er verströmte 90 °C heiße Luft, verbreitete einen beängstigenden Lärm und sorgte nicht selten für kleinere Unfälle und Kurzschlüsse.

I n Anlehnung an den vor allem im Süden Deutschlands auftretenden trockenen, warmen Wind bezeichnete die Herstellerin, die Berliner Firma Sanitas, ihr neues Produkt als »Fön«. Sie hatte vermutlich absichtlich die falsche Schreibweise gewählt und auf das »h« verzichtet, um so einen Markenschutz zu ermöglichen. In den 1950er Jahren wurde die Firma von der AEG übernommen, die seitdem über den Produktnamen »Fön« wacht. Die Geräte anderer Anbieter müssen daher unter der Bezeichnung Haartrockner auf den Markt gebracht werden. Im alltäglichen Leben etablierte sich der Markenname jedoch als gängige Bezeichnung für die gesamte Produktklasse.

Den ersten tragbaren elektrischen Haartrockner gab es um 1910, er war nicht gerade handlich, denn er wog immerhin 1,8 kg. 1920 kamen in den USA zwei Modelle auf den Markt mit den bezeichnenden Namen Cyclone und Race.

Zunächst glaubte niemand so recht daran, dass sich das neue Gerät bei der breiten Masse durchsetzen würde, denn um die Jahrhundertwende wurde im Durchschnitt monatlich einmal gebadet – die Haarwäsche war also purer Luxus. Außerdem waren die Anfangsgeräte mit einem Preis von etwa 60 Mark für Durchschnittsverdiener einfach unerschwinglich. Vergleichsweise dazu kostete ein Haarschnitt für die Dame nur 1 Mark, eine Dauerwelle 4 Mark.

Im Laufe der Zeit wurden die Haartrockner schrittweise verbessert: Sie wurden leichter, leiser und preisgünstiger. Hergestellt wurden sie zunächst aus Aluminium, Chrom oder rostfreiem Stahl, in den 1930er Jahren kam dann der Kunststoff Bakelit groß in Mode, und ▸▸

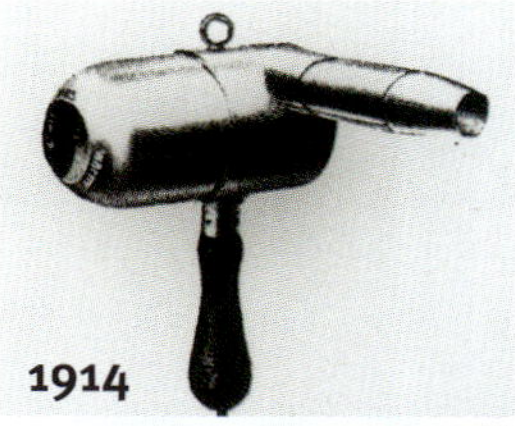

1914

1959

▴ Technischer Fortschritt: Aus dem unhandlich schweren Gerät mit Metallgehäuse ist ein praktisches Utensil mit modernem Design geworden.

◂ Der erste elektrische Haartrockner ist ein wahres Ungetüm: groß, laut und in seiner Handhabung nicht immer ungefährlich.

◂ Gefährliche Aktion: Haartrocknung mit brennendem Spiritus – vor der Erfindung des elektrischen Trockners eine übliche Methode.

heute entstammen die Haartrockner weitgehend der Plastikwelt. In den 1970er Jahren kam der erste zusammenklappbare Mini-Trockner auf den Markt, mittlerweile gibt es den Föhn in allen Größen und Formen, ausgestattet mit diversen Aufsätzen für die unterschiedlichsten Funktionen. Mit der Föhnfrisur, dem neuen Trend in der Frisurenmode, der in Deutschland Anfang der 1980er Jahre die künstliche Locken- und Wellenpracht ablöste, hielt der Haartrockner Einzug in die privaten Badezimmer, wo er heute zur Standardausstattung gehört. ∎

▴ Nierentisch und Föhnfrisur prägen die AEG-Werbung der 1950er Jahre.

HAARTROCKNER

▸ Komfort und Fortschritt der Goldenen Zwanziger: die Föhnfrisur im eigenen Heim.

▸ Hightech-Standard: Dieses moderne Modell sorgt für haarschonende Trocknung und verschafft gleichzeitig mehr Volumen.

Warmer Luftstrom

Kernstück des Haartrockners ist das Gebläse, das kalte Luft in das Gerät saugt. Diese strömt über glühende Heizdrähte und wird dann als erwärmter Strom gebündelt wieder nach außen gelenkt. Die meisten Trockner sind mit Stufenschaltern zur Regulierung der Strommenge ausgestattet, was sowohl die Gebläsestärke als auch die Temperatur beeinflusst. 1956 wurde von einem deutschen Forschungsinstitut ein neuartiges Lüfterprinzip entwickelt, das sog. Tangential- oder Querstromgebläse. Es lässt den Föhn noch wirkungsvoller arbeiten und machte ihn zudem preiswerter.

Auf dem Weg zur Föhnfrisur

Die Geschichte des Föhns ist eng verbunden mit der Entwicklung der Frisurenmode – und diese wiederum steht in direktem Zusammenhang mit gesellschaftspolitischen und wirtschaftlichen Veränderungen. In der ständischen Gesellschaft des 17./18. Jahrhunderts z. B. war die Mode, auch die Haarmode, ein Privileg des Adels. Erst mit der allmählichen Emanzipation des Bürgertums prägten auch andere Teile der Bevölkerung das Bild der Mode mit. Um die Wende zum 20. Jahrhundert begannen die Frauen, nicht zuletzt wegen ihrer wachsenden Berufstätigkeit, praktische Frisuren zu bevorzugen. Bis dahin war das lange Haar in der Regel kunstvoll frisiert. Jetzt entschieden sich die ersten Mutigen für einen Kurzhaarschnitt – bislang die Domäne der Männer. Nach dem Ersten Weltkrieg kamen die Bubi- und Pagenköpfe sowie die Garçonschnitte in Mode. Vor allem diese akuraten Präzisionsschnitte ließen die Nachfrage nach Trocknern steigen.

▴ Jede Menge heiße Luft verspricht diese Werbung aus dem Jahr 1912.

Fortschritte in der Föhntechnik

Temperaturregler
1930/40er Jahre. Der Haartrockner wird mit Temperatur- und Geschwindigkeitsreglern ausgestattet. Hitze und Stärke des Luftstroms lassen sich nun manuell regulieren.

Trockenhauben
1951. In den USA kommen die ersten Haartrockner mit Plastikhaube auf den Markt. In Deutschland wird die mobile Trockenhaube in den 60er Jahren zum Hit.

Kunststoff-Föhn
1959. AEG bringt den ersten »Fön« mit Kunststoffgehäuse heraus. Die Haartrockner werden damit noch leichter und ihre Handhabung für daheim und unterwegs komfortabler.

Design-Modelle
1990er Jahre. Die Designer entdecken den Föhn für sich und entwickeln immer neue trendige Modelle, vielfach in schrillen Farben und bunten Mustern.

1901

EHRENVOLLE AUSZEICHNUNG

Der Erfinder und Unternehmer Alfred Nobel war ein berühmter Mann, und so sorgte die Nachricht von seiner testamentarischen Stiftung auch für große Schlagzeilen. Alle Welt diskutierte darüber, wie wohl die Träger der ersten Nobelpreise 1901 heißen würden. Denn mit ihnen wurden die »Weltmeister« in drei naturwissenschaftlichen Fächern, in der Literatur und Friedensarbeit gekürt. Nebenbei war jeder der Preise mit 150 000 Schwedischen Kronen dotiert.

▲ Alle Nobelpreisträger des ersten Jahres auf einer Zeitungsschmuckseite (von oben links nach unten rechts): Dunant, Passy, Röntgen, van't Hoff, Behring, Sully Prudhomme; Alfred Nobel ist in der Mitte abgebildet.

Damit war der Nobelpreis in jeder Hinsicht eine begehrenswerte Trophäe. Und sein Renommee wuchs rasch. Bald war es höchstes Ziel der besten Wissenschaftler und Literaten in aller Welt, Nobelpreisträger zu werden.

Die Auswahl, die Nobel in seinem Testament 1895 ein Jahr vor seinem Tod für die Preisverleihung festgelegt hat, ist leicht nachvollziehbar, kennt man seine Biografie. Physik und Chemie waren die Domänen des Ingenieurs und genialen Erfinders, und der Schwerpunkt seiner Forschungen lag bei der Nutzbarmachung des Nitroglyzerins und anderer Sprengstoffe. Nobel sicherte sich Hunderte von Patenten, erfand das Sicherheitszündhütchen und das Dynamit. Der Zeit seines Lebens kränkelnde Nobel war aber auch ein Menschenfreund und Schöngeist, der sich viel mit Literatur befasste. Daher seine Entscheidung für den Medizin- und den Literaturpreis. Nobels friedliebende Grundeinstellung, die durch die Begegnung und Freundschaft mit der Pazifistin Bertha von Suttner gefestigt wurde, gab den Anstoß zur Stiftung des Friedenspreises. Dieser steht in einem seltsamen Spannungsverhältnis zu der Tatsache, dass Nobels international agierendes Unternehmen schwerpunktmäßig Rüstungsgüter produzierte. ▸▸

▸ Die erste Nobelpreisverleihung findet am 10. Dezember 1901 in Stockholm statt: Der schwedische König Oskar II. gratuliert dem Deutschen Wilhelm Conrad Röntgen, der mit dem ersten Nobelpreis für Physik ausgezeichnet wird.

▾ Die erste deutsche Nobelpreisträgerin: Christiane Nüsslein-Volhard erhält 1995 den Nobelpreis für Medizin, den sie sich mit zwei Amerikanern teilt.

▼ Hintergrund: Die Nobelpreismedaille mit dem Kopf des Stifters; neben der Medaille erhalten die Ausgezeichneten eine Urkunde und eine beträchtliche Prämie.

Die ersten Nobelpreise wurden am 10. Dezember 1901, dem fünften Todestag des Stifters, verliehen. Preisträger in Stockholm waren die Deutschen Wilhelm Conrad Röntgen (Physik) und Emil von Behring (Medizin), der Niederländer Jacobus Henricus van't Hoff (Chemie) und der Franzose Sully Prudhomme (Literatur). Den ersten Friedensnobelpreis erhielten der Schweizer Henri Dunant, Gründer des Roten Kreuzes, und der Franzose Frédéric Passy, Initiator der Internationalen Friedensliga. ■

▼ Der deutsche Schriftsteller Thomas Mann, Nobelpreisträger des Jahres 1929, mit seiner Frau Katja.

▲ Die Vereinten Nationen und ihr Generalsekretär Kofi Annan, hier mit seiner Frau, erhalten 2001 den Friedensnobelpreis.

Echte Alternativen

Zwar ist der Nobelpreis die Stiftung von Alfred Nobel; das hat die Schweden aber nicht daran gehindert, um den Traditionspreis herum Änderungen und Ergänzungen vorzunehmen. So stiftete 1969 die Schwedische Reichsbank den »Wirtschaftsnobelpreis«, und der Journalist Jakob Carl von Uexküll verkaufte 1980 seine millionenschwere Briefmarkensammlung und gründete die Right Livelihood Award Stiftelsen. Sie vergibt jährlich den »alternativen Nobelpreis« an Personen und Organisationen, »die mit praktischen und beispielhaften Lösungen an den dringendsten Problemen unserer Zeit arbeiten«.

▶ Jakob Carl von Uexküll (l.) überreicht 1997 den »alternativen Nobelpreis« an Jim Duehring, der den Preis anstelle seiner erkrankten Frau Cindy entgegennimmt.

Doppelt und dreifach

Es ist schon ein außerordentlicher Höhepunkt im Leben eines Wissenschaftlers, mit dem Nobelpreis ausgezeichnet zu werden. Das erreichen die allerwenigsten. Es gibt aber auch vom Schicksal ganz besonders Auserwählte, die schaffen das gleich zweimal. John Bardeen gehört zu ihnen; er erhielt zweimal – 1956 und 1972 – den Physiknobel-

preis. Gleiches widerfuhr Linus Pauling. 1954 wurde er für seine Leistungen als Chemiker geehrt und 1962 für seinen Einsatz für den Frieden. Besonderen Seltenheitswert in der Männerdomäne Nobelpreis besitzt die Leistung von Marie Curie, die 1903 den Physiknobelpreis und 1911 den Chemienobelpreis bekam. An der Spitze aber steht eine Institution, die bisher dreimal den Friedensnobelpreis erhielt: Das Internationale Rote Kreuz wurde 1917, 1944 und 1963 ausgezeichnet.

◀ Marie Curie ist die einzige Frau, der zwei Nobelpreise zuerkannt wurden.

Schwankende Preisgelder

Das ursprünglich angelegte Kapital der Nobel-Stiftung belief sich auf rund 31 Mio. Kronen – das entspricht heute schätzungsweise 158 Mio. US-Dollar. Jeder Preisträger von 1901 erhielt also mit seinen 150 000 Kronen nach heutigem Wert etwa 750 000 US-Dollar – eine stolze Summe. Die schrumpfte leider in den folgenden Jahren, denn aufgrund inflationärer Entwicklungen sank der reale Wert der Prämien Anfang der 1920er Jahre bis auf etwa 250 000 Dollar nach heutigem Wert. Erst als die Investitionsregeln der Nobel-Stiftung 1953 liberalisiert wurden, schnellten die Preisgelder, besonders seit den späten 1970er Jahren, wieder in die Höhe. Im Jahr 2001 war jeder Nobelpreis, mit 10 Mio. Kronen dotiert, gut 1 Mio. Dollar wert.

Bemerkenswerte Preisträger der Nobel-Stiftung

Emil von Behring
1901. Der Entdecker der Serumtherapie (u.a. gegen Diphterie), Schüler des berühmten Bakteriologen Robert Koch, erhält den Medizinnobelpreis – vier Jahre vor seinem Lehrer.

Bertha von Suttner
1905. Die österreichische Pazifistin, deren Roman »Die Waffen nieder« (1889) großes Aufsehen erregte, wird mit dem Friedensnobelpreis ausgezeichnet.

Carl von Ossietzky
1936. Der im Konzentrationslager einsitzende Publizist darf den ihm verliehenen Friedensnobelpreis für das Jahr 1935 auf Befehl der Nationalsozialisten nicht annehmen.

Jean-Paul Sartre
1964. Der französische Schriftsteller und Philosoph wehrt sich durch die Ablehnung des Literaturnobelpreises gegen die Beurteilung und Vereinnahmung seiner Person.

1901

TOLLKÜHNE FLIEGER

Lange galten die Brüder Orville und Wilbur Wright als die ersten Luftfahrtpioniere, denen ein motorisierter, gesteuerter Flug gelang. Seit einigen Jahren wissen es die Technikhistoriker besser. Dieser Ruhm gebührt dem Deutsch-Amerikaner Gustav Weißkopf, der sich in seiner Wahlheimat Gustave Whitehead nannte. Er startete 1901 zu seinem ersten Motorflug – zwei Jahre vor den Brüdern Wright.

Vor mehr als 20 Augenzeugen erhob sich der Schlosser und Matrose Whitehead, der bereits gemeinsam mit dem Gleitflugpionier Otto Lilienthal bei Berlin Flugversuche durchgeführt hatte, am 14. 8. 1901 mit dem von ihm gebauten ersten Motorflugzeug der Welt in die Luft. Diesem Triumph waren lange Vorarbeiten vorausgegangen. So hatte Whitehead u. a. 19 Gleitflugzeuge und einen dampfgetriebenen Flugapparat gebaut sowie einen flugtauglichen Benzinmotor konstruiert. Wenig später, am 17. 1. 1902, absolvierte der erste Motorflieger mit seinem Modell »Nr. 22« einen gesteuerten Flug über eine Distanz von sieben Meilen. Bereits dieses ▸▸

▲ Der Luftverkehr gewinnt an kommerzieller Bedeutung: Werbeplakat einer deutschen Fluggesellschaft um 1919.

▾ Der wahre Pionier des Motorflugs ist der in Deutschland geborene Gustave Whitehead, hier mit seiner »Flugmaschine Nr. 21«.

Die ersten Passagiere kommen

Popularität gewann der Motorflug, nachdem Louis Blériot am 25. 7. 1909 den Ärmelkanal überquert hatte. Viereinhalb Jahre später verkehrte in den USA regelmäßig ein Flugboot zwischen St. Petersburg und Tampa, Florida. Diese erste zivile Fluglinie der Welt fand in Europa nach dem Ersten Weltkrieg viele Nachahmer. Mit umgebauten Kampfflugzeugen führten diverse Gesellschaften Postflüge durch. Im März 1919 eröffnete die französische Farman die erste internationale Passagierlinie.

◂ Air Mail im frühen 20. Jahrhundert – Übergabe des Postsacks an den Piloten im offenen Cockpit.

erste Motorflugzeug wies Merkmale späterer Konstruktionen auf: einen geschlossenen Rumpf und ein Fahrwerk. Neben dem Pilotensitz gab es noch Platz für einen Passagier.

Erst am 17. 12. 1903 gelang auch den Wrights in den USA ein gesteuerter Motorflug. Er dauerte 12 Sek. und überbrückte 36 m. Doch bald glückten auch längere Flüge mit dem von Orville Wright und seinem Bruder Wilbur gebauten »Flyer 1«. In einem beispielhaften Werbefeldzug machten die Brüder das Motorflugzeug später vor allem in Frankreich bekannt.

Von hier ausgehend fanden sich insbesondere in Europa zahlreiche Amateurflieger, und schon im Jahr 1909 fand der erste internationale ▸▸

▸ Gekonntes Manöver: Die erste Flugzeugbetankung in der Luft mit einem Schlauch gelingt den US-Piloten Lowell H. Smith und J. P. Richter 1923.

▾ Hintergrund: Reklame am Himmel; ein Doppeldecker fliegt über der Skyline von New York Kurven, um mit seinen Rauchschwaden eine Werbebotschaft zu »schreiben«, 1920er Jahre.

▲ Lange galten die amerikanischen Brüder Wright als die Pioniere des Motorflugs; hier der erste Start ihres Flugzeugs im Jahr 1903.

Flugwettbewerb statt. Innerhalb eines Jahrzehnts entwickelten sich die zivile und die militärische Luftfahrt.

Nach dem Zweiten Weltkrieg stieg der Flugverkehr erheblich an, es setzte eine rasante technische Entwicklung ein. Die Navigation steuerte Radar, Satellitenortung sowie Flugsicherheits- und Flugwetterdienst bei, von Computern unterstützte aerodynamische Untersuchungen sorgten für erhebliche Verbesserungen bei den Flugzeugkörpern. Neuartige Materialien machten die Flugzeuge immer leichter, schneller, sparsamer und zugleich größer. Den vorläufigen Höhepunkt der Mega-Jet-Entwicklung stellten die Überschallflugzeuge dar: 1968/69 starteten die sowjetische Tupolew Tu-144 und die französische Concorde zu Jungfernflügen. 1976 flog die Concorde erstmals im Linienverkehr von Paris nach New York. Dauer des Flugs: drei Stunden. ■

Der ewige Traum vom Fliegen

Schon im 13. Jahrhundert dachte der Mönch Roger Bacon über den Bau von Flugapparaten nach. Es folgten riskante Experimente: 1503 stürzte der italienische Gelehrte G. B. Danti mit selbst gebastelten Flügeln ab, 1507 der Schotte John Damian. Um die gleiche Zeit durchdachte auch Leonardo da Vinci erfolglos das Problem des Fliegens. Der osteuropäische Mönch Cyprian soll 1780 von einem Berggipfel zu Tal geschwebt sein. 69 Jahre später ließ der Brite George Cayley einen Jungen mit einem Dreiecksegler gleiten. Eine Wende nahm die Flugzeugbastelei erst mit Otto Lilienthal, der ab 1891 aerodynamische Gleitflieger konstruierte.

Bomber bringen Tod und Elend

1908 bat das US-Kriegsministerium die Brüder Wright um eine Flugvorführung, die im August in Frankreich stattfand. Die Weltpresse berichtete enthusiastisch über das Spektakel, die französische Industrie legte eine erste Motorfliegerserie auf.

Als der Erste Weltkrieg ausbrach, trugen Bomber zum ersten Mal in der Kriegsgeschichte Tod und Verwüstung bis weit hinter die Kampflinien ins zivile Hinterland. Die Militärs waren begeistert, die Nachfrage stieg: Allein in den letzten zehn Kriegsmonaten produzierten britische Hersteller rund 27 000 Jagdflugzeuge und Bomber. Im Zweiten Weltkrieg lösten Hochgeschwindigkeits-Dü-

sentriebwerke die bisherigen Kolbenmotoren ab, nachdem der Deutsche Ernst Heinkel 1939 sein erstes Strahlturbinenflugzeug, die Heinkel He 178, erfolgreich getestet hatte. Sein im selben Jahr präsentiertes Raketenflugzeug erwies sich allerdings als nicht ausgereift.

◂ Einer der Wegbereiter: Otto Lilienthal 1895 bei einem Gleitflug mit seinem Doppeldecker.

◂ Vorbereitung für den Einsatz an der Westfront 1918; deutsche Soldaten hängen die Bomben ein.

Stationen in der Flugzeugtechnik

Wasserflugzeug
1910. Dem französischen Piloten Henri Fabre gelingt der erste Flug mit einem Wasserflugzeug. Die Maschine kann auf der Wasseroberfläche starten und landen.

Ganzmetallflugzeug
1915. Der erste Ganzmetall-Eindecker der Welt fliegt in Deutschland: die Junkers J 1. Der Flieger von Hugo Junkers bringt es auf eine Geschwindigkeit von maximal 170 km/h.

Jumbo-Jet
1969. Der erste Jumbo-Jet, die Boeing 747, startet im Februar zu seinem Jungfernflug. Das gut 70 m lange Großraumflugzeug kann bis zu 385 Passagiere befördern. Der Jumbo-Jet

erreicht eine Geschwindigkeit von 930 km/h, dabei kann er bis auf eine Höhe von über 13 000 m steigen. Die Reichweite der Boeing 747 liegt bei 8000 km. Ihr maximales Startgewicht beträgt über 350 t.

1901

VIEL WIRBEL UM DEN STAUB

Als 1901 in Großbritannien der erste elektrische Staubsauger des europäischen Kontinents eingesetzt wurde, galt er in der Alten Welt als absolute Neuheit. Dass er in den USA einen Vorläufer hatte, wusste damals niemand. Die Geschichte des Staubsaugers begann 1869, als Ives W. McGaffey in Chicago eine kompakte und leichte Maschine vorstellte, die nahezu alle Merkmale eines funktionsfähigen Staubsaugers besaß – nur der Elektromotor fehlte ihr.

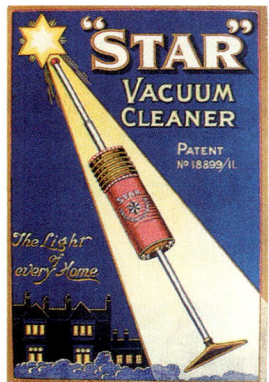

▲ »Star bringt Glanz in jedes Haus« lautet die Werbebotschaft für diesen Sauger der 20er Jahre.

Es vergingen 31 Jahre bis McGaffey seinen »Whirlwind«, Wirbelwind, genannten Sauger mit einem Elektromotor versah, doch war die Maschine nun zu schwer und zu unhandlich. Unterdessen machte man sich in Europa seine eigenen Gedanken, dem Staub zu Leibe zu rücken. 1901 versuchte es die britische Staatseisenbahn mit Pressluft: Der künstliche Wind wirbelte den Staub lediglich auf, beseitigte ihn aber nicht. Ein Zuschauer des missglückten Experiments, Cecil Booth, erkannte, dass es nichts brachte, blasende Luft gegen den Staub einzusetzen. Saugen musste man. So entwickelte er einen elektrischen Vakuumstaubsauger. Allerdings baute Booth einen Giganten seiner Art, der sich nur auf einem Pferdefuhrwerk befördern ließ und auch in keine Wohnung passte. Um 1914 entwickelten sich aus Booths Idee die ersten Hausstaubsauger in Europa: Sie wogen noch rund 30 kg und waren nahezu unerschwinglich. ▸▸

▲ »Baby Daisy« um 1908; der Sauger hat keinen Motor, nur einen Blasebalg.

▲ Hausmädchen mit einer »Entstäubungspumpe« aus dem Jahr 1906. Der Staubsauger ist nicht nur sehr unhandlich, sondern auch schwer.

▾ Der Staubsauger-Pferdewagen von Cecil Booth ist ein wahres Ungetüm; über lange Schläuche werden die Wohnungen von außen gereinigt.

Alle weiteren bedeutenden Erfindungen der Staubsaugergeschichte sind amerikanischen Ursprungs: 1920 erfand der Techniker Reploggle für seinen »Airway« die Papierfiltertüte und den aufrechten hohlen Führungsstab. Seit 1924 gibt es den Tank-Staubsauger von Electrolux, der eine Füllanzeige für den Staubbeutel besitzt und einen Kabelaufroller. Und 1936 kamen beutellose Staubsauger mit Wasserfilter auf den Markt. Seither hat sich nicht mehr viel getan. Die Geräte sind heute vor allem leichter und leistungsstärker geworden. Zu den ersten bedeutenden deutschen Staubsaugerunternehmen gehörten Vorwerk, das den berühmten Kobold produzierte, sowie die thüringische Omega, ab 1950 ein VEB-Betrieb. ∎

▲ Bezeichnender Name für einen Staubsauger: der »Vampyr«, 1926.

Auf dem Weg in jedes Wohnzimmer

In den Vereinigten Staaten setzte nach der Wende zum 20. Jahrhundert eine lebhafte Entwicklung der Hausstaubsauger ein. Das erste kommerzielle Gerät der Welt war der »Royal Vacuum Cleaner« von 1905, der noch rund 20 kg wog. Leichter wurden in den USA die Sauger ab 1909, als leistungsstarke, schnell laufende Elektromotoren in kompakter Bauform auf den Markt kamen.

Schon bald gab es die auch heute noch bekannten beiden Grundtypen: Geräte mit getrenntem Schlauch nebst Saugdüse und auf dem Boden nachgezogenem Saugaggregat und solche, bei denen der gesamte Sauger mit einem Stiel über den Boden geschoben wird. Bereits um 1920 war der Konkurrenzkampf in den USA groß. Ein halbes Dutzend Hersteller produzierte täglich über 10 000 Staubsauger.

◀ Hintergrund: Werbeplakat aus den 30er Jahren – geworben wird für einen leisen und offensichtlich sehr praktischen Siemens-Staubsauger.

▲ Moderne Staubsauger müssen nicht nur leistungsstark sein, sondern auch ein attraktives Design haben.

Ein alter Hut: der Wasserfilter

Was seit einigen Jahren als ultimative Neuheit vertrieben wird, ist im Grunde genommen ein sehr alter Hut: Staubsauger mit Wasserfilter. Schon 1906 hatte der Amerikaner Jim Kirby nach mehrmonatigen Experimenten ein derartiges Gerät hergestellt. Ein Jahr später aber verabschiedete er sich von seiner eigenen Erfindung und ersetzte den Wasserfilter durch einen Stofffilterbeutel. Grund für diese Entscheidung war, dass ihm die Entsorgung des Schmutzwassers zu lästig erschien. Auch in späteren Jahren experimentierten Staubsaugerhersteller, allen voran die US-Firma Rexair, mit Wasserfiltern, weil diese nicht verstopften und deshalb die Saugleistung immer gleich hoch blieb. Dass heute wieder Wasserfilter gefragt sind, hat vor allem mit der wachsenden Allergieanfälligkeit vieler Menschen zu tun. Wasserfilter halten Staubmilben besonders gut zurück.

▲ US-Zeitschriftenwerbung für den leichten und handlichen Hoover-Staubsauger, um 1940.

Pioniere der Staubsaugertechnik

P.A. Geyer Company
1905. Mit dem »Royal Vacuum Cleaner« bietet die US-Firma den ersten kommerziellen Elektrostaubsauger an. 1937 liefert sie den ersten Handstaubsauger: »Royal Prince«.

William H. Hoover
1908. James M. Spangler findet in Hoover einen Finanzier für die Produktion seines Staubsaugers. 1909 bietet die Firma Hoover eine technisch ausgereifte Produktpalette an.

Eureka Company
1909. Fred Wardwell gründet die Detroiter Firma, die in wenigen Jahren eine Führungsposition erobert. 1945 stellt sie den ersten batteriebetriebenen Autostaubsauger vor.

Elektrolux
1912. Der Firmengründer Axel Wenner-Gren präsentiert mit dem Modell »Lux« seinen ersten Staubsauger. Ab 1926 produziert das US-Unternehmen auch in Europa.

1903

KLEINER FREUND AUS PLÜSCH

Gleich auf zwei Kontinenten begann die Erfolgsgeschichte des Teddybären – und der erste Pate des Plüschtiers war kein Geringerer als der amerikanische Präsident Theodore »Teddy« Roosevelt. Er hatte sich Ende 1902 bei einem Jagdausflug geweigert, einen kleinen Grizzly zu erschießen. Clifford Berryman, ein Karikaturist der Washington Post, hielt diese Szene zeichnerisch fest – das rührend anzusehende Bärchen wurde bald zur sympathischen Symbolfigur Roosevelts.

▲ Auch für Erwachsene ist der Teddy ein kuscheliger Geselle; die französische Schauspielerin Brigitte Bardot Ende der 1950er Jahre.

▶ Der Teddy feiert seinen hundertsten Geburtstag. Die Washington Post wird mit ihrer Karikatur des amerikanischen Präsidenten auf Bärenjagd zum Geburtshelfer des Teddys.

V on der Zeichnung animiert beschloss das Ehepaar Michtom aus New York im Jahr darauf, ein Abbild des Tieres aus Plüsch anzufertigen und in ihrem Schreibwarengeschäft auszustellen. Bereits nach kurzer Zeit war der Bär verkauft, weitere entstanden, ein Spielzeuggroßhändler schaltete sich ein, und im Nu war der Teddybär der neue Star in vielen amerikanischen Kinderzimmern.

Die zweite Wiege des Kuscheltiers stand im schwäbischen Giengen an der Brenz, dem Sitz der Spielwarenfabrik von Margarete Steiff. Früh an Kinderlähmung erkrankt, saß die Firmengründerin fast zeitlebens im Rollstuhl. Um unabhängig zu bleiben, hatte sie nähen gelernt und fertigte Kinderkleidung und Stofftiere an – ein beweglicher Teddy war allerdings noch nicht darunter. Den entwarf ihr Neffe Richard, und er nahm das erste Exemplar 1903 mit auf die Leipziger Messe, wo der Bär zunächst relativ unbeachtet blieb. Erst am letzten Messetag orderte ein amerikanischer Spielwarenimporteur 3000 Stück. Die Kundschaft in Amerika griff begeistert zu – es brach ein regelrechter Bärenboom aus, der dann auch Europa erfasste. Bis Ende 1903 verkauften sich 12 000 Steiff-Bären, 1907 wurden bereits 974 000 Plüsch-Petze in Giengen produziert. ▶▶

▼ Sie stellt in Europa die ersten Bären her und schreibt sich in die Geschichte der Stofftiere ein: Margarete Steiff.

Bärige Berühmtheiten in Literatur und Film

Pu
1926. Das Buch »Pu der Bär« erscheint, geschrieben von dem englischen Essayisten Alan Alexander Milne. Ein Plüschteddy seines Sohnes diente als Inspirationsquelle.

Paddington
1958. Im Dufflecoat wartet ein kleiner Bär im Londoner Bahnhof Paddington auf eine neue Familie. So beginnt die erste Erzählung von Michael Bond über den Bären Paddington.

Balu
1967. In dem erfolgreichen Disney-Zeichentrickfilm »Das Dschungelbuch« nach der Erzählung von Rudyard Kipling tritt Balu der Bär lässig singend und swingend auf.

Kleiner Bär
1978. »Oh, wie schön ist Panama« verschafft dem deutschen Autor und Illustrator Janosch den Durchbruch. Eine der beliebten Hauptfiguren des Kinderbuches ist der Kleine Bär.

Die »Teddymania« blieb nicht auf Kinder beschränkt, auch Erwachsenen diente der Bär als Maskottchen oder schickes Accessoire. Um die riesige Nachfrage zu bedienen, verlegten sich auch andere Spielwarenfirmen auf die Teddyherstellung. In Deutschland waren dies vor allem die Produktionsstätten um Sonneberg, Nürnberg und Neustadt. Der Bär passte sich den Zeitläuften an – in den Goldenen Zwanzigern trug er schon mal einen rosafarbenen Pelz, in den Kriegsjahren wurde er aus spröden Ersatzmaterialien genäht. Einige Bären bekamen eine Brummstimme, andere lächelnde Gesichter. Seit den 1970er Jahren ist der Teddy noch plüschiger und knuddeliger geworden. Inzwischen gibt es Bären aller Art, und Fans können ihn u. a. selbst als Christbaumschmuck erstehen. Höchstpreise zahlen Sammler auf Auktionen insbesondere für die frühen, ernst dreinblickenden Exemplare – und sei ihr Fell auch noch so abgenutzt. ■

◀ Teddybären der jüngsten Generation sind noch weicher und knuddeliger, und sie schauen freundlicher drein als ihre »Vorfahren«.

Bärenstopfen in Heimarbeit

Im Städtchen Sonneberg am Rande des Thüringer Waldes lebten traditionell viele Menschen von der Spielzeugherstellung. Dies war bis ins 20. Jahrhundert hinein eine mühsame Akkord-Plackerei in Heimarbeit, oftmals nur für einen Hungerlohn. Wirtschaftskrisen und Kriege verschärften noch die soziale Lage der Puppen- und Bärenmacher. Die Teddybären, die hier das Licht der Welt erblickten, entstanden in familiärer Arbeitsteilung, bei der selbst die Kinder ihre Aufgabe zu erfüllen hatten. Sie halfen beispielsweise dabei, die linksseitig zusammengenähten Einzelteile eines Plüschtieres auf rechts zu ziehen, damit es dann mit Holzwolle ausgestopft werden konnte.

◀ Teddyherstellung ist lange Zeit Handarbeit, wie hier bei der Firma Hermann in Sonneberg im frühen 20. Jahrhundert.

Wettstreit der Spielgefährten

Was ist das Erfolgsrezept des Teddybären, der gerade in seinen Anfangsjahren oftmals sogar der Puppe den Rang abgelaufen hat? Kleine Jungen, die nicht als unmännlich gelten wollten, durften sich um die Jahrhundertwende

◀ Hintergrund: Ein Riesenteddy ist der Wunschtraum vieler Kinder.

und auch später mit Puppen nicht sehen lassen, mit dem Teddy hingegen schon. Er war ein neutraler, weicher und robuster Geselle, der mehr Wärme ausstrahlte als die Puppen mit Porzellanköpfen und Rüschenkleidern. Mit dem Teddy konnte man fast alles machen, ihn sogar mal in die Ecke werfen. Er reichte trotzdem die Plüschpfote und schaute sein kindliches Gegenüber aus dunklen, treuen Augen an. Als Dank dafür überlassen auch inzwischen Große ihrem abgewetzten und abgeküssten Freund einen immerwährenden Platz an ihrer Seite.

◀ Selbst Jungen dürfen ihren Teddy im Arm halten; 1950er Jahre.

▶ Gütesiegel und Markenzeichen der Steiff-Plüschtiere: Knopf und Fähnchen im Ohr.

Knopf im Ohr

Wer denkt nicht an ein Steiff-Tier, wenn er die Worte »Knopf im Ohr« hört? Das 1905 eingeführte Warenzeichen der Firma Steiff schützt bis heute alle Plüschtiere dieser Herkunft. Für Sammler und Liebhaber ebenso bemerkenswert wie der charakteristische Knopf ist das daran haftende Etikett. Dieses Stofffähnchen zeigt ein Nummernsystem, das Auskunft über Entstehung und Beschaffenheit des Pelztiers gibt. Die erste Zahl verweist auf seine Körperstellung, die zweite bezeichnet das Material. Die dritte und vierte Ziffer nennen die Größe. Nach einem Schrägstrich folgen weitere zwei Zahlen, eine steht für die Ausstattung, die andere für die Farbe.

1903

DIE TOUR DER LEIDEN

Unter den 60 Radfahrern, die am Abend des 30. Juni 1903 in der Pariser Redaktion der Zeitschrift »L'Auto« zusammenkamen, herrschte gedrückte Stimmung. Am nächsten Morgen sollte es losgehen: 2428 km in 19 Tagen, nur mit dem Fahrrad. Reichlich viel Aufwand für einen Werbegag, denn als solcher war die erste Tour de France zunächst gedacht.

▲ Noch ist das Zuschauerinteresse eher gering: Start zur Tour des Jahres 1908 in Paris.

Henri Desgrange, Chefredakteur und Herausgeber von »L'Auto«, hatte sich das Spektakel eigentlich nur ausgedacht, um die Konkurrenzzeitung »Le Vélo« vom Markt zu verdrängen. Auch hatte die Tour, die Desgrange im Frühjahr 1903 ins Leben rief, noch wenig mit dem durchorganisierten Spektakel späterer Jahre zu tun: Einer der Fahrer hatte gerade zwei Monate zuvor das Radfahren gelernt, ein anderer sagte, er wolle einfach mal ein bisschen was von Frankreich sehen. Die Tour war in nur sechs Etappen unterteilt, die jeweils durchgefahren wurden, sodass die Pedaleure zeitweise Tag und Nacht im Sattel saßen. Am Ende siegte Maurice Garin, ein Einheimischer. Und es gewann Henri Desgrange: »Seine« Tour de France entwickelte sich bald zu einem der größten Sportereignisse der Welt. ▸▸

▲ Es ist geschafft: der Sieger der ersten Tour de France, Maurice Garin im weißen Trikot; die Strapazen waren groß, die Strecke führte zumeist über Schotter- und Schlaglochpisten.

▲ Verletzt und erschöpft, aber glücklich: der Sieger der ersten Tour, Maurice Garin; Titelblatt der Sportzeitung »La vie au grand air«.

Die Rekordhalter

Das Sieger-Dreigestirn der Nachkriegszeit bilden der Belgier Eddy Merckx, der
Franzose Bernard Hinault und der Spanier Miguel Indurain. Alle gewannen die
Tour fünf Mal, Indurain von 1991 bis
1995 sogar hintereinander. Merckx, den
die Kollegen wegen seiner gefürchteten
Tempoverschärfungen »den Kannibalen«
nannten, hält einen weiteren Rekord: Bei
seinen sieben Tour-Starts gewann das
Idol der frühen 70er
Jahre 35 Etappen.
Während alle drei auch
beim Giro d'Italia tri-
umphierten, hat Indu-
rain einen besonderen
Erfolg vorzuweisen:
den Olympiasieg 1996.

▲ Zieleinfahrt der Tour
1998 in Paris; das Feld
der Fahrer ist sehr eng.

▶ Süßer Lohn für den
Belgier Eddy Merckx nach
seinem Toursieg 1970.

◀ Hintergrund: 1904
druckt die Zeitschrift
»La vie au grand air«
für ihre Leser den noch
recht übersichtlichen
Streckenverlauf der
Tour ab.

In den Jahren darauf erschwerten
Desgrange und seine Mitarbeiter
die Tour kontinuierlich: 1906
führte die Route zum ersten Mal
über einen kleinen Berg in den
Vogesen, vier Jahre später gehörten bereits die hohen Gipfel der
Pyrenäen zum Leidensweg der
Aktiven: »Ihr seid Mörder!« schrie der französische
Rennstar Octave Lapize den Organisatoren zu, nachdem er den ersten Pyrenäenberg erklommen hatte.
Noch mehr als alle Anstiege fürchteten die Fahrer
aber technische Defekte, denn sie mussten die Tour
auf ein und demselben Fahrrad bestreiten. Fremde
Hilfe war verboten, auch bei Pannen. ■

Vom Veloziped zur Rennmaschine

Eine der frühen Tour-Legenden
war der Franzose Eugène Chris-
tophe. Er schleppte im Jahr 1913
seinen gebrochenen Fahrrad-
rahmen in ein 14 km entferntes
Dorf, schweißte das Rad in einer Schmiede selbst wieder zusammen und wurde am Ende
noch Siebter. Derartige Missge-
schicke können den Fahrern
von heute mit ihren bruchsiche-
ren Rennmaschinen nicht mehr
passieren. Ist dennoch ein De-
fekt zu beklagen, liefert der
allgegenwärtige Materialwagen
des eigenen Rennstalls sofort
Ersatz. Gleichwohl wäre selbst
das Tragen der Räder inzwischen weit weniger beschwer-
lich: Moderne Hightech-Maschinen wiegen etwa 7 kg und damit
lediglich ein Drittel der damaligen Rennräder.

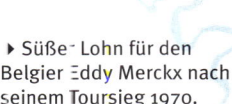
▲ Mit einem solchen Rad gewinnt
Jan Ullrich als erster Deutscher
1997 die Tour de France.

Mit Drogen nachgeholfen

Kurz vor Beginn der Tour 1998
entdeckten Zöllner im Wagen eines Festina-Betreuers rund 400
Dopingmittel. Die Rennleitung
schloss das Festina-Team kurz
darauf aus und fünf Fahrer gestanden, unerlaubte Mittel genommen zu haben. Auch andere
Mannschaften gerieten unter Do-
pingverdacht und stiegen aus der
Tour aus. Als Folge des Skandals
verschärften mehrere Länder –
u. a. Italien und Frankreich – ihre
Anti-Doping-Gesetze. Bei der Tour
wird seither über verbesserte Do-
pingkontrollen nachgedacht.

▶ Nach dem Ausschluss seines Festi-
na-Teams 1998 beteuert Frankreichs
Idol Richard Virenque seine Unschuld.

**Superlativen
bei der
Tour de France**

Längste Strecken
1926. Die mit 5795 km größte
Distanz müssen die Fahrer im
Jahr 1926 zurücklegen. Sieben
Jahre zuvor gab es mit 482 km
die längste Etappe der Tour-
Geschichte.

Häufigster Teilnehmer
1970–1986. 16 Tour-Starts hat
bisher nur der Niederländer
Joop Zoetemelk aufzuweisen.
Von 1970 bis 1986 ist er – mit
Ausnahme des Jahres 1973 –
jedes Mal dabei.

Geringster Vorsprung
1989. Knapper Sieg für den
Amerikaner Greg LeMond: Er
gewinnt die Tour nach 3267 km
und 23 Tagen mit nur wenigen
Sekunden Vorsprung vor dem
Franzosen Laurent Fignon.

Schnellste Tour
1999. Die beste Durchschnittsgeschwindigkeit bei einer Tour
de France erreicht der Amerikaner Lance Armstrong: Am Ende
stehen für ihn 40,276 km/h
zu Buche.

1904

KÖNIG DER SNACKS

Auf der Weltausstellung 1904 in St. Louis begann der Hamburger seinen Siegeszug, als die »New York Tribune« Fletcher Davis' Hacksteaks mit Senf und Zwiebeln in einem Brötchen lobte und so landesweit bekannt machte. Einige Jahre später gehörte der Hamburger schon überall in den USA zu den beliebtesten Gerichten und wurde zum Synonym für Fastfood. Heute ist er der Inbegriff amerikanischer Esskultur.

▲ Asiatische Gepflogenheiten in einem US-Unternehmen: Der japanische McDonald's-Angestellte verbeugt sich vor seinen Kunden.

▲ Echte Erfolgsrezepte und Symbole der Fastfoodgesellschaft: der Hamburger und Coca-Cola.

Woher der Hamburger tatsächlich stammt, ist umstritten. Nach der beliebtesten Geschichte kommt er aus Mittelasien, wo rohes, gehacktes Rindfleisch zum Speisezettel der Tartaren gehörte. Etwa im 14. Jahrhundert wurde die Sitte, rohes Rinderhackfleisch zu essen, aus dem Baltikum nach Deutschland gebracht – vermutlich zuerst nach Hamburg. Dort verfeinerte man das Gehackte mit Gewürzen, Ei und Kapern zum »Steak Tartar«. Eine andere Theorie besagt, dass die Hamburger die rohe Masse lieber würzten und brieten und so die Frikadelle erfanden. Darüber, dass die Frikadelle ihren Weg nach Amerika über Hamburg nahm, sind sich die Experten im Grunde einig: Die meisten Auswanderer verließen Europa von Hamburg aus. Wie der Hackfleischbratling allerdings ins Brötchen kam, liegt weiterhin im Dunkeln. ▸▸

Die McDonald's-Erfolgsstory

Ein Hamburger-Stand in San Bernardino, den Dick und Mac McDonald 1939 eröffnet hatten, bescherte den irischen Brüdern Rekordumsätze. In den 50er Jahren schlossen sie sich mit dem Vertreter Ray Kroc zusammen, der bald darauf die Geschäfte allein übernahm und 1955 in dem Chicagoer Vorort Des Plaines sein erstes McDonald's-Restaurant eröffnete. Das Geheimnis seines Erfolgs war die gleichbleibende Qualität und Zubereitung der Hamburger in jeder McDonald's-Filiale – egal, ob in Los Angeles oder seit 1990 in Moskau.

◂ Neuer Geschmack: Ein sowjetischer Soldat isst seinen ersten Hamburger; 1990 feiert McDonald's in Moskau Premiere.

◄ Nichts für Kalorienzähler:
der Konsum von Fastfood.

◄ Drive-ins erfreuen sich besonders in den 50er und 60er Jahren bei der Jugend in den USA großer Beliebtheit.

In Hamburg war es üblich, Schweinebraten auf Brötchen zu essen. Vielleicht ist aber auch die Geschichte wahr, nach der Charlie Nagreen, ein Junge aus Seymour in Wisconsin, seinen Kunden 1885 die fettigen Finger ersparen wollte und den Fleischklops in ein Brötchen steckte. Wie dem auch sei: Der Hamburger entsprach den Bedürfnissen der Zeit: Er war handlich, ließ sich mit einer Hand im Stehen essen und enthielt alles, was für einen Imbiss nötig war – Fleisch, Brot und Vitamine in Form von Gurken, Salat oder Tomaten. Die erste Hamburger-Kette, White-Castle, wurde 1921 in Wichita (Kansas) gegründet. Ihr Verkaufsschlager war die Tüte mit 20 Hamburgern für einen Dollar. ∎

◄ Der Hamburger hat inzwischen viele »Kinder«: 1957 präsentiert die amerikanische Fastfood-Kette Burger King erstmals den Whopper, das »Mordsding«. Heute wird er täglich millionenfach verkauft.

»Drive in – eat out«

Reuben W. Jackson und J. G. Kirby waren sich sicher: Wer erst einmal ein Auto besitzt, ist bald so bequem, dass er auch zum Essen nicht mehr aussteigen möchte. Aus diesem Grund verwandelten sie ihren Sandwich-Stand auch in das erste Drive-in-Restaurant. Bereits ab 1921 konnte man im texanischen Dallas unter dem Motto »Drive-in – eat out« im Auto essen. Die Idee verbreitete sich schnell, bald wurde man von Personal auf Rollschuhen, so genannten car-hops, bedient. In den 50er Jahren ging die Ära der Drive-ins langsam zu Ende. 1970 kreierte die Hamburger-Kette Wendy's das »Pick-up-window«: Der Kunde bekam das telefonisch bestellte Essen aus einem Fenster ins Auto gereicht.

▶ Das erste McDonald's-Restaurant; Des Plaines in Illinois, 1955.

Fastfood und Imbiss im Wandel der Zeit	**Sandwich** 18. Jahrhundert. Der Spieler John Montague, Earl of Sandwich, erfindet einen Imbiss-Klassiker. So braucht er beim Essen sein Kartenspiel nicht zu unterbrechen.	**Fertigsuppen** 1875. Heinrich Knorr bringt Fertiggemüsesuppen auf den Markt. 1900 entwickelt Julius Maggi in der Schweiz die ersten getrockneten Gemüsesuppenwürfel.	**Essen aus Automaten** 1902. In Philadelphia gibt es das erste Restaurant, in dem fertige Gerichte in verglasten Fächern angeboten werden, die sich nach Münzeinwurf öffnen lassen.	**Currywurst** 1949. In Berlin mischt Herta Heuwer eine würzige Soße, gießt diese über eine zerschnittene Bratwurst und verkauft das neue Gericht als Currywurst.

1906

WASCHBRETT ADE

Zwar gab es zu Beginn des 20. Jahrhunderts bereits Waschmaschinen, doch arbeiteten sie mechanisch. Eine Alternative zu dieser ebenso zeitaufwendigen wie anstrengenden Art des Wäschewaschens entwickelte 1906 der Amerikaner Alva John Fisher aus Chicago. Kurz nach der Inbetriebnahme der ersten Elektrizitätswerke stellte er »Thor« vor, die erste elektrisch angetriebene Waschmaschine mit horizontaler Trommel.

Auf große Resonanz stieß Fishers Erfindung nicht. Weiterhin bestimmten Holzzuber, Bottiche, Blechwannen, Waschbretter, Wringer und Bürsten die Reinigung der Wäsche. Auch die um die Jahrhundertwende präsentierten mechanischen Waschmaschinen gab es nur in wenigen Haushalten, weil für ihren Betrieb mindestens zwei Personen erforderlich waren: »Alsdann macht man die Maschine zu und lässt zwei Personen die Flügel gleichmäßig bewegen, und zwar hin und her, von der rechten nach der linken Seite. Das Drehen geschieht unausgesetzt, pünktlich zehn Minuten lang ...«, hieß es in einer Gebrauchsanweisung. Elektrische Modelle erleichterten eindeutig die Arbeit, doch musste die Wäsche zuvor eingeweicht und danach noch von Hand gespült werden. Überdies vertrugen viele Gewebe die Tortur in den ersten Waschmaschinen nicht. ▸▸

▲ Die vollautomatische Waschmaschine – noch bis in die zweite Hälfte des 20. Jahrhunderts für viele Hausfrauen ein Wunschtraum.

▾ Eine der ersten elektrischen Waschmaschinen, um 1910; über die außen angebrachten Handkurbeln wird die nasse Wäsche ausgewrungen.

Die altertümliche Waschküche

Schon im alten Ägypten wurde großer Wert auf Reinlichkeit gelegt. Die »Oberwäscher« gehörten zum Hofpersonal des Pharao und arbeiteten nach einem streng vorgegebenen Programm: Wäsche klopfen, waschen, spülen und zum Trocknen aufhängen. Für den eigentlichen Waschvorgang verwendeten sie eine Lauge, die aus Rizinus und Salpeter hergestellt wurde. Und in Griechenland wusch man Heimtextilien in mit Wasser aufgekochter Pottasche. Waschanstalten verwendeten Ammoniak, das aus Urin gewonnen wurde. Dafür standen auf den Straßen vor den Wäschereien Urinfässer, die von Passanten benutzt werden konnten.

▸ Schwere körperliche Arbeit: walisische Bäuerinnen beim Wäscheschlagen Anfang des 19. Jahrhunderts.

Frühe Geschichte der Waschmaschinen

»Industriewaschmaschine« **1691.** Der Ingenieur John Tyzacke erhält ein britisches Patent auf eine neuartige Waschmaschine, die Textilien von den durch die Fabrikation verursachten Verunreinigungen be-

▲ Die erste elektrische Waschmaschine: »die Thor«, entwickelt von Alva J. Fisher.

Ab ca. 1914 erhielten mechanische Waschmaschinen einfache Elektromotoren; in den 20er Jahren machte die Saugglocken-Waschmaschine von sich reden, bei der die Wäsche in einem ruhenden, liegenden Behälter durch eine Saug- und Druckvorrichtung auf und ab bewegt wurde. In den 50er Jahren setzte sich zwar das System der Trommelwaschmaschine durch, doch der eigentliche Siegeszug der Haushaltswaschmaschinen begann erst Anfang der 60er Jahre mit der elektromechanischen Programmautomatik. Federnde Trommelaufhängung um 1965 und Intervallschleudern seit 1972 verfeinerten die Technik. Waschvollautomaten, die über einen zusätzlichen Trockenschleudergang verfügen, kamen in den 80er Jahren auf den Markt. ■

Die Schaumschläger

Am 6.6.1907 führte die deutsche Firma Henkel, die bereits seit 1876 Waschmittel in Pulverform und Bleichsoda produzierte, Persil als »erstes selbsttätiges Waschmittel« der Welt ein. Im Grunde bestand Persil aus nichts anderem als natürlicher Seife, die mit Sauerstoff abgebenden Salzen angereichert war. Der bei zunehmenden Temperaturen aufsteigende Sauerstoff bewegte die Wäsche zusätzlich während des Waschvorgangs. Ab Mitte der 60er Jahre fanden vermehrt Spezialwaschmittel, etwa für Synthetik, für Wolle oder Buntwäsche, den Weg in die Haushalte. Das Waschmittel der DDR, Spee – ursprünglich und mittlerweile wieder ein Henkel-Produkt – gehört heute zu den Marktführern in Deutschland.

◄ Unentbehrlich für weiße Wäsche – Persil-Werbung aus dem Jahr 1907.

◄ Der Motor dieser Waschmaschine von 1911 steckt in einem Butterfass.

Computer übernehmen die Steuerung

▲ Großwäscherei eines Hotels; hier werden täglich Hunderte von Bettlaken gereinigt.

Der Übergang von der elektromechanischen zu der programmierbaren Waschmaschine vollzog sich in mehreren Etappen. Bei den Modellen der 60er Jahre sorgten Stufenschaltwerke für die Abfolge einzelner Waschphasen – Vorspülen, Aufheizen der Lauge, Hauptwaschgang und Abpumpen. In den 70er Jahren ließ sich mit Programmspeicherung zwischen diversen Waschvorgängen für verschiedenartige Textilien wählen. Heutige Waschvollautomaten verfügen über Computerchips, die den gesamten Waschprozess von der Waschmittel- und Wasserdosierung bis zur Trocknung mit einem vorwählbaren Trocknungsgrad überwachen und steuern.

freit. In der manuell angetriebenen Industriewaschmaschine geschieht das Umwälzen der Textilien in einer Trommel über eine Kurbel. Diese muss von mehreren Arbeitern bedient werden.

Kleine Trommel 1782. Der Londoner Tapezierer Henry Sidgier setzt eine mit einer Handkurbel zu drehende horizontale Trommel aus verbundenen Holzruten in einen sechskantigen hölzernen Trog.

Trommelwaschmaschine 1858. Der amerikanische Fabrikant Hamilton Smith baut die erste manuelle Trommelwaschmaschine mit einer vertikalen Trommel und einem Stampfer im Inneren.

▶ Hightech für die Wäsche; moderne Maschinen sind inzwischen computergesteuert.

1906

DIE WELT GEHT AUF EMPFANG

Weihnachtsabend 1906: Die Funker auf den Schiffen vor der Küste Neufundlands schreckten auf. Aus ihren Kopfhörern kam fast geisterhaft die Stimme eines Menschen, der die Weihnachtsgeschichte las. Dem kanadischen Physiker Reginald Aubrey Fessenden war von seinem Laboratorium im amerikanischen Brant Rock aus mit Hilfe eines 130 m hohen Antennenmastes die erste Rundfunksendung der Welt gelungen.

▲ Camping mit »Kofferradio«; im frühen 20. Jahrhundert ein kleiner Luxus.

Fessenden profitierte von den Erfindungen anderer Pioniere der drahtlosen Telegrafie, also der Übermittlung von Nachrichten durch elektromagnetische Wellen. Allerdings war es bislang noch nicht gelungen, Worte über eine längere Entfernung hinweg zu senden. Der Durchbruch Fessendens basierte auf einem Sender, der mit einem besonderen Hochfrequenz-Wechselstromgenerator arbeitete. Der Kanadier übertrug gleich bleibende, kontinuierliche elektromagnetische Schwingungen, also Radiowellen, in alle Richtungen. Die Schwingungen wurden von der Frequenz seiner übertragenen Stimme beeinflusst, die er durch ein Mikrofon in elektrische Wellen umgewandelt hatte.

Noch im selben Jahr schritt die Technik erheblich voran, als der Amerikaner Lee de Forest und der Österreicher Robert von Lieben ganz unabhängig voneinander den Verstärker erfanden. ▸▸

▲ Das Radio als edles Möbelstück: deutsche Werbung aus den 30er Jahren.

▾ Rundfunksender der 20er Jahre; die Technik ist für damalige Verhältnisse hochmodern.

◂ Der Erfinder des Radios, der Physiker Reginald A. Fessenden, bei Versuchen mit seinen Geräten.

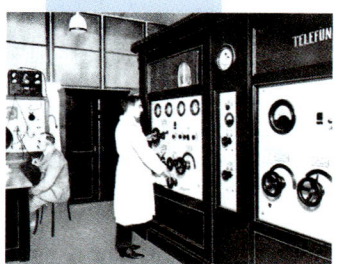

Stationen der Radiotechnik

Entdeckung der Radiowellen
1888. Der deutsche Physiker Heinrich Hertz weist elektromagnetische Wellen nach, die sich durch die Luft ausbreiten. Damit ist die Grundlage des Radios entdeckt.

Funkepoche eingeläutet
1894. Der italienische Erfinder Guglielmo Marconi konstruiert einen Sender, der erstmals ein Funksignal durch den Raum schickt. Es bringt eine Klingel zum Läuten.

Bessere Qualität
1896. Marconi experimentiert erstmals mit Ultrakurzwellen (UKW). Da deren Frequenzbereich sehr hoch ist, können ihn viele Sender mit hoher Übertragungsqualität nutzen.

Musik erklingt in Stereo
1961. In den USA werden die ersten Stereosendungen ausgestrahlt. Stereotöne werden mit mindestens zwei verschieden ausgerichteten Mikrofonen aufgezeichnet.

Schon im Februar 1907 sendete de Forest von New York aus regelmäßig Testprogramme. Die rasante Entwicklung ließ sich danach nicht mehr aufhalten, obwohl 13 Jahre vergingen, bis ein Sender in Pittsburgh erstmals ein regelmäßiges Programm ausstrahlte. 1922 gab es in den USA etwa 60 000 Empfangsgeräte; ihre Zahl stieg bis Ende der 30er Jahre auf rund 27,5 Mio.: Vier von fünf US-Familien hörten täglich das Neueste über den Äther. In Deutschland gab es 1924 erst 100 000 Hörer, 1934 aber bereits über 5 Mio.

Die Verbreitung des Rundfunks setzte sich nach dem Zweiten Weltkrieg fort, als 1954 eine neue Erfindung die Runde machte: das Transistorradio. Die Geräte wurden wesentlich kleiner, zuverlässiger, billiger und tragbar. Doch seit den 50er Jahren kämpft das Radio auch seinen schwersten Kampf – den gegen das Fernsehen. ∎

▲ Charme der 50er Jahre: Reklame für ein Radio mit eingebautem Tonbandgerät.

Hörfunktechnik von morgen

Die Radiotechnik der Zukunft heißt Digital Audio Broadcasting (DAB). Ihre wichtigsten Merkmale sind erhöhte Klangqualität, verbesserter Empfang im Auto und eine einfachere Bedienung. Im Gegensatz zum analogen Radio kann der digitale Hörfunk zahlreiche Zusatzdienste anbieten, da mit der Digitaltechnik nicht nur Töne, sondern gleichzeitig auch Texte und Bilder übertragen werden können. So lassen sich beispielsweise Verkehrshinweise sowie Verbrau-

chertipps auf einem Bildschirm sichtbar machen. Die Ablösung der bisherigen analogen Techniken ist in fast allen Bereichen des Hörfunks vom Tonstudio bis zum Funkhaus seit Ende der 90er Jahre erfolgt. Während der Einführungszeit werden die Programme in erster Linie über UKW ausgestrahlt. Versuche mit DAB gibt es in mindestens zehn Bundesländern. Im Jahr 2003 soll ein Zeitplan für den endgültigen Umstieg auf DAB verabschiedet werden.

▲ Frontnachrichten: Im Zweiter Weltkrieg liefern ausländische Sender wichtige Informationen über den Kriegsverlauf.

Verführung der Massen

Die Möglichkeiten des neuen Mediums Hörfunk weckten schnell politische Begehrlichkeiten. Vor allem die Nationalsozialisten nutzten das Radio zu Agitation und Propaganda. Reichspropagandaminister Joseph Goebbels nannte das Radio das »allermodernste und allerwichtigste Instrument zur Massenbeeinflussung«. Um die Zahl der Hörer zu steigern, kamen schon kurz nach der Machtübernahme der Nazis so genannte Volksempfänger auf den Markt. Das Radio war es aber auch, das die Wahrheit verbreitete: Über verbotene ausländische Sender erfuhr die Bevölkerung etwas über die tatsächliche Kriegslage.

◀ Hintergrund: Die Künste entdecken das Radio; Gemälde von 1923 mit dem Titel »Der Radionist«.

◀ Der Ghetto-Blaster: schon lange nicht mehr nur ein Prestigeobjekt schwarzer Slumbewohner in den USA.

Sportliche Highlights als Live-Spektakel

In den besten Hotels der Stadt versammelten sich am 13. 1. 1910 die Fans des italienischen Tenors Enrico Caruso, um die erste Liveübertragung seines Auftritts in der Metropolitan Opera in New York zu erleben. Die Bedeutung der Livesendungen nahm mit dem Aufbau der Rundfunkstationen in den 20er Jahren rapide zu. Die Sender setzten vor allem auf den Sport. Schon 1922/23 saßen die ersten Reporter an den Boxringen der Profikämpfer. Die Übertragung spektakulärer Sporthöhepunkte sorgte auch in Europa endgültig für die Verbreitung des Radios, das im Gegenzug die

Popularität des Sports steigerte und um 1930 erste Medienstars schuf – in den USA die Boxer Jack Dempsey und Gene Tunney, in Deutschland den Schwergewichtler Max Schmeling.

▶ Komfort an Bord eines Luxusliners in den 20er Jahren: In Abendgarderobe lauscht man einem Rundfunkkonzert.

1907

AKROBAT DER LÜFTE

Vorwärts, rückwärts, seitwärts fliegen, senkrecht starten und landen, auf der Stelle schweben – dieses Ziel forderte Generationen von Konstrukteuren heraus. Vom Modell bis zum einsatzfähigen Fluggerät dauerte es rund 150 Jahre. 1907 gelang dem Franzosen Paul Cornu der erste »freie« Hubschrauberflug – sein Landsmann Louis Bréguet hatte seinen »Gyroplane No. 1« im selben Jahr noch vom Boden aus mit Seilen im Gleichgewicht halten müssen.

▲ Amerikanische Hightech-Kampf-hubschrauber; die »Blackhawks« finden 1999 im Kosovo-Krieg Einsatz.

Cornus Drehflügler mit zwei an Auslegern befestigten zweiflügeligen Rotoren glich einem »fliegenden Fahrrad«, hielt sich mit seinem 18-kW-Motor eine knappe Minute in 30 cm Höhe und zerschellte bei der Landung. Als wesentlich stabiler erwies sich da das Fluggerät des Spaniers Juan de la Cierva y Codorniu. Sein »Tragschrauber« von 1923 erhielt Schub durch einen vorn montierten Propeller und Auftrieb durch einen im Fahrtwind drehenden Rotor mit beweglichen Blättern. Damit wagte er 1928 sogar die Überquerung des Ärmelkanals. Danach verging jedoch noch gut ein Jahrzehnt, bis »echte« Hubschrauber mit motorgetriebenen Rotoren ihre typische Form mit großem Zentralrotor, Kabine im Vorderteil des Rumpfes und am hinteren Ende befestigtem Rotor erhielten. Hauptproblem der Tüftler: Die für den Auftrieb sorgende Schraube bewirkte einen Drehimpuls, der den Helikopter schlingern ließ. Der Deutsche Heinrich Focke montierte 1936 zwei gegenläufige Rotoren zur Stabilisierung des Fluggeräts. Der Amerikaner Igor Sikorsky benötigte dazu 1939 nur eine kleine Luftschraube am Heck, die er mit einer quer zum Rumpf verlaufenden Frontalachse verband. Sikorskys Modell brachte den endgültigen Durchbruch des Hubschraubers. ■

▲ Sehr eigenwillig sehen viele der ersten Hubschrauber-Konstruktionen aus; hier das Modell des Amerikaners J. Newton Williams aus dem Jahr 1916.

▼ Skurriles Gefährt: Paul Cornus Hubschrauber von 1907.

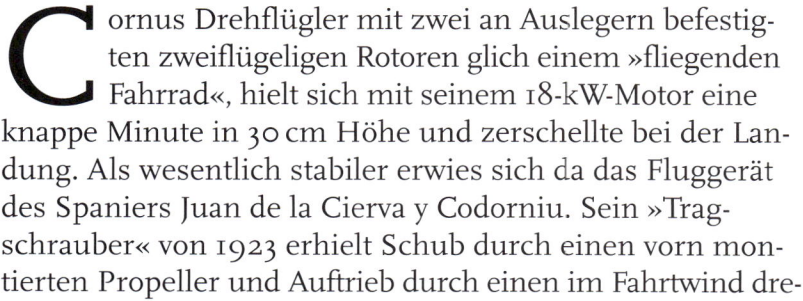

▲ »Flying Banana« heißt dieses Modell der US-Luftwaffe aus den 50er Jahren, das vor allem als Truppentransporter dient.

▲ Er verhilft dem Hubschrauber zum Durchbruch – der Amerikaner Igor Sikorsky bei der Vorführung seiner Erfindung 1940.

Das Geheimnis des Rotierens

Die beweglich über Gelenke an einem Rotor befestigten Blätter, die den Luftstrom kunstvoll »zerteilen«, sind das ganze Geheimnis des Hubschrauberflugs. Im Profil der starren Tragfläche eines Flugzeugs ähnlich, können sie im Winkel zum Luftstrom so verstellt werden, dass der Hubschrauber Auftrieb erhält. Entspricht der Auftrieb dem Eigengewicht des Helikopters, schwebt er auf der Stelle. Schub nach vor-

ne oder hinten erhält er, wenn der Anstellwinkel des zum Heck schwenkenden Rotorblatts vergrößert bzw. verkleinert wird und sich dadurch der gesamte Rotor neigt. Soll die Maschine eine Kurve fliegen, muss der kleine, sich senkrecht drehende Heckrotor »gekippt« werden; er verhindert auch, dass der Hubschrauberrumpf um seine eigene Achse rotiert bzw. ins Schlingern gerät.

Flexibel und schnell an Ort und Stelle

Hubschrauber sind die Meister des schnellen Einsatzes: Punktgenaue Landung, Schwebeflug und große Beweglichkeit machen sie für die Polizei bei Verkehrsüberwachung, Vermisstensuche und Verbrecherjagd ebenso unentbehrlich wie für die Bergwacht, Luft- und Seerettung. Auch Politiker und viel beschäftigte Industriekapitäne wollen im Dienst für Frieden oder Globalisierung auf den Hubschrauberflug zum nächsten Düsenjet nicht verzichten. Kampf- und Transporthubschrauber zur Trup-

penverlagerung kommen beim Militär zum Einsatz. Luftaufklärung und Überraschungsangriffe in unübersichtlichem Gelände sind die Stärken des Hubschraubers im Krieg.

▲ Zweiturbinen-Hubschrauber; er kann für verschiedenste Zwecke eingesetzt werden.

»Libellen« und »Luftwagen«

Schon Leonardo da Vinci kam die Idee, dass schnell rotierende Schraubenblätter Auftrieb erzeugen, doch seine Zeichnungen blieben 300 Jahre verschollen. Der Franzose Fulgence Bienvenu griff 1784 auf ein 2000 Jahre altes chinesisches Vorbild zurück, um mit seinen elastisch aufgezogenen Spielzeug-»Rotoren« aus Vogelfedern Kinderherzen zu erfreuen. Diese »Libelle« inspirierte den britischen Ingenieur George Cayley, der sich 1796 ein Drehflüglermodell und 1843 einen »Luftwagen« ausdachte. Weitere Versuche, Drehflügelapparate mit Muskel-, Dampf- oder Gummibandantrieb zu bauen, brachten langsame aerodynamische Fortschritte. So gelang dem Italiener Enrico Forlanini 1877 mit seinem dampfbetriebenen Hubschraubermodell ein 20-Sekunden-Flug in 13 m Höhe.

▲ Die Luftschraube Leonardo da Vincis – ein sehr früher Vorläufer des Helikopters.

◀ Rotor- und Steuerungsprinzip beim Hubschrauber; Rotorblätter, Pedale und Steuerknüppel sind durch Zugstangen miteinander verbunden.

Zugstangen
Zugstangen
Pedale
Steuerknüppel
Kollektiver Blattverstellhebel
Taumelscheibe, rotierend
Zugstangen
Zugstangen
Taumelscheibe, rotierend
Taumelscheibe, feststehend
Taumelscheibe, feststehend

Bedeutende Hubschrauber-Konstrukteure

Louis Bréguet
1880–1955. Der französische Pionier und Unternehmer baut Drehflügler, Propellerflugzeuge und 1936 zum ersten Mal einen 110 km/h schnellen Hubschrauber.

Igor Sikorsky
1889–1972. Der Flugzeug- und Flugbootkonstrukteur gibt den Hubschraubern ihre heutige Form. Er entwickelt leistungsstarke Helikopter für den Lastentransport.

Heinrich Focke
1890–1979. Der Deutsche baut 1936 mit dem Focke-Wulf 61 den ersten voll einsatzfähigen Hubschrauber und im Jahr 1939 mit Gerd Achgelis den Großhubschrauber Fa 223.

Laurence Bell
1894–1956. Der Chef der Bell Aircraft Corp. konstruiert 1942 seinen ersten Hubschrauber, kurze Zeit später das Erfolgsmodell Bell 47 G und 1947 das Raketenflugzeug X-1.

1911

ABENTEUER AUF SCHOTTERPISTEN

Noch stehen die Autos sauber gewaschen auf der Rampe und warten auf den Startschuss für ein beschwerliches Rennen. Mehrere Tage werden sie unterwegs sein zu einem Tausende Kilometer entfernten Ziel. Es ist Rallye-Zeit. Hartgesottene Piloten jagen über regennassen Asphalt und aufspritzenden Matsch. Dabei folgen sie präzise den Anweisungen ihrer Beifahrer, wollen sie nicht im Graben landen oder an eine Felswand geschleudert werden. Heute in vielen Ländern ausgetragen, nahm die Rallye 1911 mit einer »Sternfahrt« an die Côte d'Azur ihren Anfang.

▲ Kein Sieg, doch für die Champagner-Dusche reicht's allemal. Die Brüder Gilles und Hervé Panazzi feiern den zweiten Platz bei der Katalonien-Rallye 2001.

▸ Ein historischer Rennwagen der Edelmarke Bugatti wartet 2002 auf seinen Einsatz bei einer Oldtimer-Rallye im niederländischen Ellecorn.

D ie Rallye Monte Carlo ist einer der Klassiker dieses Sports. Bis in die 1950er Jahre hinein war sie die einzige Rallye, die internationales Flair ausstrahlte. Seit Einführung der Fahrer-Europameisterschaft 1953, die Ende der 70er Jahre durch die Weltmeisterschaft abgelöst wurde, gehört sie zum festen, immer wieder wechselnden Kanon der jährlichen Rallyesaison, in der seit 1968 bzw. 1973 auch die Marken- oder Konstrukteurs-Weltmeisterschaft ausgetragen wird. Die jüngsten »Kinder«, die von der Fédération Internationale de l'Automobile (FIA) in den Kreis der WM-würdigen Strecken aufgenommen wurden, sind seit 1989 die Australien-Rallye und seit 1991 die Katalonien-Rallye in Spanien. In den 1950er Jahren nahm der Autorallyesport die Form an, die er auch heute noch hat. Die Wagen wurden in verschiedene Hubraumklassen und Konstruktionsgruppen eingeteilt. Sie müssen als Serienmodelle verfügbar sein. Allerdings wurde die 1982 gebildete Gruppe B (Sportwagen) schnell wieder aus dem Rennen genommen, da die 500-PS-Boliden fahrtechnisch kaum mehr zu beherrschen waren.

Der Rallyesport blieb ein großes Abenteuer, auch wenn er seit den 1960er Jahren zunehmend von professionellen Werkteams, Sponsoren und Medien bestimmt wird. Immer noch besticht er durch seine besondere Dramatik, die neben den seriennahen Rennautos vor allem durch ständig wandelnde Kulissen und widrige Klima- und Straßenverhältnisse geprägt ist. Stärker als in anderen Sparten des Automobilsports, wo meist sensible Technik über Sieg ▸▸

Schwere Prüfungen

An der ersten Rallye Monte Carlo konnten Fahrzeuge jeden Hubraums teilnehmen. Es gab keinen gemeinsamen Startpunkt, die Fahrerteams mussten Monaco nur innerhalb einer Woche mit einer Durchschnittsgeschwindigkeit von mehr als 30 km/h erreichen. Bei der Bewertung spielte die zurückgelegte Strecke ebenso eine Rolle wie der Fahrzeugzustand. Schon früh wurden Sonderprüfungen in schwierigem Gelände eingelegt, bis heute das Salz in der Suppe jeder Rallye. Das »Pflichtprogramm« bilden die so genannten Transportetappen, die unter Beachtung von Straßenverkehrsregeln und Zeitkontrollen zurückzulegen sind. Die wohl spektakulärste Kulisse der ausschließlich auf Asphaltstrecken ausgetragenen »Monte« sind die oftmals vereisten und verschneiten Passstraßen am 1607 m hohen Col du Turini in den französischen Seealpen.

▲ Hintergrund: Spektakulärer Geländewagen-Sprung über die Sanddünen Westafrikas; Rallye Paris–Dakar im Jahr 2002.

▸ Die Rallye Monte Carlo ist nicht nur das erste Geländerennen der Welt, sie ist auch der Klassiker; Plakat zur 10. Rallye Monte Carlo.

◂ Sonderprüfung im Schnee: Walter Röhrl und sein Beifahrer Christian Geistdörfer bei der Rallye Monte Carlo im Jahr 1980.

oder Niederlage entscheidet, wird der Rallyesport durch Fahrerpersönlichkeiten geprägt. »Markenkönigin« mit mehr als 70 Meisterschaftssiegen ist die italienische Autoschmiede Lancia, deren Vorherrschaft in den 1990er Jahren jedoch von den japanischen Firmen Toyota, Subaru und Mitsubishi gebrochen wurde; von Namen wie Lancia »Fulvia HF«, »Stratos« und »Delta Integrale« indes träumen die Fans auch heute noch. ∎

Helden der Piste

Stars der Rallye sind die Piloten am Steuer. Ohne ihre Kopiloten, die Straßenzustand, Entfernung und Lenkrichtung in konzentriertem Rhythmus »vorbeten«, kämen sie jedoch nie ans Ziel. Eines der erfolgreichsten »Gespanne« waren in den 1970er und 1980er Jahren die Bayern Walter Röhrl und Christian Geistdörfer; sie wurden 1980 in einem Fiat 131 Abarth und 1982 in einem Opel Ascona Weltmeister. Röhrl stand bei der prestigeträchtigen Rallye Monte Carlo viermal auf dem Siegertreppchen. Zu den erfolgreichsten Fahrern gehören die Skandinavier: Finnen wie Hannu Mikkola, Markku Alen und Juha Kankkunen und Schweden wie Erik Carlsson, Björn Waldegård und Stig Blomqvist.

▼ Stars der 70. Rallye Monte Carlo: der Spanier Carlos Sainz und sein Kopilot Luis Moya in einem Ford Focus WRC.

Fast schon ein Mythos: Paris – Dakar

Aus der harten Konfrontation von technischer Leistungsschau mit menschenfeindlicher Umgebung und ihren hohen Anforderungen an die Pilotencrew bezieht vor allem die Rallye Paris – Dakar (seit 1979) ihre Faszination. Sie führt über rund 11 000 km (6000 km Spezialwertungen) von Frankreich in den Senegal. In verschiedenen Kategorien dürfen Geländewagen, Motorräder und Lkws (Trucks) teilnehmen. Bei den Autos gewann 2001 erstmals eine Frau. Die Deutsche Jutta Kleinschmidt setzte sich erst auf den letzten beiden Etappen an die Spitze. Eigentlich ist Paris – Dakar gar keine echte »Rallye«; sie gehört zu den Langstreckenrennen, deren Tradition mit der ersten »Tauglichkeitsprüfung« für Automobile 1894 zwischen Paris und Rouen begonnen und 1907 mit Paris – Peking einen ersten Höhepunkt erreicht hatte.

▼ Im Wüstensand versunken: Kenjiro Shinozuka (Japan) und Thierry Delli-Zotti (Frankreich) in der Wüste Mauretaniens auf der 24. Rallye Paris – Dakar.

Klassische Rallyes im Automobilsport

San Remo
1928. Die »Rallye dei Fiori« durch Ligurien und die Toskana wird nach zwei Austragungen 1960 wieder belebt. Ihre Sonderprüfungen werden stilbildend für den Rallyesport.

Akropolis
1952. Die Griechenland-Rallye führt ausschließlich über unbefestigte Wege und gilt mit ihren staubigen Schotterpisten als einer der härtesten Weltmeisterschaftsläufe.

Safari
1953. Auf der seit 1975 in Kenia (Ostafrika) ausgetragenen Rallye dominieren Spezialisten. Die Strecke von ca. 4000 km stellt hohe Anforderungen an Mensch und Material.

Tausend Seen
1959. Die »Rallye Finnland« (offizieller Name seit 1997) gewinnen zumeist einheimische Fahrer. Der erste nichtskandinavische Sieger ist 1990 der Spanier Carlos Sainz.

10 ème
RALLYE AUTOMOBILE
MONTE CARLO

313

1912

ROSTFREIER GLANZ

Es geht heiß her, wenn geschmolzenes Roheisen gereinigt und kohlenstoffreduziert wird und dann mit Chrom oder auch Nickel und Mangan eine Verbindung eingeht. Bei diesem Verfahren, 1912 patentiert, entsteht rostfreier Edelstahl, der die Verwendung von Eisen revolutionierte. »Nirosta«, nicht rostender Stahl, ist als Warenzeichen der Firma Fried. Krupp seit 1922 geschützt. Große Nachfrage nach dem edlen Stahl bestand zunächst vor allem im Rüstungsbereich.

▲ Das Chrysler-Building mit seiner Edelstahlhaube gehört zu den Wahrzeichen der berühmten New Yorker Skyline.

Bereits im 19. Jahrhundert hatte es in der Stahlerzeugung eine bahnbrechende Neuerung gegeben. Mit der so genannten Bessemer-Birne ließ sich ab 1856 Stahl wesentlich besser und schneller herstellen als mit dem bis dahin gebräuchlichen so genannten Puddelverfahren. Durch Luftzufuhr wurden nun die Verunreinigungen im Roheisen verbrannt. Doch bis zur Entwicklung von rostfreiem Stahl fehlte noch ein wichtiger Schritt. 1911 schließlich sorgte der Deutsche Peter Monnartz mit einer Doktorarbeit über Eisenchromlegierungen und ihre Säurebeständigkeit für Aufsehen, und Friedrich Krupp in Essen stellte ihn daraufhin ein.

An Krupps Chemisch-Physikalischer Versuchsanstalt, wo der Physiker Benno Strauß und sein wissenschaftlicher Assistent Eduard Maurer tätig waren, wurde dann die Forschung und Entwicklung vorangetrieben. Auf der Basis von Monnartz' Arbeit experimentierten sie nicht nur mit Legierungen aus Chrom, sondern u. a. auch mit Nickel. Schließlich gelang es den beiden, mit speziellen Temperaturbehandlungen den neuen Stahl zäher und damit gefügiger zu machen.

1912 kam vom jungen Physiker Strauß die Nachricht: »Wir haben es, nach Maßgabe dessen, was im Augenblick erreichbar ist, geschafft«, und am 17. Oktober des Jahres meldete Krupp ein erstes Patent auf »die Herstellung von Gegenständen, die hohe Widerstandskraft gegen Korrosion erfordern« an. Schusswaffenläufe und Turbinenschaufeln wurden als Beispiele genannt. Der Durchbruch war gelungen.

Fast zeitgleich begann Thyssen, nicht rostende Stähle herzustellen, und in England war der Hüttenfachmann Henry Brearly erfolgreich. ▸▸

◂ Edler Stahl: Diese Rolle aus rostfreiem Edelstahl bietet höchste Oberflächenqualität.

▸ Ein großer Absatzmarkt für den rostfreien Stahl wird schnell die Rüstungsindustrie wie hier 1943 in Deutschland.

◥ Hintergrund: Diese Rohre für Wärmetauscher einer Meerwasserentsalzungsanlage aus Edelstahl müssen natürlich korrosionsbeständig sein.

Allmählich produzierte man nicht mehr nur für die Rüstung, sondern auch für andere Industriezweige, denn man erkannte, dass sich das neue Material gut im Alltag einsetzen ließ. Es ist hygienisch, umweltfreundlich, leicht zu reinigen und geschmacksneutral. So gab es denn u.a. auch bald Bestecke aus Edelstahl, die über diese praktischen Eigenschaften hinaus auch noch ästhetisch glänzten. Mit dem Slogan »Glanz fürs Leben« warb denn auch später die gemeinsame Informationsstelle der Edelstahlhersteller. Es muss für Friedrich Krupp von Bohlen ein erhebendes Gefühl gewesen sein, als er am 6. Juli 1929 ein Telegramm aus den USA erhielt. Walter Chrysler persönlich, Präsident des Chrysler Autoimperiums, beauftragte ihn, den Turmhelm des Chrysler-Buildings in New York mit Edelstahl zu verkleiden. Heute sind die Einsatzmöglichkeiten der markenrechtlich geschützten Ware »Edelstahl Rostfrei« ungeheuer vielfältig: Blitzender Edelstahl verziert Autos, Möbel und Häuser und sorgt in zahlreichen Haushaltsgeräten für deren Langlebigkeit. In der Medizin wird die Keimfreiheit von Instrumenten und Implantaten aus Edelstahl geschätzt. Seine hohe Stabilität bei relativ geringem Gewicht sowie seine Hitzebeständigkeit sind in der Flug- und Wehrtechnik von Nutzen. Der Edelstahl hat seinen festen Platz in unserem Alltag erobert. ∎

◥ Weintanks aus Edelstahl Rostfrei: Die Nahrungsmittelindustrie schätzt das Material vor allem wegen seiner hygienischen und geschmacksneutralen Eigenschaften.

▲ 40 000 glänzende Edelstahlschindeln schmücken und schützen das Universum Science Center in Bremen. Das wie ein Walfischmaul oder eine Muschel aussehende Gebäude wurde im Jahr 2000 eingeweiht.

Unterschiedliche Legierungen

Heute verbergen sich hinter dem geschützten Begriff »Edelstahl Rostfrei« 120 Sorten von rost-, säure- und hitzebeständigem Stahl, die mit unterschiedlichen Mengen von Chrom und Nickel versetzt sind. Diese Legierungen lassen sich in zwei Hauptfamilien einteilen. So wird bei einer so genannten ferritischen Legierung hauptsächlich Chrom beigemischt. Ab einer Konzentration von 10,5 % schützt dieses Element das Material vor Rost, weil die obersten Moleküllagen durch eine Chromoxidschicht versiegelt werden. Das Entscheidende dabei ist, dass sich diese Schicht immer wieder neu bildet. Die »Austenitlegierungen« mit 18 % Nickel und 10 % Chrom sind sehr gängig und weniger spröde, aber leider auch teuer. Bleche dieser Legierung lassen sich in Druckpressen nahezu beliebig zu Karosserieteilen, Geräten, Töpfen oder Spülbecken formen.

◀ Waschtrommel aus Edelstahl; für saubere Wäsche muss das Metall rostfrei sein.

Das Schwert Excalibur

Eisen kannte man schon sehr früh – als seltenes und wertvolles Metall, das gelegentlich als Meteorit vom Himmel fiel. Eskimos in Grönland haben für Hunderte von Jahren ihre Schneidwerkzeuge aus einem 30 t schweren Meteoriten geschmiedet. Bei den Sumerern hieß Eisen »Himmelmetall« und bei den Ägyptern »schwarzes Kupfer vom Himmel«. Die ältesten Eisengegenstände, die Menschen hergestellt haben, sind ca. 6000 Jahre alt. In Europa haben etwa 700 v. Chr. die Kelten erstmalig begonnen, Eisenerz zu verhütten, es also im Holzkohlefeuer unter starker Luftzufuhr zu erhitzen. Auf diese Weise stellten die Schmiede ein sprödes Roheisen her, aus dem sie die uns heute noch bekannten legendären Schwerter fertigten. Dazu gehört auch jenes phantastische Schwert Excalibur des sagenumwobenen Königs Artus.

Wegmarken in der Stahlerzeugung

Tiegelschmelze
1742. Der Engländer Benjamin Huntsman schmilzt Stahl nicht in offenen Holzkohlefeuern, sondern in erhitzten Tiegeln. Er erhält Gussstahl, der nicht mehr geschmiedet wird.

Puddelverfahren
1784. Henry Corts Puddelverfahren, bei dem das flüssige Eisen gerührt wird (er gl. puddel), verzehnfacht die Leistung bei der Weiterverarbeitung des Roheisens.

Konverter
1856. Der Engländer Sir Henry Bessemer füllt Eisen in einen sog. Konverter. In 20 Minuten stellt er die gleiche Menge Stahl her wie mit dem Puddelverfahren in 24 Stunden.

LD-Verfahren
1952. In Donawitz (Österreich) geht das erste LD-Stahlwerk der Welt in Betrieb. Das mit Lanzetten betriebene Sauerstoff-Aufblasverfahren ist heute weltweit das bedeutendste.

315

1913

AM LAUFENDEN BAND

Jedermann sollte es haben, sein Modell T, die legendäre Tin Lizzy. Um das Automobil zu einem erschwinglichen Preis anbieten zu können, führte Henry Ford 1913 in der Automobilproduktion das Fließbandverfahren ein. Die neue Produktionsweise, die unterschiedliche Arbeitsschritte zu einem Fertigungsvorgang verknüpfte, revolutionierte die industriellen Prozesse: Das Fließband steigerte Produktivität und Profit und erlaubte die Herstellung preiswerter Massengüter, brachte aber gleichzeitig nicht unbedenkliche Entwicklungen für die Arbeitswelt mit sich.

Mit der Einführung des Fließbandes vollendete Ford eine Entwicklung, die mit der Industrialisierung im 18. Jahrhundert begonnen hatte. Schon damals kannte man arbeitsteilige Fertigungsverfahren, doch mit dem Fließband wurde jetzt erstmalig von Werktisch zu Werktisch gearbeitet, wobei für jeden Bearbeitungsvorgang Spezialmaschinen entwickelt worden waren.

Einen großen Schritt in diese Richtung hatte um 1880 bereits der Amerikaner Frederick Winslow Taylor mit seinen Rationalisierungsideen gemacht. Vor allem Taylors Zeitstudien, durch die einzelne Arbeitsvorgänge auf Sekunden festgelegt werden konnten, bestimmten die zukünftige Fließbandarbeit: Das laufende Band gab nun das allgemeine Tempo vor, die Folgen für

▲ Jeder Griff muss sitzen: Konservenproduktion am Fließband.

die Arbeiter – Monotonie, schnelle Ermüdung, nervliche Belastung und zunehmende Entfremdung vom eigenen Produkt – wurden dabei weitgehend vernachlässigt. In den 1920er Jahren verbreitete sich die Fließbandfertigung immer stärker, und viele Industriebranchen wurden von einer großen Rationalisierungswelle erfasst.

Vor allem die faschistischen Regime waren im Zuge ihrer Mobilmachungsmaßnahmen von ▸▸

▾ Dank Fließbandtechnik das meistverkaufte Auto der Welt: 1981 wird in Mexiko der 20-millionste VW-Käfer produziert.

▸ Das erste Fließband aus dem Jahr 1913: Von einer Holzrampe wird die Karosserie der berühmten Tin Lizzy auf das Fahrgestell herabgelassen.

▲ Moderne Fließbandanlage in einer Brauerei; auf endlosen Bändern werden die Bierflaschen abgefüllt.

▸ Hintergrund: Die Katastrophe ist vorprogrammiert – Charlie Chaplin am Fließband in »Moderne Zeiten« (1936), einer beißenden Satire auf die hoch technisierte Fabrikarbeit.

der Herstellung am Fließband fasziniert. In Hitler-Deutschland rollten Volksempfänger, aber auch Funkgeräte, Munition und U-Boote vom Band. Der Volkswagen, Deutschlands Exportschlager in der Ära des Wiederaufbaus, verdankt seinen Erfolg vor allen Dingen dem Fließbandverfahren.

Ab etwa 1970 wurde die Fließbandproduktion monotoner Einheitsmodelle vom System einer rechnergesteuerten, flexiblen Fertigung abgelöst, mit der man in der Lage ist, individuelle Wünsche zu berücksichtigen. Heute sind Fließbänder fester Bestandteil unserer industriellen Produktion. Den Menschen bleiben vor allem Steuerung und Qualitätskontrolle. In der Automobilindustrie ist die Automatisierung durch Maschinen am weitesten fortgeschritten. Hier hat sich das klassische Förderband zu einer vollautomatischen Produktionsstraße weiterentwickelt. Allein im Bereich Rohbau liegt der Automatisierungsgrad bei über 90 %. Die Endmontage wird allerdings noch zu 95 % von angelernten Arbeitern am Fließband verrichtet. ■

Oberstes Gebot: Leistungssteigerung

Als Begründer der wissenschaftlichen Betriebsführung gilt der Ingenieur Frederick W. Taylor. Mit seinen Forschungen zur Steigerung der Leistungsfähigkeit des Menschen, insbesondere seinen Zeit- und Bewegungsstudien, schuf er grundlegende Methoden zur Rationalisierung bzw. Optimierung von Arbeitsabläufen. Henry Ford orientierte sich zwar an Taylors Ideen, ging mit dem Einsatz des Fließbandes aber auch einen ganz neuen Weg der Arbeitsorganisation: Er setzte vermehrt auf die Maschine statt auf den Menschen. Im Gegenzug reduzierte er den Arbeitstag im Dreischichtbetrieb auf acht Stunden, zahlte den doppelten Lohn und führte die 5-Tage-Woche ein, sodass die Bewerber vor seinem Werk Schlange standen. Hohe Löhne und niedrige Produktpreise machten den Fordismus weltweit zum Inbegriff sozialer Wohltat und wirtschaftlichen Fortschritts.

▸ Henry Ford revolutioniert mit seinen Ideen die industrielle Produktion.

Roboter übernehmen die Arbeit

Heutige Industrieroboter sind robuste Automaten, die monotone, anstrengende und gefährliche Arbeiten ausführen. Seit 1975 können sie detaillierte Informationen über Produktionsabläufe verarbeiten. Sie erfassen z. B. Daten über die Lagerhaltung, reagieren auf Qualitätsmängel und schlagen Alarm, wenn sie selbst nicht mehr voll funktionsfähig sind. Sie schweißen, löten, polieren oder sandstrahlen. Seit etwa 1980 arbeiten sie computer- und sensorengestützt, nehmen Objekte wahr und verrichten komplizierte Montagevorgänge. Von weltweit etwa 1,2 Mio. Robotern sind rund 800 000 in der Industrie eingesetzt, wo sie veraltete mechanische Fertigungseinrichtungen verdrängt haben, aber auch Arbeitskräfte überflüssig machen.

▸ Industrieroboter am Fließband – Nissanproduktion 1991 in Japan.

Bedeutende Schritte in der Fließbandtechnik

Der Zeit voraus
1783. Oliver Evans konstruiert eine Großmühle. Mit Endlosband, Becherkette und »archimedischer Schraube« setzt er die bis heute gültigen Grundtypen des Förderbands ein.

Rollenlager und Walzen
1833. In einem englischen Lebensmitteldepot, das mit der Herstellung von Schiffszwieback beginnt, erfolgt der Transport der Bleche bereits über Rollenlager und Walzen.

Vorreiter in Deutschland
1924. Der Automobilhersteller Opel führt als erstes Werk in Deutschland das Fließbandverfahren ein und erreicht 1925 eine Tagesproduktion von 105 Fahrzeugen.

Flexible Systeme
1971. In der Bundesrepublik Deutschland werden – vier Jahre nach der Entwicklung in den Vereinigten Staaten – rechnergestützte flexible Fertigungssysteme eingeführt.

1924

ENDLICH FREIE BAHN

Die Italiener waren schneller. Auch wenn viele glauben, die erste Autobahn der Welt sei in Deutschland entstanden: Sie wurde am 21. September 1924 in Mailand eröffnet. Kein Geringerer als seine Majestät, der italienische König Viktor Emanuel III., weihte die Autostrada nach Varese ein.

Deutsche Autobahnbegeisterte können sich damit trösten, dass sich der italienische Konstrukteur der Schnellstraße, Pierro Puricelle, die Berliner Avus, das legendäre Modell für alle »Nur-Autostraßen«, zum Vorbild nahm. Die 10 km lange »Automobilverkehrs- und Übungsstraße« war 1909 begonnen und 1921 ein-

▲ So viele Autos wie auf diesem Propaganda-Foto aus der NS-Zeit gibt es auf Deutschlands ersten Autobahnen höchst selten.

geweiht worden und gilt heute nur deshalb nicht als erste normgerechte Autobahn, weil sie Steilkurven besaß. Deutschlands erste Autobahn von Köln nach Bonn wurde dann schließlich am 6. August 1932 vom damaligen Oberbürgermeister Kölns, dem späteren Bundeskanzler Konrad Adenauer, eingeweiht. Die weltweit berühmtesten 3900 km Autobahn verwirklichten 1933 bis 1943 die Nationalsozialisten. Und so lobte 1937 auch der junge John F. Kennedy bei einem Besuch in Deutschland die Autobahnen als »die besten Straßen der Welt«. Er musste es wissen, denn in den autoverliebten Staaten baute man seit 1925 genormte Highways, deren Qua-

▲ Bilder von der Autobahn werden schnell werbewirksam. 1938 wirbt der deutsche Automobilproduzent Auto Union, später Audi, mit der neuen Schnellstraße.

lität mit derjenigen der Autobahnen aber kaum zu vergleichen war. Von den deutschen Reichsautobahnen war 1945 infolge des Krieges nicht mehr viel übrig, jedoch begann man schnell wieder neue Strecken zu planen. Das erste Projekt war das Frankfurter Kreuz, nach dessen ▸▸

▸ Schon an Deutschlands erster Autobahn Köln-Bonn von 1932 sind für kreuzungsfreie Auffahrten intelligente Lösungen gefunden worden.

Förderung des Autobahnbaus in Deutschland

Große Planungen
1927. Die deutsche Studiengesellschaft für Automobilstraßenbau plant ein Fernstraßennetz von 22 500 km Länge. Im Jahr 2000 besitzt Deutschland 11 500 km Autobahn.

Namengebung
1929. HAFRABA, die Gesellschaft, die sich für den Bau der Strecke Hamburg–Frankfurt–Basel einsetzt, führt in Anlehnung an »Eisenbahn« den Begriff »Autobahn« ein.

Autobahn-Vorrang
1955. In der Bundesrepublik soll der wesentliche Teil der Mineralölsteuer dem Autobahnbau dienen. 1957 fördert die steuerliche Kilometerpauschale das Autofahren.

Baubegeisterung
1970. Verkehrsminister Georg Leber verspricht, dass 85 % der Bevölkerung bis 1985 von ihrem Wohnort maximal 10 km bis zur nächsten Autobahn zurückzulegen hätten.

Einweihung 1956 der westdeutsche Autobahnbau zügig voranschritt. 1990 umfasste das Streckennetz der alten Bundesländer 8800 km. Der DDR waren 1400 km »Reichsautobahn« verblieben. Durch die Beschränkung auf kriegsbedingte Reparaturen und den Neubau von weiteren 500 km Strecke befanden sich sämtliche Trassen zum Zeitpunkt der Wiedervereinigung 1990 in nur unzureichendem Zustand. Lediglich die Transitstrecken nach Berlin waren wegen westlicher Bauzuschüsse etwas besser in Schuss. Die Sanierung der östlichen Autobahnen war nicht die einzige Aufgabe der Autobahnämter nach der Wiedervereinigung. Dringend notwendig wurde auch, die zwischen Ost und West unterbrochenen Strecken wieder miteinander zu verbinden. Heute ist die Zeit der Neuplanung von Autobahnen im Wesentlichen vorbei. Die große Herausforderung ist es jetzt, zu einer ausgewogenen Verteilung des Verkehrs auf Straße, Schiene und Wasserwegen zu finden. ■

▲ Viele Jahrzehnte deutscher »Normalzustand«: innerdeutscher Grenzverkehr auf der Autobahn; hier die 1966 eröffnete Saalebrücke auf der A 9, Berlin-München.

▲ Atemberaubende Ingenieurskunst in Amerika: Autobahnen kreuzen sich auf mehreren Ebenen.

Kunst am Straßenrand

Bunte Flecken auf grauer Strecke – seit den 1960er Jahren werden Künstler gebeten, an Bundesautobahnen ihr Können zu zeigen. Hunderte von meist jüngeren Künstlern aus der Umgebung des jeweiligen Standorts sind so in ihrer Arbeit ermutigt worden. Das bekannteste dieser Kunstwerke ist sicherlich Peter Brünings »Autobahndenkmal« auf dem A1-Rastplatz Ehrenberg bei Wuppertal. Zwei große rote Ringe mit aufgemalten Mittellinien auf einer hohen Betonsäule symbolisieren eine aufgerollte Autobahn. Zwei ebenfalls aufgemalte »gelbe Schmutzfänger« lassen die Ringe gleichzeitig wie Räder wirken – ein eindrucksvolles Kunstwerk im Zeichen der automobilen Fortbewegung.

▶ Die »Kunst-Raststätte« an der A7 Memmingen-Ulm ist 1996/97 nach Plänen des Österreichers Herbert Maierhofer errichtet worden.

»Straßen des Führers«

Mythos und Wirklichkeit klaffen weit auseinander: Durch den von Adolf Hitler befohlenen Autobahnbau wurde die hohe Arbeitslosigkeit kaum gemildert. Die fertig gestellten Strecken befuhren weder Berufsfahrer noch Private in nennenswertem Umfang, 1943 konnte darum sogar das Fahrradfahren zugelassen werden. Das Militär lehnte die Autobahnen immer ab, denn für Transporte waren Schienenwege günstiger, zumal die Autobahnen für schwere Militärfahrzeuge gar nicht ausgelegt waren. Die hellen Betonpisten beurteilte man sogar als gefährlich: Ab 1937 mussten sie schwarz eingefärbt werden, um nicht zu Orientierungshilfen für feindliche Flieger zu werden.

▲ Arbeitsbeschaffung beim Autobahnbau: Bauarbeiterkolonnen in den 1930er Jahren.

1925

VORHANG AUF FÜRS HEIMKINO

Der erste Fernsehstar hieß »Bill« und war eine Puppe. Mit ihr demonstrierte der schottische Erfinder John Logie Baird sein elektromechanisches System zur ersten Fernsehübertragung. Zu sehen gab es bei der Vorführung im März 1925 in London allerdings nur einfache, unscharfe Schattenbilder – doch der Fernseher hatte seinen Siegeszug angetreten.

▲ Große Freude über den eigenen Fernseher; britische Werbung der 50er Jahre.

Schon 1932 strahlten in den USA 35 Versuchsstationen ihre Sendungen aus. Das erste regelmäßige öffentliche Programm der Welt aber starteten am 22. 3. 1935 die Deutschen. Selbst eine Fernsehansagerin gab es bereits: die Schauspielerin Ursula Patzschke. Mit schwarzen Lippen, grünen Augenlidern und mit Goldpuder auf dem Haar saß sie im Studio. Die Farbenpracht ergab schärfere Kontraste bei der Wiedergabe des Bildes, in Farbe waren die Bilder aber noch nicht zu bewundern. Das 1953 in den USA eingeführte erste Farbfernseh-Verfahren NTSC produzierte drastische Farbverschiebungen; grüne oder lilafarbene Gesichter blickten den Zuschauern entgegen. 1957 gab es mit dem französischen SECAM ein besseres System, es teilte sich mit dem sechs Jahre später präsentierten PAL-System des Deutschen Walter Bruch in der Folgezeit den europäischen Markt. ▸▸

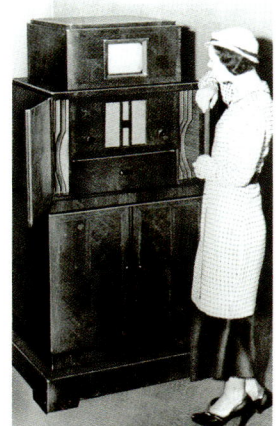

▲ Fernseher von 1933, der Bildschirm ist nur einige Zentimeter groß. Dennoch gilt er als fortschrittlich, da ältere Modelle noch kleinere und schlechtere Bilder übertragen.

◂ Erste Fernsehübertragung; der Schotte John Logie Baird erklärt Londoner Zuschauerinnen die Funktionsweise seiner Erfindung.

▲ Erwartungsvolle Spannung vor dem Start eines regelmäßigen TV-Programms in der Bundesrepublik Deutschland am 25. 12. 1952.

▲ Abendgarderobe für die exklusive Kombi-Truhe »Kuba Festival 56«. Das so genannte Tonmöbel der 50er Jahre bietet Platz für Fernseher, Radio und Plattenspieler.

▲ Längst vergessene Zeiten: In den 50er Jahren besitzen nur wenige Deutsche ein TV-Gerät. So trifft man sich zum Fernsehen in Cafés.

Mit dem in den 60er Jahren einsetzenden Siegeszug des Fernsehens häuften sich die mahnenden Stimmen vor der Wirkung des Mediums – vor allem von Gewalt- und Sexszenen. Auch die Politik geriet unter den Einfluss des Fernsehens. Die Bilder von US-Angriffen auf die Zivilbevölkerung reduzierten im Vietnamkrieg die Zustimmung der Bürger für die Kämpfe. Diese Botschaft setzte den Generälen so zu, dass sie in folgenden Kriegen die Bilder unter Kontrolle hielten. Heute ist das Fernsehen mehr denn je das Medium, das breiten Schichten einen Zugang zu Information und Unterhaltung bietet. ∎

Überall live dabei

Das erste Großereignis flimmerte in Deutschland schon 1936 live über die Mattscheibe: die Olympischen Spiele von Berlin. Die Kameras waren allerdings mit ihrer Länge von über 2 m recht unhandlich. Auch die Bildqualität der Übertragungen ließ aus Mangel an Tiefenschärfe stark zu wünschen übrig.
Im Bewusstsein der Öffentlichkeit etablierte sich das Fernsehen als Live-Medium am 2.6.1953, als die Krönung Elisabeths II. in London als Eurovisions-Premiere von rund 22 Mio. Europäern direkt verfolgt wurde. Und am 21.7.1969 waren über 500 Mio. Menschen in aller Welt bei der ersten Mondlandung hautnah dabei. Die seit 1962 eingesetzten Nachrichtensatelliten machten die Übertragung des Großereignisses möglich.

◄ Formensprache der 70er Jahre: Klein und handlich ist der Kugelfernseher von JVC mit dem futuristischen Namen »Videosphere«.

▲ Großes Gedränge vor deutschen Rundfunkgeschäften 1953 bei der Live-Übertragung der Krönung Elisabeths II.

Elektronische Bilder

Frühe Fernsehverfahren funktionierten auf mechanischem Weg, vor allem mit der so genannten Nipkow-Scheibe: Durch Löcher in dieser rotierenden Scheibe kann ein Lichtstrahl das Bild zeilenweise abtasten und zerlegen. Die hellen und dunklen Stellen der Zeilen werden von einer lichtempfindlichen Zelle erfasst. Trifft diese Abfolge von Hell und Dunkel auf eine zweite Nipkow-Scheibe, nimmt das Auge die Erscheinung als vollständiges Bild

wahr. In den 30er Jahren setzte sich die auf der Braun'schen Röhre und dem so genannten Ikonoskop des Amerikaners Wladimir K. Zworykin basierende elektronische Bildwiedergabe durch: Das TV-Bild wird zeilenweise in elektrische Impulse umgewandelt und auf dem Empfangsgerät zum Bild zusammengesetzt. Um 1930 bestand ein solches Bild aus 30 Zeilen; heutige Bilder liefern mit 1250 Einzelzeilen eine ungleich bessere Auflösung.

▲ Die Satellitentechnik macht es möglich; die Programmflut wächst und wächst.

Die Qual der Wahl

An Programmvielfalt war den Diktatoren der Welt noch nie gelegen. Ob Hitler, ob Stalin – Fernsehen diente als Propagandamedium im Dienst der Staatsgewalt. Während die USA von Anfang an auf privates Fernsehen setzten, gingen Europas Staaten nach 1945 einen anderen Weg.
Öffentlich-rechtlich lautete die Devise in pluralistischen Demokratien, erst nach und nach öffnete sich der Markt auch für Privatanbieter, in Deutschland 1984. Der Zuschauer kann inzwischen aus Dutzenden Programmen wählen, die Vielfalt garantiert allerdings nur selten auch ein Mindestmaß an Qualität.

Weitere wichtige Schritte in der Fernsehtechnik

Fernsehen vor Ort
1936. Mit einer mobilen Kamera werden zum ersten Mal Übertragungen von außerhalb des Studios möglich. Damit ist der Weg für aktuelle Berichterstattungen geebnet.

Vollelektronisch
1939. In den Vereinigten Staaten führt die Radio Corporation of America mit einer Rede Franklin D. Roosevelts landesweit den vollelektronischen Fernsehbetrieb ein.

Transistoren
1960. Der japanische Elektronikkonzern Sony bringt als Erster einen Fernseher auf den Markt, bei dem die Elektronenröhren durch Transistoren ersetzt sind.

Stereoton
1981. Der weltweit erste Fernsehapparat mit Stereoton wird auf der Berliner Funkausstellung der Öffentlichkeit präsentiert. Damit ist Fernsehen in Stereoqualität möglich.

1927

NONSTOP ÜBER DEN ATLANTIK

Tollkühn mutet das Unternehmen an, das der Amerikaner Charles Lindbergh in seinem Mini-Propellerflugzeug »Spirit of St. Louis« wagte. Am 20. Mai 1927 startete er in New York an der US-Ostküste zum ersten Nonstop-Alleinflug über den Atlantik in der Geschichte der Luftfahrt. Am Tag darauf landete Lindbergh wohlbehalten und viel umjubelt in der französischen Hauptstadt Paris.

▲ Die Weltpresse feiert Lindbergh (l.) auf ihren Titelblättern.

Nur 8,43 m lang war Lindberghs einmotoriges Fluggerät, eine mit Leinwand bespannte Stahlrohrkonstruktion. Lindbergh selber war nicht in der Lage, dieses spartanische Flugzeug zu finanzieren, bekam aber nach vielen Anfragen die Unterstützung der Stadt St. Louis und der dortigen Handelskammer. Mit der kleinen kalifornischen Firma Ryan fand er einen Partner, der bereit war, auf seine speziellen Konstruktionsvorstellungen einzugehen. Nach 60 Arbeitstagen und 23 Testflügen war es dann endlich soweit: Lindbergh konnte mit der knapp 2,5 t schweren Maschine in New York starten. Der Polarflieger Richard E. Byrd stellte ihm seinen Startplatz zur Verfügung. Das kleine Flugzeug war mit Treibstoff überladen. Zahlreiche Benzintanks mussten verstaut werden. ▸▸

▲ Eine riesige Menschenmenge bereitet Atlantikflieger Lindbergh in Paris einen triumphalen Empfang.

◂ Glücklich und zufrieden: Der junge Luftpostflieger Charles Lindbergh nach seiner erfolgreichen Atlantiküberquerung.

Historische Erfolge des Motorflugs

Neufundland-Portugal 1919. Mit Zwischenlandung auf den Azoren fliegt das viermotorige US-Flugboot Curtiss NC-4 mit A.C. Read und fünfköpfiger Besatzung von Neufundland nach Portugal.

Am 20. Mai um 7.52 Uhr hob die »Spirit of St. Louis« ab, ein »fliegender Treibstofftank«, wie sich die Presse mokierte. Nach anfänglich klarem Wetter zogen Nebel- und Kältefronten auf. Die Tragflächen begannen zu vereisen, nur mit Sturzflügen gelang es Lindbergh, dicht über der Wasseroberfläche die Maschine von der Eislast zu befreien. Zwischen vier und 3500 m zeigte der Höhenmesser an. Bleierne Müdigkeit machte Lindbergh zu schaffen, doch er hielt durch: Nach 27 Flugstunden nahm er die ersten Fischerboote vor der Küste Irlands wahr, lag fast exakt auf seinem Kurs und hatte reichlich Benzinreserven für den Flug nach Paris. 33 Stunden und 39 Minuten nach dem Start landete er auf dem Flughafen Le Bourget. ∎

▲ Das Ziel ist erreicht: Die »Spirit of St.Louis« überfliegt Paris.

▲ Hintergrund: Die Bellanca, ein Eindecker-Propellerflugzeug, startet 1927 zu einem neuen Rekordflug über den Atlantik.

Frühe Überquerungen des Weltmeeres

Als Charles Lindberghs »Spirit of St. Louis« 1927 zum Rekordflug startete, hatten bereits 69 Menschen den Atlantik überflogen, im Flugzeug oder Luftschiff. Aber niemand hatte die Risiken im Alleinflug und ohne Zwischenlandung auf Island, Grönland oder den Azoren bewältigt. Zu zweit schafften es 1919 John Alcock und Arthur W. Brown als Erste von Neufundland nach Irland. Das britische Luftschiff R 34 mit Major Scott und 31 Mann Besatzung überquerte im Juli 1919 nonstop den Atlantik – an Bord war auch der erste blinde Passagier der transatlantischen Luftfahrt. Erster deutscher Atlantikflieger war 1924 Hugo Eckener. Er flog mit dem Zeppelin und einer 30-köpfigen Mannschaft von Wilhelmshaven nach Lakehurst. Er schaffte die Strecke in drei Tagen und drei Stunden.

▲ Hugo Eckener (l.) wird nach seinem Atlantikflug 1924 von US-Präsident Calvin Coolidge empfangen.

▶ Ganz New York scheint auf den Beinen, als Lindbergh mit einer Konfettiparade geehrt wird.

Auf dem Weg zum Passagierflug

Flugboote, die an Küsten, auf Flüssen und Seen landen konnten und bei Triebwerksschaden über offenem Meer noch Überlebenschancen boten, waren in der Frühzeit der Atlantikflüge z. B. für den Postdienst das optimale Fluggerät. Zwar erlaubten die Flugmotoren immer größere Reichweiten, aber es mangelte an Verlässlichkeit. Passagiere bevorzugten daher die geruhsamen Starrluftschiffe. Erst 1939 beförderten Boeing-Großflugboote regelmäßig Passagiere über den Atlantik. Der Einsatz von Flugzeugen im Zweiten Weltkrieg brachte einen starken Innovationsschub, von der Druckkabine bis zu Radarortung und Düsen-

▲ Vickers – hier das Modell »Vimy« zählt zu Beginn der 20er Jahre zu den führenden Flugzeugbauern der Welt.

triebwerk. 1955 begann im Transatlantik-Passagierflug das Jet-Zeitalter, 1976 nahm als erstes und bisher einziges Überschallflugzeug, die Concorde, den Passagierdienst auf.

Flugpionier aus Leidenschaft

▲ Charles Lindbergh, viel umjubelter und angesehener »Held der Lüfte«.

Der Sohn eines Kongressabgeordneten in Minnesota hatte schon mit 16 ein Ingenieurstudium an der Universität Wisconsin begonnen. Von den »fliegenden Kisten« fasziniert, sammelte er als Kunstflieger und Postpilot Erfahrungen, absolvierte einen Flugkadetten-Lehrgang der US-Army und avancierte zum Chefpiloten einer Luftpostlinie. Nach der Atlantiküberquerung mit einem Schlag berühmt und vielfach geehrt (z. B. Pulitzer-Preis für seine Autobiografie »The Spirit of St. Louis«, 1953), war er u. a. Berater beim Aufbau der transatlantischen Passagierfluglinien.

Ost-West-Überquerung
1928. Ein Atlantikflug in Ost-West-Richtung gelingt dem Iren Fitzmaurice und den beiden Deutschen Köhl und von Hünefeld erstmals mit der Junkers W-33L »Bremen«.

Paris-New York
1930. »Fragezeichen« taufen die Franzosen Costes und Bellonte ihr winziges Flugzeug, mit dem ihnen der Erstflug von Paris nach New York gelingt.

Mutige Vorreiterin
1932. Mit ihrer »Century of Progress« fliegt die Amerikanerin Amelia Earhart als erste Frau von Neufundland bis Irland – trotz Höhenmesserausfalls und Auspuffbrands.

1928

SCHÜTZENDER SCHIMMELPILZ

1922 hatte der schottische Arzt Alexander Fleming in Tränenflüssigkeit und Schleimabsonderungen das Enzym Lysozym entdeckt und herausgefunden, dass dieser körpereigene Stoff in der Lage ist, Bakterien abzutöten. Seither befasste sich Fleming noch intensiver mit bakteriellen Krankheitserregern und deren Bekämpfung. Das erste wirklich große antibakterielle Mittel entdeckte er 1928 eher zufällig: das Penicillin.

▲ Der australisch-britische Pathologe Howard W. Florey isoliert das Penicillin.

Als Fleming eine Bakterienkultur vernichten wollte, die er einige Tage aus Nachlässigkeit unbedeckt hatte stehen lassen, bemerkte er, dass diese an einigen Stellen von Schimmelpilzen befallen war: Die Bakterien im Umkreis jedes Schimmelflecks waren abgestorben. Er untersuchte den Pilz genauer und gelangte zu dem Schluss, dass die eigentlich keimtötende Substanz ein Stoff war, der von dem Pilz abgegeben wurde. Fleming nannte ihn »Penicillin«. In der Folgezeit fand er heraus, dass dieses Penicillin viele verschiedene, aber nicht alle Bakterien abtötet. 1939 schließlich isolierten der australisch-britische Pathologe Lord Howard Walter Florey und sein deutsch-britischer Fachkollege Ernst Boris Chain den keimtötenden Wirkstoff Penicillin aus dem Schimmelpilz und erzeugten damit das bald weltberühmte Antibiotikum.

Ein Jahr später suchte der US-Mikrobiologe Selman Abraham Waksman erfolgreich antibakterielle Verbindungen in mikroskopisch kleinen Pilzen und entdeckte dabei das wichtige Antibiotikum Streptomycin. Es tötet gerade jene Bakterien, denen Penicillin nichts anhaben kann.

Noch heute sind Penicillin und Streptomycin wichtige Antibiotika. Dass im Laufe der Zeit immer neue Antibiotika gesucht und gefunden wurden, ist wissenschaftlicher Neugier und einem gewissen Sachzwang zuzuschreiben: ▸▸

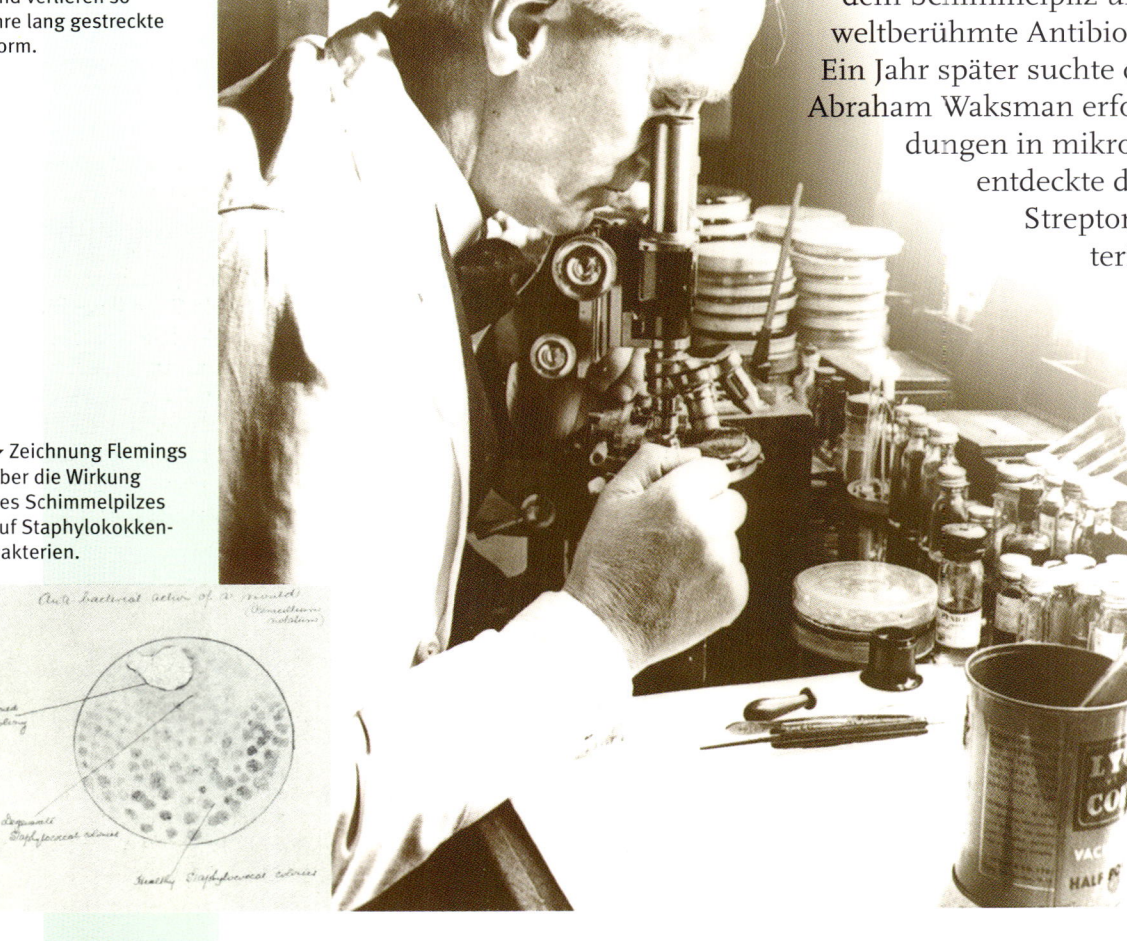

▲ Penicillinwirkung auf wachsende Bakterienzellen: Das Antibiotikum beeinflusst die Zellwandbildung. Die Bakterien sind nur noch von ihrer flexiblen Zellmembran umgeben und verlieren so ihre lang gestreckte Form.

▾ Zeichnung Flemings über die Wirkung des Schimmelpilzes auf Staphylokokken-Bakterien.

◂ Der Entdecker des Penicillins – der britische Bakteriologe Alexander Fleming in seinem Labor im St.Mary's Hospital in London, 1928.

▲ Die Nachfrage nach dem Krieg ist groß: Dieser New Yorker Drugstore wirbt 1945 mit seinem Vorrat an Penicillin.

Bakterielle Erreger, die durch unterdosierte Antibiotika bekämpft und deshalb nicht getötet werden, können gegen den Wirkstoff immune Stämme ausbilden. Vor allem die heute übliche ärztliche Massenverordnung und der klinische Alltagseinsatz, gepaart mit dem sträflich leichtsinnigen Umgang mit Antibiotika in der Massentierhaltung lassen befürchten, dass in nicht allzu ferner Zukunft zahlreiche krankheitserregende Bakterienstämme gegen viele der bekannten Antibiotika resistent sein dürften. ∎

▲ Der deutsch-britische Chemiker Ernst B. Chain entwickelt mit seinem Kollegen Florey das Penicillin zum Medikament.

◄ Hintergrund: Angriff auf die Krankheitserreger; Penicillin und Bakterienstämme unter dem Mikroskop.

Entdecker des Penicillins

▲ Alexander Fleming wird 1944 in den Adelsstand erhoben.

Sir Alexander Fleming wurde 1881 als Farmerssohn in Schottland geboren. Er studierte 1902–1908 in London Medizin. Als Bakteriologe suchte er zunächst nach Möglichkeiten zur verbesserten Bekämpfung der Syphilis, ehe er sich in den frühen 1920er Jahren mit dem Phänomen der körpereigenen Infektabwehr befasste. Flemings Arbeitsplatz war das bakteriologische Laboratorium im St. Mary's Hospital in London, in dem er ab 1928 als Professor wirkte. Für seine Entdeckung des Penicillins erhielt er 1945 zusammen mit Chain und Florey den Nobelpreis für Medizin. Fleming starb 1955 in London.

Bewährung in Kriegszeiten

Im Ersten Weltkrieg führten die katastrophalen hygienischen Verhältnisse in den Frontgebieten bei den Verwundeten sehr oft zu schweren Infektionen, die kaum ein Mediziner erfolgreich bekämpfen konnte. Seither suchte man intensiv nach Möglichkeiten, bakterielle Erreger abzutöten. Dabei bezogen sich die Wissenschaftler nach Ausbruch des Zweiten Weltkriegs auf das von Howard W. Florey und Ernst Boris Chain 1939 isolierte Fleming'sche Penicillin. Nach dem Kriegseintritt der USA 1941 begann in den Vereinigten Staaten die klinische Erprobung, aber erst 1944 stand Penicillin als Medikament den alliierten Invasionstruppen zur Verfügung. Im Deutschen Reich ahnte die Medizin zwar etwas von der US-Forschung, konnte aber die Geheimhaltung nicht durchbrechen.

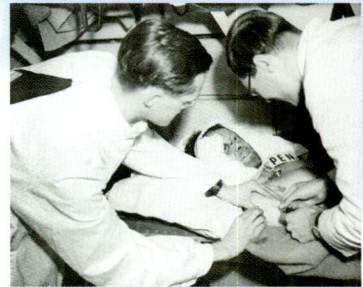

▲ Behandlung eines Verwundeten im Zweiten Weltkrieg mit Penicillin.

Künstliche Produktionsversuche

Penicillin ist – wie auch einige andere Antibiotika – ein in der ärztlichen Praxis viel verwendetes Arzneimittel. In den 40er Jahren fand man heraus, dass das Einweichwasser von Mais – ein Abfallstoff der Maisproduktion – das beste Kulturmedium für die Herstellung des Antibiotikums ist. Nach der Aufklärung der Struktur des Penicillins 1945 durch den US-Chemiker Robert Woodward hoffte man, den Wirkstoff künstlich herstellen zu können. Die pharmazeutische Industrie versprach sich davon die Entwicklung günstiger Massenproduktionsmethoden. Doch bisher ist es nicht gelungen, die Schimmelpilze als Grundlage für die Produktion des lebenswichtigen Medikaments zu ersetzen. Auch jüngere Versuche, Penicillin biotechnologisch zu erzeugen, also von gentechnisch veränderten Organismen in Bioreaktoren bilden zu lassen, misslangen.

Mittel gegen Infektionskrankheiten

Salvarsan
1910. Paul Ehrlich entwickelt das Salvarsan, das erste antibakterielle Chemotherapeutikum. 1912 gelingt es, den hohen Arsengehalt des Mittels zu minimieren.

Prontosil
1935. Unter dieser Markenbezeichnung kommt das erste Sulfonamid auf den Markt. Es schwächt die Erreger ab, sodass die Immunabwehr sie selbst bekämpfen kann.

Streptomycin
1940. Eine amerikanische Forschungsgruppe um Selman A. Waksman entwickelt aus dem Strahlenpilz »Streptomyces griseus« das Antibiotikum Streptomycin.

Conteben
1946. Der deutsche Bakteriologe Gerhard Domagk entwickelt den ersten Wirkstoff, der Mykobakterien angreift, und damit das erste Medikament gegen die Tuberkulose.

1928

RASUR OHNE SCHNITTWUNDEN

US-Leutnant Jacob Schick wurde zu Beginn des 20. Jahrhunderts auf ärztlichen Rat von den Philippinen nach Alaska versetzt. Nach seinem Abschied aus der Army begann er, im eisigen Norden Amerikas nach Gold zu schürfen. Weil bei den tiefen Temperaturen das Wasser oft gefroren war, suchte er nach einem Weg für eine trockene Rasur. 1928 stellte Schick den ersten Elektrorasierer der Welt vor, bei dem Motor und Rasierer allerdings noch getrennt waren.

▲ Trocken- oder Nassrasur? Die ersten Elektrorasierer verzichten noch nicht auf den bei der Nassrasur üblichen Rasierschaum – aber die Schnittwunden gehören fortan der Vergangenheit an.

▶ Rasieren im Anzug: Der Elektrorasierer macht es möglich; Werbung für Philishave aus den 30er Jahren.

D er Weg bis zu diesem Rasierer war allerdings weit. Erste skurrile Entwürfe wiesen die potenziellen Hersteller kopfschüttelnd zurück. Das Geld für die Entwicklung und Produktion beschaffte sich Schick durch die Erfindung eines Sicherheits-Nassrasierers mit automatischem Klingenwechsel. Ab 1928 konnte er schließlich seinen Elektrorasierer anbieten. Das Gerät revolutionierte die jahrtausendealte Praxis des Rasierens. Den Bart geschnitten hatten sich Männer zuerst mit Feuersteinklingen, später mit Rasiermessern aus Bronze und Eisen. Die Römer erfanden das Klappmesser. Aber auch dieses war nicht sicherer als seine Vorgänger. Völlige Sicherheit brachte erst Schicks Elektrorasierer, der bald Konkurrenz bekam: Schon um 1930 florierte in den USA das Geschäft mit Trockenrasierern, deren Schwungradmotor per Seilzug angetrieben wurde. Eine Weiterentwicklung stellte 1939 der Philips-Konstrukteur Alexandre Horowitz vor: den ersten Philishave-Rasierer mit rotierendem Scherkopf. Der Scherkopf ist mit kleinen Messern besetzt, die durch die Rotation für eine besonders gründliche Rasur sorgen. Die Zeit nach dem Zweiten Weltkrieg brachte – außer verbesserten Schwingkopfsystemen und breiteren Scherköpfen – nichts grundlegend Neues für den Mann. Für elektrische Damenrasierer entdeckte die Industrie allerdings einen prosperierenden Markt. Vor allem für das »Depilieren« der Beine fehlt es heute nicht an Modellen, die die Haare aber nicht abschneiden, sondern festklemmen und mehr oder weniger schmerzhaft ausrupfen. ■

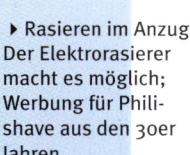

▲ Auch für Frauen gibt es schon früh Elektrorasierer.

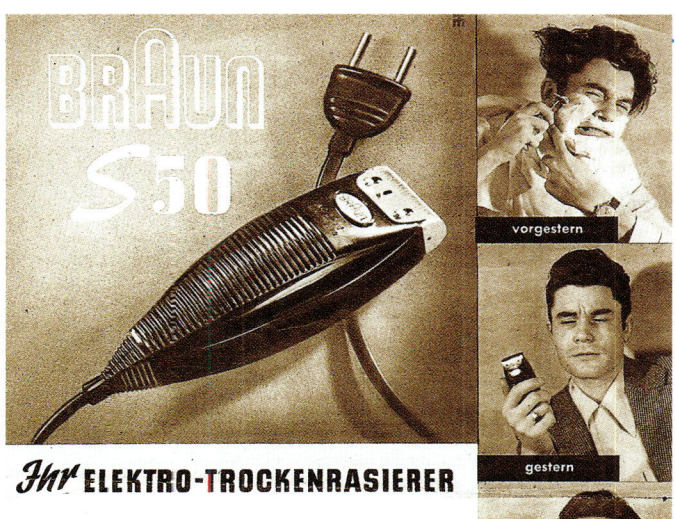

BRAUN S 50

Ihr ELEKTRO-TROCKENRASIERER

Garantiert – glatt rasiert . . .
in wenigen Minuten
— *zeitsparend* —
ohne Wasser, Seife, Pinsel,
Klingen, Creme
— *billig* —
absolut hautschonend
— *wohltuend* —
immer rasierbereit
— *bequem* —
S 50 110 od. 220 V. Wechselstrom DM 39.50
S 50 110 / 220 V. umschaltbar DM 44.50
einschließlich geschmackvoller Kassette

— *1 Jahr Garantie* —

Braun „S 50". Ein deutsches, in langen
Jahren zum höchsten Stand entwickeltes
elektrisches Rasiergerät.

Braun „S 50". Durch einfache Umschaltung für 110 und 220 V. Wechselstrom zu benutzen.

Braun „S 50". Unübertrefflicher Rasiereffekt durch neuartige Konstruktion.

Braun „S 50". Praktisch unbeschränkt haltbar, seine beweglichen Teile unterliegen nur unbedeutender Abnutzung.

Braun „S 50". Unentbehrlich zu Hause und auf der Reise.

Braun „S 50". Handlich und formschön.

Braun „S 50", das elektrische Rasiermesser der Zukunft

Das sind die genial erfundenen und in hoher Vollendung hergestellten Präzisionsteile, die den deutschen Braun „S 50" zur Weltklasse werden ließen.

Mit scharfer Klinge

Die Vorteile des Elektrorasierens liegen nicht nur für die Werbe-Experten der großen Firmen auf der Hand: Das elektrische Scheren macht Wasser und Schaum entbehrlich, das Rasieren geht schneller, ist sicherer und dank Akku überall und zudem jederzeit möglich. Und inzwischen ist es auch billiger als die Nassrasur, denn der kurzlebige Verschleißartikel Rasierklinge ist teuer geworden.

Dennoch hält die Nassrasur noch hartnäckig ihre Marktanteile. Das gelingt ihr nicht zuletzt durch massive Werbeoffensiven, die den Kunden ständig revolutionäre Neuerungen anbieten – vom schwingenden oder flexiblen Klingenhalter über die Doppel- und Dreifachklinge bis zum eisgehärteten Messer, das so scharf sei, dass es »hinter Gitter« müsse. Dabei haben die Hersteller ein schlagendes Verkaufsargument offenbar noch gar nicht entdeckt: Die modernen Klingen erlauben ein derart scharfes Schneiden, dass man sich mit ihnen mühelos trocken rasieren kann.

◄ Zufriedene Männer sind das Ziel der Werbestrategen – frei nach dem Motto: Wer größten Komfort will, braucht diesen Rasierer.

In Designerhänden

▲ Futuristischer Elektrorasierer der 90er Jahre.

Bei Schicks Prototyp aller Elektrorasierer war an die hohe Schule des Designs noch nicht zu denken – er erinnerte eher an Maschinenaggregate aus dem Automobilbau. Einhändig ließ er sich nicht benutzen. Doch Schicks 1931er-Erfolgsmodell glich schon verblüffend heutigen Rasierern. Farben und Formen haben sich seither nur geringfügig geändert. Der Flop trotz Designer-Anstrengungen: Der silberfarbene Philips-Batterierasierer HS-190 wurde in den 60er Jahren zwar mit Designpreisen überhäuft, erwies sich kommerziell aber als Reinfall.

Wettkampf ums Männerkinn

Ende der 1930er Jahre führten zwei Unternehmen den Elektrorasierer auf dem europäischen Markt ein: Braun in Deutschland und Philips in den Niederlanden. Der Konkurrenzkampf brach bald nach dem Zweiten Weltkrieg aus. Braun setzte auf modern designte, funktionale Rasierer, Philips perfektionierte seinen in den 30er Jahren präsentierten Rasierer mit rotierendem Scherkopf, der noch gründlichere Rasuren ermöglichte.

Bald verwies Philips als Marktführer Braun und die amerikanischen Firmen Remington, Schick und Sunbeam auf die Plätze. Zur Jahrtausendwende war weltweit jeder zweite verkaufte Elektrorasierer ein Produkt von

Philips. Bebo Sher, in der DDR das Synonym für Trockenrasierer, und Komet TR-8, mit dem der Anschluss an das Weltniveau demonstriert werden sollte, sind nur noch Objekte der »Ostalgie«.

◄ Beispielhafte Formgebung: Rasierer der Firma Braun und Philips.

Frühe Modelle von Elektrorasierern

Schick Modell S
1935. Die zweite Generation der elektrischen Schick-Rasierer weist leicht schwingende Scherköpfe auf. Im Gegensatz zum Urmodell von 1928 ist der Motor ins Gerät integriert.

Arvin Consort
1938. Besaßen Elektrorasierer bislang rotierende Motoren, die den schwingenden Scherkopf antrieben, so arbeitet das britische Modell mit elektromagnetischem Schwingantrieb.

Remington Contour 6 – AB
1948. Der neuartige Remington-Rasierer macht die elektrische Rasur deutlich schneller und gründlicher: Er besitzt erstmals einen so genannten Dreifach-Scherkopf.

Rosse & Affolter Unic
1950. Der Schweizer Elektrorasierer kommt ohne Stromanschluss aus, denn er arbeitet mit Batteriebetrieb. Die ersten brauchbaren Akku-Rasierer erobern den Markt ab 1971.

1929

KAMPF DEN GESCHIRRBERGEN

»Wenn Vater abwaschen müsste ... kaufte er noch heute eine Miele Geschirrspülmaschine.« – Mit diesem Slogan brachte die deutsche Firma Miele 1929 die erste elektrische Geschirrspülmaschine Europas auf den Markt. Der neue Küchenluxus aber, noch meilenweit vom technischen Standard heutiger Geräte entfernt, setzte sich zunächst nur sehr langsam durch.

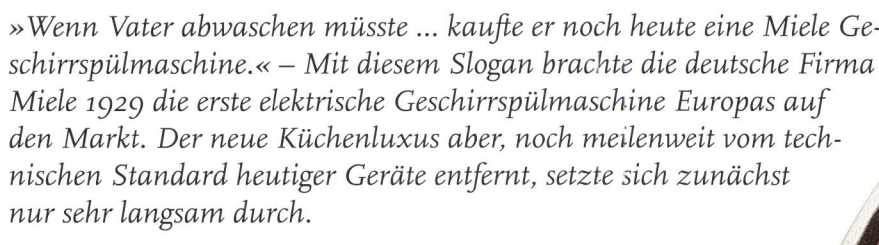

Im Zuge der unaufhaltsamen Industrialisierung wurden mit einiger Zeitverzögerung Anfang des 20. Jahrhunderts auch die Haushalte mit modernen Geräten ausgestattet. Wegen der alltäglichen Hektik im Berufsleben und des wachsenden Zeitmangels suchte man zunehmend nach Wegen, Zeit zu sparen und die Hausarbeit zu erleichtern. Die neuen Energieträger Gas und Strom, die nach und nach in den Städten und später auch auf dem Land Einzug hielten, boten die Voraussetzungen für zahlreiche Neuerungen. Zunächst entstanden Elektrogeräte wie Küchenmixer und Bügeleisen sowie Waschmaschinen. Geschirrspülmaschinen blieben bis in die 1920er Jahre gänzlich unbekannt. Man spülte – selbst in großen Restaurants – weiterhin von Hand, hier hatte der Tellerwäscher Konjunktur, der sich ja in so manchen Fällen zum Millionär hochgearbeitet haben soll. Als die Firma Miele nun für 450 Mark ihre große Haushaltsneuheit ▸▸

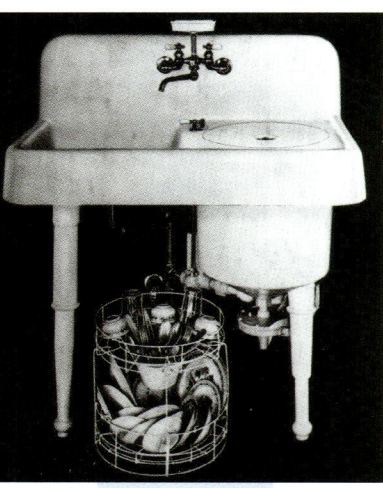

▲ Geschirrspüler aus frühen Zeiten: Zum Spülen wird der Korb mit dem schmutzigen Geschirr in die vorgesehene Mulde des Beckens eingesetzt.

Wie von Zauberhand gespült

Die Geschirrspülmaschine hat eine ausgeklügelte Technik. Beim Programmstart wird Wasser in die Maschine gepumpt und auf bis zu 60 °C erhitzt. Um Kalkablagerungen zu verhindern und die Reinigungswirkung der Tenside zu unterstützen, muss das Leitungswasser zuvor über einen mit Salz befüllten Ionenaustauscher enthärtet werden. Zwei rotierende Arme sprühen das Wasser auf das Geschirr. Das Spülmittel und der Klarspüler befinden sich in Behältern, die automatisch zum richtigen Zeitpunkt im Programmablauf die erforderliche Menge freigeben.

Eine Umwälzpumpe leitet das abgeronnene Wasser für einen weiteren Spülgang erneut in die Düsen. Der Klarspülgang entfernt alle Spülmittelreste. Zum Schluss wird das Geschirr durch heiße Luft aus einem Gebläse getrocknet.

Erleichterungen beim Abwasch

Waschbecken
Um 1870. Die ersten Wandwaschbecken mit Wasseranschluss lösen das mühevolle Hantieren mit Keramikschüsseln und Kannen beim Geschirrspülen ab.

Handkurbelmechanik
1900. Die Amerikanerin Josephine Cochran präsentiert der Öffentlichkeit eine Handkurbelmaschine mit geschlossenem Kessel, in dem das Geschirr mit Wasser bespritzt wird.

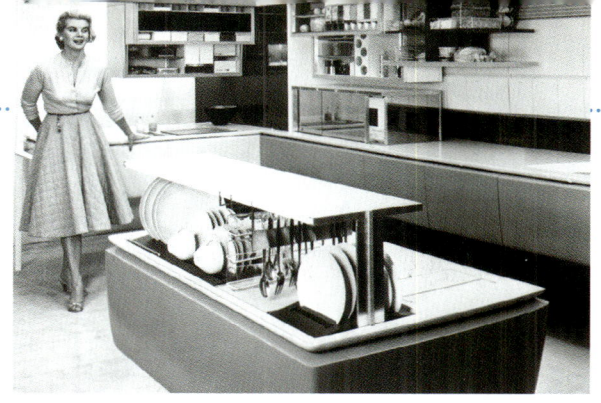

◄ Die moderne Küche Ende der 1950er Jahre: Das frei stehende Modul im Vordergrund, auch als Tisch zu verwenden, »beherbergt« eine Geschirrspülmaschine.

herausbrachte, war diese vor allem für Speiselokale und Cafés interessant. Die als Kunden in Frage kommenden privaten Haushalte mit der nötigen Kaufkraft leisteten sich zu der Zeit sowieso billige Hilfskräfte, die auch den Abwasch übernahmen. Außerdem war es mit der Arbeitserleichterung anfänglich auch noch nicht so ganz weit her: Das neue Spülwunder war eine von oben zu beladende Bottich-Maschine mit einem Propeller. Nachdem das Geschirr eingeräumt war, musste man heißes Wasser und Reinigungsmittel zugeben. Wie eine Schiffsschraube schleuderte der Propeller anschließend das Wasser über das Geschirr. Danach ließ man das Spülwasser ab und wiederholte die gesamte Prozedur. Nun war das Geschirr zwar gespült, doch abtrocknen musste man weiterhin mit der Hand.

In der Folgezeit entwickelte die Industrie das erste Modell kontinuierlich weiter. Schon 1930 wurde das Gerät mit einem Thermostat ausgestattet, der das Wasser automatisch auf eine zuvor gewählte Temperatur anheizte. Heute genügt dank moderner Computertechnik ein Handgriff, um den vorprogrammierten Reinigungsablauf in Gang zu setzen. Zeitersparnis war damals und ist heute das Hauptargument für die Anschaffung einer Geschirrspülmaschine. ■

▼ 1921 überrascht ein amerikanischer Lehrer seine Gattin mit dieser Haushaltshilfe der besonderen Art: Über einen Schlauch wird das Geschirr im Drahtkorb automatisch mit heißem Wasser überspült.

▲ Alles wird sauber: Blick ins Innere einer arbeitenden Maschine.

◄ Die erste elektrische Geschirrspülmaschine aus dem Jahr 1929: ein Metallbottich mit einem Wasser versprühenden Propeller.

Mikroprozessoren 1971. Das amerikanische Unternehmen Texas Instruments stellt erstmals Mikroprozessoren her, die bald darauf auch zur Steuerung der technischen Abläufe bei der Geschirrspülmaschine und anderen Haushaltsgeräten eingesetzt werden. Mehr und mehr Arbeiten im Haushalt, die von Maschinen übernommen werden können, basieren damit auf Computertechnik.

Ein Plus für die Umwelt

Bei den neuesten Modellen, den Öko-Geschirrspülmaschinen, werden die Umweltverträglichkeit und der sorgsame Umgang mit Energie groß geschrieben. Eine moderne, mit einem Sparprogramm ausgestattete Öko-Spülmaschine, benötigt mittlerweile je Spülgang nur noch 14 bis 18 l Wasser – also erheblich weniger als beim Spülen von Hand. Hier verbraucht man bei vergleichbaren Mengen an Geschirr ca. 40 l und mehr. Ein Problem für die Umwelt bleibt jedoch das Reinigungsmittel. Untersuchungen haben ergeben, dass aus ökologischer Sicht das Geschirrspülen in modernen Geräten dennoch dem Handspülen vorzuziehen ist – die korrekte Nutzung, also die volle Auslastung der Maschine und die angemessene Dosierung des Reinigers, vorausgesetzt.

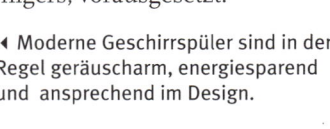

◄ Moderne Geschirrspüler sind in der Regel geräuscharm, energiesparend und ansprechend im Design.

1929

AND THE WINNER IS …

Offiziell heißt der Preis »Academy Award Of Merit« – bekannt ist er als Oscar. Die 34,3 cm hohe, knapp 4 kg schwere vergoldete Statuette, wird seit 1929 jedes Jahr in Hollywood an die besten Schauspieler und Filmschaffenden vergeben. Ins Leben gerufen wurde die Auszeichnung von der 1927 gegründeten Academy of Motion Picture Arts and Sciences.

D ie Idee zu der Auszeichnung, die für die Filme des Vorjahres verliehen wird, stammte von Louis B. Mayer, Präsident der Metro-Goldwyn-Mayer – MGM – Studios. Die Statuette, die als Oscar bekannt werden sollte, wurde von Cedric Gibbons, einem Art Director bei MGM, entworfen. Über die Entstehung des Spitznamens gibt es drei Versionen: Bette Davis behauptete, der Hintern der Figur, die ein Schwert trägt und auf einer Filmrolle steht, erinnere sie an den ihres Ehemannes Harmon Oscar Nelson. Der Kolumnist Sidney Skolsky dagegen will der Statuette den Namen gegeben haben, damit keiner auf die Idee komme, mit dem Preis übertriebene Ansprüche zu verbinden. Und die Academy-Bibliothekarin Margaret Herrick behauptete, die Figur sehe aus wie ihr Onkel Oscar. Die Wahrheit über die Namensfindung des Preises, mit dem der Stellenwert der Filmindustrie hervorgehoben werden sollte, wird wohl nicht mehr zutage gefördert werden.
Bei der ersten Oscar-Verleihung im Roosevelt Hotel in Hollywood 1929 war das Interesse gering. Von Glamour noch keine Spur, als William Wellmans Kriegsdrama »Flügel« als bester Film und Emil Jannings als bislang einziger Deutscher mit dem Preis für den besten Hauptdarsteller prämiert wurde. ▶▶

▲ Wie überdimensionale Bodyguards stehen die Oscar-Statuen am Eingang der Halle in Hollywood, in der die begehrten Trophäen alljährlich vergeben werden.

Immer mehr Kategorien

Ursprünglich wurden nur sieben Oscars vergeben – für den besten Schauspieler und die beste Schauspielerin sowie jeweils einer für den besten Film, Regisseur, Autor, Kameramann und Art Director. Mit zunehmender Bedeutung des Preises nahmen auch die Kategorien zu, in denen er verliehen wurde: So kamen 1936 die Auszeichnungen für die besten Nebendarsteller dazu, seit 1947 wird auch der beste ausländische Streifen prämiert. Die Entwicklung der Filmtechnik führte zu Kategorien wie visuelle Effekte, Toneffekte usw. Seit 2002 wird auch der beste Trickfilm prämiert.

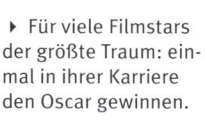

▶ Für viele Filmstars der größte Traum: einmal in ihrer Karriere den Oscar gewinnen.

▶ Für Ton- und Trickeffekte ausgezeichnet: »Falsches Spiel um Roger Rabbit« von 1988.

Besondere Ereignisse der Oscar-Preisverleihung

Gelüftetes Geheimnis 1940. Den Gästen und Radiohörern der Preisvergabe verdirbt die »Los Angeles Times« die Spannung: Bereits am Morgen vor der Oscar-Verleihung veröffentlicht sie die Gewinner.

◄ Kultfilm »Titanic«; nicht nur bei der Oscar-Verleihung erfolgreich, auch an der Kinokasse.

Oscar-Abräumer

38 Jahre vergingen, ehe ein Film mit dem elffachen Oscar-Rekord von William Wylers Antiken-Drama »Ben Hur« wenigstens gleichziehen konnte: »Titanic« (1997) gewann 1998 ebenfalls elf Oscars – und Regisseur James Cameron war bei der Verleihung so überwältigt, dass er die Hauptfigur Jack, dargestellt von Leonardo DiCaprio, der wie die Hauptdarstellerin Kate Winslet leer ausging, zitierte: »Ich bin der König der Welt!« Weitere Großgewinner bei der Oscar-Verleihung waren »West Side Story« (1961, zehn Oscars) sowie mit je neun Auszeichnungen »Gigi« (1958), »Der letzte Kaiser« (1987) und »Der englische Patient« (1996). Die meisten Oscars aber gingen an Walt Disney, der sich die Trophäe insgesamt 26-mal holte, dazu kamen sechs Spezialpreise.

Heute ist die Oscar-Nacht ein publicityträchtiges Ereignis ersten Ranges, für das die besten Moderatoren, die schönsten und reichsten Gäste gerade gut genug sind. In einer Zeit, da Preise beinahe inflationär vergeben werden, ragt der Oscar heraus. Sein Stellenwert ist eher noch größer geworden: Wer ihn bekommt, wird als »Oscar-Preisträger« bezeichnet, was wie ein Adelsprädikat wirkt. War der Oscar früher vor allem eine Prestigeangelegenheit, so ist er heute auch ein enormer Wirtschaftsfaktor: Die Zuschauer strömen in die Kinos, die Preisträger können Arbeitsbedingungen und Gagen selbst bestimmen. ■

▲ Für lange Jahre unangefochtener Oscar-Rekordhalter: »Ben Hur« aus dem Jahr 1959 mit Charlton Heston in der Titelrolle.

▶ Der erste Oscar für einen Hauptdarsteller geht 1929 an einen Deutschen: Emil Jannings; ihm gelingt der Sprung nach Hollywood.

Die großen Preisträger

Katharine Hepburn ist mit vier Oscars als beste Hauptdarstellerin und zwölf Nominierungen die Rekordhalterin – und das, obwohl ihre Schauspielkünste anfangs nur in Kino-Flops zu bewundern waren. Sie bekam den Preis als beste Darstellerin erstmals 1934 für »Morning Glory«, dann 1968 für »Rate mal, wer zum Essen kommt«, 1969 für »Der Löwe im Winter« und 1982 für »Am goldenen See«. Immerhin zwei Oscars gingen an Ingrid Bergman – 1945 für »Das Haus der Lady Alquist« und im Jahr 1957 für »Anastasia«.

Bei den Männern liegt Spencer Tracy vorne, der zweimal hintereinander gewann: 1938 mit »Manuel« und 1939 mit »Teufelskerle«. Tracy wurde insgesamt neunmal nominiert. Zweimal hintereinander gewann aber auch Tom Hanks: 1994 erhielt er den Oscar für »Philadelphia« und ein Jahr später für »Forrest Gump«. Drei Oscars erhielt Walter Brennan, allerdings immer nur als bester Nebendarsteller.

▲ Rekordhalter unter den Oscar-Gewinnern: Katharine Hepburn und Spencer Tracy.

Erste TV-Übertragung
1953. Erstmals kann die Verleihung live am Fernsehgerät verfolgt werden; Moderator der Premiere ist Bob Hope. Seit 1930 wird die Zeremonie bereits im Radio übertragen.

Oscar zurückgewiesen
1972. Marlon Brando lehnt den Oscar für seine Hauptrolle in dem Film »Der Pate« ab. Statt einer Dankesrede macht er auf die Situation der Indianer aufmerksam.

Oscar für deutschen Film
1980. Als erster deutscher Streifen erhält Volker Schlöndorffs Verfilmung des Günter-Grass-Romans »Die Blechtrommel« (1979) den Oscar als bester ausländischer Film.

▲ Hintergrund: noch heute für viele der Liebesfilm schlechthin: »Vom Winde verweht«, achtfacher Oscar-Preisträger.

1930

DER BALL IST RUND

Es war ein idealistischer Ansatz, unter dem der Pariser Anwalt Jules Rimet, damals Präsident der FIFA, sich daranmachte, eine Fußball-Weltmeisterschaft zu organisieren: »Der Fußball könnte die Idee eines permanenten und echten Weltfriedens stärken«, gab er 1926 bekannt. Seit 1930 wurden 16 Weltmeisterschaften ausgetragen, und eine wachsende Anhängerschaft lässt »König Fußball« immer wieder hochleben.

▲ Seit 1974 erhalten die Fußball-Weltmeister den goldenen FIFA-Weltpokal.

An den Fußball-Weltmeisterschaften haben bislang 65 Nationen aus aller Welt teilgenommen, die Siege blieben allerdings nur südamerikanischen und europäischen Mannschaften überlassen. Bei der ersten Weltmeisterschaft in Uruguay hatten die meisten europäischen Fußballer zu große Angst vor einer Atlantiküberquerung: Außer den Franzosen, den Belgiern, den Rumänen und den Jugoslawen blieben Europas Teams zu Hause und erfuhren nur über die Medien, dass die Gastgeber in einem furiosen Finale mit 4 : 2 gegen Argentinien gewannen und den Jules-Rimet-Cup überreicht bekamen.

Bei der WM 1934 in Italien mussten die favorisierten Südamerikaner miterleben, wie der italienische Diktator Benito Mussolini das Turnier als Propagandaveranstaltung missbrauchte. Die italienische Mannschaft wurde von den Schiedsrichtern schamlos begünstigt und holte sich mit höchst unfairem Spiel den Titel. ▶ ▶

▼ Vorentscheidung im Finale der ersten Fußball-WM 1930: Mit diesem Tor geht Uruguay gegen Argentinien in Führung. Es steht 3:2.

▲ Der erster WM-Pokal, der Jules-Rimet-Cup, geht 1970 nach dem Gewinn des dritten WM-Titels endgültig in den Besitz Brasiliens über.

▼ 2002 teilen sich erstmals zwei Länder die Ausrichtung der Fußball-WM: Japan und Korea.

Besonderheiten bei Fußball-Weltmeister-schaften

Torschützenkönig
1958. 13 Tore erzielt der Franzose Just Fontaine während der Fußball-Weltmeisterschaft von 1958. Keinem Spieler gelangen bis heute mehr Treffer bei einer WM.

»Jahrhundertspiel«
1970. Eine Gedenkplakette am Azteken-Stadion von Mexico-City erinnert an das spannende Halbfinale Deutschland – Italien, das Italien in der Verlängerung mit 4:3 gewann.

»Schmach von Cordoba«
1978. Die schmerzlichste Niederlage für ein deutsches Team ist das 2:3 gegen Österreich. Hans Krankls Treffer in der 87. Minute bedeutet das WM-Aus für Deutschland.

»Böser Bube«
1998. Edgar Davids, niederländischer Mittelfeldspieler, begeht bei der WM in Frankreich insgesamt 22 Fouls: Damit wird er zum »bösen Buben« des Turniers.

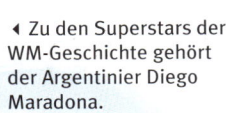

◀ Zu den Superstars der WM-Geschichte gehört der Argentinier Diego Maradona.

◀ Hintergrund: Weltmeisterschaften lassen packende Duelle erhoffen; diese Zeichnung in einer Zeitschrift von 1934 soll Lust auf das bevorstehende Ereignis machen.

▲ Einer der erfolgreichsten Torschützen der WM-Geschichte, der Franzose Just Fontaine auf dem Weg zum Tor.

▲ Freudentaumel in Paris: 1998 gewinnt die französische Mannschaft die WM.

Bei der ersten WM nach dem Zweiten Weltkrieg gab es 1950 nur einen Favoriten: Gastgeber Brasilien. Wie schon 1930 in Uruguay nahmen nur 13 Nationen teil – den Europäern war der Weg erneut zu weit. Als Uruguay das Finale mit 2 : 1 gewann, sollen die 200 000 Zuschauer im Maracana-Stadion von Rio de Janeiro geweint haben. Doch gab es für die Brasilianer in den folgenden Jahren Entschädigung genug: Sie sicherten sich nicht nur 1958 überlegen den Titel, sie gewannen auch 1962, 1970, 1994 und schließlich 2002 die Weltmeisterschaft. Damit führen die südamerikanischen Ballkünstler die WM auch insgesamt an – vor Deutschland, das in den Jahren 1954, 1974 und 1990 Weltmeister wurde und 2002 mit einer jungen Mannschaft überraschend den zweiten Platz errang. ∎

Umstrittenes Wembley-Tor

London, das Wembleystadion am 30. 6. 1966: Im Finale zwischen England und der Bundespublik Deutschland nimmt Geoff Hurst in der 101. Minute den Ball mit dem Rücken zum Tor an und schießt aus der Drehung. Der Ball prallt gegen die Unterkante der Torlatte und springt vom Boden wieder ins Spielfeld zurück. Der russische Linienrichter hebt seine Fahne: 3 : 2 für England; die deutschen Spieler protestieren vehement. Seitdem hält der Streit darüber an, ob der Ball wirklich hinter der Linie war. Auch Computeranalysen brachten keine endgültige Klarheit. Torschütze Hurst fasste die Kontroverse so zusammen: »Für euch Deutsche war der Ball nicht drin, für uns war er drin.«

▶ Umstrittenste Szene der Fußball-WM: Englands Tor zum 3 : 2 gegen Deutschland im Jahr 1966.

Erfolgreichste Mannschaft

In der Geschichte der Weltmeisterschaft stellen die Brasilianer die erfolgreichste Fußball-Nationalmannschaft: Nur sie schafften es, fünfmal den Titel zu holen. Ihre Erfolgsgeschichte begann 1958 in Schweden, wo der erst 17-jährige Pelé innerhalb von zwei Wochen zum Inbegriff des brasilianischen Offensivfußballs wurde. Im Gegensatz zu den europäischen Mannschaften verzichtete Brasilien auf Außenläufer und Halbstürmer. Die Brasilianer holten sich den begehrten WM-Titel zuletzt im Jahr 2002.

▲ Pelé nach der Wahl zum Fußballer des Jahrhunderts, 2000.

Das »Wunder von Bern«

Am 4. 6. 1954 stand die deutsche Mannschaft bei der WM in der Schweiz als krasser Außenseiter im Finale gegen Ungarn. Doch plötzlich schrie Radioreporter Herbert Zimmermann seine legendären Sätze: »Tooor! Tooor! Tooor! Linksschuss von Rahn! 3 : 2 führt Deutschland fünf Minuten vor dem Spielende! Halten Sie mich für verrückt, halten Sie mich für übergeschnappt!« Kaum war das Spiel abgepfiffen, war ein neuer Mythos entstanden. Bern wurde zum Geburtsort eines neuen nationalen Selbstbewusstseins unter demokratischen Bedingungen. »Wir sind wieder wer!« hieß es, und die elf Spieler um Kapitän Fritz Walter gingen als »Helden von Bern« in die Annalen der Fußballgeschichte ein.

▶ Jubel nach dem Gewinn des WM-Titels 1954: Kapitän Fritz Walter (l.) und Trainer Sepp Herberger auf den Schultern der Fans.

1938

EINTRITT INS ATOMZEITALTER

Als es dem deutschen Chemiker Otto Hahn und seinem Mitarbeiter Fritz Straßmann 1938 am Kaiser-Wilhelm-Institut in Berlin erstmals gelang, durch Neutronenbeschuss Urankerne zu spalten, verschwiegen sie der Öffentlichkeit zunächst das wahre Ausmaß dieses erfolgreichen Experiments. Die beiden Wissenschaftler hatten die Voraussetzung für die Nutzung der Kernenergie geschaffen – für friedliche ebenso wie für militärische Zwecke.

▲ Recht unspektakulär sehen die Instrumente aus, die Otto Hahn für die Spaltung von Uran benötigte.

▲ Eine der Kehrseiten der Kernenergie: Atommülltransporte; Greenpeace-Protest gegen deutsche Lieferungen an eine französische Wiederaufbereitungsanlage.

S eit Anfang der 30er Jahre hatte Hahn seine Forschungen gemeinsam mit der Physikerin Lise Meitner betrieben. Zwar war der Österreicherin wegen ihrer jüdischen Abstammung nach der Machtübernahme Hitlers 1933 die Lehrbefugnis entzogen worden, doch konnte sie noch einige Jahre weiter am Institut arbeiten. Dann musste Lise Meitner vor den Nationalsozialisten fliehen und erfuhr im Ausland vom Ergebnis ihrer Arbeiten.

Der Kernspaltung gingen langjährige internationale Forschungen voraus. 1932 entdeckte der Engländer James Chadwick das Neutron. Werner Heisenberg folgerte, dass sich die Atomkerne nicht – wie bisher angenommen – aus Protonen und Elektronen, sondern aus Protonen und Neutronen zusammensetzen. Die Atomkerne sind also wegen der Protonen positiv geladen – die Neutronen verhalten sich neutral. Schon 1919 hatte Ernest Rutherford Stickstoffatome mit Alphateilchen beschossen und beobachtet, dass die Stickstoffkerne die Alphateilchen in sich aufnehmen, zugleich aber ein Proton abgeben. Insgesamt werden sie dadurch größer. Eine schwerere Atomart entsteht. ▸▸

Proton
Neutron
Atomkern
Strahlung

◂ Kettenreaktion: Ein schnelles Neutron wird durch Wasser gebremst und kann so einen Urankern spalten. Einige der dabei freigesetzten Neutronen werden absorbiert, andere führen zu weiteren Kernspaltungen.

Gefahrvolle Energie

Mit dem ersten kontrolliert arbeitenden Kernreaktor im Jahr 1942 in Chicago begann die Ära der friedlichen Nutzung von Kernenergie. Es sollte aber noch zwölf Jahre dauern, bis 1954 ein erster kommerzieller Atommeiler in der UdSSR, rund 80 km östlich von Moskau, elektrischen Strom in das Netz lieferte. 1956 ging im englischen Calder Hall der erste Großreaktor in Betrieb. Sein Kern war gasgekühlt und damit im Betrieb sehr sicher. Auf dem Weltmarkt setzte sich indes ab 1957 der in den Vereinigten Staaten entwickelte Druckwasserreaktor durch, der sich klein und billig bauen lässt, aber auch eine gewisse Explosionsgefahr birgt. Im Kernkraftwerk Tschernobyl in der Ukraine kam es 1986 zur Kernschmelze und der explosiven Freisetzung erheblicher Mengen radioaktiver Stoffe in die Atmosphäre. Die Ursache war menschliches Versagen.

◂ Berühmter Atomphysiker: Enrico Fermi im Kernenergielabor der Columbia-Universität, 1939.

Zwei Jahre nach der Entdeckung des Neutrons beschoss der Italiener Enrico Fermi Uranatome mit diesen Elementarteilchen. Er hoffte, auf diese Weise das in der Natur unbekannte Element mit der Kernladung 93 – Neptunium – erzeugen zu können. Die Ergebnisse des Experiments blieben unbefriedigend. 1938 wiederholten Hahn und Straßmann den Versuch, vermuteten aber, das Element 88 – Radium – zu erhalten, weil das beschossene Uran zwei Alphateilchen verlieren könnte. Auch sie wurden enttäuscht. Radium entstand nicht, wohl aber radioaktives Barium mit der Kernladung 56. Das ließ nur einen Schluss zu: Das Uranatom war gespalten. Im Januar 1939 veröffentlichte Otto Hahn seine Experimente, erwähnte die Kernspaltung aber nicht. Die Deutung als gelungene Kernspaltung publizierte erst die im schwedischen Exil lebende Meitner. ∎

▲ Vorsicht und spezielle Schutzmaßnahmen sind oberstes Gebot bei Arbeiten mit radioaktivem Material.

◄ Hintergrund: »Achtung Radioaktivität«; dieses Symbol wird auf der ganzen Welt verstanden.

◄ Anti-Kernkraft-Dorf im deutschen Gorleben: Polizisten räumen das besetzte Gelände.

Versagte Ehre

Der deutsche Chemiker Otto Hahn (1879–1968) und die österreichische Physikerin Lise Meitner (1878–1968) hatten bereits 1918–1921 in Berlin zusammengearbeitet, ehe sich ihre Wege in den 30er Jahren wieder kreuzten. Nachdem Meitner Deutschland 1938 verlassen hatte, korrespondierte sie weiterhin mit Hahn. Obwohl sie an seinen zur Kernspaltung führenden Forschungsarbeiten maßgeblich beteiligt war, blieb ihr der Nobelpreis versagt, den 1944 nur Hahn erhielt. Meitner war enttäuscht, hatte sie doch häufig zu Hahn sagen müssen: »Hähnchen, lass mich das machen! Von Physik verstehst du nichts!«

▲ Gemeinsame Forschung: Otto Hahn und Lise Meitner bei der Arbeit im Labor.

Ungeheure Zerstörungskraft

Otto Hahn war sich bewusst, dass die Urankernspaltung als ungebremste Kettenreaktion die atomare Bombe bedeutete. Nachdem Niels Bohr Hahns Entdeckung Anfang 1939 auf einer Konferenz in Washington D.C. bekannt gemacht hatte, drängte Albert Einstein den amerikanischen Präsidenten Theodore Roosevelt, so schnell wie möglich Atombomben zu entwickeln, um Nazi-Deutschland zuvorzukommen. 1942 wurde an der Universität von Chicago bereits der erste – geheime – Kernreaktor der Welt in Betrieb genommen. Drei Jahre später, im Sommer 1945, explodierte dann in New Mexico die erste Atombombe. Mit einer Sprengkraft von 20 000 t TNT übertraf sie die Erwartungen um das Vierfache. Am 6. August warfen die USA eine Atombombe auf die japanische Stadt Hiroshima und drei Tage später eine zweite auf Nagasaki; Japan kapitulierte. Seither wird die atomare Bedrohung makabrerweise als Garant für die Verhinderung des 3. Weltkriegs angesehen.

◄ Das große Schreckgespenst: der Atompilz – Zeichen einer Atombombenexplosion.

Bedeutende internationale Atomforscher

Marie Curie
1867–1934. Die Französin erhält 1911 den Nobelpreis für die Entdeckung des Radiums. Mit ihrem Mann bekommt sie 1903 den Nobelpreis für ihre Forschungen über Radioaktivität.

Gustav Hertz
1887–1975. Der deutsche Physiker stellt Gesetze für Elektron-Atomkollisionen auf. Im so genannten Franck-Hertz-Versuch bestätigt er mit James Franck die Atomtheorie.

Harold C. Urey
1893–1981. Der Chemiker aus den Vereinigten Staaten entdeckt das Deuterium. Er weist damit den Weg zur Wasserstoffbombe. 1934 erhält er den Nobelpreis.

Irène Joliot-Curie
1897–1956. Die französische Forscherin erzeugt mit ihrem Mann Frédéric Joliot-Curie erste künstliche radioaktive Isotope, indem sie deren Kerne mit Alphateilchen beschießt.

1938

SCHREIBER MIT WELTERFOLG

Er ist das meistbenutzte Schreibgerät der Welt, und er gehört zu unserem Alltag wie kaum ein anderer Gegenstand: der Kugelschreiber. Wir brauchen ihn häufig und überall, weniger zum Schön- als zum Schnellschreiben und Notieren. Dabei gibt es ihn noch gar nicht sehr lange. Seine Väter sind die ungarischen Brüder László und György Biró, die Ende der 1930er Jahre nach Argentinien auswanderten und dort 1938 den Kuli erfanden.

▲ Er hat echte Berühmtheit erlangt: der Parker 17, er kommt erstmals 1958 auf den Markt.

▲ Der Kugelschreiber als Designobjekt; Detailaufnahmen von Faber-Castell-Kulis.

Bereits im Jahr 1888 war der Amerikaner John Loud auf der Suche nach einem flexibel einsetzbaren Schreibgerät. Er hatte Zeichnungen angefertigt und war dabei wohl der Erste, der darauf kam, Kugeln zum Schreiben zu verwenden. Seine Idee, einen Stift mit winzigen Stahlkugeln in der Spitze zu konstruieren, wurde zwar patentiert, aber ein wirklich funktionsfähiger Prototyp entstand damals nicht. Loud und andere scheiterten vor allem an der Schreibflüssigkeit, und so sollte noch einmal rund ein halbes Jahrhundert vergehen, bis der Kugelschreiber allmählich zu dem wurde, was er heute ist.

Als Journalist war László Biró an einer praktischen, nicht klecksenden Version eines Schreibgerätes interessiert. Die Brüder hatten mehr als zwei Jahre experimentiert, bis ihnen eine Paste auf Öl-Wasser-Basis gelang, die sich für das Schreiben mit einer Kugel eignete. Denn das kleine runde Stahlteil musste gleichmäßig mit der Schreibflüssigkeit versorgt werden – sie durfte weder austrocknen noch auslaufen. Wegen des Zweiten Weltkrieges unterbrachen sie die Arbeit an dem neuen Schreibgerät jedoch bis zu den 40er Jahren. ▸▸

Dienstbarer Kuli

Der Kugelschreiber ist mittlerweile nicht nur Gebrauchsgegenstand, er ist auch zum Kult aufgestiegen, er ist Werbefläche und in seinen edelsten Ausführungen der großen Marken ein wahres Sammlerobjekt. Mit farbiger Schreibflüssigkeit gibt es ihn inzwischen sogar mit Leuchtdioden. In Schwimmkulis tummeln sich die erstaunlichsten Dinge: Schiffe oder Muscheln sind die harmlosesten. Es gibt jedoch auch erotische Kugelschreiber, auf denen sich Damen während der Niederschrift entblößen und ihre Reize zeigen, und die Weltneuheit baut dem Führerscheinentzug vor: Dieser Kuli kann auch den Alkoholgehalt im Blut testen.

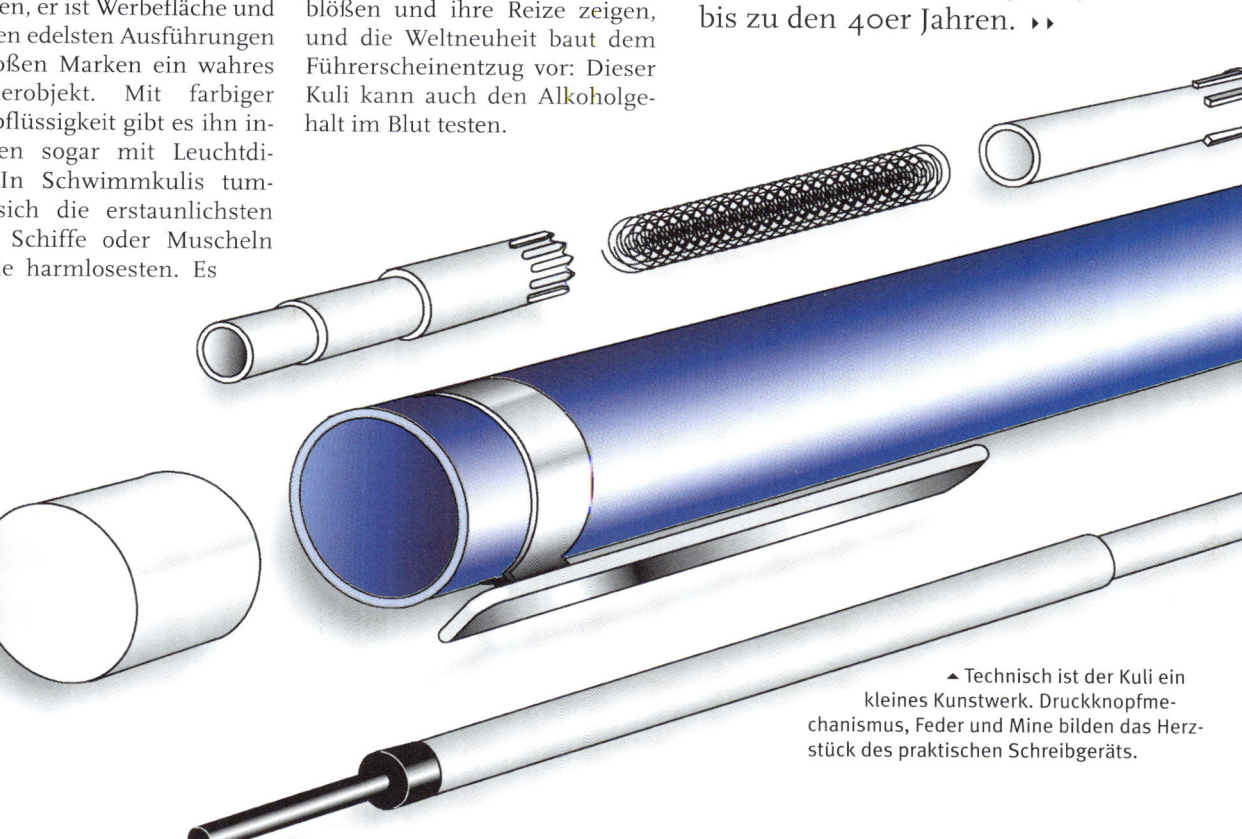

▲ Technisch ist der Kuli ein kleines Kunstwerk. Druckknopfmechanismus, Feder und Mine bilden das Herzstück des praktischen Schreibgeräts.

1943 erhielten sie dann ihr Patent und gründeten in Argentinien eine Gesellschaft zur Vermarktung des neuen viel versprechenden Produktes. Was dann geschah, führte zwar zur baldigen Weltherrschaft des Kugelschreibers, den ungarischen Erfindern aber brachte es keineswegs den verdienten Lohn. Der Verkauf der Lizenzrechte nach Nordamerika war für die beiden Brüder kein Geschäft, sie hatten nur die Idee eingebracht. Das große Geld machte der Finanzier, der Brite Henry George Martin. 1950 schließlich kaufte der französische Baron Bich die alleinigen Patentrechte an dem neuen erfolgreichen Schreibgerät und wurde mit seinem Einwegkuli »Bic« zum Milliardär.

In den USA kam in den 1940er Jahren der clevere amerikanische Industrielle Milton Reynolds auf eine glorreiche Idee und umging dabei geschickt die Patentrechte der Biró-Brüder. Er warb damit, dass sein Kugelschreiber über 275 Stunden im Eis, im Wasser und in der Stratosphäre gleich gut schreiben würde. Sein Kuli, 1945 für gut 12 Dollar erstmals auf den Markt geworfen, fand reißenden Absatz, und Milton wurde Multimillionär. Er und Bich sorgten mit ihrer Produktionskapazität dafür, dass der Kugelschreiber zur Massenware wurde, und mit einem Klick konnte nun alle Welt praktisch und sauber schreiben, ohne Tinte nachzufüllen. ∎

▲ Der gute alte Federhalter bekommt auch in der Schule Konkurrenz; BIC-Werbung von 1960.

▲ Auch bei Kugelschreibern wechseln Formgebung und Farben; hier Stifte von 1960.

▲ »Für jeden, der schreibt«; Pelikan-Werbung für Federhalter und Kugelschreiber aus den 1950er Jahren.

Auf dem Weg nach oben

Der Aufstieg des Kulis, oft und in vielen Ländern nach seinen Erfindern einfach Biro genannt, war steil und nicht aufzuhalten. Schnell waren die neuen Schreiber »in«, und manch ein Modell wurde sogar berühmt, so wie der »Jotter«, der erste, den die US-Firma Parker 1954 auf den Markt brachte – und das mit einer ganz neuen Technik: Bei jedem Druck drehte sich die Mine um 90°, sodass eine einseitige Abnutzung der Kugel vermieden wurde. Vier Jahre später entwickelte der Franzose Marcel Bich den Einwegkugelschreiber, sein »Bic« wurde mit heute täglich rund 5,5 Mio. Stück zum meistverkauften Kuli der Welt.

◄ Der Kuli als günstige Massenware in vielfältigen Formen ist heute in jedem Haushalt zu finden.

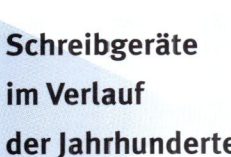

Schreibgeräte im Verlauf der Jahrhunderte

Bleistift
Antike. Schon im Altertum kennt man eine Art Bleistift. Es sind Blei-, Silber- oder Zinnstifte. Im Mittelalter kommt der gefasste Bleistift auf – später mit Graphitmine.

Federhalter
1884. Der amerikanische Versicherungskaufmann Lewis E. Waterman erhält ein Patent auf einen Stahlfederhalter mit Tintenspeicher (später dann mit Saugkolben).

Filzstift
1911. Der Filz- oder Faserschreiber kommt aus Japan, der Kaweko ist einer der ersten Filzstifte in Europa, gerät jedoch mehr oder weniger in Vergessenheit.

edding No. 1
1960. Volker Ledermann und Carl-Wilhelm Edding entwickeln den japanischen Filzstift oder »gefüllten Pinsel« weiter und bringen ihn als edding No. 1 auf den Markt.

1938

NYLON EROBERT DIE WELT

»Heute brechen wir in die Welt von morgen auf.« Es war der 5. Oktober 1938, als der amerikanische Chemiekonzern DuPont mit diesem Slogan den Beginn der Zukunft ankündigte. Grund für die Euphorie war die Entdeckung des Nylons, des ersten synthetischen Stoffes in der Geschichte der Mode. Am 15. Mai 1940, dem offiziellen »Nylontag«, boten die Damenbekleidungsgeschäfte in den Vereinigten Staaten die ersten Nylonstrümpfe an, die Produktion des neuen Modehits lief bald auf Hochtouren.

▲ Auf solchen Kunststoff-Passformen werden Strümpfe geprüft und fixiert.

Schon Stunden vor Öffnung der Geschäfte standen die neugierigen Kundinnen Schlange. Die Kaufleute und Werbeexperten waren sich einig: Kein Konsumartikel hatte je zuvor eine solche Hysterie verursacht. Innerhalb von nur zwei Tagen waren in den gesamten Vereinigten Staaten die ersten vier Millionen Paar Nylonstrümpfe verkauft; viele Frauen mussten ohne das Objekt der Begierde enttäuscht den Heimweg antreten und auf baldigen Nachschub hoffen. Die Begeisterung der Amerikanerinnen war verständlich, denn zuvor hatten modebewusste Frauen, die sich keine Seidenstrümpfe leisten konnten, mit groben Gebilden aus Baumwolle oder Viskose vorlieb nehmen müssen.

Ursprünglich wollten die Produzenten den Stoff »No-run« – keine Laufmasche – nennen, die Werbefachleute bevorzugten jedoch Nylon als passenderen Namen für die erste hundertprozentige Synthetikfaser. Bis heute hält sich das Gerücht, dass der Name »Nylon« auf einen Stoßseufzer des Nylon-Entwicklers Wallace H. Carothers zurückgeht. Als ihm die Tragweite seiner Erfindung bewusst wurde, soll der Amerikaner ausgerufen haben: »Now you lousy old Nippons!« (Jetzt habe ich Euch, ihr lausigen alten Japaner!). Aus den fünf Anfangsbuchstaben des englischen Satzes ergibt sich das Wort »Nylon«. ▶▶

▲ Kameragerecht probiert Hollywood-Schauspielerin Janis Paige Ende der 30er Jahre ein Paar Nylonstrümpfe an – das Geschenk eines Soldaten.

▲ Schon in den Anfängen der Nylonstrumpfproduktion kommen riesige Maschinen mit Nylongarnspulen zum Einsatz.

Seidenraupen werden arbeitslos

Anfang der 30er Jahre versuchten neben der später in der Nylonproduktion marktführenden amerikanischen Firma DuPont noch viele andere Unternehmen, Ersatzstoffe für reine Seide zu finden: einerseits, weil die Kokonfäden der Seidenraupen für den weltweit steigenden Bedarf an Seidenstrümpfen nicht mehr ausreichten, andererseits, weil die Japaner aufgrund ihres Seidenmonopols die Preise nach Belieben diktieren konnten. Selbst DuPont hätte es allerdings nicht für möglich gehalten, dass die neue Wunderfaser die berühmte Seide der Japaner innerhalb weniger Jahre verdrängen würde.

▲ Konkurrenz bekommt Nylon insbesondere in den 60er Jahren durch Perlon. Strümpfe aus diesem Material weisen ähnliche Charakteristika wie Nylons auf.

Hintergrund für den wenig freundlichen Kommentar war die Tatsache, dass Japan den Seidenmarkt zur Produktion feiner Strümpfe kontrollierte. Die Euphorie der Kundinnen ist geblieben: Pro Jahr werden allein in Deutschland 300 Mio. Paar Nylons verkauft. Allerdings erhielt die Wunderfaser im Lauf der Jahre zunehmend Konkurrenz durch andere Kunstfasern, zumal die Chemiegiganten die einfache Nylonfaser in einem Maße weiterentwickelt und verfeinert haben, das noch vor kurzem selbst innerhalb der Branche für unmöglich gehalten wurde: So nimmt beispielsweise die Hightech-Faser Tactel R kaum noch Feuchtigkeit auf, ist extrem reißfest, hat ein nur geringes spezifisches Gewicht und ermöglicht brillante Farbkreationen. ∎

◄ Nylon kann sich als einer der wenigen Modeartikel mit einem Denkmal schmücken, dem Nylon Monument in Kalifornien.

▲ Dieses Naturprodukt bestimmt jahrhundertelang die Feinstrumpfherstellung: der Kokon der Seidenspinnerraupe.

Reines Zufallsprodukt

▲ Der Erfinder des Nylons, Wallace H. Carothers.

Der größte Erfinder ist oft der Zufall: Als 1931 bei der US-Firma DuPont die Wissenschaftler Wallace H. Carothers und Julian Hill auf der Suche nach Polyester verschiedene sog. Polymere miteinander mischten, erhielten sie plötzlich eine Verbindung, deren Kettenmoleküle sich fast endlos dehnen ließen und einen hauchdünnen Faden von hoher Reißfestigkeit ergaben. Sieben Jahre später war die Faser unter dem Namen »Nylon« bis zur Produktionsreife gediehen.

Wertvolle Ersatzwährung

Gerade erst angelaufen, unterbrach der Zweite Weltkrieg die erfolgreiche Strumpfproduktion. Nylon wurde zum kriegswichtigen Material erklärt und zu Fallschirmen, Seilen, Zelten und Autoreifen verarbeitet. So ersetzten beispielsweise in der deutschen Wehrmacht mehr als 35 Mio. km Nylon die zuvor aus Japan bezogene Seide zur Herstellung von Fallschirmen. Für die Belange der Modewelt blieb in der rauen Kriegswirklichkeit kein Platz. Viele Frauen malten sich in diesen Jahren einfach mit Augenbrauenstiften Strumpfnähte auf die Beine, um auf diese Weise einen Hauch von Chic und Eleganz vorweisen zu können.
Bei so großer Nachfrage nach Nylons war es kein Wunder, dass die wenigen verfügbaren Exemplare innerhalb kürzester Zeit heiß begehrt waren und zur Schwarzmarktwährung avancierten.

▲ Not macht erfinderisch – wie die beiden »Modeschöpferinnen« angesichts fehlender Nylons demonstrieren.

Strumpfherstellung und -mode im Wandel der Zeiten

Maschinelle Produktion
17. Jahrhundert. In England werden Strümpfe maschinell hergestellt. Einen Aufschwung erlebt die Strumpfherstellung im 19. Jahrhundert infolge der industriellen Revolution.

Transparenzlook
Um 1900. Noch zur Jahrhundertwende sind transparente Strümpfe überall auf der Welt ein Privileg weniger Damen der High Society, die sich die so genannten Reinseidenen leisten können. Die meisten Frauen tragen damals – schlecht sitzende, unkleidsame, braune oder schwarze Baumwollstrümpfe. Wichtig ist den Käuferinnen, dass sie möglichst lange halten.

Kunstseidenstrümpfe
Um 1920. In den 20er Jahren kommen Kunstseidenstrümpfe auf den Markt, die jedoch in Passgenauigkeit, Transparenz und Haltbarkeit zu wünschen übrig lassen.

1939

ANTRIEB DURCH RÜCKSTOSS

Am 27. August 1939, wenige Tage vor Ausbruch des Zweiten Weltkriegs, absolvierte das erste Flugzeug der Welt mit Turbinen-Luftstrahltriebwerk seinen Jungfernflug. Die He 178 trug den Namen ihres Schöpfers, des deutschen Flugzeugkonstrukteurs Ernst Heinkel. Weitere Düsenjets wie die Messerschmitt M 262 folgten ab 1944. Das Luftfahrtministerium hatte die strahlgetriebenen Jagdflugzeuge in Auftrag gegeben. Der Wehrmacht nützten sie nicht viel, doch die neue Antriebstechnik ließ in den nächsten Jahrzehnten die Passagierluftfahrt boomen.

Nach 1945 sorgten die Siegermächte dafür, dass die Technik des Düsenantriebs für den Einsatz in der kommerziellen Verkehrsluftfahrt weiterentwickelt wurde. Die Nase vorn hatten mit De Havilland Comet und Caravelle die Briten und Franzosen, die nicht wie die USA über leistungsfähige Maschinen mit vielzylindrigen Kolbenmotoren verfügten und deshalb auf die neue Technik setzten. Dabei griffen sie auf Arbeiten des Ingenieurs Sir Frank Whittle zurück, die ungefähr gleichzeitig mit den deutschen Entwicklungen liefen. Whittle hatte sein 1930 patentiertes, nach dem Rückstoßprinzip arbeitendes Triebwerk bereits 1937 auf den Prüfstand geschickt, doch konnten die Briten erst 1943 mit der Gloster Meteor auf ein Düsenflugzeug zurückgreifen. ▸▸

▲ Einer der Pioniere des Düsenantriebs ist der britische Ingenieur Sir Frank Whittle, Angehöriger der Royal Air Force.

▸ Imposanter Anblick: das riesige Gebläse eines Strahl- bzw. Düsentriebwerks aus nächster Nähe.

Durch Abgase in Schwung

Das Turbinen-Luftstrahltriebwerk macht nichts anderes als der Verbrennungsmotor auch: Luft ansaugen und verdichten, Brennstoffgemisch verbrennen, Verbrennungsgase ausstoßen. Dieser Vorgang spielt sich beim Strahltriebwerk aber gleichsam auf einer Ebene ab. Die Expansion der Gase bringt nach dem Austritt aus der Brennkammer keinen Kolben in Bewegung, sondern eine Turbine zum Drehen, die ihre Energie über eine Welle nach vorne an Gebläse (Fan), Niederdruck- und Hochdruckverdichter zurückgibt. Den Vortrieb schafft der Rückstoß durch die Schubdüse.

▲ Die dreistrahlige Boeing 727, gebaut ab 1963, ist bis in die 1980er Jahre ein populäres Mittelstrecken-flugzeug.

▸ Hintergrund: moderner Düsenantrieb mit Rolls-Royce-Technik.

Der aus der Gasturbine entwickelte Strahlturbinenantrieb hat unbestrittene Vorteile: mehr Leistung durch gleichzeitige, nicht – wie beim Verbrennungsmotor – hintereinander ablaufende Arbeitsgänge, geringeres Gewicht sowie weniger Verschleiß und längere Wartungsintervalle aufgrund der Kraftübertragung ohne bewegliche Teile. Schubkraft und Wirkungsgrad des Düsenantriebs wurden in den 1950er Jahren erheblich gesteigert, sodass der Einsatz auf Lang- wie Kurzstrecken wirtschaftlich sinnvoll wurde. Die Boeing 707 dominierte mit der DC-8 den Luftverkehr der 60er Jahre. 1969 trat mit der Boeing 747 der erste Großraumjet an. Die Ära der Jumbojets war nicht mehr aufzuhalten. Es folgten die dreistrahligen Maschinen DC-10 und Lockheed Tristar sowie die vierstrahlige Iljuschin IL-86. Heute erheben sich Airbusse wie A 320 oder demnächst der A3XX mit gigantisch wirkenden Ausmaßen in die Luft, um immer mehr Passagiere bequem und auf schnellstem Wege zu ihren Zielen zu bringen. ∎

Mit gewaltiger Schubkraft steil nach oben

Wie für den Düsenantrieb gilt das dritte Newton'sche Axiom (»Die Wirkung ist stets der Gegenwirkung gleich«) auch für den Raketenantrieb: Die aus der Düse strömenden heißen Verbrennungsgase erzeugen einen Druck, der gleichzeitig in Gegenrichtung wirkt und den Flugkörper vorantreibt. Allerdings wird der zur Verbrennung notwendige Sauerstoff bei einer Rakete nicht der angesaugten Umgebungsluft entnommen; er lagert in flüssiger Form in einem separaten Tank. Von dort wird er mit dem Brennstoff in die Brennkammer gepumpt und gezündet. Die Ausdehnung der Gasmoleküle erzeugt einen gewaltigen Schub, jedoch nur für kurze Zeit bzw. in kurzen Intervallen.

◂ Vom europäischen Raumfahrtzentrum in Kourou (Französisch-Guyana) startet eine Trägerrakete vom Typ Ariane 4. Sie ist seit 1988 im Einsatz.

▸ Technik der Luxusklasse: das Überschall-Verkehrsflugzeug Concorde; im Jahr 2002 fliegen noch zwölf Maschinen.

Schneller als der Schall

Bis zu 144 Passagiere in dreieinhalb Stunden von Paris nach New York zu befördern ist das Privileg des französisch-britischen Überschallflugzeugs Concorde. Erstmals 1969 gestartet, nahm es 1976 den Liniendienst auf. Die Überwindung der Schallmauer hatte nicht nur ihren Preis, sie zwang auch zu kompromissloser und komplizierter Technik, von deren Verwirklichung potenzielle (USA) und vorhandene (UdSSR) Konkurrenten schließlich Abstand nahmen. Die sowjetische Tupolew TU 144 (Erstflug ebenfalls 1969) stürzte 1973 ab.

Mit Deltaflügeln und Schwenknase ist die Concorde der »Ferrari« unter den Verkehrsflugzeugen: schön, schnell (Reisegeschwindigkeit: durchschnittlich 2200 km/h), laut, durstig, selten (20 Maschinen wurden gebaut; es sollten einmal 1370 werden)

und empfindlich: Ein nur 43 cm langes Metallstück auf der Startbahn führte zur Katastrophe von Paris am 25. Juli 2000. Sie kostete 113 Menschen das Leben.

Düsenjets der Verkehrsluftfahrt

Comet
1952. Das erste Düsenverkehrsflugzeug (Großbritannien) wird ab 1949 erprobt. Die Comet macht zuerst durch Abstürze von sich reden. Ursache: Metallermüdung.

TU 104
1956. Die von Andrej Tupolew in der Sowjetunion konstruierte Maschine für zunächst 50 Passagiere hat zwei Triebwerke beiderseits des Rumpfes und erreicht 750 km/h.

Boeing 707
1957. Der vierstrahlige US-Düsenjet mit sog. Fan-Triebwerk und Platz für 189 Fluggäste gehört zu den meistgebauten Verkehrsflugzeugen der Welt (3000 Einheiten).

Airbus A 300
1974. Das erste, für 363 Passagiere ausgelegte Flugzeug des 1969 gegründeten Airbus-Konsortiums ist die europäische Antwort auf die Übermacht der US-Firmen.

1941

START INS COMPUTER-ZEITALTER

Einfache Rechenmaschinen, die in der Lage sind, die vier Grundrechenarten auszuführen, gibt es schon seit über 2000 Jahren. Den ersten funktionsfähigen programmgesteuerten Rechenautomaten der Welt entwickelte 1941 der deutsche Ingenieur Konrad Zuse. Sein Zuse Z3 war die Basis für alle folgenden Computer.

▲ Ohne sie geht nichts; moderne Mikroprozessoren sind winzige Chips, die nur einige Millimeter groß sind.

Die Römer rechneten um 300 v. Chr. mit dem Abakus, einem Rechenbrett, das in ähnlicher Form bis in die 1980er Jahre z. B. in Russland als »Stschoty« gebräuchlich war. 1622 benutzte der englische Mathematiker William Oughtred einen ersten Rechenschieber, 20 Jahre später stellte sein französischer Kollege Blaise Pascal eine Rechenmaschine für achtstellige Additionen und Subtraktionen vor, die wie ein Kilometerzähler arbeitete. 1671 wartete das Mathematikgenie Gottfried Wilhelm Leibniz mit einer mechanischen Maschine auf, die alle vier Grundrechenarten beherrschte. Das alles waren aber keine Computer im eigentlichen Sinne, ihnen fehlte die Programmsteuerung. Erst 1822 konstruierte der Engländer Charles Babbage einen programmgesteuerten Rechenautomaten, der aber nicht funktionsfähig war. Der Durchbruch der Computertechnik kam im Zuge des Zweiten Weltkrieges. Konrad Zuse besaß 1941 die nötige technische Ausstattung. Sein Z3 verfügte über alle wesentlichen Elemente, die für die spätere Computerentwicklung wichtig waren, u. a. das duale Zahlensystem. Nach Zuses Vorarbeit bauten die Ingenieure zunächst immer größere Rechner. ▸▸

▲ IBM-Computerwerbung in den 50er Jahren: Innovative Technik steht natürlich ganz oben an.

▾ Computer aus den 70er Jahren; das Fernsehen nutzt die neue Technik u. a. für Wahlprognosen.

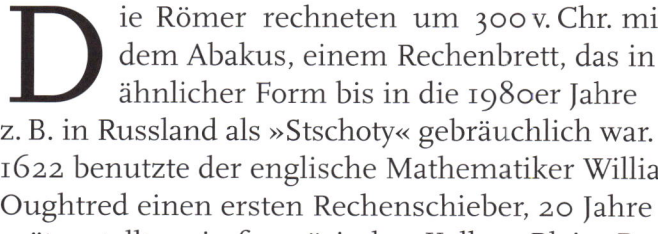

▲ Der erste US-Großrechner von 1944: der MARK I. Er ist 16 m lang, 2,5 m hoch, wiegt 35 t und besteht aus 700 000 Einzelteilen. Beim Bau werden über 3000 Kugellager und 80 km Leitungsdraht verwendet.

Bedeutende Neuerungen in der Computertechnik

Speicherprogrammierung
1944. Den ersten speicherprogrammierten Rechenautomaten der Welt (EDVAC) konzipiert der Amerikaner John von Neumann. 1952 wird die Maschine in Betrieb genommen.

Transistoren
1955. Bei den Bell Laboratories in den USA nimmt der von J.H.Felker gebaute TRADIC, der erste mit Transistoren arbeitende Rechner der Welt, den Betrieb auf.

Tischrechner
1967. Mit Anita Mark VIII baut der Brite Norman Kitz den ersten elektronischen Tischrechner. Die einsetzende Miniaturisierung erlaubt fortan den Bau kleinerer Rechner.

Mikroprozessor
1971. Nach einer Entwicklung von Marcian E. Hoff aus dem Jahr 1969 stellt die Firma Texas Instruments erste Mikroprozessoren als Zentraleinheiten für Computer her.

◀ Bunt und schrill stechen heutzutage die Laptops von Apple aus der Masse der grauen Computer hervor.

Was heute ein einziger fingernagelgroßer Chip bewältigt, mussten in den 40er Jahren Abertausende Relais und Elektronenröhren leisten. Konzeptuell folgte der erste US-Großrechner MARK I von Howard H. Aiken 1944 dem Babbage-Rechenwerk von 1822. Pro Sekunde bewältigte MARK I etwa drei Additionen. Die erste elektronische Großrechenanlage, ENIAC, war zwei Jahre später schon 2000-mal schneller als der elektromechanische Relaisrechner. Für die Zukunft eröffnet das Internet Möglichkeiten für den kostengünstigen »Bau« fast beliebig großer und schneller virtueller Rechenanlagen: Geeignete Software soll Millionen von PCs online erfassen und ihre freie Rechnerkapazität zum Lösen von Großaufgaben vernetzen. ■

Der große Pionier

Als studierter Bauingenieur ärgerte sich Zuse immer wieder über die zeitaufwendigen baustatischen Berechnungen. Um sich die monotone Arbeit zu erleichtern, begann er 1932 mit der Entwicklung eines programmgesteuerten Rechenautomaten. Dabei erkannte er, dass sich alle Rechnungen mit den drei logischen Grundoperationen UND, ODER und NEGATION ausführen lassen. Er knüpfte damit an die nach ihrem Erfinder als Boole'sche Algebra bezeichnete mathematische Binärlogik an. 1949 gründete Zuse eine Firma für die Entwicklung und den Bau programmgesteuerter Rechenmaschinen, die 1966 von der Siemens AG übernommen wurde.

▲ Konrad Zuse, Entwickler des ersten programmgesteuerten Rechners der Welt.

Unaufhaltsamer Vormarsch

Die Entwicklung von Zuses Modell Z3 zum modernen PC und Notebook erwies sich zunächst als mühsam. Grund war die noch in den Kinderschuhen steckende Halbleiterelektronik. Noch 1955 wurden riesige Computeranlagen mit Elektronenröhren bestückt. Erst in den 60er Jahren setzten sich die neuen Transistoren durch. Ab 1973 gingen einfache elektronische Taschenrechner in Serienfertigung, hoch integrierte Schaltkreise standen erst ab 1978 zur Verfügung. Leistungsstarke billige Chips machten den Computer in den 80er Jahren zur Massenware. Heute bestimmt er den Berufsalltag ebenso wie die Freizeit vieler Menschen. Mit dem Internet-Anschluss des eigenen PC ist die Anbindung jedes Users an ein gigantisches globales Informations- und Kommunikationsnetz erreicht.

▲ »Der Computer hält Einzug«; das amerikanische Time-Magazin erklärt ihn 1983 zur »Maschine des Jahres«.

▶ Hintergrund: Platinen-Montageplatten für elektrische Bauteile – sie sind ein wesentlicher Baustein eines jeden Computers.

Der Programmierer macht's

Laien sprechen gerne von Musikcomputern, Medizincomputern und anderen Fachcomputern. Im Grunde ist aber Rechner gleich Rechner. Den Unterschied in der Anwendung macht die Software aus, also die Programmierung. Hier bestimmen zwei Grenzen das Feld: die Kapazität und die Geschwindigkeit der jeweils modernsten Rechner einerseits, der menschliche Einfallsreichtum andererseits. Zahlreiche Autoren haben das Gespenst künstlicher Intelligenz heraufbeschworen. In Wirklichkeit wird ein Computer intellektuell niemals mehr können als seine Programmierer. Dennoch kann er übermenschliche Fähigkeiten entwickeln. Er kann das Wissen vieler Experten in sich vereinen und auf diese Weise in den meisten Fällen rascher und sicherer entscheiden als jeder Mensch. Und er kann lernen – aber nicht denken.

◀ Große Hilfe: Computer sind ein fester Bestandteil der modernen Medizin geworden.

1946

»ITSY-BITSY – STRANDBIKINI«

Am 5. Juli 1946 zündete mitten in Paris eine modische Bombe. Das Besondere an dieser »Waffe« war nicht der Stoff, aus dem sie bestand, sondern dass sie aus so wenig Stoff bestand: Im Schwimmbad Molitor stellte der Maschinenbauingenieur Louis Réard an diesem Tag den ersten Bikini vor. Kurz zuvor hatten die Amerikaner auf dem gleichnamigen Atoll der Marshallinseln eine Atombombe gezündet. Seine Namenswahl erklärte Réard später damit, dass sein Badeanzug genau wie die Atombombe »das Elementare reduziere«.

▲ Antike »Bikinis« – Römerinnen bei der Gymnastik; Fußbodenmosaik einer antiken Villa.

Der Bikini war tatsächlich so stark auf das »Wesentliche« reduziert, dass sich alle Pariser Models zunächst weigerten, damit auf den Laufsteg zu gehen. Réard heuerte daraufhin die unbekannte Nachtclubtänzerin Micheline Bernardini an, die trotz ihrer – an Modelmaßstäben gemessenen – relativen Molligkeit über Nacht zum Star avancierte.

In katholischen Ländern Europas wie Italien, Spanien oder Portugal wurde der gewagte Zweiteiler sofort verboten, in den Vereinigten Staaten sorgten die Tugendwächter dafür, dass sogar die Filmmetropole Hollywood zunächst auf das dekorative, Zuschauerblicke anziehende Kleidungsstück verzichten musste. ▸▸

▾ Der erste Bikini wird der Öffentlichkeit vorgestellt. »Vater« des gewagten Zweiteilers ist Modeschöpfer Louis Réard.

Immer kürzer und knapper

Ob »kurzes Schwarzes« oder Minirock – fast weltweit wurde in den 6oer Jahren die Kleidung immer kürzer und im Zuge der Hippiebewegung verschwand sie manchmal sogar ganz. In den Jahren danach hieß die Devise: kurz, kürzer, Tanga. Die Modewelt streitet sich seither darüber, ob die Stofffetzen die Körperstellen eher bedecken oder aber zur Schau stellen sollen.

◂ Auf ganz wenig reduziert: der Tanga.

Bademode im Wandel der Zeiten

Ganzkörperanzüge
Um 1900. Die europäische Aristokratie trägt die Bademode in mondänen Badeorten noch hoch geschlossen – nur die Hände und Füße bleiben unbedeckt.

Knielange Einteiler
2oer Jahre. Der Anblick eines weiblichen Knies – lange Zeit als unzüchtig empfunden – ist an vielen öffentlichen Badestränden nichts Ungewöhnliches mehr.

Beinfreier Einteiler
5oer Jahre. In zahlreichen Ländern ruft die beinfreie Bademode keine Sittenwächter mehr auf den Plan. Frauenbeine sind am Strand nun in ihrer ganzen Länge zu sehen.

Knopf-Oberteil
1999. Als eine Art Parodie auf den Bikini stellt Karl Lagerfeld in Paris ein neues Oberteil vor. Es besteht aus zwei Knöpfen, die die Brustwarzen nur notdürftig bedecken.

Selbst noch im Jahr 1957 schrieb ein amerikanisches Modemagazin, man brauche über den Bikini kein Wort zu verlieren, da ohnehin keine anständige Frau »je so etwas anziehen würde«.

So anständig waren aber offensichtlich nicht alle Amerikanerinnen: 1960 setzte der Sänger Brian Hyland dem zweigeteilten Badeanzug mit seinem »Itsy-Bitsy-Teenie-Weenie-Yellow-Polka-Dot Bikini« ein musikalisches Denkmal, das bauchfreie Outfit gehörte in den 60er Jahren auch an amerikanischen Stränden zunehmend zum alltäglichen Anblick.

Aber auch wenn der Bikini kurz darauf seinen Siegeszug um die Welt antrat – selbst auf der Schwelle zum 21. Jahrhundert wird er noch nicht überall geduldet: Auf direkte Veranlassung der Regierung von Saudi-Arabien klinkte sich der nationale Fernsehsender während der Olympischen Sommerspiele von Sydney 2000 aus der Übertragung des Beach-Volleyball-Turniers aus. Grund: Frauen im Bikini seien unzüchtig. ■

»Explosive« Mode

Anscheinend wusste Louis Réard, wie man für Publicity sorgt: Als er 1946 seinen Zweiteiler enthüllte, nannte er ihn ganz aktuell nach dem jüngsten Explosionsort der Atombombe und bedruckte Baumwollstoff mit Schlagzeilen vom Atombombenabwurf.

▲ Louis Réard, Pariser Couturier.

Einen Bikini müsse man »mühelos durch einen Ehering ziehen« können, lautete seine Werbebotschaft. Réard dachte sich noch über hundert Bikinimodelle aus; 1988 musste seine Firma jedoch Konkurs anmelden.

Bikini erobert die Filmleinwand

Vielleicht wäre der erste James Bond 1962 nicht zum Kassenschlager geworden, wenn nicht Ursula Andress im Baumwollbikini den karibischen Meeresfluten entstiegen wäre. Als die bekannte Schönheit das von ihr genähte Teil Jahre später auf ihrem Dachboden wiederfand und bei Christie's versteigern ließ, erbrachte der Bikini 5000 DM. Nach der Andress ließen andere Stars auch mehr oder weniger ihrer Hüllen fallen: etwa Jane Mansfield, und Sophia Loren. Filmproduzenten setzten auf den Bikini und verhalfen dem Zweiteiler auf diese Weise zum endgültigen Durchbruch.

◄ Sexsymbol der 50er und frühen 60er Jahre: die amerikanische Schauspielerin Marilyn Monroe im Bikini.

◄ Hintergrund: Die Figur muss stimmen; Bikiniträgerinnen achten sehr auf ihr Gewicht – wie schon Ende der 40er Jahre diese junge Dame am Swimmingpool.

1947

PRAKTISCHE HITZEWELLE

Bei einer Umfrage des Münchener Forsa-Instituts zur wichtigsten Erfindung des 20. Jahrhunderts war eine der häufigsten Antworten: der Mikrowellenherd. Dieses revolutionäre Küchengerät, das Speisen in kurzer Zeit auftaut, erhitzt und gart, Töpfe und Geschirr dabei aber nicht von außen erwärmt, hat das Alltagsleben entscheidend verändert. Der erste Mikrowellenherd wurde 1947 von der amerikanischen Raytheon Manufactoring Company in Newton gebaut.

▲ Einer der bekanntesten europäischen Hersteller für Mikrowellengeräte ist die französische Firma Moulinex in Cormelles-Le Royal.

Die Idee dazu lieferte der Ingenieur Percy D. Spencer, der 1946 beim Experimentieren mit einer Magnetfeldröhre für Radargeräte bemerkte, dass die dabei erzeugten Mikrowellen einen Schokoladenriegel in seiner Jackentasche zum Schmelzen brachten. Diesen Effekt, der nicht mit der Zuführung von Wärme zu begründen war, nutzte Spencers Firma Raytheon als Erste kommerziell. Sie sicherte sich die Patentrechte für das neuartige Küchengerät und machte aus dem kühlschrankgroßen Erstling Anfang der 1950er Jahre Platz sparende Herde für den Privathaushalt. Ob Spencer allerdings wirklich der Ruhm des ersten Mals gebührt, ist umstritten, denn seine Erfindung wird auch mit anderen Tüftlern, sogar den Rüstungsforschern im nationalsozialistischen Deutschland, in Verbindung gebracht.

Technische Voraussetzung für den Mikrowellenherd und gleichzeitig sein Herzstück ist eine Magnetron genannte Elektronenröhre, die der amerikanische Physiker Albert Wallace Hull schon 1921 entwickelt hatte. ▸▸

In Schwung gebracht

Mikrowellen sind elektromagnetische Hochfrequenzwellen, die im Mikrowellenherd auf die Speisen treffen. Erzeugt werden sie in einer Vakuumröhre, dem Magnetron. Dort sendet ein spiralförmiger Draht Elektronen aus. Diese werden von magnetischen und elektrischen Feldern gebündelt und dann auf eine Kreisbahn geschickt, deren Umlauffrequenz der Frequenz der erzeugten Mikrowellenstrahlung entspricht. Die auf diese Weise zum »Schwingen« gebrachten Mikrowellen werden über eine Antenne, den Koppelstift, »gesendet« und gelangen durch einen Hohlleiter in den Garraum, wo sie sich in einem Wechselspannungsfeld zwischen Lebensmitteln und Edelstahlwänden hin und her »bewegen«. Die sich dabei ständig ändernde elektrische Ladung (bis zu 5 Mrd. Mal pro Sekunde) bringt die Moleküle des Garguts in Bewegung. Die entstehende Reibungshitze erwärmt die Speisen dann von innen heraus.

◂ Aufbau und Funktionsprinzip eines Mikrowellenherdes; wichtigstes Bauteil ist das Magnetron.

▲ Auch der Mann muss mal ran. Die Mikrowelle, bequem in Augenhöhe platziert, sorgt dafür, dass nichts anbrennt.

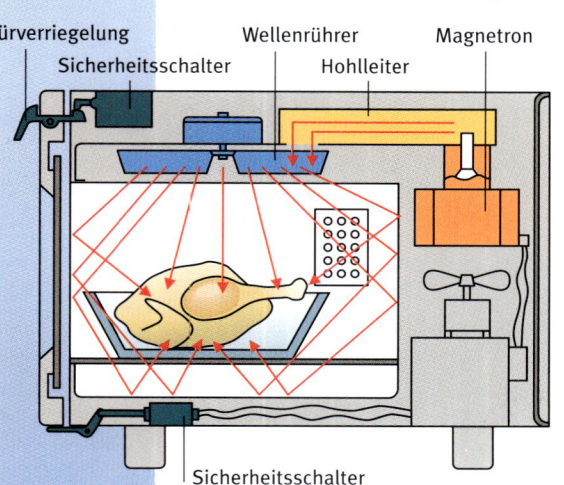

Türverriegelung
Sicherheitsschalter
Wellenrührer
Hohlleiter
Magnetron
Sicherheitsschalter

Erzeugung elektromagnetischer Wellen

Elektromagnetische Wellen 1887/88. Der Physiker Heinrich Hertz entdeckt die elektromagnetischen Wellen, zu denen auch die Mikrowellen im Frequenzbereich von Radio- und Infrarotstrahlen gehören.

Schwingkreis 1898. Der deutsche Physiker Karl Ferdinand Braun erfindet den geschlossenen Schwingkreis, die erste Technik zur kontinuierlichen Erzeugung elektromagnetischer Wellen.

Das Magnetron erzeugt hochfrequente elektromagnetische Strahlung im Mikrowellenbereich. Zunächst wurden derartige Röhren für militärische Zwecke in der Radartechnik verwendet. 1952 gelang es dann, Mikrowellengeneratoren zu bauen, die auch für Haushaltsherde von »Otto Normalverbraucher« geeignet waren. Seit den 1960er Jahren zieht die Lebensmittelindustrie die Mikrowelle verstärkt in ihre Vermarktungsstrategien ein. Aus Großküchen, der Gastronomie und Privathaushalten sind die kompakten, häufig mit Grill- und Backfunktionen garnierten und in mehreren Leistungsstufen bis 1000 W programmierbaren Geräte nicht mehr wegzudenken, passen sie doch gut in unsere an Flexibilität und Individualismus orientierte Arbeits- und Freizeitkultur, in der feste gemeinsame Essenszeiten kaum noch einzuhalten sind. ∎

▾ In nur 15 Sekunden ist der Hamburger fertig. Die Firma Raytheon führt 1947 ihre Neuentwicklung namens »Radarange« New Yorker Ingenieuren vor.

▾ Die richtige Garzeit garantiert die mit der Tiefkühlkost oder dem Fertiggericht mitgelieferte und von der Mikrowelle »gelesene« Magnetkarte; dieser neuartige Mikrowellenherd wird 1999 in Köln vorgestellt.

◂ Die neue Generation von »Allroundern« zeigt sich im modernen Alu-Design. Auftauen, Garen, Braten, Backen, Bräunen und Grillen: Alles ist mit dem Kombi-Gerät möglich.

Nicht ganz ungefährlich

Da Mikrowellen lebendes Gewebe erhitzen und daher dem Organismus schaden können, müssen handelsübliche Geräte nach außen hin abgeschirmt werden. Trotzdem gelangt mitunter Strahlung durch Lecks nach außen. Seit den 1970er Jahren weisen Forschungsberichte auch immer wieder darauf hin, dass Mikrowellen molekulare Strukturen und die Zellwände zerstören und dadurch die Bestandteile der gegarten Speisen verändern. Studien aus der ehemaligen UdSSR stellten sogar Krebs erregende Stoffe fest. Zudem ist der Nährwert gegenüber herkömmlich gekochten Speisen deutlich reduziert, weil Mikrowellen manchem Vitaminkomplex den Garaus machen. Untersuchungen in den 1980er/90er Jahren, insbesondere in der Schweiz und den USA, unterstreichen derartige Befunde; sie führten u.a. zur Verbannung von Mikrowellengeräten aus Säuglingsstationen, wurde doch bei mikrowellenerwärmter Muttermilch eine starke Abnahme von darin enthaltenen Immunabwehrstoffen festgestellt.

Radar
1936. Die US-Ingenieure G. F. Metcalf und W. C. Hahn entwickeln das Klystron, eine neue Elektronenröhre zur Mikrowellenerzeugung, die vor allem für das Radar genutzt wird.

Wanderwellenverstärker
1947. Robert Warnecke baut eine Elektronenröhre, bei der ein Elektronenstrahl durch ein elektromagnetisches Feld verzögert und gleichzeitig verstärkt wird.

◂ Amerikanische Hausfrauen werben 1955 für das neue »elektronische Kochen«. Joanne Meese aus Mansfield in Ohio bringt das »Gläschen« in 45 Sekunden auf babygerechte Temperatur.

1950

GELENKIG BIS INS ALTER

Noch Mitte des 20. Jahrhunderts mussten sich Zigtausende damit abfinden, wenn die Gelenke nicht mehr mitmachten. Schmerzende und steife Knie oder Hüften gehörten zum Altwerden wie weißes Haar. Dann endlich setzten 1950 die Chirurgen Jean und Robert-Louis Judet ein Zeichen der Hoffnung: Sie implantierten Patienten die ersten künstlichen Hüftgelenke.

D ass Medizin und Technik dem Leiden vieler Menschen ein Ende machten, war nur gerecht. Denn schließlich war der medizinische und technische Fortschritt auch mit dafür verantwortlich, dass Gelenkverschleiß um sich griff. Die Lebenserwartung stieg im 19. und 20. Jahrhundert beträchtlich: Sie betrug 1750 gerade 30 Jahre, 1950 hatte sie sich auf 65 Jahre mehr als verdoppelt und gegen Ende des 20. Jahrhunderts lag sie bei weit über 70 Jahren. Dabei beschleunigten noch wachsender Wohlstand und steigende Bequemlichkeit den natürlichen Verschleiß, denn Übergewicht und fehlende körperliche Bewegung machen besonders den stark beanspruchten Hüft- und Kniegelenken zu schaffen.

Schon früh suchten Mediziner nach Möglichkeiten, bei Gelenkverschleiß zu helfen. Erste Versuche Ende des 19. Jahrhunderts, zerstörte Hüftgelenke durch Prothesen zu ersetzen, waren aber wegen der noch unvermeidbaren Wundinfektion von vornherein zum Scheitern verurteilt. Sie blieb in der Folgezeit das vordringliche Problem. Darüber hinaus mussten aber auch möglichst verschleißfreie Materialien für die Prothesen gefunden werden – und eine Verankerung im Knochen, die lange hielt.

Nach dem Zweiten Weltkrieg waren Technik und Medizin endlich so weit. Die französischen Knochenchirurgen Judet entwickelten 1946 ▸▸

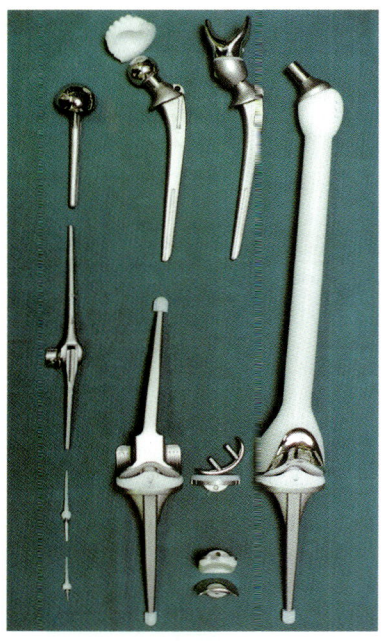

▲ Diese Sammlung künstlicher Gelenke reicht vom Kniegelenk mit Oberschenkelersatz (rechts) bis zu kleinsten Fingergelenken (unten links).

RoboDoc am OP-Tisch

Selbstverständlich spielen bei den jüngsten Entwicklungen im Bereich künstlicher Gelenke Computer eine große Rolle – die spektakulärste vielleicht RoboDoc: Der Operationsroboter übernimmt einen Teil der Arbeit des Chirurgen. Er fräst z. B. die Höhlen in Oberschenkelknochen, in die dann Prothesenstiele eingesetzt werden. Das macht er mit unglaublicher Präzision. Wird die Prothese eingesetzt, haben die Oberfläche des Prothesenstiels und die Knochenwand zu 95–100 % Kontakt. In Handarbeit kommen Chirurgen gerade auf 15–20 %. Dank der RoboDoc-Technik kann das operierte Bein unmittelbar nach der Operation wieder voll belastet werden.

▸ Die Anfänge der modernen Gelenkprothetik: Die Röntgenaufnahme zeigt eine implantierte Hüftkopfprothese der Chirurgen Jean und Robert-Louis Judet. Der Stahlstift steckt im Oberschenkelknochen, der Acrylkopf sitzt in der Gelenkpfanne.

◂ Moderner Operationsroboter für Hüftgelenksoperationen; »Casper« von der Universitätsklinik München-Großhadern arbeitet mit einer Genauigkeit von 0,1 mm.

▼ Ein computergestütztes Navigationssystem hilft den Chirurgen neuerdings dabei, die Implantation eines künstlichen Kniegelenks exakt zu vermessen.

pilzförmige Stielprothesen mit Acrylkopf, die sie Patienten ab 1950 anstelle abgenützter Hüftgelenkköpfe implantierten. Langfristig waren aber noch Verbesserungen notwendig, denn die Prothesen lockerten sich, und das Aufeinanderreiben von Acrylgelenkkopf und Knochengelenkpfanne führte zu erneuten Beschwerden. Für den Durchbruch der Gelenkprothese in der Chirurgie sorgte Anfang der 60er Jahre der Engländer John Charnley. Er entwickelte ein künstliches Hüftgelenk mit einem Gelenkkopf aus Metall und einer Gelenkpfanne aus Polyethylen. Sie wurden mit Acrylharz haltbar im Knochen verankert. Neue Materialkombinationen und die Computertechnik perfektionierten die Endoprothetik bis in die Gegenwart. Heute können fast alle Gelenke des menschlichen Körpers durch Prothesen ersetzt werden. ■

▲ Bei vielen älteren Menschen sorgen künstliche Gelenke für eine erhöhte und vor allem schmerzfreie Mobilität.

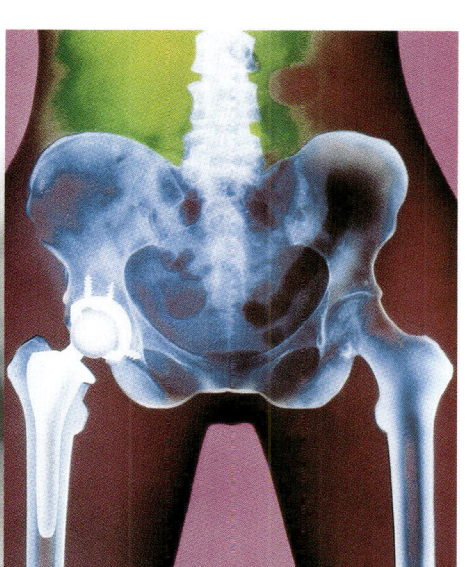

▲ Eine moderne Hüftgelenkprothese: Der Kopf des im Oberschenkelknochen verankerten Kunstgelenks sitzt in einer künstlichen Pfanne, die im Hüftknochen verschraubt ist.

Experimente mit Elfenbein

Der Berliner Chirurg Themistokles Gluck experimentierte als einer der Ersten mit Gelenkprothesen. Er implantierte Anfang der 1890er Jahre künstliche Hand- und Kniegelenke aus Elfenbein. Aber bei all seinen Patienten – es waren immerhin 14 – traten wegen fehlender Sterilität sofort starke Entzündungen auf. Nicht diese Tatsache jedoch ließ Gluck resignieren aufgeben, sondern der Widerstand seiner Kollegen. Sie warfen ihm vor, Gott ins Handwerk zu pfuschen. Der Chirurg Ernst von Bergmann schrieb Gluck: »Ich als Führer der deutschen Chirurgie kann nicht länger dulden, dass die deutsche Wissenschaft diskreditiert wird. Ich und meine Schule werden Sie bekämpfen mit allen zu Gebote stehenden Mitteln.«

◀ Themistokles Gluck im Jahr 1927; der Berliner Chirurg gehört zu den Pionieren der Gelenkprothetik – wenn auch ohne Erfolg.

Zersägt und verschraubt

Der Umgang der Chirurgie mit deformierten oder verschlissenen Gelenken war bis zur Entwicklung des künstlichen Gelenks notgedrungen rabiat. Um ein abgenutztes und dadurch versteiftes Hüftgelenk wieder beweglich zu machen, erzeugte als einer der Ersten der Chirurg John Rhea Burton ein so genanntes Falschgelenk. Er sägte 1826 – ohne Narkose – den Oberschenkelknochen eines Patienten ganz nahe am Hüftgelenk einfach durch. So entstand wieder eine Art Gelenk.

Bewegungen schmerzten aber natürlich stark, weil die Knochenenden gegeneinander rieben. Quasi genau das Gegenteil machte eine um 1900 entwickelte und zwischen 1930 und 1960 verbreitete Methode, den Patienten schmerzfrei zu machen: die künstliche Versteifung des Gelenks. Das geschah durch Nagelung und später durch Verschraubung der Knochen mit Platten.

▼ Die Röntgenaufnahme zeigt die künstliche Versteifung einer erkrankten Handwurzel durch eine implantierte Metallplatte.

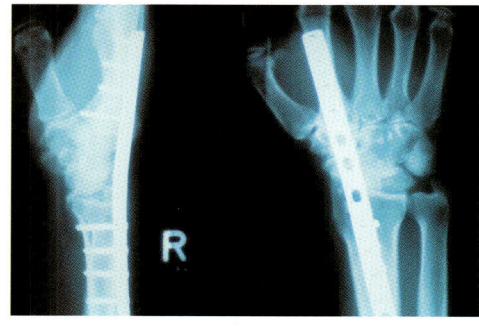

Aus der Pionierzeit der Gelenkprothesen

Nichts als Silikon
1962. Der Brite Swanson ersetzt Fingergelenke durch Implantate aus Silikon – im selben Jahr werden übrigens auch die Brustimplantate aus Silikon entwickelt.

Scharnierknie mit Dreh
1968. Lagrange und Letournel in Frankreich entwickeln eine Knieprothese mit Scharniergelenk. 1976 versehen sie diese noch zusätzlich mit einem Drehmechanismus.

Ersatzschulter
1973. Die Chirurgen D. Dowson und V. Wright in den Vereinigten Staaten erfinden eine Prothese, die degenerierte, schmerzende Schultergelenke wieder beweglicher macht.

Bandscheiben-Ersatz
1984. In der Ostberliner Charité wird einem Patienten erstmals die von Karin Büttner-Janz und Kurt Schellnack entwickelte künstliche Bandscheibe eingesetzt.

1950

RENNKITZEL AUF LEBEN UND TOD

Das Spektakel beginnt alljährlich im März in Melbourne (Australien) und endet im Oktober in Suzuka (Japan). Von Spezialisten-Teams kreierte 800-PS-Boliden jagen über einen Rundkurs. Am Steuer durchtrainierte, hoch bezahlte Piloten-Stars: Formel 1. Der Rennzirkus begann am 13. Mai 1950, allerdings mit einer Technik, die noch aus der Vorkriegszeit stammte.

▲ Jubel beim Ferrari-Team: Michael Schumacher holt 2000 den dritten WM-Titel.

D ie ersten Champions schworen auf italienische Wagen: Alfa Romeo, Ferrari und Maserati beherrschten die Rennkurse. Das erste Weltmeisterauto, der 1938 gebaute Alfa Romeo 158, hatte den Krieg in einer Käserei versteckt überstanden. Er war mit acht Zylindern, 1500 cm³ Hubraum und 350 PS schon recht flott unterwegs; Aerodynamik und Fahrersicherheit ließen in den Kindertagen der Formel 1 aber noch zu wünschen übrig.

Die Fahrer saßen in offenen Cockpits, bei größeren Unfällen blieb von Fahrern und Boliden nicht viel übrig. Ein Umdenken setzte erst in den 70er Jahren ein, nachdem Stars wie Jim Clark und Jochen Rindt das Formel-1-Spektakel mit dem Leben bezahlt hatten. Die Pisten wurden entschärft, die Autos sicherer. Das war auch nötig, denn die Technik dominierte das Renngeschehen: Aerodynamische Ungetüme mit Turbo-Motoren von über 1200 PS Leistung rasten um die Wette. 1989 geboten die Formel-1-Oberen der Entwicklung mit Saugmotoren und maximal 3,5-l-Hubraum Einhalt. ▸▸

▲ Wer in einem Ferrari Weltmeister wird, macht sich nach Meinung der Italiener unsterblich. 1979 holt der Südafrikaner Jody Scheckter den WM-Titel für die »Roten«.

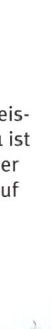

▸ Erster Weltmeister der Formel 1 ist 1950 der Italiener »Nino« Farina auf Alfa Romeo.

◂ Bereits in den 50er Jahren pilgern die Menschen zu Tausenden zur Formel 1 – hier zum Nürburgring 1957.

Aufgrund der immer üppigeren Vermarktung und dank ihres geschäftstüchtigen Vordenkers Charles Bernard (»Bernie«) Ecclestone avancierte die Formel 1 in den 90er Jahren zum drittgrößten Sportereignis nach Olympia und Fußball-WM sowie zum Milliarden Imperium: 1999 verzeichnete die Königsklasse bei den 16 Rennen einen Rekord von 60 Mrd. TV-Zuschauern weltweit, und auch der Jahresumsatz macht den Motorsport zum »big business«. ∎

Fest im Griff der Technik

In keiner anderen Sportart sind Technik und Techniker so wichtig wie in der Formel 1. In immer kürzerer Zeit müssen die Crews an den Boxen die empfindlichen Boliden versorgen; perfekte Reifen- und Tankstopps entscheiden ebenso über den Sieg wie das fahrerische Können. Allerdings wird auch der talentierteste Fahrer nie Weltmeister, wenn sein Team nicht über das beste Material verfügt: Die richtige Zusammensetzung der Reifenmischung, das exakte Abstimmen des Fahrwerks auf die Pistenverhältnisse und insbesondere der Motor, dessen Bauplan das bestgehütete Geheimnis eines jeden Rennstalls ist, bringen in jeder Runde die entscheidenden Hundertstelsekunden Vorsprung.

▶ Die Ferrari-Crew im Einsatz: Boxenstopp von Michael Schumacher.

▲ Klare Stromlinienform – der Silberpfeil von 1954. Bei 290 PS bringt es der Mercedes auf stolze 300 km/h.

Die Großen der Formel 1

Wer der beste Fahrer in der über 50-jährigen Geschichte des Formel 1 ist, war jahrzehntelang unumstritten. Uneinholbar schien der Argentinier Juan Manuel Fangio, der in den 50er-Jahren mit vier verschiedenen Marken fünfmal Weltmeister wurde. Nie wieder schien ein Fahrer die Konkurrenz derart distanzieren zu können – trotz Alain Prost mit vier Titeln oder Niki Lauda, Nelson Piquet und Ayrton Senna, die alle dreimal siegten. Als dann im Juli 2002 der Deutsche Michael Schumacher auf Ferrari vorzeitig den fünften WM-Triumph klarmachte, war Fangios Rekord mehr als eingestellt: Nach der Zahl der Einzelsiege hat der Kerpener die argentinische Legende sogar weit überholt. Und nichts deutet darauf hin, dass »Schumi« es mit dem fünften Titel bewenden lassen will...

◀ Der Franzose Alain Prost, Weltmeister 1985, 1986, 1989 und 1993, baut Ende der 90er Jahre einen eigenen Rennstall auf.

Ferrari contra Mercedes

Die Formel 1 ist auch die Geschichte des Duells zweier Rennställe, das längst mythische Dimensionen angenommen hat: Ferrari und Mercedes. Die Deutschen hatten schon in den 30er Jahren den Silberpfeil gebaut, mit dem der Argentinier Juan Manuel Fangio 1955 die Weltmeisterschaft gewann. Ferrari feierte ein Jahr später schon den dritten Triumph. Erst in den 90er Jahren gelang dem Silberpfeil ein Comeback: 1998 und 1999 holte Mika Häkkinen für McLaren Mercedes den Titel. Größter Konkurrent der Stuttgarter Autobauer war erneut Ferrari – dazu ein Deutscher: Seit 2000 bescherte Michael Schumacher der Scuderia sage und schreibe drei umjubelte Titel.

Wichtige Bestimmungen in der Formel 1

Erstes Reglement
1947. Das Regelwerk des 1946 gebildeten Weltverbandes Fédération Internationale de l'Automobile (FIA) schafft eine neue Wagenklasse für Grand-Prix-Rennen.

Markenweltmeisterschaft
1958. Die erste Konstrukteurs-WM gewinnt das britische Ferrari-Team von Tony Vanwill. Mit zehn Titeln (bis 2002) verbucht Ford die meisten Gesamtsiege.

Dreiliter-Motoren
1966. Die Motoren der Formel-1-Rennwagen dürfen 3000 ccm Hubraum erreichen (bis 1986 gültig) und ein Gewicht von 500 kg (ohne Tankinhalt) nicht unterschreiten.

Mehr Sicherheit
1995. Nach dem Unfalltod des dreimaligen Weltmeisters Ayrton Senna 1994 gelten zum Saisonbeginn neue Bestimmungen zur Verringerung der Geschwindigkeit.

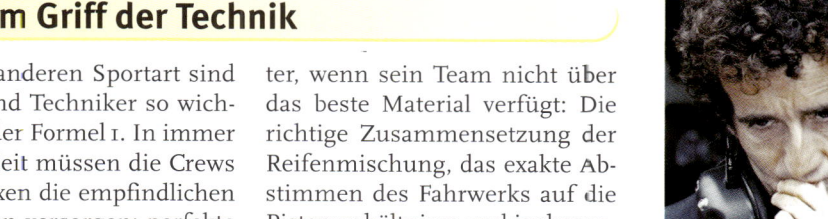

1952

BAUSTEIN DES LEBENS

1952 entdeckte die britische Biophysikerin Rosalind Elsie Franklin, dass die Desoxyribonukleinsäure, also die DNS bzw. englisch DNA, in ihrer Struktur einer Wendeltreppe ähnelt. Den Ruhm für diese Pioniertat, die den Grundstein für die Genforschung legte, erlangten jedoch später Franklins Chef Maurice H. F. Wilkins sowie die Forscher Francis Harry Compton Crick und James Dewey Watson.

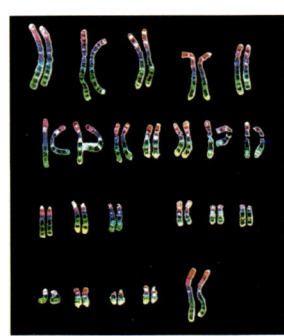

▲ Chromosomen – die Träger der DNA; der menschliche Chromosomensatz besteht aus 23 Chromosomenpaaren. Das abgebildete weibliche weist gegenüber dem männlichen einen Unterschied auf: Es hat im 23. Paar zwei X-Chromosomen, das männliche hat ein X- und ein Y-Chromosom.

Rosalind Franklin ging von dem Gedanken aus, dass die DNA als langkettiges Riesenmolekül aus Nukleotiden in ihrem Aufbau Regelmäßigkeiten zeigen muss. Zur Überprüfung dieser Hypothese konnte die Britin allerdings nicht einfach ein Mikroskop benutzen; derartige submikroskopische Faktoren ließen sich lediglich durch die Beugung von Röntgenstrahlen enträtseln – ein bereits bei anderen Untersuchungen praktiziertes Verfahren.

Die Wissenschaftlerin bestrahlte deshalb DNA-Moleküle mit Röntgenstrahlen und erkannte nach langer sorgfältiger Arbeit deren Struktur, die einer Doppelwendel, einer so genannten Helix gleicht. Erstmals war es damit gelungen, den Baustein des menschlichen Lebens in seinem Aufbau nachvollziehen zu können. Diese Erkenntnis bildete die Grundlage für die moderne Genomforschung zur Entschlüsselung des menschlichen Erbguts, die erstmals 1954 von dem sowjetisch-amerikanischen Physiker George Gamow in Angriff genommen wurde.

Die Ergebnisse von Franklins Arbeit wurden nicht sofort veröffentlicht – einerseits, weil die bescheidene Forscherin ihre Beobachtungen noch durch andere Kollegen bestätigen lassen wollte, andererseits, weil sie als Frau im von Männern beherrschten Forschungsbetrieb einen schweren Stand hatte und noch keinen Namen in der Fachwelt besaß. Ihr Vorgesetzter, der neuseeländische Physiker Wilkins, spielte ▸▸

Gentherapie in der Medizin

Erstmals wurden gentechnisch veränderte Zellen im Mai 1989 in der Humanmedizin eingesetzt, im Dezember 1998 zählte man bereits 3089 gentherapeutisch behandelte Patienten. Verstand man unter Gentherapie zunächst nur die Korrektur eines genetischen Defekts, indem ein schadhaftes Gen durch eine intakte Kopie in den betroffenen Zellen ersetzt wurde, so hat sich der Begriff heute auf jede Einschleusung einer Gensequenz in eine Zelle ausgeweitet.

▲ Das beliebteste Objekt der Genforscher: die Taufliege (Drosophila melanogaster), hier mit vier Flügeln.

▸ Die DNA-Doppelhelix besteht aus zwei spiralig angelegten Nukleotidenketten, die durch unterschiedliche Basenpaare miteinander verbunden sind.

die Röntgenfotos der Forscherin ohne deren Wissen 1953 seinem britischen Kollegen Crick und dem amerikanischen Biochemiker Watson in die Hände. Die beiden Wissenschaftler kannten bereits die chemische Zusammensetzung der DNA – Zucker, Desoxyribose, Phosphat sowie die stickstoffhaltigen Basen Adenin, Cytosin, Guanin und Thymin – und bemerkten sofort die Tragweite von Franklins Entdeckungen. Nach einigen Ergänzungen und Überprüfungen veröffentlichten sie die Arbeit unter ihrem eigenen Namen. Die Fachwelt zeigte sich begeistert von dem inzwischen berühmt gewordenen Artikel »Molekulare Struktur der Nukleinsäure: Die Struktur der Desoxyribonukleinsäure«, der im April 1954 in der Zeitschrift »Nature« erschienen war: Watson und Crick hatten ein logisch unangreifbares Modell entwickelt, von dem sich auch das Nobelpreiskomitee beeindruckt zeigte. So erhielten Crick und Watson zusammen mit Wilkins 1962 den Medizin-Nobelpreis, Rosalind Franklin aber ging leer aus. ■

▲ »Celera Genomics«, das Forschungsunternehmen des amerikanischen Genetikers Craig Venter, legt detaillierte »Landkarten« des menschlichen Erbguts an.

▲ DNA-Modell nach den Überlegungen von Watson und Crick; es veranschaulicht den Besuchern des Natural History Museums in New York die Doppelhelix-Struktur.

Berühmte Molekularbiologen

Der britische Physiker Francis Harry Compton Crick baute im Zweiten Weltkrieg u. a. Minen für die Marine, ehe er sich nach 1945 erfolgreich der Molekularbiologie zuwandte. Von 1949 bis 1976 arbeitete er am Medical Research Council Laboratory in Cambridge, wo er sich zum Ende seiner Karriere auch mit der Existenz außerirdischer Intelligenz beschäftigte.
Cricks aus Chicago stammender amerikanischer Kollege James Dewey Watson begann seine naturwissenschaftliche Laufbahn als Virusforscher. Der spätere Harvard-Professor verschrieb sich jedoch bald ganz der humangenetischen Grundlagenforschung.

▲ Medizin-Nobelpreisträger 1962: James Dewey Watson (l.) und Francis Harry Compton Crick.

Überraschende Erkenntnis

Ein ehrgeiziges Ziel der Genforschung war seit den 8oer Jahren die Entschlüsselung des kompletten menschlichen Genoms, also des menschlichen Erbguts. Die Forscher des 1990 gestarteten Human-Genom-Projekts gingen von rund 100 000 Genen mit insgesamt 3 Mrd. Bausteinen aus. Das im Februar 2001 vorgestellte Ergebnis nannte jedoch nur knapp 40 000 Gene – etwa doppelt so viele wie bei einer Fruchtfliege.

Den Erfolg, als Erster das Genom des Menschen beinahe vollständig zu entschlüsseln, konnte im Jahr 2000 der amerikanische Genetiker und Unternehmer Craig Venter für sich beanspruchen. Jedoch ist auch ihm bislang die Funktion erst relativ weniger Gene bekannt.

▲ Sein Name steht für die Entschlüsselung des Genoms: Craig Venter

Stationen in der Genetik und Gentechnologie

Mendel'sche Regeln
1865. Der österreichische Botaniker Gregor Johann Mendel stellt anhand zahlreicher Kreuzungsversuche Gesetze für die Vererbung genetischer Merkmale auf.

Genmanipulation
1970. Die beiden Mikrobiologen Hamilton O. Smith und Daniel Nathans schaffen die Basis zur genetischen Neukombination der DNA und damit zur Genmanipulation.

Veränderte Bakterien
1973. In den USA stellen Wissenschaftler erstmals ein gentechnisch verändertes Bakterium her. Das Ereignis markiert die Geburtsstunde der modernen Gentechnologie.

Gensynthese
1976. Dem indisch-amerikanischen Chemiker Har Gobind Khorana gelingt die Synthese eines vollständigen Gens. In eine Zelle eingepflanzt, ist es voll funktionsfähig.

1952

Künstliche Menschen

»Robota« kommt aus dem Tschechischen und bedeutet so viel wie »Frondienst«. Mit diesem Wort beschrieb der Dramatiker Karel Čapek 1921 in einer utopischen Tragikomödie mechanische Monstren. 1952 stellte das Massachusetts Institute of Technology in den USA die ersten so genannten NC-Maschinen her: Werkzeugmaschinen, die als erste »Roboter« der Welt gelten.

▲ »Emotional Engine«, so nennen die Forscher diesen Roboterkopf. Er soll »Augen« und »Ohren« fast wie ein Mensch bewegen können.

D ie von einer technischen Zeichnung abgelesenen Maße wurden von einem Rechner per Steuergerät auf die Werkzeugmaschine übertragen. Durch Bewegung der Stückhalterung formte die Maschine das Rohstück ohne weitere menschliche Hilfe. Eine Neuentwicklung lieferte 1963 die US-Firma Unimation mit ihrem »Unimat«. Der Industrieroboter konnte mit Schwenk- und ausziehbaren Teleskoparmen sowie zwei Greiffingern die Werkstücke greifen, heben, senken oder verschieben. Schon ein Jahr später fanden sich Nachahmer, die diese Industrieroboter der ersten Stunde vor allem einsetzten, um schwere, schmutzige oder gefährliche Arbeiten zu erledigen. ▸▸

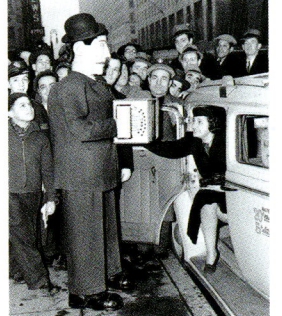

▲ Freundliche Begrüßung durch einen puppenähnlichen Roboter: »Big Looie« erfreut die Menschen mit Akkordeonspiel; New York 1938.

▾ Hoch entwickelte Technik: die Hand eines modernen Roboters.

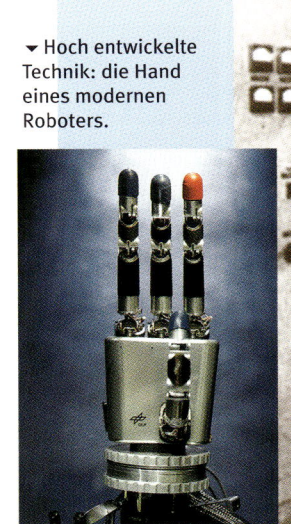

◂ Vorläufer des Industrieroboters: Die vollautomatische Werkzeugmaschine des Massachusetts Institute of Technology erledigt ihre Arbeiten ohne menschliche Eingriffe.

Skurrile Einsatzbereiche moderner Roboter

Fußballroboter
1997. Im japanischen Nagoya kämpfen speziell entwickelte Fußballroboter von 29 Mannschaften aus neun Ländern erstmals um den Weltmeistertitel im so genannten Robocup.

Religionsroboter
1998. Mit Robotern wirbt die International Society for Krishna Consciousness Anhänger in Neu Delhi. 300 000 Dollar teure »Hightech-Götter« halten u. a. Predigten.

Springroboter
2000. Die Roboter der Sandia National Laboratories springen bis zu 6 m hoch und bis zu 2 m weit. Ihre Batterie reicht für eine Entfernung von maximal 8 km.

Pelzhund
2000. Ein Roboterhund, der bellt, knurrt, schläft, sich kraulen lässt und Herrchen/Frauchen nachläuft, soll laut Soziologen alten Menschen in Japan aus ihrer Einsamkeit helfen.

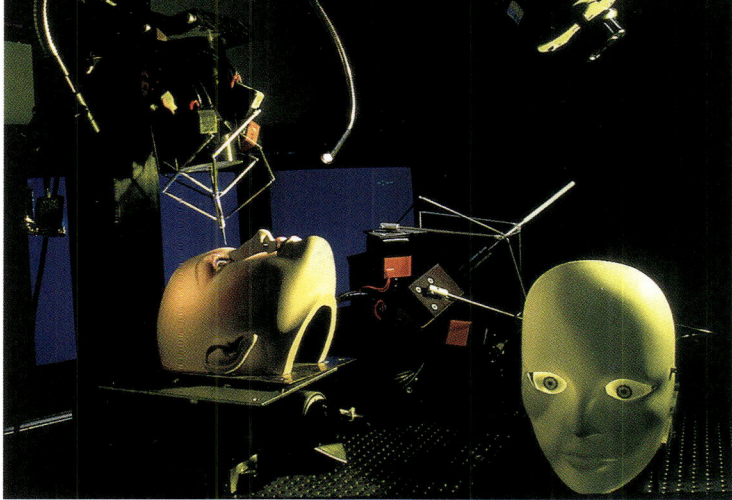

▲ Roboter in der Medizin: Der so genannte Tele-Roboter wird in der Chirurgie eingesetzt.

In einer schwedischen Gießerei etwa ließ man Gießformen, aus denen giftiger Rauch entwich, von einem Roboter anheben und in eine Kühlvorrichtung stellen. Obwohl moderne Roboter jedwede Fertigungsarbeit ausführen könnten und dabei schneller, präziser und effektiver als jeder Mensch sind, haben sie sich nicht wie erwartet durchgesetzt. Ihr Einsatz konzentriert sich auf wenige Gebiete, insbesondere Montagearbeiten wie Schweißen, Nieten und Verschrauben sowie das Spritzlackieren. Die erste vollkommen mit Robotern automatisierte Fertigungshalle der Welt nahm 1983 das Wolfsburger VW-Werk in Betrieb. ∎

»Intelligente« Maschinen

Die Zukunft der »intelligenten« Roboter hat bereits begonnen. Vor allem japanische Unternehmen arbeiten an Robotern, die sehen und fühlen können und damit in der Lage sind, ihre Arbeitsweise an die jeweilige Umwelt anzupassen. Noch viel weiter reichen die Entwicklungsvorhaben wissenschaftlicher Institute und der Industrie, die eine neue Generation von Computern für die Steuerung von Robotern »züchten« wollen. Vorbild ist die Selbstvervielfältigung der DNA, die sich auch als mathematischer Prozess beschreiben lässt. Fernziel sind sich selbst konstruierende und bauende Hochleistungscomputer und Roboter, die während ihrer Arbeit selbstständig optimale Abläufe und Verbesserungen finden können.

▶ Hintergrund: eine Maschine, die jubelt; der 50 cm große »humanoide« Roboter SDR-3X von Sony kann 15 km pro Stunde zurücklegen und dabei die Richtung ändern.

▲ Die Fortschritte in der Roboterentwicklung sind gewaltig; »menschlicher« Roboter P3 von Honda – im Jahr 2000 vorgestellt.

Vom Menschen erschaffen

Seit je kreiste die menschliche Phantasie um eine Art Maschine, die Bewegungen des Menschen nachahmen kann. Schon um 1790 überraschten die Schweizer Mechaniker Henri-Louis Jacquet-Droz und sein Sohn Pierre Jacquet-Droz die Öffentlichkeit mit ihren »Androiden«: mechanischen Automaten in Menschen- und Tiergestalt, die – angetrieben von einem Federuhrwerk – tanzen, den Kopf bewegen, trinken oder Instrumente spielen konnten. Diese »Roboter« tauchten in Salons und auf Jahrmärkten bis weit ins 20. Jahrhundert auf. Die voll elektronischen Nachfolger unserer Tage sind auf dem Spielzeugmarkt zu finden.

▶ Außergewöhnliche Attraktion: Ein mechanischer Mensch eröffnet 1928 in London eine Maschinenbauausstellung.

»Kollege Roboter« geht ans Werk

Seit Anfang der 70er Jahre setzte die Industrie zunehmend datengesteuerte Maschinen und Industrieroboter ein. 1977 waren es in den Vereinigten Staaten bereits über 30 000 und in der Bundesrepublik Deutschland über 5000. Bis zur Jahrtausendwende sollten es hier rund 400 000 Stück sein; doch nur etwa 100 000 Roboter sind im Einsatz. Die Gefahr von Arbeitsplatzvernichtungen durch »Kollege Roboter« erwies sich oft als unbegründet. Die Sorge, jeder Industrieroboter würde vier Arbeitsplätze »wegrationalisieren«, traf auf 40 % aller Fertigungsroboter zu, die übrigen 60 % ersetzten Maschinen. Gerade Firmen mit starkem Robotereinsatz entwickelten sich durch preiswerte und technisch bessere Produkte zu echten Wachstumsbranchen mit steigenden Beschäftigungszahlen.

◀ In der Industrie schon lange auf dem Vormarsch: der Roboter; hier in der Automobilindustrie.

1953

MOUNT EVEREST BEZWUNGEN

Eine steil abfallende Steinpyramide bildet den höchsten Gipfel des Mount Everest. Auf die Frage, warum dieser unwirtliche 8848 m hohe Fels im Himalaja die Berg- steiger und Abenteurer aus aller Welt immer wieder neu herausfordert, hat der 1924 umgekommene George Mallory lakonisch geantwortet: »Weil es ihn gibt.« Am 29. Mai 1953 erreichten der Neuseeländer Edmund Hillary und der Sherpa Tenzing Norgay als erste Menschen das lang ersehnte Ziel – den Gipfel.

▲ Noch ist es nicht geschafft: die Expedition um Colonel John Hunt und Edmund Hillary auf dem Weg zum Gipfel.

Der »König« der 14 Achttausender im Himalaja-Karakorum-Gebirge erhielt seinen englischen Namen nach George Everest, einem walisi- schen Vermessungsingenieur. Bei den Indern heißt der Berg Sagar- matha – Himmelskönig – , bei den Tibetern dagegen ist der Kö- nig eine Göttin: Chomolungma, die Göttin-Mutter der Erde. Solange die Briten Indien beherrschten, beanspruchten sie das Forschungsmonopol am Mount Everest. 1933 ließ die Royal Geographical Society zwei Flugzeuge aufstei- gen, um die besten Aufstiegsrouten zu finden. Doch alle Expeditionen scheiterten – auch Amerikaner (1951) und Schweizer (1952), denen das Königreich Nepal den Zugang erlaubt hatte, bezwangen den Berg nicht. 1953 versuchten sich erneut die Briten, reisten per Schiff mit einem 13-köpfigen Team nach Bombay, wo sich der Sherpa Tenzing Norgay der Gruppe um Expeditionschef John Hunt anschloss. Mit Eisenbahn, Schmalspurbahn, Lastwagen und Trägern dauerte die Reise bis zum Basislager rund sechs Wochen. Die Risikopunkte der Aufstiegsroute erkennt man noch heute an Namen wie »Mike's Horror«, »Höllenfeuergasse« und »Hil- lary's Horror« – eine 12 m breite Eisspalte, die nur auf einem Eisbrocken zu überqueren war. Ein erster Gipfelaufstieg am 26. Mai misslang, den zweiten Versuch unternahmen Hillary und Norgay. Fünf Stunden brauchten sie für die letzte Etappe zum höchsten Gipfel der Er- de. Oben opferte der Sherpa den Göttern Kekse und Schokolade, Hillary foto- grafierte. Beide ahnten nicht, wie viele Wagemutige ihnen noch folgen würden. ∎

▲ Große Ehrung durch Königin Elisabeth II.: Hillary (vorn, 2. v. l.), Hunt (vorn, 2. v. r.) und Tenzing Norgay (Mitte).

◄ Ein großer Moment: Tenzing Norgay auf dem Gipfel des Mount Everest; er hält seinen Eispickel mit den Flaggen Großbritanni- ens, Nepals und Indiens in die Höhe.

▲ Lastenträger – hier bei einer gescheiterten Everest-Expedition im Jahr 1936 – sind unverzichtbare Helfer auf dem Weg zu den Camps.

Gipfelsüchtige stürmen »Dach der Welt«

»Nach Hillary und Tenzing Norgay haben insgesamt 1050 Menschen auf dem Dach der Welt gestanden, die meisten 1993: 129 Bergsteiger erreichten in einem Jahr den Gipfel, acht starben«, meldete 1999 die Londoner »Times«. Immer bessere Ausrüstungen machen es möglich, die Kosten und Gefahren schrecken Gipfelsüchtige kaum ab. Inzwischen existieren bereits Bilder, auf denen die Bergsteiger am Gipfel Schlange stehen.

Der Andrang hat seine Schattenseiten: Schon zweimal, 1984 und 1993, haben nepalesische Polizeibeamte und einheimische Bergsteiger in großem Stil Müll beseitigt, inzwischen ist jede Expedition verpflichtet, Abfälle selbst zu Tal zu bringen. Solaranlagen und kleine Wasserturbinen sollen die Energie zum Kochen und Heizen spenden, um so die Reste der Vegetation zu retten.

▲ Faszinierende Bergwelt: Dreharbeiten zum Film »Mount Everest« aus dem Jahr 1996.

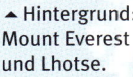

▲ Hintergrund: Mount Everest und Lhotse.

▲ Der Gipfel des Mount Everest, mit 8848 m der höchste Punkt der Erde.

Erster Mensch auf allen Achttausendern

»Ich bin Sisyphus« hat der Südtiroler Reinhold Messner über sich und seine Jagd nach Höchstleistungen und Superlativen gesagt. Immer wieder hat sich der Extrem-Alpinist das scheinbar Unmögliche abgefordert. Intensives Training – beispielsweise kilometerlanges Laufen bergan – bereitete 1978 den ersten Aufstieg zum Mount Everest ohne Atemgerät vor.

Am 16.10.1986 bezwang Messner den 8516 m hohen Lhotse. Es war der letzte Achttausender, der dem engagierten Umweltschützer in seiner Erfolgsliste noch gefehlt hatte.

In seinen zahlreichen Büchern berichtet er, wie er die extreme Ausnahmesituation des Hochgebirgskletterns mit Trance-Zuständen bis hin zu Halluzinationen noch verschärft erlebte. Dem sagenhaften Schneemenschen Yeti will Reinhold Messner jedoch in halluzinationsfreien Momenten im Himalaja begegnet sein.

▶ Reinhold Messner (l.) und Peter Habeler bezwingen 1978 als erste Bergsteiger den Mount Everest ohne Sauerstoffgeräte.

Hillary – Freund des Himalaja

▲ Glücklich über ihren Erfolg: Tenzing Norgay (l.) und der später geadelte Sir Edmund Hillary nach ihrem Aufstieg.

Der 1919 in Auckland (Neuseeland) geborene Alpinist Hillary hatte 1953 bei seiner dritten Everest-Expedition Erfolg. Drei Tage nachdem er den Gipfel erklommen hatte, war die Sensation weltweit bekannt. 1958 erreichte Hillary als Leiter der Neuseeland-Gruppe der British Commonwealth Antarctic Expedition den Südpol. 1989 gründete er zum Dank für die Hilfe der Sherpas bei seinem Everest-Triumph den Himalaya Trust. Die Stiftung sorgt u. a. für Aufforstung, medizinische Versorgung, Katastrophenhilfe und Schulbildung.

Erstbesteigung weiterer Achttausender im Himalaja

Annapurna
1950. Einer französischen Expedition um Maurice Herzog gelingt mit der Besteigung des 8091 m hohen Annapurna der erste Aufstieg auf einen Achttausender.

Nanga Parbat
1953. Der österreichische Alpinist Hermann Buhl erreicht den 8125 m hohen Gipfel des Nanga Parbat im westlichen Teil des Himalaja. Er ist der neunthöchste Berg der Erde.

K2
1954. Der nach dem Mount Everest mit 8611 m zweithöchste Berg der Erde wird von den beiden Italienern Achille Compagnoni und Lino Lacedelli bezwungen.

Lhotse
1956. Die Leiter einer Schweizer Expedition, Fritz Luchsinger und Ernst Reiß, erreichen als erste Bergsteiger den Gipfel des Lhotse in einer Höhe von 8516 m.

357

1957

FLIEGENDE AUGEN IM ALL

Am 4. Oktober 1957 gelang den Sowjets eine bis dahin nicht für möglich gehaltene technische Meisterleistung: Die Fernrakete Wostok brachte den ersten künstlichen Erdtrabanten – den Sputnik – in seine 900 km hohe Umlaufbahn. Die Menschheit war ins Zeitalter der Raumfahrt eingetreten.

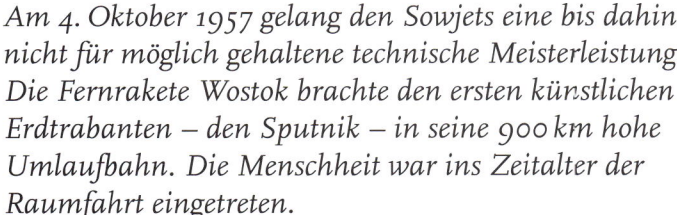

▲ Die westliche Presse kennt Anfang Oktober 1957 nur ein Thema: den sowjetischen Erdtrabanten Sputnik.

▼ Sputnik 1 mit seinen vier bis zu 2,90 m langen Antennen strahlt Signale aus, die 10 000 km weit zu empfangen sind.

D as Wunderwerk mit einem Durchmesser von 58 cm und 83,6 kg Masse, das nichts anderes konnte, als Piep-Signale auszusenden, reichte aus, um die USA in einen kollektiven Schockzustand zu versetzen. Zu groß war im Zeitalter des Kalten Kriegs der Glaube an die eigene Überlegenheit gegenüber dem ideologischen Feind aus dem Osten gewesen. Und die Leidenszeit der Amerikaner war noch nicht zu Ende: Schon einen Monat später gelang ein zweiter, noch spektakulärerer sowjetischer Satellitenstart. Sputnik 2 ging mit der Polarhündin Laika an Bord in die Erdumlaufbahn. Sieben Tage lang funkte der Satellit Daten über den Gesundheitszustand des Tieres zur Erde. In größter Eile bereiteten nun auch US-Wissenschaftler Satellitenstarts vor. Anfang 1958 war es dann so weit: Mit Explorer 1 umkreiste auch der erste US-Satellit die Erde.
Von nun an verlief die Entwicklung rasant. Zehn Jahre später tummelten sich schon über 500 Satelliten auf Erdumlaufbahnen, 1980 waren es mehr als 2000. Bis zur Jahrtausendwende starteten etwa 5000 künstliche Erdtrabanten in den Orbit. ▸▸

▲ Die Hündin Laika an Bord von Sputnik 2 ist 1957 das erste Lebewesen im Weltall.

Massenkommunikation via Weltraum

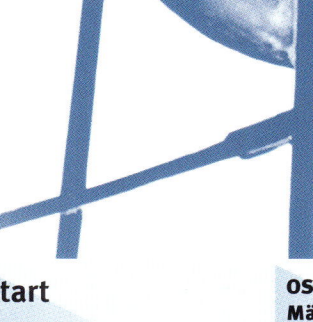

▲ TELSTAR-1 ist der erste kommerzielle US-Fernsehsatellit, er startet 1962.

Die Anfänge zu Beginn der 60er Jahre waren noch bescheiden, heutzutage ermöglichen zahlreiche Kommunikationssatelliten die ständige weltweite Kommunikation – vom Telefonieren über Satellitenfernsehen bis zum Internet. Seit 1988 senden Astra-Satelliten Rundfunkprogramme aus dem All, die über Parabolantenne direkt empfangen werden können. Der Marktführer in Europa startete 1995/96 mit den Modellen 1 E und 1 F das Zeitalter digitaler Programme. Vorteil: Bild und Ton sind deutlich besser als bei analog ausgestrahlten Signalen, zudem wurde die Kapazität von 64 auf über 300 Kanäle erweitert.

Start früher Satelliten

OSO 1
März 1962. Die Vereinigten Staaten schicken den ersten Forschungssatelliten ins Weltall, der Datenmaterial über die Sonne sammeln und an die Erde übermitteln soll.

▲ Das Globalstar-Satellitensystem, entstanden in internationaler Kooperation, ermöglicht die weltweite mobile Kommunikation. Die Erde ist ein globales Dorf geworden. Würden die aufwendigen Kommunikationskanäle einmal ausfallen, wären die Folgen für Wirtschaft, Wissenschaft, Verkehr und Politik unübersehbar.

Knapp ein Drittel dieser Satelliten ist inzwischen nur noch Weltraumschrott.

Gewaltig ausgedehnt hat sich innerhalb weniger Jahrzehnte auch die Palette der Einsatzbereiche: Heute ist kein Hochseeschiff mehr ohne Satellitennavigation oder Satelliten-Wetterdaten auf den Weltmeeren unterwegs. Ähnliches gilt für den internationalen Flugverkehr. Aber auch der Landverkehr profitiert: Seitdem die Satelliten-Telemetrie zum Einsatz kommt, gibt es so zuverlässige Straßen- und Geländekarten wie nie zuvor. Über Satellitennetzwerke kommunizieren Experten weltweit online, z. B. wenn sich spezialisierte Chirurgen länderübergreifend bei komplizierten Eingriffen beraten. Satelliten entlarven Umweltsünder ebenso wie Kriegsvorbereitungen und Truppenbewegungen in Unruhegebieten. Sie erkennen landwirtschaftliche Schädlingsepidemien im Frühstadium oder liefern uns das Fernsehprogramm ins Wohnzimmer. ■

▸ Die von Sputnik 3 zur Erde gefunkten Daten liefern der UdSSR Ende der 50er Jahre neue Erkenntnisse über die Erdatmosphäre.

Zeitbombe Weltraumschrott

Im Oktober 1988 stürzte der sowjetische Satellit Kosmos 1900 mit einem Kernreaktor an Bord ab. In letzter Sekunde verhinderten die Sowjets den Eintritt des Reaktors in die Erdatmosphäre – ein Beispiel von vielen. Experten gehen von bis zu 70 000 Trümmerteilen im Orbit aus – Schrauben, Muttern, Metallbolzen, Drahtstücke, größere Adapter und komplette ausgebrannte Zwischenstufen. Dieser Schrott stellt eine große Bedrohung für die bemannte Raumfahrt dar: Schon eine winzige Schraube kann mit hoher Geschwindigkeit ein mehr als faustgroßes Loch in einen Raumflugkörper schlagen.

▲ Wie ein Bienenschwarm umkreisen Satelliten und Weltraumschrott die Erde.

Parkplatzprobleme im Orbit

Für zahlreiche Aufgaben sind Satelliten erforderlich, die dauerhaft über ein und demselben Punkt der Erdoberfläche stehen. Solche Satelliten können nur genau über dem Äquator stationiert sein und müssen auf ihrer Bahn genau so schnell fliegen, wie sich die Erde dreht. Der Satellit scheint also für einen Betrachter auf seiner Himmelsposition stillzustehen.

Damit die Satelliten von der enormen Fliehkraft nicht ins Weltall katapultiert oder aber von der Erdanziehung aus der Bahn geworfen werden, müssen alle geostationären Satelliten in derselben Höhe – in 36 000 km – über der Erde stehen. Als Konsequenz herrscht trotz der unendlichen Weiten des Universums in dieser Bahn dichtes Gedränge. Es finden sich kaum noch »Parklücken« für neue geostationäre Satelliten.

▲ Satellitenaufnahme der Erde aus knapp 36 000 km Höhe.

KOSMOS 4
April 1962. Sowjetischen Konstrukteuren gelingt es erstmals, einen Satelliten zu entwickeln, der nach Beendigung des Forschungsauftrags zur Erde zurückgeholt wird.

TELSTAR-1
Juli 1962. Die USA befördern den ersten effektiven Kommunikationssatelliten ins All. Mit TELSTAR ist es fortan möglich, TV-Live-Events zeitgleich in Europa und den USA zu senden.

POLJOT 1
November 1963. In der UdSSR wird erstmals ein Satellit ins Weltall geschossen, der dank eines neuartigen Antriebssystems auch Flugbahnänderungen durchführen kann.

1959

TOPMODEL DER PUPPENWELT

Sie trug einen schwarz-weiß gestreiften Badeanzug und an ihren langen Beinen schwarze hochhackige Schuhe – sonst nichts! Ihr langes Haar war zu einem modischen Pferdeschwanz frisiert. Ihre roten Lippen, ihre in Form gebürsteten Augenbrauen und ihre perfekt geschminkten Augen ergaben das Gesicht eines Mannequins: 1959 präsentierte die amerikanische Firma Mattel die erste Barbie-Puppe, die bald die gute alte Puppenwelt revolutionieren sollte.

▲ Disco-Queen Barbie: Ob Sonnenbaden, Shopping oder Tanzen gehen – Barbie macht einfach alles mit.

D ie Idee zu diesem Geschöpf, das mit seinen weiblichen Formen so gar nichts mehr mit den herkömmlichen knuddeligen Kindchen-Puppen zu tun hatte, war der Mattel-Firmengründerin Ruth Handler schon Anfang der 1950er Jahre gekommen, als ihre Tochter Barbie begann, mit »erwachsenen« Ausschneidepuppen aus Papier zu spielen. Auf einer Europareise entdeckte sie dann in Deutschland die so genannte Bild-Lilli, die damals täglich – mit einem kessen Spruch versehen – als Zeichnung in der Bild-Zeitung zu sehen war. Lilli wurde von Ruth Handler »adoptiert« und in den USA unter dem Namen ihrer Tochter Barbie groß herausgebracht. Mit der 3-Dollar-Puppe entstand gleichzeitig eine komplette Barbie-Welt: maßgeschneiderte Kleider für jede Gelegenheit, modische Accessoires wie Sonnenbrillen, Handtaschen und Schmuck sowie aufwendiges Zubehör wie Tennisschläger, Pferde, Autos und sogar komplette Häuser.

Ebenso wie das Zubehör veränderte sich auch Barbie selbst im Laufe der Zeit beständig. Sie bekam biegsame Arme und Beine sowie eine bewegliche Hüfte. Ihr Outfit passte sich den aktuellen Modetrends an und spiegelte gesellschaftliche Entwicklungen wider. ▸▸

Die Mattel-Erfolgsstory

Am Anfang hatte die amerikanische Firma Mattel eigentlich gar nichts mit Kindern und Spielzeug zu tun. 1945 gründeten Ruth und Elliott Handler sowie deren Freund Harold Matson ihr Unternehmen, um Bilderrahmen zu produzieren. Zur Verwertung des dabei anfallenden Holzverschnitts nahmen sie jedoch wenig später auch Puppenmöbel ins Programm. Schließlich wurde die Produktpalette um immer neues Spielzeug erweitert, und 1959 folgte Barbie. Nach nur drei Monaten waren schon 35 000 Stück des Prototyps verkauft. Heute ist Barbie mit einem Umsatz von über 2 Mrd. US-Dollar das meistverkaufte Spielzeug der Welt.

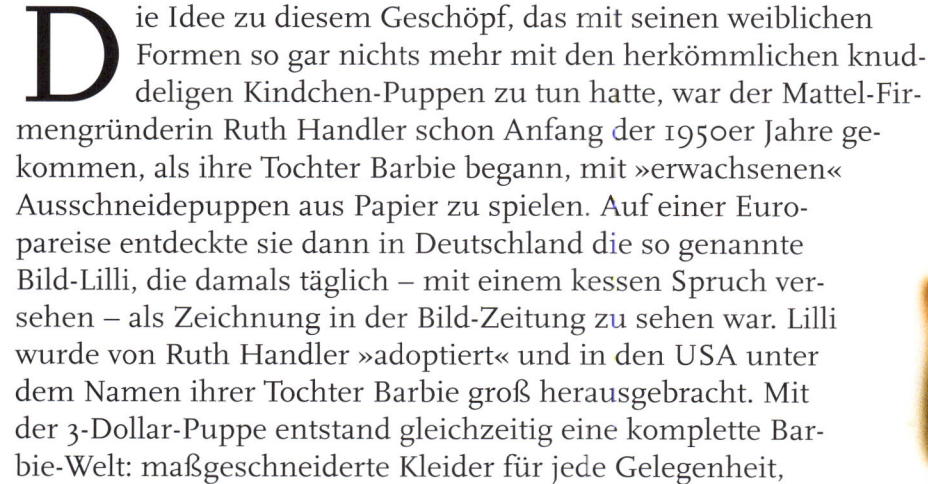

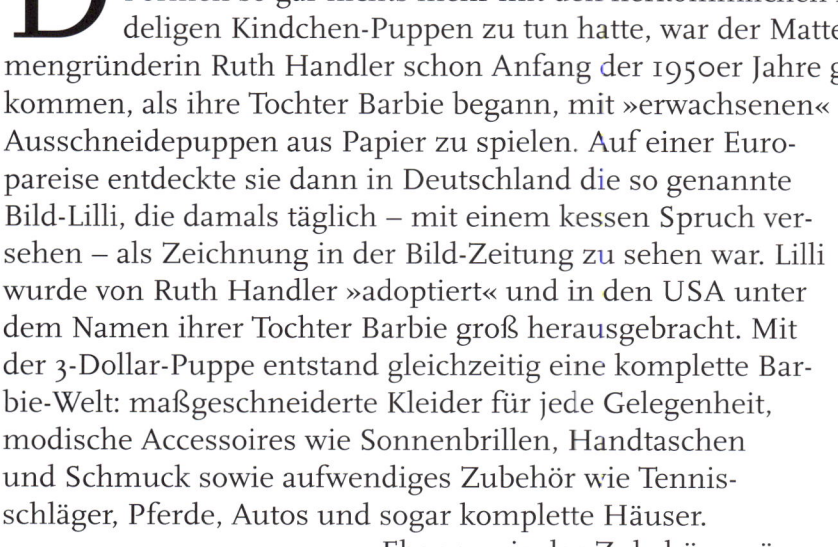

▸ Eine neue Schönheit hält Einzug in die Welt der Puppen, ihr Markenzeichen: Topfigur und perfektes Make-up.

◂ Ruth Handler, Miteigentümerin der Firma Mattel, hat als Erfinderin der Barbie-Puppe den richtigen Riecher.

◄ Selbst Marilyn Monroe findet man als Barbie-Puppe wieder.

▲ Gute Figur macht Barbie auch als Märchenprinzessin im rauschenden Ballkleid.

Barbie wandelte sich vom Symbol des rollengetreuen femininen Weibchens zu einer emanzipierten karrierebewussten jungen Dame. Dabei blieb ihr der Supermodel-Körper erhalten. Daneben entwickelten sich schnell verschiedene Barbie-Modelle für die spezifischen nationalen Märkte. 1968 entstand mit Christie die erste dunkelhäutige Barbie-Puppe. Außerdem legte sich Barbie mit der Zeit Freunde wie Ken und Midge zu und bekam mit Skipper, Tutti, Todd und Francie Verwandtschaft. Von Anfang an schieden sich an der Barbie-Puppe die Geister – ein Widerstreit, der bis heute anhält. Die einen sehen in ihr das pädagogisch gefährliche Luxusobjekt, das zu Konsumgeist, Schlankheitswahn und Oberflächlichkeit erzieht, die anderen loben sie als moderne Spielfigur, die kleinen Mädchen Selbstbewusstsein und Eigenständigkeit vermittelt. ■

▲ Barbies großes Vorbild: Lilly, die Heldin einer täglichen Rubrik in der Bild-Zeitung, feiert ihre großen Erfolge in den 50er Jahren.

Der sanfte Ken – Barbies Traumprinz

So attraktiv wie Barbie von Anfang an war, konnte sie natürlich nicht lange allein bleiben: 1961 tauchte als fester Freund und ständiger Begleiter der blonde oder braunhaarige Ken auf – glatt und attraktiv unschuldig. Um Barbie bei den diversen gesellschaftlichen Anlässen keine Schande zu machen, bekam er eine ganze Palette von Kleidungsstücken. Außerdem durfte und darf er den im Trend liegenden Traumberufen wie Arzt, Pilot oder Astronaut nachgehen – mit komplettem Equipment. Auch Ken passte sich – wie Barbie – den jeweils gültigen Schönheitsidealen an: Mal wurden die Arme muskulöser, mal wuchsen die Haare bis tief in den Nacken.

▸ Über alle Ländergrenzen, Sprachen und Religionen hinweg treten Barbie und Co. ihren Siegeszug an. Dieses Paar steht im Jüdischen Museum in Berlin.

1964 dann bekam er männliche Verstärkung durch seinen Freund Allan, 1965 folgte als Pendant zu Barbies Schwester Skipper der jungenhafte Ricky.

▸ Barbie verfügt nicht nur über eine schier unerschöpfliche Garderobe, sondern auch über alle erdenklichen Freizeitaccessoires und schicke Autos.

Barbie im Trend der Zeit

Ponytail
1960. Die »Barbie Ponytail« kommt auf den Markt, wegen ihrer – ungewollt – zunehmend öligeren Oberfläche auch »Oily Face« genannt. Sie hat heute Sammlerwert.

Bewegliche Gelenke
1965. Die »Bendable Legs Barbie« – die erste Barbie mit beweglichen Kniegelenken – zeigt sich mit einer mittellangen, gescheitelten Ponyfrisur.

Color Magic
1966. Ihre Haarfarbe ändern kann die »Color Magic Barbie«, und ab 1968 lernt die Schöne (»Talking Barbie«) mittels einer eingebauten Platte sogar sprechen.

Malibu
1971. Die äußerst erfolgreiche Malibu-Serie startet: Barbie zeigt sich im fröhlich-frechen Kalifornien-Stil mit modischer Sonnenbrille und sonnengebleichtem Haar.

1960

SCHLUSS MIT ENTHALTSAMKEIT

Als die Antibabypille 1960 für den amerikanischen Markt freigegeben wurde, erhielten die Frauen erstmals die Möglichkeit, sich selbst zwischen Verhütung und Kinderwunsch zu entscheiden. Mit der »Pille«, die ursprünglich als Medikament zur mittelfristigen Verbesserung der Fruchtbarkeit entwickelt worden war, setzte eine sexuelle Freizügigkeit ein, die die westlichen Gesellschaften ab Mitte der 6oer Jahre revolutionieren sollte.

▼ Aufbruchstimmung 1967; in Zeiten der »sexuellen Befreiiung« macht sich die Zeitschrift »konkret« zum Trendsetter des gesellschaftlichen Umbruchs.

▲ Der US-Biologe Gregory Goodwin Pincus gilt als Wegbereiter der Antibabypille.

S eit den 1920er Jahren hatten sich Wissenschaftler mit der Möglichkeit beschäftigt, den Eisprung – und die Befruchtung des Eis – durch weibliche Geschlechtshormone wie Gestagene und Östrogene zu verhindern. Zwar konnte der Eisprung schon ab 1944 durch eine tägliche Injektion von 20 mg Progesteron – einem Gestagen – gehemmt werden, für breite Bevölkerungsschichten wurde die hormonelle Empfängnisverhütung aber erst praktikabel, als oral wirksame synthetische Mittel zur Verfügung standen.

Die ersten Versuche mit der »Pille« Ende der 50er Jahre dienten zunächst nicht der Empfängnisverhütung: Nach kurzzeitiger Einnahme und dem folgenden Absetzen sollte die Gestagen-Pille »Enovid« unfruchtbaren Frauen den erhofften Kindersegen bescheren. Das war auch im Jahr 1960 nicht anders, als »Enovid« von der amerikanischen Food and Drug

Administration für den US-Markt freigegeben wurde. Feldversuche des an der Pillenforschung führend beteiligten Biologen Gregory Goodwin Pincus in Puerto Rico hatten mittlerweile aber auch die Wirksamkeit des Präparats als Ovulationshemmer erwiesen. Von Anfang an benutzten manche Frauen »Enovid« deshalb zum Schutz vor ungewollten Schwangerschaften. ▶▶

◀ Ein Bild sorgt für Furore: Die Mitglieder der Berliner »Kommune 1«, der ersten Wohngemeinschaft in Deutschland, provozieren ab 1967 das Establishment.

▸ Flower Power, Love & Peace beim legendären Woodstock-Festival, 1969.

die goldene pille

Heiter · hautnah · frech

Ein Film von Horst Manfred Adloff

Petra Pauly · Angela Hillebrecht · Horst Naumann · Inge Marschall
Claudia Butenuth · Klaus Höhne · Peter Capell · Marlies Schönau

Kamera: Michael Marszalek · Musik: Erwin Firch
Ein FARBFILM der Horst Manfred Adloff-Filmproduktion · Constantin Film

▲ Aufklärungswelle der 60/70er Jahre – der Film entdeckt das Thema Pille.

Allgemein setzte die Pille sich als Verhütungsmittel erst ab Mitte der 60er Jahre durch, als ausgehend von den Vereinigten Staaten die junge Generation durchgreifende soziale Veränderungen einleitete, zu denen neben der Emanzipation der Frau auch die Forderung nach freier Liebe gehörte. Ihren Höhepunkt fand die Liberalisierung der gesellschaftlichen Moralvorstellungen im Rahmen der 68er-Studentenbewegung. Der freiere Umgang mit Sexualität ist seither ein wesentlicher Bestandteil der modernen westlichen Gesellschaften. ■

▸ Hintergrund: Der Markt der Pillen ist groß; heute stehen zahlreiche Pillenpräparate zur Verfügung.

Päpstlicher Widerspruch

Nach dem Verständnis der katholischen Kirche widerspricht die Empfängnisverhütung dem biblischen Gebot »Seid fruchtbar und mehret Euch«. In der Enzyklika »Humanae vitae« aus dem Jahr 1968 sprach Papst Paul VI. von einer »untrennbaren Verknüpfung« des Geschlechtsverkehrs mit der »gottgewollten Schwangerschaft« und untersagte den Gläubigen den Gebrauch von Verhütungsmitteln.

Hintergund dieser Enzyklika war die – allen katholischen Moralvorstellungen widersprechende – Liberalisierung der Sexualität durch die studentische Protestbewegung. Das Verhütungsmittel-Verbot gilt auch noch zu Beginn des 21. Jahrhunderts und schließt ebenso Kondome ein.

◂ »Lieber Gott, sage dem Papst, die Pille ist keine Droge«, so lautet die Botschaft dieser Demonstranten an die katholische Kirche.

Sexuelle Befreiung

▲ »Helga« und »Michael« – Stars deutscher Aufklärungsfilme.

1916 eröffnete die US-Frauenrechtlerin Margaret Sanger gegen heftigste Widerstände in Brooklyn eine Beratungsstelle für Empfängnisverhütung, der später die International Planned Parenthood Federation (in Deutschland: Pro Familia) folgte. Von da an war die sexuelle Befreiung in der westlichen Welt nicht mehr zu stoppen, wenngleich sie sich nicht kontinuierlich entwickelte. Wiederum von den USA ging 1968 mit Parolen wie »Make love, not war« eine sexuelle Revolution aus, die der Pille den Weltmarkt öffnen sollte.

Nicht ohne Nebenwirkungen

Die Verhütungspille von 1960 erwies sich bald als gesundheitlich nicht unbedenklich; gegen Ende der 60er Jahre häuften sich Berichte über venöse und arterielle Komplikationen.

Die Konsequenz dieser Befunde war schließlich die Entwicklung der niedrig dosierten Ovulationshemmer, der »Mikropille«. Sie erwiesen sich jedoch als kaum risikoärmer. Geringere Nebenwirkungen versprach die 1971 eingeführte Minipille, ein reines Gestagen-Präparat. Diese Pille konnte jedoch wegen häufiger Zyklusstörungen nicht überzeugen. Wenig Nebenwirkungen soll die so genannte Dreimonatsspritze haben, die schon im Jahr 1969 auf den Markt kam. Sie wird bis heute allerdings nur von recht wenigen Frauen akzeptiert.

▲ Sicherer Schutz ist nur gegeben, wenn die Einnahme der Pillen korrekt erfolgt.

Empfängnisverhütende Maßnahmen und Mittel

Natürliche Verhütung
Von jeher. Geschlechtsverkehr wird nur in den unfruchtbaren Zeiträumen der weiblichen Periode praktiziert. Die Methode ist allerdings sehr unsicher.

Barriere-Methoden
Um 1550. Ein Leiner futteral dient als erstes »modernes« Kondom. Wie auch Diaphragma oder Portiokappe (bei der Frau) bieten Kondome lediglich mittlere Sicherheit.

Chemische Verhütungsmittel
20. Jahrhundert. Spermizide Cremes, Zäpfchen oder Gels bieten keine völlige Sicherheit vor ungewollter Schwangerschaft und führen überdies oft zu Rötungen und Reizungen.

Spiralen
20. Jahrhundert. Die vom Arzt in die Gebärmutter eingesetzten Kupfer- oder Hormonspiralen mit unterschiedlichen Wirkungsweisen gelten als relativ sichere Methode.

1960

MESSERSCHARFE STRAHLEN

Schneiden und Schweißen mit Lichtstrahlen – die Erfindung des amerikanischen Physikers Theodore Harold Maiman machte es 1960 möglich. Er fand heraus, dass sich Licht durch angeregte Strahlung verstärken lässt. Sein so genannter Laser – ein Kurzwort aus Light Amplification by Stimulated Emission of Radiation – revolutionierte nicht nur die Produktionstechniken in der Industrie, sondern auch die medizinischen Therapiemöglichkeiten.

▼ Der amerikanische Wissenschaftler Theodore H. Maiman bei Experimenten mit Lasern 1964.

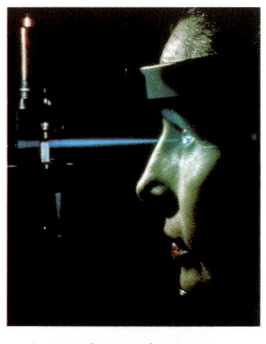

▲ Lasereinsatz in der Augenheilkunde; mit Hilfe der Lichtstrahlen können heute problemlos Netzhautrisse »verschweißt« werden.

M aiman konnte bei seiner Arbeit auf Vorarbeiten über Lichtteilchen, die Photonen, zurückgreifen, die Albert Einstein zu Beginn des 20. Jahrhunderts durchgeführt hatte. Als nach dem Zweiten Weltkrieg die Mikrowellen im Zusammenhang mit Radartechnik und Radioastronomie interessant wurden, versuchte der Amerikaner Charles H. Townes, einen Mikrowellenstrahl von großer Intensität zu erzeugen. Er brachte dazu Ammoniakmoleküle durch Hitze oder Elektrizität auf ein hohes Energieniveau und beschoss sie dann mit einem schwachen Mikrowellenstrahl. Sie gaben – wie erhofft – einen wesentlich stärkeren Strahl ab, denn die Moleküle fielen durch den Beschuss auf ihr altes Energieniveau zurück. So erfand Townes 1953 den Mikrowellenverstärker »Maser«. In dieser Zeit entdeckten auch die sowjetischen Wissenschaftler Alexander M. Prochorow und Nikolai G. Bassow das Maserprinzip. ▶▶

▶ Funktionsweise eines Rubinlasers: Eine Lampe regt das Lasermedium – in diesem Fall den Rubin – an. Das so entstandene Laserlicht tritt dann als stark gebündelter Strahl aus dem Laser aus.

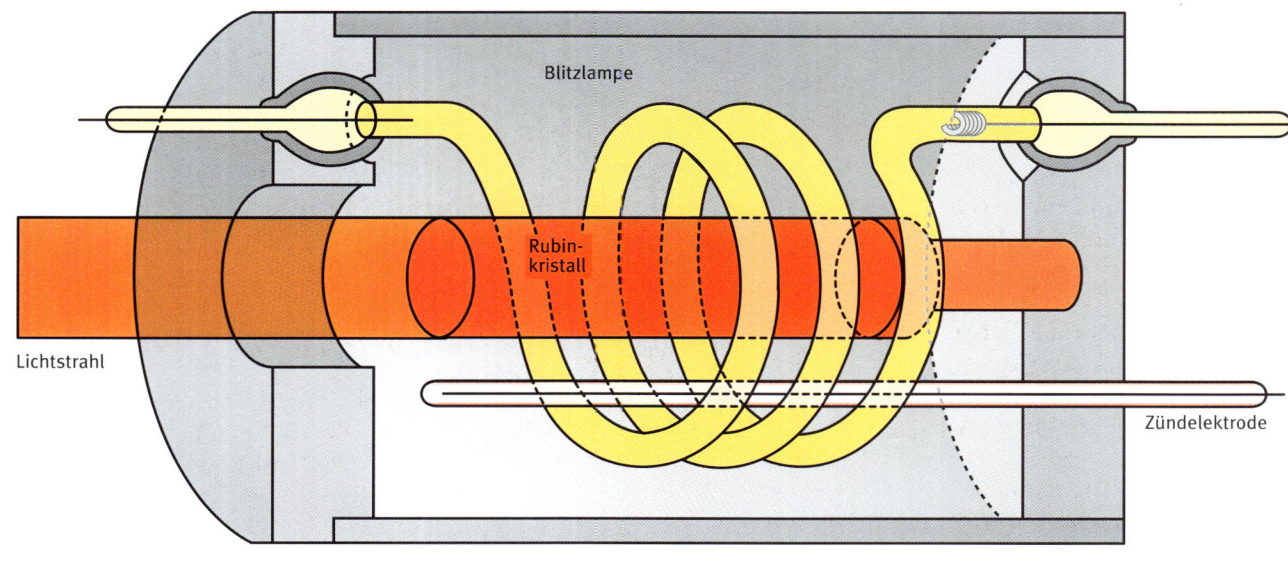

Blitzlampe

Rubinkristall

Lichtstrahl

Zündelektrode

Wichtige Einsatzbereiche der Lasertechnik

Farbstofflaser
1966. Unabhängig voneinander erfinden der Amerikaner Peter Sorokin und der Deutsche Fritz P. Schäfer den Farbstofflaser, der u. a. extrem kurze Lichtblitze erzeugt.

Lasershow
1970. Das erste Laserbühnenspektakel der Welt findet in München bei den Opernfestspielen statt. In der Folgezeit avancieren Lasershows zur eigenständigen Kunstform.

Laserdatenübertragung
1970. Die Glaslichtleitertechnik hat einen so hohen Stand erreicht, dass erstmals praktische Experimente mit Laserdatenübertragung per Glasfaserkabel möglich sind.

CD und Laserdrucker
1972/75. Die ersten mit Laserlicht beschriebenen und abtastbaren CDs kommen auf den Markt. Drei Jahre später stellt die US-Firma IBM den ersten Laserdrucker vor.

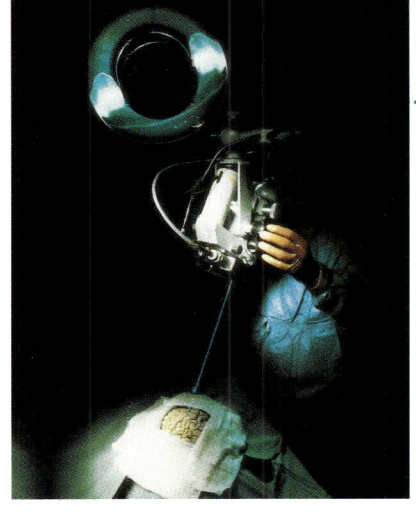

◄ Operation am Gehirn: Aus der modernen Neurochirurgie ist die Lasertechnik nicht mehr wegzudenken. Mit ihr können die Ärzte in dem feinen Nervengewebe punktgenau arbeiten.

Fünf Jahre später, 1958, gingen Townes und sein Schwager Arthur L. Schawlow einen Schritt weiter, als sie anstelle von Mikrowellen optisches Licht verstärkten. Auf Grundlage dieses Experiments baute ihr Landsmann Maiman 1960 das erste wirklich funktionierende Lasergerät.

Die frühen Laser wurden allerdings zur medizinischen Therapie nur auf der Körperoberfläche eingesetzt. Erst später gelang es, Laser direkt auf Punkte unter der Haut zu fokussieren. Seit der Entwicklung flexibler Lichtleiterfasern 1972 wird das Laserlicht auch in der Chirurgie bei operativen Eingriffen genutzt. Vorteil: Der Körper muss bei vielen Operationen nicht mehr geöffnet werden, die Dauer von Eingriffen und Rekonvaleszenz wird geringer. ■

▸ Kampf mit Laserwaffen im Sciencefiction-Klassiker »Star Wars«.

Technisches Multitalent

Zahlreiche technische Geräte sowie viele industrielle Fertigungsverfahren unserer Zeit sind ohne Laser nicht vorstellbar. Mit Lasern lassen sich vom Textilgewebe bis zum Diamanten fast alle Materialien schnell, präzise und computergesteuert bohren und schneiden.

Metalle und Kunststoffe werden mit Laserstrahlen geschweißt, Metalle auch gehärtet. Ähnlich wie beim Radar kann der Laser Entfernungen abtasten und exakt vermessen. Auf diesem Prinzip beruht u. a. das Lesen von Laserdatenträgern wie beispielsweise Musik-CDs.

In der optischen Nachrichtentechnik überträgt Laserlicht Informationen durch Glasfaserkabel. Doch die Photonenbündel können noch mehr: Im Laserdrucker und in modernen Fotokopiergeräten schreibt der scharf gebündelte Lichtstrahl Buchstaben oder zeichnet Bilder. Im Labor hilft er bei der Stoffanalyse und der Erzeugung von Chemikalien. Auch moderne Waffensysteme bedienen sich zunehmend der Lasertechnik.

▸ Dreidimensionale Schnitte mit einer Genauigkeit von wenigen hundertstel Millimetern sind für Laser kein Problem.

◄ Aufsehen erregende Lasershow zur Übergabe Hongkongs an China im Jahr 1997.

»Räumliche« Bilder

Das Verfahren der 1948 von Dennis Gábor erfundenen Holographie erlaubt die Erzeugung von Bildern, die einen räumlichen Eindruck des Gegenstands vermitteln. Solche Abbildungen lassen sich aber nicht mit normalem Licht aufnehmen und wiedergeben. Das verwendete Licht muss kohärent sein, d. h., die Wellen aller einzelnen Strahlen müssen in der gleichen Ebene und mit gleicher Phasenlage schwingen. Laserlicht hat diese Eigenschaften. So verhalf erst die Erfindung des Lasers der Holographie technisch zum Durchbruch.

▲ Bilder mit 3D-Effekt: Holographien basieren auf Laserlicht.

Operationen mit Laserlicht

Der medizinische Lasereinsatz bietet vor allem drei Vorteile: Mit so genannten Lasermessern lässt sich präziser, schmerzloser und kleinräumiger arbeiten als mit Skalpellen. Laserschnitte durchtrennen Gewebe nicht nur, sie »verschweißen« zugleich die dabei geöffneten Blutgefäße.

Und mit Lasern lässt sich nicht nur an der Körperoberfläche arbeiten, sondern auch zielgenau im Körperinneren, denn wie ein normaler Lichtstrahl lässt sich Laserlicht in einem Brennpunkt zusammenführen und beispielsweise auf die Netzhaut, Krebsgeschwüre oder auch auf Nierensteine richten.

Bei der Tumortherapie werden die Geschwülste durch Kohlendioxidlaser verdampft; für Augenoperationen eignen sich vor allem Argonlaser. Auch Rheumapatienten kann durch die Lichtstrahlen geholfen werden: Heliumlaser erwärmen gezielt das schmerzende Gewebe.

1960

SHOCKING MINI

Anfang 1960 machte die junge Londoner Modemacherin Mary Quant etwas, was in der Kulturgeschichte vor ihr noch niemand gewagt hatte: Sie schnitt die Röcke um 15 cm und damit auf Schenkelhöhe ab und kreierte so den Minirock. Ein im wörtlichen Sinne einschneidendes Ereignis – denn wohl selten zuvor sorgten einige Zentimeter Stoff für solche Empörung, die aber nicht verhindern konnte, dass der Mini ein Modehit wurde.

▲ In den 60er Jahren noch ein ungewohnter Anblick: junge Frauen im Minirock.

Der Vatikan wollte den Minirock aus moralischen Gründen verbieten, Coco Chanel fand ihn aus ästhetischen Gründen indiskutabel: »Das Hässlichste an einer Frau sind ihre Knie.« Trotzdem: Als Zeichen der sexuellen Befreiung wurde der Mini sofort zum Hit. Dass die Moderevolution von der britischen Hauptstadt ausging, war kein Wunder. Anders als ihre eher traditionsverhafteten Kollegen in Paris setzten die Londoner Modedesigner wie Ossie Clark, Barbara Hulanicki und Zandra Rhodes zu Beginn der 60er Jahre zunehmend auf Experimente und Innovation: Schockfarben, kniehohe Stiefel und Oberteile im Transparent-Look galten als »in« in einer Stadt, die auch bei Musik und Kunst Aufbruchstimmung verbreitete. »Swinging London« hatte sich zum Mekka der Jugendkultur gemausert. Mary Quant hatte diese Atmosphäre »aufgesogen«, ihr »Bazaar« in der King's Road traf mit provokativer Mode den Nerv der Zeit. Doch der Mini blieb nicht allzu ▶▶

▲ Der Mini ist in den späten 90er Jahren wieder topaktuell: Supermodel Kate Moss bei einer Modenschau.

◄ Lifestyle in den 60ern: Minimode, hohe Schnürstiefel und futuristische Möbel aus Kunststoff in schrillen Farben.

▲ Mit dem kindlichen und knabenhaften Frauentyp etabliert »Twiggy« in den 60er Jahren ein neues Körperideal. Hier präsentiert das weltberühmte Fotomodell ein Minikleid.

Trenddesignerin Mary Quant

1955 eröffnete die 21-Jährige in London ihre Boutique »Bazaar«. Als sie nicht die Kollektionen fand, die ihr gefielen, besuchte Quant Abendkurse in Schnitttechnik und fing an, selbst Kleider zu entwerfen. Bald avancierte sie zur erfolgreichsten Autodidaktin der Branche: Die Frauen kauften ihr so lange die Regale leer, bis auch die Chefredaktion der »Vogue« aufmerksam wurde. 1962 bekam Quant ihre ersten Seiten in der Stilbibel. Ihr Mini, als erste demokratische Massenmode bezeichnet, war für die weitere Entwicklung der Mode so wichtig, dass Quant 1966 den »Order of the British Empire« erhielt.

▲ Die Schöpferin des Minis: Mary Quant bei einer Pressekonferenz.

lange eine Erscheinung jugendlicher Protestkultur. Knapp fünf Jahre nach Quants modischer Enthüllung verlieh der Franzose André Courrèges dem Stofffetzen die Weihen der Haute Couture. Erst jetzt galt der Mini offiziell etwas; erst jetzt wurde er in die Reihen der modischen Hochkultur aufgenommen. Daher wird seither fälschlicherweise behauptet, der Mini sei erst 1964 erfunden worden. Wie dem auch sei: Er war so erfolgreich, dass sich die Modemacher erst ab 1970 wieder an lange Röcke »Maxis« genannt, heranwagten. Seitdem kann man angeblich an der Länge der Rocksäume die wirtschaftliche Lage ablesen: Je geringer die ökonomische Unsicherheit, desto größer die Bereitschaft, mit gewagter Mode Selbstvertrauen zu dokumentieren. ■

Symbol der Jugendkultur

Mary Quants Mini war Mitte der 60er Jahre die Initialzündung für die erste Jugendmode. Bis dahin mussten sich junge Menschen immer dem modischen Leitbild der Älteren und den Kreationen der Pariser Modemacher fügen, die bei ihren Entwürfen die reichen, reifen Frauen im Auge hatten. Mit den 60ern wurde die Jugend zum Leitbild: »Erwachsene sehen unattraktiv und spießig aus«, postulierte Mary Quant und stachelte die aufbegehrende Jugend an. Die fand in Musik und Mode die wichtigsten Mittel, um das eigene Lebensgefühl auszudrücken. Mods, Rocker, Hippies – die Zugehörigkeit zu einer Gruppe dokumentierte sich vor allem über das Outfit.

Doch der Minirock war mehr als nur eine Modeerscheinung. Er symbolisierte auch die sexuelle Befreiung der jungen Leute von den überkommenen Moralvorstellungen ihrer Elterngeneration. Antibabypille und die einsetzende Aufklärungswelle taten ein Übriges, um das Streben der Jugend nach Selbstbestimmung zu verstärken.

◀ Neues Selbstbewusstsein im Mini: In London gehen Frauen für die kurzen Röcke auf die Straße.

Twiggy wird Kultobjekt

Kurz nachdem die 16-jährige Friseursgehilfin Leslie Hornby Mitte der 60er Jahre von einer Frauenzeitschrift entdeckt worden war, blickte das pubertierende Mädchen mit kurzen Haaren und falschen Wimpern von den Titeln der Hochglanzmagazine. Plötzlich war Hollywoods Sexbombenherrlichkeit »out«. Das androgyne Mädchen nannte sich »Twiggy« – Zweiglein – und brachte 41 kg auf die Waage. Egal, ob als »Goldene Bohnenstange« gefeiert oder als »teuerster Kleiderbügel der Welt« bespöttelt: Twiggy war ein Star, wenn auch ihr Ruhm schnell verblasste.

▶ Op-Art – optische Kunst – und Weltraumlook: Models Ende der 60er Jahre. Wie Twiggy haben sie sehr mädchenhafte Figuren.

Aufsehen erregende Modekreationen

Kürzere Röcke
1920er Jahre. Gabrielle »Coco« Chanel kürzt wenige Jahre nach dem 1. Weltkrieg erstmals in der Modegeschichte den Rock auf eine Länge bis knapp unterhalb der Knie.

Nylonstrümpfe
1938. Der amerikanische Chemiekonzern DuPont stellt die weltweit ersten Nylonstrümpfe vor. Zwei Jahre später läuft die Massenproduktion bereits auf vollen Touren.

Bikini
1946. Der französische Couturier Louis Réard kreiert den ersten Bikini. Der Zweiteiler wird nach einem Atoll benannt, das als US-Atomtestgelände dient.

Punk-Look
70er Jahre. Für einen Schock in der Modewelt sorgt zu Beginn des Jahrzehnts das britische Designerpaar Malcolm McLaren und Vivienne Westwood mit seinen Punk-Kreationen.

1967

EIN ZWEITES LEBEN BEGINNT

Der südafrikanische Chirurg Christiaan Barnard ist der erste Mediziner, der 1967 eine – zumindest kurzzeitig erfolgreiche – Herztransplantation am Menschen durchführte. Bis die immensen Risiken für die Patienten weitgehend ausgeschlossen werden konnten, sollten allerdings noch einige Jahre vergehen. Heute sind Herzverpflanzungen keine Sensationsmeldungen mehr.

Am 3. 12. 1967 verpflanzte Barnard am Groote-Schuur-Krankenhaus in Kapstadt das Herz der 24-jährigen Denise Darvall, die bei einem Verkehrsunfall unheilbare Hirnverletzungen davongetragen hatte, in die Brust des 54-jährigen Lebensmittelhändlers Louis Washkansky. Den chirurgischen Eingriff hatte Barnard zuvor an 50 Hunden geübt, von denen allerdings kein einziger die Operation überstanden hatte. Washkansky überlebte die Herzverpflanzung lediglich 18 Tage. Bevor er starb, sagte er noch: »Ich will sterben. Ich kann nicht schlafen, ich kann nicht essen. Tag und Nacht traktiert man mich mit Spritzen. Ich werde wahnsinnig.«

Seine zweite Herztransplantation führte Barnard bei dem Zahnarzt Philip Blaiberg durch, der fast drei Jahre überlebte, dessen Tochter aber nach seinem Tode aussagte, dass die letzten 19 Monate für ihren Vater die reinste Hölle gewesen seien. 1977 implantierte der südafrikanische Herzspezialist einer 25-jährigen Italienerin ein Pavianherz. Doch sie starb bereits zweieinhalb Stunden nach dem Eingriff. ▸▸

▲ Christiaan Barnard mit dem Zahnarzt Philip Blaiberg, dem Patienten seiner zweiten Herztransplantation 1968.

▾ Unscheinbar, aber lebensrettend: die Herz-Lungen-Maschine. Sie übernimmt u. a. bei Operationen am Herzen die Sauerstoffversorgung des Körpers.

▾ »Das verpflanzte Herz«; Titelsory der amerikanischen Wochenzeitschrift »Time«, 1967.

THE TRANSPLANTED HEART

TIME

THE WEEKLY NEWSMAGAZINE

DR. CHRISTIAAN BARNARD

Weitere Stationen der Herzchirurgie

Eingriff am offenen Herzen 1893. Der amerikanische Chirurg Daniel Williams führt bei einem Patienten mit einer Messerstichwunde den ersten Eingriff an einem offenen Herzen durch.

Herzklappenbehandlung 1923. Der amerikanische Arzt Elliot C. Cutler versucht mit einem so genannten Valvulotom, Mitralklappensprengungen durchzuführen, um bestimmte Herzklappenleiden zu beheben.

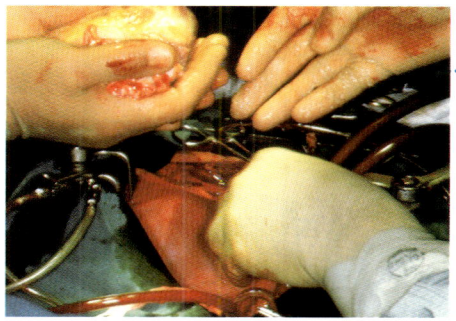

▲ Heute chirurgische Routine in Spezialkliniken: Herztransplantationen.

▶ Hintergrund: Querschnitt durch ein Herz; die Venen sind blau, die Arterien rot gekennzeichnet.

Empörung wurde laut, als bekannt wurde, dass Barnard dem Pavian das Herz ohne jegliche Betäubung entnommen hatte.

Barnards chirurgische Pioniertaten sind Geschichte – seither ließ sich vor allem durch die Entwicklung neuer Medikamente das Risiko von Abstoßungsreaktionen gegen das fremde Herz deutlich herabsetzen. Fortschritte bei der Transplantation brachten insbesondere die Entdeckung der Leukozyten-Antiglobuline im Jahr 1969 sowie des Präparats Cyclosporin A zur Unterdrückung der Immunabwehr im Jahr 1980. Zwischen 1980 und 1985 stieg die Ein-Jahr-Überlebensrate auf 85 %. Bis zu diesem Zeitpunkt waren weltweit 2577 Herzen transplantiert worden, weitere 8000 Eingriffe folgten bis 1988. ■

▲ Das Leiden hat ein Ende: ein Kind nach erfolgreicher Herztransplantation.

Unschlagbare Natur

Wegen des erheblichen Mangels an menschlichen Spenderorganen befassten sich einige Forscher schon früh mit der Entwicklung künstlicher Herzen. Im Jahr 1969 implantierte der amerikanische Chirurg Denton Cooley in Houston zum ersten Mal einem Menschen ein künstliches Herz, das in Größe, Form und Funktion dem natürlichen Herzmuskel weitgehend ähnelte und das dessen Funktion übernehmen sollte. 32 Stunden später starb der Patient jedoch.

Ein in den 80er Jahren in den USA entwickeltes, zunächst Erfolg versprechendes Kunstherz wurde 1990 aufgrund immer neuer Komplikationen nach der Operation von der amerikanischen Gesundheitsbehörde verboten. Das größte Problem auch moderner Hochleistungspumpen ist ihre zu große Wärmeentwicklung. Nicht zuletzt aus diesem Grund gelten Kunstherzen inzwischen allenfalls als eine Übergangslösung, um bei akut lebensbedrohenden Herzleiden die Wartezeit auf ein menschliches Spenderherz kurzfristig zu überbrücken.

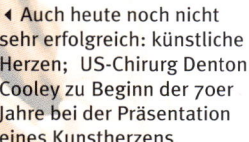

◀ Auch heute noch nicht sehr erfolgreich: künstliche Herzen; US-Chirurg Denton Cooley zu Beginn der 70er Jahre bei der Präsentation eines Kunstherzens.

Der Weg zum Herzen

Noch im Mittelalter wusste man wenig über das Herz. Erstmals erklärte 1669 Richard Lomer in seinem »Tractatus de corde« dessen Aufbau und erkannte es als Muskel. 1705 beschrieb der Franzose Raymond Vieussens die linke Herzkammer, die Klappe der großen Koronarvene und den Verlauf der Herzkranzgefäße. Schon zwei Jahre später legte der Römer Giovanni Maria Lancisi erstmals eine Arbeit über Herzkrankheiten vor. 1728 erkannte er das Phänomen der Herzerweiterung. Der nächste Fortschritt gelang erst 98 Jahre später, als T. R. H. Laennec mit dem Stethoskop die Herztöne abhörte und analysierte. 1935 vermutete John Peters im Herzen einen Mechanismus, der den Blutdruck senkt und das Blutvolumen anpasst. Wirklich nachgewiesen wurde dieser Mechanismus allerdings erst 1975.

Herzschrittmacher
1958/60. Die beiden amerikanischen Chirurgen A. Senning und W. Chardack implantieren die ersten – allerdings noch relativ störanfälligen – Herzschrittmacher.

Bypass-Operation
1967. Der argentinische Chirurg René Favaloro entwickelt in den USA die koronare Bypass-Operation. Krankhaft verengte Blutgefäße werden durch neue Venenteile überbrückt.

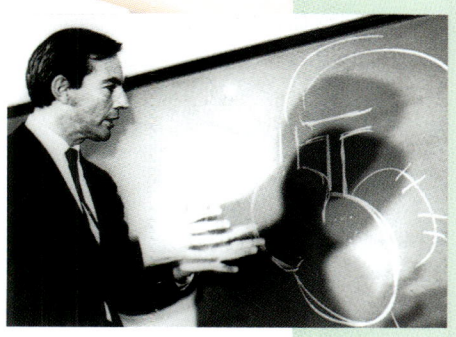

▲ Christiaan Barnard erläutert den geplanten Verlauf der ersten Herztransplantation, 1967.

Weltberühmter Chirurg

»Am Sonnabend war ich ein wenig bekannter Chirurg in Südafrika, am Montag war ich weltberühmt«, kommentierte der 1922 als Sohn eines armen Predigers geborene Barnard die Folgen seiner ersten Herztransplantation. Barnard hatte in Kapstadt und Minnesota Medizin studiert. In Minneapolis half er bei der Entwicklung einer Herz-Lungen-Maschine. 1967 war Barnard Chefarzt für Herz-Lungen-Chirurgie am Groote-Schuur-Krankenhaus in Kapstadt. Bis er 1983 wegen schwerer Arthritis das Operieren aufgeben musste, führte er mit seinem Team 420 Transplantationen durch. Barnard starb 2001.

1968

In Sekunden um die Erde

1968 hatten US-Militärstrategen eine brillante Idee: Wenn die USA atomar attackiert werden sollten, dann dürften auf keinen Fall die Geheimdaten der Militärs vernichtet werden, und die Kommunikationswege zwischen den Entscheidungsinstanzen mussten offen und flexibel bleiben. Diese Überlegungen führten zum Aufbau des Internets, das inzwischen die gesamte Welt umspannt.

▾ Globales Informationssystem: Bis zum Jahr 2005 erwarten Experten, dass 1 Mrd. Menschen das Internet nutzen werden.

▲ »Ich bin drin!« – mit diesem Slogan macht das ehemalige Tennisass Boris Becker Werbung für einen Online-Dienst.

Die Entwicklung der nötigen Technologien war nicht ganz einfach: Hardware musste aufgebaut und vernetzt werden, weltweit standardisierte Programme – sog. Protokolle – sollten den Datenaustausch zwischen allen Betriebssystemen gewährleisten. So entstand nach den Überlegungen der Militärs von der ARPA – der Advanced Research Projects Agency – 1969 das ARPANET – ein Rechnerverbund von Universitäten. Charley Kline, ein beteiligter Wissenschaftler, scheiterte jedoch beim ersten Versuch, Daten zu übermitteln: Als er das »G« von »LOGIN« eintippte, brach das Netz zusammen. 1973 ließ die ARPA Techniken und Technologien verfeinern. Das neue System, das den Namen »Internet« erhielt, verfügte erstmals über ein einheitliches Übertragungsprotokoll – die »Sprache«, in der alle Computer im Internet seither miteinander kommunizieren können: das TCP/IP. ▸▸

▲ Hacker am Werk: Im US-Spielfilm »Wargames« gelingt es einem Jungen, in das Computersystem des Pentagons einzudringen und ein gefährliches Kriegsspiel anzufachen. Hackerangriffe sind für das Internet mittlerweile eine große Gefahr geworden.

Sicherheit bleibt Wunschdenken

Das Netz ist wie eine gigantische Ansichtskarte, fast alles ist für jeden lesbar. Gewöhnliche E-Mails können auf nahezu jedem Rechner abgefangen und kontrolliert werden. Ein anderes großes Problem sind per E-Mail verschickte Virenbomben sowie Hackerangriffe: Anfang 2000 wurden z. B. die Rechenanlagen von Yahoo!, eBay und Amazon elektronisch sabotiert. Die betroffenen Firmenrechner wurden massiv mit Daten bombardiert, bis sie zusammenbrachen. Und E-Mails mit dem »I love You«-Virus haben im Mai 2000 zahllose Firmen auf der ganzen Welt lahm gelegt. Gefährlicher sind Viren, die Dateien des Rechners zerstören. Eine wirksame Prophylaxe gegen die bösartigen Programme existiert nicht.

Welt der Computer

Glaubt man den Experten, werden Internet und Computer das Leben im 21. Jahrhundert gravierend verändern: Intelligente Haushaltsgeräte, Fernseher und Kühlschränke können über das Netz gewartet werden, WAP-fähige Geräte vermögen über das neue »Wireless Application Protocol« Informationen auf ihre Displays zu holen. Vermutlich wird die Zukunft des Internets aber darin bestehen, dass man es gar nicht mehr bemerkt, weil Anwendungen und Geräte sich dann selber die spezifischen Informationen aus dem Netz besorgen, die sie benötigen.

▲ Mit dem Handy ins Internet – neueste Techniken machen es möglich.

◀ Hightech-Satellitensysteme ermöglichen den weltweiten Datenaustausch in Bruchteilen von Sekunden.

Auf Basis dieses Protokolls etablierten sich die Spezialprotokolle jener Dienste, die das Internet bis heute bietet: Datenaustausch (FTP), E-Mail und Usenet (SMTP und POP3), schließlich das 1989 entwickelte World Wide Web (WWW), das auf dem Protokoll http basiert. Die inzwischen 200 Mio. Nutzer können sich im Internet bewegen, ohne dessen Funktionsweise verstehen zu müssen. Dazu waren neue Entwicklungen nötig: 1984 das Domain Name System (DNS), das die Eingabe eines Namens statt einer Zahlenkolonne erlaubt, und seit 1993 die Programmierung so genannter Web-Browser, den Navigationsprogrammen des WWW. Seither wachsen die Zugriffe auf Webseiten mit fast 350 % Steigerung pro Jahr. Entsprechend wuchs das Angebot: Gab es 1993 nur 130 Websites mit Netzinhalten, waren es 2000 über 22 Mio. ∎

Informationsflut aus dem All

Das Internet hat als Informationsmedium alle Raum- und Zeitrelationen aufgehoben, es ist das »Echt-Zeit-Medium«, das Daten sofort weltweit abrufbar macht. Berühmtes Beispiel ist der Starr-Report, der ausführlich die intimen Einzelheiten der Beziehung Bill Clintons zu der Praktikantin Monica Lewinsky dokumentierte. Der weltweite »Run« auf die Server mit dem lange erwarteten Report führte zum Kollaps des Netzes.

Schon jetzt ist das Internet ein echter Informationsmoloch, der alle erdenklichen Angebote zu allen möglichen Themen offeriert. Theoretisch ist es machbar, über das Internet alle Einkäufe zu erledigen und sich frei Haus versorgen zu lassen. Bekanntestes Beispiel ist der »Dotcom Guy«, der sich – gesponsert von Industrie und Webfirmen – im Januar 2000 in ein leeres Haus setzte und es ein Jahr nicht verließ. Zur Bezahlung eignen sich Nachnahme sowie Kreditkarten. Geplant ist ein sicheres Micro-Payment-System, eine Art Internet-Währung, die von Guthabenkonten abgebucht werden kann.

◀ Die bunte Welt der Internet-Angebote: Web-Firmen bieten inzwischen jede erdenkliche Ware an.

▲ Hintergrund: Computervernetzung über Knotenpunkte und Satelliten.

◀ Wer zu Hause noch keinen Internetzugang hat, surft im Internet-Café.

1969

WUNSCHFILM AB!

In der westlichen Welt gehört der Videorekorder neben Fernsehgerät und Hi-Fi-Anlage fast zur Grundausstattung eines Haushalts. Der Komfort, interessante Sendungen nicht zu verpassen, obwohl man außer Haus ist, erscheint heute schon selbstverständlich. Den Weg zum selbstbestimmten Heimkino ebnete der japanische Elektronikkonzern Sony, als er 1969 die erste Videokassette auf den Markt brachte.

▲ Der Koreaner Nam June Paik, ein Pionier der Videokunst, präsentiert 1993 seinen »Electronic Super-Highway«.

Zwar hatte es bereits in den 1950er Jahren Videorekorder gegeben, doch war deren Einsatz nur für Fernsehanstalten sinnvoll, denn das zur Aufzeichnung notwendige Magnetband war noch sehr unhandlich und eben nicht in die praktische Kassettenform verpackt. In Kombination mit kompakten Videorekordern, insbesondere den Geräten des in Japan entwickelten Systems Betamax und ab 1975 des Video Home System (VHS), wurde es dann für jedermann möglich, sich eine ganz ausgeklügelte Aufzeichnungstechnik zunutze zu machen. »Video« boomte, und die Heimgeräte fanden rasanten Absatz. Die Ausstattung der Rekorder wurde allmählich üppiger, ihre Bedienung einfacher; die Preise sanken, Miniaturisierung und Digitalisierung schritten voran.

Auch die Aufnahme- und Wiedergabequalität verbesserte sich deutlich, Videokassetten für Farbaufzeichnungen kamen 1971 auf den Markt. Allerdings setzte sich zunächst nur eine Technik durch: In den 1980er Jahren schlug VHS andere Bandaufzeichnungssysteme ▸▸

▲ Funkausstellung in Stuttgart 1969: Vorstellung eines in Deutschland entwickelten Kombigerätes aus Fernseher und Videoapparat.

◂ Bandsalat ade: Das Videoband wird 1969 von Sony in eine kompakte Kassette gebannt.

▲ George Long (r.), Präsident der Ampex Corp., und William Lodge (l.) von CBS-TV stellen 1956 voller Stolz das erste Aufzeichnungsgerät für Fernsehprogramme vor.

▼ Hintergrund: VHS-Videorekorder aus den 1990er Jahren versprechen Hi-Fi-Qualität.

▲ In den 1970er Jahren noch ein großer Luxus: Fernseher und Videorekorder.

wie Video 2000 von Philips aus dem Rennen. Es ließ auch die Bildplatte, die schon 1928 erprobt worden war und 1970 einen neuen Anlauf wagte, nicht zum Zuge kommen – bis zu ihrer Verwandlung in die Video-CD und die Digital Versatile Disc (DVD) in den 1990er Jahren. Die per Video vervielfältigte Bilderflut hat zwar nicht, wie von Kulturkritikern befürchtet, das Ende der Schriftlichkeit besiegelt, den TV-Profis jedoch ein geeignetes Mittel an die Hand gegeben, die Zuschauer mit nachträglich bearbeiteter »Unterhaltung aus der Konserve« zu beglücken. Dabei hatten die amerikanischen Fernsehmacher der 1950er Jahre mit ihren Videorekordern eher begrenzte Ziele: Sie wollten auch an der mehrere Zeitzonen entfernten Westküste präsent sein, wenn die Zuschauer dort noch wach waren. Später hieß es allgemein immer häufiger: »MAZ ab!« statt »Live dabei«. ∎

Schräg und schnell

Entscheidend für den Durchbruch des Videorekorders war neben der Kassette auch das Schrägspurverfahren. Die relativ hohe Geschwindigkeit von Band und Kopf, der mit je zwei einander gegenüberliegenden rotierenden Video- und Tonköpfen bestückt ist und schräg zur Laufrichtung des Bandes 25-mal pro Sekunde rotiert, erlaubt die Aufzeichnung eines großen Frequenzbereichs. Auf diese Weise können Fernsehbilder bzw. Videosignale verarbeitet werden. Die ihrerseits in einem bestimmten Winkel zur Bandrichtung angeordneten magnetischen Abschnitte, »Spuren« mit einer Breite von 49 Mikrometern, sparen Platz und erhöhen dadurch die Aufnahme- bzw. Wiedergabekapazität. Bei jeder Umdrehung des Kopfes wird ein komplettes

▲ Überholte Technik: Der Philips-Videorekorder des Bautyps LDL 1002 von 1969 arbeitet noch mit Magnetbändern in offenen Spulen.

Bild aufgezeichnet. Tonsignale werden getrennt auf schmalen Spuren am Bandrand (bei VHS) wie bei Tonbändern »längs« magnetisiert.

Nicht kompatibel

Die meisten der ca. 30 Mio. Videorekorder in Deutschland sind VHS-Geräte; das Video Home System trat in Konkurrenz zum Betamax-System von Sony. Ebenso wie Video 2000 von Philips und Video 8 arbeiten beide nach dem Schrägspurverfahren. Wegen der Unterschiede in der Breite, Stärke und Führung des Magnetbandes, der Position der Video- und Tonspuren sowie der Bildauflösung und Kassettenlaufdauer sind die einzelnen Typen jedoch untereinander nicht austauschbar und erfordern daher auch eigene Rekorder. VHS und Betamax beispielsweise arbeiten mit $1/2$-Zoll-Bändern, Video-8-Bänder messen 8 mm, Digital-Videokassetten haben eine Standardbandbreite von 6,35 mm ($1/4$ Zoll).

▲ Dieser Rekorder von 2002 hat sechs Köpfe und bietet die Möglichkeit zur Nachvertonung.

| **Bedeutende Schritte der magnetischen Bildaufzeichnung** | **Längsspurverfahren** 1951. Die von Charles Ginsberg (USA) entwickelten Geräte erlauben die Schwarz-Weiß-Aufzeichnung von Videosignalen auf Magnetband im Längsspurverfahren. | **Querspurverfahren** 1956. Mit den Videobandgeräten der US-Firma Ampex werden die ersten Aufzeichnungen mit dem Querspurverfahren, dem Beschreiben des Bandes quer zur Laufrichtung, gemacht. | **Schrägspurverfahren** 1959. Für den heimischen Fernseher setzen sich Videorekorder mit schräg zur Bandrichtung laufenden Videospuren und mehreren Video- und Tonköpfen durch. | **Camcorder** 1984. Mit dem Camcorder werden die Funktionen einer Videokamera mit lichtempfindlichen Halbleitersensoren und eines Videorekorders in einem handlichen Gerät vereint. |

1969

MENSCHHEITSTRAUM WIRD WAHR

»Dies ist ein kleiner Schritt für einen Menschen, aber ein großer Sprung vorwärts für die Menschheit.« Mit diesen Worten kommentierte der amerikanische Astronaut Neil Armstrong einen historischen Moment: Am 21. Juli 1969 um 3. 56 Uhr mitteleuropäischer Zeit hatte Armstrong als erster Mensch den Mond betreten. Ein ewiger Traum der Menschheit war endlich in Erfüllung gegangen, und die Amerikaner hatten gegen ihren Erzrivalen, die UdSSR, den Wettlauf zum Mond gewonnen.

▲ Sichtbares Zeugnis des menschlichen Besuchs auf dem Mond sind die Abdrücke der »Moonboots« der amerikanischen Astronauten Neil Armstrong und Edwin Aldrin.

Wenige Augenblicke nach Armstrong stand mit Edwin Aldrin ein zweiter Mensch auf der Oberfläche des Erdtrabanten; der dritte US-Astronaut, Michael Collins, wartete im Kommandofahrzeug Columbia auf die Mondspaziergänger. Das APOLLO-11-Projekt hatte am 16. Juli in Cape Kennedy, dem heutigen Cape Canaveral, vor einer Million Schaulustigen begonnen; die ganze Mission dauerte 8 Tage, 3 Stunden und 18 Minuten.

Drei Tage nach dem Start schwenkte das Raumfahrzeug in die Umlaufbahn des Mondes ein, am 20. Juli trennten die Astronauten die Mondfähre vom Raumfahrzeug ab. Keine 24 Stunden später folgte der große Moment, auf den die USA seit über acht Jahren hingearbeitet hatten: Die Mondfähre, die »Eagle« – Adler – getauft worden war, landete weich im so genannten Meer der Ruhe auf einer mit Steinbrocken übersäten Ebene.

Voller Spannung erlebten über 500 Millionen Menschen in aller Welt das spektakuläre Ereignis live am Fernseher mit. Die Bilder vom Mond waren erstaunlich gut, doch um die Originaltöne zu verstehen, bedurfte es einiger Phantasie. ▸▸

◂ Neil Armstrong spaziert auf dem Mond; dieses Bild geht um die Welt. Über das Fernsehen verfolgen die Menschen das Geschehen auf dem fremden Planeten.

▲ Die Besatzung von Apollo 11 schreibt Weltraumgeschichte: Neil Armstrong, Michael Collins und Edwin Aldrin (v. l.).

▲ Die Crew von Apollo 15 unternimmt 1971 erstmals Ausflüge mit einem eigens entwickelten Mondauto, das seine Feuertaufe glänzend besteht.

Vor dem Aussteigen überprüften Armstrong und Aldrin die technischen Einrichtungen des Landefahrzeugs und legten eine Ruhepause ein, danach zogen sie ihre speziell für die Mondmission entwickelten Raumanzüge an und schnallten die Tornister mit den Atemversorgungsgeräten um. Auf dem Mond hielten sich die Astronauten insgesamt 135 Minuten auf. Sie stellten auf ihren Mondausflügen die US-Flagge, wissenschaftliche Messgeräte und eine Fernsehkamera auf, sammelten 21 kg Mondgestein und fotografierten die staubige, unwirtliche Kraterlandschaft, die sich ihren Blicken darbot. Dann kehrten sie zur Landefähre zurück. Sie hob von der Mondoberfläche ab und koppelte wieder an das Raumfahrzeug Apollo 11 an. Am 24. Juli um 17.50 Uhr MEZ landeten die drei Volkshelden sicher im Pazifik. ■

Die Apollo-Mission

1961 richtete US-Präsident John F. Kennedy das nach den sowjetischen Raumfahrterfolgen angeknackste Selbstvertrauen seiner Landsleute mit einer wegweisenden Rede wieder auf. Er versprach ein Mondprogramm, das Amerikaner als erste Menschen binnen weniger Jahre auf den Erdtrabanten führen sollte.
Kennedy und seine Nachfolger hielten Wort: Sechs unbemannten Apollo-Flügen folgten ab 1968 die ersten bemannten Missionen: Apollo 7 schickte im Oktober 1968 drei Astronauten auf insgesamt 163 Erdumkreisungen. Die Crew von Apollo 8 umkreiste den Mond, Apollo 9 probte dann im März 1969 das Kopplungsmanöver mit der Mondlandeeinheit. Mit Apollo 10 schließlich folgte im Mai des Jahres die ge-

▲ Gebannt verfolgen Tausende Schaulustige den Start von Apollo 11.

lungene Generalprobe eines vollständigen Raumfahrzeugs, ehe es Apollo 11 1969 gelang, den Menschheitstraum von der Landung auf dem Mond wahr werden zu lassen.

Prestigeduell im Weltraum

Als die Sowjets am 4. 10. 1957 mit Sputnik 1 den ersten Satelliten starteten, reagierten die USA geschockt. Überstürzt kündigte das Weiße Haus einen eigenen Satellitenstart an – er missglückte am 6. Dezember. Um die UdSSR zu übertrumpfen, setzten die USA auf eine Mondlandung. Ein unbemannter Versuch schlug 1958 jedoch fehl. Das Wettrennen zum Mond nahm 1959 mit einem sowjetischen Teilerfolg seinen Lauf: Lunik 2 erreichte im September den Erdtrabanten. Die Amerikaner setzten nun auf die bemannte Mondfahrt. Doch erst zehn Jahre später hatten die Vereinigten Staaten mit der Mondlandung in der Weltraumfahrt die Nase vorn.

▲ Die sowjetischen Lunik-Sonden setzen Ende der 50er Jahre Maßstäbe.

◀ Konfettiparade für die Helden: Überschwänglich feiern die New Yorker die Mondlandung.

Forscher mit großen Visionen

Eine neue Generation von Raumforschern plant nach fast 30 Jahren Pause die Rückkehr zum Mond – mit ehrgeizigen Zielen. Eine ständig bemannte Mondstation soll aus Fertigelementen gebaut werden, die ein Shuttle mitbringen soll oder die man vor Ort aus Mondsand und Monderz bauen will. Die Mondbasen könnten als wissenschaftliche Observatorien dienen, aber auch als Hotels für Mondtouristen, als Fabrikationsanlagen oder als Solarenergiefarmen. Sogar Mondbergbau halten einige weitblickende Zeitgenossen nicht mehr für ausgeschlossen.

▶ Für Laien wenig spektakulär, für Experten von großem Interesse – ein Stück Mondgestein.

Der Mond in der Belletristik

»Vera historia«
160. Der Grieche Lukian von Samosata schreibt den ersten Raumfahrtroman, »Vera historia«, in dem Erdlinge eine Schlacht auf dem Mond miterleben.

»Von der Erde zum Mond«
1865. Der französische Schriftsteller Jules Verne verfasst den wohl bekanntesten utopischen Roman über die Mondfahrt, der die Phantasie seiner Zeitgenossen nachhaltig beflügelt.

»Die ersten Menschen im Mond«
1901. Der britische Schriftsteller Herbert George Wells, bekannt u. a. durch »Die Zeitmaschine«, avanciert mit seinem Raumfahrtroman zum Pionier der Sciencefiction.

»Im Mondstaub versunken«
1961. Der berühmte englische Sciencefiction-Autor und ehemalige Radarspezialist Arthur C. Clarke schildert in seinem Roman die touristische »Eroberung« des Erdtrabanten.

1971

KLEINER RECHENKÜNSTLER

Kaum mehr als drei Jahrzehnte ist er erst alt – und trotzdem heute nicht mehr aus dem Alltagsleben wegzudenken: der elektronische Taschenrechner. Den Ersten seiner Art stellte 1971 die amerikanische Firma Texas Instruments vor.

▲ Bei den japanischen Universitätsmeisterschaften in Buchführung ist der Taschenrechner ein unentbehrliches Hilfsmittel, Aufnahme von 2000.

▶ Hausaufgaben mit dem Taschenrechner gehören heute zum Schüleralltag, auch wenn in der Grundschule Addieren, Subtrahieren, Multiplizieren und Dividieren noch im Kopf oder schriftlich geübt wird.

Auf dem nur 5 mm großen Chip des Taschenrechners von Texas Instruments waren viele Tausend Transistoren untergebracht. Ihm folgte im Rhythmus weniger Monate eine ganze Palette derartiger Geräte, die über die Grundrechenarten und Prozentrechnung hinaus schon zahlreiche Sonderfunktionen beherrschten. Sie alle stammten aus kleinen Fertigungsserien und kosteten anfangs mehrere Tausend Dollar. Auch arbeiteten die ersten Taschenrechner mit Displays aus Leuchtdioden, die aber schon bald durch Platz und Strom sparende chipgesteuerte Flüssigkristallanzeigen, englisch: Liquid Crystal Displays (LCD), ersetzt wurden.

Ein großer Entwicklungssprung gelang dann dem US-Unternehmen Hewlett-Packard mit dem Modell HP-65, dem ersten programmierbaren Taschenrechner der Welt: Darauf waren zahlreiche mathematische Funktionen vorprogrammiert und per Taste abrufbar. Ein 100 Seiten starkes Handbuch erläuterte Bedienung und Funktion, führte in die Rechenprogramme ein und erklärte die Anwendung der zugrunde liegenden Programmiersprachen. Damit wurden die Taschenrechner im Funktionszuschnitt ihren großen »Brüdern« immer ähnlicher. Der rapide Preisverfall machte die Geräte für jeden erschwinglich und verbannte Logarithmentafel und Rechenschieber endgültig von der Schulbank. Die 1980 von den japanischen Firmen Sharp, Casio, Sanyo und Panasonic sowie dem US-Unternehmen Tandy vorgestellten Taschencomputer hatten die Großrechner schon ▸▸

▾ Zeitschriftenwerbung für den HP-65; 1974 der erste Taschenrechner der Welt, der sich auch programmieren lässt.

HP-65
Der erste Programmierbare!

eingeholt, reichten aber natürlich in ihrer Arbeitsgeschwindigkeit und Speicherkapazität noch nicht an diese heran. Sie beherrschten eine Vielzahl komplexer mathematischer Funktionen und konnten in einer Programmiersprache frei programmiert und über Schnittstellen mit externen Speichermedien oder Druckern verbunden werden. Einfache Taschenrechner sind heute preiswerte Massenware. Programmierbare Modelle gibt es in mehreren Hundert Ausführungen, während Taschencomputer weniger als Rechner, denn als mehrsprachige Wörterbücher, Notizbücher und Terminkalender (Personal Digital Assistant, PDA) sowie als bunte multimediale Plattform für unterwegs mit Handy- und Internetfunktionen dienen. ∎

◄ Noch wenig handlich: Die japanische Firma Sanyo stellt 1970 den damals kleinsten netzunabhängigen Elektronikrechner der Welt vor; er kann Zahlen bis zu 16 Stellen bewältigen.

Integrierte Schaltkreise

Bereits 1967 hatte Texas Instruments den ersten elektronischen Tischrechner, CAL TECH mit Namen, für die vier Grundrechenarten gebaut. Dass dieser noch kein »Taschenformat« aufwies, lag an der Größe seiner Bauelemente, einzelnen Transistoren. Der Mikroprozessor, der alle zentralen Rechenfunktionen auf einem Chip, einem Trägerplättchen aus Halbleitermaterial, enthält, war noch nicht erfunden. Diese für die Miniaturisierung der Computertechnik entscheidende Entwicklung gelang dem amerikanischen Ingenieur Marcian E. Hoff. 1971 erstmals auf den Markt gebracht, machte der

Mikroprozessor die massenhafte Verbreitung von Taschenrechnern und von Kleincomputern möglich. Auf dem Chip sind Halbleiterbauelemente (zumeist Transistoren) und ihre Verbindungen zu einer Einheit (integrierter Schaltkreis) verknüpft. Die Anzahl der auf einem Chip vorhandenen Funktionselemente macht den Integrationsgrad aus.

▶ Der erste Taschenrechner der amerikanischen Firma Hewlett-Packard (HP) aus dem Jahr 1972 präsentiert sich als handlicher Helfer am Zeichentisch.

▶ Erster elektronischer Tischrechner von Texas Instruments (USA) von 1967, ein Vorläufer der mit Mikrochips arbeitenden Taschenrechner.

Gebrochenes Licht

Alle modernen Taschenrechner arbeiten mit Flüssigkristallanzeige (LCD). Die bereits 1889 von dem deutschen Physiker Otto Lehmann entdeckten Flüssigkristalle sind homogene, meist organische Flüssigkeiten mit festen und flüssigen Phasen und einer Übergangsphase. In dem Zwischenzustand orientieren sich die Moleküle in einer bestimmten Richtung oder zusätzlich noch in verschiedenen Ebenen. Wie in einem Kristall führt die Ordnung der Moleküle zu optischen Effekten, z. B. verstärkter Lichtbrechung. Durch das Anlegen elektrischer Spannung lässt

sich die Ausrichtung der Kristallmoleküle und damit die Lichtbrechung verändern, wodurch eine Anzeige – etwa von Ziffern oder Buchstaben – möglich wird. In modernen LCD-Monitoren wird auf diese Art jeder Bildschirmpixel einzeln angesteuert. Dort werden die Farben Rot, Grün und Blau jeweils in der gewünschten Intensität »herausgefiltert«.

▶ LCD im Modell: Durch Anlegen von elektrischer Spannung werden die Flüssigkeitskristalle gedreht.

▲ Hier beginnt der Aufstieg von Hewlett-Packard zum Weltkonzern: eine Garage im kalifornischen Palo Alto (1938), Zentrum des späteren Silicon Valley.

Fortschritte beim Taschenrechner

LCD-Display
1971. Der Chemiekonzern Hoffmann-LaRoche arbeitet gemeinsam mit der Elektrofirma Brown Boveri (beide Schweiz) an der Entwicklung der Flüssigkristallanzeige (LCD).

Massenproduktion
1973. In den USA beginnt die Serienfertigung elektronischer Taschenrechner im großen Stil. Zu den Marktführern gehören die Firmen Texas Instruments und Hewlett-Packard.

Größere Leistung
1978. Durch die Verwendung neuer Transistoren (Metal-Oxide-Semiconductor, MOS) können in Taschenrechnerchips mehr Bauelemente pro Fläche untergebracht werden.

Multifunktionalität
1980er Jahre. Durch die zunehmende Miniaturisierung der Halbleiterbausteine lassen sich Taschenrechnerfunktionen beispielsweise schon in Armbanduhren einbauen.

1971

LEBEN IN DER SCHWERELOSIGKEIT

Der Kampf zwischen den Supermächten um die Vorherrschaft im Weltraum ging auch nach der Mondlandung 1969 weiter. Am 19. April 1971 brachte die UdSSR mit Saljut 1 die erste Raumstation in eine Erdumlaufbahn und schuf sich damit einen Forschungsstützpunkt außerhalb der Erde. Zwei Jahre später bezog die erste US-Raumstation, Skylab, ihre Position im Erdorbit.

▲ Schwebend im Weltall: US-Astronauten bei Montagearbeiten an der Internationalen Raumstation ISS.

W aren sowohl Saljut 1 als auch Skylab nur für eine einmalige Mission relativ kurzfristig in den Erdorbit geschickt worden, so brachte die UdSSR 1977 mit Saljut 6 erstmals eine Raumstation modernen Typs in eine Umlaufbahn. Die Station eignete sich für längere Aufenthalte und wurde von unbemannten Raumfahrzeugen regelmäßig mit Vorräten und Treibstoff versorgt. Zwei Raumfahrzeuge konnten gleichzeitig an ihr andocken. Neun Jahre später folgte die inzwischen legendäre sowjetische Raumstation Mir, zunächst als eine Art Grundmodul mit nur 100 m³ nutzbarem Innenraum. Aber die Mir war als erste Raumstation ausbaufähig und wurde im Lauf der Jahre zur 40 m langen und 35 m breiten

▲ Schwieriges Manöver im Weltall, doch heute fast schon Routine: das Andocken; die US-Raumfähre Atlantis koppelt im November 1995 an die Mir an.

▶ »Saljut 1«, die erste Raumstation, umkreist die Erde in einer Höhe von 200–222 km. Raumschiffe (o.) bringen die Kosmonauten zu ihrem Stützpunkt, wo sie wissenschaftliche Experimente durchführen.

Orbitalstation erweitert, die 20 Kosmonauten spartanische Unterkunft und Arbeitsraum bot. 15 Jahre lang blieb die Mir im All. Nach der Beendigung des Kalten Kriegs zwischen Ost und West stand sie auch westlichen Astronauten offen, bevor die Russen sie aus Kostengründen 2001 aufgaben. Nachfolgerin der Mir ist die Internationale Raumstation ISS, die seit 1998 zusammengesetzt wird und an der Russland federführend beteiligt ist. Russisches Know-how soll aber nach Plänen des Raumfahrtunternehmens RSC Energija auch zum Aufbau einer nationalen Ministation für Weltraumtouristen genutzt werden. ■

◄ Arbeiten auf engstem Raum; Besatzungsmitglieder der Mir.

▲ Sie sorgt über Jahre für Schlagzeilen: die sowjetische Raumstation Mir mit ihren zahlreichen technischen Defekten und z. T. gefährlichen Pannen.

»Konzert der Weltraumstaaten«

Seit November 1998 ist eine internationale Raumstation einer völlig neuen Generation in Bau: An der ISS, deren Fertigstellung bis 2005 geplant ist, sind 16 Staaten beteiligt, die alle eigene Forschungslabors gegründet haben, um im »Konzert der Weltraumstaaten« mitzuspielen. 2003 werden japanische Forschungslabors und Plattformen für Außenexperimente angekoppelt. 2004 folgen als Großbauteil das europäische Columbus-Forschungslabor, ein russisches Labor, Solarzellen zur Energieversorgung aus den USA und eine größere Zentrifuge Mit der Einrichtung einer Wohnstation durch die USA soll die ISS-Bauzeit 2005 abgeschlossen sein. In der Erprobung befindet sich außerdem ein »fliegendes Rettungsboot für den Weltraum«, mit dem Astronauten im Notfall auf die Erde zurückkehren können.

▲ Zum Schutz der Astronauten: Das »Rettungsboot« der ISS soll im Weltraum fliegen können.

Den Kosmos im Visier

Haben sich seit Saljut 1 und Skylab auch die technischen Konzepte und Dimensionen der Raumstationen geändert, ihre Aufgaben sind prinzipiell die gleichen geblieben. Wichtige Ziele sind vor allem die klimatische, ökologische und geologische Erforschung der Erde, die astronomische und kosmologische Beobachtung des Weltraums, die Entwicklung industrieller Fertigungsverfahren unter Schwerelosigkeit und die Suche nach kosmischer Antimaterie. Als erste Raumstation hat die ISS jedoch neben ihren Forschungsaufgaben einen neuen Anspruch: Als das bislang aufwendigste nichtmilitärische Projekt der Menschheit soll sie ein herausragendes Beispiel friedlicher Kooperation sein. Finanzschwache Staaten wie beispielsweise Russland denken aber auch an eine Verwendung der zukünftigen Raumstationen als Touristenhotels.

▲ Wie ein futuristischer Helikopter mutet die amerikanische Station Skylab an.

▲ Künftiger Gigant im Orbit: ein Modell der im Bau befindlichen ISS.

Imposante Pläne

Die Internationale Raumstation (ISS) ist ein Projekt der Superlative: Die Kosten belaufen sich nach vorsichtigen Schätzungen auf 100 Mrd. Dollar. Das Objekt wird 450 t schwer sein, eine Spannweite von 108 m und eine Länge von 88 m aufweisen und mit 1140 m³ Rauminhalt Platz für sieben Personen bieten. Die Lebensdauer der Raumstation ist auf zehn Jahre angesetzt. Seit 1998 umrunden mit dem russischen Modul Sarja und dem US-Verbindungsknoten Unity die ersten zusammengefügten Teile der Station die Erde. 2000 dockte Russland ein großes Wohnmodul (Swesda) an, 2001 folgte ein amerikanisches Forschungslabor.

▶ An Bord von Skylab im Jahr 1973; nur aufwendigste Technik macht das Risiko des Lebens im Weltall kalkulierbar.

Start früher sowjetischer und amerikanischer Raumstationen

Saljut-Programm
1971. Die erste sowjetische Raumstation Saljut 1 umkreist die Erde. Sie ist nur 13 m lang und hat einen Durchmesser von 4,8 m. Die ersten drei Kosmonauten, die die Station für 23 Tage besuchen, ersticken auf dem Rückweg zur Erde. Die zweite sowjetische Raumstation Saljut 2 bricht im Jahr 1973 im Orbit auseinander, bevor sie von Kosmonauten besucht werden kann.

Skylab
1973. Als Provisorium kommt die US-Raumstation in den Orbit, beherbergt aber bereits im ersten Jahr neun Astronauten. Die Skylab-Station wird 1974 fertig gestellt.

Saljut 7
1982. Saljut 7 startet ins All. In diesem Jahr gelingt Kosmonauten in Saljut 6 auch erstmals ein Aufenthalt von über 100 Tagen. Saljut 3, 4 und 5 waren in dieser Hinsicht Fehlschläge.

1978

LEITSTRAHLEN AUS DEM ALL

Spätere Generationen werden kaum noch begreifen, dass man sich mit seinem Auto verfahren konnte. Schon jetzt gibt es handygroße Empfänger, mit denen sich die eigene Position überall auf der Welt in Sekundenschnelle bis auf etwa 10 m genau ermitteln lässt. Sie reagieren auf die elektromagnetischen Wellen des Global Positioning System. Seinen Anfang nahm GPS 1978, als der erste von 24 Navigationssatelliten seine Umlaufbahn erreichte. Pate war das US-Militär, das für Raketen und Marschflugkörper genaue Zielkoordinaten benötigte.

Dank GPS halten heute Piloten Kurs, meiden Autofahrer Staus und steuern Kapitäne ihre Schiffe in den sicheren Hafen. Das erste System, das 1964 die unterschiedlichen Übertragungszeiten von Funksignalen zwischen einem Empfänger auf der Erde und mehreren im Orbit kreisenden Satelliten zur Positionsbestimmung nutzte, wurde TRANSIT (nach der Satellitenbezeichnung) oder Navy Navigation Satellite System (NNSS) genannt. Die Positionsbestimmung über fünf Satelliten, die abwechselnd zwei verschiedene Tonfrequenzen abstrahlten, war allerdings noch recht ungenau (ca. 300 m), da sich die Bahndaten der Satelliten noch nicht exakt bestimmen ließen. Außerdem brauchte man noch rund 15 Minuten, um sie anzupeilen. TRANSIT war jedoch ein sehr lehrreiches Experiment auf dem Weg zu (NAVSTAR-)GPS, einem globalen ▸▸

▲ Orientierungshilfe für den Autofahrer: Digitalisierte Straßenkarten, Stadtpläne und GPS weisen den Weg über die Straßen.

▸ Hintergrund: Modell eines Navigationssatelliten für das 2006 geplante europäische System »Galileo«.

▲ Ohne die Satelliten gibt es keine moderne Navigation; je größer ihr Abstand zur Erde ist, desto geringer ist ihre Umlaufgeschwindigkeit, in 36 000 km Höhe (geostationäre Bahn) beträgt sie 24 Stunden, d. h., der Satellit steht immer am gleichen Ort.

Stets und überall geortet

Im weltumspannenden Satellitennavigationssystem GPS bewegen sich insgesamt 24 künstliche Erdtrabanten auf sechs unterschiedlichen, exakt definierten Umlaufbahnen in zwölf Stunden einmal um die Erde, kontrolliert von der Falcon Air Force Base in Colorado Springs (USA) und fünf weiteren Bodenstationen. Von jedem Punkt der Erde kann ein Empfänger mit vier Satelliten gleichzeitig »Kontakt« aufnehmen. Aus der Laufzeit ihrer sich mit Lichtgeschwindigkeit bewegenden Funksignale kann die Entfernung zu den einzelnen Satelliten errechnet werden. Die Punkte in gleicher Entfernung zum Satelliten werden zu jeweils vier Kreisen verknüpft, deren Schnittpunkte auf der Erdoberfläche die gesuchte Position ergeben. Dabei macht der Abgleich der Signalabfolgen zwischen Empfänger und Sender in jeder Millisekunde die Bestimmung höchst präzise.

▸ Das Advanced River System (ARGO) informiert den Steuermann über Fluss- und Fahrwasserverlauf, die Wassertiefe sowie andere Schiffe in der Nähe.

System, das 1984 vom Pentagon zur zivilen Nutzung freigegeben wurde. Allerdings ließ die US-Regierung die Qualität der Funksignale künstlich herabsetzen. Dies änderte sich erst im Jahr 2000. Mittlerweile ist GPS ständig verbessert worden.

Parallel zu GPS entwickelte die Sowjetunion das Global Navigation Satellite System (GLONASS), dessen Technik jedoch mit der des GPS nicht Schritt halten kann. Mehr Erfolg versprechen sich die Europäische Union und die europäische Raumfahrtagentur ESA, die ab 2006 die Installation von 30 Navigationssatelliten im Orbit planen. Das mit GPS kompatible, 3,2 Mrd. Euro teure System »Galileo« soll eine Positionsgenauigkeit von 4 m erreichen und ist von vornherein für die kommerzielle Nutzung bestimmt. Es soll Europa vom Walten der USA unabhängig machen: Diese hatten während des Kosovokrieges 1999 die zivile GPS-Komponente über dem Balkanraum einfach abgeschaltet. ∎

▲ Ernte per GPS: Satelliten geben dem Landwirt Auskunft über seinen genauen Standort, und mit Hilfe eines Computers kann er während der Arbeit bereits die Ernteerträge verfolgen.

Navigation in alten Zeiten

Früher waren Fernreisende zu Land und zu Wasser entweder auf bekannte Landmarken oder die Gestirne angewiesen. Beides hatte Nachteile: Sterne wandern am Himmel. Fixpunkte auf der Erdoberfläche gibt es nur wenige – Kirchen, Leuchttürme und Bojen leiteten die Seefahrer nur in Küstennähe. Karten und die Kenntnis von Wind- und Strömungsverhältnissen erleichterten die Navigation zwar, doch zeigte erst der Kompass die (grobe) Richtung über die Weltmeere. Im 18. Jahrhundert half dann der Sextant, die geographische Breite zu berechnen.

»Mehrzweckwaffe« GPS

Das Global Positioning System, das heute zu 90 % für zivile Zwecke genutzt wird, ist mittlerweile zu Lande, zu Wasser und in der Luft unentbehrlich: Per GPS dirigieren beispielsweise Speditionen ihre Lkw-Flotten über die Landesgrenzen und die in Papenburg gebauten Kreuzfahrtschiffe nutzen das System, um mit genügend Grund unter dem Kiel auf der schmalen Ems in die Nordsee zu gelangen. Da die Satelliten permanent exakte Zeitsignale ausstrahlen, können sie sogar ein globales Netz von Funkuhren bedienen. Landwirte lassen sich mit GPS über den Ernteertrag ihrer Mähdrescher informieren. Biologen verfolgen Herdenwanderungen und den Vogelzug mit Hilfe von implantierten Sendern. GPS-Daten dienen der präzisen Landvermessung und unterstützen die Geologen multinationaler Konzerne bei der Lokalisierung abbauwürdiger Rohstoffvorkommen.

▶ In früheren Jahrhunderten halfen nur Sterne zur Orientierung; Astronomen bei der Arbeit im königlichen Observatorium von Greenwich, 17. Jahrhundert.

Verschiedene Navigationssysteme

Radar
1935. Dem schottischen Physiker Robert Alexander Watson-Watt gelingt es erstmals, ein Flugzeug mit Mikrowellenreflexionen, also per Radarprinzip, zu verfolgen.

LORAN
1943. Im Flug- und Seeverkehr dient das System Long Range Navigation auf Langstrecken bis 3500 km. Es arbeitet bis auf 250 m genau.

TIMATON
1967. Das US-Satellitennavigationssystem ist dem älteren TRANSIT wegen der sehr präzisen Quarzuhren (später Atomuhren) an Bord der Satelliten überlegen.

Citypilot
1986. Die deutsche Firma VDO stellt mit dem Citypilot ein Lotsensystem für Autos vor. Wenn der Zielort eingegeben ist, gibt der Bordcomputer per Display die Fahrtrichtung an.

1978

IM REAGENZGLAS GEZEUGT

Am 26. Juli 1978 kam im Krankenhaus von Oldham, in der Nähe von London, Louise Brown zur Welt – neun Monate nach einer gelungenen künstlichen Befruchtung im Reagenzglas. Damit ist Louise das erste so genannte Retortenbaby der Geschichte. Ihre Geburt leitete in der Reproduktionsmedizin eine enorme Entwicklung ein.

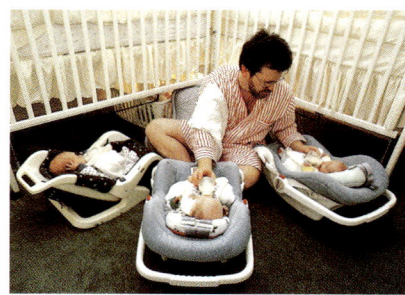

▲ Gleich dreifaches Glück: Nach künstlichen Befruchtungen kommt es immer wieder zu Mehrlingsgeburten.

In einem Reagenzglas wurde eine menschliche Eizelle mit einem Spermium befruchtet. Diese Maßnahme war kein rein wissenschaftliches Experiment, sondern der erste Versuch, einem sonst nicht zeugungsfähigen Ehepaar die Geburt eines Kindes zu ermöglichen. Mediziner nennen diese Art der künstlichen Befruchtung In-vitro-Fertilisation – IVF– oder Embryotransfer. Nachdem die neue Methode der Reproduktionsmedizin erstmals zum Erfolg geführt hatte, verbreitete sie sich in der Folgezeit weltweit. Allerdings zog sie eine Fülle von ethischen und juristischen Problemen nach sich: ▸▸

▲ Anlass für große Ethikdiskussionen: die Vernichtung von Embryonen, die durch künstliche Befruchtungen entstanden sind, aber nicht mehr benötigt werden.

▸ »Und hier ist sie ... die hübsche Louise«; die Geburt des ersten Retortenbabys ist dem englischen Boulevardblatt »Daily Mail« eine ganze Titelseite wert.

▲ Die künstliche Befruchtung: Den Eizellen in Nährlösung werden Samenzellen zugegeben.

Reizworte wie »Samenspende« und »Leihmutter« für eine Frau, die ihren Körper für die Austragung eines fremden Kindes zur Verfügung stellt, wurden und werden ebenso heftig diskutiert wie die Embryonenforschung und die Möglichkeiten von Genmanipulationen.

Knapp 20 Jahre nach der Geburt des ersten Retortenbabys setzte die Fortpflanzungsmedizin einen weiteren Meilenstein: Es gelang, zur Schaffung eines neuen Lebewesens den Zellkern einer Eizelle gegen den Zellkern einer Körperzelle samt genetischer Erbsubstanz auszutauschen. So entstand 1997 das Schaf Dolly, das erste geklonte Säugetier der Welt. ■

Umstrittener Embryonenschutz

Der Missbrauch von künstlich erzeugten Embryonen ist in Deutschland durch das Embryonenschutzgesetz von 1991 verboten, das auch die Erzeugung genetisch identischer Menschen untersagt. Neue Kontroversen brachte die Debatte um die Frage, ob die so genannten embryonalen Stammzellen, in denen alle menschlichen Anlagen enthalten sind, für die medizinische Forschung freigegeben werden sollen. Dies ist u. a. in den USA und Israel der Fall. In der EU übernahm Großbritannien die Vorreiterfunktion.

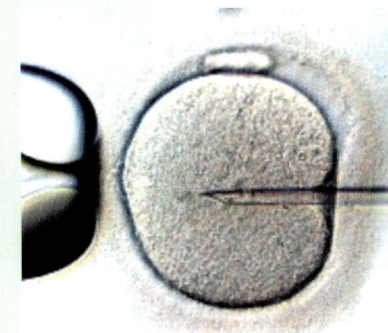

▸ Mit einer feinen Pipette wird einer Eizelle ein einzelnes Spermium injiziert.

◂ Hintergrund: Überprüfung der Gene; mit einer Hohlnadel wird dem acht- bis zwölfzelligen Keim eine Zelle entnommen.

Schwanger ohne Geschlechtsverkehr

Drei Verfahren werden bei der künstlichen Befruchtung unterschieden, wobei der Samen sowohl vom Partner der Frau als auch von einem unbekannten Spender stammen kann. Bei der In-vitro-Fertilisation (IVF) werden Eizellen im Reagenzglas befruchtet und etwa zwei Tage nach der Eizellengewinnung in den Uterus zurückgesetzt. Beim intratubaren Gametentransfer erfolgen Befruchtung und frühe Embryonalentwicklung in der Umgebung des Eileiters. Wie bei

der IVF wird eine Eizelle entnommen und unter Zuführung von Spermien in den Eileiter gespült. Bei der intrauterinen Insemination wird Samen mit einer Kanüle in die Gebärmutter eingebracht.

▸ Untersuchung im Mutterleib; ein Nadelmikroskop wird in die Gebärmutter eingeführt.

Echte Doppelgänger

Fortpflanzungsmediziner verweisen darauf, dass ohne die gesetzliche Freigabe des Klonens der Anschluss an eine Spitzen- und Schlüsseltechnologie des 21. Jahrhunderts nicht gewährleistet sein wird. Zudem verspräche diese Technik nicht nur Transplantate aus körpereigenem Gewebe eines Patienten, sondern vermutlich auch Behandlungsmöglichkeiten von so schweren Krankheiten wie Alzheimer, Diabetes oder Querschnittslähmung. Kritiker weisen aber auf fragwürdige medizinische Vorhaben hin, die auch das »rein therapeutische« Klonen erlauben. Dazu gehört die Erzeugung hirnloser und damit im klinischen Sinne hirntoter Menschen, die durch Herzlungenmaschinen u. a. als »Ersatzteillager« am Leben erhalten werden. Zudem droht das Gespenst der kompletten Reproduktion von Menschen, des modernen Homunculus.

Auf dem Weg zur künstlichen Befruchtung

Die Fortpflanzungszellen
1677. Der niederländische Biologe Antoni van Leeuwenhoek erkennt in männlichen Spermien Fortpflanzungszellen, die er als menschliche »Larven« bezeichnet.

Berührung von Ei und Sperma
1779. Der italienische Biologe Lazzaro Spallanzani entdeckt, dass eine Berührung des Spermas mit der Eizelle notwendig ist, damit es zu einer Befruchtung kommt.

Befruchtung beobachtet
1875. Der Deutsche Oskar Wilhelm August Hertwig beobachtet an Geschlechtszellen von Seeigeln die Befruchtung durch Eindringen des Spermiums in die Eizelle.

Künstliche Zeugung
1952. In den Vereinigten Staaten gelingt durch künstliche Befruchtung die Zeugung eines Kalbes. Verwendet wird Sperma, das durch Einfrieren konserviert wurde.

1981

SAUBERE ENERGIESPENDER

Als sich 1987 auf dem Kaiser-Wilhelm-Koog nahe der Elbmündung 32 Windräder mit einer geplanten Stromproduktion von 2 Mio. Kilowattstunden pro Jahr zum ersten deutschen Windpark zusammenfanden, gehörte Deutschland zu den Nachzüglern bei der Stromerzeugung mit Windkraft. Die ersten Anlagen waren bereits sechs Jahre zuvor in Kalifornien entstanden, meist gebaut von dänischen Firmen, die bei der umweltfreundlichen Technik weltweit den Ton angaben.

▲ Eine alte holländische Turmwindmühle, eingerahmt von modernen Windturbinenanlagen.

Schon 1957 war in Gedser auf der Insel Falster mit einer 200-kW-Anlage ein viel versprechender Prototyp eines Windrades gebaut worden. Der erste dänische Windpark aus 16 Turbinen entstand 1985. Heute ist Deutschland mit mehr als 10 500 Turbinenanlagen und einer Gesamtleistung von rund 7500 MW »Wind-Weltmeister«, weit vor der Nummer 2, den USA. Subventionen förderten diese Entwicklung, denn 1990 wurde Strom aus Windenergie, der in das öffentliche Versorgungsnetz eingespeist wurde, mit garantierten, über dem allgemeinen Niveau liegenden Preisen belohnt. Die meisten Windkrafträder stehen in den küstennahen Gebieten Niedersachsens und Schleswig-Holsteins, wo der Wind stärker und regelmäßiger weht als im Binnenland, doch entstehen Windparks zunehmend auch im Landesinneren. Die saubere Technik stößt in immer größere Dimensionen vor und nutzt die Kraft des Windes immer effektiver, sodass Anlagen an günstigen Standorten bei den Stromerzeugungskosten schon mit Gas- oder Kohlekraftwerken konkurrieren können. Dabei wird der Windkraftboom durch eine Politik beflügelt, die Kernkraftwerke durch die verstärkte Nutzung regenerativer Energien überflüssig machen will. Diese Entwicklung hätte der Anfang der Windenergienutzung in ▸▸

▲ Der gewaltige Rotor soll auf der Halde eines ehemaligen Braunkohlebergbaus in Brandenburg in 78 m Höhe Energie »einfangen«.

▸ Hintergrund: Rotoren an der dänischen Nordseeküste bei Ringkøbing – Dänemark liegt bei der Windenergienutzung auf Rang vier.

»Verspargelte« Landschaft

Der massenhafte Bau von Windparks rief auch Gegner auf den Plan. Sie kritisieren den enormen Flächenverbrauch und die »Verspargelung der Landschaft«, stoßen sich an Lärm und Schattenwurf (»Discoeffekt«) der mit 65 km/h die Luft schneidenden Rotorblätter und fürchten die Beeinträchtigung des Vogelflugs. Naturschützer wurden durch härtere Umweltauflagen beruhigt. Schwerer wiegt die Kritik an den staatlichen Subventionen, die auf Kosten des Steuerzahlers wenige Windmüller unverhältnismäßig begünstigen. Auch korrespondiert die bislang installierte Leistung – etwa ein Drittel der Kernkraftkapazität – nicht mit dem nur zweiprozentigen Anteil der Windkraft an der öffentlichen Stromerzeugung.

Stationen der Windenergienutzung

Windräder
Um 1180. Die aus Nahost nach Europa importierten Windräder werden erstmals in der Normandie eingesetzt, jedoch nicht mit vertikaler, sondern mit horizontaler Drehachse.

Windkraftwerke
1980er Jahre. In Dänemark werden die ersten Windturbinenanlagen an das öffentliche Stromversorgungsnetz angeschlossen. Die Technik wird in die USA exportiert.

Deutschland allerdings kaum erwarten lassen: Die 1983 eingeweihte, mit 97 m Turmhöhe und 100 m Rotordurchmesser damals weltgrößte Anlage ihrer Art, bekannt als »Growian«, wurde 1987 wegen technischer Schwierigkeiten und hoher Unterhaltskosten abgeschaltet. Eine neue Großwindkraftanlage der Superlative entstand erst wieder 2000 in Grevenbroich: Der N 80 hat einen Rotordurchmesser von 120 m und kostete über 4,5 Mio. Euro. Growian hatte seinerzeit noch das Zehnfache verschlungen. Heute sind je nach Platzangebot sowohl große Anlagen als auch Parks mit kleineren Turbinen wettbewerbsfähig, sofern der Wind im Durchschnitt stärker als 4 m pro Sekunde weht. ■

◀ Bei San Francisco (USA) stehen fast 7000 rund 20 m hohe ellipsenförmige Windturbinen mit senkrechter Welle: Darrieus-Rotoren.

▲ Arbeiten an einem Turm einer Windkraftanlage in Schwerin; in dem Spezialbetrieb werden Türme bis zu 100 m Höhe gebaut.

Perspektive Offshore

Die Zukunft der Windkraft liegt nicht auf der Marsch, sondern im Meer. Dort ist die Energieausbeute erheblich größer, weil der Wind kräftiger weht und die Turbinen daher häufiger ihre Nennleistung erreichen. Sie beträgt zwischen 3 MW und 5 MW, was für eine Ausbeute von mehr als 17 Mio. kWh pro Jahr sorgt. An Land leistet ein modernes Windrad etwa 1,5 MW und produziert 3,5 Mio. kWh. Offshore-Parks sollen in Nord- und Ostsee entstehen, 14 davon in Gebieten außerhalb der Zwölfmeilenzone, wo sie allerdings Schifffahrt und Vogelzug nicht unverhältnismäßig stören dürfen.

◀ In Reih und Glied: Windkraftanlagen auf dem Deich des Friedrich-Wilhelm-Lübke-Koogs in Nordfriesland.

◀ Windräder auf den Hügeln Arizonas; neben Kalifornien ist dieser Staat Vorreiter bei der Nutzung regenerativer Energien in den USA.

Rotoren im Wind

Wechselnde Richtungen und unterschiedliche Geschwindigkeiten des Windes stellen hohe Anforderungen an Material und Technik von Windkraftanlagen. Am stärksten verbreitet sind solche mit propellerartigem Rotor und horizontal gelagerter Welle. Ihr Funktionsprinzip ist einfach: Bewegungsenergie wird in mechanische und dann durch einen Generator in elektrische Energie umgewandelt. In der täglichen Praxis kommt es auf das Profil und die Belastbarkeit der Rotorblätter, deren Neigung zum Wind, eine entsprechend abgestimmte Drehzahl, die rechtzeitige Nachführung der beweglichen Gondel, d. h. der »Haube« mit Rotorlagerung, Getriebe und Generator, sowie die Vermeidung von Überlastung bei Böen und Sturm an. Und natürlich soll sich das alles auch noch selbst steuern und kontrollieren, damit eine gleichmäßige Auslastung der Anlage erreicht wird.

Windpark
2001. In der Nähe von Paderborn nimmt auf einer Fläche von 765 ha der größte Windpark Europas mit 65 Einzelanlagen und einer Leistung von 105 MW den Betrieb auf.

Offshore
2006. In der Lübecker Bucht (Ostsee) zwischen Fehmarn und Grömitz sollen die ersten in deutschen Hoheitsgewässern montierten Windkraftanlagen ans Netz gehen.

◀ Montage eines Rotors an die so genannte Gondel; er wiegt 107 t und hat einen Durchmesser von 66 m.

1985

MULTIFUNKTIONALE SCHEIBE

In das Wettrennen zwischen Soft- und Hardware griff 1985 ein optisches Medium ein, das wegen seines großen Speichervolumens von bis zu 700 Megabyte den Anfang vom Ende der populären 3 1/2-Zoll-Diskette mit ihren mageren 1,44 Megabyte einläutete. Auf der CD-ROM konnten nun mehr als Textdokumente und nur grob aufgelöste Bilder gespeichert werden. Die kleine Scheibe trumpfte mit komfortabler Bedienung, kurzer Zugriffszeit und bunter Multimedialität auf – auch wenn sie, wie der Name »Read Only Memory« schon sagt, nur »gelesen« werden kann.

▸ Die digitale Silberscheibe im Größenvergleich mit der analogen, doppelseitig bespielten Langspielplatte aus Polyvinylchlorid.

▲ Blickfang auf der CeBit 2000 in Hannover: »lebendige« Kunst mit CDs.

G rundsätzlich ist die CD-ROM eine Weiterentwicklung der Compact Disc (CD), nur werden keine digitalisierten Tonsignale, sondern Datenbruchstücke als kodierte Pakete in einzelnen Sektoren »abgelegt«. Diese Struktur wird dann von einem Laserstrahl »ausgelesen«. Im geschlossenen Laufwerk bzw. Spieler können weder Kratzer noch Staub den zielgerichteten Datenzugriff beeinträchtigen. Auch das berührungsfreie Abtastsystem des Laserstrahls hat keine Gelegenheit zu verschleißen. Die Idee der Compact Disc geht auf den amerikanischen Ingenieur David Paul Gregg zurück, der schon in den 1950er Jahren das Funktionsprinzip der späteren Silberscheibe erdachte: Speicherung von Signalen als optisch abtastbare Vertiefungen auf einer rotierenden Kunststoffplatte. Die schließlich ab 1972 bei Philips entwickelte CD setzte dann auf moderne Lasertechnik. 1979 holte das niederländische Unternehmen den japanischen Unterhaltungskonzern Sony mit ins Boot, und 1983 brachten die strategischen Partner die ▸▸

▲ In einem speziellen Laufwerk des PC wird die CD-ROM ausgelesen. Gegenüber den »Ur-Geräten« ist die Lesegeschwindigkeit mittlerweile um mehr als das 52-fache gestiegen.

Erfolgreiche mobile Speichermedien

Diskette
1950. Der Japaner Yoshiro Nahamats hat die Idee, Disketten zu entwickeln. Tatsächlich kommt die so genannte Floppy-Disc aber erst über zehn Jahre später auf den Markt.

Streamer
1980er Jahre. Magnetische Bandspeicher mit bis zu 12 bzw. 13 Gigabyte ergänzen die Datensicherung auf PC-Festplatten. Sie benötigen spezielle Back-up-Programme.

Digital Audio Tape (DAT)
1987. Auf dem Magnetband sind Tonsignale digital aufgezeichnet (Kapazität: bis zu drei Stunden Musik). Ein DAT erreicht bei Aufnahme und Wiedergabe CD-Qualität.

Minidisc
1992. Die digitale Speicherplatte von 6,4 cm Durchmesser kann beliebig oft bespielt werden. Sie setzt sich auf dem Markt gegen den direkten Konkurrenten DAT durch.

▸ Um höchste Qualität zu erreichen, werden CDs in staubfreier Umgebung hergestellt. Bei der Endkontrolle werden die Scheiben unter dem Mikroskop auf Fehler geprüft.

▸ High Fidelity mit Transparenz: Modernes Design wirkt nicht nur als Raumelement, sondern erlaubt gleichzeitig auch Einblicke in die Technik.

ersten Abspielgeräte auf den Markt. Damit leiteten sie eine Revolution in der Unterhaltungselektronik ein, die die Schallplatte Ende des letzten Jahrhunderts nahezu völlig vom Markt fegte. Mit der einmal oder auch bis zu 1000-mal wieder beschreibbaren Compact Disc, der CD-R (recordable) und der CD-RW (rewriteable), schufen sich die großen Elektronikkonzerne ab 1995/96 jedoch Wilderer im eigenen Revier. Denn die bald sehr preiswerten »Rohlinge« wurden nicht nur zur Sicherung des eigenen Datenbestandes, sondern zum Kopieren von Musikstücken und Software benutzt. Die dazu notwendigen Laufwerke, die »CD-Brenner«, gehören heute zum Standard jeder neuen PC-Garnitur. ■

Die Super-Scheibe auf dem Vormarsch

Die 1995 vorgestellte Digital Versatile Disc (DVD) machte sich Anfang des 21. Jahrhunderts daran, die Musik-CD und die bewährte VHS-Videokassette zu überrunden – allein im Jahr 2001 stieg der DVD-Absatz in Deutschland gegenüber dem Vorjahr um 139 %. Äußerlich unterscheidet sich die Super-CD gar nicht und in ihrer Technik nicht wesentlich von der Audio-CD oder CD-ROM. Allerdings hat sie zwei übereinander liegende Informationsschichten von jeweils 0,6 mm pro Seite. Die kleinen Vertiefungen (Pits) und die Flächen dazwischen liegen näher am Laserstrahl und erlauben somit eine genauere Einstellung (Fokussierung). Dies wiederum wird zur Erhöhung der Informationsdichte genutzt. Das hohe Speichervolumen von bis zu 17 Gigabyte erlaubt die Aufnahme von bewegten Bildern in Vielkanal-Stereo und mehreren Synchronfassungen. Je nach Verwendungszweck haben sich mittlerweile unterschiedliche Datenformate herausgebildet, von DVD-Audio und -Video über DVD-ROM bis zu -R, -RW und -RAM, die in speziellen DVD-Rekordern Filme und TV-Sendungen aufnehmen können.

»Pits« und »Lands«

Bei einer (Audio-)CD werden die Tonsignale nicht mehr wie bei der Schallplatte analog zur Lautstärke und Frequenz als spiralförmige Rille eingeritzt, sondern in einzelne Bits aufgelöst und dann als mikroskopisch kleine längliche Vertiefungen (Pits) in den Kunststoff der 12 cm großen und 1,2 mm starken Scheibe eingebrannt. Die Flächen dazwischen werden als Lands bezeichnet. Bedampft ist die CD mit einer Aluminiumschicht. Der Lichtstrahl des Lasers, der die schnell rotierende Scheibe von innen nach außen abtastet, wird vom Aluminium – je nachdem, ob er auf Pits oder Lands trifft – unterschiedlich reflektiert. Ein Fotodetektor entziffert dann die abgelesene Lichtabfolge, die die ursprüngliche Zahlenfolge aus Nullen und Einsen wiedergibt. In ein analoges und stereophones Audiosignal zurückverwandelt, erreicht die Musik über den Lautsprecher der Hi-Fi-Anlage dann rauschfrei unsere Ohren.

▾ Hintergrund: Die Grundlage der CD-Technik ist der Laserstrahl.

▸ Mobiles Computing mit dem Notebook verbindet Beruf und Freizeit: nach der Konferenz ein Spielfilm mit DVD-Technik, um sich beispielsweise am Flughafen die Wartezeit zu vertreiben.

1992

IMMER UND ÜBERALL ERREICHBAR

Der weltweite Handy-Boom setzte 1991/92 ein, als sich zunächst 17 europäische Staaten auf ein gemeinsames Mobilfunknetz einigten. Dadurch wurde mobiles Telefonieren erstmals auch über Ländergrenzen hinweg möglich – allerdings nicht mit herkömmlichen tragbaren Telefonen. Vielmehr brauchte man spezielle Handys; das erste Modell dieser neuen Generation brachte Motorola 1992 auf den Markt.

D ank des so genannten Mobilfunknetzes GSM – einem globalen System für mobile Kommunikation – ist Telefonieren von nahezu jedem Ort aus möglich. Handys klingeln in der U-Bahn, in Straßencafés und Kinos. Ob verliebtes junges Paar, ob gestresster Manager – kaum jemand glaubt, auf ein Handy verzichten zu können. Weltweit besitzen mehr als 1 Mrd. Menschen ein Mobiltelefon – Tendenz steigend. Vor allem für Jugendliche ist es zu Beginn des 3. Jahrtausends ein Statussymbol. Im Gegensatz zu den Apparaten der frühen 90er Jahre passen moderne Handys in die Hosentasche, das kleinste ist nur wenige Zentimeter groß. ▸▸

▲ Frühes Handy zu Beginn der 90er Jahre. Typisches Merkmal des auch als »Knochen« bezeichneten Geräts ist die lange Antenne.

Mobiles Internet

Im Juli 2000 begann die größte Auktion der deutschen Wirtschaftsgeschichte: Die Regulierungsbehörde für Telekommunikation und Post versteigerte Frequenzblock-Lizenzen für den technischen Mobilfunkstandard UMTS.

Mit dem Universal Mobile Telecommunications System rückt die Vision vom jederzeit verfügbaren Internet der Wirklichkeit ein Stück näher. Die Verknüpfung von PC, Organizer, Digitalkamera und Handy sowie die Datenübertragung mit hoher Geschwindigkeit machen diese Technik für mobile elektronische Geschäfte besonders interessant. Im Nahbereich dienen dazu kabellose Funkverbindungen wie das in der Geschäftswelt favorisierte Netzwerk Wireless Local Area Network (WLAN). Lukrativ für die Mobilfunknetzbetreiber war bis 2001 nur die Versendung von Kurznachrichten (SMS). Marktforscher haben den Bedarf schon entdeckt: Downloads von Software und Videoclips, Fotoversand, Nutzung als Bildtelefon und schneller Informationsdienst.

▲ Die tragbaren Telefone der 80er Jahre werden wegen ihres Gewichts und ihrer Größe scherzhaft »Schleppys« genannt.

Einführung von Mobilfunknetzen in Deutschland

A-Netz
1958. Das Funknetz hat rund 10 500 Teilnehmer und deckt in Deutschland mehr als 80 % der Fläche ab. Drahtloses Telefonieren ist erstmals möglich, aber nur handvermittelt.

B-Netz/C-Netz
1974/85. Die Teilnehmer des bis 1994 betriebenen B-Netzes können ohne Vermittlung telefonieren. Das C-Netz – um 1990 550 000 Teilnehmer – wird Ende 2000 abgeschaltet.

D-Netz
1991/92. Der grenzüberschreitende digitale Standard bedeutet den endgültigen Durchbruch des Handys. Seit 1999 werden auch Satellitenhandys im D-Netz betrieben.

E-Netz
1994. Das E-Netz hat Anfang 2002 mehr als 7 Mio. Kunden. Im Vergleich zum D-Netz können mehr Teilnehmer gleichzeitig telefonieren – in Ballungsgebieten ein großer Vorteil.

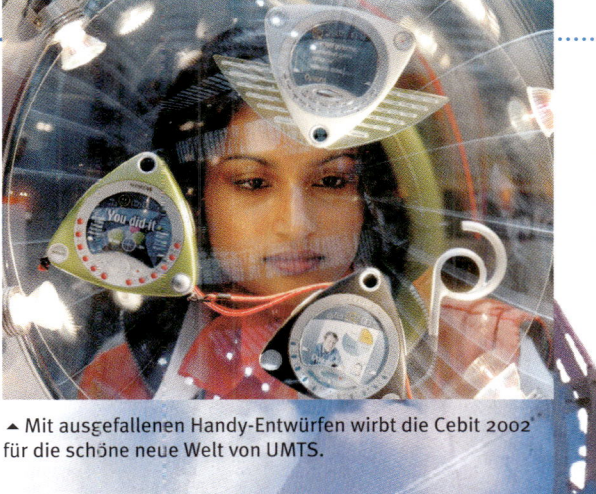

▲ Mit ausgefallenen Handy-Entwürfen wirbt die Cebit 2002 für die schöne neue Welt von UMTS.

▼ Moderne Telekommunikationstechnik: Die Welt wird zum »globalen Dorf«.

Möglich wurde die Miniaturisierung durch immer kleinere Akkus, die bei Funktelefonen der 80er Jahre noch per Koffer mitgeführt werden mussten. Die zahlreichen Funkstationen sind auch mit kleinen Akkus bequem zu erreichen, und längst dient ein Handy nicht mehr nur als Telefon. Mit dem 1999 präsentierten drahtlosen Anwendungsprotokoll WAP können Inhalte aus dem Internet nun auch auf dem Handy

Kodierte Datenübertragung

Die drahtlose Sprach- und Datenübertragung per UMTS unterscheidet sich stark vom sog. Zeitmultiplex-Verfahren nach dem GSM-Standard, bei dem viele Sender und Empfänger in kurzen Abständen hintereinander dieselbe Frequenz (in einer Funkzelle) nutzen. Die Kommunikation bei UMTS geschieht gleichzeitig auf derselben Frequenz. Auseinander gehalten werden die »Informationsströme« durch unterschiedliche Codes, die automatisch an die Kapazität des Frequenzbandes angepasst werden. Dieser Wideband Code Division Multiple Access ermöglicht eine erheblich höhere Übertragungsrate als GSM.

◀ Die Farbbildschirme der UMTS-Handys sind für alle gängigen Bild-, Video- und Audioformate geeignet.

▲ Kleinstes Funktelefon der Welt im Jahr 1999.

»Handy« – eine deutsche Erfindung

Der Gedanke liegt nahe, dass das schnurlose Telefon den Namen Handy in England oder den USA erhielt und dass die Bezeichnung von den Deutschen schließlich übernommen wurde. Wer allerdings im angelsächsischen Sprachraum vom Handy spricht, wird auf Unverständnis stoßen, denn der Begriff ist international weitgehend unbekannt. Zwar stammt der Begriff »handy« aus dem Englischen – er bedeutet »handlich« –, aber als Telefonbezeichnung verwendete ihn 1993 erstmals eine deutsche Werbeagentur in Marketing-Anzeigen. In den angelsächsischen Ländern ist hingegen zumeist vom »cellular phone« oder auch vom »mobile phone« die Rede.

angezeigt werden – in einer auf das kleine Display zugeschnittenen Version. Und mit dem Start des universalen Mobilfunkstandards UMTS im Jahr 2000 scheinen die Möglichkeiten des Handyeinsatzes keine Grenzen mehr zu kennen. Durch UMTS sollen alle mobilen Endgeräte wie Handys und PCs zusammenwachsen. Die Möglichkeit, Sprache, Bilder und Videos aus dem Internet mit maximal 2 Megabit pro Sekunde, d. h. 32-facher ISDN-Geschwindigkeit, in hoher Qualität zu verschicken und zu empfangen, sowie die massenhafte Verbreitung des mobilen Internetzugangs – bis 2005 rund 500 Mio. Kunden weltweit – sollen die Kassen der Anbieter klingeln lassen. ∎

1992

FOTOTECHNIK DER ZUKUNFT

Als 1992 die erste »echte« Digitalkamera, der Logi Fotoman, auf den Markt kam, schlug die Begeisterung alles andere als hohe Wellen: Für viel Geld bot das Gerät schlechte Bildqualität, konnte zudem nur Schwarz-Weiß-Bilder aufnehmen und erinnerte in seiner Funktionalität an die Kinderzeit der Fotografie. Nur ein Jahrzehnt später besitzen die Kameras eine Bildauflösung von 4 Mio. Pixel. Sie erreichen Qualitäten, die sich durchaus mit der von Kleinbildapparaten messen lassen können und die recht problemlos den multimedialen Einsatz der Bilder ermöglichen.

▲ Die Mavica MVC-CD 400 hat einen 6,35 cm großen LCD-Bildschirm und erreicht eine Bildauflösung von 123 000 Pixeln. Auf der einlegbaren CD-Rom lassen sich die Fotos speichern.

D ie Geschichte der Digitalfotografie reicht indes noch rund zehn Jahre weiter zurück, ohne dass ein marktreifes Produkt entstanden wäre. Und selbst der Logi Fotoman ließ noch stark zu wünschen übrig. Wer die Bilder nicht nur im Fernseher betrachten, sondern auch auf den Computer übertragen wollte, benötigte dafür teure, spezielle Steckkarten mit geeigneter Software. Auch waren die Urtypen elektronischer Fotoapparate noch keine Digitalkameras im eigentlichen Sinne, denn sie arbeiteten mit analoger Videotechnik.

Heute sind die Spitzenmodelle den herkömmlichen Fotoapparaten in vielen Dingen überlegen, denn sie liefern qualitativ vergleichbare Fotos und bieten alle Vorteile der digitalen Technik. Die Bilder lassen sich Platz sparend und dauerhaft elektronisch auf CD archivieren, am Computer bearbeiten oder per E-Mail in wenigen Minuten an beliebige Orte in der ganzen Welt übermitteln. Moderne Digitalkameras können im Gegensatz zu den analogen Fotoapparaten auch Zusatzinformationen registrieren. Nicht gelungene Aufnahmen lassen ▸▸

▲ Nicht nur die Bildqualität wird immer besser, auch die Farben werden immer brillanter.

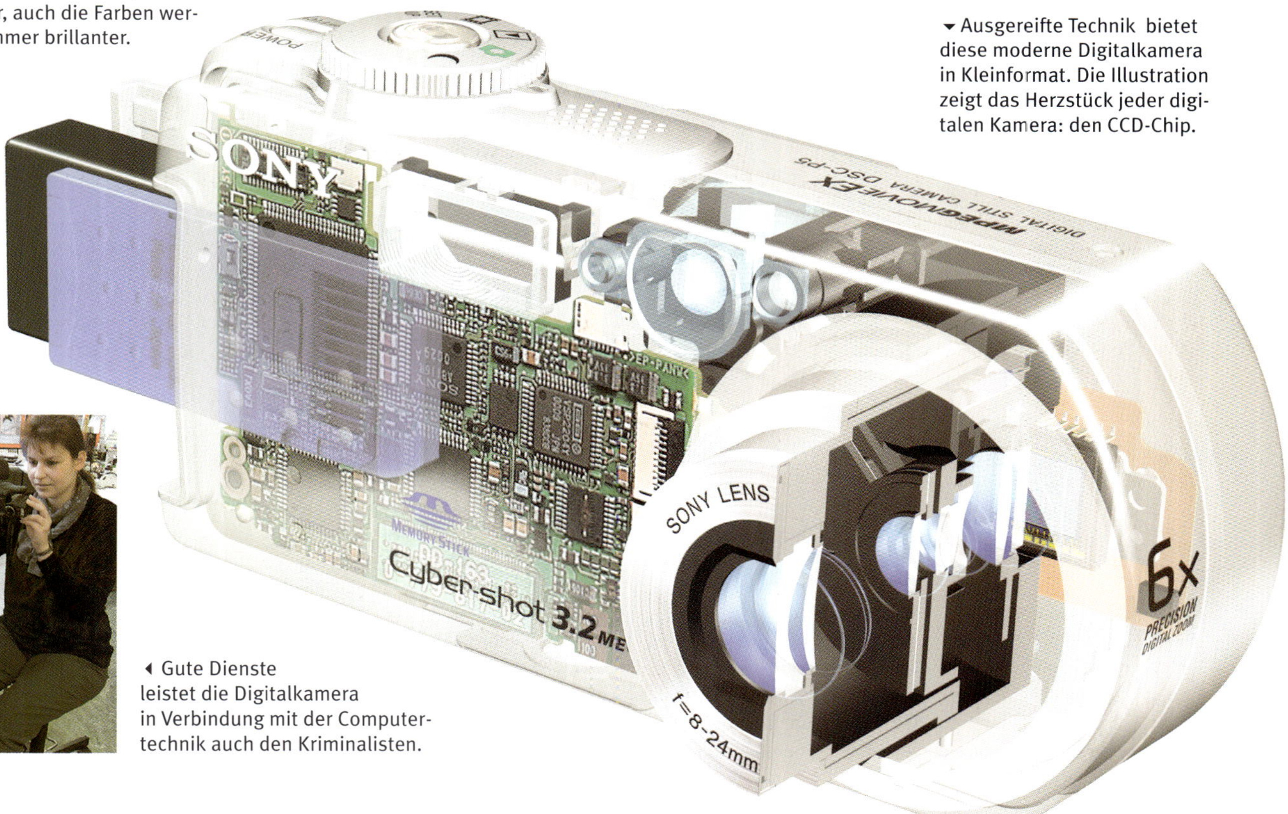

▾ Ausgereifte Technik bietet diese moderne Digitalkamera in Kleinformat. Die Illustration zeigt das Herzstück jeder digitalen Kamera: den CCD-Chip.

◂ Gute Dienste leistet die Digitalkamera in Verbindung mit der Computertechnik auch den Kriminalisten.

◀ Digitalkameras von Sony mit Chips sowie Floppy Discs zum Speichern der Aufnahmen.

sich sofort wieder löschen bzw. überschreiben. Allerdings hat die Digitalfotografie auch Nachteile. So gibt es derzeit noch keine preisgünstigen Geräte mit zufrieden stellender Bildqualität. Für die Speicher- und Ausgabemedien fehlt ein einheitlicher Standard. Laufend werden neue Speichermöglichkeiten entwickelt, die selten mit mehreren Geräten kompatibel sind. Der Speicherplatz auf den Bildträgern ist sehr beschränkt. Meist finden nur wenige Bilder in wirklich guter Qualität darauf Platz, und leistungsfähigere Zusatzmodule führen dann fast immer zu recht erheblichen Mehrkosten. ■

Elektronisch gespeichert

Den bekannten Filmstreifen der konventionellen Kameras ersetzt in der Digitalkamera ein CCD-Chip. Das Kürzel steht für »charge-coupled device«. Dieser Mikrochip besteht aus einer riesigen Anzahl winziger »ladungsgekoppelter« (charge-coupled) Fotodioden, die je nach Helligkeit des reflektierten Lichts eine elektrische Spannung erzeugen. Diese Spannung setzt anschließend ein Analog/Digital-Wandler in digitale Helligkeitswerte um. Die Zahl der Fotodioden gibt die Anzahl der Bildpixel vor und entscheidet damit über die Bildschärfe. Wichtig für die Bildqualität ist aber auch die Farbtiefe, die davon abhängt, wie viele Farbabstufungen vorhanden sind. Als absolutes Minimum gelten dabei 8 Bit pro Grundfarbe, was 256 Farb- oder Graustufen entspricht.

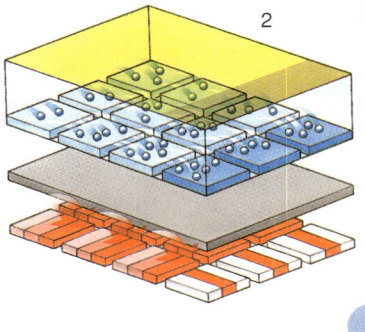

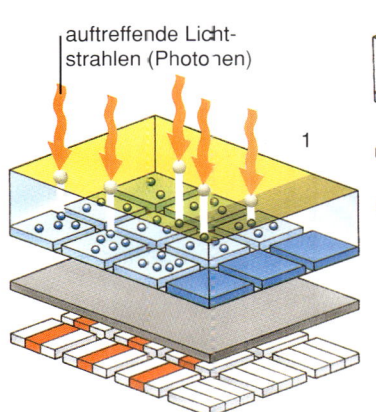

Siliziumatom

Elektron

Bildelement (Pixel)

Isolationsschicht (Siliziumdioxid)

dreiteilige Elektrode

▲ Der CCD-Chip ist ein lichtempfindliches Silizium-Sandwich.
1 Auftreffende Photonen bewirken, dass sich Elektronen lösen und dann von einer dreiteiligen Elektrode angezogen werden.
2 Eine wandernde steigende positive Ladung lässt die Elektronen von Pixelreihe zu Pixelreihe springen.
3 Von der letzten Reihe werden sie auf ein Einzellen-CCD mit eigenen Elektronen geleitet. Dort werden sie dann Pixel für Pixel gespeichert.

Punkt für Punkt

In der herkömmlichen Fotografie wird der Film analog zu den tatsächlichen Verhältnissen belichtet. Helligkeit und Farbwert können sich dabei stufenlos verändern. Ein Digitalsignal kennt nur die Werte 0 oder 1, schwarz oder weiß, Farbe oder keine Farbe. Dieses Systems bedient sich die Digitalkamera, indem sie das Licht in elektrische Impulse und diese in binäre Ströme umwandelt. Das Bild wird also Punkt für Punkt in die Information 0 oder 1 zerlegt, und diese wird dann elektronisch gespeichert. Ein Pixel (Bildpunkt) bezeichnet das kleinste Element einer digitalen Aufnahme; die Anzahl der Pixel insgesamt in vertikaler und horizontaler Richtung stellen eine Standardangabe zur Bildauflösung dar; je höher die Auflösung, desto besser das Bild.

▶ Hochwertige Digitalkameras liefern heutzutage sehr gute Bildqualität mit hoher Auflösung.

Entwicklung der digitalen Fotografie

Neue Ära
1981. Die Fachwelt wird mit der »Mavica«, der Magnetic Video Camera der japanischen Firma Sony, bekannt gemacht. Sie verheißt eine neue Epoche des Bildermachens, ohne Filmmaterial und ohne Entwicklungsprozess. Eine überschreibbare Magnetscheibe dient dabei als Bildträger, der von einem Zusatzgerät gelesen und auf einem Bildschirm betrachtet werden kann.

Digitale Filmpatrone
2002. Auf der CeBit in Hannover wird die digitale Filmpatrone EFS-1 mit einer Kapazität von 24 Bildern und der äußeren Form eines Kleinbildfilms vorgestellt. Damit sind digitale Aufnahmen mit einer analogen Kamera möglich. Im Inneren der EFS-1 befinden sich Elektronik und Speicher mit 64 MB Kapazität. Eine Auflösung von rund 1,3 Mio. Pixel verspricht gute Bildqualität.

REGISTER

Das Register enthält alle wichtigen Stichwörter zu den behandelten Themen und führt bedeutende Erfinder auf sowie Personen, die sich in Geschichte, Wissenschaft, Kultur oder Sport durch besondere Leistungen hervorgetan haben. Fett gedruckte Zahlen verweisen auf den Haupttext, kursiv gedruckte auf Abbildungen.

Abbildungsnachweis

Abbeville Press, New York: 242 ur/Needham; **action press, Hamburg:** 316 ro/Ringier; **ADAC Verlag GmbH, München:** 208/209 Hintergrund; **AEG Hausgeräte GmbH, Nürnberg:** 292 l, 292 r, 293 Ml, 293 Mr, 293 ul, 293 ur, 347 rM; **AEG-Telefunken, Heilbronn:** 258 o; **AGFA-Gevaert AG, Leverkusen:** 196 Ml; **Ägyptisches Museum, Kairo** 54 u/Boswell NGP; **Air France, Frankfurt:** 341 ur/Toulorge; **Aisa, Barcelona:** 13 ol, 15 ol, 15 or, 16 ol, 16 or, 17 ol, 17 or, 20 ol, 23 ru, 25 o, 28 lo, 30 ul, 33 ol, 37 Mo, 37 Mu, 37 o, 42 or, 46 or, 52 ur, 54 or, 55 Mr, 57 or, 62 ro, 64 lu, 64 ru, 65 ol, 70 lu, 71 ol, 71 u, 76 or, 77 ol, 81 or, 81 u, 81 ul, 82 or, 89 o, 89 rM, 89 ul, 95 o, 98 ol, 98 ul, 103 ol, 108 u, 109 ol; 109 ul, 110 r, 121 ur, 125 ur, 131 u, 132/133 Hintergrund, 159 Mr, 159 or, 174 or, 181 ur, 182 ol, 187 ul, 188 ol, 188 or, 197 ul, 202 o, 207 ul, 226 u, 239 uM, 245 Mr, 268 ol, 278 ul, 278 ur, 279 o, 297 or, 357 Hintergrund; **Alessi Informationsbüro, Hamburg:** 48 or; **Toni Angermayer, Holzkirchen:** 339 ol/Pfletschinger; **AOL Deutschland, Hamburg:** 370 ol; **Apple Computer GmbH, Feldkirchen:** 343 o; **Archiv für Kunst und Geschichte, Berlin:** 10 ol, 11 or, 11 u, 14/15, 14/15 Hintergrund, 16 u, 17 ul, 17 ur, 20 u, 21 o., 22 or, 24 lo, 24 lu, 25 l, 25 r, 26 ro, 26 u, 26 ol, 27 o, 27 Hintergrund, 27 Ml, 28 lu, 29 Mo, 33 or, 35 o, 36 lo, 38 lo, 38 r, 39 Hintergrund, 39 ul, 41 Hintergrund, 42 ur, 43 ol, 46 ol, 47 ol, 47 Mr, 49 Hintergrund, 51 Ml, 52 ul, 53 or, 53 Hintergrund, 54 ol, 55 Hintergrund, 55 ml, 55 ul, 56 or, 57 Hintergrund 64 lo, 65 oM, 66 or, 67 ol, 68 ol, 69 ul, 69 ol, 70 or, 70 ur, 70 lo, 71 Hintergrund, 71 or, 72/73 u., 74 ol, 74 ul, 75 u, 76 ur, 77 r, 78 or, 78 ol, 79 M, 79 or, 80 ol, 82 u, 83 o, 83 Ml, 83 Mr, 83 Hintergrund, 86 ur, 86 ul, 87 o, 87 Ml, 87 Mr, 91 ol, 96 u, 97 o, 98 or, 102/103 u, 105 ur, 105 ol, 106 r, 106 ol, 106 ul, 107 Hintergrund, 108 or, 109 ru, 109 ro, 110 l, 113 or, 115 Hintergrund 117 ul, 117 ur, 117 u, 118/119 u, 120 o, 121 oM, 121 ul, 123 rM, 124 ro, 124 ur, 125 M, 125 o, 130 ol, 132/133 M, 133 ul, 136 ol, 136 u, 137 ol, 137 ul, 137 oM, 138 r, 139 om, 143 ur, 143 ol, 145 o, 146 ul, 148 ol, 148 or, 149 oM, 148 u., 150 ol, 151 ol, 153 Hintergrund, 154 ol, 155 Hintergrund, 156 ul, 157 or, 160 or, 161 Hintergrund, 161 Mu, 170 u, 172 r, 172 u, 173 ul, 176/177 Hintergrund, 181 ol, 181 ul, 182/183, 184 ol, 187 Mr, 188 u, 189 ol, 190 or, 190 ur, 191 ur, 191 Hintergrund, 192 ol, 192 or, 193 Ml, 194 ol, 197 ur, 199 ol, 200 l, 203 o, 204 r, 209 ru, 209 lu, 210 or, 210 u, 211 ul, 219 oM, 220/221, 220 u, 221 ol, 227, 227 o, 229 ur, 230 ol, 232 r, 234/235, 235 ur, 235 or, 235 ol, 238 M, 240 or, 241 ul, 241 or, 246 l, 247 ul, 248 M, 248 ol, 249 o, 249 ur, 251 l, 253 ul, 254 ol, 258 u, 259 M, 259 ur, 259 Hintergrund, 265 Mr, 267 o, 269 Ml, 272 r, 273 o, 273 or, 273 M, 274 M, 275 M, 276 u, 277 ol, 288 ul, 289 uMl, 296 u, 299 u, 304 ol, 306 u, 309 o, 313 l, 319 ur, 321 Mr, 372 ol; **Argus Fotoagentur GbR, Hamburg:** 41 Mr/Andrews,103 ul/Schröder, 194 ul/Schytte, 195 Mo/Giling, 384 or/Ross; **Arteria Photography, Kassel:** 52 or, 179 ur, 383 Mr; **Associated Press GmbH, Frankfurt:** 11 ur/Rietschel, 87 ru/Euler, 111 Mr/Sarbach, 127 ul/Di Baia, 232 ul, 236 l, 236/237 Hintergrund, 252/253/Kammerer, 263 ul/Thian, 265 o/Oinuma, 269 ul, 269 ur, 270 l/Sancetta, 270 o/Smith, 294 ur/Roxfelt, 295 Mm/Moyer, 295 Mr/Rostlund, 303 ur/Rebours, 321 u/Bauer, 332 ul/Kambayashi, 363 ul/Mosey, 364 or, 366 ol, 366 or, 382 ol/Kember, 386 l/Stache; **Anita Back, Berlin:** 301 o; **Bauknecht Haushaltsgeräte GmbH:** 329 Mru.; **Bertelsmann AG, Gütersloh:** 227 r; **Kurt Bethke, Kelkheim:** 118 or; **Reinhard Beuthin:** 361 or; **Helmut Beyers, Mönchengladbach:** 78 ur; **Biblioteca Universitaria di Bologona:** 104 u; **Bibliothèque de l'Ordre National des Pharmaciens, Paris:** 105 ul; **Bibliotheque Nationale de France, Paris:** 18 ul, 226/227; **BIC Deutschland GmbH & Co, Liederbach:** 337 oMl; **Bildarchiv Preußischer Kulturbesitz, Berlin:** 20 ol, 21 Hintergrund, 24 ru, 29 o, 30 ur, 31 ol, 32 ul, 36 ru, 40 u, 41 o, 43 ul, 45 ul, 45 ol, 47 Ml, 53 ol, 58 ol, 60 u, 60 lo, 61 ur, 61 ul, 61 Mr, 65 Mo, 74 ur, 89 ru, 90 ro, 91 ur, 97 Mo, 97 Hintergrund, 100 Hintergrund, 100 ul, 101 r, 101 ul, 126 u, 127 ol, 137 ur, 151 or, 158/159, 159 Ml, 167 ro, 170 r, 174 ol, 175 u, 175 Ml, 190 or, 195 Hintergrund, 205 M, 211 ur, 212 u , 218 o, 219 Hintergrund, 249 ul, 287 ur, 297 ul, 299 Hintergrund, 308 or, 320 ul, 335 M, 339 oM; **Bilderberg, Hamburg:** 382 or/Aurora, 383 o/Volz, 383 Hintergrund/Volz; **Bizerba, Balingen:** 19 or; **Boeing Information, Hamburg:** 341 o, 341 Hintergrund; **Bongarts, Hamburg:** 51 Hintergrund, 72 or, 73 Ml, 165 u, 173 ro, 332 or, 351 M, 377 c; **Borges UTV-Filmproduktion, Hannover:** 283 ol; **Bosch, Robert Bosch GmbH, Stuttgart:** 234 o, 371 or; **Botschaft der Republik Argentinien, Bonn:** 205 o; **Braun GmbH, Kronberg:** 327 ol, 327 or, 327 ul; **Bridgeman Art Library Ltd., London:** 36 ro/Berko Fine Paintings, 36 lu, 37 Hintergrund/Giraudon, 44 or, 56 ur, 112 r, 113 ul, 149 ol, 218 u/Christie's Images, 219 o/Stapleton Collection; **British Library, London:** 168 ru; **British Museum, London:** 19 ur, 24/25, 31 or, 73 u; **Campus Verlag, Frankfurt:** 162/163 uM; **Cargo Lifter AG, Berlin:** 231 ur; **Caro-Fotoagentur GbR, Berlin:** 15 u,'Jandke, 81 ur/Bastian, 95 Hintergrund/Bastian, 203 u/Bastian, 247 Ml/Jandke, 273 ur/Bastian, 273 Hintergrund /Bastian, 317 o/Bastian, 370 or/Froese; **Champagne Pommery GmbH, München:** 146 ur, 146 ol, 147 rM; **Chanel GmbH & Co. KG, Hamburg:** 260 r; **Jean-Loup Charmet, Paris:** 85 o, 178 u; **Christina Paxmann:** 337 ur; **Christoph & Friends, Essen:** 29 Mu, 41 u/Nimtsch, 64 ro/Ward, 102 ol/Horwarth, 165 Mr/Tack, 277 or/Sackermann, 280 o, 288 ol, 289 r, 307 ul, 319 or, 354 ul/Matzel, 355 o/Friedmann, 365 ul, 373 Hintergrund/Nimtsch; **Cinetext Bild- und Textarchiv GmbH, Frankfurt:** 40 ol, 102 ul, 126 ol, 152 or, 210 ol, 211 o, 214 r, 215 ur, 215 or, 218 ul, 223 Ml, 253 o, 265 u, 272 l, 281 ur, 282 M, 283 or, 285 ol, 285 r, 289 ul, 317 Hintergrund, 331 o, 331 Mr, 345 ul, 363 ol, 363 ur, 365 Ml, 370 u; **Circus Roncalli, Köln:** 168 ro; **Gebr. Claas, Harsewinkel:** 12 ol; **Coca-Cola GmbH, Essen:** 268 ul, 269 Mr, 269; **Collection Robin Weir, London:** 128 u; **Condomi AG, Köln:** 134 ol, 135 ul, 135 Hintergrund; **Corbis GmbH, Düsseldorf:** 314 l./Stockmarket; **Corbis UK Ltd., London:** 33 Hintergrund, 127 ur/Bettmann, 132 und133 u/Lees, 138 ul/Wood, 224 ul/Bettmann, 225 ul, 229 ol/Hornak, 230/231, 246 o, 252 u/Bettmann, 253 ur/Bettmann, 256 ur, 257 ur, 257 or/Underwood & Underwood, 262 r/Bettmann, 276 o/Bettmann, 276/277 Hintergrund/Bettmann, 297 ol/Museum of Flight, 308u r/Bettmann, 311 ol/Bettmann, 320 ur, 323 ol/Bettmann, 323 ul, 323 Hintergrund/Bettmann, 325 ol/Bettmann, 325 oM/Bettmann, 325 u/Bettmann, 326 l/Underwood & Underwood, 362 ol/Bettmann-UPI; **Corbis-Bettmann, New York:** 19 oM/UPI, 35 Mr/UPI, 59 lu/UPI, 59 ru/UPI, 67 or/UPI, 73 Mr/UPI, 81 Hintergrund/UPI, 107 M/UPI, 107 ur, 130 or/UPI, 145 ur, 151 ur, 153 ol/UPI, 153 Ml, 153 u/UPI, 168 Hintergrund, 173 ur/UPI, 175 ol/UPI, 179 ul, 186 ul/UPI, 187 o/UPI, 187 ur/UPI, 190 ul/© The Andy Warhold Foundation for the Visual Arts, New York, 190 ol/UPI, 196 ol, 197 or/UPI, 197 Ml, 201 ol/UPI, 204 l, 205 ro, 207 ur, 207 ur, 215 ol, 219 ul/UPI, 221 or, 223 Mr/UPI, 223 u/UPI, 227 u/UPI, 230 ul/UPI, 231 M, 231 u/UPI, 242 l/AFP, 242 ul, 247 ur, 250 ul, 250 ol, 250 or, 251 u/Reuters, 251 r, 252 ol, 253 M, 254 or/UPI, 255 ol/Reuters, 256 ul/UPI, 261 ol, 262 ul, 262 ol/UPI, 263 or, 264 ur, 264 ol/UPI, 264 o/UPI, 267 Mr, 267 Ml, 268 r, 269 o/UPI, 271 r/UPI, 279 ul, 280 ul, 280 ur/UPI, 280 und281, 281 ol/UPI, 284 ol, 286 or, 287 or/UPI, 295 Ml/UPI, 304 u/Reuters, 305 ol, 306/307, 310 ol, 316 ur, 317 ul, 317 ur/Reuters, 321 Ml/UPI, 322 u, 323 ur/UPI, 324 or, 324 ur, 330 ol/Reuters, 331 Ml, 331 ul, 333 Mr/UPI, 334 u/UPI, 335 ur/UPI, 338 ul/UPI, 338 ur, 339 ur/UPI, 345 or/UPI, 353 or/UPI, 353 ul/UPI, 354 ol/UPI, 356 lo/UPI, 356 r/UPI, 357 ur/UPI, 358 or/UPI, 358 ur/UPI, 366 ur/UPI, 367 o/UPI, 368 ol, 368 ul/UPI, 369 Mu/UPI, 369 u/UPI, 375 Mr/UPI, 379 ur/AFP, 383 u/UPI; **DaimlerChrysler AG, Stuttgart:** 380 ol; **DEBRIV Deutscher Braunkohlen-Industrie-Verein e.V., Köln:** 114 l; **Deutsche Bahn AG, Berlin:** 189 Mo, 233 ur, 248/249 Hintergrund; **Deutsche Bahn Autozug GmbH, Dortmund:** 248 ul; **Deutsche Blindenstudienanstalt, Marburg:** 201 Hintergrund; **Deutsche Kinemathek, Berlin:**215 or; **Deutsche Lufthansa AG, Köln:** 291 Hintergrund; **Deutsche Shell AG, Hamburg:** 273 ul, **Deutscher Brauer-Bund e.V., Bonn:** 92 l, 93 M; **Deutscher Wetterdienst, Offenbach:** 244 r, 245 ul; **Deutsches Kunststoff-Museum, NRW Forum für Kultur und Wirtschaft, Düsseldorf:** 243 ol; **Deutsches Medizinhistorisches Museum, Ingolstadt:** 155 lu; **Deutsches Museum, München:** 19 ol, 140 ul, 176 or, 198/199, 240 u, 295 u, 297 ur, 334 or; **Deutsches Röntgen-Museum, Remscheid:** 278 l, 279 r, 281 Hintergrund; **Deutsches Rundfunkarchiv, Babelsberg:** 119 rM/DRA/Winkler; **DeutscheTelekom, Bonn:** 303 ul; **DIZ München GmbH, München:** 108 ol, 135 ur, 191 ul, 231 ol, 271 oM, 278 o, 296 or, 310 ur, 357 Mr, 362 u, 382 u; **Document Vortragsring e.V., München:** 46 u/Kremnitz, 66/67 u/Rieber, 133 o/Kremnitz, 357 ul/Matthäi-Latocha; **Dorling Kindersley, London:** 62 lo; **dpa, Frankfurt:** 29 u, 39 or, 40 or, 49 Mr, 51 u, 53 u, 65 ul, 73 o, 91 ul, 97 ul, 97 Mu, 107 ul, 122 ol, 123 ul, 126 or, 131 rM, 139 l, 149 or, 149 ul, 157 ol, 157 u, 167 rM, 172 l, 173 Hintergrund, 175 or, 183 ur, 187 Ml, 213 M, 225 M, 237 ur, 118/119 Hintergrund, 237 o, 237 ul, 241 ol, 247 or, 249 M, 250 ur, 255 oM, 271 u, 277 r, 283 oM, 284 ur, 287 Mr, 309 M, 310 or, 312 l, 312 M, 313 ro, 313 ru, 330 or, 332 ol, 333 oM, 333 ul, 333 ur, 334 ol, 334 ol, 338 ol, 346 ol, 347 ro, 348 u, 349 or, 350 ol, 350 or, 350 ul, 351 o, 351 u, 355 ul, 355 Hintergrund, 359 o, 359 Ml, 371 ol, 374 lu, 375 ol, 375 ur, 376 ol, 376 ul, 378 or, 380 u, 381 or, 384 ol, 384 Hintergrund, 385 ro, 385 rM, 385 ul, 385 ur, 388 r, 389 o, 390 ul, 312/313 Hintergrund, 350, 351; **Duncan Baird Publishers, London:** 363 Hintergrund; **E.ON AG, Düsseldorf:** 233 ol; **Einhorn-Presse Verlag GmbH, Reinbek:** 348 o; **Christa Elsler, Norderney:** 286/287; **Emsa Werke, Emsdetten:** 242 o; **Ergee, Schrems:** 339 or; **ESA, Darmstadt:** 381 Hintergrund; **A.W. Faber-Castell GmbH & Co., Stein/Nürnberg:** 336 ol, 337 ol; **Edda Fahrenhorst, Bielefeld:** 219 ur; **Ferropolis GmbH, Gräfenhainichen:** 115 u; **Focus, Hamburg:** 39 ol/Tamm, 136 or/Schoppe, 200 Hintergrund/Oscar Burriel Science Photo Library London, 201 u/Warter, 343 ur, 352 o/Science Photo Library; **Förderverein Schloss Hohenschönhausen e.V., Berlin:** 282 l, 283 Hintergrund; **Form art Marketing, Berlin:** 189 u; **Burckhard Gallus, Berlin:** 207 ol; **General Motors Service GmbH, Rüsselsheim:** 267 uMr; **Germanisches Nationalmuseum, Nürnberg:** 76 ul; **Archiv Gerstenberg, Wietze:** 11 ol; **Giraudon Bridgeman, Paris:** 181 or/© VG Bild-Kunst, Bonn 2002; **Dr. Klaus Grenzebach, Gießen:** 95 rM; **Sabine Günther, Gütersloh:** 81 ol; **Häberlein & Mauerer, Berlin:** 222 l, 222 r, 223 ol, 223 or; **Kulturgeschichtliches Bildarchiv Hansmann, München:** 17 Hintergrund, 32 ur, 33 or; **Hapag-Lloyd AG, Hamburg:** 219 or; **Harenberg Kommunikation, Dortmund:** 166 ol, 232 uM; **Harrods Limited, London:** 39 oM; **Heidelberger Druckmaschinen AG, Heidelberg:** 111 or; **Henkel KgaA, Düsseldorf:** 307 Mo; **Hermann-Spielwaren GmbH, Coburg-Cortendorf:** 300 ul, 301 ul; **Hessischer Rundfunk, Frankfurt:** 119 or; **Hewlett-Packard Deutschland, Böblingen:** 377 Ml, 377 ul; **Markus Hilbich, Berlin:** 31 M, 31 u, 45 ur; **Historical Society of Minnesota:** 155 rMo; **Historische Museen der Stadt Wien:** 118 ol/fotostudio Otto; **Horstmüller, Düsseldorf:** 303 ol; **Hulton Getty Picture Collection Ltd., London:** 13 Mr, 18 ur, 33 ur, 37 u, 60 or, 111 ul, 114 Ml, 158 l, 166/167, 166 ul, 182 or, 197 Hintergrund, 197 Hintergrund, 216 Ml, 372 u, 375 or, 381 ur; **IBM Deutschland Informationssysteme GmbH, Stuttgart:** 193 ul, 342 ol, 342 or, 342 ul, 342 ur, 387u, 388/389; **IFA-Bilderteam GmbH, Ottobrunn:** 49 Ml, 124 l, 239 ol/Jacobs, 259 o/Siebig; **Image Select International Ltd., Clifton:** 11 u/AKG, 13 Ml, 34/35, 35 Ml, 63 ru, 68 u, 101 ol, 131 o, 176 ru, 177 ol, 203 Hintergrund, 209 oM, 244 l, 130/131 u, 314 ur/AKG; **Impressionen-Versand, Wedel:** 49 Hintergrund, 387 or; **Inst. Amatller d'Art Hispanic, Barcelona:** 105

or; **Institut für Theorie und Geschichte der Medizin, Universitätsbibliothek, Münster:** 141 Hintergrund; **Institut Pasteur, Paris:** 141 ur; **Interfoto, München:** 20, /21, 22 ol, 23 lo, 23 rM, 23 ro, 34 l, 34 o, 35 u, 44 u, 48 ol, 49 o/Winkler, 50 ol, 57 ol, 58 Hintergrund, 59 Hintergrund, 59 lo, 63 ro, 66 ol, 82 ol/Rauch, 84 ur, 86 ol, 94 ol, 94 ur, 95 ul, 95 ul, 100 ur, 109 Hintergrund, 114/115 u, 116 lo, 117 Hintergrund, 123 o, 123 ur, 142 or, 142 u, 143 Hintergrund, 143 or, 143 ul, 144 ul, 145 Mr, 154 r, 155 rMu, 156/157, 157 Hintergrund, 162 l, 163 Hintergrund, 163 ol, 163 u, 164/165 u., 165 Hintergrund, 165 Ml, 165 or, 169 M, 169 ol, 169 ro, 169 u, 176 lu, 176 ol, 177 or, 184 rM, 184 ro, 184 ru, 185 M, 185 ol, 185 or, 186 r, 203 M, 208 lo, 209 lo, 209 ro, 214 o, 217 Hintergrund, 217 Ml, 217 ol, 217 oM, 245 Ml, 258 l, 261 u, 274/275 Hintergrund, 274 l, 275 l, 275 o, 283 u, 290 ol, 290 or, 293 o, 294 uM, 295 Hintergrund, 300 ol, 318 ol, 319 ol, 340 l, 340 r, 373 Mo, 373 Mu., 387 Hintergrund, 300, 301 Hintergrund, 318, 319 Hintergrund, 387 ol; **Jüdisches Museum, Berlin:** 361 ul; **Jürgens Ost + Europa Photo, Berlin:** 185 u, 243 Ml; **Ketchum GmbH, München:** 304/305; **Keystone Pressedienst GmbH, Hamburg:** 99 ur, 257 ul, 270 u, 289 uMr, 331 Hintergrund, 343 M, 363 M; **Koninklijke Bibliothek, Den Haag:** 129 or; **Kövesdi, Berlin:** 165 o; **Barbara Kramarz, Arcadia:** 14 ol; **Krebs & Sohn Christbaumschmuck GmbH, Rosenheim:** 122/123 Hintergrund; **Krupp Fördertechnik GmbH, Essen:** 115 or; **Kuba Tonmöbel und Apparatebau, Wolfenbüttel:** 321 ol; **La Roche Hoffmann, Basel:** 179 Hintergrund, **Helga Lade Fotoagentur, Frankfurt:** 288/289 Hintergrund; **Laif, Köln:** 155 ro/Fromman; **Landschaftsverband Rheinland, Köln:** 318 u ; **Langnese-Iglo GmbH, Hamburg:** 129 ur; **Monika Lehner, Stein:** 290 ur; **Liberty Belle, Charles Fey, Reno:** 288 ur; **Linde AG, Wiesbaden:** 234 ul; **Reinhard Lintelmann, Espelkamp:** 267 ul (2), 267 Mr; **London Transport Museum, London:** 246 u, 247 Mm; **Ingrid Loschek, Krailing:** 243 Mr; **Lucent Technologies, Bonn:** 239 ul; **Maggi GmbH, Frankfurt:** 233 l; **Manchester City Council, Manchester:** 96 ol; **Mapa GmbH, Zeven:** 134 lM, 134 lu, 134/135 o, 134/135 u; **Marburger Tapetenfabrik, Kirchhain:** 121 ol; **Mattel Toys MATTEL GmbH, Dreieich:** 360 ol, 360 r, 360 u, 361 ol, 361 oM, 361 ur; **Mauritius, Mittenwald:** 104 or/AGE, 122 u, 161 o/Vidler, 185 Hintergrund, 189 or/Burger, 205 ul, 224 ol, 305 or, 319 ul, 346 r, 384 u; **Lee Maxwell, Eaton/Colorado:** 307 o, 307 M; **McDonald's Corporation, Oak Brook:** 304 or, 305 ur, 305 Hintergrund; **MDR/Mitteldeutscher Rundfunk, Leipzig:** 229 or; **mediacolor's, Zürich:** 103 ur/Mathyschok; **Medizinhistorisches Institut und Museum der Universität, Zürich:** 178 o; **Meissen, Staatliche Porzellan-Manufaktur, Meissen:** 159 u/Tänzer; **Roman Mensing, Münster:** 372 or; **Mercedes-Benz Classic, Medienarchiv, Stuttgart:** 266 r; **Merck Archiv, Darmstadt:** 377 ur; **Messerschmitt-Bölkow-Blohm Flugzeuge, München:** 311 or; **Micro Compact Car GmbH, Renningen:** 267 ur; **Miele & Cie. GmbH & Co., Gütersloh:** 299 or, 307 ur, 328/329, 329 u; **Milwaukee Public Museum (MPM), Milwaukee:** 193 ur; **Ministero Per I Beni Culturali E Ambientali, Reggio Emilia:** 193 o; **MIT Museum Cambridge, Cambridge USA:** 354 ur; **Moet Hennessy, München:** 147 Hinergrund; **Heinz Mollenhauer, Wardenburg:** 120 Hintergrund; **Arnoldo Mondadori Editore, Mailand:** 10/11 M; **Motorola, Wiesbaden:** 388 l, 389 ru; **Musée d'École Dentaire, Paris:** 155 ru; **Musée Olympique, Lausanne:** 287 l, 287 Ml, 287 Mm; **Museum für Hamburgische Geschichte, Hamburg:** 88 ol; **Museum für Kommunikation, Bern:** 213 or, 213 o, 213 u; **NASA – Johnson Space Center, Houston:** 378 ol; **NASA, Washington:** 375 Ml; **National Library of Medicine, Bethesda:** 220 o; **National Maritime Museum, London:** 171 ol; **Nationalmuseum, Kopenhagen:** 32 ol; **Nestle Chocoladen GmbH, Frankfurt:** 62 ru; **Tim Nottebaum, Düsseldorf:** 343 Hintergrund; **Okapia KG, Frankfurt:** 349 o, 349 ul/Hofmann, 352 r/Larsen, 352 u/Scharf-P. Arnold, 369 o/Watney PRScSc; **Olivetti Lexikon Deutschland GmbH, Nürnberg:** 193 Mr; **Osram GmbH, München:** 259 ul; **Österreichische Lotterien, Wien:** 119 ru/Fotostudio Otto; **Otis, Berlin:** 228 r; **Bildarchiv Paturi, Rodenbach:** 30 or, 311 ur; **Paulaner Brauerei, München:** 93 u; **Pfaff Haushaltsmaschinen GmbH, Karlsruhe:** 194 ur; **Philipps DAP, Groningen:** 327 ur; **Philips Forschungslabor, Aachen:** 256 ol; **Philips GmbH, Elektro-Haushalt Unternehmensbereich, Hamburg:** 326 r; **Photos 12, Paris:** 22 u, 23 Hintergrund, 67 M, 147 ul/Maisant, 147 ro/Pistono, 202/ARJ, 206 M, 206 ul; **Picture Press, Hamburg:** 44 ol/STERN-Carp, 260 ur/Corbis, 261 or/Corbis Goldsmith, 328 l/Corbis, 329 o/Corbis, 329 Mo/Corbis, 347 l/Corbis, 347 ru/Corbis, 373 o/Corbis; **Plaza & Janes, S.A, Barcelona:** 12/13 Hintergrund, 84 ol, 85 Hintergrund, 85 ur; **Presse- und Informationsamt Bochum:** 189 Hintergrund; **Wilhelm Prünte, Gelsenkirchen:** 23 lu; **Public Address, Hamburg:** 265 Ml, 291 u; **Karl-Heinz Raach, Merzhausen:** 113 ur; **Rapho, Paris:** 28/29/Gerster; **Rasch, Bramsche:** 121 Hintergrund; **Agenzia Fotografica Luisa Ricciarini, Mailand:** 74 or; **Rijksmuseum, Amsterdam:** 141 Mr; **Ringier, Zürich:** 332 ur; **Roger Viollet, Paris:** 301 or; **Rolex Uhren GmbH, Köln:** 125 ul; **Rosenthal AG, Selb:** 159 ol; **Sanford GmbH, Hamburg:** 336 or; **SCALA, Antella:** 186 ol, 344 ol; **Schauer, Vaterstetten:** 11 or; **Scherz Verlag, Bern:** 214 (4); **Schirner Sportfoto, Berlin:** 302 ol; **Schröder+Schömbs PR GmbH, Berlin:** 236 u; **Science Museum, London:** 18 or, 90 ol, 90 u; **Siemens AG, München:** 161 u, 221 u, 228 ol, 229 ul, 234 uM, 239 or, 241 ur, 279 r, 298 ul, 3540r, 389 Mr; **Siemens, CSG Siemens Archiv, München:** 240 ol; **Siemens-Electrogeräte GmbH Consumer Electronics, München:** 79 Hintergrund; **Silvestris, Kastl:** 163 or/Lane, 245 o/Telegraph Colour; **Lothar Simon, New York:** 127 or; **Sipa Press, Paris:** 43 ur/Clopet, 83 ul, 99 M/Arsini, 111 Ml/Tschaen, 139 Hintergrund/Cinello, 152 ol, 160 ol/Delahaye, 179 uM/Manzer, 199 ur, 226 or/Adenis, 239 ur/Muller, 263 ur/Tschaen, 303 or, 330 u, 333 ol/Morris, 333 or/Colorsport, 335 or/Pitchal, 344 ur, 353 ol/Trippett, 353 ur/Trippett, 355 ur, 363 or, 365 ur/Manin, 371 ul/Lebon, 371 ur/Ginies, 379 or/NASA; **Smithsonian Institution Photographic Services, Washington:** 192 u; **Sony Deutschland GmbH, Köln:** 373 u, 386 ru, 390 ol, 390 or, 390 ur, 391 o, 391 ur; **Spiegel, Hamburg:** 217 ur; **Spielbank Bad Homburg, Bad Homburg:** 161 o; **Spielbank Baden-Baden:** 160 u; **St. Georgener Museen, St. Georgen:** 257 o; **Staatliche Museen Kassel:** 120 l/Gabriel; **Stadtarchiv Lauf a. d. Pegnitz:** 184 u; **Stallings Foundation:** 129 ul; **Karl Stehle, München:** 167 r, 230 ur, 232 ol; **Steiff GmbH, Giengen:** 300 ur, 301 l, 301 ur; **StockFood Bildagentur, München:** 69 or, 88/89 u; **J. Strobel & Söhne GmbH & Co, Puchheim:** 78 lM, 78lu, 79 u, 79 ol; **Studio X Images de Presse, Limours:** 76 ol/Gaillarde, 324 ul/Gamma-Vanves; **Teekanne, Düsseldorf:** 38 lu, 39 ur; **Terex Germany, Dortmund:** 115 Mr; **Texas Instruments, Dallas:** 377 Mr; **The Folger Shakespeare Library, Washington:** 138 ol; **The Granger Collection, New York:** 284 ul; **Thomson Multimedia Archivdienst Telefunken, Hannover:** 320 ol; **Sammlung Monika Thon, Markt Indersdorf:** 206 o; **ThyssenKrupp Steel, Duisburg:** 314 u, 315 Hintergrund, 315 M, 315 or; **Tiergarten Schönbrunn, Wien:** 46 ul; **Tony Stone Images, London:** 85 ul/Kaluzny, 116 lu/Edwards, 145 ul/Smetzer, 244/245 Hintergrund/Ayers, 264 ul/Van der Hilst; **Trumpf GmbH + Co., Ditzingen:** 365 Mr; **Ullstein Bild, Berlin:** 45 Hintergrund, 52 ol, 65 Mu, 90 or, 152 u, 153 or, 191 ol, 195 ul, 195 o, 195 Mu, 228 ul, 271 l, 280 ol, 323 Mo, 349 M, 356 lu, 357 o,357 Ml; **Unilever Historical Archives, London:** 128 ol; **Unilever Italia S.p.A. – Divisione Sagit, Rom:** 129 ol; **Urban und Schwarzenberg, München:** 324 ol, 325 Hintergrund; **Joh. Vaillant GmbH & Co., Remscheid:** 56 ol, 57 ur; **Varta AG, Hannover:** 183 ol, 183 ul, 183 or, 282 r; **VCG – Bavaria Bildagentur, Gauting:** 77 ul/VCL, 93 r, 93 ol, 103 or, 124 ul, 156 ol/Taubenberger, 263 o/Picture Finders, 364 ol/Custom Medical, 369 Mo/VCL; **Victoria and Albert Museum, London:** 121 rM; **Villeroy & Boch, Mettlach:** 144 ol; **Volkssternwarte München:** 77 Hintergrund/Stättmayer; **Volkswagen Stiftung AutoMuseum, Wolfsburg:** 316 l; **Manfred Vollmer, Essen:** 58 or; **Gerhard D. Wagner, Bad Soden:** 312 r; **Wartburg-Stiftung, Eisenach:** 144 ur; **Wolfgang Maria Weber, München:** 321 M; **Wissen Media Verlag GmbH, Gütersloh:** 10 or, 14 ul, 18 ol, 19 Hintergrund, 21 ur, 27 Mr, 33 ul, 42 ol. 42 or, 45 or, 48 u, 50/51 u, 50 or, 51 o, 55 M, 55 ur, 56 o, 59 ro, 60/61 Hintergrund, 61 o, 62 lu, 63 Hintergrund, 65 Hintergrund, 67 ru, 69 ur, 72 l, 75 M, 75 o, 92 r, 96 or, 98/99 u, 99 o, 111 ol, 112 lM, 112 lo, 112 lu, 113 ol, 132 u, 135 ro, 141 Ml., 142 ol, 150 or, 151 oM, 151 ul, 158 ro, 164 ol, 167 ru, 170 l, 171 or, 171 ul, 171 ur, 173 M, 175 Hintergrund, 175 Mr, 179 ol, 179 or, 180 ol, 180 or, 180 u, 182 ul, 194 or, 196 Mr, 196 or, 196 u, 198 ol, 198 or, 199 or, 205 ur, 212 ol, 212 or, 213 Hintergrund, 216 o, 216 ul, 216 ur, 217 or, 218 l, 222 ul, 224 ur, 225 o, 225 ur, 226 ol, 231 or, 237 M, 238 ol, 245 ur, 254 u, 255 Hintergrund, 255 or, 255 u, 256 o, 260 l/© The Andy Warhol Foundation for the Visual Arts, New York, 266 o, 266 ol, 266 ul, 276/277, 281 or, 284 or, 286 ol, 290 ul, 291 Ml, 291 Mr, 291 ol, 294 ol, 296 ol, 297 Hintergrund, 298 ol, 298 or, 298 ur, 299 ol, 301 u, 303 Hintergrund, 306 ol, 308 ol, 308 ul, 309 Hintergrund, 309 l, 309 u, 318 or, 320 or, 322 ol, 322 or, 324 ul, 325 or, 333 Hintergrund, 335 Hintergrund, 336/337 u, 337 oMr, 341 ul, 343 ul, 345 Hintergrund, 346 ul, 348 Hintergrund, 355 Mr, 358 ol/Engelhardt, 358 ul/NASA, 359 Mr/Engelhardt, 362 or, 365 o, 366 ul, 367 M, 367 o, 368 r, 369 Hintergrund, 371 Hintergrund, 374 lo, 374 ur/NASA, 376 ur, 378/379 Hintergrund, 378 ul/DLR, 379 M, 379 ol/Engelhardt, 379 ul, 380/381 o, 386 ro; **YKK Deutschland GmbH, Mainhausen:** 224 or; **ZEFA, Düsseldorf:** 42 ul, 89 Hintergrund, 141 o; **Carl Zeiss, CC-I, Oberkochen:** 140 o, 140 ur, 141 ul; **Zeitungsmuseum, Aachen:** 150 u.

Abbildungen auf dem Schutzumschlag
(aus dem Inhalt)

Vorne (von oben Mitte im Uhrzeigersinn):
Luftschiff um die Wende zum 20. Jahrhundert – Corbis-Bettmann, New York; Der Comic-Held Superman entstand 1940 – Merchandising München, Unterföhring; Mickymaus trat bereits 1928 auf die Bühne, Donald Duck erst zehn Jahre später – Melzer Verlag, Dreieich; Der LeVeque Tower in Columbus, Ohio – Getty Images, PhotoDisc, Hamburg; Modeschöpfer Louis Réard präsentiert den ersten Bikini – Sipa Press, Paris; Elektrorasierer für Frauen sind keine Erfindung von heute – Corbis UK Ltd., London; 1927 löst der Film mit Tonstreifen den Stummfilm ab – Wissen Media Verlag, Gütersloh; Ernest Michaux präsentiert seine Konstruktion: das erste Rad mit Tretkurbel und Pedalen – Wissen Media Verlag, Gütersloh; Reginald Fessenden, Erfinder des Radios, bei Versuchen mit seinen Geräten – Corbis UK Ltd., London

Hinten (von links nach rechts und von oben nach unten):
Das Flat Iron Building in New York sorgt bereits ein Jahrhundert lang für Aufsehen – Corbis-Bettmann, New York; Friedrich der Große überzeugt sich vom Erfolg des planmäßigen Kartoffelanbaus im späten 18. Jahrhundert – Image Select, Clifton; Rollschuhlaufen war schon um 1900 groß in Mode – Interfoto, München; In schwindelnder Höhe bannt ein Fotograf um 1906 die New Yorker Skyline auf seinen Film – Wissen Media Verlag GmbH, Gütersloh; 1940 sind die neuartigen Nylonstrümpfe auch für die Schauspielerin Janis Paige der letzte Schrei – Corbis-Bettmann/UPI, New York; In den Jahren des Zweiten Weltkrieges trägt das Coca-Cola-Girl in der Werbung Uniform – Corbis-Bettmann, New York